중일전쟁

래너 미터
Rana Mitter

기세찬·권성욱
옮김

중일전쟁

역사가 망각한 그들 1937~1945

FORGOTTEN
ALLY

글항아리

주요 전투 및 중일 양군 배치 현황

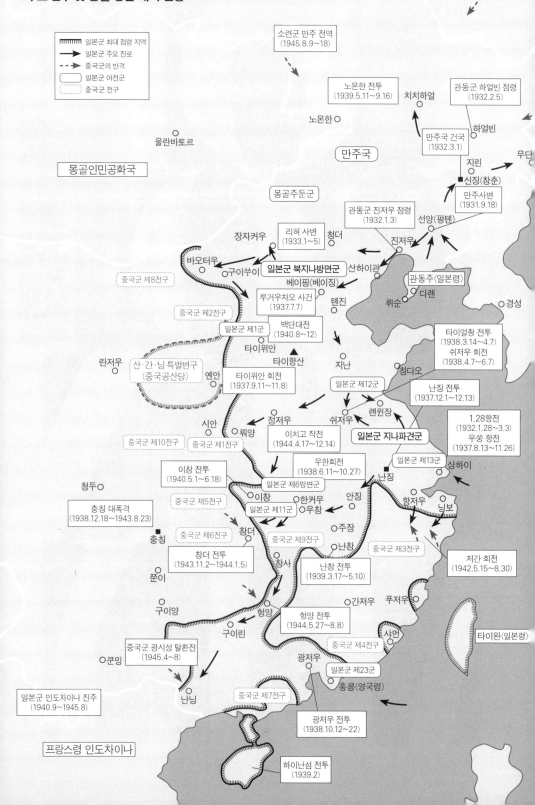

범례:
- 일본군 최대 점령 지역
- 일본군 주요 진로
- 중국군의 반격
- 일본군 야전군
- 중국군 전구

소련군 만주 전역
(1945.8.9~18)

노몬한 전투
(1939.5.11~9.16)

관동군 하얼빈 점령
(1932.2.5)

치치하얼

하얼빈

관동군 진저우 점령
(1932.1.3)

만주국 건국
(1932.3.1)

지린

신징(창춘)

무단

만주사변
(1931.9.18)

노몬한

울란바토르

만주국

몽골인민공화국

몽골주둔군

장자커우

리허 사변
(1933.1~5)

청더

진저우

선양(펑톈)

바오터우

구이쑤이

일본군 북지나방면군

산하이관

관동주(일본령)

다롄

뤼순

경성

중국군 제8전구

베이핑(베이징)

루거우차오 사건
(1937.7.7)

톈진

중국군 제2전구

일본군 제1군

백단대전
(1940.8~12)

타이위안

타이항산

지난

칭다오

타이얼좡 전투
(1938.3.14~4.7)
쉬저우 회전
(1938.4.7~6.7)

란저우

산·간·닝 특별구
(중국공산당)

옌안

타이위안 회전
(1937.9.11~11.8)

일본군 제12군

렌윈장

난징 전투
(1937.12.1~12.13)

1.28항전
(1932.1.28~3.3)
우쑹 항전
(1937.8.13~11.26)

시안

뤄양

정저우

쉬저우

일본군 지나파견군

중국군 제10전구

중국군 제1전구

이치고 작전
(1944.4.17~12.14)

우한회전
(1938.6.11~10.27)

일본군 제13군

상하이

이창 전투
(1940.5.1~6.18)

청두

이창

일본군 제6방면군

한커우

안칭

난징

항저우

닝보

충칭 대폭격
(1938.12.18~1943.8.23)

중국군 제5전구

우창

일본군 제11군

주장

저간 회전
(1942.5.15~8.30)

충칭

중국군 제6전구

창더

중국군 제9전구

난창

중국군 제3전구

쭌이

창더 전투
(1943.11.2~1944.1.5)

창사

난창 전투
(1939.3.17~5.10)

구이양

형양

간저우

푸저우

타이완(일본령)

구이린

형양 전투
(1944.5.27~8.8)

샤먼

중국군 광시성 탈환전
(1945.4~8)

쿤밍

중국군 제4전구

광저우

일본군 제23군

홍콩(영국령)

일본군 인도차이나 진주
(1940.9~1945.8)

난닝

중국군 제7전구

광저우 전투
(1938.10.12~22)

프랑스령 인도차이나

하이난섬 전투
(1939.2)

차 례

서문: 불타는 도시

1939년 봄, 유럽은 여전히 위태로운 평화를 지탱하고 있었다. 그러나 동쪽으로 약 8000킬로미터 지점에서 제2차 세계대전은 이미 현재진행형이었다.

5월 3일, 중국 서남부 도시 충칭重慶의 하늘은 맑았다. 날씨는 후덥지근했다. 충칭을 '중국의 3대 화로' 중 하나라고 말하는 데는 다 이유가 있었다. 그곳의 기온은 수시로 섭씨 40도 이상 치솟기 일쑤였다. 이날 정오 『신민보新民報』의 기자 장시뤄張西洛는 점심을 먹을 참이었다. 이 번잡한 도시에서 그를 둘러싼 사람들은 각자 자신의 일에 여념이 없었다. 선착장의 인부들은 창장長江강에 도착한 배에서 상자를 날랐다. 한 무리의 가마꾼이 배에서 내리는 승객들을 태울 요량으로 몰려들 참이었다. '산 위의 도시山城'로 알려진 충칭에서는 가마를 탈 돈만 있다면 고지대 도시와 강을 가르는 가파른 언덕을 훨씬 수월하게 올라갈 수 있었다.

시장에서는 상인과 손님들이 쌀과 채소, 고기 값을 흥정했다. 이 도시의 역사에서 여태껏 고객이 이렇게 많았던 적은 없었다. 1937년 10월, 일본의 침략에 맞서 3개월 동안 싸웠던 중국 국민정부는 수도 난징南京을 더 이상 지킬 수 없다고 선언했다. 이제 충칭이 임시 수도가 되었다. 수백만 명의 피란민이 서쪽으로 몰려들면서 충칭의 인구는 폭발적으로 증가했다. 1937년만 해도 주민이 50만 명이 채 되지 않던 도시는 8년이 지난 뒤에는 인구가 두 배 이상 늘어나게 된다. 피란민들의 출현은 북적거리는 시장 외에도 금속제 대들보와 진흙으로 급조된 보기 흉한 건물들을 만들어냈다. 그러한 풍경은 도시 전체로 급속히 퍼져나갔다. 판잣집들은 원래 지저분했던 도시를 한층 더 꾀죄죄해 보이게 만들었다.

장시뤄가 점심을 먹으려고 막 앉았을 때, 귀에 익숙한 무시무시한 소리가 울려 퍼졌다. 그는 이렇게 회상했다. "정오쯤 짧은 사이렌 소리를 들었다. 나는 점심 식사를 끝내지 못했지만, 진탕가金湯街의 신문사 근처 방공호 안으로 몸을 숨겨야 했다." 30분이 지났다. 더욱 다급하게 사이렌이 짧은 간격으로 울리기 시작하더니 터질 듯 이어졌다. 신문사에 남아 있던 몇몇 사람이 소지품을 부여잡고 방공호로 뛰어 들어갔다.

장시뤄는 운이 좋았다. 그가 들어갔던 대피소는 충칭 방공사령부가 건설한 최신 방공호 중 하나였기 때문이다. 그곳에는 전기 시설, 통신 장비와 음식물이 갖춰져 있었다. 도시 내 많은 빈곤층 주거지에는 강력한 폭격을 견디기 어려운 임시 대피소만 있었다. 한 남자는 집에서 "공습 사이렌이 울렸을 때, 열 명이 넘는 우리 가족은 식탁 밑에 숨어야 했다"고 썼다.[1] 충칭의 영국 영사관은 중립국 건물임을 알리기 위해 건물 지붕 위에 커다란 유니언 잭 깃발을 펼쳐놓고 일본군 조종사들에게 경고했지만 그러한 특권조차 안전을 보장할 수는 없었다. 얼마 전에도 정수처리장을 노린 일본군의 폭탄이 근처에 있는 영국 영사관 건물을 덮친 적이 있었다.

오후 12시 45분, 하늘에 36개의 작은 점이 나타났다. 그 점들은 순식간에 커지고 요란스러워졌다. 일본 해군은 중국 점령지의 비행장에서 연료 보급 없이 1000킬로미터를 비행할 수 있는 96식 육상 공격기를 배치했다.[2] 일본은 별다른 위협을 받지 않고 중국 국민정부를 굴복시키기 위한 폭격을 퍼부을 수 있게 되었다.

방공호 안에 있던 장시뤄는 항공기 엔진 소음을 들었다. 그는 우선 한 줌

---

1 西南師範大學重慶大轟炸研究中心, 『重慶大轟炸』(重慶: 西南師範大出版社, 2002)[이하 *CQDH*], 106, 101~102, 111쪽.
2 중일전쟁 직전인 1935년 미쓰비시 중공업에서 개발한 쌍발 중형 폭격기. 중일전쟁과 태평양전쟁에서 일본 해군의 주력 폭격기로 활약했다. 원래는 대함 공격용이었으나 중국 전선에서는 4000킬로미터가 넘는 장거리 비행 능력 덕분에 전략 폭격기로 활용되었다. 또한 태평양전쟁 초기 영국이 자랑하는 불침 전함 프린스 오브 웨일스호와 레펄스호를 격침시켰다. 그러나 폭장량이 800킬로그램에 불과하고 방어력이 매우 부실하여 쉽게 격추당했다. ─옮긴이

의 중국 공군 조종사가 일본군과 싸우기 위해 출격했다는 안타까운 사실을 알게 되었다. 그리고 폭탄이 떨어지는 소리와 중국군 대공포의 대응사격 소리가 들렸다. 공습은 한 시간 동안 계속되었다. 사이렌 소리는 오후 2시 35분에야 완전히 멈췄다.

장시뤄는 피해 상황을 살피러 밖으로 나갔다. 부두에서 주거지까지 도시의 모든 곳에서 건물이 파괴되고, 난파선처럼 완전히 망가져 있었다. 너무나 완벽하게 파괴되었기에 살아남은 건물이 도리어 이상하게 느껴질 정도였다. 한 교차로에서는 끝없이 부서진 구조물들 잔해 사이에서 한 무리의 은행 건물들만이 피해 없이 남아 있었다. 몇 시간 뒤 밤이 찾아온 뒤에도 도시는 사람들의 신음과 도와달라는 소리로 가득 찼다. "듣고 있는 것이 정말 괴로웠다"고 장시뤄는 회상했다. 석간 기사를 쓰기 위해 신문사로 돌아오기 전에 기자들은 부상당한 사람과 사망한 사람들의 친척들을 인터뷰했다.

이튿날 5월 4일, 장시뤄는 인근 공원에서 권위 있는 신문 『다궁보大公報』[3]의 인기 있는 기자 중 한 명인 판창장范長江과 이야기를 나누고 있었다. 그들은 울고 있는 한 여자를 우연히 만났다. 남편과 두 아이를 데리고 공원에 있었던 그녀는 일본 폭격기가 공습했을 때 방공호에 미처 도착하지 못했다. 남편은 즉사했고, 두 아이는 부상을 당했다. 그녀는 "일본 악마들은 왜 우리를 다 죽이지 않았냐? 우리는 이제 어떻게 살아가란 말이냐?"라며 울부짖었다. 몇 년 뒤 한 남자가 끔찍한 그날을 회상했다. 폭탄이 떨어졌을 때 남자의 아버지는 젊은 공장 인부들과 이야기하고 있었다. 그는 맹렬한 소음을 들었고, 인부들이 "피투성이가 되고 그들의 살점이 찢겨나가는" 모습을 목격했다. 남자의 어머니는 훨씬 더 나쁜 이야기를 들었다. 사람들이 공습을 피하기 위해 어느 큰 방공호 안의 어둠 속으로 필사적으로 몰려들었다. 빽빽한 좁은 공간에서 발을 헛디디거나 넘어지면서 많은 사람이 밟혀 죽었다.[4]

---

3 중국에서 가장 오래된 신문 중 하나로 1902년 톈진 프랑스 조계에서 창간되었다. 장제스 정권 시절에는 중국에서 가장 영향력 있는 언론사였다. 1949년에 장제스가 패배한 뒤 현재는 홍콩에 있다.─옮긴이
4 *CQDH*, 106~107쪽.

그러나 상황은 아직 끝나지 않았다. 5월 4일 오후, 사이렌이 한 번 더 울렸다. 오후 5시 17분, 27대의 일본 폭격기가 나타나 또 한 번 충칭을 폭격했다. 한 생존자는 "도시가 마치 작은 보트처럼 계속 흔들렸다. 밖에는 폭탄 파편이 날아다녔다. 유리창은 산산조각 나서 바닥에 떨어졌다. (…) 적 비행기들의 왱왱거리는 소리와 기관총을 난사하는 소리가 들렸다"고 회상했다. 그는 두려우면서도 호기심에 창밖을 바라봤다. "하늘은 불길로 밝게 빛났다. 주변 건물들이 하나둘씩 무너졌다. 멋들어진 집들이 쓰러지면서 주위가 불바다로 변했다." 저녁 7시 이후에야 모든 것이 조용해졌다. 장시뤄가 근무하는 신문사 건물은 무사했지만, 주위의 다른 건물은 모두 파괴되었다.[5]

이날 공습을 감행한 폭격기 숫자는 전날보다는 적었다. 하지만 공습 목표물이 확대되고 명중률도 높았다. 5월 3일에는 673명이 죽었고 1608채의 가옥이 파괴되었다. 5월 4일에는 사망자가 3318명에 달했으며 3803채의 가옥이 파괴되었다. 이 공습은 중국 국민정부의 임시 수도였던 충칭에 대한 국제적 관심을 불러일으켰다. 공교롭게도 같은 시간 스페인 공화국이 프랑코 장군과의 전투에서 절망적인 상황에 처해 있었던 것처럼[6] 전 세계의 외교관, 기자, 사업가들은 중국 국민당 전시 수도에서 벌어진 파괴의 목격자가 되었다. 더욱 안타까운 사실은 5월 3~4일의 공습이 가장 야만적이기는 했지만 앞으로 몇 년 동안 충칭이 지속적으로 견뎌야 할 참사의 한 사례에 지나지 않는다는 점이었다. 폭격이 가장 강도 높았던 시기는 1938년 5월부터 1941년 8월까지 소이탄과 세열 폭탄Fragmentation Bomb, 細裂爆彈[7]을 사용한 218회의 공습으로 1만1885명의 사망자가 발생했다. 사망자 대부분이 민간인이었다.[8] 공습경보는 전시 수도의 일상이 되었다. 충칭에서 어린 시절을 보

5   *CQDH*, 111, 103쪽.
6   1936년 7월 17일부터 1939년 4월 1일까지 스페인에서 소련의 지원을 받는 좌파 인민전선 정부와 독일, 이탈리아의 지원을 받는 우파 세력 사이에 벌어진 내전. 스페인 내전은 이전에는 볼 수 없었던 전략 폭격의 장이기도 했다. 특히 1937년 4월 26일 북부 바스크 게르니카에서 벌어진 '게르니카 폭격'은 큰 충격을 주었다.—옮긴이
7   폭발할 때 사방에 많은 파편을 날려서 주변의 인마를 살상케 하는 폭탄.—옮긴이
8   Tetsuo Maeda, "Strategic Bombing of Chongqing by Imperial Japanese Army and Naval Forces," Yuki Tanaka and Marilyn B. Young, ed., *Bombing Civilians: A Twentieth-Century*

낸 한 남자는 수십 년 뒤 회상했다. "평생, 나는 내 귀에 울부짖는 공습 사이렌 소리를 기억하고 있다. 평생, 나는 메이펑美豐 은행 건물 위에 내걸린 붉은색 공습경보 표시구球의 모습을 잊을 수 없다."[9]

충칭에서 벌어진 죽음과 파괴의 소식은 황산黃山[10]의 언덕 꼭대기에 자리 잡고 있는 한 남자에게 큰 충격을 주었다. 장제스蔣介石, 중국의 전시 지도자이자 국민당의 수장인 그는 5월 3일 저녁 자신의 일기에 이렇게 썼다. "오늘 40대가 넘는 적기가 충칭으로 날아와 군사위원회[11] 청사 주변을 폭격했다. 많은 중국인이 죽고 다쳤다." 이튿날 그는 한층 상심한 감정을 표현했다.

> 오늘 저녁 적 항공기들이 (다시) 충칭을 폭격했다. 도시는 여전히 불타고 있다. 내가 살면서 보았던 가장 참혹한 모습이다. 끔찍한 광경을 차마 눈 뜨고 볼 수 없다. 신이 있다면 왜 우리의 적에게 응당한 대가를 치르게 하지 않는 것인가?[12]

그러나 중국은 잿더미 속에서 희망을 보았다. 저명한 소설가 라오서老舍는 공습 때 충칭을 방문한 적이 있었다. 그는 일본 점령 치하에 살기를 거부했던 많은 문화인과 함께 베이베이北碚 교외에 거주했다. 그곳에서 충칭 도심지에 자욱이 깔린 초연을 똑똑히 목격했다. 그 세대의 작가와 예술가들에게 '5월 4일'은 특별한 날이기도 했다. 1919년 5월 4일, 반제국주의 학생 시위가 베이징 중심가에서 일어났다. 이 운동은 중국 역사상 자유사상의 상징이 되었다. 새로운 사상은 "과학"과 "민주"에 기초한 중국의 문화를 지향했으며, 두 개의 깃발은 정치적으로 허약한 중국을 구원할 것이었다. 전설적인 저항으로부터 정확히 20년 후, 1939년 5월 4일 충칭에 가해진 테러 공습에 대해

History(New York, 2009), 141쪽.

9   *CQDH*, 109쪽.

10   충칭 난안南岸구에 있는 언덕으로 창장강 남쪽 기슭에 위치하고 있으며 중일전쟁 시기 장제스를 비롯한 중국 고위층 관저와 주요 정부 청사가 있었다.―옮긴이

11   중국 전시 내각이자 육·해·공군 최고 사령부. 장제스가 군사위원회 위원장을 맡았다.―옮긴이

12   『蔣介石日記』[이하 *CKSD*](Hoover Institution Archives)[Box 40, folder 8], 1939년 5월 3, 4일.

중국의 어떤 지식인들도 그 의미를 간과하지 않았다. 라오서는 다음과 같이 선언했다.

> 우리가 움켜쥘 수 있다면 (…) 자유와 해방의 '5·4'를! 우리는 결코 불과 피의 위협을 받아들일 수 없다. 우리는 전력을 다해서 대 중화中華의 새 생명을 쟁취해야 한다! 우리의 삶, 우리의 투쟁, 우리의 승리, 이것이 우리의 새로운 '5·4'의 구호다![13]

———

대부분의 서구인은 충칭 폭격에 대해 듣지 못했다. 심지어 중국에서도 이 사건은 오랫동안 감추어졌다. 이 사건은 제2차 세계대전을 구성하는 엄청난 실화 중 하나이면서 또한 가장 알려지지 않은 이야기일 것이다. 지난 수십 년간 우리는 거대한 투쟁에서 중국이 맡았던 역할에 대해 정당한 평가를 내리지 못했다. 미국, 소련, 영국이 전쟁의 주역을 차지한 것에 비해 중국은 고작 이류 선수나 단역 배우로 여겨졌다. 그러나 중국은 1937년 추축국의 맹공격에 직면한 첫 번째 국가였다. 영국과 프랑스는 2년 뒤, 미국은 4년이 지난 뒤에야 같은 상황에 맞닥뜨렸다. 진주만 공격 이후 미국의 목표 중 하나는 "중국으로 하여금 그 전쟁을 지속하도록" 만드는 것이었다. 수많은 일본군을 중국 본토에 묶어놓음으로써 중국은 전반적인 동맹 전략에서 중요한 역할을 담당했다. 중국은 다른 동맹국들에 비해 자신이 결정할 수 있는 권한이 거의 없었다. 이 전쟁은 그러나 중국이 제국 식민주의 피해자에서 벗어나지만, 폭넓은 지역적·세계적 책임을 지닌 잠정적인 패권 국가로 도약하게 될 중요한 과정이기도 했다.

외부 세계는 중국이 1937년부터 1945년까지 8년이라는 긴 세월 동안 항일전쟁을 수행하기 위해 치러야 했던 혹독한 대가를 제대로 이해할 수 없었

---

13   *CQDH*, 85쪽.

다. 약 1500만 명이 죽었다. 대규모의 피란민이 발생했으며, 이 나라의 초보적 근대화가 파괴된 것은 전쟁에서 치른 대가였다.[14] 1949년 중국공산당의 최종적인 승리는 이러한 일본과의 전쟁이 빚어낸 폐허의 풍경 위에서야 가능했다.

근래에 와서 중국에서 대일 항전의 진정한 모습은 점점 분명해지고 있다. 1937년 7월 7일, 베이징 근처에서 중국군과 일본군 사이에서 우연히 벌어진 '루거우차오 사변蘆溝橋事變'으로 알려진 국지적 분쟁은 동아시아 두 대국의 전면전으로 확대되어 1945년 8월에 끝났다. 8년 동안 중국 국민정부는 수백만 명의 난민과 함께 내륙 깊숙한 곳으로 쫓겨났다. 중국의 광대한 지역이 일본군에 점령되었다. 일본은 국민당의 권위를 파괴할 목적으로 친일 부역자들이 새로운 정부를 만들도록 후원했다. 중국의 다른 지역에서는 중국공산당이 영향력을 확대해나갔다. 이들은 항일을 내세워 민심을 얻었으며, 급진적인 사회 개혁 정책들을 시행하면서 혁명 근거지를 확대해나갔다. 이 전쟁이 중국에 입힌 피해는 여전히 집계 중이지만, 낮게 잡아도 1500만 명 이상이 사망했다고 추정되고 있다.(영국과 미국은 40만 명, 소련은 2000만 명) 난민 수는 8000만 명에 달했을 것이다. 20세기 초반에 건설된 주요 철도망, 고속도로, 산업시설을 포함해 중국이 어렵사리 쌓아올린 근대적인 성과의 대부분이 파괴되었다. 광저우廣州 주장珠江강 삼각주 지역은 사회 기반 시설의 30퍼센트, 상하이는 52퍼센트, 충격적이게도 수도 난징은 80퍼센트가 파괴되었다.[15]

이 전쟁은 (영국과 일본이라는) 두 제국을 중국에서 몰아냈지만 (미국과 소련이라는) 또 다른 두 제국을 끌어들였다. 수도 난징을 점령한 일본군이 살해와 약탈을 자행한 ('난징의 강간'[16]으로 널리 알려진) 난징 대학살부터, 중국

---

14 *Odd Arne Westad, Restless Empire: China and the World since 1750*(London, 2012), 249쪽. 전쟁의 직접적인 피해로 200만 명의 전투원과 1200만 명의 시민이 사망했다고 제시한다.
15 黃美眞, 『日僞對華中淪陷區經濟的掠奪與統制』(北京: 社會科學文獻出版社, 2004), 36쪽.
16 '난징의 강간The Rape of Nanking'은 중국계 젊은 미국인 여성 아이리스 장이 쓴 논픽션 역사서의 제목이다. 중국과 타이완 정부가 일본의 경제적 보복을 우려하여 과거사 문제에 침묵을 지키는 가운데 그녀는 용감하게 일본의 대표적인 전쟁 홀로코스트인 난징 대학살을 처음으로 국제사회에 이슈화하여 큰 충격을 주었다.—옮긴이

군의 시간을 벌기 위해 수십만 명의 동포가 참혹한 대가를 치러야 했던 황허黃河강 제방의 폭파까지 모두 중국인들의 고통스러운 이야기다.

동시에 엄청난 역경을 감당했던 정부와 중국 민중의 영웅적인 저항의 역사이기도 하다. 중국은 일본에 대항하는 '최후의 항전'에서 승리를 거둠으로써 중국이 결코 살아남지 못할 것이라며 되풀이하여 말했던 기자와 외교관들의 예측이 보기 좋게 빗나갔음을 증명했다. 진주만 사건이 일어날 때까지 4년 동안 중국은 사실상 혼자 힘으로 일본과 싸웠다. 이 기간에 가난한 후진국 중국은 세계에서 군사화가 가장 진전되고 고도의 기술력을 갖춘 일본군 80여 만 명을 묶어두었다.[17] 그 뒤 4년에 걸쳐 유럽과 아시아의 두 전선에서 동시에 싸웠던 연합국의 승리에는 중국의 투쟁이 큰 역할을 했다.

또한 이 전쟁은 중국의 미래에 이상을 품고 있던 세 사람에게 전환점이되었다. 전쟁 동안 모든 존경과 비판의 시선은 중국국민당 지도자인 장제스에게 쏠렸다. 1937년 중일전쟁이 발발하자 심지어 적인 중국공산당까지도 전 중국을 대표해 일본에 대항할 수 있는 유일한 인물은 장제스라고 생각했다. 장제스는 이 전쟁이 정화의 불이기를 꿈꿨다. 중국이 이 전화戰火에서 일어나 번영하는 주권국가가 되고, 전후 아시아와 그 밖의 세계 질서에서 주도적인 역할을 맡게 되리라는 희망이었다.

결과적으로 장제스는 전쟁에서 승리했지만 국가를 잃었다. 항일전쟁은 장제스의 최대 맞수였던 중국공산당의 수장 마오쩌둥毛澤東을 중국 지도자로 만들었다. 전쟁이 시작되었을 때, 마오쩌둥은 중국 서북부의 농촌지대를 전전하며 도망다니는 작은 무리의 우두머리에 지나지 않았다. 전쟁이 끝날 무렵 마오쩌둥은 약 1억의 인구가 사는 광대한 지역을 통제했고, 100여 만 명의 군대를 호령했다.[18]

17 이 숫자는 일본군의 병력이 가장 많았을 때다. Edward J. Drea and Hans van de Ven, "Overview of Major Military Campaigns," Mark Peattie·Edward Drea·Hans van de Ven, *The Battle for China: Essays on the Military History of the Sino-Japanese War*(Stanford, 2011), 39쪽.
18 Lyman P. Van Slyke, "The Chinese Communist Movement during the Sino-Japanese War, 1937-1945," Lloyd E. Eastman et al., *The Nationalist Era in China, 1927~1949*(Cambridge, 1991), 277쪽.

한편, 전쟁은 한 남자의 명성을 날려버렸다. 이 사람은 중국 역사가들의 연구 대상에서 거의 잊혔다. 그의 이름은 왕징웨이汪精衛다. 왕징웨이는 20세기 중국 역사에서 가장 큰 비극 중 하나다. 그는 청년 시절 장제스나 마오쩌둥보다 더 유명한 민족주의 혁명가였고, 위대한 혁명가 쑨원孫文 다음의 지위였다. 그러나 항일전쟁 중 중국인들에게 '천고의 배신자'라고 비난받을 만한 결정을 했다. 장제스, 마오쩌둥, 왕징웨이 이 세 사람은 종종 거대한 폭력과 더불어 중국의 근대화와 자유에 대한 자신들의 이상을 제시하고 토론하는 데 전쟁을 활용했다. 이들은 전쟁에서 각자의 진영을 구축했고 결코 하나가 될 수 없음을 드러냈다. 결과적으로 승자는 마오쩌둥이었다.

중일전쟁은 중국이 어떻게 강대국으로 떠오르게 되었는지 이해하는 데 있어 중요하다. 급변하는 국제 질서에서 중국의 역할과 정체성의 변화를 이해하려면 오랫동안 감추어진 과거, 즉 제2차 세계대전에서 중국이 무엇을 경험했는지 먼저 이해할 수 있어야 한다. 전쟁의 유산은 오늘날 중국 전역에 남아 있으며 관심이 있다면 찾을 수 있다. 난징에는 1937년 12월 일본군이 수십만 명의 중국 민간인을 학살했던 사건을 추모하는 거대한 박물관과 기념관이 있다. 충칭에는 '까칠한 조Vinegar Joe'라 불린 스틸웰Joseph W. Stilwell이 살던 저택이 보존되어 있어 많은 방문객이 찾는다. 장제스와 갈등을 빚었던 이 미국인 참모장은 그 뒤의 10년에 걸친 미중 관계에 영향을 미쳤다. 텔레비전에서는 제8로군[19]의 활약과 중국 북부에서의 항일전 기록 영화를 조명하고 전쟁을 무대로 한 드라마는 국민당군과 공산당군 양측의 모습을 보여준다.

그러나 전쟁의 유산은 덜 눈에 띄는 형태로도 강력한 영향력을 발휘하고 있다. 1949년 마오쩌둥의 승리 이후 중국공산당이 권력을 잡고 70년 이상

---

19 중일전쟁 당시 산시성 타이항산을 중심으로 화베이 일대에서 활동했던 공산군 부대. 1937년 8월 장제스와 마오쩌둥이 제2차 국공합작에 합의하면서 옌안 주변은 '산·간·닝 특별변구'가 되고 옌안 직속의 홍군 주력은 국민혁명군 제8로군으로 재편되었다. 또한 대장정 이후에도 여전히 창장강 중하류에서 활동하던 소규모 홍군 유격부대는 제8로군과는 별도로 신편 제4군(신4군)으로 편성되었다. 얼마 뒤 제8로군은 육군의 편제 개편으로 로군이 폐지되면서 제18집단군으로 개칭되었지만 전쟁 내내 흔히 '팔로군'이라고 불렸다.—옮긴이

중국을 지배할 수 있었던 이유는 엄밀히 말해서 일본과의 전쟁이 국민정부를 약화하고 분열시켰기 때문이다. 오늘날 국제사회에서 중국이 자신을 '책임 있는 대국'으로 강조할 때마다 그들의 분석가와 외교관들은 과거 중국이 미국·소련·영국과 함께 연합국 일원으로 참전했던 시절을 상기시킨다. 또한 중국은 신질서의 필요불가결한 이유와 자신을 긍정적으로 드러내기 위해 과거 반동 세력에 맞서 협력했던 시절과 지금을 병행하여 묘사한다. 중국은 오늘날 미중 관계의 긴장이 높아지는 원인의 하나가 제2차 세계대전 당시 미국의 적들을 패퇴시키는 데 중국이 어떠한 공헌을 했는지 미국인들이 잊어버린 탓이라고 여긴다. 이제는 미국과 유럽이 기억해야 할 때다.

중국에게 가장 껄끄러운 국가는 여전히 일본이다. 중일전쟁은 양국 갈등의 중심에 있다. 심지어 1945년 이후에 태어난 중국의 젊은 세대도 중국을 침략했던 일본을 증오하도록 민족주의를 부추긴다. 1990년대 어느 날 막 마흔이 된 팡쥔方軍 기자는 중일전쟁에 참전했던 옛 일본 군인들을 인터뷰하고자 개인적으로 일본 여행을 떠났다. 그는 다음과 같이 결론지었다. "(우리 조국이) 부강하지도 부유하지도 않았을 때, 우리는 둥베이(만주)를 상실했고 상하이에서 후퇴했으며, 그 피는 난징으로 흘러들어갔다."[20] 일본의 전쟁 기록은 중국에서 여전히 강렬한 민족 감정을 불러일으킨다.

최근에도 중국 청년들은 여전히 일본에 증오심을 드러내고 있다. 그들은 일본이 전쟁 당시 중국에서 저지른 행위에 대해 어떤 진정 어린 사과도 하지 않았다고 생각한다. 반일 정서는 직접적인 계기가 없이도 어느 순간 밖으로 터져나올 수 있다. 2003년의 한 뉴스는 중국 둥베이의 한 도시에서 일본 사업가들이 중국 윤락녀들과 함께 '음란 파티'를 벌였다고 상세히 보도했다. 사건이 9월 18일, 즉 1931년 일본이 만주를 침략한 기념일에 발생했기 때문에 이에 분노한 대중의 가두시위로 이어졌다. 2005년, 대학생들을 포함한 시위 참가자들은 상하이 일본 영사관을 포위한 채 건물에 물병을 투척했다.

20 Rana Mitter, "China's 'Good War': Voices, Locations, and Generations in the Interpretation of the War of Resistance to Japan," Sheila Jager and Rana Mitter, *Ruptured Histories: War, Memory and the Post-Cold War in Asia*(Cambridge, MA, 2009), 179쪽.

그들은 일본의 유엔 안보리 상임이사국 진출 시도에 항의했지만 분노의 근본적인 원인은 일본이 중국을 침략했던 유산, 즉 60년 동안 쌓인 증오였다. 2012년 여름, 동중국해 섬(중국 명 댜오위다오釣魚島, 일본 명 센카쿠 열도尖閣列島)의 영유권 분쟁은 중국 내 수많은 도시에서 반일 시위를 촉발시켰다. 증오심은 중일 관계에만 영향을 준 것이 아니다. 미일 안보동맹을 통해 미국은 제2차 세계대전 이후 아시아 태평양 지역에서 강력한 지위를 유지하고 있으며 안보 우산으로 일본을 보호하고 있다. 중국인들의 분노가 이어지는 가장 큰 이유는 오늘날 이 지역의 패권을 미국이 아닌 중국이 차지해야 한다고 생각하는 데 있다. 하지만 역사적으로 과거 중국이 허약했던 시절 일본이 저질렀던 행위에 대한 기억을 공유하기 때문이기도 하다.

항일전쟁의 기억은 또한 고통스러운 국공내전으로 이어진 상처의 흔적이기도 하다. 마오쩌둥 시절의 중국을 기억하는 사람들에게 가장 놀랄 만한 관광지 중 하나는 마오쩌둥의 숙적인 장제스가 머물렀던 황산의 별장이다. 오늘날 별장은 장제스가 충칭 대폭격 당시 일기를 쓰던 모습을 고스란히 재현했다. 내부 전시물들은 항일 지도자로서 장제스의 역할을 상세히 설명해주며, 대부분 긍정적이다. 어느 누구도 더 이상 그를 부르주아의 반동분자로 묘사하지 않는다. 중국공산당에 대해서는 거의 언급하지 않는다. 한 세대 전만 해도 타이완에서는 이러한 찬양을 볼 수 있었겠지만, 중국 본토에서는 불가능한 광경이었다.

그러나 서구 사회에서 전시 중국의 경험이라는 살아 숨 쉬는 유산은 별다른 주목을 받지 못했다.[21] 중국이 제2차 세계대전에서 수행했던 역할의 상당 부분은 무시되었다. 중국이 싸웠다는 사실을 아는 사람들도 흔히 부차적인 무대쯤으로 여긴다. 중국의 역할은 중요하지 않았으며 장제스 정권은 일본을 패망시키는 데 별다른 기여를 하지 못한 불안정하고 부패한 동맹

---

21 제2차 세계대전에 관한 최근 역사 연구에서는 보다 완전한 분석을 위해 중국 전역을 포함하기 시작했다. 예를 들면, Niall Ferguson, *The War of the World: History's Age of Hatred*(London, 2006); Max Hastings, *All Hell Let Loose: The World at War, 1939~1945*(London, 2011); Antony Beevor, *The Second World War*(London, 2012).

국에 불과했다고 여긴다. 이러한 관점에서는 제2차 세계대전에서 중국의 비중은 역사의 사소한 부분에 지나지 않으며 다른 강대국들처럼 전반적인 연구 대상이 될 가치도 없다.

어떤 사람은 서구사회가 중국이 전쟁에서 겪어야 했던 경험에 왜 그토록 무관심한지에 대해, 전쟁이 미국과 유럽의 시야에서 멀리 떨어진 곳에서 발생했고, 중국인들 외에는 거의 관련성이 없었기 때문이라고 추측할 것이다. 그러나 결코 사실이 아니다. 1939년 5월 3~4일의 대규모 공습이 지나간 뒤 충칭의 공습경보 해제를 알리는 사이렌의 울부짖는 소리는 중국 바깥까지 널리 퍼져나갔다. 당시 서구에 알려진 '충칭'의 고통은 전 세계 사람들에게 저항의 상징이 되었을 뿐만 아니라, 분명한 점은 이 전쟁이 다른 나라 사람들과도 무관하지 않았다는 사실이다. 중일전쟁은 그 시절 지구상에서 가장 주목받는 전쟁 중 하나였다. 유명한 시인 W. H. 오든은 1938년에 쓴 시에서 "지금 악이 있는 곳은 난징과 다하우22다"라고 언급했다. 서구의 많은 진보주의자에게 중일전쟁과 스페인 내전은 서로 뗄 수 없는 관계였다. 많은 관찰자 — 오든과 그의 친구 크리스토퍼 이셔우드Christopher Isherwood, 사진작가 로버트 카파, 영화감독 요리스 이벤스 — 가 한 전쟁에서 또 다른 전쟁으로 자연스럽게 이동했다. 이들은 민주적인 (또는 최소한 진보적인) 정부가 파시즘과 국수적인 '초국가주의'에 대항하여 싸우는 중요한 국제 분쟁의 현장을 보도했다. 영국에서는 '중국 전역 위원회'가 중국을 지키기 위한 자금을 모금했다. 심지어 뒷날 장제스의 가장 혹독한 비평가가 된 『타임』지의 시어도어 화이트는 충칭의 전투는 "중국이 위대하다는 신념과 일본에 맞서 조국을 지키겠다는 강한 열정으로 에워싸인 벽의 그림자 아래로 모여든 수십만 명의 사람이 공유한 사건"이라고 주장했다.23 1939년에 끝났던 스페인 내전과 달리 중국에서의 전쟁은 아시아와 유럽 전체를 휩쓴 세계대전의 일부가

---

22 독일 남부 바이에른에 있는 도시. 히틀러 집권 초기인 1933년 비밀경찰의 수장인 하인리히 힘러에 의해 최초의 정치범 수용소가 세워졌고 20만 명 이상의 정치범과 유대인, 전쟁 포로가 수용되어 끔찍한 환경에서 중노동을 강요받았다.—옮긴이
23 Theodore White and Annalee Jacoby, *Thunder out of China*(New York, 1946), 3쪽.

되었다.[24]

유럽과 아시아 대부분의 주요 국가, 미국·영국·프랑스·독일·일본에게 제2차 세계대전의 경험은 1945년 이후 몇 년 동안 새로운 사회를 형성하는 데 막대한 영향을 미쳤다. 자신을 세계 경찰국가로 간주한 미국부터, 약체화된 유럽 국가로서 제국 이후의 역할을 찾으려 했던 영국의 노력, 원자폭탄의 그늘에서 살아남아 평화 국가로 자신의 배역을 바꾸려 했던 일본의 갈망까지 전쟁이 현대에 남긴 유산은 명백하다. 반면, 가장 먼저 전쟁을 맞닥뜨려야 했던 중국의 역할은 1945년 이후 수십 년 내내 불분명했다. 오늘날 중국은 마오쩌둥의 문화대혁명 산물이며 심지어 19세기 아편전쟁이 남긴 치욕의 산물로 여겨지지만, 항일전쟁의 결과로 여겨지는 일은 거의 없다. 중국의 운명이 달려 있었던 전투와 전역戰役의 이름들, 타이얼좡台兒莊, 창사長沙, 이치고一號 작전은 이오섬, 됭케르크, 벌지, 사이판, 노르망디처럼 엄청난 문화적 반향을 일으키기에는 역부족이다. 중국의 전시 역사는 어째서 우리 기억에서 멀어졌고 우리는 지금에야 그것을 되새기는가?

간단히 말해서, 그 역사는 냉전 초기에 만들어진 구멍 속으로 사라졌다가 최근에야 다시 나타났다. 항일의 기억은 독소 정치toxic politics 속에 묻혔고 이것은 서구와 중국(대륙과 타이완) 모두에게 책임이 있다. 각국은 모두 자신의 냉전 상황에 맞게 편의적으로 해석했다. 일본과 중국은 1945년과 1950년 사이에 미국과 영국의 보호 아래 서로 자리를 맞바꾸었다. 일본은 전시의 적에서 냉전의 자산이 되었고, 중국은 항일의 동맹국에서 수시로 분노를 터뜨리는 예측 불가능한 거인이 되었다. 전시 중국에서 어떤 일이 있었느냐는 질문은 "누가 중국을 잃었는가?"라는 정치적인 질문과 함께 미국 정부를 꼼짝 못하게 했다. 그 시절 몹시 험악했던 정치적 분위기 속에서 중국의 다양한 기여와 결점을 신중하게 평가하기란 거의 불가능했다. 한편, 1949년 이후 신생 중화인민공화국의 관변 역사가들은 항일전의 승리에서 주인공은 중국공산당이었다고 재빨리 수정했다. 국민당의 역할은 부정

---

24 중국의 전쟁이 영국의 여론에 미친 영향 분석은 Tom Buchanan, *East Wind: China and the British Left*(Oxford, 2012), 특히 2장 참조.

당했다. 국민당의 전시 정부는 일본보다는 공산당과의 싸움에 집착한 데다 무능하고, 부패했으며, 중국 인민을 착취하는 데 여념이 없었다는 것이다. 1949년 이후 국민당의 피란처가 된 타이완의 학자들은 이러한 관점에 반박했다. 하지만 그들의 주장은 장제스가 통치하는 독재 정부에 의해 만들어졌고, 장제스의 실추된 명성을 회복시키려는 의도가 아니냐는 의심을 받았다. 중국 본토에서 전시 자료를 보관하고 있던 기록보관소들은 학자들에게 닫혀 있었다. 그 시기를 이해하는 데 필수적이면서 민감한 부분들은 숨겨졌다. 중국에서 항일전쟁은 비극 대신 평면적인 악인과 영웅이 나오는 멜로드라마로 각색되었다. 모든 사람이 중일전쟁은 수치스러우며, 마오쩌둥이 만들어낸 신중국의 영광과는 무관하다고 여겼다. 전후 평화로운 세계를 구축하고자 했던 서구도 무관심하기는 마찬가지였다. 대부분 근대 중국에서 기나긴 재난의 최악을 보여준 것 같은 우울한 시기를 잊으려고 했다.

물론 전쟁사를 자기 민족의 자긍심을 세우는 데 기여하는 쪽으로 강조하는 행위는 어느 사회이건 특별한 일이 아니다. 1970년대까지 서구의 많은 전쟁사 연구는 유럽의 전선에 집중했고, 소련의 결정적인 기여를 대수롭지 않게 여겼다. 소련은 사회 각계각층에서 1941~1945년의 "대 조국 전쟁"을 광범위하게 활용하여 전후 시대를 스스로 개조하는 동시에 국제사회에서 이익을 추구하려 했다. 반면, 항일전쟁은 전후 중국에서 국가 결속력을 강화하는 데 선별적으로 활용됐다. 전시 기간이 대중에게 공개되었을 때, 유일하게 상세히 다루어진 부분은 마오쩌둥이 농민혁명을 지휘했던 혁명 근거지의 수도 옌안延安에서 일어난 사건들이었다. 충칭 대폭격, 일본과의 전시 협력, 미영과의 동맹에 대해서는 아무런 언급도 없었다. 심지어 난징 대학살 같은 일본의 전쟁 범죄에 관한 논의조차 거의 없었다.

1980년대에 오면 상황은 급변한다. 중화인민공화국은 중일전쟁을 놓고 그동안 자신들이 했던 이야기의 주요 대목을 대부분 뒤집었다. 중국공산당은 이념 차이를 떠나 국민당과 공산당의 군대가 외국 침략자와 싸우기 위해 단결했을 때의 기억을 되살리기로 결정했다. 갑자기 난징을 비롯해 새로운 전쟁 박물관들이 일본의 전쟁 잔학 행위를 고발하기 위해 생겨났다. 영화와 박물관들은 국민정부군이 훨씬 더 많은 중요한 역할을 했음을 보여주었다. 또한 중국공산당이 대일 항전의 최일선에 있었다는 반反역사적인 입장에서 벗어나기 시작했다. 수많은 새로운 학술 연구가 수십 년 동안 굳게 잠겨 있던 기록보관소와 문서들로부터 쏟아져나왔다.

이 책은 중국 개혁 개방의 훌륭한 수혜자다. 제2차 세계대전 당시에 중국에 관한 새로운 이해는 서구가 중국에 역사적 과제를 부여해서가 아니라 중국 스스로의 중요한 변화를 통해 만들어졌다. 기나긴 중일전쟁과 제2차 세계대전에서 중국이 맡았던 중요한 역할에 대한 종합적이면서 완전한 재해석을 할 때가 되었다. 이제 냉전은 끝났다. 공산주의의 침투와 매카시즘의 영향에서 나온 "누가 중국을 잃었는가?" 따위의 질문은 더 이상 하지 않는다. 비난 섞인 질문 대신 "전쟁은 왜 중국을 바꾸었는가?"라는 좀더 개방적이면서 유익한 질문을 던져서 원인을 찾는다. 또한 이러한 질문은 토론의 방향을 미국 중심에서 벗어나 중국 자신에 좀더 중점을 두고 있다.

전쟁사를 어떻게 재해석하는가에 따라 우리는 더 이상 멜로드라마에 묶여 있을 필요가 없다. 한편으로, 전쟁은 중국의 기나긴 근대화 과정을 단절시켰음을 알아야 한다. 근 한 세기 동안 외세의 침략과 내전, 경제적 혼란을 겪어야 했던 1930년대, 국민당과 공산당은 강력한 중앙집권화된 정부와 안정적이고 건실하면서 경제적 생산성을 갖춘 주권국가를 세우기를 꿈꾸었다. 1937년 중일전쟁이 발발하기 전까지 10년 동안 국민당은 가장 먼저 이러한 목표를 이루려고 시도했다. 그러나 일본의 침략은 그 목표를 불가능하게 만들었다. 세금 징수부터 '식량 안보'와 대규모 난민 유입의 통제까지, 이러한 심각한 문제들은 어떤 정부라도 성공적으로 해결할 수 없는 일이었다. 전쟁은 그 뒤 공산주의자들에게 권력을 넘겨주게 만들었지만 그 과정이 반드시 필연적이었다고 할 수는 없었다. 또한 진주만 공격 이전, 전쟁 초반의 대부분의 기간에는 또 다른 대체 역사가 일어날 수도 있었다. 일본이 전쟁에 이겼다면 중국은 광대한 일본 제국의 일부가 되었을 것이다. 중국의 전시 경험의 새로운 역사는 국민당, 공산당, 부역자, 이 삼자가 근대 중국을 위해 투쟁했음을 고려하지 않으면 안 된다.

미국, 소련, 영국과 더불어 전시 4대 강국 중 하나였던 중국의 지위 또한 회복되어야 한다. 중국의 대일 항전사는 그저 망각된 연합국의 일원으로서가 아니라 전쟁을 통해 체제와 민중의 삶에서 가장 격렬한 변화를 겪은 연합국의 역사였다. 심지어 1941년 독일의 침공 이후 엄청난 인명 손실을 입은 소련조차 중국이 겪어야 했던 근본적인 변화에 비할 수 없었다. 소련은 극한을 경험했지만 국가가 붕괴되지는 않았다. 그들은 반격해서 살아남았다. 반면, 난타당해 쓰러지기 직전이었던 1945년 국민당의 중국은 일본과의 전쟁으로 완전히 파괴되었다. 그동안 중국의 항전 노력, 특히 국민당 정권의 역할에 대한 서구의 비판적인 시각은 장제스 정권의 부패와 대중적 지지를 상실했다는 질책에 근거한다. 미국인들 사이에서 유행했던 전시 유머 중 하나는 중국 지도자의 이름Chiang Kai-Shek이 "내 수표를 현금으로 바꿔줘Cash My-Check"였다는 것이다. 진실은 훨씬 복잡했다. 연합군의 유럽 우선 전략은 장제스가 최소한의 비용으로 전쟁을 지속해야 한다는 의미였다. 장제스는 연합국의 전략적 이익에는 도움이 될지 몰라도 정작 자신들의 이익에는 위배되는 방식으로 군대를 배치하도록 거듭 강요당했다. 1945년 평화가 찾아왔을 때 국민당 정권이 절뚝거리며 동정받지 못하는 불구가 된 이유는 맹목적인 반공과 항일의 포기(진주만 사건이 일어나기 전까지 4년 반 동안 홀로 일본에 맞섰다는 사실을 고려하면 억지다) 또는 멍청하거나 원시적인 군사적 사고방식 때문이 아니었다. 그보다 국내 혼란, 신뢰할 수 없는 동맹국들 때문이었다.

중국의 항일전쟁사는 당시 전시 상황이 오늘날까지 중국 사회에 큰 영향을 주고 있다는 점에서도 다시 들여다볼 가치가 충분하다. 예를 들면, 공습의 반복은 국민에게 외출이 위험하므로 주거지와 직장이 동일해야 한다는 관행을 만들었다. 1949년 이후 중국 전역에 걸쳐 균일하게 조직된 '단웨이單位'[25]는 1990년대까지 유지되었다. 전쟁 기간 정부는 혼란 속에서 질서 유지

---

[25] 마오쩌둥 시절 공산당의 통제와 대중 동원 체제를 강화하기 위해 만들어낸 사회주의식 국영기업의 통칭. 기존의 모든 민영 기업은 단웨이에 흡수되었으며 모든 도시 거주민이 본인의 의사와 상관없이 각각의 단웨이에 소속되었다. 또한 농촌에서는 수많은 인민공사가 설립되어 모든 농민이 강제

를 위해 노력하면서 중국사회는 한층 더 군사화, 유형화, 관료화되었다. '무질서'에 대한 거의 병적인 두려움과 함께 이러한 분위기는 중국인들에게 공공의 가치관을 형성했다. 전시 국가가 대중에게 요구했던 것들은 반대로 대중이 국가에게 더 많은 요구를 하게 만들었다. 전쟁은 보건과 위생의 개선과 더불어 난민들에게 복지를 제공하는 광범위한 실험장이 되었다. 다른 참전 국가들, 대표적으로 영국은 전쟁 시기 고통의 보상으로 국민에게 복지국가를 약속해야 한다는 사실을 발견했다. 그러나 결과적으로 국민당이 직면한 요구 사항들은 오직 공산주의자들만이 실현할 수 있는 것이었다.[26]

21세기 초 중국은 국제무대에서 자리를 잡았고 전 세계에 '책임 있는 강대국'으로서의 인상을 심어주려 하고 있다. 이를 위한 한 가지 방법으로 중국은 사람들에게 파시즘에 맞서 다른 진보적인 강대국들과 함께 했던 그리 오래되지 않은 과거, 즉 제2차 세계대전의 기억을 강조하고 있다. 우리가 오늘날 국제사회에서 중국의 역할을 이해하려면 중국이 1930년대와 1940년대에 겪었던 비극적인 대투쟁을 기억해야 한다. 그 투쟁은 역사상 가장 사악한 악의 세력에 대항해 중국의 존엄과 생존만이 아니라 동서양 모든 연합국의 승리를 위한 것이었다.

가입해야 했다.—옮긴이

26 주요 연구는 중국공산당 사회 구조의 근원이 전시 중국국민당 시절에 있다고 주장한다. 다음의 책 참조. Mark W. Frazier, *The making of the Chinese industrial workplace: state, revolution, and labor management*(Cambridge, 2002); Morris Bian, *The Making of the State Enterprise System in Modern China: The Dynamics of Institutional Change*(Cambridge, MA, 2005).

제1부

전쟁으로의 길

제1장 이와 입술의 관계: 몰락하는 중국, 떠오르는 일본

중국과 일본의 분쟁은 1937년에 시작된 것이 아니었다. 긴장은 이미 10년 전부터 고조되었다. 중국의 20세기 전반은 이웃의 작은 섬 일본과의 애증을 통해 점점이 이어져온 역사였다. 시간이 지날수록 서로에 대한 증오는 한층 격렬해졌다. 1930년대와 1940년대에 일본이 중국 영토에서 저지른 잔학 행위는 그 정점이었다. 하지만 20세기 초만 해도 일본은 괴물이면서 또한 스승이기도 했다. 일본은 중국을 가르쳤다. 수천 명의 중국인 유학생이 일본에서 공부했다. 일본은 피란처였다. 중국 정부가 명망 있는 혁명가 쑨원을 포함해 반대자들을 탄압하자 그들은 도쿄로 망명했다. 또한 일본은 중국의 롤 모델이었다. 중국의 개혁 엘리트들은 같은 아시아 국가인 일본이 어떤 식으로 군사화와 산업화를 실현하여 국제사회에서 당당하게 나서게 되었는지 주목했다. 좋든 나쁘든, 20세기 중국사의 대부분은 일본과의 관계를 통해서 만들어졌다. 일본과 중국이 '순치(이와 입술)의 관계'라는 것은 상투적인 표현이었다.[1]

두 나라의 관계가 그렇게 가깝다면 어째서 역사상 유례를 찾기 힘든 잔혹한 전쟁을 벌이게 되었는가? 싸움의 근원을 알기 위해서는 19세기 말까지 거슬러 올라가야 한다. 당시 중국은 홍수, 기근, 외세의 침략 등 총체적으로 암울한 정치적 상황에 직면했다. 이러한 위협들이 등장하면서 중국은 역사

---

1   조슈아 포겔의 분석은 양국의 밀접한 관계를 강조한다. Joshua Fogel, *Articulating the Sino-sphere: Sino-Japanese Relations in Space and Time*(Cambridge, Mass., 2009).

상 가장 큰 위기에 봉착했다. 중국 엘리트들은 자신들의 운명을 더 이상 스스로의 의지로 결정할 수 없음을 깨달았다. 자신만만했던 문명은 산업화와 제국주의라는 새로운 국제 체제의 희생자가 되었다. 쇠락하는 속도가 너무 빨랐기에 많은 중국인은 그것을 알아차리는 데 한층 어려움을 겪어야 했다. 1세기 전만 해도 서구의 많은 관찰자는 중국이 지구상에서 가장 강력한 제국이라고 굳게 믿었다. 그중 한 사람이 중국과 비교해 프랑스를 매우 부정적으로 비판했던 볼테르[2]였다. 몇 세기 동안 중국의 역대 왕조들은 지구 전체에서 인구가 가장 많고 문명화된 사회를 다스렸다. 근 1000년에 걸쳐 중국은 정부 관료들을 선발하기 위해 과거제도를 운용했다. 이 제도는 서구보다 훨씬 오래되었다.

이 시기 중국의 문화적 영향력은 정점에 있었다. 중국의 통치 철학을 뒷받침하는 유가의 보수적인 질서 규범은 동아시아로 퍼져나갔고 한국, 일본, 동남아시아를 포함한 변방 국가의 사회를 형성하는 데 기여했다. 중국의 서예, 회화, 금속공예는 인근 국가들 사이에서 큰 명성을 떨쳤다. 이 나라는 역동적인 상업 경제를 발전시켰다. 따뜻한 남쪽 지방에서 온 이국적인 과일 같은 상품은 중국 중부와 북부 도시의 부유한 상인들에게 세련된 미각을 갖게 했다. 반면, 일본 통치자들은 자신들이 취약하다는 사실을 깨닫기 시작했다. 천황을 대신하여 통치권을 행사한 도쿠가와 막부는 스페인과 포르투갈 선교사들이 일본 사회를 기독교로 개종시킬까 두려워서 1635년부터 해금령과 쇄국 정책을 밀어붙였다. 어떤 일본인도 일본을 떠날 수 없었다. 위반하면 사형에 처해졌다. 외국 무역은 엄격하게 제한되었다. 나가사키 항의 인공 섬인 데지마出島와 그 밖의 몇몇 외진 섬에서만 네덜란드, 중국, 조선 상인들이 무역활동을 하도록 허용되었다.[3] 중국 조정은 바다 저편의 위협에 대해서는 별로 걱정하지 않았다. 영국 특사 매카트니 경이 1793년 중국과 영

---

2 18세기 프랑스 부르봉 왕조 말기 대표적인 계몽주의자이자 반체제 작가. 본명은 프랑수아 마리 아루에이며, 볼테르는 필명이다.─옮긴이
3 Ronald P. Toby, *State and Diplomacy in Early Modern Japan*(Princeton, 1984). 이 시기에 일본이 실제 고립되었다는 사고를 복잡하게 만든 고전적 저서다.

국 사이에 통상을 열려고 시도했지만, 중국 황제는 그를 빈손으로 돌려보내며 거만하게 선포했다. "우리는 기발한 물건 따위에 관심이 없다. 너희가 만든 상품은 우리에게 조금도 필요 없는 것들이다."[4] 비록 이 황제(건륭제)가 무사태평하기는 했지만 중국은 세계 경제와 고도로 융합되어 있었으며 결코 외부와 단절되거나 고립된 것과는 거리가 멀었다. 청대(1636~1912)에 중국 중부 지역의 징더전景德鎭에서 생산된 독특한 청백자기靑白磁器는 18세기 영국과 프랑스 가정들을 세련되고 품격 있게 장식했다. 감자와 옥수수 같은 신대륙 작물들이 중국으로 전파되었다. 중국인들은 서구로 건너가 황무지를 개척했다. 1700년과 1800년 사이 중국 인구는 1.5억 명에서 3억 명으로 두 배가 되었다.[5] 중국의 주변국에 대한 문화적 영향력의 가장 좋은 사례는 1636년 중국의 마지막 왕조인 청의 건국이다. 만주족은 둥베이 지방에서 중원으로 내달려 청 제국을 세웠다. 몽골과 그 밖의 다른 이민족 침략자들처럼 만주족은 중국 영토를 점령했다. 하지만 그들은 중국의 역동적인 사회 질서를 존중했다. 청의 강희제康熙帝(재위 1661~1722)와 건륭제乾隆帝(재위 1736~1795)는 학술적으로 대규모 편찬 사업을 후원했고(비록 자신들은 궁중 안팎으로 만주족의 관습들을 유지했지만), 자신들이 중국의 전통문화에 얼마나 능숙한지 보여주기 위해 한시를 지었다.

그러나 중국의 성공은 앞으로의 여러 문제를 내포하고 있었다. 18세기 중국은 영토가 팽창한 반면, 관료의 규모가 작았고 거둬들이는 세금도 적었다. 정부의 세수 부족은 군사비가 낮았음을 의미했다. 이 문제는 19세기 초 서구 제국주의라는 새로운 위협이 등장했을 때 큰 문제가 되었다. 새로운 침략자들은 과거 중국의 정복 왕조와는 달랐다. 그들은 중국이 곧 천하이고 세계의 중심이라는 인식을 공유하지 않았다. 선봉에 선 영국은 산업화로 인한 경제적 이익과 1815년 워털루 전투에서 나폴레옹 군대를 격파한 활력 넘치는 국가였다. 영국 상인들은 1600년에 동인도회사를 설립했다. 이제는 남아

---

4 Jonathan D. Spence, *The Search for Modern China*(New York, 1990), 122쪽.
5 Susan Naquin and Evelyn Rawski, *Chinese Society in the Eighteenth Century*(New Haven, 1989).

시아에서 생산한 상품을 판매할 시장을 찾고 있었다.[6]

특히 잘 자랐던 작물은 양귀비였다. 양귀비 열매에서 추출한 끈적거리는 검은색 유즙은 강력한 환각 효과를 지닌 아편의 원료가 되었다. 이 마약이 중국에 들어오자 빠르게 확산되었다. 이미 수백 년 전에 중국에 들어왔던 아편은 그때까지 주로 관료들의 강정제強精劑와 의약품으로 널리 사용되고 있었다. 아편의 대량 판매는 영국의 새로운 정책이었다. 아편의 심각한 파괴력이 국민을 피폐하게 만들 것이라고 확신한 청 조정은 임칙서林則徐를 흠차 대신으로 광저우에 파견하여 영국 상인들 소유의 아편을 불태우도록 지시했다. 임칙서는 공장 안의 상인들을 포위한 후 아편을 입수하여 신속하게 임무를 완수했다. 하지만 그로 인해 의도치 않은 전쟁이 발발했다. 영국 외무장관 파머스턴 경은 영국 왕실에 대한 중국의 무례함을 응징한다는 명목으로 무력 사용 허가를 받았다. 이로 인해 제1차 아편전쟁(1839~1842)이 발발했다. 중국인들의 항전은 포함砲艦의 엄호를 받는 파괴적인 영국의 화력에 상대가 되지 못했다. 청 조정은 굴욕적인 항복을 강요받았다.

1842년, 청 조정 대표가 오늘날 '불평등 조약'이라 알려진 난징 조약에 처음으로 서명했다. 이 조약에 따라 상하이를 포함한 새로운 항구들을 개방하여 외국과의 무역을 확대했다. 영국에는 홍콩을 할양해야 했다. 하지만 중국은 아무런 이익도 없었다. 중국에게는 '굴욕적인 100년' 역사의 시작이었다. 이 기간에 중국은 주권을 상실했고 외세에 굴복했다. 심지어 지금도 '난징 조약'이라는 단어는 중국인에게 흑역사의 집단 기억을 떠올리게 하는 힘을 지니고 있다. 그다음 수십 년에 걸쳐 서구 세력들, 영국에 이어 미국과 프랑스는 중국과 또 다른 전쟁을 시작했다. 승리한 그들은 더 많은 특권과 영토를 차지했다. 중국에게 가장 치욕스러운 조항은 중국의 법이 적용되지 않는 '치외법권' 구역이 설치였다. 이 조항은 조약에 의해 보호받는 국가의 외국인들은 심지어 법률 사건이 중국 영토 안에서 일어났어도 중국 법정에서 법적 분쟁을 해결하거나 형사고발할 수 없도록 규정했다. 대신 양측은 외국의 통

---

6 장기적인 중국의 대외관계 변화에 관한 최근의 가장 깊이 있는 재평가로는 O. A. Westad의 *Restless Empire: China and the World Since 1750*를 들 수 있다.

제를 받는 '공동' 법정에서 조사를 받아야 했다.[7]

그 중심에는 상하이가 있었다. 중국 역사의 대부분의 기간에 작은 무역 도시였으며, 난징과 양저우揚州 가까이에 있어 관심을 끌지 못했던 근대 상하이는 제국주의에 의해 만들어졌다. 상하이의 통상권은 제1차 아편전쟁 이후 1842년 난징 조약의 조항에 따라 부여되었다. 난징 조약은 중국인에게는 굴욕적이지만, 상하이를 유일무이한 항구로 발전시켰다. 상하이 중심가에는 (외국 주권의 영향을 받는 영토인) 두 개의 '조계租界' 지역이 있었다. 프랑스 조계는 도시 안의 작은 프랑스 식민지였다. 공동 거류지는 더 복잡했다. 비록 공식적으로는 식민지가 아니라 상하이 시의회가 통제했지만, 1928년까지 어떤 중국인도 의원으로 선출되지 않았다. 나중에 미국인과 일본인이 포함되기는 했는데, 시의원 다수는 영국인이었다. 마치 상하이가 자신들의 나라인 양 스스로를 '상하이 주민Shanghailanders'이라고 했던 정착민들은 직접적으로 런던과는 상관은 없었지만 넓은 의미에서 영국의 이익과 동일하게 취급되었다. 조계 이외의 지역은 중국 정부가 통제했다. 조직폭력배들은 상하이의 관할권 분리를 악용하여 마약, 매춘, 도박으로 수익을 극대화했다. 그중에서도 가장 악명 높은 집단은 두웨성杜月笙이 거느리는 청방青幇이었다. 그러나 도시의 식민지 역사는 동시에 중국의 젊은 민족주의자들에게 가까운 곳에서 근대화를 만날 수 있는 기회를 주었다. 상하이의 네온사인 불빛과 화려한 백화점은 수천 킬로미터 떨어진 내륙 깊숙한 곳에까지 명성이 자자했다. 청 조정은 서구 열강들에 대한 전략을 전반적으로 재검토했다. 난징 조약 체결 2년 뒤, 흠차대신 기영耆英은 황제를 위해 노쇠한 제국에 걸맞은 용어로 상황을 재해석하려 했다. 그는 이렇게 설명했다. 서양인들은 "항상 제멋대로 억측하므로 이들을 도리로 깨우치기는 어렵습니다." 청 조정은 "허명을 위해 그들과 싸울" 필요가 없으며, 오히려 중국의 관습에 동화시킨다는 "원대한 계획의 달성"을 목표로 해야 한다는 것이었다.[8] 기영은 수백 년

7 청에 대한 제국주의 영향에 대해서는 다음의 저서를 참조. Robert Bickers, *The Scramble for China; Foreign Devils in the Qing Empire, 1832~1914*(London, 2011).
8 Ssu-yu Teng and John King Fairbank, *China's Response to the West: A Documentary*

전 중앙아시아와 그 초원지대의 침략자들을 달랬던 것처럼 영국도 회유할 수 있으리라 생각했다. 그러나 이러한 전술은 본질적으로 성격이 전혀 다른 새로운 위협을 과소평가했음이 명백해졌다. 제국주의자들의 목적은 단지 영토만이 아니라 사고방식을 지배하는 데 있었다.

난징 조약은 기독교 선교사들이 중국 내륙을 광범위하게 여행할 수 있도록 허용했다. 그들 뒤에는 (적어도 암암리에) 외국 포함이 뒤따랐기 때문에 선교사들이 항상 환영받지는 않았다. 하지만 기독교는 신교육과 근대 의술을 가져다주면서 많은 중국인을 개종시켰다.

그러나 1850년대에 한 명의 특별한 개종자가 끔찍한 결과를 가져오리라고는 아무도 예측하지 못했다. 광둥 출신의 젊은 홍수전洪秀全은 과거시험에 여러 번 떨어졌다. 네 차례 낙방 후 망상에 사로잡힌 그는 몇 년 전 미국 선교사들이 배포한 기독교 책자의 내용들을 기억해냈다. 홍수전의 환영들은 자신이 예수 그리스도의 동생이며, 만주족을 중국에서 몰아내고 '태평천국太平天國'을 세우기 위해 지상으로 보내졌다고 믿도록 만들었다. 그는 태평천국으로 알려진 운동을 조직했다. 시작은 변변찮았지만 이내 눈덩이처럼 커지면서 거대한 내전으로 확대되었다. 1856년과 1864년 사이에 태평천국은 중국 내에 실질적인 독립국가를 세웠다. 수도는 대도시 난징이었다. 수백만 명의 사람이 그들의 통치를 받았다. 태평천국은 명목상 기독교 정권이었지만, 홍수전을 예수의 형제로 인정하는 것을 비롯해 이단적인 교리들을 신봉했다. 이 때문에 대부분의 선교사와 다른 외국인들은 그들과 연합하는 것을 보류했다. 또한 태평천국은 아편 금지와 같은 엄격한 개혁들을 단행했고, 재산과 토지를 재분배했다. 태평천국의 격문은 "어디에도 불평등은 없으며, 어느 누구도 못 먹거나 못 입지 않는다"라고 선언했다.[9]

청은 필사적으로 반란을 진압하려 했다. 그러나 만주 전사의 전통을 계

Survey(Cambridge, MA, 1954), 39~40쪽.

9 Spence, *Search for Modern China*, 175쪽. 태평천국운동은 또한 다음의 저서들을 참조. Spence, *God's Chinese Son: The Heavenly Kingdom of Hong Xiuquan*(New York, 1996): Stephen R. Platt, *Autumn in the Heavenly Kingdom: China, The West and the Epic Story of the Taiping Civil War*(New York, 2012).

승한 청의 정규군은 지난 수십 년간 위축되면서 더 이상 대규모의 광적인 반란 조직을 진압할 능력이 없었다. 청 조정은 신뢰할 만한 지방관 증국번 曾國藩에게 맡겨 이 문제를 해결하도록 결정했다. 그는 태평천국군을 진압하기 위해 '새로운 군대(상군湘軍)[10]'를 양성했다. 새로운 군대는 매우 성공적이었다. 많은 희생이 따랐지만 반란은 결국 진압되었다. 1864년 난징의 마지막 전투에서 약 10만 명이 사망했다고 보고되었다. 이 사건은 청의 통치에 또 다른 취약성을 가져왔다. 태평천국이라는 당장의 문제는 해결되었지만, 중앙에서 지방으로 군 지휘권의 이양은 중앙의 권력을 약화시키고 흔히 '군벌'로 알려진 군국주의자들이 자치할 수 있는 토대를 만들어주었다.[11]

분열되고 군벌화된 중국은 점점 취약해졌다. 이로 인해 궁극적으로 일본과의 전쟁으로 이어지는 도화선이 될 것이었다. 1860년 이후의 권력 분산이 없었다면, 1930년대 일본이 중국을 침략할 확률은 훨씬 낮았을 것이다. 군벌화와 중앙정부의 통제력 상실은 청의 마지막 50년 통치 동안 중국을 뒤흔든 광범위한 폭력 문화를 초래했다. 폭력은 외세 제국주의자들을 향해 갈수록 고조되는 증오심에서 한 가지 목표를 발견했다. 중국이 공식적으로 주권을 잃지는 않았지만, 외국인들은 자신들 때문에 일어나는 법적 책임을 두려워할 필요 없이 중국 영토를 자유로이 돌아다녔다. 이 때문에 중국인과 불청객들 사이에서 많은 골칫거리가 생겨났다. 상하이 거리에서는 영국 손님들에게 학대받는 중국인 인력거꾼들의 모습을 늘 볼 수 있었다. 1900년 의화단의 반란이 일어났다. 농민 반란의 명칭은 종교적 영향을 받은 무술 연마자들로부터 유래했다. 끝없는 가난 위에 불어닥친 대가뭄이 촉발시킨 반란은 중국 북부의 여러 마을에서 외국인과 중국 기독교인들에 대한 엄청난

---

10 상湘은 후난 성의 별칭으로, 증국번은 자신의 고향인 후난 성에서 현지 한족들을 대상으로 군대를 모집했다. 이와 별도로 제자인 이홍장에게는 안후이 성에서 의병을 모집케 했다. 이 부대는 안후이 성의 별칭을 따서 회군淮軍이라고 불렸다. 태평천국이 멸망한 뒤 증국번은 상군을 해체했지만 회군은 그대로 남았고 이홍장은 회군을 자신의 권력 기반으로 삼아서 조정에서 강력한 세력을 형성했다. 이홍장 이후 조정의 실권자가 되는 위안스카이 또한 이러한 회군의 후예였다. 이들이 나중에 북양군의 근간이 되면서 신해혁명 이후 군벌 시대를 열게 된다.—옮긴이

11 Philip A. Kuhn, *Rebellion and its Enemies in Late Imperial China: Militarization and Social Structure, 1796~1864*(Cambridge, Mass., 1970).

폭력으로 귀결되었다. 상황은 베이징의 외국 공사관을 두 달 동안 포위하면서 절정에 달했다. 의화단운동은 "외국 악마들이 모두 죽으면, 큰비가 내릴 것이다" 따위의 선동적인 구호로 가뭄에 시달리는 지역 주민들의 감정을 자극했다.[12] 가뭄과 기근은 지방의 폭력 사태를 더욱 부추겼다. 국가가 비적의 약탈과 부패한 관료들로부터 더 이상 자신들을 보호해주지 못하리라 판단한 향촌 조직들은 단련團練(민병대)을 조직했다.

태평천국의 난이 끝난 뒤 이 유약한 시대에 장제스가 태어났다. 장제스의 생애는 측근들에게조차 수많은 수수께끼로 남아 있다. 그는 완고하고, 사람들을 잘 다루는 냉정한 인물이었다. 또한 그는 반제국주의 혁명에 헌신했던 경전을 숙독한 유학자였으며 자신의 경험에서 나오는 확고한 신념을 지녔다. 장제스는 젊은 시절부터 중국이 다시 통일되어야 하고, 중국에서 제국주의 세력을 근절시켜야 한다고 믿었다. 그는 이 목표를 위해 자신의 모든 군사적·정치적 삶을 바쳤다. 그러나 그가 추구한 전술은 종종 자신을 복잡한 기만술로 이끌었다. 장제스는 동료 경쟁자들을 속이는 데 달인이었다. 1930년대에 한 영국 기자는 "장제스는 친구들을 가까이했다. 하지만 자신의 적은 더 가까이했다"고 언급했다.[13] 장제스는 창장강 삼각주의 부유한 연해지역인 저장성 닝보寧波 인근의 소금 상인 집안에서 태어났다. 그는 몇 년 동안 높은 수준의 전통 교육을 받았고, 예禮·의義·치恥 등 유가의 사상 체계와 가치관을 배웠다. 20세기 초 신식 군사학교의 교육 또한 그의 가치관을 형성했다. 장제스는 외부 세계를 경험한 중국의 첫 번째 지도자였다. 젊은 시절 혁명에서 재건된 소련 방문은 일생 동안 공산주의에 대한 혐오감을 형성케 했다. 일본 사관학교는 언젠가 그가 마주하게 될 적에 대한 통찰력을 갖게 해주었다. 중일전쟁 시기 인도와 이집트 방문은 중국이 제국주의와 싸워서 전쟁 이후 국제사회에서 당당해져야 한다는 확신을 심어주었다. 장제스의 협

12 Paul Cohen, *History in Three Keys: The Boxers as Experience, Memory, and Myth*(New York, 1997), 85쪽.
13 J. M. D. Pringle, *China Struggles for Unity*(London, 1939).

력자이자 불편한 관계였던 리쭝런李宗仁[14]은 장제스가 중요한 지도자의 자질 중 한 가지를 지녔다고 확인해주었다. "그는 결정을 내리기를 좋아했다."[15]

———

　19세기 후반 중국이 허둥대고 있을 때, 오랫동안 '동생'이었던 일본은 정반대의 길을 걸어갔다. 제1차 아편전쟁 이후 서구의 다음 상대는 일본이었다. 이때는 미국이 앞장섰다. 1853년, 매슈 페리 제독이 도쿄만에 입항했다. 그는 일본에게 수백 년에 걸친 쇄국 정책을 포기하고 통상 교역국을 확대하라고 요구했다. 페리는 정중했지만 그 뒤에는 포함의 힘이 있었다. 천황을 대신해 쇼군으로 섭정했던 도쿠가와 막부는 다음 15년 동안 일본에 닥칠 중대한 위기를 내다보았고, 서양인을 막을 해결책이 없다는 사실을 깨달았다. 도쿠가와 막부의 후계자 중 한 사람인 도쿠가와 나리아키德川齊昭[16]는 전면전을 주창했다. 그는 "만약 우리가 전쟁에 자신감을 갖는다면, 전국의 사기가 오를 것이다. 설령 우리가 패할지라도 마지막에는 양인을 물리칠 것"이라고 주장했다.[17]

　그러나 대부분은 그의 의견에 동의하지 않았다. 외세의 위협으로 시작된 정치적 혼란은 미국과 싸우는 대신 쇼군에 대한 쿠데타로 이어졌다. 1868년 짧은 내전 후 도쿠가와 막부는 전혀 다른 형태의 귀족 엘리트들로 대체되었다. 그들은 서구 제국주의를 격퇴하는 유일한 방법은 전면적인 근

14　광시 군벌의 수장으로 장제스와는 북벌 시절부터 강력한 동맹자이자 정치적 경쟁 관계였다. 1948년에는 초대 부총통으로 선출되었으며 1949년 1월 21일 장제스가 하야한 뒤 대리 총통을 맡아 마오쩌둥과 남북평화회담을 추진했으나 실패했다. 국공내전에서 패배하자 미국으로 망명했고 1958년에 저우언라이의 초청을 받아 대륙으로 귀환한 뒤 평온한 삶을 살다가 1969년에 죽었다.―옮긴이

15　Jay Taylor, *The Generalissimo: Chiang Kai-shek and the Making of Modern China* (Cambridge, MA, 2009), 52쪽.

16　미토 번의 제9대 번주이자 도쿠가와 막부 최후의 쇼군인 도쿠가와 요시노부의 아버지. 당시 도쿠가와 막부의 나약한 분위기에서 그나마 강력한 리더십과 결단력이 있었으며 막부 개혁과 존왕양이에 앞장섰다.―옮긴이

17　Mikiso Hane, *Modern Japan: A Historical Survey* (Boulder, CO, 1992), 68쪽.

대화를 수용하는 것이라고 결론 내렸다. 신정권은 "세계에서 지식을 구하여, 제국의 기초를 크게 진작시킨다"고 선언했다.[18] 개혁가들은 천황의 이름으로 개혁을 실행에 옮겼다. 이때의 연호가 현명한 통치를 뜻하는 메이지明治였기 때문에 '메이지 유신'으로 잘 알려져 있다. 메이지 유신은 혁명이나 다름없었다. 일본은 농경 위주의 봉건 귀족사회로 외국과의 접촉이 거의 없었다. 기독교와 총포는 사회 질서를 어지럽힌다는 이유로 금지되었다. 하지만 1900년까지 30년 동안 일본은 완전히 변했다. 잘 훈련된 징집 군대, 헌법과 의회가 갖춰졌다. 일본은 아시아에서 가장 산업화된 국가가 되었고, 세계로 상품을 수출했다. 20세기 초에는 6만4000킬로미터의 철로를 건설하고 70만 톤의 선박을 건조했다. 일본 지도자들은 전례 없는 속도로 근대화되고 산업화된 국가를 만들었다.[19]

일본은 19세기 말에는 강력한 근대 민족국가인 제국의 길로 나아갔다. 1894~1895년 전통적으로 중국의 영향력 아래 있던 한반도의 지배권을 놓고 중국과 격돌했다. 2만 명의 일본군이 중국 북부의 산둥성 연해에 위치한 웨이하이웨이威海衛 요새에 대담한 공격을 감행한 후, 정박 중인 중국 해군을 공격해 최신예 군함 5척을 격침시켰다. 중국은 공친왕恭親王[20]과 이홍장李鴻章을 일본 시모노세키에 보내 굴욕적인 협정을 체결했다. 공친왕은 협정문에 서명하면서 "대신들이 바닥에 깨뜨린 잔을 이어 붙이는 중이다"라고 말했다.[21] 일본은 조선(1910년에 공식 합병)뿐만 아니라 타이완(1945년까지 일본의 식민지)의 지배권도 주장했다. 1904~1905년에 일본은 더욱 놀라운 성공을 거두었다. 일본은 러시아가 이미 식민지로 만든 만주의 통제권을 차지하기

18   Hane, *Modern Japan*, 86쪽.
19   Hane, *Modern Japan*, 141~142쪽,
20   공친왕 혁흔奕訢 : 도광제의 여섯 번째 아들이자 함풍제의 동생. 함풍제가 죽은 뒤 서태후와 손을 잡고 조정의 권력을 장악했다. 탁월한 혜안과 보기 드문 추진력을 가졌던 그는 조정을 개혁하고 태평천국의 난을 진압했다. 또한 "서양을 배우야 한다"면서 증국번, 이홍장 등 한족들의 도움을 받아 양무운동을 야심차게 추진했다. 비록 일본에게 패배하면서 양무운동의 한계는 드러났지만 청말의 명정치가로서 공친왕의 개혁 정책 덕분에 그나마 청조의 운명이 조금이라도 연장되었고 중국이 서구의 식민지로 전락하지 않았다는 평가를 받고 있다.—옮긴이
21   Spence, *Search for Modern China*, 223쪽.

위해 전쟁을 벌였다. 대가는 컸다. 8만 명의 병력이 부상과 질병으로 사망했다. 그러나 일본은 전술적인 면에서 앞섰다. 전쟁은 러시아의 패배로 끝났다. 아시아 국가가 유럽 강대국에 승리한 첫 번째 사건이었다. 성공은 세계 식민지, 약소민족들에게 선망의 대상이 되었다.[22]

1905년, 두 강대국은 미국의 시어도어 루스벨트 대통령이 중재하는 협정에 조인하기 위해 미국 뉴햄프셔의 포츠머스에서 만났다. 러시아는 전략적으로 중요한 다롄大連 항을 포함한 만주 동부 연해의 랴오둥遼東반도에 대한 권리를 일본에 넘겨주어야 했다. 이어서 일본은 남만주철도를 건설해 이익을 극대화했다. 남만주철도는 수송망 이상의 의미를 가졌다. 부분적으로 영국의 동인도회사를 모방한 상업적, 준정부적 조직이었다. 이것은 일본이 중국으로 들어가는 강력한 발판을 제공했다. 또한 러일전쟁은 일본 대중에게 강한 영향력을 미쳤다. 일본에는 '센유戰友'[23] 같은 군가가 유행했다. 여기에는 "이곳은 고향에서 수백 리 떨어진 곳, 멀리 만주의 석양이 들판 가장자리의 돌을 비춘다. 그곳에 잠든 나의 전우"라는 가사가 담겨 있었다.[24] 이러한 노래는 일본이 중국에서 큰 대가를 치르며 영토를 손에 넣었으며 그런 희생을 통해 자신들의 이웃 땅에서 특별한 역할을 맡았다는 정서를 부추겼다.

특수한 상황은 일본 관동군이 만주에 주둔하면서 더욱 분명해졌다. 최초 1만 명으로 편성된 이 부대는 만주 거주 일본인과 상업적 이익을 보호하기로 되어 있었다. 특히 만주에서 일본 식민지 건설의 첨병이었던 남만철로공사를 위함이었다. 1933년까지 병력 규모는 급격히 팽창하여 11만4000명으로 늘어났다. 관동군은 중국 북부 지역을 통제하려는 일본의 목표에 강력한 이점을 제공했다.[25]

---

22 Naoko Shimazu, *Japanese Society at War: Death, Memory and the Russo-Japanese War*(Cambridge, 2009).
23 러일전쟁 당시의 일본군 군가로 민간인들 사이에서도 크게 유행했다. 중일전쟁이 발발한 뒤 군 상층부에서는 "병사들의 전쟁 혐오 감정을 부추긴다"는 이유로 금지했지만 일선 장병들에게는 여전히 애창곡이었다.—옮긴이
24 Louise Young, *Japan's Total Empire: Manchuria and the Culture of Wartime Imperialism*(Berkeley, CA, 1998), 91쪽.
25 Mitter, *Manchurian Myth*, 72쪽.

20세기 초까지 일본은 대륙 진출의 야망을 지닌 제국으로 자신을 개조한 아시아의 강대국이었다. 반대로 중국은 완전히 굴욕을 당했다. '동생'과 벌인 첫 번째 전쟁에서 패배한 중국은 다음에는 일본을 비롯한 여러 제국주의 열강에게 아무런 제재도 가하지 못한 채 많은 영토를 빼앗기는 상황을 감수해야 했다. 이들에게는 일본에 대한 분노와 더불어 자기 힘으로 부흥에 성공한 일본의 능력에 대한 존경이 뒤섞여 있었다. 심지어 광서제光緒帝는 1898년 일본 수상 이토 히로부미를 만난 자리에서 일본의 개혁에 존경심을 드러냈다. "당신네 영광스러운 정부는 모든 나라의 찬사를 받고 있습니다. (…) (이토) 경께서 우리 황족과 대신들에게 (…) 개혁의 과정과 방법 등을 알려주고 조언해주었으면 좋겠습니다."[26] 불과 수십 년 전만 해도 '천자'인 중국 황제가 작은 섬나라에 어떤 사안을 놓고 공식 조언을 구한다는 것은 상상할 수도 없는 일이었다.

점점 커져가는 일본의 힘은 많은 중국 지식층이 위기를 벗어나는 새로운 방법을 강구하도록 만들었다. 또한 중국을 성공적으로 압도했던 서구식 정치철학으로 눈을 돌리게 했다. 런던에서 항해 기술을 공부했던 옌푸嚴復[27]는 '적자생존'이라는 용어를 만든 빅토리아 시대의 사회학자 허버트 스펜서의 저서를 최초로 중국어로 번역했다. 스펜서는 단지 생물의 종뿐만 아니라 인류의 모든 종족과 민족은 서로를 지배하기 위해 경쟁하고 있다고 주장했다. 그의 핵심적인 사상은 나중에 '사회 다윈주의'로 불리게 되었다. 지금은 '사이비 과학'으로 일축되지만, 19세기 말과 20세기 초 동아시아에서 크게 유행했다. 이 이론은 아시아 세력의 쇠퇴를 합리적으로 설명해주는 듯했고, 잠재적인 해결책도 제시해주는 것 같았다.(그중에서도 젊은 마오쩌둥이 깊은 영향을 받았다. 마오쩌둥은 질서·화합·위계를 중시하는 전통 유학자들에게 반대 목소리를 내는 데 써먹었다. 또한 중국을 근대 국가로 전환시키기 위해서 폭력이 필요하다는 사고를 받아들였다. 그가 보기에 중국에 진정으로 필요한 것은 "말 위에서 창을

26   Teng and Fairbank, *China's Response*, 180쪽.
27   청말 관료이자 교육자. 영국 그리니치 왕립해군학교를 졸업한 뒤 베이양 수사학당 교관이 되어 베이양 함대 건설에 참여했다. 또한 서구의 많은 전문 서적을 번역해 중국에 소개했다.―옮긴이

휘두르며 돌진하고 고함으로 산을 무너뜨릴 수" 있는 영웅이었다.)[28]

새로운 사상의 영향이 있었지만 일본이 강대해진 순간에 청나라의 힘은 한층 쇠락했다. 자희태후慈禧太后(서태후)를 비롯한 조정의 보수 세력들은 개혁에 냉담했고, 그 시도를 방해했다. 수렴청정을 하고 있던 그녀는 정치적 변화를 극렬히 혐오했다. 1900년 의화단운동은 청조에게 재앙이었음이 증명되었다. 서태후와 청 조정은 반란 세력과 함께 반외세 운동의 지지를 선포했다. 하지만 (일본을 포함한) 8개국 군대로 구성된 2만 명의 병력이 의화단을 진압하는 것을 지켜볼 수밖에 없었다. 청조는 열강들에게 거액의 배상금을 지불하는 데 동의했다. 20세기의 첫 10년 동안 국면을 전환하려는 마지막 시도가 있었다. 1902년, 청조는 일본의 전례를 강력히 도입하여 신정新政 개혁을 시작했다. 신정은 현에서 시작해 다음은 성, 그다음은 국가 순으로 점진적으로 선거제도를 도입하여 중국을 입헌군주국으로 전환할 계획이었다.

청말의 개혁이 보다 통일되고 번영한 국가에서 시행되었다면 조금은 성공 가능성이 있었을지 모른다. 그러나 청의 생존에 관심 있는 사람들은 점점 줄어들었다. 농촌에서는 심각한 농업 위기가 있었다. 군사력은 이제 지방정부로 분산되었으며, 상회商會와 같은 조직에 속한 신흥 중산층은 중앙정부의 간섭을 거의 받지 않았다. 거의 1000년 동안 중국 왕조들은 과거제도로 관료들을 통제해왔다. 그러나 과거시험의 문제들은 경직되었고, 긴급한 현안과 거의 관련 없는 고전적인 판례들의 지식만 요구했다. 1905년, 청은 대담한 조치의 하나로 과거제도를 폐지하고 대신 과학과 외국어 공부를 요구하는 새로운 제도를 도입했다. 그러나 인생의 수십 년을 과거시험만을 위해 공부하며 보냈던 수많은 소외된 엘리트는 기회의 사다리를 강탈당했다는 것을 깨달았다.

구제도의 종말은 중국의 구세대가 결코 경험하지 못했던 새로운 배움의 기회를 만들어냈다. 1937년까지 30년 동안 약 3만 명의 중국 학생이 일본으로 유학을 떠났다. 과거와는 완전히 뒤바뀐 모습이었다. 예전에 아시아인들

---

28 Rana Mitter, *A Bitter Revolution: China's Struggle with the Modern World*(Oxford, 2004), 109쪽.

은 언제나 중국으로 배우러 왔지만, 지금은 일본이 스승이었다. 예를 들면, 장제스는 중국 학생들에게 군사 전략을 가르치기 위해 설립된 도쿄의 진무학교振武學校[29]에 입학했다. 동료 학생들 중에는 중일전쟁 중 군정부장을 지낸 허잉친何應欽도 있었다. 냉담하고 내성적인 장제스는 주변 사람에게 인기 있는 학생은 아니었지만, 근면성실함 덕분에 존경을 받았다. 그에게 일본에서 3년간의 생활은 일본의 질서의식, 외교, 근대화에의 헌신에 대해 존경하는 마음을 품게 했을 것이다. 하지만 일본 제국주의에 대해서도 깊은 경계심을 품게 했을 것이다.[30]

19세기 말까지 많은 중국인은 점진적인 개혁 가능성에 대해 체념했고, 만주족 왕조의 전복을 모의하기 시작했다. 새로운 정치사상이 대두되었다. 대표적인 인물은 기독교인이면서 홍콩에서 의학 교육을 받은 혁명 지도자 쑨원이었다. 청이 결코 중국을 부흥시킬 수 없다고 생각한 그는 1880년대와 1890년대에 동남아 화교사회를 수시로 왕래하면서 전통적인 비밀 결사단체와 친분을 쌓고 반청 정서를 선동했다. 결국 청은 쑨원에게 현상금을 걸었다. 그는 일본으로 달아났다. 혁명에 불을 붙이는 데는 실패했지만 쑨원의 애국적인 모습과 카리스마는 왕징웨이를 비롯한 많은 중국 민족주의자를 고무시켰다.[31]

오늘날 왕징웨이는 같은 시대의 장제스나 마오쩌둥에 비해 그다지 기억되는 인물은 아니지만 그 역시 전쟁 기간 중국을 이끌어나가려고 했다. 왕징웨이는 20세기 첫 10년에만 해도 두 사람보다 더 유명했다. 사적인 자리에서는 곧잘 소심한 모습을 보였지만, 대중 앞에서는 완전히 딴사람 같았다. 그를 잘 아는 한 일본 기자는 "왕징웨이는 소수 집단에서는 항상 아주, 아주 작은 목소리로 말했다. 그러나 3000명의 군중 앞에서는 미친 사자와 같았

29 1903년 일본 정부가 일본 육군사관학교 진학을 원하는 청나라 유학생들을 위해 도쿄에 설립한 예비군사학교. 주로 일본어와 기초 군사지식을 가르쳤다. 학제는 1년 3개월이며 최대 3년까지 연장할 수 있었다. 장제스, 허잉친, 옌시산, 쑨촨팡 등 중화민국을 대표하는 주요 군사지도자들이 졸업했다. 그중에는 중국공산당의 아버지인 천두슈도 있었다. 1914년에 폐쇄되었다.—옮긴이
30 장제스의 젊은 시절에 관해서는 Taylor, *Generalissimo*, 1장 참조.
31 쑨원에 관해서는 Marie-Claire Bergère, *Sun Yat-sen*(Stanford, 2000) 참조.

다! 그는 대웅변가였다"라고 언급했다.[32] 왕징웨이는 1883년 광둥성에서 태어났지만, 선조는 장제스와 같은 저장성 사람이었다. 장제스, 마오쩌둥과 마찬가지로 왕징웨이 역시 젊은 시절 중국에 구원이 필요하고, 자신이 그 역할을 맡아야 할 사람이라는 신념을 지녔다. 1905년, 왕징웨이는 청을 전복시키려고 쑨원이 만든 비밀 결사조직인 중국동맹회中國同盟會에 가입한 뒤, 금세 영향력을 갖게 되었다. 장제스나 마오쩌둥과 달리, 왕징웨이의 대담하고 대중적인 모습은 전국적으로 유명해졌다. 그의 대중 연설은 큰 명성을 얻었다. 또한 그는 매력적으로 보이기 위해 노력했다. 매우 잘생긴 데다 자신을 돌보지 않는 사심 없는 애국자라는 시를 손수 써서 카리스마적인 좋은 인상을 만들었다. 왕징웨이 역시 일본 유학을 선택했다. 1904년 일본에 도착해 법률과 정치를 공부했다. 그곳에 있는 동안 『민보民報』의 편집자를 맡았고 열정적인 구호로 중국에는 혁명이 필요하다고 외쳤다. 주요 독자들 중 한 명이 젊은 장제스였다.

불과 스물두 살의 나이에 왕징웨이는 쑨원의 헌신적인 혁명 동지가 되어 일본에서 돌아왔다. 쑨원과 왕징웨이는 모두 남부 광둥성 출신이었다. 왕징웨이는 평생 동안 광둥 사람들과 어울리기를 좋아했고 머나먼 북쪽의 베이징 사람들을 항상 미심쩍어했다. 그는 쑨원과 함께 여러 동남아 지역을 돌아다니면서 언변술로 화교들을 만나 청조의 전복활동을 지원하도록 설득했다. 그러나 혁명은 일어날 것 같지 않았다. 1910년 왕징웨이는 말보다 행동에 나서기로 결심했다. 그는 마차 아래에 시한폭탄을 장착하여 섭정왕 짜이펑載灃을 암살할 계획을 세웠다. 천비쥔陳璧君이라는 젊은 여자가 도왔다. 그녀는 동남아시아 무역상의 딸로 왕징웨이처럼 혁명에 헌신했다. 또한 성격이 거침없고 도발적이었다. 만난 지 얼마 안 되어 두 사람은 결혼했다. 그녀는 왕징웨이의 모든 행동에 참여했다. 몇 년 후 왕징웨이는 "그녀는 내 아내이지만 또한 혁명 동지다. 이러한 이유로 나는 그녀의 의견 없이 중대한 결정을 내리기 어렵다"고 언급했다.[33]

32 Boyle, *China and Japan at War*, 16쪽

33 John Hunter Boyle, *China and Japan at War, 1937~1945: The Politics of Collaboration*(Stanford,

암살 계획은 발각되었다. 왕징웨이는 체포되어 사형을 선고받았고 얼마 후 종신형으로 감형되었다. 사형이 집행되지 않은 이유는 불분명했지만, 한 가지 이유는 암살 모의가 그에게 엄청난 명성을 갖게 해주었기 때문일 것이다.(궁정의 높은 신분의 여자가 그의 잘생긴 외모에 반했기 때문이라는 믿기 어려운 얘기도 있다.) 암살 시도는 많은 애국자 사이에서 왕징웨이를 민족 영웅으로 만들었다. 청 조정은 그를 순교자로 만들 수 없었다. 왕징웨이는 청 왕조로부터 억압받는 중국을 구하기 위해 기꺼이 죽으려 한 애국자로서 자신을 미화하는 시를 썼다.[34] 자신이 폭력적인 방법으로 방향을 바꾼 이유에 대해 왕징웨이는 젊은 시절 일본에서 공부할 때 썼던 신문 사설을 언급했다. 그는 "이 글들은 잉크로 쓰였지만, 나는 그것을 피로 바꾸고 싶었다"라고 밝혔다.[35] 가식과 신념이 결합한 전형적인 모습이었다. 투지, 야심, 허영과 역경이 장기화되었을 때 스스로 주사위를 내던지는 무모한 구석이 대일 항전 시절 동안 왕징웨이의 정치적 삶을 결정했을 것이다.

왕징웨이 같은 중국 청년들은 러시아의 허무주의자나 테러주의자의 행동과 무정부주의 철학에서 큰 영감을 받았다. 러시아 무정부주의자들은 폭력적일 뿐만 아니라 자신들의 폭력을 찬양했다. 1881년 차르 알렉산드르 2세 암살의 주모자였던 소피아 페롭스카야는 나중에 처형당했지만, 1920년대 중국의 젊은 여류 작가 딩링丁玲[36]에게 깊은 영감을 주었다. 그녀는 소피아를 주인공으로 삼은 『소피의 일기莎菲女士的日記』라는 유명한 작품을 썼다. 청의 친왕을 폭탄으로 암살하려 했던 왕징웨이는 운좋게 소피아와 똑같은 운명을 맞이하진 않았지만, '페롭스카야' 유산의 직접적인 계승자였다.

청말 사회에 격변이 있기는 했지만 혁명이 언제 시작될지는 아무도 몰랐다. 소수만이 1911년 가을 중국 중부의 우한武漢에서 일어난 사건의 파장을

34 Boyle, *China and Japan*, 16~18쪽.
35 Boyle, *China and Japan*, 19쪽.
36 난징 정권과 마오쩌둥 시절 활동했던 중국 여류 작가. 1952년에는 스탈린상을 수상했으며 공산당 기관지인 『런민일보』 편집자를 맡아 중국 문예계를 이끌었다. 하지만 반우파 광풍이 불면서 그녀 또한 당에서 쫓겨나 20년 동안 강제 노동을 해야 했다. —옮긴이

제1장 이와 입술의 관계: 몰락하는 중국, 떠오르는 일본 41

예견했다. 이 도시에는 청 정부가 지방 철로의 권리를 외국의 이익단체에 매각하려 한다는 소문이 무성했다. 민심이 흉흉한 가운데 지방 수비대에 속한 일부 혁명 군인들이 반란에 사용할 폭탄을 제조하다가 발각되었다.(체포되지는 않았다.) 그들은 현지 관료들을 공격할 계획을 세웠고, 승기를 잡거나 아니면 체포될 거라고 생각했다. 그리고 군부대의 본부로 행진한 뒤 지휘관(리위안훙黎元洪)을 붙잡아 총으로 위협했다. 총살당하든지, 아니면 그날(10월 10일) 자신들을 대표해 청조로부터 그 도시의 독립을 선포하든지 양자택일하라는 것이었다. 그 지휘관은 후자를 택했다. 우한이 독립을 선포하자 많은 도시가 연달아 독립을 선포했다. 정치적으로 권력화된 신흥 상인 계층으로 새롭게 채워진 각 성의 의회는 신생 공화국의 일원이 되었다고 선포했다. 그리고 쑨원을 대총통으로 추대했다.(혁명이 발발했을 때 쑨원은 중국에 있는 대신 자금을 모으기 위해 미국에서 체류 중이었다.) 소식은 순식간에 청조의 전복을 준비하던 젊은 애국자들에게 전파되었다. 장제스는 서둘러 일본에서 돌아온 뒤 고향인 저장성에서 급조된 혁명군을 이끌고 첫 번째 전투를 경험했다.

청조의 통치가 매우 불안정했음이 드러났다. 지방 봉기는 갑작스레 불이 붙었지만 체제 전체를 무너뜨리기에 충분했다. 1911년 말 청은 붕괴되기 직전이었다. 중국 북부에서 가장 거대한 군대인 베이양 군을 통솔했던 군벌 위안스카이袁世凱는 조정에 들어가 한 가지를 제안했다. 그는 여섯 살 난 황제 푸이溥儀가 물러나는 대가로 황실에 안정된 거처와 연금을 제공하겠다고 약속했다. 1912년 2월 12일 청의 마지막 황제가 퇴위했다. 중국은 공식적으로 공화국이 되었다.

처음에는 공화국에 대한 많은 기대가 있었다. 그러나 얼마 되지 않아 권력이 정당과 의회가 아닌 군벌들에게 있다는 것이 명백해졌다. 위안스카이는 군사력을 이용해 쑨원을 밀어내고 자신이 대총통이 되었다. 외국 열강들은 예측하기 어려운 쑨원보다 군인이 정권을 장악하기를 원했다. 혁명이 일어나자마자 왕징웨이는 교도소에서 석방되었다. 위안스카이는 그에게 신생 공화국의 총리직을 제안했다. 왕징웨이는 거절했다. 전통적인 유학자의 방식대로 그는 결함 있는 체제에서 타락하기보다는 정계에서 물러나는 쪽을 선택했다.

그 책임은 다른 사람이 맡았다. 1912년 말 총선이 실시되었다. 쑨원은 새로 성립된 국민당의 대표 자격으로 참가했다.[37] 국민당은 596석 중 269석을 차지해 손쉽게 다수당이 되었다. 중국의 민주적 선거 경험은 진실했지만, 그러나 매우 짧았다. 1913년 3월 20일, 한 암살자가 총리 지명자인 유능하고 젊은 국민당의 당수 쑹자오런宋教仁에게 다가가서 총격을 가했다. 쑹자오런은 중상을 입고 곧 사망했다. 사람들은 위안스카이가 암살자를 보냈다고 추측했다. 위안스카이는 즉시 의회를 해산하고, 국민당의 활동을 금지시켰다. 쑨원은 일본으로 망명했다. 그는 깊은 환멸을 느꼈다.

중국의 신생 공화국은 혼란 속으로 빠져들었다. 유럽은 1년 후 위기에 봉착했고 제1차 세계대전이 발발했다. 명실상부한 극동의 최강대국이었던 일본은 유럽의 혼란을 틈타 중국에서 자신의 지위를 강화하려 했다. 1915년 1월, 일본의 내각총리대신 오쿠마 시게노부大隈重信는 위안스카이에게 통상권 확대와 중국 정부에 일본인 '고문'을 두는 것을 비롯해 일본에 막대한 이익이 될 영토적·정치적 요구 사항을 강요했다. 위안스카이의 위치는 여전히 불안했다. 결국 5월에 당초 요구안 중에서 13개 항목이 조약으로 체결되었다. 위안스카이는 요독증으로 사망하는 1916년까지 대총통 자리에 있었다. 다음 10년 동안 중국은 군벌들의 항쟁으로 분열되었다. 국제사회는 언제나 베이징에 자리잡은 정부를 정통으로 인정했지만, 많은 사람은 중국을 국가명이라기보다는 지리적 통칭으로 여겼다.

공화국 초기가 온통 암울한 것은 아니었다. 혼란은 있었지만 중국 근대사에서 가장 화려했던 문화를 꽃피웠다. 1915년에 진보주의자들은 중국의 낙후된 사상적 굴레에서 벗어나 자유로운 중국을 향한 '신문화' 운동에 나섰다. 이 운동은 위안스카이가 죽은 뒤 더욱 활발해졌다. 제1차 세계대전이 끝난 뒤 연합국과 독일 사이에 조인된 1919년 베르사유 강화조약이 불을 붙인 덕분이었다. 독일은 각지의 식민지와 함께 중국에 있던 자신들의 영토를

---

37 쑨원은 쑹자오런이 조직한 국민당의 명예총재를 맡았을 뿐, 선거에는 참여하지 않았다는 견해도 있다. 두 사람의 우호적인 관계는 쑹자오런이 위안스카이의 사주로 암살되면서 끝장났다.—옮긴이

포기해야 했다. 중국인들은 거의 10만 명의 중국인 노동자가 유럽의 서부전선으로 보내져 영국과 프랑스를 도왔기 때문에 중국 내 독일령은 젊은 공화국에 반환되리라 생각했다. 그러나 영토는 중국이 아닌 일본에 주어졌다. 서구 연합국들이 일본과 중국을 자기편으로 끌어들이려고 양쪽 모두에게 똑같은 비밀 협정을 체결한 것으로 밝혀졌다. 국제무대에서의 일본의 행동은 다시 한 번 중국을 분노시켰다.

이 소식은 베이징에 신속하게 전파되었고 사람들은 흥분했다. 대중 집회에서 한 학생은 항의의 표시로 흉기로 자살하겠다고 위협했다. 동료 학생들은 재빨리 모였다. 1919년 5월 4일, 베이징 내 여러 대학에서 3000명의 학생이 외국 공사관 지역으로 행진했다. 그리고 일본의 이익을 변호한 장관을 '나라를 팔아넘긴 도둑賣國賊'이라 비난하면서 그의 집에 불을 질렀다. 학생들은 "민주 선생과 과학 선생德先生與賽先生"[38]을 이용하여 "국내 군벌과 국외 제국주의"로부터 고통받는 사회를 구하자고 맹세하는 운동을 광범위하게 촉발시켰다. 시위는 몇 시간 만에 끝났다. 하지만 그 여파는 다가올 10년 동안 중국의 사회와 문화를 탈바꿈시키는 데 일익을 담당했다. 신문화운동은 (이 시위를 기념하는) '5·4 운동'과 뒤얽혔다. 애국적인 중국인들은 영원한 약점처럼 보였던 중국의 여러 문제를 개선하기 위해 기술 발전과 정치 개혁을 요구했다.[39]

1921년, 이러한 격변의 와중에 신출내기 조직이었던 '중국공산당'이 첫 번째 회의를 개최했다. 사회주의는 청말에 중국으로 유입된 많은 사상 중 하나였다. 이념의 급진적인 제창자들은 1917년 러시아 혁명이 발발하면서 한층 고취되었다. 베이징대학의 도서관 주임 리다자오李大釗는 "볼셰비즘의 승리는 20세기 세계 인류 개개인의 마음속에 있던 공동의 자각과 새로운 정신의 승리다"라고 선언했다.[40] 베이징대학 문학과장 천두슈陳獨秀 또한 이 모

---

38 1920~1930년대에 유행했던 중국 신문화 운동의 대표적인 양대 구호. 1919년 1월 15일 천두슈가 『신청년』이라는 잡지에서 처음으로 언급했고 진보적 지식인들 사이에 빠르게 전파되었다.—옮긴이
39 5·4운동에 대해서는 다음을 참조. Mitter, *Bitter Revolution*.
40 李大釗, 「共產主義的勝利」(1918년 11월 15일), Teng and Fairbank, *China's Response*, 249쪽.

임에 있었다.(젊은 마오쩌둥은 리다자오의 도서관 조수 중 한 명이었다.) 그 자리에 모인 사람들은 중국의 사회적 문제, 특히 중국 안에 있는 제국주의 문제가 해결되어야 한다고 여겼다. 하지만 낙관주의자들도 중국이 직면한 위기의 심각성을 부인하긴 힘들었다. 혁명은 실패한 것처럼 보였다. 중국은 어떻게 해야 스스로의 힘으로 살아남을 수 있을 것인가?

제2장 새로운 혁명

공화국의 위기에 대한 장제스와 왕징웨이의 반응은 당시 수많은 동년배 젊은 남녀의 전형적인 모습이었다. 1911년의 혁명 지지자였던 그들은 조국의 밝은 희망이 군벌이라는 바다 속으로 사라져가는 현실을 고통스럽게 지켜봤다. 왕징웨이는 가장 과격한 선택을 했다. 그와 아내 천비쥔은 (곧 호찌민, 덩샤오핑, 폴 포트의 정치 양성소가 될) 프랑스로 여행을 떠나 5년 동안 그곳에 머물렀다. 그동안 중국의 상황은 더 나빠졌다. 장제스와 마오쩌둥은 중국에 남았지만, 군벌들의 권력 장악은 새로운 정치와 사회라는 꿈을 이룰 기회를 거의 용납하지 않는 듯했다.

정치적 의식을 가진 중국인들은 중국이 제국주의와 군벌주의로부터 고통받고 있다고 생각했다. 왕징웨이의 행동은 그러한 감정을 극단적으로 드러낸 표현이었다. 국민당은 완전히 끝난 듯했다. 사랑하는 중국에서 망명길에 오른 쑨원은 일본에서 몇 년을 보냈다. 모순적이게도 일본은 반제국주의 혁명의 도피처였다. 1921년 호의적인 군벌 천중밍陳炯明의 도움을 받아 쑨원은 광저우에서 혁명 정부를 수립했다. 중국의 변방이기는 했지만 국민당은 자신의 기반을 갖게 되었다. 왕징웨이는 도피처였던 프랑스에서 귀국해 쑨원을 도왔다. 그들은 혁명을 되찾으려 했다.

쑨원은 이제 58세였고 건강이 안 좋았다. 동료들 중 누가 그의 혁명 사업을 이어받을 것인가? 1920년대 초 중국에서 혁명을 이끌 젊은 사람을 선택한다면, 가장 합리적인 선택은 왕징웨이였을 것이다. 실제로 그는 국민당에서 쑨원 다음의 2인자였고, 강력한 사회 개혁 사업들을 만드는 데 도움을 주었다. 그는 준⸱순교자적 행동으로 명성을 떨친 인기 정치인이었다. 유능한 쑨원과 왕징웨이가 국민당에 있었지만, 그들을 무장시켜줄 지지자를 찾을 때까지 국민당의 전망은 밝아 보이지 않았다. 쑨원은 원조를 얻기 위해 유럽 열강들을 설득했으나 성공하지 못했다. 그는 일본에 기대를 걸었다. 1924년 고베의 연설에서 일본이 러시아를 무찌른 것은 "아시아인들이 유럽의 억압이라는 멍에를 벗는" 희망을 품게 했다고 언급했다.[1] 그러나 아시아 통합이라는 쑨원의 대아시아주의 사상은 동등한 입장에서의 협력이 아니라 아시아 강대국에 의한 지배라는 도쿄 정계의 관점과 차이가 있었다.

1923년 쑨원은 중국 역사의 앞길을 바꿀 중대한 결정을 내렸다. 몇 년 동안 혁명군을 건설해 중국을 통일하겠다는 계획을 지원해줄 국가를 찾았다. 서구 열강들은 모두 단칼에 거절했다. 그러나 1920년대 초 세계무대에 또 다른 세력이 등장했다. 1921년, 피비린내 나는 내전이 끝난 뒤 러시아 볼셰비키 혁명은 안정을 찾았다. 불같은 성격의 외무인민위원(외무장관) 레온 트로츠키는 해외로의 혁명 확산을 책임진 코민테른을 활용할 기회를 노렸다. 1923년 쑨원은 코민테른 대표 아돌프 요페를 만나 국민당과 소련의 공식 동맹을 위한 회담을 가졌다. 소련이 보기에 중국은 사회주의 혁명을 일으키기에는 너무 낙후되어 있었다. 대신에 '민족 부르주아'당인 국민당이 먼저 혁명을 수행할 수 있을 듯 보였다. 쑨원은 기꺼이 소련과 동맹을 맺었다. 소련은 서구 국가 중에서 '박애와 정의'를 보여준 유일한 나라였다.[2] 쑨원은 약속의 표시로 국민당 대표단을 소련으로 파견했다. 그중에는 장제스도 있었다. 쑨원의 그러한 결정 덕분에 국민당 내에서 그 젊은 장교의 명성을 크게 높여주었다. 장제스가 주목받는 인물로 떠오르고 있다는 징후였다. 장제스는 트로츠키 등 여러 저명한 볼셰비키 인사를 만났지만 깊은 인상을 받지

---

1 Sidney H. Chang and Leonard H. G. Gordon, *All Under Heaven......: Sun Yat-sen and his Revolutionary Thought*(Hoover Institution, 1991), 86쪽.
2 Chang and Gordon, *All Under Heaven*, 87쪽.

못한 채 그들이 "함부로 잘난 체하고 독단 전횡한다"고 평가했다.[3] 모스크바에서 목격한 달갑지 않은 기억들은 귀국 후 모스크바와 소련식 정치 제도에 부정적인 시각을 형성케 했을 것이다.

새로운 동맹은 중국공산당의 운명을 바꾸었다. 창설된 지 2년밖에 안 된 중국공산당은 아주 작고 미미한 정치 조직이었을 뿐만 아니라 공식적으로 불법이었다. 그들은 도시 노동자들 사이에서 혁명을 일으켜야 한다는 야심 찬 주장을 늘어놓았지만 실현될 가망은 거의 없었다. 쑨원과 소련의 협력은 중국공산당에게 세력을 확대할 절호의 기회를 만들어주었다. 소련의 조언에 따라 많은 공산주의자가 국민당에 합류해 통일전선을 만들었다. 이 기간에 두 당을 구별하기는 어려웠다. 동맹은 쑨원을 사상적으로 이해하는 데 기여했다. 쑨원이 제창한 민족, 민권, 민생이라는 '삼민주의' 정치사상은 모호한 사회복지 국가주의로서 영어로는 종종 '사회주의socialism'로 표현되었다. 그는 결코 공산주의자가 아니었지만, 동맹은 그와 소련 모두에게 만족할 만한 공동 이익을 제공했다. 또한 쑨원의 명성은 볼셰비키를 경계했던 국민당 내 우파 세력들을 억눌렀다.

혁명 정치는 광저우만의 작은 섬 안에 세워졌다. 그 중추에는 소련이 중국의 혁명가들을 교육했던 황푸군관학교[4]가 있었다. 1923년부터 1927년까지 소련과 함께 건립한 국민혁명군의 경험은 국공 양당 모두에게 중요했다. 왕징웨이는 중국공산당의 떠오르는 인물(훗날 마오쩌둥 아래에서 중국 총리가 된) 저우언라이周恩來와 함께 이 학교의 정치부 주임을 맡았다. 군사 면에서 장제스는 탁월한 조직 능력을 인정받아 일본 유학을 같이 했던 허잉친과 함께 장교단 안에서 급성장했다. 또한 이 군사학교에는 중일전쟁 당시 장제스 휘하에서 혁혁한 공을 세웠던 후쭝난胡宗南과 쉐웨薛岳도 있었다.[5]

3 Taylor, *Generalissimo*, 44쪽.
4 정식 명칭은 중국국민당 육군군관학교였지만 황푸섬에 있었기에 대개 '황푸군관학교'로 불리었다. 1924년 6월 16일 문을 열어 북벌 전쟁 중인 1927년 8월까지 5기 7천여명이 졸업했다. 그러나 6기생이 훈련 중이던 1927년 7월 국공합작이 파기되었고 8월 1일에는 공산당에 의해 난창봉기가 일어났다. 이로 인해 공산주의에 동조하는 많은 생도들이 이탈하면서 황푸군관학교는 폐교되었다. 이후 황푸군관학교는 난징으로 옮겨졌고 "중앙육군군관학교"로 개칭되었다.─옮긴이
5 John Fitzgerald, *Awakening China: Politics, Culture and Class in the Nationalist*

이 동맹은 특히 젊은 공산주의자 마오쩌둥에게 이익이었다. 그가 훨씬 더 큰 당의 기초를 발판 삼아 급진적 혁명을 계획할 수 있음을 의미했다. 정치 활동가로서 마오쩌둥의 영향력은 커졌다. 1925년 10월, 그는 왕징웨이를 대신하여 국민당 선전부장에 임명되었다. 그는 앞으로 10년 동안 그 중요성이 입증될 웅변술과 대중 동원술을 단련할 기회를 얻었다.[6]

마오쩌둥은 1893년 중국 중부에 있는 후난성 사오산韶山의 큰 마을에서 태어났다. 그 시대의 많은 사람에게 장제스는 냉담하며 속마음을 읽기 어려운 인물이었던 반면, 마오쩌둥은 변덕스럽고 외향적이며 활발한 성격으로 알려져 있다. 장제스는 거의 잡담을 나누지 않았지만, 마오쩌둥은 친구나 손님들과 몇 시간에 걸쳐 담소를 즐기곤 했다. 마오쩌둥은 항상 자신을 위한 더 큰 무대를 찾았고, 중국의 발전을 저해한다고 생각했던 구시대의 사고와 행동 방식을 무시했다. 젊은 시절의 마오쩌둥은 분개에 찬 글을 써서 전통적인 중매결혼을 맹비난했다. 그는 "중국 부모들은 모두 자기 자녀를 간접적으로 강간한 것"이라고 썼다.[7] 젊은 마오쩌둥의 성격을 보여주는 것은 ("웅크리고 앉을 때, 발뒤꿈치가 엉덩이에 거의 닿아야 한다. 3회씩"과[8] 같은) 개인적인 신체 단련이었다. 운동 목적은 몸과 마음을 단련해 부흥한 나라의 인재가 되기 위함이었다. 이 생각은 60여 년이 지난 뒤 마오쩌둥이 공개적으로 창장강을 헤엄쳐 건너 '문화대혁명'을 시작한 1966년에 되풀이될 것이었다. 마오쩌둥은 일생 동안 보수적인 부농 아버지와 극심한 불화를 겪었다. 이른 시기부터 시작된 두 사람의 충돌은 결국 마오쩌둥이 집을 나가서 정치 신문사 일을 시작하도록 했다. 또한 『수호전』 『삼국지연의』 같은 전통적인 중국 고전은 마오쩌둥에게 영웅들에 대한 낭만적인 사고를 형성케 했다. 마오쩌둥은 항상 강대국의 꿈을 갖고 있었지만, 장제스와 달리 철저한 '천지개벽'을

Revolution(Stanford, 1998).

6　John Fitzgerald, *Awakening China*, 237쪽.

7　Stuart R. Schram, ed., *Mao's Road to Power: Revolutionary Writings, 1912~1949*(7 vols., Armonk, NY, 1992)[이하 *MZD*] "The question of Miss Zhao's personality"(1919년 11월 18일), vol.1, 423쪽.

8　"A Study of Physical Education"(1917. 4. 1), *MZD*, vol.2, 126쪽.

원했다. 즉, 그의 목표는 정치혁명뿐만 아니라 철저한 사회혁명까지 이루는 데 있었다.

미국인 작가 에드거 스노는 1936년에 막 전국적으로 유명해진 마오쩌둥을 만났다. 그는 깊은 인상을 받고 다음과 같이 썼다. "그는 풍부한 유머감각과 유쾌하고 투박한 웃음소리를 지녔고, 중국 농민처럼 순박하고 천진했다. (…) 그는 솔직한 사람이었고, 생활은 검소했다. 어떤 사람들은 오히려 저속하다고 평가할 것이다." 에드거 스노는 마오쩌둥의 다른 면도 봤다. 그는 "마오쩌둥은 필요하다면 단호한 결단력을 보여주는 면이 있는 사람"이라고 생각했다.[9] 마오쩌둥과 장제스에게는 그들 두 사람이 인정하는 것보다 더 많은 공통점이 있었다. 장제스와 왕징웨이처럼 마오쩌둥은 새롭고 좀더 개방된 사고와 경험의 세계로 들어가고 싶어했다. 1911년 열여덟 살이던 마오쩌둥은 고향의 혁명군에 가담했다. 첫 번째 전쟁 경험은 마오쩌둥의 나머지 70년 인생을 결정했을 것이다.

1925년 봄이 되자 중국은 혁명을 할 만반의 준비가 된 것처럼 보였다. 5월 30일, 시위자들이 상하이 국제 조계에 있던 일본인 소유의 공장 앞에 모여들어 직장 해고에 대한 항의를 시작했다. 군중은 수십 명에서 수백 명으로 불어났다. "외국인을 죽이자"라는 구호 소리가 점점 더 커졌다. 영국 관할의 상하이 경찰국의 한 간부가 당황한 나머지 (인도 시크교도 간부들이 지휘하고 있던 중국인 경찰) 부하들에게 군중을 향해 발포하라고 지시했다. 11명이 사망했다. 이 일로 전국적인 시위와 불매운동에 불이 붙었다. 상하이, 광저우, 베이징을 비롯한 중국 전역의 노동자와 학생들은 자국 영토에서 중국인들을 제멋대로 쏘아 죽인 제국주의자들을 규탄했다. 6월 23일, 영국군 부대가 광저우에서 어린 학생들까지 포함된 군중에게 발포해 54명이 사망하자 상황은 걷잡을 수 없이 번졌다. 베이징대학 교수들이 이 사건의 충격을 표현하며 많은 사람을 대변했다. "방금 발생한 비극은 중화민국을 공포와 분노로 가득 차게 했다. 이 중국 학생들, 그들은 단지 항의 표시로 시위하던

---

9   Edgar Snow, *Red Star over China*(London, 1973), 92, 94쪽.

소년 소녀들이었다. 정직한 사람이 어떻게 이런 소년 소녀들을 폭도로 간주하고, 총탄과 기관총을 사용한단 말인가?"[10] 외국 제국주의자들에 대한 분노가 폭발 일보 직전에 이르렀다.

그러나 쑨원은 분노를 보지 못했다. 1925년 3월 12일, 쑨원은 그의 꿈이 막 실천에 옮겨지려는 찰나 암으로 쓰러져 사망했다. 쑨원이 꿈꾸던 통일의 가능성이 갑자기 실현될 것 같은 순간 당 내부는 지도권의 다툼으로 긴장감이 높아져갔다. 왕징웨이는 1920년 광저우에서 설립된 새로운 국민정부를 통제하는 정치위원회 주석으로 선출되었다.[11] 같은 회의에서 장제스는 군사위원회 위원으로 선출되어 당내 지위가 갈수록 높아지고 있음을 인식할 수 있었다. 몇 달 후 과열된 정치적 분위기 속에서 급속한 변화는 장제스에게 권력을 한층 집중시켰다. 특히 소련 고문인 미하일 보로딘 같은 핵심 인물들은 왕징웨이를 불신했다. 그들은 왕징웨이가 개인적인 명예를 탐하는 사람이라 여겼다. 외관상 과묵하고 더 듬직해 보이는 장제스가 자신들의 지지를 받기에 합당한 후보로 보였다.

1926년 1월 제2차 국민당 전국대표대회에서 왕징웨이가 공식적으로 국민당의 영수가 되었지만, 장제스의 명성은 갈수록 높아졌다.[12] 장제스의 정치 성향도 바뀌고 있었다. 지금까지 그는 국민당 좌파와의 관계를 잘 유지했다. 심지어 아들을 모스크바로 유학 보냈다. 그러나 1926년 초가 되면서 점차 당내 우파 쪽으로 기울기 시작했다. 그는 소련이 공산주의자들을 이용해 국민당의 지도력을 약화시키고 있다고 확신했다. 3월 20일, 장제스는 광저우에 계엄을 선포했고, 강한 영향력을 지닌 소련인 고문단과 중국 공산주의자들을 무장 해제시켰다. 비록 그가 (저우언라이를 포함해) 체포된 고위 중국 공산주의자와 소련 고문단들을 즉시 풀어주었지만, 국민당 군대가 장제스를 지지하고, 권력이 장제스에게 넘어왔다는 사실은 명확했다. 왕징웨이는 격분

10 "北京大學敎授關于沙面屠殺的言論," Pei-kai Cheng and Michael Lestz with Jonathan D. Spence, *The Search for Modern China: A Documentary Collection*(New York, 1999), 258쪽.
11 Taylor, *Generalissimo*, 50쪽.
12 Taylor, *Generalissimo*, 54쪽.

해서 군대를 움직여 상황을 반전시키려고 시도했지만, 그의 사상적 우위는 장제스의 무력 앞에서 무용지물이라는 사실만을 발견했다.

1926년 6월 5일, 장제스는 국민당 군대인 국민혁명군을 공식적으로 장악했다. 역설적이게도 1912년 위안스카이의 강력한 군사력이 쑨원의 권력과 명성을 무력하게 만들었듯 이제는 군대를 장악한 장제스가 쑨원의 실질적인 후계자(왕징웨이)로부터 승리했다. 국민혁명군은 해야 할 일이 많았기 때문에 군사력은 중요했다. 그 후 2년이 넘는 시간 동안 국민혁명군은 북벌전쟁을 전개하여 전투나 압박을 통해 중국 중부와 동부 지역 대부분을 차지했다. 사실상 1911년의 혁명 후 잃었던 국가 통일이 완수되었다. 국민당과 그들의 군대는 매월 연해 지역의 주요 성들을 장악해나갔다. 공산주의자들에 대한 장제스의 의심은 점점 커지고 있었음에도, 그들은 새로운 혁명에서 주된 역할을 여전히 수행했다. 마오쩌둥은 북벌의 열기 속에서 중국 전체를 지배하기 위한 정책을 시도하는 정치 실습생 중 한 명이었다. 처음부터 그가 국공합작을 일시적인 것으로 간주했다는 사실은 분명했다.

> 저 우유부단하기 짝이 없는 부르주아 계급 중에서 우파는 우리의 적으로 여겨야 한다. 좌파는 우리의 친구로 여겨도 좋다. 그러나 진정한 친구는 아니다. 우리는 항상 그들을 경계해야 한다. 그들이 우리 계급 내에서 혼란을 일으키도록 놔두어서는 안 된다.[13]

또한 마오쩌둥은 공산당 지도부와 상충되는 생각들을 갖기 시작했다. 그는 중국에는 도시 혁명보다는 먼저 농촌 혁명이 필요하다고 확신했다. 물론 그가 처음으로 이러한 획기적인 사고를 제시한 것은 아니었다. 1927년, 유명한 '후난 농민운동 고찰 보고'에서 그는 중국공산당이 자신의 고향인 후난 농촌 지역에서 실시했던 계급투쟁 상황을 기술했다. 회원이 500만 명에 달했던 후난성 농민협회는 빈농계급을 무장시키고, 그들에게 지주들을 공격하

---

13 "Analysis of all the classes in Chinese society"(1925년 12월 1일), *MZD*, vol.2, 261쪽.

도록 독려했다. 그러나 후난의 폭력 활동은 중국 전역에서 벌어지는 군사적 충돌과 비교하면 빙산의 일각에 불과했다.[14]

국민혁명군은 계속 전진했다. 외국인들은 소련의 지원을 받고 공산주의자들과 연합한 군대가 자신들의 안락한 삶을 뒤집을지 모른다는 두려움에 휩싸였다. 그러나 북벌의 큰 성공은 동맹의 좌파와 우파 사이의 긴장감을 증대시켰다. 다른 지도자들에 비해 장제스의 군사적 우위가 명백해지는 것과 비례하여 통일전선 내 공산주의자들의 존재에 대한 그의 혐오감도 점점 커졌다. 소련이 북벌 자금을 제공하고 있었기 때문에 장제스가 그들과의 동맹을 끝낸다는 것은 불가능했다. 하지만 적절한 시기가 왔을 때 권력의 균형을 깨뜨릴 계획을 준비했다.

1927년 4월 상하이가 국민당 수중에 떨어졌을 때, 드디어 때가 왔다. 중국에서 더욱 견고한 민족주의가 등장할 것을 예상했던 영국은 비록 한가한 상황은 아니었지만 새롭고 더 강력한 정권을 다룰 준비를 했다. 상하이의 영국 거주민 공동체는 덜 낙관적이었다. 그들은 자신들이 두려워하는 좌파 약탈자들과 싸우기 위해 스스로 무장했다. 심지어 어떤 사람들은 장제스를 '작은 붉은 장군the little red general'이라고 불렀다.

그러나 실제로 상하이 점령의 가장 큰 피해자는 (조계 지역에서 대부분 안전했던) 외국인이 아니라 공산주의자들이었다. 그들은 도시의 많은 곳에 침투해 있었고, 국민혁명군이 진입하는 기쁨의 순간을 기다리고 있었다. 하지만 장제스가 저명한 공산주의자들을 구금하고 살해하기 위해 상하이 최대 범죄 조직인 청방을 이용하고자 접촉 중이라는 사실을 알지 못했다. 며칠 동안 수천 명이 학살당했고, 어떤 사람들은 납치되어 고문을 당했다. 몇 년 후, 장제스의 심복 천리푸陳立夫는 "피비린내 나는 방식으로 내부의 적을 제거했다. 정말, 수많은 무고한 사람이 죽임을 당했다"라고 인정했다.[15] 학살은 국공합작을 하루아침에 끝장냈다. 권력을 장악한 장제스는 공식적인 국민정부의 지배자가 되었다. 하지만 승리는 옛 동맹자들의 피로 얼룩졌다.

14   Hans J. van de Ven, *War and Nationalism in China, 1925~1945*(London, 2003), ch.3.
15   Taylor, *Generalissimo*, 68쪽.

왕징웨이는 장제스의 새로운 지위를 받아들이지 않았다. 그는 가장 먼저 우한에서 또 다른 국민정부를 수립하려고 시도했다. 하지만 장제스 대신 자신을 지지해줄 군대가 없다는 사실이 금세 드러났다. 왕징웨이는 여전히 자신이 진정한 쑨원의 후계자라 믿었고, 경쟁자 아래에 들어가기를 원치 않았다. 마오쩌둥을 포함한 공산당원들 또한 장제스를 중국의 지도자로 받아들이지 않았다. 이제 공산당원들은 생명이 위태로워졌다. 저우언라이 같은 지도부와 함께 마오쩌둥은 중국 내륙에 있는 장시江西성 농촌 지대로 도피했다. 그들은 신정부군의 추적을 피하고, 산산조각 난 혁명을 재건하기를 희망했다.

1928년, 장제스는 수도를 중국 중부의 도시 난징으로 정하고 그곳에 자신의 정부를 수립했다. 그는 (이제 베이핑北平으로 이름이 바뀐) 베이징에서 자신의 군사·경제적 역량을 최대한 발휘할 수 있는 곳으로 중국의 수도를 옮겼다. 중국은 공식적으로 국민당에 의해 통일되었으나, 실제로 통제할 수 있는 지역은 일부에 불과했다. 저장浙江, 장쑤江蘇, 안후이安徽를 비롯한 창장강 삼각주에 있던 성들은 장제스의 강력한 통제 아래 있었다. 그러나 난징에서 비교적 먼 지역은 국민정부의 통제력이 미약하게 미쳤다. 북벌이 군벌 시대를 끝내리라는 기대와 달리 많은 경우 국민당과 지방 군벌 사이에 불편한 합의가 있었다. 국민당은 자신의 힘으로 군벌들을 굴복시킬 역량이 부족하다고 생각했다. 석탄이 풍부한 산시山西성은 옌시산閻錫山이 통치하는 실질적인 자치 지역이었다. 그는 진보적인 군벌로 예전에는 전족纏足 반대운동을 강력하게 펼치기도 했다. 만주의 둥베이 3성은 '젊은 원수' 장쉐량張學良의 세력권이었다. 화베이 지방에서는 지역 군벌 쑹저위안宋哲元이 지반을 다졌다. 일본 역시 만주에서 산하이관山海關 이남 지역까지 영향력을 증대시키려 했다. 중국 서부 변경의 칭하이青海성은 사이가 좋지 않은 숙질 관계인 마린馬麟과 마부팡馬步芳이 통제했다. 칭하이성 북쪽의 신장新疆성은 1933년부터 성스차이盛世才의 지배지였다. 소련과 접경 지역에 있던 신장성은 (비록 성스차이가 1942년 갑자기 열렬한 반소反蘇로 전환했지만) 1937년부터 소련의 실질적인 통제를 받았다. 동쪽의 침략 위협에 직면한 국가에게 가장 중요한 근거지가 될 서쪽의 비옥한 쓰촨四川성은 국민당의 완벽한 통제 아래 있지 않았다. 군벌 류샹劉湘이 청두成都에서 통치했고, 난징의 영향력이 커지는 것을 크게 경계했다.[16] 중국의 많은 지역에서 장제스의 불확실한 통치력은 진정한 통일을 이루는 데 큰 장애가 됐다. 난징의 국민정부는 자신들이 지배한다고 주장하는 중국의 거대한 땅에서 세금 징수나 병력 충원을 확신할 수 없었다.

장제스는 국제적인 혼란 시기에 새로운 국가를 건설했고 세계무대에서 자리를 차지할 기회를 얻었다. 1918년 우드로 윌슨이 선언한 민족자결권은 유럽 이외의 근대·독립사회들이 어떤 모습인지 스스로 돌아보게 했다. 제국주의 세계 입장에서 이것은 국민정부에 특별한 역할을 부여했다. 제2차 세계대전이 끝날 때까지 적어도 부분적이나마 독립한 비서구, 비백인 사회조차 손에 꼽을 정도였다. 세 강대국은 전쟁 기간 중국에 대한 국제사회의 태도를 형성하는 데 특별히 중요한 역할을 할 것이었다.

영국은 철저히 실용적인 입장에서 중국을 대했다. 중국에서 대영제국의 존재는 이념과 무관했기 때문이다. 영국은 무력으로 중국에 통상을 요구했고, 양국은 무역을 시작했다. 1920년대까지 영국은 중국에서 단일국가로는 최대 투자국이었다. 인도에서와는 달리, 영국과 중국의 문화적 교류는 제한되었다. 영국의 풍습과 습관을 중국에 전파하려는 시도는 거의 없었다. 특히 영국은 중국에서 완전한 식민통치 구조를 갖추지 못했다. 영국의 이미지는 극심한 착취를 하는 인종차별주의자이며 늘 잔인한 모습이었다. 하지만 영국 외교관들은 가끔 놀랄 만한 혜안을 지녔다. 이들은 이전의 군벌들을 대할 때와 달리 국민당을 승인할 준비를 했다.[17] 1926년 12월, 외국 열강들을 향해 중화민족의 새로운 잠재성과 합법성을 인정해야 한다는 영국 외무장관 오스틴 체임벌린의 성명이 공개되었다. 열강들은 조약상의 권리를 침해하는 데 여전히 반대했지만, 체임벌린은 이 강력한 새로운 정치 세력과 타협

---

16   중화민국 시기의 군벌에 대해서는 다음을 참조. Edward McCord, *The Power of the Gun: The Emergence of Modern Chinese Warlordism* (Berkeley, 1993).

17   중국에서의 영국 역할에 대해서는 다음을 참조. Robert Bickers, *Britain in China: Community, Culture, and Colonialism, 1900~1949* (Manchester, 1999).

할 때가 왔음을 인식해야 한다고 느꼈다.[18] 이때만 해도 국민당이 아직 권력 투쟁에서 승리하지 못했기 때문에 영국의 태도는 탁월한 선견지명이었다.

미국은 중국에 대해 두 가지 상반된 시각을 가지고 있었다. 하나는 미국이 유럽 열강들이 중국에서 누렸던 제국주의의 권리, 즉 상하이 시의회 대표와 아편 무역 같은 특권들을 공유했다는 점이다. 미국으로 건너간 중국인들은 곧잘 심각하고 폭력적인 인종차별을 겪었다. 1924년부터는 존슨-리드 이민법에 따라 중국인의 (그리고 일본인의) 미국 이민은 사실상 금지되었다. 또 하나는 많은 미국인이 중국 안에서 자신들이 특별한 역할을 했다고 생각했다는 점이다. 또한 그들 스스로를 구세계의 제국주의 열강들과 다르다고 여겼다. 선교사의 영향이 이러한 신념을 형성하는 데 중요한 역할을 했다. 20세기 초, 미국 선교사들의 기금은 1906년에 설립된 '베이징협력의과대학'처럼 중국에서 몇몇 중요한 근대적인 교육 기관을 설립하는 데 쓰였다. 게다가 다른 국가들이 거의 하지 않았던 중국 전역의 크고 작은 마을에서 포교활동을 수행했다. 물론 중국에는 수많은 유럽 선교사가 있었다. 하지만 영국과 프랑스는 식민지에 더 관심을 두었고, 중국의 영혼들을 손에서 놓아버렸다. 미국의 영향력 있는 인물들이 중국과 관련 있다는 사실도 도움이 되었다. 『타임』지의 설립자 헨리 루스는 중국에서 태어났다. 전쟁 동안 그의 잡지들은 장제스에게 호의적인 선전을 해주는 중요한 원천이었다. 펄 벅은 남부 침례교 선교사의 딸로 농학자이자 선교사인 존 로싱 벅의 아내였다. 그녀는 국민당 통치기 대부분 동안 중국에서 살면서 미국에서 자신을 가장 유명한 작가로 만들어준 소설들을 썼다. 『대지The Good Earth』(1931)와 『용의 자손Dragon Seed』(1942) 같은 소설들은 더 나은 삶을 얻기 위해 빈곤과 토비들에 맞서 싸우는 중국 농민들의 이야기를 다루었다. 이 작품들로 그녀는 퓰리처상을 받았다. 1938년에는 노벨문학상을 수상했다.

중국에서 미국 선교사들의 존재는 유익한 문화적 교류를 가져왔다. 그러나 중국에 대한 미국인들의 사고의 중심에는 근본적인 오류가 있었다. 이것

---

18   C. Martin Wilbur, *The Nationalist Revolution in China, 1923~1928*(Cambridge, 1984), 72쪽.

은 오늘날까지도 미국의 정치사상에서 여전히 남아 있다. 중국인이 미국인처럼 되고 싶어한다는 널리 퍼져 있던 신념이었다. 정치·교육·종교 제도상의 목표를 달성하기 위해 중국인들을 가르치는 것은 미국인들의 숙제였다. 미국의 부유한 루스 가문과 록펠러 가문은 중국에서 대학, 병원과 기타 기구들을 설립했다. 그들은 미국을 모델로 하는 과학적 근대화와 민주주의의 사고들을 중국인들에게 주입할 생각이었다.[19] 중국은 초보적인 단계의 미국이고, 기독교 국가로 이행 중이며, 잠재적으로 자유민주주의 국가라는 낙관적인 시각이 형성되었다. 마침내 환상과 현실 사이의 괴리가 전쟁 동안 미국과 중국 사이의 본질적인 충돌을 야기했다. 물론 국민당 스스로도 종종 중국을 서구식 자유주의 국가로 개조 중이라는 태도를 연출하는 어리석음을 보였다. 또한 미국인 방문객들에게는 세계 자유민주주의 국가들 사이에서 자랑스럽게 서 있을 수 있는 신중국을 건설하고 있다는 확신을 심어주었다. 하지만 국민당은 게임에서 매우 약한 패를 쥐고 있었다. 중국에는 여전히 진정한 평화가 찾아오지 않았고, 제국주의 세력이 강력하게 남아 있었다. 따라서 미국 같은 강력한 후원자가 듣고 싶어하리라 여기는 것을 이야기하는 데 관심을 가졌다.

전시 중국의 운명에 영향을 줄 세 번째 강대국 일본은 큰 경계심을 갖고 장제스의 난징 국민정부 설립을 지켜봤다. 1920년대에 일본은 중국에 좀더 온건한 태도를 취했다. 도쿄는 제1차 세계대전의 결과와 그 뒤에 나온 파리 강화회의에서 중요한 교훈을 얻었다. 1919년의 5·4운동은 중국의 민족주의가 무시할 수 없는 중요한 힘이라는 사실을 보여주었다. 일본은 1894~1895년과 1904~1905년의 전쟁처럼 무작정 중국의 영토를 전면 침략할 수 없었다. 국제적 환경은 변했다. 우드로 윌슨의 14개 조항의 여파로 엘리트들의 의견은 전통적인 제국주의 관념에서 변하기 시작했던 것이다. 그러나 1937년 중국과의 전쟁이 발발했을 때 일본 내각의 총리가 되는 고노에 후미마로近衛文麿 공작을 포함한 일본 대표단은 서구에서 냉소적인 교훈

---

19 Richard Madsen, *China and the American Dream: A Moral Inquiry*(Berkeley, CA, 1995), 30쪽.

을 얻었다. 윌슨의 국제주의 회담은 위선과 인종차별 때문에 약화되었다. 마지막 평화회담에서 인종평등 조항을 추가하라는 일본의 요구는 비백인 민족들을 동등한 존재로 공개적으로 선언하기를 원치 않는 서구 정치인들에 의해 좌절되었다. 제국주의 태도는 결코 사라지지 않았고, 단지 변형되었을 뿐이다.[20]

이러한 발견은 중국에 대한 일련의 모순된 충동을 부추겼다. 한편으로 일본은 양차 대전 사이에 국제 경제와 정치 질서의 적극적인 참여자가 되었다. 그리고 중국을 강화시키고 더 큰 경제 자율성을 보장하는 국제 금융 개혁을 지지했다. 일본 도시 문화는 젊은이들의 복장부터 인기 가요와 대중 잡지에 이르기까지 모든 면에서 자유주의적 경향을 분명히 보여주었다. 일본의 거대한 산업-금융 기업(재벌)들은 국제 시장에서의 수출로 막대한 이익을 거두었다. 집권 정당이 바뀌는 의회민주주의가 1920년대에 제도화되었다.

그러나 모든 경향이 자유주의적이거나 친서구적이지는 않았다. 많은 일본인 사상가는 아시아 국가들이 서구로부터 공정한 대우를 받을 희망이 없으므로 스스로 운명을 개척해야 한다고 주장했다. 시인 노구치 요네시로野口米次郎는 "만약 한 국가가 다른 국가들로부터 원조만 받고, 다른 국가들을 원조하지 않는다면 그것은 진정한 국가라 할 수 없다. 그러므로 나는 일본이 인도나 중국 같은 다른 나라들을 원조할 수 있기를 항상 생각하고 바라고 있다"고 말했다.[21]

동시에 많은 정치가와 군사 사상가는 일본이 자신들을 꼼짝 못하게 하려는 적대국들에 포위되어 있다고 확신했다. 일본 정보 부서들은 중국 각지의 무역망과 외교적 지위를 이용하여, 중국 유력 인사와 자본가, 군벌들에게 영향력을 행사해 일본과 손을 잡도록 만들었다. 이 동맹들이 지나치게 자율적으로 돌아갈 경우 그 결과는 치명적이었다. 1928년 6월 만주 군벌이자 '노

20   식민지 세계에 관한 윌슨의 생각은 다음을 참조. Erez Manela, *The Wilsonian Moment: Self-Determination and the International Origins of Anticolonial Nationalism*(Oxford, 2007); 인종 평등 조항에 대해서는 다음을 참조. Naoko Shimazu, *Japan, Race and Equality: The Racial Equality Proposal of 1919*(London, 1998).
21   Eri Hotta, *Pan-Asianism and Japan's War, 1931~1945*(Basingstoke, 2007), 71쪽.

원수' 장쮜린은 관동군이 설치한 폭탄 때문에 전용 열차가 폭발하면서 죽었다. 일반적으로 일본 군부는 외무성 관리들에 비해 한층 과격한 방법에 익숙했다. 하지만 어느 쪽이건 중국 본토는 침략자들, 특히 소련과의 완충지대였다. 만약 일본에 적대적인 세력이 중국을 차지한다면 일본에게 한층 불리해질 것이라고 여겼다. 1905년 러시아에게 이겼다는 기억은 여전히 강하게 남아 있었다. '생명선'이라는 용어는 만주의 중요성을 설명하는 데 흔히 인용되었다. 한 작가는 이렇게 썼다. "만주 평원에는 10만 명의 영혼이 묻혀 있다. 이것들은 가치를 따질 수 없는 일본 민족의 피땀으로 얻어낸 승리의 대가다."[22]

일본 지배층은 반제국주의적 구호를 외치는 장제스의 국민정부를 적대세력으로 간주했다. 그들은 국민당이 대중적 정당성을 가졌으며 중국에서 제국주의 세력을 완전히 몰아내야 한다는 이념적 과제를 가진 운동으로 진지하게 받아들이려 하지 않았다. 대신 장제스를 뇌물을 좋아하고 유약한 또 하나의 중국 군벌로 취급했다. 어떤 면에서 일본은 자신을 중국의 침략자가 아니라 친구 또는 조언자로 생각하는 제국주의자라는 점에서 미국과 마찬가지였다. 일본은 청조가 멸망해가던 시절 중국 혁명가들의 진정한 천국이었고, 1913년 위안스카이가 중국의 신新의회를 파괴한 뒤에는 쑨원의 도피처가 되었다.

일본은 아시아 국가들의 협력이 필요하다는 발상을 염두에 두고 20세기의 첫 10년 동안 대아시아주의 사상을 선전했다. 또한 '정신적인' 동양 국가들은 '물질적인' 서양 국가들과 달라야 한다고 주장했다. 비록 '대아시아주의'라는 용어가 서양인인 미국 철학자 어니스트 페놀로사[23]에 의해 만들어졌지만, 민족의 권력과 영광 추구에 의미를 부여하는 독일의 '순혈과 조국' 사상처럼 선종과 니치렌종日蓮宗의 불교 교리에서 파생된 일본의 비이성적이

---

22 Young, Japan's Total Empire, 89쪽.
23 어니스트 페놀로사(1853~1908)는 19세기 말에 활동한 미국 사상가이자 미술 교육자다. 1878년부터 1890년까지 도쿄대 교수로 재직하면서 철학과 정치학, 미술학 등을 가르쳤고 일본 근대 미술에 큰 영향을 주었다.—옮긴이

고 낭만주의적인 민족주의에 이용되었다.

그렇지만 중국식 민족주의는 일본의 정신적 요소를 대부분 공유하지 않았다. 그것은 좀더 세속적이고 도시적인 시민권 형태에 뿌리를 두었다. 국민당의 선전은 이따금 강렬한 애국심과 심지어 외국인 혐오증을 드러냈지만 일본(또는 나치 독일)처럼 정신적인 순수성을 강조하지는 않았다. 이러한 차이는 분명했다. 중국인들은 인종 우월주의나 파시즘 체제를 추구했던 사상가들에 의해 통치되지 않았다.

중국에 대한 일본의 분노는 한층 심해졌다. 양국은 한자와 같은 문화유산을 공유했지만, 서로가 추구했던 근대화 과정의 길은 달랐기 때문이다. 장제스가 난징에서 권력을 잡았을 때, 동아시아에서 두 국가의 서로 다른 이상은 존립을 건 대결을 예고했다.

제3장 대결로 치닫다

1931년 9월 18일, 선양沈陽(만주 서부에 있는 이 도시는 당시에는 펑톈奉天이라는 이름으로 알려져 있었다) 부근의 철로에서 폭탄이 터졌다. 만주에 체류 중이던 국민정부의 미국인 고문 로버트 루이스는 중국 외교부에 전보를 보냈다.

> 9월 18일 금요일 밤 군용 열차 7량에 가득 탄 일본군이 조선에서 단둥安東을 경유하여 만주로 들어왔다. 9월 19일 토요일 밤에 4량의 열차에 탑승한 일본군이 증원되었다. (…) (일본인들은) 학교 관리자를 체포하고 쑨원의 삼민주의 교육을 금지시켰다. (…) 병사들과 생도들은 체포되어 무장 해제되었다. 일본인들은 신형 소총과, 기관총, 군용차량 등 중국군 병기고의 무기와 탄약들을 다른 곳으로 옮겼다.[1]

1905년부터 이곳에 주둔한 일본 관동군은 폭파가 중국 반일분자들의 소행이며 일본인의 생명과 재산을 보호하기 위해 즉각적인 군사행동을 하는 것 외에는 선택의 여지가 없다고 선언했다. 실제로는 폭발물을 터뜨린 장본인은 일본군이었다. 이시와라 간지石原莞爾와 이타가키 세이시로板垣征四郎 두 장교가 사건의 배후에 있었다. 그들은 도쿄의 민간 정부에 보고하지 않은 채 그 일을 벌였다. 일주일 안에 일본은 프랑스와 독일을 합한 만큼의 영토

---

[1] Academia Historica archives, Taipei: T-172-1: 1068(Lewis report to Nanjing).

를 점령했다. 3000만 명의 인구가 그들의 지배 아래 들어갔다.

'만주사변'은 전간기에 있었던 가장 악명 높은 외교사건 중 하나였다. 제1차 세계대전 이후 조성된 불안정한 평화를 산산조각 낸 군국주의 정부가 저지른 도발 행위 중에서 첫 번째 사건이기도 했다. 또한 1931년의 9·18사변은 장제스의 국민당이 통치하는 중국의 운명을 영원히 바꾸었다.

유혈극으로 시작한 이후, 장제스는 중국을 근대화하고 중국 영토에서 제국주의 얼룩을 제거하기 위한 국가를 수립하는 데 큰 진전을 이루었다. 국민정부의 첫 5년 동안 중국 경제는 눈에 띄게 개선되었다. 직물에서 담배까지 토착 사업들이 번창했다. 중국 외교는 국제연맹 같은 기구에서 중요한 역할을 맡기 시작했다. 또한 도시 기반 시설이 확대되었다. 1937년까지 10년 동안 포장도로는 3만2000킬로미터에서 6만4000킬로미터로 두 배 증가했고, 철도망 역시 개선되었다. 그렇지만 난징의 장제스 정권은 큰 결함을 지니고 있었다. 국민정부는 심각할 정도로 인권을 침해했다. 반정부 인사들은 수시로 체포되거나 살해되었다. 특히 공산주의자들에게 잔인했다. 또한 국민당 조직은 부패가 심했다. 지방 관료들은 농민에게 비공식적인 특별세를 부과하는 방식으로 세금을 착취했다. 공산주의자들에게 최고의 기회를 제공했던 국민정부의 가장 큰 실패는 농촌 지역의 극심한 빈곤 문제를 해결하지 못했다는 사실이었다. 국민당 권력은 도시의 공장이나 광대한 농촌에서 경제적 기득권을 가진 부유한 엘리트들과의 관계에 의존했다.[2]

중국 북부 산둥성에서 몇 년 동안 살았던 미국 장로교 선교사 캐서린 핸드는 장제스 정권 치하의 중국 농민들이 겪었던 고난을 목격한 증인이었다. 빈곤과 가뭄에 시달리는 산둥성은 1900년 의화단운동의 중심지였으며 의화단 반란군과 중국, 서구 기독교인 사이에 끔찍한 충돌이 있었다. 30년이 지난 이제는 서양인 주민들이 공격받을 위험은 거의 사라졌지만, 여전히 외

---

2 국민당의 폐단에 관한 전통적인 학술 연구는 Lloyd C. Eastman, *The Abortive Revolution: China under Nationalist Rule, 1927~1937*(Cambridge, Mass., 1974) 참조. 좀더 긍정적이고 수정주의적인 해석은 Frederic Wakeman, Jr. and Richard Louis Edmonds, ed., *Reappraising Republican China*(Cambridge, 2000) 참조.

딴 지역이었다. 캐서린 핸드는 1935년에 귀국한 후 이렇게 썼다.

……나는 세계의 벽지인 이곳을 여러분에게 알려주고 싶다. 누구도 내부의 모습은 거의 알 수 없다. 해안가로부터 120킬로미터밖에 떨어져 있지 않지만, 이곳은 아직까지 구약성서 속의 삶을 살고 있다. 나는 곡식을 한창 타작하고 있는 작은 들판에서 황소와 나귀가 계속 빙빙 돌면서 잡아끄는 맷돌을 본다. (…) 한 삽씩 곡물을 공중으로 던져 바람으로 까부르는 방식으로 탈곡을 한다. 그들은 매우 익숙하다. (…) 발가벗은 아이들이 주변에서 뛰어놀고, 노파들은 곡식 몇 알을 주워 담으려고 바닥 끝에 앉아 있다. (…) 나는 수백 년 이전의 시대로 거슬러 올라간 느낌이 들었다. 동시에 서양 세력이 이곳에 난입하기 시작한 모습을 보고 있다. 하지만 때때로 그것이 이들에게 좋은 일인지 나쁜 일인지 말하기란 쉽지 않다.

또한 캐서린 핸드는 중국의 근대화 과정을 목격했다. 그녀는 포드 V8 자동차로 여행을 떠났고, "지금까지의 여행 중 가장 좋았던 250킬로미터의 비포장도로였다. 그곳에는 전화, 버스, 교량 등 모든 것이 짧은 시간에 갖추어졌다"라고 썼다. 한편으로 그녀는 재난도 목격했다.

우리가 앞 도로에 많은 사람이 모여 있는 것을 봤을 때 내 심장은 잠시 동안 요동쳤다. 그때 우리는 그들이 구제 대상으로 분류된 지역의 홍수 이재민 무리라는 사실을 알았다. 국민정부는 전례 없는 이 상황에 대처하려고 노력했지만, 이재민들과 크게 다를 바 없는 처지의 사람들이 그들을 데려가서 자신들이 가진 것을 나눠주고 빈털털이가 되어야 한다는 사실은 비극적인 히비虛費였다.[3]

중국의 많은 지역이 절망적인 빈곤 상황에 처해 있었다. 하지만, 대부분

---

3 Yale Divinity Library(RG08, Box 91, folder 21): Katharine W. Hand[KH]: 1935년 9월 14일의 편지.

의 외부 관찰자는 국민정부를 몇 년간의 군벌 내전 이후 나타난 중국의 긍정적인 발전 세력으로 평가했다. 반면 일본은 중국 본토의 실망스러운 사건으로 여겼다. 일본이 가장 우려했던 상황은 국민당이 느리지만 점진적으로 중국에서의 외국 특권을 줄이고 좀더 대등한 무역 상대가 되는 일이었다. 1930년 국민정부는 마침내 관세 자주권을 되찾으려 시도했다. 그 권리는 중국에 수입되는 상품에 수입관세 세율을 중국 스스로 결정하는 것이었다. '불평등 조약'의 일부였던 이 권리는 거의 80여 년 동안 외국의 통제 아래 있었고, 중국의 경제 독립에서 중요한 이정표였다. 국민당 집권 기간 관세를 담당한 해관은 외국 고용인들에서 중국인으로 대체되기 시작했다. 중국이 머잖아 스스로 재정을 책임지기 위해 변화하고 있다는 증거였다.[4] 도쿄는 중국의 자율성이 늘어나는 상황을 깊이 우려했다. 일본 정부는 거의 광적으로 중국이 일본의 특별한 영향력 아래에 있어야 한다고 생각했다.

일본이 우려했던 국민정부는 오히려 특이한 창조물이었다. 이론적으로 국민당은 '민권'을 (쑨원의 삼민주의 중 하나, 다른 두 가지는 민족과 민생) 완전히 실현할 때까지 '훈정訓政'[5]을 통해 사회를 통제하는 '전위 정당'의 성격을 갖고 있었다. 그러나 일당 독재라는 측면에서 보면 국민당은 너무 다양했다. 구성원들의 시각은 자유주의로부터 극단적인 전통주의와 보수주의까지 망라했다. 모든 사람이 공통적으로 갖고 있었던 점은 당의 지도자 장제스에 대한 복종심이었다. 다양한 성향의 인간을 하나의 당에 규합하고 그들의 충성을 유지했다는 사실은 장제스의 수완을 입증한다.

국민정부에서 가장 친서구적인 인물들은 1911년 혁명 때부터 쑨원의 재정적 후원자이자 상하이의 부유한 상인 쑹자수宋嘉樹('찰리 쑹'이라는 별명을 가진)의 자식들로, 장제스와 친척이기도 했다. 그들 모두 국민당에서 중요한

---

4 중국의 해관에 대해서는 특별판 *Modern Asian Studies*(1940: 3, 2006: 7) 참조.
5 쑨원의 삼민주의 이론에서 제창한 정치 3단계 중 두 번째 단계. 쑨원은 중국의 민주주의 수준이 낮다는 이유로 국민 혁명의 단계를 군정軍政→훈정訓政→헌정憲政이라는 3단계 발전론을 제시했다. 헌정을 하기 위해서는 입법기관인 의회가 설립되어야 하지만 장제스의 난징 정권은 의회 수립 이전의 과도기로서 행정기관이 입법권을 쥐고 법과 조례를 제정했다. 1947년 1월 1일 헌법이 공포되면서 비로소 헌정시대가 열렸다.—옮긴이

정치적 역할을 맡았다. 서구에서 '마담 장'으로 알려진 쑹메이링宋美齡은 쑹자수의 딸 중 한 명이었다. 그녀는 매사추세츠 웰즐리대학에서 공부해 영어에 능숙했다.6 국민당에서 처음 두각을 드러낸 1920년 장제스는 그녀에게 첫 번째 청혼을 했지만 거절당했다. 장제스의 외모는 그리 출중하지 않았고, 말주변도 없었으며, 이미 유부남이었다. 1927년에는 상황이 달라져 있었다. 장제스는 국민당의 명백한 주도 세력이었다. 1년 뒤 둘은 결혼했다. 그녀는 두 가지 조건을 내걸었다. 하나는 전부인과 이혼하는 일이고, 다른 하나는 성경을 공부하고 기독교로 개종하는 일이었다. 두 사람은 1927년 12월 1일에 결혼식을 올렸다. 그때부터 그녀는 서구세계에 장제스를 알리는 얼굴이 되었다. 외교관들은 흔히 자신들이 '장 대원수7'를 만날 때마다 '장부인' 또한 만났다고 말하곤 했다. 영국 외교관 로버트 하우는 전쟁 초기 "장제스의 성격은 다른 사람들에게 확실한 인상을 주기 어렵다. (⋯) 장제스의 부인은 (⋯) 좀더 활달한 기질을 갖고 있다"고 말했다.8 국제적 경험으로 형성된 쑹메이링의 시각은 (모스크바 외의 다른 서양 국가는 가보지 못한) 장제스에게 좀더 넓은 그림을 제공했다. 결혼식에서 그녀는 쑨원의 초상화 앞에서 고개 숙여 묵념했다. 그녀는 쑨원의 공화국이 견뎌내야 하는 큰 시험대에서 중요한 역할을 맡게 될 것이었다.

쑹메이링의 오빠 쑹쯔원宋子文 역시 국민정부의 주요 인물이었다. 하버드대 출신으로 영어가 유창한 쑹쯔원의 가장 큰 재능은 세수를 증대시

---

6 쑹메이링의 삶을 상세히 조명한 두 권의 평전이 있다. Hannah Pakula, *The Last Empress: Madame Chiang Kai-shek and the Birth of Modern China*(New York, 2009); Laura Tyson Li, *Madame Chiang Kai-shek: China's Eternal First Lady*(New York; 2006).

7 대부분 국내 서적에서는 장제스의 직함을 놓고 서구식 표현인 'Generalissimo'를 '총통'이라고 번역하는 것이 일종의 관행이지만 엄밀히 말하면 사실과 맞지 않다. 원래 총통이란 청말에 미국의 대통령President을 중국어로 번역한 것이다. 무솔리니의 '두체Duce', 히틀러의 '퓌러Fuhrer' 역시 국내에서는 흔히 '총통'으로 번역하지만 실제로는 '영도자'나 '수령'이라는 의미에 가깝다. 중일전쟁 중 장제스는 총통이 아니라 군부의 수장으로 육·해·공군 총사령관이었으며 루스벨트 대통령과 비교한다면 직위와 권한에서 큰 차이가 있었다. 명목상 국가원수가 따로 있었다는 점, 공식 직함과는 별개로 실질적으로 당·정·군권을 모두 휘두른 점, 당의 총재를 역임한 점 등 오히려 같은 시기 소련의 스탈린과 유사하다는 점에서 여기서는 '대원수'라고 통칭하도록 하겠다.

8 Documents on British Policy Overseas(DBPO), series2, vol.21(Far Eastern Affairs, 1936~1938), 1937. 10. 5, 368~369쪽.

키는 수완이었다. 쑹쯔원은 몇 년 동안 국민정부의 재정부장(1928~1931, 1932~1933)을 역임했다. 그는 동시대 서구 외교관과 재정가들에게 잘 알려져 있었을 뿐만 아니라 호감을 사는 인물이었다. 그는 상대적으로 자유주의자였고, 미국과의 통로를 유지하는 데 도움이 됐다. 장제스의 자형 쿵샹시孔祥熙는 국민정부의 재정 부문에서 요직을 담당했다. 쿵샹시는 자신이 공자의 75대손이라고 믿었지만, 그의 영향력은 20세기의 관계, 즉 쑹메이링의 언니 쑹아이링宋藹齡과의 결혼에서 비롯되었다. 1933년부터 1945년까지 중앙은행 총재를 역임했다. 같은 기간 쑹쯔원의 후임으로 재정부장도 겸임했다. 그러나 쑹쯔원과 달리 그는 정계와 민간에 잘 알려져 있지 않았다. 그보다는 중국에서 가장 부패한 방법으로 부자가 되었다면서 곧잘 비난의 대상이 됐다. 쑹메이링의 다른 언니인 쑹칭링宋慶齡은 혁명의 최고 순수 혈통인 쑨원과 결혼했고, 나중에 미망인이 되었다.

그러나 국민당 내에는 서구를 크게 경계하는 인물들도 있었다. 'CC계'는 천리푸와 천궈푸陳果夫 형제의 성을 딴 파벌의 별칭이었다. 둘 다 정치적 강경파였다. 천씨 형제는 민족주의자이자 반제국주의자였지만, 사회 경제적 구조에 관한 어떤 근본적인 변화도 믿지 않았으며 강력한 반공산주의자였다. 장제스의 집권 내내 그들은 반체제 인사들에 대한 강력한 탄압을 요구했다. 또한 중국이 자유주의적이기보다 더 엄격한 사회가 되어야 한다고 주장했다. 탄압 활동의 배후에는 장제스의 혈육은 아니지만 혈육이나 다름없는 충성심을 보인 한 사람이 있었다. 훗날 오스카 콜드웰 기자는 다이리戴笠를 가리켜 '중국의 하인리히 힘러9'라고 불렀다. 다이리는 국민정부의 군통軍統(공식 명칭은 군사위원회조사통계국) 책임자였다. 암살과 체포가 이뤄져야 할 때,

---

9 히틀러의 심복으로 친위대와 비밀경찰인 게슈타포를 지휘하여 악명을 떨쳤다. 또한 유태인 절멸을 주도했다. 패전 후 연합군의 포로가 되었지만 자살했다. 미국인 기자들은 장제스의 비밀경찰을 지휘했던 다이리를 "중국의 힘러"라고 불렀지만 힘러가 매우 야심만만하고 공공연히 히틀러의 후계자를 꿈꾸었던 것과 달리 다이리는 장제스의 그림자로 만족했고 인종 청소도 하지 않았을 뿐더러 정치적 반대자들만 숙청한 것이 아니라 항일에도 많은 공을 세웠다는 점에서 "중국의 힘러"라는 별명은 과장된 면이 없지 않았다. 오히려 이러한 별명은 마오쩌둥의 측근이자 훗날 문화대혁명을 주도했던 캉성에게 더 걸맞았다.—옮긴이

공작에 선발된 사람들은 다이리의 수하들이었다.[10]

왕징웨이는 권력 구조에서 완전히 제외되었다. 북벌 동안 자신의 권력을 강탈한 장제스를 결코 잊을 수 없었던 그는 장제스 집권 초기 3년 동안 국내외 반反 장제스 세력들과 동맹을 맺어 장제스를 무너뜨리려 했다. 1930년 중원대전에서 왕징웨이는 강력한 북방 군벌 펑위샹馮玉祥·옌시산閻錫山[11]과 연합했다. 1년 뒤에는 왕징웨이와 장제스의 또 다른 경쟁자 후한민胡漢民 사이에서 파벌 싸움이 벌어졌다. 쑨원의 계승자는 자신의 유산을 남에게 내주기를 거부했다.

1931년 일본군의 만주 침략으로 분위기는 완전히 바뀌었다. 장제스의 국민정부에게 가장 긴급한 현안은 공산주의자나 군벌 세력 또는 다른 제국주의 열강들이 아닌 일본이었다. 양차 대전 사이에 우드로 윌슨의 국제주의 원칙은 아시아에서 일본의 팽창을 누그러뜨렸다. 그러나 1929년 세계 대공황은 일본을 경제 위기에 빠뜨렸고, 전체주의와 적극적인 제국주의의 길로 들어서게 했다. 전간기의 일본 양당 체제는 항상 불안하게 작동했다. 대공황에서 일본 수출 경제의 붕괴는 국민들이 자유무역주의에서 보호무역주의로 돌아서게 했다. 미국 또한 1930년 스무트-할리 관세와 같은 법률을 제정해 시장을 보호하기 시작했다. 영국은 '영연방 내 특혜 관세제도'를 도입했다. 일본은 자신들만의 경제블록을 만들 수 있는지 검토했다. 만주가 일본의 '생명선'이며 일본은 중국 본토에 대해 특별한, 나아가 독점적인 권리를 가져야 한다는 한층 공격적인 용어들이 사용되었다. 1931년 9월, 이시와라와 이타가키의 지시를 받은 관동군은 현지 주민들이 부패한 지방 군벌 장쉐량에게 반란을 일으켜 일본의 우호적 지원을 받는 독립국가 만주국滿洲國을 세웠다고 선언했다. 물론 이런 주장을 사실로 믿는 사람은 거의 없었다. 하지

---

10 나이리에 관해서는 다음을 참조. Frederic Wakeman, Jr., *Spymaster: Dai Li and the Chinese Secret Service*(Berkeley, 2003).

11 옌시산(1884~1960)은 일본 육군사관학교를 졸업했고 신해혁명 당시 반청 봉기를 일으켜 산시성의 군정 대권을 장악한 후 1949년 4월 24일 펑더화이의 제1야전군에게 성도 타이위안이 함락될 때까지 38년 동안 산시성을 지배하여 '산시의 토황제'라고 불렸다. 중일전쟁 중에는 제2전구 사령관을 역임하여 화베이 전선을 총괄했으며 제8로군 또한 명목상으로는 옌시산의 지휘에 속해 있었다.—옮긴이

만, (1932년 국제연맹 조사단을 포함해서) 누구도 일본에 대응하려는 힘이나 의지를 갖고 있지 않았다. 독일의 야당 당수로 떠오른 아돌프 히틀러는 이 사건에서 중요한 교훈을 얻었다. 점령당한 만주의 피란민들은 장제스에게 일본에 맞서기를 요구했지만, 그는 일본에 공식적인 항의를 했을 뿐이었다.

중국 외교관들은 국제연맹에 끊임없이 분노에 찬 제소를 했다. 1931년 9월 23일 장제스는 "만약 국제연맹이 정의를 수호하지 않는다면, 국민정부는 이미 자위전쟁을 준비할 최후의 결심을 세웠다. (…) 필요하다면 나는 당장이라도 전선으로 가서 애국 전사들과 어깨를 나란히 하고 싸울 것이다"라고 공표했다.[12] 그러나 장제스는 적어도, 당장은 이 약속을 이행할 수 없었다. 그는 자신의 군대가 전 일본 제국군은 물론, 관동군에 맞설 역량도 안 된다는 사실을 잘 알고 있었다.

만주에서 탈출한 망명자들은 '둥베이 민중항일구국회'라는 단체를 조직했다. 그리고 언론과 시위를 포함한 모든 수단을 동원해 국민정부가 둥베이 지방을 무력으로 회복할 것을 촉구했다. 1931년 11월 '둥베이 민중항일구국회'는 국민정부의 부저항 정책[13]을 비난하는 성명을 발표했다. "우리가 일치단결해야만 비로소 국가를 멸망의 위기로부터 구하고 생존을 도모할 수 있다. 하나의 강력한 정부를 건설하고 하나의 통일된 국가를 건립하여, 일본에 대한 선전포고 결의를 다져야 한다."[14] 만주에서 망명한 중국인들은 동정을 호소했지만, 1930년대 중반 중국인들에게는 전쟁 열의가 거의 없었다. 중국은 지속되는 경제 위기를 포함해 그 밖의 위기들에 대응해야만 했다. 지정학적으로 분리되어 있는 만주는 중국의 핵심 문제가 아니었다.

일본 점령지에서는 의심의 여지없이 잔혹 행위들이 발생했다. (항일운동가들을 숨겨주었다는 구실로 자행한) 1932년 핑딩산平定山에서 현지 주민 3000여

---

12 Parks M. Coble, *Facing Japan: Chinese Politics and Japanese Imperialism, 1931~1937*(Cambridge, MA, 1991), 33~34쪽.
13 1930년대 일본의 침략에 무력으로 대항하는 대신 외교 교섭으로 해결한다는 장제스 정권의 대일 유화정책.—옮긴이
14 Rana Mitter, *The Manchurian Myth: Nationalism, Resistance, and Collaboration in Modern China*(Berkeley, 2000), 171쪽.

명이 학살된 사건은 세계적인 관심을 끌었던 사례 중 하나에 불과했다. 어느 기자는 이렇게 썼다. "일본군은 집에 불을 지르고, 주민들을 기관총으로 무자비하게 살해했다."[15] 이러한 범죄 행위에도 불구하고 만주에서 자체적인 저항은 거의 찾아볼 수 없었다. 현지 주민들은 일본을 좋아하지 않았지만 그렇다고 해서 장쉐량의 근대화된 정권이건, 봉건 군벌이자 문맹이었고 아편에 찌든 장쭤린이건 별다른 애착이 없기는 마찬가지였다. 일본인들은 공포에 의한 위협과 함께 현지 인프라에 어느 정도 투자하여 주민들을 회유하려 했다. 침략자들은 일본인 밑에서 자신의 역할을 계속할 의향이 있는 중국인 관리들을 물색해서 현지 사람들에게 이전과 달라지지 않았음을 느끼도록 노력했다. 정복자들에게 협력하는 모습은 썩 열의가 있지는 않더라도 널리 확산되었다. 일본인들에게 만주 정복은 앞으로 중국 본토 지배를 위한 연습이자, 만주국 국경을 넘어 팽창했을 때 중국인들이 어떻게 나올지에 대한 참고가 되었다.

1931년 장제스는 사방에서 압력을 받았다. 왕징웨이와 또 다른 혁명 원로이자 광둥성의 보수주의자인 후한민 등 국민당 내 남부 출신들은 여전히 장제스에 반대했다. 장시성에서는 공산주의자들이 근거지를 세우는 중이었다. 일본과의 싸움은 자살 행위나 다름없었다. 점점 군국주의화되어가는 도쿄 정부는 국민정부가 일본에게 '불성실'하다는 꼬투리를 잡을 기회만 노렸다. 어떤 마찰도 일본인들이 더 많은 영토를 요구할 구실을 만들어줄 뿐이었다.(그런 사건 중 한 가지가 몽골 국경 주변을 비밀 여행 중이던 나카무라 신타로中村震太郎 대위를 첩자로 의심하고 체포한 뒤 즉결 처형한 일이었다.)[16] 만주 상실로 명성에 손상을 입은 장제스는 평판을 회복해야 했다. 1931년 12월 15일, 장제스는 하야했다.

장제스가 대담한 도박을 한 목적은 현재의 위기에서 어떤 정치인두 자신을 대신하여 그 자리를 맡을 능력이 없다는 사실을 증명하기 위함이었다. 며칠 만에 장제스가 옳았음이 명백해졌다. 군 지도부는 장제스의 후임자인

15 Mitter, *Manchurian Myth*, 112쪽.
16 Coble, *Facing Japan*, 25쪽.

쑨커孫科(쑨원의 아들)의 명령을 따르지 않겠다고 선언했다. 세무 기관들은 신정부에 자금을 전달하지 않았다. 또한 장제스의 복귀를 요구하는 시위가 벌어졌다. 1932년 1월 초 장제스는 정계 복귀에 동의했다. 그의 지위는 더욱 공고해졌다. 또한 장제스는 최고 정적 중 한 사람인 왕징웨이를 동맹자로 끌어들였다. 일본의 위협은 더 이상 무시할 수 없을 만큼 커졌다. 어수선한 협상을 거친 뒤 왕징웨이는 행정원 원장(국무총리와 동등한)으로서 장제스 정권에서 일하기로 했다. 이 직책은 가장 권위 있는 자리였다. 이론적으로 왕징웨이는 국민정부의 주요 행정 부서를 책임졌지만, 군사적 권한은 전혀 없었다. 장제스는 정적인 왕징웨이에게 아무런 자율권도 주지 않으면서 정부 안으로 끌어들이는 데 성공했다. 그렇지만 왕징웨이 집단의 '개조파'는 적어도 국민정부 내에서 중요한 역할을 담당했다. 장제스는 이제 명실상부한 지도자가 되었다. 왕징웨이는 매장되지는 않았지만 굴복했다.

그러나 일본의 점령에 저항하지 않겠다는 장제스의 결정은 심각한 반응을 불러일으켰다. 반대자들에게는 더 많은 명분을 제공해주었다. 1932년 2월, 상하이에서 중국 노동자와 일본 승려들 사이에 발생한 싸움은 급작스레 확대되었다. 일본 해군 사령관 시오자와 고이치塩澤幸一 소장은 그 기회를 틈타 중국에 사과와 배상뿐만 아니라 상하이의 반일 시위자들의 진압까지 요구했다. 일본 해군은 만주에서 관동군의 성공을 질투해왔다. 이번에는 해군이 신망을 얻을 기회였다. 공개적으로 장제스는 타협을 제안했지만, 암암리에 제19로군 사령관 차이팅카이蔡廷鍇에게 일본군에게 반격하라고 지시했다. 중일 간에 전쟁이 발발했다. 기간은 짧았지만 진짜 전쟁이었다. 상하이 거주민들은 노상에 파놓은 참호와 길거리에서 포탄과 총탄이 날아다니는 광경을 보고 깜짝 놀랐다. 3주 동안 중국은 1만4000명, 일본은 3000명의 사상자를 냈고, 시민들은 1만 명 이상이 사망했다. 결국 쌍방은 정전협정을 맺었다. 상하이에서 중국군의 활동 범위를 제한한 양측의 합의는 중국인들의 강한 반발을 불러일으켰다. (비록 장제스가 은밀히 다른 입장을 취하고 있었지만) 그는 차이팅카이의 저항에 공식적으로 반대하면서 만주에서의 부저항 정책과 더불어 일본의 비위를 맞춘다는 평판을 받았다. 공산주의자들은 장제스를 더욱 곤란에 빠뜨렸다. 공산주의자들은 자신들이 일본의 침략에 저항하기로 결정했음을 대대적으로 선전했지만, 실제로는 그들 대부분은 만주에서 1600킬로미터나 떨어진 장시성에 있었다. 장제스와 달리 중국공산당에게는 일본의 위협에 맞서라는 어떠한 요구도 없었다.[17]

비록 중국은 통일되지 않았지만 군사적 대비를 해야 했다. 이러한 전후 관계를 고려하면, 장제스가 중국공산당을 비롯해 지방 군벌들과의 지속적인 싸움을 택한 것은 이유가 있는 결정이었다. 그의 입장에서 본다면 어떤 이유로건 통일에 반대하는 것은 외세의 위협에 직면한 국민정부의 역량을 지속적으로 약화시키는 것에 지나지 않았다. 비록 많은 사람이 일본의 위협에 직면한 장제스가 (일본과 싸우는 대신) 중국공산당을 공격했다는 이유로 비난했지만, 이러한 주장에는 그가 싸움을 멈춘다면 상대편 또한 그렇게 하리라는 가정이 깔려 있다. 하지만 그럴 가능성은 없었다. 겨우 10년 전 마오쩌둥은 자신이 국공합작에 가담하고 있으면서도 국민당은 좌익이든 우익이든 중국공산당의 친구가 될 수 없다고 분명하게 밝힌 바 있었다.[17]

장제스는 일본의 공격이 자신의 정권을 안정시키는 데 실질적인 위협이라고 분명하게 인식했다. 1930년대 초부터 국민당은 결국 일본과의 전쟁이 발발하리라는 전제 아래 구체적인 계획을 만들었다. 다른 나라들도 비슷한 생각이었다. 독일과 일본은 경제 공황에서 벗어나기 위해 군사비를 크게 늘렸다. 이탈리아와 마찬가지로 두 나라는 전체주의 체제가 되었다. 경제의 주요 부문들은 국가가 통제했지만, 소련과 달리 민간 기업은 여전히 독자성을 유지했다. 파시스트 국가들의 최우선적 목표는 무력 정복이었다. 장제스 정부는 그러한 목표를 공유하지 않았을 뿐더러 여기에 필요한 자원도 없었다. 그러나 장제스는 전쟁을 통해 중국의 사회 기반 시설과 기술을 발전시킬 기회가 될 것이며 어쩌면 절박한 가난에서 벗어날 수 있을지도 모른다는 사실을 깨달았다.

난징 정부는 신중하게 전쟁 준비에 착수했다. 주목할 만한 활동은 1932년

---

17 "Analysis of the classes in Chinese society"(1926. 3), *Mao Tse-tung(Mao Zedong), Selected Writings*(Calcutta, 1967).

11월 29일 국방계획위원회의 설치였다. 이 기구는 채탄, 철도 기반 시설, 농작물 경작, 전기 생산과 금속을 비롯한 분야에서 중국의 능력이 어느 정도 되는지 철저하고 상세한 조사를 진행했다. 또한 국방계획위원회는 교육 효과와 화폐 개혁의 중요성도 조사했다. 한 가지 중요한 결론은 중국이 지정학적으로 전쟁에 취약하다는 사실이었다. 중국의 사회 기반 시설 대부분이 동부 연해에 있었고 공격에 완전히 노출되어 있었다. 전쟁이 발발할 경우를 대비하여 국가가 충분한 철과 석탄, 화학제품을 공급하기 위한 계획이 수립되었다. 이 계획을 위해서 중국 내지, 예를 들면 후난성은 철과 강철, 쓰촨성은 구리와 아연, 중국의 남부와 서남부에서는 석탄을 더 많이 생산해야 했다.[18] 마오쩌둥 시절 중국의 특징이었던 계획경제의 씨앗을 처음 뿌린 쪽은 일본의 위협에 자극 받은 장제스 정권이었다.

또한 장제스는 중국 안보가 무력에 달려 있음을 깨달았다. 그는 군사적 승리를 거두기는 했지만 국민혁명군이 이합집산하며 일부는 자질이 훌륭하지만 대부분은 오합지졸에다 중앙정부에 대한 충성도가 형편없다는 사실을 알고 있었다. 1934년 장제스는 새로운 군사고문단장으로 독일에서 한스 폰 제크트 장군을 초빙했다. 한스 폰 제크트는 제1차 세계대전 당시 고위 장교로 복무했다. 바이마르 공화국에서는 세계에서 가장 엄격한 군사 훈련으로 독일 국방군을 재훈련시키는 데 중요한 역할을 맡았다. 1935년에는 한스 폰 제크트의 후임으로 알렉산더 폰 팔켄하우젠 장군이 군사고문단장으로 취임했다. 두 장교 모두 바이마르 공화국에 근무했으며 군대를 정치세력으로 만들기보다 관료들에 의해 통제되는 전문화된 상비군을 지지했다. 비록 히틀러 정권에서 근무했지만, 둘 다 나치 동조자는 아니었다. 전체적으로 국민정부의 군사 개혁 목적은 (일본처럼) 징병제로 운영되면서 상대적으로 규모가 작고, 잘 훈련된 중국 중앙군을 건설하는 것이었다. 1930년대 중반까지 약 8만 명이 독일식 훈련을 받았다.[19]

18 William C. Kirby, "The Chinese War Economy," in Hsiung and Levine, *China's Bitter Victory*, 187~189쪽; Van de Ven, *War and Nationalism*, 132, 136, 143, 151, 156~157쪽.
19 John Garver, "China's Wartime Diplomacy," James C. Hsiung and Steven I. Levine, ed.,

장제스는 조용히 전쟁에 대비하면서 일본과의 공식적인 충돌을 피하고자 했지만 절반의 성공만 거두었다. 그는 전쟁을 피하는 대신, 영토를 넘겨주는 굴욕을 당했다. 1932년 2월 만주는 일본에 완전히 점령당하고 만주국의 '독립 선언'이 이어졌다. 1933년에는 일본군이 러허성熱河省을 침공해 점령했다. 러허성에 주둔한 장쉐량 군대는 싸울 의지가 거의 없었기에 순식간에 일본군의 수중에 넘어갔다. 장제스 정부는 일본과의 타협을 모색해야 한다고 결정했다. 1933년 5월 1일 양국은 '탕구 협정塘沽協定'을 체결했다. 협정 내용은 쌍방의 체면을 세워주는 데 있었지만 사실상 만주국의 존재를 인정했다. 또한 휴전 협정으로 만리장성과 베이핑·톈진天津 북쪽의 공간에는 비무장지대가 설치되었다. 일본은 이 지역을 감독할 권한을 갖게 되었다. 중국 부대의 도발은 금지되었다. 중국에 굴욕적이었지만 단기적으로 장제스에게는 이득이었다. 왜냐하면 잠시 숨 돌릴 틈을 얻은 그는 다른 중요한 일, 특히 공산당 토벌 작전에 집중할 수 있게 되었다.[20] 1933~1935년 동안 중일 양국의 긴장감이 크게 누그러졌다. 만약 1933년 이후로 일본이 중국 북부를 견고하게 통제하고 있다는 사실에 만족했더라면 더 이상 중국 본토로의 진출을 추구하지 않았을 것이다. 아시아 대륙 대부분의 국가가 휘말렸던 전쟁은 어쩌면 피할 수도 있었다. 1933년에 접어들면서 장제스는 치밀하게 처리해야 할 어려운 임무에 맞닥뜨렸다. 일본이 더 이상 무력 침략에 나설 빌미를 만들지 않으면서 동시에 일본에 맞서기 위한 중국의 재무장을 추진해야 했다. 점점 고조되는 국민의 반일 정서도 진정시켜야 했다. 이러한 모순된 목표를 유지해야 한다는 것은 항일을 외치는 재야 인사들이 일본만이 아니라 자국 정부와도 충돌하지 않을 방법을 스스로 찾아야 한다는 의미였다. 두중위안杜重遠 기자가 유명한 사례였다. 1935년 두중위안의 발간물은 「황제에 관한 여담閑話皇帝」이라는 제목의 글을 실었다. 일본 천황을 폄하하는 논평이 실린 이 글은 천황을 가리켜 "비록 모든 일이 그의 이름으로 행해지지만, 실

China's Bitter Victory: The War with Japan, 1937~1945(Armonk, NY, 1992), 6쪽.
20　Coble, *Facing Japan*, 113쪽.

권은 가지고 있지 않은 골동품"이라고 비꼬았다.[21] 두중위안이 이 글을 직접 쓰진 않았지만, 출판물을 허가한 죄목으로 재판에 회부되어 14개월 형을 선고받았다.

왕징웨이는 장제스에게 특별한 도전을 보여주었다. 1932년 신중한 화해 뒤에 왕징웨이는 장제스의 국방 강화 정책을 지지하면서도 친일 정책을 주장했다. 그는 여전히 열렬한 민족주의자로서 활기차고 독립된 중국을 보고 싶었지만, 항전을 시작하기에는 중국의 군사력이 너무 약하다는 장제스의 신념을 공유했다. 또한 중국이 시간을 벌어야 한다는 데 동의했다. 1934년 왕징웨이는 "한 가지 분명한 사실은, 우리 정부 스스로 약소국이라고 인정할 준비가 되어 있다는 점이다"라고 썼다. 그는 당장 무력으로 일본에 대항해야 한다는 주장을 일축하면서도 동시에 일본의 요구를 수용할 수 없다는 입장을 분명히 했다.

정부는 남에게 끌려 다니지 않을 것이다. 탁상공론적인 반일 주장은 재앙만을 가져올 뿐이다. 일본은 앞으로 중국을 식민지로 만들려 하겠지만, 국민당은 결코 그런 일이 발생하도록 놔두지 않을 것이다.[22]

왕징웨이는 대부분의 중국 민족주의자처럼 모든 외세 제국주의를 적대 행위로 간주했다. 그는 중국 영토에 식민 세력을 유지하고 있는 영국이나 미국과의 동맹이 일본과 손을 잡는 것보다 더 나을 것이 없다고 여겼다. 최소한 일본은 중국과 문화적인 유대감은 있었다. 왕징웨이는 일본과의 우호적인 관계를 지지해야 하는(어쨌든 정부 방침이었다) 불행한 위치에 있었고 대중이 보기에 그는 비할 바 없는 친일파였다. 이로 인해 미움 받는 대상이 되었다.

21   Coble, *Facing Japan*, 217쪽. 두중위안에 관해서는 다음을 참조. Rana Mitter, "Manchuria in Mind: Press, Propaganda, and Northeast China in the Age of Empire, 1930~1937," Mariko Asano Tamanoi, ed., *Crossed Histories: Manchuria in the Age of Empire*(Honolulu, 2005).
22   汪精衛, 『中國的問題和解決方案』(上海, 1934), 104, 113, 117쪽.

1935년 11월 1일, 중국 정부 인사들이 단체사진을 찍었다. 갑자기 사진사 중 한 명이 카메라 밑에 숨기고 있던 브라우닝 기관총을 꺼내들어 왕징웨이를 향해 세 차례 발사했다.[23] 왕징웨이는 가까스로 목숨을 건졌다. 하지만 부상 후유증은 남은 생애에 심각한 영향을 미쳤다. (행사에 참석 예정이었지만 마지막 순간에 취소한) 장제스에게는 한층 증오심을 품었다. 왕징웨이는 장제스가 암살을 지시했다고 주장했지만, 증거는 없었다. 1930년대 중반에 친일파로 낙인찍히는 것은 위험한 일이었다. 또 다른 친일파 각료인 탕유런 唐有壬[24]은 1935년 12월 25일에 암살당했다. 왕징웨이가 죽는 것은 장제스의 목적에 도움이 되지 않았을 것이다. 일본을 대하는 장제스의 대도는 왕징웨이와 별반 차이가 없었다. 하지만, 왕징웨이의 친일적인 이미지는 대중의 관심을 장제스로부터 다른 데로 돌리게 했다. 왕징웨이는 부상으로 인해 정계에서 은퇴했고 중국을 벗어나 유럽으로 외유에 나섰다. 도쿄의 대중 정책이 강경해지면서 '대일 유화'파는 국민정부에서 소외당했다.

난징 정부의 관심이 가장 집중된 쪽은 일본의 위협이었다. 반면, 1927년 장제스의 숙청 이후 중국공산당의 잔당들이 도망친 장시성의 외딴 농촌 지역은 당장 눈에 띄지 않았다. 장제스가 권력을 강화하는 동안, 공산주의자들은 국공합작이 어째서 비참하게 실패했는지를 놓고 서로를 신랄하게 비난했다. 난징에서 장제스가 권좌에 앉아 있는 10년 동안 중국공산당은 변화했다. 이들은 일본과의 싸움에서 군사적, 경제적인 자급자족에 노력해야 한다는 생각을 지니게 되었다.

장시성으로 갔던 젊은 공산주의자들 중 마오쩌둥은 당 지도자는 아니었지만 그의 지위는 급속도로 상승했다. 마오쩌둥은 공산당이 국민당에게 철

---

23 암살 미수범은 쑨펑밍孫鳳鳴이라는 전직 장교로, 상하이 사변 당시 제19로군에서 소대장으로 싸웠다. 그는 기자로 위장한 뒤 행사에 참석했다. 첫 번째 목표는 장제스였지만 나타나지 않자 다음 목표인 왕징웨이를 저격했다. 사용한 무기는 브라우닝 기관총이 아니라 권총이었고 현장에 있던 장쉐량이 재빨리 손으로 권총을 쳐서 떨어뜨리자 위병이 사살했다. 1987년 중국공산당은 쑨펑밍을 항일 애국지사로 추서했다.─옮긴이

24 왕징웨이 밑에서 외무부 상무차장(차관)에 임명되어 일본과의 화평 교섭을 맡았다. 하지만 이 때문에 친일파로 간주되어 증오의 대상이 되었고 상하이에서 비밀 항일단체인 "중화청년항일친일파제거단"에게 암살당했다.─옮긴이

저하게 압도당했는지에 관한 토론에서 금세 주도적인 역할을 맡았다. 주요 이유 중 하나는 중국공산당이 자체적인 군대를 보유하지 못했다는 것이다. 소련의 조언에 따라 공산주의자 부대가 국민혁명군에 포함되었지만 대결이 시작되자 국민혁명군은 국민당에 충성했다. 장시성에서 중국공산당의 첫 번째 행동은 홍군을 만드는 일이었다. 독일에서 군사 훈련을 받았던 전 군벌 지휘관 주더朱德가 신생 군대의 훈련을 이끌었다.[25]

장시성에 있는 동안 마오쩌둥은 부농의 토지를 빈농에게 재분배하는 일을 포함해 급진적인 사회 개혁을 시험할 기회를 갖게 되었다. 마오쩌둥은 단호하게 "토지를 차지하고 농민을 착취해 살아가는 것들을 지주라 부른다. 군벌, 관료, 토호, 악질 신사는 지주계급의 정치적 대표이며, 지주 중에서 특히 흉악한 자들이다"라고 선언했다.[26] 공산당 지도부는 처음에는 신중하게 접근했다. 왜냐하면 광범위한 민중 동원을 하려면 지주들의 지지가 필요했기 때문이다. 그러나 몇 가지 요인이 공산주의자들을 약화시켰다. 당내에서 파벌 투쟁이 격렬해졌을 뿐 아니라, 특히 마오쩌둥과 동료인 샹잉項英이 왕밍王明의 '볼셰비키 귀국파'와 충돌했다. 이들은 스탈린 정권에서 훈련을 받기 위해 모스크바로 보내진 중국의 젊은 사상가들이었다. 토지 개혁은 점점 과격해졌고 때로는 '빈농'으로 규정된 농민들보다 약간 더 가졌을 뿐인데도 부농으로 매도당하면서 다수의 중농이 탄압을 받았다. 중국공산당이 활동에 나서자 장시성 바깥에서 일어난 사건들이 그들을 위협하기 시작했다. 1933년 탕구 협정은 중일 관계에 숨통을 틔워주었다. 장제스는 무력으로 공산주의자들을 공격할 시간과 공간을 확보했다. 엄밀히 말해서 장제스의 첫 번째 초공剿共 작전은 실패로 끝났지만, 1934년이 되자 군사 개혁은 점차 효과가 드러났다. 장시성의 공산주의자들은 자신들이 포위당했음을 깨달았다. 이제는 떠나야 할 때였다.[27]

---

25 주더는 독일 괴팅겐대학에서 사회와 과학을 주로 전공했으며 그가 본격적으로 근대 군사교육을 받은 곳은 소련 모스크바였다.—옮긴이
26 "How to analyze classes"(1933. 10), *MZD*, vol.4, 546쪽.
27 이 시기에 관한 내용은 다음을 참조. Stephen C. Averill, *Revolution in the Highlands: China's Jinggangshan Base Area*(Lanham, MD, 2005).

1934년 6월, 홍군은 이른바 '대장정人長征'으로 유명한 시베이西北로의 행군에 나섰다. 장시성에서 공산당의 기반은 매우 불안정해졌고, 수천 명의 남자와 소수의 여자가 중국 중부를 거쳐 서쪽으로 구불구불한 여정을 떠났다. 1935년 1월, 중국공산당 중앙정치국은 구이저우貴州의 작은 마을 쭌이遵義에서 회의를 열었다. 회의는 (소련 고문들을 포함한) 당 지도부와 그때만 해도 권력의 정점과 거리가 멀었던 마오쩌둥을 포함한 경쟁자들 사이에서 대결의 장으로 변했다. 마오쩌둥은 잘못된 군사 전략을 사용해 국민당이 공산당 근거지로 들어오게 했다며 당 지도부를 공격했다. 그들은 전술에 관한 마오쩌둥의 충고를 받아들여야 했다. 소련 군사고문단장 브라운은 거의 말을 하지 않았지만, "마오쩌둥이 자신을 비난하자 얼굴이 창백해졌다. 비록 신체에 대한 통제력을 잃지 않았지만 연거푸 담배를 피워댔다. 그는 갈수록 의기소침해지고 침울해졌다."[28] 회의가 끝나자 지도부의 오류에 대한 마오쩌둥의 비난이 그를 당내에서 유력한 인물 중 한 사람으로 바꾸는 데 성공했음이 분명해졌다. 그는 이제 최고 지도자로 올라갈 수 있는 탄력을 받았다.

1935년 10월, 지칠 대로 지친 홍군은 마침내 누런 황토가 흩날리는 산시陝西성에 도착했다. 작은 도시 옌안에는 이미 공산주의자들의 근거지가 구축되어 있었다. 출발할 때는 8만 명이 넘었지만 겨우 7000여 명만이 목적지에 도착했다. 나머지는 죽거나 혹은 적군과 맞닥뜨렸고 습지, 산, 늪지와 같은 엄청난 험지에 직면하면서 행군을 포기했다. 그러나 대장정의 수행은 마오쩌둥이 최고 권력으로 올라서는 데 중요한 발판이었다. 그때까지 (1921년 상하이에서 열린 첫 번째 공산당 대표대회 회의에 참석했던) 마오쩌둥은 중국공산당의 주요 인물이긴 했으나 지도자는 아니었다. 중국공산당이 대장정을 강요당했다는 사실은 마오쩌둥 반대파들의 전략이 실패했으며, 농촌 혁명 대신 도시에 집중해야 하다는 중국공산당의 주류적인 이념적 노선에 대한 마오쩌둥의 비판이 옳았음을 증명했다. 마오쩌둥에게는 여전히 경쟁자들이 남아 있었지만, 옌안으로의 행군은 마오쩌둥을 떠오르게 한 중요한 무대였다.

---

28 Sun Shuyun, *The Long March: The True History of Communist China's Founding Myth*(London, 2007), 169쪽.

대장정은 중국공산당의 영예로운 탄생 신화로 포장되었지만 실제로는 절망적인 퇴각이었다. 심지어 장정이 끝난 뒤에도 국민당은 더욱 효과적인 전술로 중국공산당을 완전히 궤멸시킬 호기를 포착했다. 그러나 몇 달 뒤 일련의 비밀 거래와 배신이 중국의 정치 국면을 완전히 뒤바꿔놓았다.

1935년 유럽 독재자들은 침략을 가속화했다. 이탈리아의 무솔리니는 로마 제국을 재현한다는 망상에 사로잡혀 아프리카의 마지막 독립국가 중 하나인 에티오피아를 침략했다. 독일에서는 히틀러가 베르사유 조약의 재무장 금지 조항을 무시하고 육군을 50만 명으로 늘리겠다고 선언했다. 모스크바의 스탈린은 이러한 움직임을 불안해하며 주시했다. 소련은 정치적 숙청과 대규모 기아로 약해져 있었고, 서쪽의 독일이나 동쪽의 일본 어느 한쪽의 침략에도 대처할 상태가 아니었다. 1935년 8월 1일, 소련과 그들이 만든 국제기구인 코민테른은 세계 반파시즘 전선을 선언했다. 중국공산당은 반反 장제스 정책을 포기하고 장제스를 전폭적으로 지지했다.[29]

장제스와 마오쩌둥 모두 모스크바의 새로운 노선이 중국 국내 정치를 완전히 바꿀 수 있다는 사실을 알고 있었다. 중국공산당은 불과 10년 전 예고도 없이 자신들을 공격했던 옛 동맹자를 포용하는 것이 불쾌한 일이었다. 장제스 또한 중국공산당을 제거할 마지막 희망이 사라질 수 있음을 알고 있었다. 일본과의 전쟁이 곧 발발할 조짐을 보였다. 전쟁이 일어난다면 중국을 방어하기 위해서 소련의 원조가 필요했다. 국민당은 중국공산당을 크게 약화시켰지만 일본에 맞서 소련의 원조를 받기 위해서 장제스는 중국공산당의 마지막 남은 기반을 파괴한다는 희망을 포기할 참이었다.

장제스는 1936년 여름과 가을에 소련, 중국공산당과의 삼자 협상을 계속했다. 중국공산당은 국민당과 손을 잡으라는 스탈린의 요구에 따랐다. 결국, 장제스는 중국공산당이 거의 궤멸되었으며, 더 이상 그들을 처리할 필요가 없다고 공개 선언했다. 중국공산당 지도자 저우언라이의 참여 아래 양측은 항일 공동 합작에 관한 비밀 협상을 진행했다. 12월 초까지 양당은 홍군이

29 Van de Ven, *War and Nationalism*, 183~188쪽: Taylor, *Generalissimo*, 125~137쪽.

중앙군의 지휘 아래 들어온다는 데 원칙적으로 합의했다. 토지 몰수와 같은 급진적인 공산당의 정책들은 폐기되었다. 합의는 서면이 아니 구두로 이루어졌다. 이때 장제스는 북쪽의 시안西安에서 군대를 사열하기로 결정했다.[30]

1936년 12월 12일, 중국은 충격적인 사건으로 발칵 뒤집혔다. 장제스가 납치되었다. 군벌 장쉐량과 양후청楊虎城의 군대가 장제스의 숙소를 포위하고 그를 인질로 잡았다.(장쉐량은 1931년 일본의 침략 전까지 만주를 통치했다. 이후 그는 만주에서 후퇴해야 했지만, 여전히 만리장성 부근에서 정예 부대를 지휘했다.) 군벌들은 장제스에게 중국공산당 토벌을 멈추고 항일 연합전선을 이끌라고 요구했다.

2주 동안 중국인들은 일련의 혼란스러운 협상이 진행되는 가운데 얼어붙었다. 장제스의 옛 동창생인 허잉친은 당장 시안을 공격해 장제스를 구출하자고 주장했다.[31] 중국공산당에 동정적인 미국 기자 제임스 버트람은 이때 시안에 있었다. 그는 내전이 폭발하리라고 예상하면서 이렇게 썼다. "정부군의 전투기들이 시안 하늘을 저공으로 날아다녔다. 비행기 엔진 소리가 소원수 장쉐량의 인질(장제스)을 안심시킬 수는 없을 것이다."[32] 그러나 쑹메이링은 도시에 대한 전면 공격에 반대했다. 그녀는 장제스가 교전에 휘말려 사망할까봐 두려웠다. 또한 권력을 잡기 위한 허잉친의 음모가 아닌지 의심했다. 쑹메이링은 스스로 시안에 가서 억류된 장제스와 함께 머물렀다. 쿵샹시는 난징으로 돌아가 방송으로 "무장한 반란군과는 어떠한 타협도 없으며, '공산 비적'과도 마찬가지로 싸움을 멈추는 일도 없을 것이다. 국가의 권위는 반드시 수호될 것이라고 단언한다"고 발표했다.[33] 그러나 중국공산당에 대한 쿵샹시의 언급은 좀더 복잡한 사실을 숨기고 있었고, 장쉐량이 끔찍한 실수

30   시안 사변에 대해서는 다음을 참조. Taylor, *Generalissimo*, 117~137쪽.
31   허잉친은 장제스의 도쿄진무학교 시절 동창생으로 황푸군관학교 교관과 북벌 전쟁을 지휘했으며 1930년부터 1944년까지 국민정부 군정부장(국방부장관)을 지냈다. 시안 사변 당시 난징에 있었던 그는 장쉐량과의 협상을 반대하고 무력 토벌을 주장했다. 하지만 장제스의 신변을 위태롭게 할 수 있다는 이유로 거부되었다.—옮긴이
32   James M. Bertram, *First Act in China: The Story of the Sian Mutiny*(New York, 1938), 118쪽.
33   Bertram, *First Act in China*, 122쪽.

를 저질렀음이 드러났다.

혼란스러웠던 지난 몇 달 동안 장쉐량은 국민당과 공산당 사이에 동맹을 위해 진행되고 있던 비밀 회담을 알지 못했다. 또한 국가의 새로운 지도자로서 환영받지 못했으며, 국민정부와 인민에게는 배신으로 여겨졌다. 2주에 걸쳐 협상이 진행되었다. 중국인들과 외국 관찰자 양쪽 모두 중국 지도자가 과연 석방될지 살해당할지 알 수 없었다.

오늘날 중국에서 장쉐량은 대원수(장제스)가 일본의 '진짜' 위협은 못 본 척하면서 같은 중국인인 중국공산당과 싸우기를 고집했던 것에 큰 충격을 받았던 애국자로 평가받고 있다. 또한 장쉐량이 장제스의 정책을 바꾸기 위해 납치했다고 설명한다. 실제로는 장쉐량의 동기는 더 단순했다. 장제스가 자신을 군사령관에서 쫓아낼 것이라고 여겼기 때문이었다. 그러나 장제스를 살려준 가장 큰 이유 또한 간단했다. 중국 지도자들 또한 장제스가 죽거나 자리에서 물러난다고 해서 자신들에게 이득이 되지 않았기 때문이었다. 마오쩌둥 같은 중국공산당 최고 지도부 간부들은 장제스가 체포된 후 처형되기를 강하게 원했다. 그러나 산시 군벌 옌시산처럼 과거 장제스와 싸웠던 군벌들을 비롯해 다른 지도자들은 좀더 신중했다. 만약 장제스가 죽는다면, 중국을 통치하는 데 그의 권위를 대신할 수 있는 사람이 없음을 잘 알고 있었다. 장제스의 위대한 성공과 권력을 유지하는 비결은 온갖 파벌로 구성된 국민당이었다. 국민당이 중국을 장악하고 있는 지금, 만약 그가 죽는다면 쑹쯔원 같은 잠재적 후계자가 광범위한 지지를 받을 가능성은 없었다. 왕징웨이가 뒤를 잇는다면 일본과 타협할 가능성이 더 컸다.

장제스가 죽는 것을 두려워한 사람 중에는 스탈린도 있었다. 중국공산당에 대한 그의 지지는 질적으로나 일관성에서나 변덕스럽기 짝이 없었고 도움을 주는 것만큼 곤경에 빠뜨리기 일쑤였다. 그러나 스탈린의 의견은 여전히 영향력이 컸다. 그는 중국공산당더러 장제스와의 갈등을 끝내고 석방될 수 있도록 노력하라고 지시했다. 스탈린은 장제스가 죽는다면 한줌에 불과한데다 사면초가의 위기에 빠진 공산당에게 결코 득이 되지 않음을 알았다. 장제스가 없으면 왕징웨이 같은 사람이 허잉친의 협조를 얻어 권력을 차지할 것이었다. 친일적인 중국은 소련을 중대한 위험에 빠뜨릴 수 있었다. 장제스가 동참을 진지하게 고려했던 1936년의 반反코민테른 협정은 한쪽은 독일이, 다른 한쪽은 일본이 소련을 양면에서 위협하는 형국이었다. 만약 중국마저 추축국으로 돌아선다면, 소련의 붉은 군대는 동맹국 하나 없이 두 개의 전선에서 동시에 전쟁을 치러야 할 판이었다. 1930년대에 스탈린이 소련 군대에서 다수의 우수한 장교들을 제거했기에 이런 상황은 재앙이나 다름없었다. 무슨 일이 있어도 장제스가 권력을 되찾아야만 했다. 장제스는 반공주의자였지만 1933년에 소련과의 외교 관계를 받아들일 의사가 있음을 보여주었다. 보다 중요한 사실은 그가 골수 반일주의자라는 점이었다.[34]

장제스 납치 사건은 중국의 모든 시선을 집중시켰다. 장쉐량이 국공간의 담판이 사실상 합의되었다는 사실을 알았더라면, 결코 장제스를 납치하지 않았을 것이다. 장쉐량은 장제스와 마오쩌둥, 저우언라이를 비롯한 중국공산당 지도부 사이에서 진행된 비밀 협상과 때때로 모순적이었던 전략 노선의 희생양이었다. 결국 저우언라이가 장제스의 석방 협상을 타결시켰다. 장제스는 각 당파의 항일통일전선을 이끌겠다고 약속했다. 대중에게는 마치 장제스가 항일 동맹을 강요당한 것처럼 보였지만, 실제로는 합의 조건들은 장제스 납치 사건이 벌어지기 이전에 이뤄진 비밀 합의 내용과 다르지 않았다.

장제스가 풀려나자 전국에서 환영의 물결이 일었다. 장제스 정권의 많은 결점에도 불구하고 대중은 대원수가 없는 중국을 상상할 수 없었다. 그것은 중국이 정말로 허약하고 취약한 국가가 된다는 의미였다. 생명의 위협에서 벗어난 장제스는 중국에서 없어서는 안 될 인물이 되었다. 시안 사변 한 달 후 주중 미국 대사 넬슨 존슨은 국무장관 코델 헐에게 장제스의 명성이 급격하게 높아졌음을 보고했다. "1936년 전반기 동안의 미해결 사건들이 중국의 불안정을 증가시켰다면, 후반기에 일어난 사건들은 더 큰 측면에서 정반대의 효과를 가져왔다." 그는 몇 가지 요인 덕분에 "공화국을 한층 통일시키고 강화했으며, 일본인들은 설령 일시적이라고 해도 대중 유화책을 선택했

---

34 Michael Sheng, *Battling Western Imperialism: Mao, Stalin, and the United States*(Princeton, 1997), 35~39쪽; Van de Ven, *War and Nationalism*, 171쪽.

다"고 언급했다. 그 이유 중의 하나는 장제스가 서남부에서 벌어진 군벌들의 반란을 성공적으로 진압했으며 중국 서북쪽의 쑤이위안성緩遠省에 대한 일본의 침략을 강력하게 저지하면서 "경이로운 민족주의 정서"를 끌어낸 덕분이었다. 그러나 시안 사변의 결과는 누구도 예상치 못했던 일이었다. "크리스마스에 대원수가 석방되자 중국 전역에서 또 한번 민족주의 분위기가 터져 나왔고 대중은 하나같이 기뻐했다."[35] 장제스에게 가장 위험했던 순간은 가장 큰 승리의 순간으로 바뀌었다.

장제스는 납치 사건에 대한 처벌을 요구했다. 장쉐량은 체포되어 가택연금을 당했고, 반세기가 지난 뒤 1990년에야 타이완에서 풀려났다. 그러나 장제스는 새로운 연합전선의 구상을 없었던 일로 돌리지 않았다. 일본의 위협이 너무 크기 때문에 더 이상 새로운 내전에 매달리지 않겠다는 그의 신념은 확고했다. 제2차 국공합작의 이름 아래에서 국민당과 공산당 양쪽 군대는 서로에 대한 적대를 끝내고 외세 침략자에 맞서기 위한 전쟁을 준비했다.

바다 건너 일본의 분위기는 더욱 요동쳤다. 1936년 2월 16일, 젊은 육군 장교들이 정부를 전복시키려고 시도했다. 그들은 정부가 국내 빈곤 해소와 군사력 강화에 노력하지 않는다고 주장하면서 대장성(재무부) 대신 다카하시 고레키요高橋是淸를 비롯한 정치 원로들을 살해했다. 총리였던 오카다 게이스케岡田啓介는 공모자들이 실수로 그의 매부를 살해해서 다행히 목숨을 건졌다. 쿠데타는 실패로 끝났고 주모자들은 처형을 당했다. 하지만, 일본 권력층은 그들의 대의명분에 동조했다. 더 큰 정치적 긴장이 초래되었다.[36] 1937년 첫 몇 달 동안 도쿄에서는 온건파인 하야시 센주로林銑十郎가 총리를 맡았지만 일선 지휘관들은 반대로 중국 국민정부에 강경한 입장을 고집했다. 1937년 3월, 장제스의 오랜 친구이자 대일 유화파였던 장췬張群이 국제사법재판소 재판관을 역임한 왕충후이王龍惠의 뒤를 이어서 외교부장이 되었다. 하지만 그는 대일 강경 노선을 지지했다. 중국의 분위기가 바뀌었다는

---

35   Foreign Relations of the United States[이하 *FRUS*] 1936, vol.4(1937년 1월 12일), 453쪽.
36   James B. Crowley, *Japan's Quest for Autonomy: National Security and Foreign Policy*(Princeton, NJ, 1966).

소식이 일본으로 흘러들어가자 일본 대중은 온건한 하야시 정부를 향해 불만을 드러냈다. 특히 1937년 봄, 중국에서는 서로 별개의 반일 사건들이 연달아 일어났다. 일본 정치가들과 대중은 중국이 꾸민 거대한 음모의 일부라고 여겼다.[37] 1937년 6월 4일, 하야시 내각은 끝장났다. 새로운 정부는 고노에 후미마로를 총리로 지명했다. 강경파인 히로타 고키廣田弘毅가 외무대신이 되었다. 중국 북부에서 일본의 영향력은 갈수록 커졌다. 이 지역은 표면적으로는 장제스 정부의 관할 아래 있었지만, 실제로는 일본인들이 지배했다. 그들 대부분은 도쿄 못지않게 장제스를 경계하는 지방 군벌 지휘관들과 맺은 불안정한 협정과 이해관계로 얽혀 있었디. 난징의 통제를 받는 중앙군은 화이허淮河강 이북으로 이동할 수 없었다.

중국은 아직까지는 평화스러웠다. 하지만 한 달이 지난 1937년 7월 7일, 완핑宛平이라는 작은 마을에서 중국 제29군과 일본 지나 주둔군[38] 사이에서 충돌이 벌어졌다.

중국과 일본 어느 쪽도 미처 깨닫지 못했지만, 제2차 세계대전은 이미 아시아에서 시작되었다.

37   Coble, *Facing Japan*, 366~368쪽.
38   의화단의 난 이후 베이징과 톈진, 산하이관 등 중국 북부에 있는 일본 조계의 경비를 맡은 부대. 사령부는 톈진에 있었으며 병력은 1개 여단(2개 보병연대 및 1개 포병연대, 기타 지원부대) 5000명에 달했다.―옮긴이

제 2 부

재난이 닥치다

제4장 개전: 37일 동안의 여름

완핑은 한 나라의 운명을 결정할 만한 장소로는 보이지 않는다. 지금도 베이징 중심가에서 15킬로미터 정도 떨어진 평범한 마을이다. 1937년의 완핑은 실제로 시골이었다. 단지 500개의 돌사자상으로 장식된 매우 인상적인 화강암 다리가 하나 놓여 있었다. 이 다리는 베네치아 출신 탐험가 마르코 폴로가 "세계에서 가장 아름다운 다리 중 하나"라고 격찬하면서 주목을 끌었다. 서양인들은 '마르코 폴로 다리'라고 불렀다. 중국에서의 명칭은 루거우차오蘆溝橋였다.

1937년 여름, 루거우차오 주변에는 중일 양측 군대가 대거 모여 있었다. 중국 제29군은 지방 군벌인 쑹저위안宋哲元[1]이 통솔했다. 중국군 주둔지 근처에는 일본 지나 주둔군 부대가 있었다. 1900년 의화단운동 직후 체결된 조약으로 중국은 외국 열강들에게 민중 폭동이 또다시 폭발할 때를 대비해 자국민 보호를 명목으로 군대 주둔을 허용한 덕분에 일본은 이 지역에 군대를 배치했다. 양측의 관계는 불안정했다. 쑹저위안 또한 난징 정부와 일본 사이에서 난처한 처지였다. 장제스 정부는 쑹저위안더러 일본에게 더 이상 중국 영토를 양보해서 안 된다고 하면서도 일본과의 외교적 마찰이 벌어지

[1] 시베이 군벌 중 한 사람. 펑위상의 '5호장'으로 꼽힐 만큼 뛰어난 용장이었다. 1933년 1월 일본-만주 연합군이 러허성을 침공하자 일본군에게 큰 타격을 입히고 만리장성을 사수하여 항일 명장으로 명성을 떨쳤다. 또한 일본의 침략에 맞서 항일동맹군을 결성했다. 그러나 1935년 7월 허잉친-우메즈 협정의 체결로 허베이성 북부는 일본과의 완충지대로 반半독립했다. 이 지역의 새로운 수장이 된 쑹저위안은 자신의 지위를 유지하기 위해 항일에서 친일로 노선을 변경했다.—옮긴이

는 것 또한 원치 않았다. 쑹저위안은 권력을 유지하기 위해서는 일본과의 타협이 필요했다.[2]

1937년 7월, 중국 북부에 주재 중인 외교관들은 이상한 분위기를 느꼈다. 미국 대사관의 참사관은 "지난 일주일 동안 불만을 품은 중국인과 일본인들이 소란을 야기할 수 있다는 소문이 베이핑(베이징) 도처에 퍼져 있다. 이 소문은 무엇보다도 쑹저위안의 부재가 길어지면서 현지 중국인들 사이에 생겨난 불안감 때문인 것 같다"고 기록했다.[3] 참사관은 쑹 장군이 중국 북부의 더 많은 통제권을 요구하는 일본인들과 마주치지 않을 요량으로 자신의 사령부를 떠나 있었다고 판단했다.[4]

7월 7일 저녁, 일본 군대가 완핑 주변에서 총격을 가했다. 이 자체는 그리 놀랄 일은 아니었다. 중국 북부에서 외국 열강들은 원하면 언제든지 군사훈련을 할 권한을 갖고 있었기 때문이다. 그러나 이번에는 일본군의 도가 지나쳤다. 현지 일본군 지휘관은 자신의 병사 중 한 명이 실종되었다면서 완핑에 들어가 수색하겠다고 통보했다. 혐의는 명확했다. 중국인이 그를 납치했거나 죽였다는 것이다. 몇 년 동안 일본인들은 중국군에게 여러 요구를 해왔고, 대개 그들의 요구는 받아들여졌다. 그러나 이번에는 달랐다. 쑹저위안의 군대가 거부하자 소규모 전투가 벌어졌다. 사소한 충돌은 곧 끝날 것으로 보였다. 이전에도 이러한 충돌은 중국인들이 약간 양보하면서 해결되었다. 그러나 저 멀리 중국 중부 지역에 있었던 장제스는 다른 반응을 보여줄 때라고 결심했다.

베이핑 근처에서 전투가 벌어졌다는 소식이 전달되었을 때, 장제스는 난징이 아니라 장시성 루산盧山의 구링牯嶺 휴양지에 있었다. 루산은 장제스의 여름 휴양지였다. 1930년대에 그는 자신의 고문들을 그곳으로 초청해서 앞

---

2 Coble, *Facing Japan*, 368쪽; Marjorie Dryburgh, *North China and Japanese Expansion 1933~1937: Regional Power and the National Interest*(Richmond, UK, 2000), 142~151쪽.
3 *FRUS 1937*, vol.3(1937년 7월 2일), 128쪽.
4 쑹저위안은 허베이성을 중국에서 분리시켜 제2의 만주국으로 만들겠다는 일본인들의 압력을 받고 있었다. 일본의 압박을 견디다 못한 그는 1937년 5월 같은 시베이파 군벌인 한푸쥐가 통치하는 산둥성으로 피신했고 루거우차오 사변 발발 당시에도 요양을 명목으로 장기간 체류 중이었다.―옮긴이

으로의 대일 항전에 대한 계획을 논의했다. 1937년 여름, 이러한 준비는 다급해졌다. "중국은 자강해야 한다." 그는 자신의 일기에 이렇게 썼다. "전쟁을 두려워하지 않는 마음이 있어야 비로소 싸움을 피할 수 있다."[5]

장제스는 군사위원회 회의를 주관하고 있는 와중에 쑹의 군대가 일본군과 충돌했다는 사실을 들었다. 그는 옛 봉건 왕조 시절 일본인들이 해안가에 처음 나타났을 때 쓰인 경멸적인 표현으로 이렇게 일기에 썼다. "왜구가 루거우차오에서 도발했다. 이제는 반격의 결단을 내려야 할 때다."[6] 일기에서 장제스는 루거우차오에서 일본이 도발한 목적을 진지하게 고민했다. "의도적으로 쑹저위안을 난처하게 하여 화베이를 독립시키려는 것인가?"[7] 그다음 그는 더욱 수심에 잠긴 채 글을 이어갔다. "지금이 그 도전을 받아들여야 할 때인가?"[8] 처음에는 쑹저위안의 고위 장교들은 난징의 장제스에게 "국가 주권과 관련되기 때문에" 루거우차오에서 철수하라는 일본의 요구를 따를 수 없다는 전보를 보냈다.[9] 일본군에게 저항을 했지만, 완핑에서 중국과 일본 현지 지휘관들은 정전을 논의했다. 루거우차오의 충돌은 곧 해결될 것으로 보였다.

장제스는 중대한 질문과 맞닥뜨렸다. 이틀 동안의 전투가 이전의 여러 사례처럼 정말로 단순한 충돌이었나, 아니면 1931년의 만주 위기처럼 중국 영토를 본격적으로 침략하려는 일본의 또 다른 시작의 전조인가? 만약 그가 전자라고 결론짓는다면 긴장은 빨리 가라앉을 수 있었다. 어쨌든 화베이 지방은 실질적으로 국민당의 통치를 받지 않았다. 이곳을 장악한 세력은 장제스의 중국인 경쟁자들과 일본군에게 조종당하는 연합 정권이었다. 교전을 방치한다고 해서 장제스가 당장 곤란해질 일은 없었다. 만약 장제스가 이 사변이 심각한 상황이며 일본이 중국 북부를 침략해서 더 많은 영토를 점령할 속셈으로 밀어붙이고 있다고 판단한다면, 중국 중심에 있는 국민정부의

---

5 周天度, 「從七七事變前後蔣介石日記看他的抗日主張」, 『抗日戰爭研究』(2008. 2), 137쪽.
6 周天度, 「從七七事變前後蔣介石日記看他的抗日主張」, 138쪽.
7 楊天石, 『找尋眞實的蔣介石』(太原, 2008), 219쪽.
8 Van de Ven, *War and Nationalism*, 188쪽.
9 Van de Ven, *War and Nationalism*, 190쪽.

심장부가 위험하다는 의미였다. 그는 전쟁이냐, 아니냐라는 중대한 결정을 내려야 했다.

선택권은 오로지 장제스 한 사람에게만 있는 것이 아니었다. 게다가 만주가 점령당한 이후 선택의 폭은 좁아졌다. 루산에서 소식을 접하자마자 장제스는 뜨거운 7월에 자신이 직면한 국내외 복잡한 요인의 변수를 따져봐야 했다.

첫 번째로, 그리고 가장 직접적으로, 어떤 형태의 타협안이건 자신의 정권이 중국의 옛 수도에 대한 주권을 포기한다는 것이나 다름없었다. 만주를 포기하는 것과는 얘기가 달랐다. 만주국의 설립은 중국의 위신에 큰 타격을 입혔지만 재앙은 아니었다. 장제스는 1933년에 만주국이 사실상 일본의 위성국이라고 인정했다. 베이핑은 전혀 다른 문제였다. 얼마 전까지 베이징으로 불렸던 이 도시는 지난 수백 년 동안 중국의 수도였다. 비록 정치적 중요성은 약해졌다고 하나 중국인들에게 여전히 문화적으로나 정서적으로 거대한 비중이 있었다. 전략적으로도 중요했다. 중국 북부를 관통하는 간선 철도의 교차점이었다. 북부에서 내륙의 상업도시 우한을 연결하고 사방으로 이동할 수 있는 철도망이 갖춰져 있었다. 베이핑이 일본 수중에 떨어지고 도쿄의 명령만 있다면 언제라도 한반도와 만주에서 중국 심장부로 대규모 군대를 보낼 수 있었다. 따라서 장제스가 이 도시를 포기할 경우 한 세대 동안 중국 북부를 일본에게 내주는 것이며 국민정부의 심장부를 심각한 위험에 빠뜨릴 것이었다. 이 사실을 깨달은 장제스는 7월 10일의 일기에 "중국의 존망이 걸린 중요한 고비가 될 것"이라고 적었다.[10]

만약 베이핑뿐이라면 단순할 수 있었다. 그러나 장제스의 우려는 중국에서 일본의 도발이 갈수록 늘어나는 상황에서 설령 이 도시를 내준들 일본의 정복지가 하나 더 늘어나는 것에 불과하지 않을까 하는 점이었다. 1931년 이후로, (1935년에 반일 선동기사를 게재했다는 죄로 수감된) 두중위안과 일본에게 점령된 만주에서 망명한 그의 동료는 자신들의 영향력을 이용

---

10 楊天石, 『找尋眞實的蔣介石』, 221쪽; 周天度, 「從七七事變前後蔣介石日記看他的抗日主張」, 138쪽.

해 장제스더러 보다 적극적으로 군대를 동원하여 중국 북부를 되찾아야 한다고 주장했다. '3000만 명의 동포'가 일본 제국주의의 '철발굽' 아래에 있다는 호소에도 불구하고 장제스는 항전에 대한 자신의 입장을 바꾸지 않았다. 비록 중국 여론은 만주에 대해 동정적이었지만, 만주는 지리적으로 워낙 멀리 있었고 일본과 전면전을 벌이기에는 광범위한 대중적 정서를 불러일으킬 정도는 아니었다. 그 후 1933년부터 1935년까지 일본은 만주를 차지했다는 데 만족했다. 국민당의 중국은 국경에서 만주국을 마주보면서 적어도 한동안은 공존할 수 있을 것으로 보였다. 그러나 1935년부터 중국 북부에서 일본의 영향력은 점점 커졌다. 일본이 중국 전체를 자신들의 영토로 여긴다는 사실이 분명해졌다. 장제스는 일본이 중국을 완전히 집어삼킬 때까지 멈추지 않으리라는 사실을 확신했다. 만약 지금 맞서지 않는다면, 그런 순간이 곧 닥치리라는 것은 틀림없었다. 확실히 곧 도래할 것이었다. 중국의 영향력 있는 신문 『선보申報』는 7월 9일자 「다음번의 침략 행동」이라는 제목의 사설에서 "일본의 행동은 계획적이다. 그 악랄한 행태는 전 세계가 경악하기에 충분하다"고 경고했다.[11]

그러나 일본에 도전하는 것은 국가적 자살이나 다를 바 없는 매우 위험천만한 모험이었다. 장제스는 국제사회의 도움을 거의 기대할 수 없었다. 1937년은 세계적으로 어두운 해였다. 유럽에서는 전체주의 정권을 지지하는 분위기가 한층 강해졌다. 1933년 히틀러의 나치당은 허약한 바이마르 민주주의 공화국을 대신하여 독일을 강력한 독재 국가로 재건했다. 무솔리니의 이탈리아도 질서 있고 강하게 보였다. 많은 관찰자는 전체주의 정부가 미래로 가는 길이라는 결론을 이끌 요량으로 독재 정권을 뒷받침하는 폭력과 인종차별주의를 못 본 척했다. 소련에서는 스탈린 정권의 폭력이 국민을 향했다. 국가는 자신들의 엘리트들을 거듭 숙청하면서 황폐화되었다. 군대의 최고 수장부터 학교 교사에 이르기까지 수백만 명이 처형되거나 유배당했다. 유럽은 비록 침울한 평화를 유지했지만 모든 관심은 민간 정부가 이끄는

---

11 『申報』, 1937년 7월 9일.

공화주의 군대와 프랑코 장군의 우파 군대가 싸우고 있는 스페인 내전에 집중되었다. 공화주의자들은 얼마 안 되는 소련의 원조에 매달렸고 나치 독일과 파시스트 이탈리아는 프랑코 장군을 지원했다. 영국과 프랑스 민주 국가들은 옆에서 지켜만 보고 있었다. 장제스는 그들이 어떠한 도움도 주지 않으리라는 사실을 분명하게 알 수 있었다. 몇 달 전 대통령 재선에 성공한 프랭클린 루스벨트는 대공황이 미국인들의 삶을 괴롭히는 동안 미 대법원 구성원들을 교체하기 위해 그다지 실익 없는 투쟁을 벌이는 데 자신의 힘을 더많이 쏟아 붓느라 1937년 전반기를 보냈다. 유럽 전쟁에 다시 참전하는 것도 인기 없는 일이지만 하물며 중국에서의 싸움에 끼어든다는 것은 생각할수 없었다. 장제스가 일본과 싸우겠다면 자력으로 해야 했다. 과연 중국이얼마나 오랫동안 일본과의 전쟁을 단독으로 유지할 수 있을 것인가.

장제스는 자신의 최정예 부대에 희망을 걸었다. 아들 장징궈蔣經國에게 보내는 전보에서 장제스는 "그들에게 대항할 방안"을 갖고 있으니 일본의 침략을 걱정할 필요가 없다고 장담했다.[12] 그는 독일인 군사고문인 제크트와 폰팔켄하우젠이 훈련시킨 부대들을 언급했다.[13] [14] 군대 개선이 이뤄졌다는사실은 분명했다. 그러나 장제스의 전보에는 허세가 섞여 있었다. 군사 개혁은 더 많은 시간이 필요했다. 훈련을 끝낸 장교는 겨우 3만 명에 불과했다.

그 대신, 장제스의 전략에서 많은 부분은 군벌 군대에 의존해야 했다. 장제스는 그 군대가 과연 실전에서 얼마나 유용하며 지휘관들이 얼마나 충성할지를 지켜봐야 했다. 쑹저위안은 일본인과 폭넓은 접촉을 하고 있었다. 그는 장제스를 희생시켜 자신의 지위를 강화하려는 기회를 놓치지 않으

12　Taylor, *Generalissimo*, 146쪽.
13　장제스는 1935년부터 '60개 사단 정군 계획'을 수립하고 육군의 현대화에 착수했다. 군대의 모델은 독일군이었다. 1937년 7월까지 20개 사단이 독일 보병사단 편제에 준하여 편성 완료했으며(또한 10개 사단이 편성 중) 그 가운데 8개 사단(교도총대, 제3사단, 제6사단, 제9사단, 제14사단, 제36사단, 제87사단, 제88사단)은 독일식 훈련을 받고 최신 독일제 무기로 무장했다. 각 사단은 4개 보병 연대(별도로 2개 보충 연대) 및 1개 포병 대대, 기타 지원부대 등 약 1만4000여 명에 달했다.—옮긴이
14　중국 육군에 대한 독일의 영향력에 대해서는 다음을 참조. Chang Jui-te, "The Nationalist Army on the Eve of the War," Mark Peattie, Edward Drea and Hans van de Ven, *The Battle for China : Essays on the Military History of the SinoJapanese War of 1937~1945*(Stanford, 2011).

려 했다.[15] 산시성을 통치하는 옌시산은 진보 군벌로 알려져 있었다. 그러나 1930년 중원대전 당시 반反 장제스 동맹에 속해 있었다. 1937년까지도 중국 공산당과 일본을 이용해 국민당에 대항했다. 공산당과의 동맹 또한 매우 불안했다. 공식적으로는 국공합작에 합의했지만 양쪽 모두 서로를 불신했다. 시안 사변은 여전히 양쪽의 기억에 선명했다.[16]

장제스는 중국 북부를 잃었다고 인정할지, 아니면 무력으로 반격할지 냉혹한 선택에 직면했다. 하지만 싸우는 쪽을 선택한다면 전쟁은 국지적 분쟁에서 전면전으로 확대되리라는 데는 의심의 여지가 없었다.

문제는 장제스에게 시간이 별로 없다는 사실이었다. 군대를 더욱 전문화하고, 군벌 수장들의 독립 성향을 약화시키며 국가 경제와 재정적 기초를 다지는 데 필요한 충분한 시간이 없었다. 1937년까지 일본의 전쟁 준비 태세는 중국인들의 노력을 시시하게 만들었다. 1936년 2월의 쿠데타 미수에서 일본 대장성 대신 다카하시 고레키요가 살해되었다. 그가 죽은 뒤 군비는 본격적으로 증가하기 시작했다.[17] 일본 정부와 국민 양쪽 모두 "중국에게 가르쳐주어야 한다"라는 열망에 점점 고무되었고, 나날이 강화되는 중국의 결속과 민족주의 정서를 경계했다. 나치 독일이나 파시스트 이탈리아와 달리, 일본은 무솔리니와 히틀러처럼 개인적인 과대망상증에 사로잡힌 한 사람이 외교 정책을 좌지우지하지 않았다. 그 대신 정치인과 군대, 일반 국민들이 '전쟁 열풍'에 중독되어 있었다.

1937년 6월, 지난 6년 동안 일본 정책 수립가들이 대중정책을 놓고 냉탕과 온탕을 오락가락한 뒤에야 새로운 인물이 총리로 임명되었다. 루거우차오 사변을 어떻게 처리할 것인가는 고노에 후미마로 왕자[18]에게 달려 있었다.

15 Dryburgh, *North China*, ch.3.
16 Van de Ven, *War and Nationalism*, 193쪽.
17 이해부터 진주만 공격 전까지 일본 정부 지출의 70퍼센트가 군사비였다. Christopher Bayly and Tim Harper, *Forgotten Armies; Britain's Asian Empire and the War with Japan*(London, 2004), 3쪽.
18 고노에 후미마로는 천황의 직계 가족은 아니지만 천황가의 방계에 속했기에 저자가 '왕자'로 지칭한 듯하다.—옮긴이

고노에는 귀족 출신으로 풍부한 외교 경험을 보유했다. 1919년 파리 강화회의에 참석했던 그는 아시아 국가들이 결코 서양 열강들로부터 정당한 대우를 받을 수 없다고 확신한 채 귀국했다. 고노에는 일본 명문 가문 출신으로 천황과 친밀했다. 그는 심지어 황족과 천황의 몇몇 최측근만이 쓸 수 있는 격식 있는 궁중 언어를 사용했다. 또한 젊은 시절 오스카 와일드의 작품을 번역했을 만큼 교양을 갖추었고 귀족적인 품성을 지녔다. 그는 오전 11시 이전에 회의를 여는 법이 없었다.(군사교육을 받았으며 타고난 금욕주의자로서 규칙적으로 새벽 5시가 되면 기상했던 장제스와는 대조적이었다.) 그러나 자신을 반대하는 세력에게 맞설 줄 모르는 유약한 사람이기도 했다. 나중에 고노에의 비서는 그를 가리켜 '고독한 햄릿[19]형의 인간'이라고 회고했다.

귀족 출신의 원로 정치인 사이온지 긴모치西園寺公望는 그에게 군대를 다루는 데 필요한 '치카라力(힘 또는 의지라는 의미)'가 빠져 있다고 단언했다.[20]

고노에가 총리에 임명된 지 한 달 만에 '중국 문제'에 대한 첫 번째 시험에 직면했다. 그는 루거우차오 사변의 처리를 놓고 내각의 의견이 분열되었다는 사실을 깨달았다. 참모본부 작전과장 무토 아키라武藤章와 육군성 군무국 군사과장 다나카 신이치田中新一는 바로 지금이 중국에 일격을 가해 장제스 정권을 무너뜨릴 때라며 더욱 강경하게 나서야 한다고 외쳤다. 참모본부 작전부장 이시와라 간지石原莞爾는 좀더 신중했다. 이것은 모순이기도 했다. 1931년 만주 침략의 주모자였던 이시와라는 지금은 일본이 중국과 싸울 준비가 되어 있지 않으며 만약 전쟁을 벌인다면 오히려 소련의 위협에 취약하게 될 것이라고 주장했다. 물론 일본 정부 내 온건파들 역시 중국이 궁극적으로 일본의 세력권에 놓여야 한다는 데 이견은 없었다는 점에서 양쪽이 크게 다르다고 여길 필요는 없었다. 이견은 그 시기에 있었다. 7월 9일, 육군대신 스기야마 겐杉山元(스기야마 하지메라고두 알려져 있다─옮긴이)은 중국

---

19 셰익스피어 희곡 『햄릿』의 주인공. 작품에서 햄릿 왕자는 현실의 부조리함에 고민하고 분노하면서도 그저 좌절만 할뿐, 그런 현실을 바꾸기 위한 행동력이 결여되어 있었다. 결국 자신도 부조리함의 희생양이 된다.─옮긴이

20 Boyle, *China and Japan at War*, 144쪽.

북부에 파병할 5개 사단의 동원을 요청했다.(그는 주변 사람들에게 일본식 화장실 문짝마냥 어느 방향으로건 밀 수 있다는 이유로 '뒷간 문便所の扉'이라는 별명으로 불렸다.) 그 요구는 일단 거부되었다. 그러나 잠시뿐이었다.[21]

한편, 루거우차오 뒤편에서는 현지 중국군과 일본군 지휘관이 정전 협상 중이었다. 상하이 언론들은 사건 배후를 가려내려고 애를 썼다. 『노스 차이나 데일리 뉴스』는 7월 10일 다음과 같은 기사를 게재했다. "어느 쪽이 먼저 총을 쏘았는지는 아직 확실치 않다." "그러나 철로 주변을 지키고 있던 중국군 병사는 어둠 속에서 제방을 따라 전진하고 있는 한 무리의 무장 병력을 보고 곧바로 그들에게 소리를 질렀고, 반응이 없자 그는 상대가 편의대便衣隊(비정규군 게릴라 — 옮긴이)이거나 일본군의 도발로 여기고 발포했을 것으로 여겨진다."[22] 그러나 베이핑 주변에 놓인 이 다리는 더 이상 사건의 중심이 아니었다. 중국과 일본 지도자들은 훨씬 넓은 관점에서 사건을 보고 있었다. 7월 10일, 장제스는 "왜구는 루거우차오를 공격했다. 그러나 그들의 목적은 그곳에서 멈추지 않을 것이다. 우리는 이미 북쪽으로 군대를 보냈고 그들의 야심을 저지할 것이다"라고 썼다. 그는 이어서 썼다. "우리가 준비와 결의를 보여주지 않으면 평화적으로 해결할 방법은 없다."

7월 10일, 미 대사관 참사관 그레이엄 펙Graham Peck은 장제스의 군정부장인 허잉친을 만나 루거우차오의 충돌이 전쟁을 의미하는지 물었다. 허잉친은 그것은 전적으로 일본인들에 달려 있으며, 그들이 "비적질"을 계속한다면 전쟁은 피할 수 없다고 대답했다. 펙은 허잉친에게 "비록 대가가 필요하겠지만" 전쟁 태세를 강화하기 위해 전쟁을 2년 정도 늦추는 쪽이 나을 것이라고 충고했다. 하지만 허잉친은 단호했다. 그는 중국이 언제 진정한 준비가 될 것인지 정확하게 알기 어렵다. 그러나 공격을 받는다면, 중국인들은 싸울 것이라고 말했다.[23]

21 Boyle, *China and Japan at War*, 51~52쪽.
22 *North-China Herald*[이하 *NCH*], 1937년 7월 14일(원자료는 *North-China Daily News*, 1937년 7월 10일).
23 *FRUS 1937*, vol.3(1937년 7월 12일), 138쪽.

미국인들만이 장제스더러 신중을 촉구했던 것은 아니었다. 그의 주변 사람들도 마찬가지였다. 왕징웨이는 1930년대 대부분을 일본과 화평하는 길을 찾는 데 썼다. 그는 장제스에게 분쟁을 확대해서는 안 된다고 조언했다. 인내심을 주장한 또 다른 사람은 저우포하이周佛海였다. 1937년 저우포하이는 국민당 중앙선전부 부부장(공보부 차관에 해당―옮긴이)이었다. 그가 그 자리로 올라가기까지 온갖 우여곡절이 있었다. 저우포하이는 젊은 시절 중국공산당 창당 멤버였다. 하지만 공산당을 떠나 국민당에 합류했다. 또한 그는 여전히 주요 공산주의자들과 친분을 유지했다. 중국공산당 창당 멤버의 한 사람인 천두슈가 1937년 8월 석방되었을 때 가장 먼저 위문한 사람은 저우포하이였다. 그러나 난징 정부 10년 동안 그의 정치적 성향은 왕징웨이 쪽으로 좀더 기울어졌다. 몇 달 뒤 두 사람의 연대는 자신들의 운명에 엄청난 결과를 초래할 것이었다.

7월 7일의 전투 며칠 뒤, 저우포하이는 장제스를 만나기 위해 루산으로 향했다. 도착하자마자 그는 자신의 일기에 이렇게 썼다. "국외 문제가 국내 문제로 바뀌고 우리 정부가 제대로 대처하지 못할까 두렵다. 실망스럽다."[24] 루산의 공기를 체감하면서 저우포하이는 사건이 평화롭게 해결될 수 있으리라는 기대를 버리지 않았다. 분위기는 화기애애했고 그는 장제스와 왕징웨이가 공동으로 연 만찬에 참석했다. 7월 17일 회의에서 항전에 대한 논의가 있었지만 아무도 전쟁을 원하는 것처럼 보이지는 않았다. "일곱 명이 발언했다." 그는 이렇게 적었다. "어느 한 사람도 감동적이지는 않았다." 이튿날, 그는 주중 일본 대사 가와고에 시게루川越茂가 중국 외교부와 접촉했으며 사태 진정과 상황을 지엽적인 문제로 치부하려고 시도하고 있음을 들었다고 기록했다. 그는 희망적으로 적었다. "이러한 정황으로 볼 때, 사건이 더 이상 확대되지는 않을 것으로 생각된다."[25]

또한 저우포하이는 루산에서 '옛 친구들' ― 비록 그 표현이 확실히 애매하지만 ― 을 만날 기회를 얻었다. 이 친구들은 제1차 국공합작 당시 처음

24 蔡德金編, 『周佛海日記』(北京: 中國社會科學出版社, 1986)[이하 ZFHR], 1937년 7월 14일.
25 ZFHR, 1937년 7월 16~18일.

알게 된 중국공산당의 지도자인 저우언라이와 린보취林伯渠[26]였다.

그때로부터 20년도 채 되지 않아, 중국 정세의 온갖 우여곡절 끝에 저우포하이는 바로 얼마 전까지 중국공산당의 원수였던 장제스와 왕징웨이의 충실한 맹우가 되었다.[27] 비록 그들 모두가 새로운 적에 맞서 잠시 손을 잡게 되었지만 오랜 우정조차 서로의 근본적인 모순을 해소할 수는 없었다. 여전히 저우포하이는 전쟁이 적어도 얼마 동안이나마 늦추어지리라 기대했다.

그러나 장제스는 7월 19일자 일기에 자신은 물러서지 않을 것이라고 단언했다.

> 모든 사람이 선전포고는 위험하다고 믿고 있다. 그러나 위험을 안전으로 바꾸려면 이 방법밖에 없다. 나는 안전이건, 위험이건 신경 쓰지 않는다. 이것은 일본 왜구에 대한 우리의 마지막 해결책이다. 그러나 내 아내만이 내 말에 동의한다.[28]

1937년 7월의 사건이 확대되면서 루거우차오의 싸움은 1914년 사라예보에서 있었던 프란츠 페르디난트 대공 저격과 비슷해졌다. 그 사건 하나로 인해 유럽 대륙 전체로 전쟁이 번진 것은 결코 필연적이라고 할 수는 없었다. 그러나 그런 일이 없었다고 해도 유럽 내 세력 균형과 전반적인 긴장 상태는 오래지 않아 전쟁을 일으켰을 것이다. 마찬가지로, 설령 베이핑 주변의 전투가 현지에서 봉합된들, 중국과 일본이 이내 전쟁으로 치닫게 되었으리라는 사실은 분명했다. 7월 7일부터 허베이성과 차하르성 각지에서 충돌하고 있었던 현지 중국인 권력자들과 호전적인 일본 지휘관들 사이에서 협상은 더 이상 진전되지 않았다. 대신 양국 수도인 난징과 도쿄에서 전쟁이냐 평화냐

---

26 린보취(1886~1960)는 중공 5대 원로 중 한 사람이자 공산당 창당 멤버다. 쑨원 시절 국민당 총무부 부부장과 농민부장을 역임했으며 북벌 전쟁에 참여했다. 국공합작이 파기되자 난창 봉기에 참여했고 산·간·닝 변구 정부 주석을 거쳐서 신중국 건국 후에는 중앙인민정부 비서장, 전인대 상임위 부위원장, 중앙정치국 위원을 역임했다.―옮긴이

27 *ZFHR*, 1937년 7월 16~18일.

28 周天度, 「從七七事變前後蔣介石日記看他的抗日主張」, 141쪽.

를 두고 결정을 내릴 것이었다.

저 멀리 워싱턴 DC에서는 중국의 전 총리이자 외무총장(베이양 정권 시절 외무장관의 명칭—옮긴이)을 역임했던 주미 중국대사 왕정팅王正廷이 트윈 옥스의 대사관 관저에서 스탠리 혼벡Stanley K. Hornbeck(당시 극동사무국장이자 코델 헬 국무장관의 특별정치고문—옮긴이)과 오찬 중이었다. 그는 미 국무부에서 동아시아 문제 최고 전문가이자 국무장관 코델 헐의 측근이었다. 7월 10일 오후에는 중국 재무부장(또한 장제스의 자형이었던) 쿵샹시도 참석했다. 혼벡은 상대를 추켜세우는 척하면서 경고했다.

그는 국민당에 의한 중국 근대화를 높이 평가하면서 "재정, 도로와 철로 건설" 등 "중국의 모든 사업이 전반적으로 매우 순조롭게 진행되고 있는 것으로 보인다"라고 인정했다. 그러므로 "중국이 다른 국가들과 논쟁을 벌이기보다는 부흥에 모든 에너지를 쏟는 쪽"이 더 낫지 않겠느냐고 요란스럽게 덧붙였다. 만약 중국이 자신을 강화하는 데 더 많은 시간을 쓴다면 다른 강대국들은 중국의 입장을 진지하게 받아들일 것이었다. 혼벡의 생각은 일리가 있었다. 겨우 며칠 전 쿵샹시는 "중국은 더 이상 분열되고 무질서한 군벌 시절이 아니"라면서 뉴욕 투자자들에게 중국의 새로운 국민정부는 안전한 투자처가 될 것이라고 설득했다.29 그러나 지금에 와서는 쿵샹시는 재빨리 자신의 말을 다소 다르게 바꾸었다. "중국은 일본과 피할 수 없는 전쟁을 준비 중입니다." 혼벡은 지난 몇 년 동안 그 불가피함에 대해 보고해왔다. "일본은 중국에 비해서 점점 더 강해지고 있다."

왕정팅과 쿵샹시 모두 선견지명 있는 예언을 남겼다. "중국이 항일에 나서지 않는다면 언젠가 미국 또한 일본의 침략에 직면할 것입니다." 따라서 미국은 지금 중국을 도와야 했다.30 혼벡은 그 말에 공감하면서도 미국은 자국의 이익이 직접 관련되었을 때에만 개입할 것이라고 조심스레 지적했다. 1937년 여름에는 미국에게 일본의 중국 침략은 결코 중요한 일이 아니었다.

한편, 도쿄의 열기도 달아올랐다. 7월 11일, 고노에 경은 기자 회견을 열

29 *NCH*, 1937년 7월 14일(원자료는 1937년 7월 6일), 46쪽.
30 *FRUS 1937*, vol.3(1937년 7월 10일), 134쪽.

고 중국 북부에서 군대를 동원중이라는 사실을 알렸다. 아이러니하게도 이 날 현지 중국군과 일본군 지휘관들은 정전에 합의했음을 발표했다. 그러나 더 이상 지엽적인 문제가 아니었다. 장제스가 군대를 북상시키기로 결정하자 일본 참모본부에게는 한반도와 만주에서 출병의 명분이 되었다. 일본의 여론도 열광했다. 사흘 후, 고노에는 지방 현縣 지사들과의 모임에서 연설했다. 그는 일본 국민이 "최악의 사태"에 대비해야 한다고 촉구했다. "중국 북부에서 일어난 사건을 원만히 해결하려는 우리의 힘겨운 노력은 완전히 실패했다." 고노에는 선언했다. "따라서 베이핑과 톈진, 그 주변에서 살고 있는 우리 동포들의 생명과 재산이 위험에 처했다." 육군대신 스기야마 장군은 사건의 '진짜 원인'은 "난징 정부가 지난 몇 년 동안 강력하게 추진한 반일 운동과 교육 때문"이라고 덧붙였다.31 관동군 공보장교는 "만약 또 한번 도발이 있다면 우리는 가장 극단적인 조치를 취할 준비가 되어 있다"라고 엄포를 놓았다. 1931년에 기습적인 방법으로 만주를 점령한 관동군의 경고는 주의를 기울여야 할 필요가 있었다.32

중국 정부는 전면전에 대비해 군대를 동원중임을 숨기지 않았다.33 7월 13일, 중국 중부의 정저우鄭州에서는 "핑한平漢 철도34와 룽하이隴海 철도35의 대공 방어 태세를 점검하기 위한 대규모 방공 훈련"이 실시되었다. 며칠 뒤

31 *NCH*, 1937년 7월 21일(원자료는 1937년 7월 15일), 103쪽.
32 *NCH*, 1937년 7월 21일(원자료는 1937년 7월 13일), 103쪽.
33 개전 직전 중국군의 병력은 52개 보병군(183개 보병사단, 58개 독립보병여단, 43개 독립보병연대) 및 1개 기병군(8개 기병사단, 5개 독립기병여단, 3개 독립기병연대), 2개 포병여단, 15개 포병연대, 2개 공병연대, 3개 교통병단, 2개 통신병단, 11개 헌병연대 등 약 200만 명에 달했다. 또한 해군이 3개 함대 대소함정 66척(총 배수량 6만 톤), 공군이 각종 항공기 600대(그중 가용 가능 기체 300대)를 보유했다. 그러나 191개 사단에 달하는 병력 중에서 실제로 전투 준비를 갖춘 부대는 80개 사단에 불과했다. 또한 장제스 직계의 중앙군은 전체의 4분의 1 정도인 12개 군 55개 사단이었다. 1930년대 장제스의 군사 개혁으로 중국군의 전투력은 이전보다 비약적으로 개선되기는 했으나 같은 기간 일본군 역시 강화되었기에 여전히 쌍방의 질적 격차는 매우 컸다. 중국군 사단 중에서 실질적으로 일본군과 대등하게 싸울 수 있는 부대는 독일식으로 훈련된 20개 사단에 불과했다. 일본의 상비군은 17개 사단 40만 명 정도였으나 그 대신 100만 명의 예비군을 보유했다. 또한 화력이나 장비, 훈련 수준에서 중국군보다 월등히 우세했다(『中國國民黨軍簡史』 中, 曹劍浪, 解放軍出版社).—옮긴이
34 베이핑(베이징)과 한커우를 남북으로 연결하는 총연장 1220킬로미터의 중국 최대 간선 철도 중 하나.—옮긴이
35 장쑤성 롄윈과 간쑤성 란저우를 동서로 연결하는 총연장 1747킬로미터의 중국 최대 간선 철도 중 하나.—옮긴이

에는 훈련은 실전이 되었고 다음과 같은 보고가 올라왔다. "일본 항공기들이 핑한 철도 선상의 여러 지점에서 중국 열차를 세 차례 폭격했다."[36]

중국인들 또한 점점 격앙되었다. 상하이 시민들 사이에서 항일을 요구하는 목소리가 고조되기 시작했다. "상하이의 많은 공공 단체는 북방의 제29군에게 전보를 보내어 지지와 함께 국가를 지킬 것을 촉구했다. 시민단체들과 중국은행연합회, 본토은행연합회, 중국상회는 루거우차오 수비대에 1000달러의 기부금을 보냈다."[37] 아주 사소한 사건조차 불똥이 갑작스레 튈 판이었다. 양쪽의 긴장감은 7월 초 상하이에서 중국인 인력거꾼과 일본인 손님 사이에서 벌어진 요금 시비를 집단 싸움으로 비화시켰다.[38]

7월 말에는 몇몇 현지 수비대 병사가 서로를 향해 위협사격을 가하는 상황이 되었다. 일본 육군참모본부는 동원령을 선포하는 한편, 장제스 정부에 최후통첩을 전달했다. 갈수록 불안감이 고조되는 상하이 공동체는 중국 북부에 구축되고 있는 전선의 상황을 주시했다.

처음에는 중일 양국의 위기가 절충적으로 해결되리라 기대했다. 하지만 7월 18일의 상황은 비관적인 쪽으로 나아가고 있다. (⋯) 이틀 안에 평화냐, 아니면 전쟁이냐가 결정될 것으로 보인다. 전날 밤 11시 30분 일본은 난징 정부에게 사실상의 최후통첩을 전달했으며 7월 7일의 루거우차오 사변과 관련하여 현지 당국자들의 도발 행위와 개입의 즉각 중단을 요구했다.[39]

일본은 정식 선전포고를 꺼렸다. 그러나 중국을 신속하게 무력화할 것과 충돌을 중국 북부로 제한하기를 원했다. 일본 육군은 북부에 배치된 중국군을 "한방에" 괴멸시키고 베이핑 남쪽으로 140킬로미터 떨어진 바오딩保定

---

36   *NCH*, 1937년 7월 21일(원자료는 1937년 7월 13, 18일), 104쪽.
37   *NCH*, 1937년 7월 21일(원자료는 1937년 7월 13일), 103쪽.
38   *NCH*, 1937년 7월 21일(원자료는 1937년 7월 14일), 104쪽.
39   *NCH*, 1937년 7월 21일, 86쪽

시 북쪽을 점령하는 것을 목표로 정했다.[40] 일본이 투입할 수 있는 전력은 관동군과 더불어, 그들에게 협력적이거나 적어도 방해하지 않을 현지 괴뢰군까지 포함해 13만 명 이상이었다.[41]

7월 26일, 일본군은 기습에 나섰다. 베이핑이 공격을 받았다. 톈진도 마찬가지였다.

난카이南開대학, 중앙역, 톈진동역과 만국교萬國橋 사이의 보안 경찰대 총부를 비롯해 톈진의 주요 중국 건물에 대한 소이탄 공격으로 무서운 불길이 치솟기 시작했다. 화염은 수 킬로미터에 걸쳐 발생했다. (…) (일본 폭격기들이) 폭격 임무를 수행하자, 공포에 사로잡힌 수많은 중국인이 중국인 구역에서 조계 안전지대로 피신했다.[42]

도시들은 빠르게 무너졌다. 7월 28일에 베이핑이, 30일에는 톈진이 함락되었다.[43] 장제스는 동요했다. "왜구들이 손쉽게 베이핑과 톈진을 빼앗았다." 그는 자신의 일기 중 매월 중요 사건을 적는 난에 이렇게 기록했다. "이것은 내가 예상했던 바는 아니다. 하지만 그들이 오늘 그렇게 쉽게 얻었다면 다른 날에 그곳을 쉽게 잃지 않으리라고 누가 알 수 있겠는가? (…) 왜구들과 담판할 때에는 단호해야 한다."[44]

장제스는 자신의 중앙군을 투입하는 대신, 북방의 운명을 옌시산, 쑹저위안을 비롯한 그 지역의 실권을 쥐고 있는 장군들에게 맡겼다. 그는 군대에 개인적인 동맹자들을 심어두었다. 탕언보湯恩伯는 장제스처럼 일본에서 군사 훈련을 받았다.[45] 그러나 장제스는 탕언보 또한 돕지 않았다. 창장강과 상하

---

40 Van de Ven, *War and Nationalism*, 188~189, 194쪽.
41 Van de Ven, *War and Nationalism*, 194쪽.
42 *NCH*, 1937년 8월 4일(원자료는 1937년 7월 29일), 177쪽.
43 베이핑 전투는 매우 치열했으며 이전과는 달리 중국군이 적당히 항전하다가 물러서지 않고 끝까지 저항했다. 이 과정에서 쑹저위안의 부군장인 퉁린거佟麟閣 중장과 제132사단장 자오덩위趙登禹 중장이 전사했다.—옮긴이
44 周天度, 「從七七事變前後蔣介石日記看他的抗日主張」, 144쪽.
45 탕언보(1898~1954)는 일본 육사 포병과를 졸업했으며 중원대전과 중일전쟁에서 크게 활약했

이에 다가오는 전쟁에 대비하기 위해 1급 부대를 그에게 제공하기를 거부했다. 최정예 부대 숫자가 매우 한정되어 있었다는 점에서 이해 못할 바는 아니었으나 탕언보는 불가능에 가까운 상황에 직면했다. 관동군은 9만 명이 넘는 병력을 투입하면서 중국군을 수적으로 압도했을 뿐만 아니라, 몽골 더왕德王(데므치그돈로브)[46]의 군대를 포함해 6만 명 이상의 병력을 증원했다.

전력 면에서 열세했던 탕언보는 허베이성 난커우南口에서 격렬한 전투 끝에 2만6000명의 병력을 잃었다. 그는 옌시산의 지원에도 불구하고 그 도시를 지킬 수 없었다. 중국 북부에서의 전투는 8월까지 이어졌지만 이 지역에서 패배했음은 점차 분명해졌다.

장제스에게는 매우 위험한 또 다른 선택지가 있었다. 이전의 적인 중국공산당을 활용하는 방법이었다. 7월 13일, 장제스는 불과 몇 달 전만 해도 상상할 수 없었던 방문객들을 맞이했다. 저우언라이와 보구博古, 린보취를 비롯한 중국공산당 최고 지도부였다. 그들의 임무는 국공 양군 사이에서 좀더 구체적인 교섭을 위해 국민당 원로인 샤오리쯔邵力子[47]와 장충張沖 그리고 장제스를 만나는 것이었다. 루거우차오 전투 때문에 이 문제는 한층 시급해졌다. 루거우차오 사변 직후, 마오쩌둥과 몇몇 지도부는 장제스를 향해 단호하게 맞설 것을 촉구하는 한편, 복종을 맹세했다.

일본 비적들이 무력으로 화베이를 빼앗을 속셈으로 루거우차오를 공격했다. 이 소식을 들었을 때 우리의 슬픔과 분노는 이루 말할 수 없었다! 우

다. 그는 중국군에서 가장 유능한 장군 중 한 사람으로 꼽혔고 장제스의 열렬한 추종자이기도 했다. 그러나 중일전쟁 말기 일본군의 공격으로 허난성을 상실하면서 위신이 크게 실추되었다. 국공내전 말기에는 상하이 방위사령관을 맡았으나 공산군에게 패배했다. 장제스의 총애도 함께 상실하면서 일본으로 망명 후 그곳에서 죽었다.─옮긴이

46 내몽골 주요 왕족의 한 사람으로 칭기즈칸의 30대 후손. 일본과 협력하여 내몽골 동부에서 친일 괴뢰국인 몽강국을 세웠다. 그러나 민족주의자였던 그는 일본이 자신을 제2의 '푸이'로 취급하자 분노하여 장제스와 내통하기도 했다. 국공내전에서 공산군의 포로가 되어 전범수용소에 10년 동안 수감되었고 1966년에 사망했다.─옮긴이

47 샤오리쯔(1882~1967)는 중공 창당 멤버였으나 1926년에 국민당으로 전향했고 국민당 중앙 선전부 부장과 주 소련대사, 국민참정원 비서장을 역임했다. 국공내전 말기 또 한번 공산당으로 전향하고 전국정협상무위원, 중앙상무위원 등을 역임했으나 문화대혁명에서는 우파로 몰려 어린 홍위병들에게 큰 곤욕을 치르기도 했다.─옮긴이

리는 제29군에게 모든 용기와 힘을 다하여 항전하도록 지시할 것과 국가 총동원령을 선포할 것을 삼가 요청한다. (⋯) 홍군 장병들은 장 위원장의 영도 아래 나라를 위해 목숨을 바쳐 적과 싸우기를 원하고 있다.[48]

양쪽은 여전히 조심스러웠다. 장제스는 자신의 명령에 복종하지 않는 군대를 원치 않았다. 지난 10년 동안 장제스의 무력 토벌에 쫓겼던 공산주의자들 역시 그를 경계했고 국민당 군대로부터 도망치는 과정에서 어렵사리 규합한 홍군의 지휘권을 빼앗길 생각이 없었다. 중국공산당은 동등한 연합을 원한 반면, 장제스가 선호한 쪽은 한쪽에 의한 '흡수'였다. 장제스는 7월 25일자 일기에서 "우리는 (홍군을) 너무 독립적으로 놔두어서는 안 된다"고 썼다.[49] 한편 마오쩌둥은 구링牯嶺에 가 있는 협상가들에게 그들이 너무 많은 양보를 해서는 안 된다고 강조했다. "만약 장제스가 타협을 거부한다면 우리는 더 이상 대화를 하지 않기로 결정했다."[50] 결국 상황이 급박해지자 합의가 이루어졌다. 장제스는 타협하여 공산주의자들이 독자적인 사령부를 설치하는 것을 받아들였다. 그런 뒤 마오쩌둥은 8월 15일 이전에 군대의 재편성이 끝날 것이라고 확인했다. 또한 중국공산당은 3개 사단 4만5000명과 중국 시베이 지방의 쑤이위안성綏遠省을 포함한 중국 북부의 여러 요충지를 지킬 지방 부대 1만 명을 제공하겠다고 약속했다.[51] 8월 2일, 장제스는 홍군을 승인했다.

장제스가 중국공산당에게 허용한 모든 양보 중에서 가장 중요한 점은 그들만의 독자적인 군대를 가져도 된다고 허락했다는 사실이었다. 이들이 합법화되면서 서북부에 근거지를 둔 공산군은 '제8로군'으로 이름이 바뀌었다. 린뱌오林彪·허룽賀龍 등 공산군 지휘관들이 통솔하는 군대는 중국공산당이

---

48 "Telegram of July 8 to Chairman Chiang⋯⋯,"(1937년 7월 8일), *MZD*, vol.5, 695쪽.
49 周天度, 「從七七事變前後蔣介石日記看他的抗日主張」, 146쪽.
50 "No more negotiations if Chiang Kaishek refuses to compromise"(1937년 7월 20일), *MZD*, vol.5, 701쪽.
51 "Convey to Chiang Kaishek the plan to reorganize the Red Army"(1937년 7월 28일), *MZD*, vol.5, 711쪽.

독자적으로 군사적 지휘권을 유지할 수 있는 중요한 명분이 될 터였다. 남쪽에도 좀더 작은 규모의 군대가 있었다. 1938년 여름, 그들은 신편 제4군으로 이름 붙여졌다.[52] 그러나 소수의 게릴라 부대에 불과했던 그들은 인가된 1만2000여 명을 채우기 위해 필사적으로 노력했고 2년 뒤에는 3만 명으로 늘어났다.[53]

이제 장제스는 난징으로 돌아왔다. 그리고 개전에 관한 결정을 논의하기 위한 군사위원회 회의를 소집했다. 일본에 맞서기 위한 새로운 통일전선이 실현되었음을 상징하기 위해 저우언라이, 홍군 총사령관 주더, 예젠잉葉劍英 장군 세 명의 중국공산당 지도자가 회의에 참석코자 위험한 비행을 거쳐 난징에 왔다.[54] 마오쩌둥은 그들에게 협력하되, 신중하게 행동하라고 지시했다. 그는 중국 북부에 중국공산당의 가장 큰 근거지가 있으므로 제1방어선은 허베이성 장자커우와 산둥성의 항구 도시 칭다오靑島를 연결하는 선에 형성해야 한다고 생각했다. 다퉁大同·바오딩保定 같은 도시들은 그다음 순위였다. 또한 마오쩌둥은 앞으로 7년 동안 항일전쟁에 기여할 중국공산당의 전술을 결정했다. "홍군과 기타 부대들은 유격전으로 싸워야 할 것이다." 그러나 마오쩌둥은 예전에는 적군이었고 지금은 내키지 않는 동맹의 진영으로 자신의 동료들을 보내면서 경계의 말을 덧붙였다. "여러분은 기회가 있을 때 다른 의견을 떠올릴 수 있다. 그러나 너무 많이 할 필요는 없다. 요점을 확실하게 움켜쥐어야 한다."[55][56]

---

52 대장정 당시 장시성의 소비에트 구역에 남은 공산군 유격부대로 옌안 직속의 제8로군과 달리 훨씬 독립적이면서 마오쩌둥에 대한 충성심이 없었다. 그러나 1941년 1월 완난皖南 사변으로 지도부가 괴멸하자 마오쩌둥은 재빨리 류사오치, 덩샤오핑 등을 파견하여 신4군을 장악했고 국공내전 중에는 화둥 야전군으로 개편되었다.—옮긴이

53 Van Slyke, "Chinese Communist Movement," 181쪽; Stephen Mackinnon, "The Defense of the Central Yangtze," in Peattie, Drea and van de Ven, Battle for China, 205쪽.

54 Van de Ven, War and Nationalism, 200쪽.

55 마오쩌둥은 국공합작 직후인 1937년 8월 22일 산시陝西성 뤄촨洛川에서 비밀회의를 열고 주요 지휘관들에게 "우리에게 항일은 당을 발전시킬 수 있는 호기다. 역량의 70퍼센트는 우리를 발전시키는 데 써야 한다七分發展, 20퍼센트는 국민당과의 합작에二分應付, 10퍼센트는 항일에 써야 한다一分抗日"라고 당부했다. 이것은 마오쩌둥이 그동안 강조했던 항일의 의지를 의심케 했고 항일을 빙자하여 본격적인 세력 확장에 나서겠다는 전형적인 기회주의를 보여주었다. 이른바 마오쩌둥의 "7·2·1 방침"은 1940년 공산당 탈당을 선언하고 귀순한 제8로군 독립 제1사단 소속의 리파칭李法卿이라는 제8로군 간부에 의해 폭로되었다. 2015년 9월 2일 타이완의 마잉주 총통이 항전 승리 70주년 기념

장제스는 새로운 동맹이 된 중국공산당을 활용할 방법을 찾는 데 눈을 돌렸다. 그 대상은 소련이었다. 지난 몇 년 동안 장제스는 중국공산당 토벌에 나서는 한편, 소련을 항일 동맹에 끌어들이려고 시도했다.(그는 스탈린이 당연히 자신의 반공 노선보다 반일 노선을 더 중요하게 여길 것이라고 추측했다.) 이제 장제스는 중국공산당과의 합작이 소련과는 불가침 조약을 맺고 중국 침략을 확대하려는 일본의 '야망'을 꺾을 기회라고 여겼다. "그렇지 않으면 중국 북부가 그들의 지배에 넘어갈 뿐만 아니라, 중국 전체가 제2의 만주국이 될 것이다." 장제스는 소련과 조약을 맺는 것이 망상이라고 여기지 않았다. "소련과의 동맹에는 위험이 따르겠지만" 그는 만약 자신이 그렇게 한다면 "일본인들에게 설령 화베이를 잃더라도 우리의 국가적 자존심을 잃지는 않을 것이다. 또한 그들이 우리 전부를 차지하지는 못할 것이다. 나는 두 가지 악 중에서 하나를 골라야 한다"라며 속내를 드러냈다.[57]

마오쩌둥과 중국공산당 또한 고통스러운 선택을 해야 했다. 그들은 혁명의 꿈을 미룬 채 오랜 적과의 동맹을 받아들였다. 이때 마오쩌둥이 발표한 공개 성명에는 갑작스럽게 발생한 분쟁에 대한 그와 그의 동료들의 우려감이 고스란히 반영되어 있었다. 마오쩌둥은 8월 1일 집회에서 이렇게 선언했다. "화베이의 권력자들은 충분한 군사적 준비 없이 처음부터 길고도 복잡한 타협에 매달리기에 급급했다." 그 "권력자들은" 일본을 향한 대중적 분노를 제대로 이용하지도 못했다는 것이었다. "이로 인해 그들은 베이핑과 톈진을 잃었다!"[58] 확실히 그의 손가락은 쑹저위안 같은 인물을 가리키면서도 동시에 국민정부를 비난했다. 그는 전쟁을 앞두고 국민당을 노골적으로 공

식에서 마오쩌둥의 발언을 거론하기도 했다. 중국과 타이완 학계에서는 진위 여부를 놓고 여전히 많은 논란이 있다. 중국 쪽은 국민당의 날조라고 주장하지만 공산당 핵심 간부였던 장궈타오 또한 그의 회고록에서 "마오쩌둥은 뤄촨 회의에서 간부들에게 애국주의에 미혹되지 말 것과 항일영웅이 되려고 하지 말라고 경고하면서 일본군과의 정면 대결을 피하고 제8로군의 실력을 키우는 데 집중해야 한다고 말했다"라고 기술했다.—옮긴이

56 "Our views regarding the problem of national defense"(1937년 8월 4일), *MZD*, vol.4, 10~11쪽.

57 周天度, 「從七七事變前後蔣介石日記看他的抗日主張」, 148쪽.

58 "The Red Army's Operational Tasks, and Principles Relating to the Use of Our Troops" (1937년 8월 1일), *MZD*, vol.4, 5쪽.

격하는 대신, 공산당이야말로 '진정한' 애국 정당이며 장제스에 대해서는 유화적이면서 나약하고 판단력이 결여되어 있다는 이미지를 만들기 위해 온갖 노력을 기울였다.

중국 내 외국인 공동체는 국민당의 곤경과 무관할 수 없었다. 그들은 전쟁이 자신들의 삶과 사업에 가져올 혼란을 두려워하면서도 장제스가 왜 행동에 나서도록 내몰리게 되었는지 하는 것 또한 모르지 않았다. 『노스 차이나 데일리 뉴스』의 한 논평은 신랄하게 풍자했다.

[군대에 대한] 일본인들의 지지와 동조를 억누르는 일은 불가능하다. 그들은 자신들의 군대가 어떠한 구속도 받지 않고 무한대의 자유를 누리는 데 익숙해져 있다. 그들의 군대는 법을 무시하고 행동하는 것이 허용되어 있다. 장제스 장군이 어떠한 유화적인 제안을 하더라도 그들은 펄쩍 뛰면서 자신들에 대한 반항으로 간주할 것이다.

한 가지는 분명했다. 장제스의 말에 근거하건대 대원수는 확실히 중국 여론에 불을 붙이지는 않았다. 세계 여론은 중국을 동정하고 있다. 무력에 의한 저항이 중국 스스로 선택한 것이 아니라는 점을 알고 있기 때문이다. 중국은, 자신들의 자유에 대한 어떠한 주장도 용납하지 않겠다는, 그러한 종류의 압박에 직면하고 있다.[59]

뒤이은 평론 또한 일본에 정당성이 있는지에 대하여 의문을 제기했다. 일본 국회에서 발표된, 일본의 중국 원정이 "동양 문화 발전에 협력"을 구하기 위함이라는 고노에의 변명은 상하이 서방 언론들의 조소를 샀다. "동양 문화의 확산"에 협력을 거부하는 중국 정부의 '비타협적'인 태도는 의심의 여지 없이 도쿄에서 중국인들이 "불성실"하다는 또 다른 사례로 간주되리라 여겨졌다.[60] 이러한 분위기는 장제스로 하여금 행동에 나설 경우 외국 공동

---

59 *NCH*, 1937년 7월 28일(원자료는 1937년 7월 21일), 133쪽.
60 *NCH*, 1937년 8월 4일(원자료는 1937년 7월 29일), 173쪽.

체가 항일을 적극 지지할 것이며 따라서 전쟁을 선택하는 것이 현명하다고 믿게 만들었을 수도 있다.

8월 7일, 국민정부는 리즈서勵志社(쑨원의 삼민주의를 열렬히 실천하는 단체)[61]의 강당에서 비밀 합동국방회의를 열었다. 그곳은 모든 사람에게 중국의 공화정과 그 역사가 얼마나 어렵게 세워졌으며, 또한 일본에 패배한다면 화형대가 되리라는 사실을 상징했다.

참석자들은 최근 격동의 국민당 역사를 대표했다. 왕징웨이, 전 재정부장(장제스의 처남) 쑹쯔원과 산시성 주석이자 군벌 수장인 옌시산 등 중국국민당의 주요 인사가 모두 참석했다.

군정부장 허잉친은 루거우차오 사건에 대해 무미건조하지만 필수불가결한 브리핑을 했다. 그러나 회의의 핵심은 전쟁에 관해서 타협 없는 확고한 지지를 보여준 장제스에게 있었다. 장제스는 이 전쟁은 중국 민중 전체의 운명이 걸린 투쟁이라고 단언했다. 그는 참가자들에게 선언했다. "만약 우리가 이 전쟁에서 이긴다면 국가를 부흥시킬 것이며 위기를 안전으로 바꿀 수 있을 것이다. 그러나 일본에게 패배한다면 우리가 그것을 회복하는 데 아마도 수십 년에서 어쩌면 수 세기가 걸릴지도 모른다는 것이 두렵다." 그는 객관적으로 일본이 군사적으로 중국보다 강하지만 경제적으로 현실적인 문제가 있음을 지적했다. 또한 덧붙여 말하기를 "미국과 영국은 우리를 정신적으로 지지하겠지만 이탈리아의 사례를 보더라도 그들은 의지할 만한 존재가 되지 못한다."(장제스는 1935년 파시스트 이탈리아가 아비시니아[62]를 침공했을 때 민주국가들이 막지 못했음을 언급했다.)

그런 뒤 장제스는 모든 참석자의 각오에 대해 질문을 던졌다.

많은 사람이 우리가 허베이와 차하르(중국군이 배치된 북부의 두 성)를 해

---

61 장제스가 일본 육군 장교들의 친목 및 상호부조단체인 가이고샤偕行社를 흉내 내어 만든 군사단체. 1929년에 처음 결성되었고 황푸군관학교 졸업생들을 중심으로 혁명정신 배양과 삼민주의 정신의 함양, 국민당에 대한 충성심을 강조했다. 본사는 난징 중심가의 중산둥루에 있었으며 중국 전역에 분사를 운용했다.—옮긴이
62 에티오피아의 옛 국명.—옮긴이

결할 수 있다면 중국은 50년 동안 안전할 것이라고 말한다. 어떤 사람들은 우리가 만주국과 허베이·차하르 주변의 국경 문제를 매듭짓는다면, 일본이 더 이상 침략하지 않을 것이라고 이야기한다. 국경에 관한 이런 생각은 옳다. 나는 우리가 만리장성을 따라 국경을 그었더라면, 일본이 침략하지 않았을 것이라고 감히 단언한다.[63]

그러나 장제스는 이러한 임시방편적인 발상으로 문제를 처리하려는 사람들은 핵심을 놓치고 있다고 경고했다. 일본이 결코 믿을 수 없는 존재이며 도쿄가 진짜로 원하는 것은 "그들이 하고 싶은 대로 하겠다는 야심을 달성하기 위해 중국의 국제적 지위를 파괴하는 것"을 지도자들이 알아야 한다는 것이었다. 그는 유화주의를 고집하는 '학자들'에 대한 비난은 삼갔다. 직접 이름을 거론하진 않았지만, 그가 생각했던 이들은 후스胡適와 장명린蔣夢麟임에 틀림없었다. 이 둘은 저명한 자유주의 재야 지식인으로, 장제스에게 "평화를 얻으려면 고통을 참아야 한다"고 충고했다. 7월 말부터 8월 초 사이 후스는 장제스에게 만주국의 승인을 건의했다. 그는 이를 통해서 숨 돌릴 시간을 좀더 확보할 수 있으며, 일본이 전쟁 분위기를 가라앉히고 물리적 충돌과 거리가 먼 사업적 이익에 눈을 돌리도록 할 것이라고 주장했다. 또한 장제스가 중앙군을 건설할 시간을 좀더 확보해서 쉽게 패배하지 않을 군대를 만들 수 있을 것이다. 후스는 지금의 일보 후퇴가 50년의 평화를 보장할 것이라고 생각했다.[64] "나는 이들 학자에게 말한다. 혁명전쟁은 침략자들을 패배시킬 것이다. 일본인들은 단지 물질과 군대를 볼 뿐이다. 그들은 정신을 보지 못한다." 이것이 장제스의 대답이었다. 전쟁 내내 장제스는 쑨원에 의해 상징적이 된 1911년 혁명의 연장선에서 전쟁을 정신과 종교적 신념으로 보았다. 그는 자신의 신념을 통해 전쟁이 새로운 중국을 만들어나가고 있다고 여러 차례 선언했다. 전쟁의 가장 어두운 시간 동안 끝없는 유혹에도 불구하고 장제스가 일본에게 무릎 꿇기를 거부했던 이유도 이 때문이었다.

63　第二歷史檔案管, 「抗戰爆發后南京國民政府國防聯席會議記錄」, 『民國檔案』(1996: 1)(43), 31쪽.
64　楊天石, 『找尋眞實的蔣介石』, 220쪽.

그다음으로 장제스는 도저히 회피할 수 없는 표현으로 도전장을 던졌다. "그래서 형제들, 우리는 결정해야 한다. 싸울 것인가, 아니면 멸망할 것인가?"

장제스는 다음 연설자인 왕징웨이 쪽을 바라보고 있었을 것이다. 왕징웨이는 평화를 지지한다고 말하지 않았다. 비록 그는 친일파로 간주되고 있었지만 항상 강하고 독립된 중국을 외쳤다. 이 자리에서 그는 압박에 굴복했건, 스스로의 의지이건 간에 전쟁을 지지했다. 왕징웨이는 "중국이 고비에 직면했으며 오직 전쟁을 통해서 중국은 살아남을 수 있을 뿐 조건부 평화의 가능성은 없다"는 데 동의했다. 또한 그는 더 많은 군수품 생산을 강조하고 장제스가 중국과 일본 두 나라를 비교한 것과 비슷한 말을 되풀이했다. "물질을 잃는 일을 두려워할 필요는 없다. 정신은 영원하다." 왕징웨이의 뒤를 이어 장보취안張溥泉 또한 같은 말을 반복했다. "이 전쟁은 문명과 진보의 상징이다. 겉으로는 파괴라고 해도 그 의미는 새롭고 진보적인 재건이다."[65]

장제스는 자신이 원했던 것을 얻어냈다. 그러나 아직 충분치 않았다. 특유의 도덕적 열정과 함께, 이제는 자신들 앞에 놓인 과제가 얼마나 어려운 것이며 중국이 얼마나 불리한 처지인지를 상기시켰다.

우리는 일본과 비교한다면 그들보다 10퍼센트, 아니 1퍼센트도 준비가 안 되어 있다. 일반 국민이 혼란에 빠질 것은 의심의 여지가 없다. 모든 지휘관과 정부 관료들은 각자의 책임을 인식해야 한다.

장제스는 구체적인 사례를 들었다. 공식 보고에서는 난징의 방공 대피소 건설이 완료되었다고 했지만 항공 점검에 따르면 열에 아홉은 외부에 드러나 있어 공습에 취약하다는 결론이었다. 그는 "방공 대피소의 사례만 보더라도 다른 일들이 어떻게 진행되고 있는지 짐작할 수 있을 것"이라며 호되게 질책했다. 또 다른 사례는 난징에서 정부 관료 가족들의 철수에 대한 것이었

---

65 第二歷史檔案管, 「抗戰爆發后南京國民政府國防聯席會議記錄」, 31쪽.

다. 철수는 질서정연함과 거리가 멀었고 철도역은 사람들로 가득 차 아수라장이 되었다. 지도자들은 적인 일본인들을 면밀히 관찰하고 그들의 '규율'이 전쟁 준비에 어떻게 기여하는지 확인할 필요가 있었다. 더욱이 실행에서의 문제도 있었다. 사람들에게 모래주머니를 이용해 방어벽을 구축하라고 명령하는 것은 합당하지만 여기에 필요한 물자를 공급할 재원은 있는가? 장제스는 나중에 가장 영향력 있는 중국공산당 지도자였던 마오쩌둥 및 덩샤오핑과도 관련되는 '실사구시實事求是'[66]란 단어를 사용했다. 그 의미는 명확했다. 전쟁에서 이기기 위해서는 사람들이 무의미한 지시나 탁상 행정에 매달리는 것이 아니라 실제로 벌어지는 상황에 진지하게 관심을 가져야 한다는 것이었다. "바로 그것이다." 장제스는 쏘아붙이고 통렬한 비판을 끝냈다.[67]

회의가 끝나고, 전쟁에 찬성하는 사람들은 자리에서 일어설 것을 요구받았다. 일어선 사람들 중에는 쓰촨성의 군벌 지휘관인 류샹劉湘[68]이 있었다. 몇 달 후 쓰촨성은 중국 항전의 중심이 되었다. 류샹은 자신의 군대를 제공할 것과 2년 안에 500만 명을 징병하겠다고 장담했다. 옌시산도 서 있었다. 그는 장제스의 만만찮은 군사적 경쟁자이지만 이 순간에는 전쟁이 불가피하다는 장제스의 입장을 수용했다. 그다음으로 오랫동안 중국이 일본과의 분쟁에 휘말리지 않도록 애썼던 왕징웨이가 있었다. 그도 전쟁에 한 표를 던졌다. 사실은 그 자리의 모든 사람이 일어섰다. 솔직히 그렇게 하지 않는 게 더 힘든 일이었다.

이후 며칠 동안 전쟁 준비에 여념이 없는 것처럼 보였다. 장제스는 결국 중국 북부에서의 분쟁이 해결되고 평화를 되찾을 것이라는 희망을 완전히 포기했다. 그의 최정예 부대는 난징 정부가 통치하는 중국 중부에 주둔하고

---

66 중국 『한서漢書』에 나오는 말로 "현실과 동떨어진 헛된 이론을 추구하는 대신 객관적인 사실에 근거하여 해답을 찾는다"는 뜻.—옮긴이

67 第二歷史檔案管, 「抗戰爆發后南京國民政府國防聯席會議記錄」, 33쪽.

68 류샹(1890~1938)은 쓰촨 군벌 중 한 사람으로, 충칭을 기반으로 쓰촨성 대부분을 지배했다. 또한 1934년부터 쓰촨성 주석을 역임했으며 낙후된 쓰촨성을 근대화하여 장제스가 항전할 수 있는 토대를 닦았다. 그러나 장제스가 충칭으로 수도를 옮기자 자신의 지위가 위태롭다고 여긴 류샹은 산둥 군벌 한푸쥐와 손을 잡고 쿠데타를 준비했다가 이 사실이 발각되어 한푸쥐는 총살되고 류샹은 그 충격으로 지병이 악화되어 급사했다.—옮긴이

있었다. 그곳은 일본과의 전쟁을 시작하기 위해 장제스가 선택한 장소였다. 바로 거대한 항구 도시 상하이였다.

제5장 상하이 전투

1937년 10월 말, 중국인과 외국인을 막론하고 상하이의 모든 주민은 도시가 뒤바뀌는 모습을 지켜봤다. 중국에서 가장 개방적이고 활기 넘치는 국제도시는 불과 석 달 만에 납골당처럼 변했다. 10월 28일자의 한 보고서에서는 이렇게 묘사하고 있다.

> 망연자실해진 상하이는 전날 자베이閘北에서의 전투가 초래한 처참한 결과를 지켜봤다. 새벽부터 하루 온종일 치솟는 불길로 간담이 서늘할 정도였다. 상하이 도심 북쪽은 전체가 화염에 휩싸였고 수많은 사람은 6킬로미터에 달하는 연기의 단층을 응시했다. 수백 미터 높이까지 치솟은 연기는 약한 남풍을 따라 떠내려갔다. 저 멀리 떨어진 우쑹吳淞의 시골지역을 짙은 먹구름처럼 뒤덮으면서 그 너머 일본의 강력한 함대가 밀집해 있는 창장강으로 흘러가고 있었다.[1]

지난 몇 주 동안 중국과 일본 양측 모두 중국 중부에서 싸울 태세를 하고 있다는 사실은 분명했다. 일본은 상하이의 병력을 강화하기 위해 해군부대를 북쪽에서 이동시켰고 8월 초 8000여 명 이상이 집결했다. 며칠 뒤에는 32척에 달하는 함대가 당도했다. 7월 31일, 장제스는 "평화에 대한 모든

1　*NCH*, 1937년 11월 3일(원자료는 1937년 10월 28일).

희망이 사라졌다"고 선언했다.[2] 장제스는 그동안 자신이 실질적으로 통제할 수 없었던 중국 북부 방어에 정예 부대를 투입하는 데 주저했다. 반면, 상하이는 항일전쟁에 있어서 전략의 중심이었다. 그는 최강 부대인 제87사단과 제88사단을 사용했다. 두 사단은 폰 팔켄하우젠 장군의 고문단이 훈련시켰다. 팔켄하우젠은 이 부대들이 일본군을 상대로 용전하리라 크게 기대했다. 장제스는 중국이 침략자들에게 맞서 싸울 수 있다는 사실을 중국 국민과 전 세계에 보여줄 수 있을 것이었다. 그는 상하이에서 새로운 전선의 구축을 가볍게 여기지 않았다. 황푸黃浦강에 있는 두 개의 제방을 기반으로 한 이 도시는 동쪽으로는 태평양과 서쪽으로는 내륙 수천 킬로미터에 걸쳐 구불구불 이어져 있는 창장강이 합류하는 지점에 있었다. 상하이는 산업, 근로 관계, 외부 세계와의 연결 등 중국 근대화의 모든 것이 응집된 곳이었다. 비록 외국 대사관들은 수도인 난징 주변에 모여 있었지만 외국 공동체는 상하이에서 이 나라의 동향을 살폈다. 상하이에 있던 두 개의 조계, 프랑스 조계와 영국과 관련된 국제 공공 조계[3]는 상하이 바깥의 도시들을 '변두리'라며 무시했다.

1937년 8월 13일, 장제스는 자신의 군대에게 상하이를 지키라는 명령을 내렸다. "적들을 바다로 몰아내고, 해안선을 봉쇄하며 상륙을 저지하라."[4] 장제스가 군대를 동원하기 전에 상하이는 이미 공황 상태에 빠졌다. 랜들 굴드 기자가 찍은 이 시기의 상징적인 사진에는 수많은 난민이 안전한 외국 조계로 수용되기를 기대하면서 와이바이두차오外白渡橋, Garden Bridge를 건너는 모습이 담겨 있었다. 8월 6일, 상하이 영국 공동체의 목소리 『노스 차이나 데일리 뉴스』는 피란민들의 유입을 보도했다.

8월 5일 자베이와 훙커우虹口에서의 탈출자들 수가 한계에 도달했다. 하

---

2 Van de Ven, *War and Nationalism*, 197쪽.
3 상하이 내 영국, 미국, 일본 조계를 통합하여 설립한 공동 조계. 프랑스는 참여하지 않았다.—옮긴이
4 Van de Ven, *War and Nationalism*, 197쪽.

루 종일 수천 명의 사람이 소지품을 지니고 국제 공공 조계와 프랑스 조계로 몰려들었다. 개천을 연결하는 모든 다리의 교통은 막혔고 자동차들은 다리를 건널 때까지 짧은 거리를 기어가야 했다. 낮춰 잡아도 (7월 26일부터 8월 5일까지) 피란민은 5만 명에 달했다.[5]

외국인 공동체는 새로운 손님들을 반기지 않았다. 같은 신문의 다른 논평은 다른 사람에게 폐를 끼치지 않고 자신들의 불가피한 운명을 자발적으로 받아들이지 않는 중국인들에 대해 야단법석을 떨었다. "책임 있는 당국자들은 불필요하고 위험하기 짝이 없는 (중국 피란민들의) 탈출을 막기 위한 조치를 세워야 한다." 이 신문은 허망하게 덧붙였다. "지금까지 현지 중국과 일본 당국자들은 훌륭히 협력하여 상하이에서 평온함을 유지하고 공황 상태를 막는 데 성공적이었다."[6] 그러나 상하이 해안가의 모습은 점점 험악해지고 있었다. "전날 오후 여러 척의 일본 순양함과 구축함에서 무기와 탄약, 보급품이 O.S.K.[7] 선창에 산더미처럼 하역되었다. 게다가 완전군장을 한 대규모 병력이 해안가를 돌아다녔다. 순양함 이즈모出雲, 구축함 두 척, 포함 9척이 조금 전 이곳에 도착했다."[8] 일주일 뒤 사설 헤드라인은 외국인 공동체가 가장 궁금해하는 질문을 던졌다. "과연 이성은 승리할 것인가?"[9]

한 끔찍한 사건이, 평온이 회복될지도 모른다는 환상을 깨뜨릴 참이었다. 국민정부군 지휘부는 상하이에서 일본 해군의 가장 중요한 자산 중 하나를 격파하기 위해 상하이 중심의 황푸강에서 지원 차 정박 중이던 이즈모를 폭격하기로 결정했다. 8월 14일 토요일, 도심의 분위기는 흉흉했다. 이날 오후 1시 45분, 한 위생국 공무원은 이렇게 기록했다. "난민 무리가 동쪽에서 난징로로 향하고 있다! 상점들은 문을 닫고 손님을 받지 않는다."[10] 그날 오

---

5 *NCH*, 1937년 8월 11일, 217쪽.
6 *NCH*, 1937년 8월 11일, 231쪽.
7 일본 오사카상선주식회사Osaka Shosen Kabushiki Kaisha의 약자.—옮긴이
8 *NCH*, 1937년 8월 18일, 267쪽(원자료는 1937년 8월 12일).
9 *NCH*, 1937년 8월 18일, 259쪽.
10 SMA(Shanghai Municipal Archive), U1-16-217, 23쪽.

후, 중국 공군의 폭격기들이 창장강 하류 삼각주의 비행장에서 상하이를 향해 출격했다. 목표물은 일본 군함이었다. 그러나 두 명의 조종사는 뭔가 큰 잘못을 저질렀다. "비행기들은 누가 봐도 알 수 있는 목표물로부터 한참 떨어진 제방 위를 지나갈 때, 단엽기 네 대 중 한 대에서 뒤쪽에 달린 항공 어뢰 4발이 낙하했다. 다른 2발은 난징로에 떨어졌다." 조종사가 목표물을 착각했거나 투하 장치에 결함이 있을 수 있었다.[11] 이유야 어떻든, 폭탄은 도심지에서 사람들이 가장 밀집되어 있던 장소에 떨어졌다. 무더운 8월의 토요일 그곳에서는 수천 명의 사람이 거리를 걷고 쇼핑하고 산책 중이었다. 오후 4시 46분, 위생국 업무일지는 "펠리스 호텔이 맞았다! 거리에서 많은 사상자 발생했다! 난징로 캐세이 호텔 건너편"[12]이라고 기록했다.[13] 한 보고자는 그 참혹한 현장을 담아냈다.

폭탄이 공중에서 포물선을 그리며 떨어져 펠리스 호텔을 비스듬히 때렸다. 이루 말할 수 없는 대학살이 벌어졌다. 고성능 폭약의 연기가 서서히 걷히면서 끔찍한 죽음이 모습을 드러냈다. 불타고 있는 자동차에서 뿜어져 나오는 불꽃이 일그러진 시체들 위로 번져 나왔다. 쉼터에서 쿨리 옷을 입고 옹기종기 모여 있었을 것으로 보이는 핏빛으로 물든 시체 무더기가 형체를 알아볼 수 없는 채로 펠리스 호텔과 캐세이 호텔의 출입구와 통로 사이에 쌓여 있었다. 머리와 다리, 팔이 조각난 몸통에서 멀리 떨어져 나갔다. 머리에 파편을 맞은 중국 경찰관의 시체가 그가 교통정리를

---

11 Nch.
12 이날 중국 공군은 '공군작전 제2호령'에 따라 약 100여 대의 항공기(커티스 호크-III 복엽전투기, 노스롭 감마 단엽 경폭격기 등)를 동원하여 아침부터 저녁까지 전례 없는 대공습을 퍼부었다. 일본 함대 이외에도 일본군 육전대 사령부, 일본군 진지와 탄약고를 폭격했으며 치열한 공중전을 통해 별다른 피해 없이 6대의 일본기를 격추시키는 승리를 거두었다. 타이완 공군은 지금도 이날을 '공군절'로 기념하고 있다. 그러나 오폭도 많았다. 국제 공공 조계 중심가에 있는 캐세이 호텔과 펠리스 호텔, 다스제大世界 호텔에 폭탄이 떨어져 1000여 명의 사상자를 냈다. 또한 미국과 영국 순양함을 폭격하기도 했다. 오폭의 이유는 중국 공군에게는 첫 대규모 실전이었고 폭격수들이 미숙한 탓도 있었지만 그보다도 일본군의 막강한 대공화망 때문에 고고도에서 폭격할 수밖에 없었기 때문이었다. 중국인들을 멸시했던 서양 기자들은 중국 공군이 서툴다면서 비웃었지만 군사적 몰이해일 뿐, 도심지 인근에서 벌어지는 근접 항공 지원의 특성상 불가피한 일이었다.─옮긴이
13 SMA U1-16-217, 29쪽.

하고 있었던 곳에 넘어져 있었다. 가까이에는 내장이 드러난 아이가 있었다.[14]

설상가상으로 쇼핑 번화가인 에드워드 7세 거리Avenue Edward Ⅶ의 상공에서도 또 다른 조종사가 폭탄을 떨어뜨렸다. 집계된 통계에 따르면 중국인과 외국인을 합쳐 1000명 이상이 사망했다. 폭탄은 정치적 중립과 안전지대로 여겨졌던 국제 공공 조계를 강타했다.

비록 이즈모가 피해를 입었지만, 국내외에서 대의명분을 위한 대중적 지지를 얻어야 하는 국민당에게 '검은 토요일black Saturday'의 한심스러움은 시기적으로 이보다 더 나쁠 수 없을 정도였다. 게다가 장제스의 군대는 기습의 기회를 잃었다. 8월이 지나가는 동안 양측 군대는 거리에 참호를 파고 참호전을 시작했다. 후쭝난·천청陳誠을 비롯해 일부 주요 지휘관들은 부대를 이끌고 상하이로 이동했다. 일본도 대응에 나섰다. 9월 초까지 중국 북부와 심지어 타이완(당시 일본 식민지였던)에서 10만 명에 달하는 병력이 출동했다.

그 와중에 상하이 사회는 기습적인 개전에 반응했다. 7월에만 해도 도시주민들은 지난 수십 년 동안 그래왔듯 일하고 먹고 마시며 즐겼다. 8월이 되자 그들은 일상을 새롭게 바꾸었다. 지역 시설들은 이전을 시작했다. 9월 말 4개 지방 대학이 내륙의 대학들과 연합대학을 구성하기로 발표했다.[15] 중국 제일의 무역도시에서 상업이 말살되고 있었다. 『노스 차이나 데일리 뉴스』는 이렇게 보도했다. "불행한 희생자들에게 잔인한 촉수를 휘두르는 악몽 같은 문어처럼 현지에서 벌어지는 전투는 상하이 교역을 서서히 질식시키는 중이다." 한 상점 주인은 "우리는 당연히 상하이를 방문하는 관광객들을 상대로 장사를 한다. 지금 같은 때에 무슨 관광객들이 있겠는가?"라고 한탄했다.[16]

저항을 분쇄하기 위한 일본군의 대규모 폭격과 함께 거리에서는 도시를 차지하려고 치열한 시가전이 진행되었다. 전투 초기부터 장제스는 도시의

---

14 *NCH*, 1937년 8월 18일(원자료는 1937년 8월 15일).
15 *NCH*, 1937년 9월 29일
16 *NCH*, 1937년 10월 20일, 93쪽.

운명이 거대한 바둑판과 도박의 일부임을 깨달았다. 그는 9월 14일자 일기에서 자신에게 물었다. "우리는 상하이에서의 결전을 위해 군대를 모으고 있는가?"[17] 전쟁이 시작된 지 두 달이 지났다. 장제스는 자신은 물론 국민당과 국민에게도 전쟁이 몇 주 혹은 몇 달이 아니라 몇 년이 걸릴 수 있다는 사실에 대비토록 했다. 일본인들은 그렇게 생각하지 않았다. 적어도 공식적으로는. 그들은 여전히 중국 북부와 상하이에서의 '사변'이 활활 타오르다가 결단만 내리면 꺼뜨릴 수 있는 일이라고 여겼다.

그러나 장제스가 상하이를 전쟁터로 만든 목적은 두 개의 전역이 하나의 전쟁에 속한다는 사실을 분명히 하기 위함이었다. 그는 상하이를 잃을 가능성이 높다는 사실을 알고 있었다. 팔켄하우젠은 상하이의 복잡한 거리가 중국 북부의 광활한 평원보다 일본군에게 한층 불리하며 중국이 승리할 기회가 있다고 충고했다. 하지만 장제스의 독일식 부대는 우수하긴 하나 숫자가 부족했다. 국민당 군대의 상당 부분은 광시성의 군벌 지도자인 리쭝런처럼 그리 신뢰할 수 없는 장군들이 통제하고 있었다. 그 예방책으로 1932년부터 중국 동부 연해 지역이 외세에 점령되었을 때를 대비해 정부 기관과 산업 설비를 내륙으로 이전하는 계획이 수립되었다.[18]

그러나 상하이에서 싸우는 것은 국내와 국제 어느 쪽이건 정치적으로 중요한 일이었다. 폭격기 조종사들의 형편없는 활약과는 별개로 중앙군은 상하이를 지키기 위해 온 힘을 다했다. 무력 대결 대신 정치적 양보를 선택했던 시대는 지나갔다. 상하이에서 일본군을 공격하면서 이제는 전쟁이 국가 전체의 싸움이 되었다. 그 전까지 만주의 문제는 중국의 주권과는 별개로 여겨졌고 구호만 요란할 뿐 행동은 거의 없었다. 만주에서 망명한 사람들은 자신들의 능력으로는 둥베이를 무력 탈환할 것을 쟁점화할 수 없다는 데 좌절했다. 심지어 베이핑 주변의 중국 북부조차 상하이가 있는 창장강 삼각지의 인구 밀집지대에서 본다면 와닿지 않는 곳이었다. 일본 또한 중국이 단일 국가가 아니라 여러 권력의 이합집산임을 강조할 요량으로 분쟁을 '북지

17   楊天石, 『找尋眞實的蔣介石』, 229쪽.
18   Van de Ven, *War and Nationalism*, 154~155쪽.

나 사변'이라고 불렀다. 이들은 전쟁 내내 중국의 여러 군벌 정권을 후원하고 중국인들의 반목을 부추기는 분열 전략을 유지할 것이었다. 이제 장제스는 중국 북부가 공격받는다면 남쪽이 앙갚음한다는 것을 분명히 보여주었다. 중국은 "끝까지 싸울 것抗戰到底"을 결의했다. 이 용어는 빠르게 이 분쟁을 정의하게 되었다. 심지어 요즘도 사용될 정도다. 장제스는 전쟁을 상하이로 불러들여 전 세계의 이목을 집중시켰다. 상하이의 외국인 공동체가 보기에 중국 북부의 충돌은 저 멀리 떨어진 '변방'의 소란에 지나지 않았다. 장제스가 가장 바라는 일은 전쟁에서 외국의 협력을 얻는 것이었다. 그는 일기에 자신의 희망을 적었다. "모든 나라가 일본에 분노하고 미국과 영국이 나서도록 압박할 것이다."[19] 9월 12일, 쑹메이링은 미국을 향해 라디오 연설을 했다. 그녀는 중국의 대의를 지지하는 데 주저하는 서방 세계를 호되게 비판했다. "만약 서구세계 전체가 이처럼 무관심하고 자신들의 조약을 포기한다면 오랜 세월 겁쟁이라는 오명 속에서 살아왔던 우리 중국인들은 온 힘을 다해 싸울 것이다."[20] 1933년 당시 만주 침략을 놓고 한없이 무기력했던 국제연맹은 이번에도 행동 대신 말뿐이었다. 일본이 중국 도시들을 폭격한 것에 대한 규탄 결의를 만장일치로 채택했을 뿐이었다. 지지문의 문구에는 신랄한 풍자가 담겨 있었다. 마찬가지로 생존을 위해 투쟁 중인 또 다른 국가이자 자유세계가 나약한 갈대라는 사실을 잘 알고 있었던 스페인 외무장관은 "스페인은 위대한 중국 국민의 일치단결에 깊은 연민을 느낀다"고 언급했다.[21]

외세 열강들은 사건 초반 일본과 협상하는 쪽이 더 현실적이라고 여겨질 때 중국이 항전에 나선 것은 자신들의 결의를 상징하려는 것임을 마지못해 인정하기도 했다. 영국 외교관인 로버트 하우는 이렇게 보고했다. "나는 난징 지도자들 어느 누구도 나서서 휴전이나 평화를 거론하려는 모습을 찾을

---

19 楊天石, 『找尋眞實的蔣介石』, 231쪽.
20 *NCH*, 1937년 9월 15일(원자료는 1937년 9월 12일), 394쪽.
21 *NCH*, 1937년 9월 28일, 2쪽.

수 없었다."[22] 11월 27일, 하우는 "항복을 꺼리는 쪽은 군대와 지식인들에 국한되어 있다. 중국의 대다수 농민과 상인들은 전쟁에 관심이 없으며 조건이 어떻든 평화를 환영할 것이다"라고 썼다.[23] 장제스는 자신의 국민과 세계인의 편견을 바꾸는 일에 도전했다.

장제스는 상하이에서 자신의 군사적 경쟁자들을 시험했다. 그들은 하나같이 자신이 애국자라고 주장해왔다. 하지만 정말로 국가를 지키는 데 군대를 내놓을 것인가? 상당수는 "그렇다"고 대답했다. 광둥 군벌 쉐웨[24]와 쓰촨 군벌 류샹은 가장 적극적으로 군대를 보냈다. 그 군대는 후쭝난, 천청 등 장제스에게 직접 충성하는 중앙군 지휘관들의 휘하에 편입되었다. 이전에는 자신들의 영토 밖으로 군대를 보내는 데 주저했던 군벌들은 설령 산발적이라고 해도 국가를 위해 싸우고 있었다. 전투의 마지막 몇 주 동안 중국 남부와 중부에서 몰려든 20만 명이 넘는 중국군 병사들이 상하이에서 싸웠다.[25] 좀더 평화로웠던 시기에 그토록 장제스가 움켜쥘 수 없었던 통일의 과정이 오히려 전쟁을 통해 가까워지고 있었다.

또한 장제스는 상하이 전투를 통해 외세 열강의 원조를 받는 데 처음으로 성공했다. 그것은 놀랍게도 소련과의 동맹 덕분이었다. 시안 사변에서 장제스를 구했던 소련은 이번에는 일본과 전쟁 중인 중국을 지키는 데 큰 흥미를 보였다. 이제 상하이는 다른 국가들에게 일본이 세계 평화를 실제로 위협하고 있다는 사실을 확실하게 보여주었다. 8월 1일, 주중 소련 대사 드미트리 보고몰로프는 국민정부와 상호 불가침 조약에 합의했다. 실제로는 '불가침'에 담긴 의미를 넘어서 훨씬 더 적극적인 원조가 포함되어 있었다.

---

22 Documents on British Policy Overseas(DBPO), series2, vol.21(Far Eastern Affairs, 1936~1938), 1937년 11월 11일, 470~471쪽.
23 DBPO, series2, vol.21, 1937년 11월 11일, 470~471쪽.
24 쉐웨(1896~1998): 바오딩군관학교를 졸업했으며 쑨원의 경호대대를 지휘했다. 1922년 '6.16' 사건에서는 쑨원과 쑹칭링을 위기에서 구하기도 했다. 국공합작이 파기된 후 한 때 반反장제스 진영에 가담했으나 이후 장제스에게 귀순했으며 공산당 토벌과 중일전쟁에서 크게 활약하여 중국군 제일의 명장으로 명성을 떨쳤다. 스틸웰은 그를 가리켜 '동양의 패튼'이라고 불렀다. 1998년 타이완에서 102세의 나이로 죽었다.—옮긴이
25 Van de Ven, War and Nationalism, 215~216쪽.

소련은 1938년 중반까지 2억5000만 달러 상당의 군수품과 항공기 300대를 공급했다.[26] 반공주의자인 장제스가 이제는 자신의 생존을 위해 모스크바에 의존해야 한다고 주장하는 역설적인 모습은 그의 오랜 정적인 왕징웨이 못지않았다. 장제스는 자신의 새로운 동맹을 결코 숨기지 않았다. 9월 당시, 점점 위험에 직면한 수도 난징에 체류 중이던 선전부 부부장 저우포하이는 일기에 장제스가 중국공산당과 소련과 체결한 협정을 외부에 알리는 것은 "현명한 선택"이라고 적었다. 저우포하이는 중국공산당과의 합작이 외국 관찰자들의 불쾌감을 살지도 모른다고 우려했지만 이렇다 할 반응은 없었다. 그는 장제스의 결단을 높이 평가했다. 그러나 전황이 악화되자 왕징웨이는 저우포하이에게 정부가 일본과의 외교관계를 너무 빨리 끝장냈다고 불평했다. 저우포하이는 동의하면서 항전을 외치는 쑹쯔원의 연설이 "순진하기 짝이 없으며" 중국의 이익에 해를 끼친다고 비판했다.[27]

상하이에서 9월의 파괴는 10월까지 이어졌다. 외국 공동체는 믿기 어려운 광경을 보면서 이 전쟁이 쉽게 끝나지 않을 것임을 비로소 깨달았다. 10월 초, "쓰촨베이루四川北路와 바오산루寶山路 사이의 미로 같은 거리에서 격전이 벌어졌다"고 보도되었다. 친숙했던 건물들은 갑자기 무서운 곳이 되었다. 한 기자는 자신이 "(판테온) 극장 창문 뒤에 서 있던 누더기의 중국 병사들과 인사를 주고받았다. 그들은 호의적으로 포테이토 매셔[28]를 흔든 다음 조심스레 창밖을 내다봤다. 그리고 골목에 숨어 있는 것이 분명한 어떤 불청객에게 그것을 던졌다"고 썼다.[29] 폭격은 멈추지 않았다. 10월 13일, "현지에서 전투가 시작된 이래 상하이 주변의 중국인 지역과 군사 거점들이 가장 심각한 폭격을 받았다. 전날 일본 항공기들은 광범위한 지역을 비행했다"고 보도되었다.[30] 이틀 뒤에는 일본인들이 국민당의 검은 토요일을 연상시

26 Taylor, *Generalissimo*, 149쪽.
27 *ZFHR*, 1937년 9월 27일, 1937년 10월 3일, 1937년 10월 23일.
28 중국군이 사용했던 독일제 방망이 수류탄Stielhandgranate의 별명. 특이한 디자인이 감자 으깨는 도구를 닮았다고 '포테이토 매셔Potato Masher'라고 불렸다.—옮긴이
29 *NCH*, 1937년 10월 2일, 17~18쪽.
30 *NCH*, 1937년 10월 13일(원자료는 1937년 10월 6일).

키는 행위를 저질렀다. 그들은 중립 지역인 국제 공공 조계 안의 노면열차를 폭격하고 수많은 중국 민간인을 학살했다. 그중에는 18개월 된 여자아이도 있었다. 10월 20일 상하이 북역이 폭격을 받아 철로 종점은 폐허가 된 채 검은 연기 장막이 도시 어디서나 볼 수 있을 만큼 자욱하게 피어올랐다. 다음 날 정부는 내외신 기자들을 역으로 호송하여 파괴된 현장을 자세히 볼 수 있게 했다. 그 참상을 담은 사진이 전 세계 언론에 실렸다.

상하이 전투의 마지막 단계는 10월 24일 중국군이 쑤저우허蘇州河로 물러나면서 시작되었다. 이 작전을 끝내기 위해 일본은 12만 명의 병력을 보내 2주일에 걸쳐 공격을 퍼부었다. 11월 5일에는 상하이 서남쪽 약 180킬로미터 떨어진 항저우만杭州灣에 일본군 부대가 상륙해 한층 압박을 강화했다. 장제스는 항저우를 지키기 위해 해안가에 배치된 병력을 후퇴시켰지만 이 때문에 상하이의 배후가 취약해졌다.[31]

11월 초, 장제스는 불가피한 상황에 직면했다. 그의 군대는 더 이상 상하이를 방어할 수 없었다. 자신의 정예부대를 더 희생시키는 대신, 철수를 결정했고 달성 가능한 쪽으로 목표를 바꾸었다. "소모전으로 적을 지치게 하고 적의 속전속결 계획을 좌절시켜야 한다."[32] 11월 8일, 장제스의 지휘관들에게 상하이 외곽으로 철수할 준비를 하라는 지시가 은밀히 하달되었다. 이 명령은 명확한 이유 없이 외부로 공개되지 않았다. 그 대신 이튿날 『중앙일보中央日報』는 장제스가 "중국의 위기를 더 이상 악화시키지 않기 위해 중일 양국의 직접 협상"을 제안했다고 보도했다.[33] 다음 날인 11월 10일, 국민정부는 "상하이 남부 도시는 죽음으로 지킬 것이다"라고 선언했지만 『노스 차이나 데일리 뉴스』의 기사는 좀 달랐다.

지난 석 달 동안 동쪽과 북쪽, 서쪽 경계에서 벌어진 교전을 지켜본 결과, 전날 밤 중국군이 쑤저우허에서 신속하게 철수하면서 상하이 남쪽이 위

---

31 Van de Ven, *War and Nationalism*, 216쪽.
32 Van de Ven, *War and Nationalism*, 213쪽.
33 『중앙일보』, 1937년 11월 8일.

기에 직면하고 있다. 또한 일본군이 이들을 포위하는 한편, 금일 오후에
는 룽화龍華를 점령할 것으로 보인다.[34]

다음 날 한층 고통스러운 세부 내역이 뉴스 헤드라인에 폭로되었다. "상하
이 남쪽이 적군의 참혹한 총공세를 받았다." 이 기사는 중국군의 애국적인
투쟁을 높이 평가했지만 침략군에게 "궤멸"되었다는 사실을 인정했다. 11월
12일, 마침내 부득이한 사실이 공표되었다. "상하이 남쪽에서 고립된 부대에
철수 명령이 내려졌다." 상하이를 지키기 위한 '결사방어'는 실행되지 않았
다. 9일 뒤인 11월 21일, 상하이 사람들은 "국민정부가 장기전을 위해 충칭
重慶"으로 이동한다는 소식을 들었다.[35] 상하이를 잃었고 난징도 지킬 수 없
었다. 총사령부는 우한으로 이동하여 중국 중부를 방어할 근거지로 삼았다.
정부 관료들은 좀더 상류 쪽으로 거슬러 올라가 내륙 침략에 대항하는 마
지막 보루가 될 중국 서남부의 산악 도시 충칭으로 향했다.

정부 내부자들은 신문 독자들보다 한발 빨리 그 사실을 알았다. 그중에
는 상하이에서 300킬로미터 떨어진 난징 사무실의 저우포하이도 있었다.
11월 13일, 저우포하이는 장제스의 비서장이자 대필 작가였던 천부레이陳布
雷를 만났다. 천부레이는 정부가 즉시 이전할 예정이라고 알려주었다. 저우포
하이가 가장 두려워했던 일은 군사적 재앙으로 정부가 무너지는 상황이었
다. 그는 11월 16일자 일기에 이렇게 썼다. "오늘은 나의 새로운 삶이 시작되
는 날이다." 이어서 적기를 "나는 극도로 비관적이다. 중국에 더 이상의 역
사는 없을 것이다. 내가 더 이상 일기를 어떻게 쓰겠는가?"라고 했다.[36] 저
우포하이는 자신에게 남은 몇 안 되는 위안거리를 찾았다. 알코올이었다. 몰
래 바람피우는 일과 영화 관람(일주일에 두 번 정도 갔을 것이다)과 술은 저우
포하이가 오래전부터 중독된 것 중 하나였다. 그는 수도가 함락되기를 기다
리는 동안 그것에 탐닉했다. 어느 날 밤, 그는 바람이 윙윙대는 불길한 소리

34 *NCH*, 1937년 11월 15일, 255쪽.
35 『중화일보』, 1937년 11월 21일.
36 *ZFHR*, 1937년 11월 16일.

1937~1941년 일본군 공격 지역.

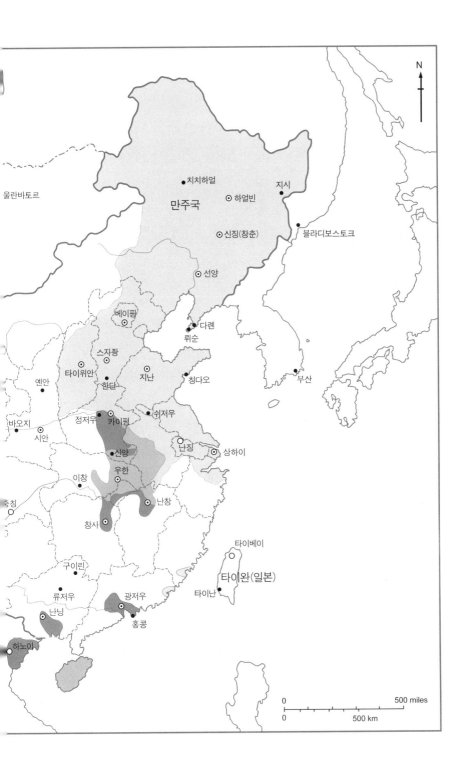

울란바토르

치치하얼

지시

하얼빈

만주국

신징(창춘)

블라디보스토크

선양

베이핑

다롄

뤼순

스자좡

엔안

타이위안

지난

칭다오

부산

한단

바오지

정저우

쉬저우

시안

카이펑

신양

난징

상하이

우한

이창

둥칭

난창

창사

타이베이

구이린

타이완(일본)

류저우

광저우

타이난

난닝

홍콩

하노이

0   500 miles

0   500 km

N

를 들었다. 술에 취해 몽롱한 그의 머릿속에서 17세기 중반 명나라가 북방 침략자들에게 함락되어 무너졌을 때 휘몰아쳤던 그 바람이 떠오르는 것 같았다. 그와 아내가 우한으로 피란가기 위해 짐을 꾸리는 동안 자신이 마치 1900년 외국 공사관을 포위한 의화단을 공격하려고 베이징으로 진격하는 8개국 연합군을 피해 수도를 탈출하는 옛 청조의 관료가 된 것 같은 느낌이 들었다.

이러한 역사적 암시는 부유한 상류층 출신의 교양인인 저우포하이에게는 자연스러운 일이었다. 그러나 이번 침략이 초래할 참상은 그의 전임자들이 감히 상상조차 할 수 없는 규모였다.

11월 28일에도 언론은 여전히 상하이에서 계속되고 있는 싸움을 보도했다. "창싱산長興山[37] 지구에서 치열한 전투가 시작되었다." 이것이 그 신문의 마지막 기사였다.[38] 전쟁 관련 뉴스가 어째서 갑자기 중단됐는지는 현지 주민들에게는 중요하지 않았다. 확실한 사실은 정부가 그들을 일본군의 자비에 맡기고 떠났다는 것이었다.

그러나 국민정부군이 치렀던 희생은 진짜였다. 장제스는 상하이에서 커다란 도박을 벌였다. 11월 초까지 그는 그곳에 50만 명이 넘는 병력을 투입했다. 전쟁 첫 석 달 동안 18만7000명이 사망하거나 부상당했다.[39] 여기에는 독일 군사고문단이 공들여 훈련시킨 3만 명의 장교도 포함되어 있었다.[40] 중국공산군은 이 전투에 참전하지 않았다.

서구 강대국들은 중국의 운명(그리고 그들이 개척하고 싶었던 시장)을 손에 쥐고 있었지만, 이 단계에서는 거의 아무런 도움도 되지 않았다. 전쟁 발발

---

37 상하이 서쪽 170킬로미터 거리에 있으며 타이후 서안에 있는 산. 장시성 후저우湖州에 속한다.—옮긴이

38 『중화일보』, 1937년 11월 28일.

39 실제로는 상하이에 투입된 중국군은 약 70~80만 명(정확한 숫자는 집계 불가)에 달했으며 제1차 세계대전 베르됭 전투 이래 최대의 격전으로 손꼽힐 정도였다. 사상자 또한 전체 30퍼센트가 넘는 25~30만 명에 달했고 군단장 1명, 사단장 1명, 여단장 9명, 연대장 2명 등 고급 지휘관만도 16명이 전사했다. 일본군 또한 9개 사단 30만 명을 투입했으며 2명의 연대장을 포함해 공식적으로만 4만 명 이상(중국 측 추산으로는 10만 명)의 사상자를 냈다. 일본 육군 전사에서 러일전쟁의 평톈 회전 이래 가장 많은 피를 흘린 싸움이었다.—옮긴이

40 Taylor, *Generalissimo*, 150쪽.

은 영국의 힘과 선의에 대해 주목하게 했다. 한 영국 외교관은 우한에서 영국 외무장관 앤서니 이든에게 중국 정부에 관한 서신을 보냈다.

이곳에서는 외국이 개입할 어떠한 즉각적인 희망도 없다는 유쾌하지 않은 사실을 체념한 채 받아들이는 분위기다. 나는 어떤 경우에도 영국의 입장을 날카롭게 비판하는 소리를 듣지 못했다. 그럼에도 불구하고 유감스럽게도 우리는 극동에서 우리의 중요한 정치적, 경제적 이익을 방어할 능력이 없다. 중국인들은 일본이 중국을 완전히 지배하게 된다면 (극동에서 영국의 지위 또한) 죄다 말살되리리고 확신히고 있다.[41]

덧붙인 문서에는 동아시아로 함대가 출동하는 것에 대한 타당성을 거론했다.

7월에 동아시아 영해에서 강력한 영국 함대가 존재했다면 일본은 결코 중국 정부를 공격하고 파괴하기 위해 상하이의 우리 권익을 거칠게 짓밟지 못했을 것이다. 일본은 (영국인과 미국인으로 이뤄진 국제 공공 조계 안에서) 이러한 특권들의 공유를 인정했으므로, 여왕 폐하의 정부는 그 특권이 과도하게 남용되지 않았음을 주장할 권리가 있다.

이 외교관은 갈수록 악화되고 있는 상황을 순수하게 영국의 국익 관점에서 바라보았고 창장강 하류의 상황은 국제 정세의 한 부분으로 취급해야 한다고 솔직하게 지적했다. 특히 그 주변 지역에 일본에 봉사할 '괴뢰' 정권을 세우는 것은 영국 외무부가 가장 우려하는 부분이었다. 요점은 다음과 같았다 6개 주요 목표 중에서, 영국은 "창장강 하류와 중국 남부의 상황을 복구해야 한다. 즉, 중국 정부가 통제하는 영토에 문호 개방을 제공한다"라는 것이었다. 그러나 그들은 또한 "중국 북부에서 영국의 특권을 보호해야 하지만

41   DBPO, series2, vol.21(1937년 12월 17일), 593~594쪽.

그렇게 할 수 없다면 (톈진 해관을 제외한) 다른 부분에서는 한발 물러서야" 했다.[42]

총격이 멈추고 침울한 평화가 돌아왔다. 하지만 서구 사람들은 상하이의 운명에 큰 충격을 받았다. 스페인 내전의 대학살을 보고 막 돌아온 영국의 시인 W. H. 오든과 작가 크리스토퍼 이셔우드는 전투가 끝난 지 몇 달 뒤에 상하이에 도착했다. 이셔우드는 눈앞에 펼쳐진 파괴상을 회화적인 표현으로 묘사했다. 도시에서 중국인들이 통제했던 부분은 완전히 폐허가 된 반면, 외국 조계는 대부분 온전하다는 사실이 한층 괴기스러워 보였다.

예전에 중국인들의 도시였던 이곳에서 국제 공공 조계와 프랑스 조계는 하나의 섬이자 삭막하고 섬뜩한 황무지 한가운데에 있는 오아시스와 같다. 당신의 차가 쑤저우허를 가로지르면 한쪽에는 거리와 집들, 생명이 가득 차 있다. 그 반대쪽에는 구덩이와 황량한 달의 풍경, 빈 교차로, 싹 치워진 도로가 있다. 곳곳에서 일본군 보초가 경계 중이고 한 무리의 군인이 고철의 폐허 속을 수색한다. 저 멀리에 있는 건물들은 그다지 심하게 파손되지는 않았지만 모든 중국인과 외국인 재산이 약탈당했다. 어떤 야생동물도 그토록 엉망진창으로 만들 수 없다. (…) 책과 사진들은 갈기갈기 찢어졌고 전구는 박살났으며 세면기는 부서졌다.[43]

우한에서 안전하게 있었던 저우포하이는 한층 더 절망에 사로잡혔다. 그는 창장강 하류에서의 후퇴에 대해 좀더 간결하게 평가했다. "우리의 운명은 결정되었다. 우리가 묻힐 곳은 어디일까?"[44]

42 DBPO, series2, vol.21(1937년 12월 18일), 598~603쪽.
43 W. H. Auden and Christopher Isherwood, *Journey to a War*(London, 1938), 240쪽.
44 *ZFHR*, 1937년 12월 11일. 상하이 함락에 대한 풍부한 설명과 점령 이후의 생활 대해서는 다음을 참조. Christian Henriot and Wen-hsin Yeh, ed., *In the Shadow of the Rising Sun: Shanghai under Japanese Occupation*(Cambridge, 2004).

제6장 피란과 항전

번화한 도시 우시無錫[1]는 창장강 하류와 마찬가지로 전쟁 초기 몇 달 동안 맹렬한 폭격을 받았다. 중국인 기독교도인 양楊부인은 식구들과 함께 피란을 준비한 수천 명 가운데 한 명이었다. 1937년 11월 16일, 그녀는 200달러의 지폐를 숨긴 커다란 순무 2개와 삶은 달걀 안에 감춘 약간의 보석을 포함해 중요한 물품만 챙겨 출발했다. 이 일행은 두려운 선택의 기로에 섰다. 가장 확실한 경로인 대운하를 경유해 탈출할 것인가, 아니면 덜 익숙한 타이후太湖의 수로를 가로지를 것인가? 만약 대운하를 선택하면 일본 폭격기의 집중 폭격을 받는 철로와 고속도로를 따라 가야 했다. 그러나 호수를 통과한다면 강도를 당할 수 있었다. "도적떼를 만나는 것 또한 죽음을 의미했다." 그 순간 머리 위로 보이는 폭격기가 선택을 강요했다. 하지만 대운하에 도착한 그들은 "부자와 가난한 사람 할 것 없이 우리처럼 피란을 떠나 작은 어선에 탄 수천 명의 사람과 마주쳤다. 대운하는 배들로 꽉 막혔다." 두려움 속에서 그들은 "강기슭의 시체들과 강 위의 죽은 아기들, 그리고 폭격당한 배들이 여기저기에 침몰한 광경"을 보았다.

배들의 상태는 좋지 못했다. 그들을 지키는 군인들 때문에 한층 악화되었다. "모든 배에 사람들이 빽빽하게 차서 우리는 움직일 수조차 없었다." 양부인은 절망했다. 사람들은 씻기 위해 양동이 하나를 돌려 써야 했다. "한 엄

---

1 장쑤성 쑤저우 서북쪽에 있는 도시로 상하이와 난징을 연결하는 후닝철도滬寧鐵路가 관통하는 교통의 요지이기도 하다.—옮긴이

마는 아기 울음소리가 군인들의 귀에 들리지 않도록 입을 가렸다가 거의 질 식시킬 뻔했다." 민간인들을 보호하기 위해 그곳에 배치된 것으로 보이는 중국 군인들은 배를 빼앗거나 승객들로부터 귀중품을 약탈하는 데 관심을 보였다.[2]

11월 22일, 그들은 마침내 상하이 남쪽 해안도시 푸젠성 진장晉工에 도착했다. 그리고 한 차례 공습을 받은 다음 영국 기선에 오르기 위해 서로 싸웠다. 피란민 무리는 이들이 앞 다투어 몰려드는 것을 막기 위해 발사한 물대포를 뒤집어썼지만("우리는 오리처럼 젖었다") 그나마 운이 좋은 편이었다. 적어도 배에 탈 수 있었다. "부두에 남은 수천 명의 사람은 절망에 빠졌다. 많은 사람은 자신의 소유물과 심지어 아이들까지 버린 채 배에 올랐다.[3]

나흘 후, 그들은 마침내 우한에 도착했다. 11월 중순, 국민정부는 난징을 떠날 채비 중이었고 총사령부가 이동할 우한은 난장판이었다.[4] 그러나 양부인에게 우한 체류는 다시 시작할 피란생활에서 잠깐의 휴식일 뿐이었다. 수도를 옮기면서 많은 외국인이 우한으로 탈출했다. 수많은 중국인은 내륙의 더 깊숙한 곳으로 가야만 한다는 압박을 받았다. 그중에는 양부인도 있었다. 다음 목적지는 후난성의 성도 창사였다. 하지만 배에서 겪었던 혼란상이 기차에서도 되풀이되리라는 사실을 곧 깨달았다.

7시간을 기차역에서 기다린 후에야 밤 11시에 기차가 도착했다. 불행히도 우리는 1등칸 탑승 구역에서 기다리고 있었다. 우리가 3등칸으로 몰려가면서 수많은 사람, 특히 어린아이와 노부인들 심지어 그들을 도우려는 사람들까지 압사했다. 나는 식구 중에서 세 명이 보이지 않는다는 사실을 알아차렸다. 남편과 하인이 객차를 돌아다니면서 "그곳에 우시 사람이 있나요?"라고 외쳤지만 아무런 대답이 없었다. 혹시나 그들이 철로 쪽으로

2 Yale Divinity Library(RG08, Box 173, folder 7), *M. M. Rue papers*, "Flight"(account of Mrs Yang), 2~3쪽.
3 "Flight"(account of Mrs Yang), 4쪽.
4 Stephen R. Mackinnon, *Wuhan 1938: War, Refugees, and the Making of Modern China*, 45~54쪽.

떠밀리지 않았을까(그것은 기차를 타지 못했다는 의미였다) 두려웠다. 다음 날 아침 없어졌던 가족이 우리를 찾아 돌아올 때까지 걱정했다.[5]

강과 철도에서 온갖 고생을 한 양부인 가족은 마침내 피란길에서 겪을 악몽의 마지막 단계에 들어섰다. 많은 피란민이 광시성으로 가는 트럭을 찾아서 흥정했지만 차량들은 끝없이 지연되었다. 마침내 1938년 1월 3일 트럭이 도착했고 피란민들에게 즉시 올라타라고 닦달했다. 구원에는 불편함이 뒤따랐다. 양부인은 이렇게 회상했다. "나는 휘발유 냄새에 익숙하지 않다는 것을 느꼈다. 덜컹거리는 트럭이 속을 뒤집었다. 나는 구토를 참을 수 없었다. 눈을 뜨면서 먹었던 것을 모두 토해냈다. (또 다른 승객이) 바로 따라서 게워냈다. 차에 함께 탄 21명 중 5명만이 체면을 지킬 수 있었다."[6] 장제스와 그의 정부가 1937년 가을 질서 있는 후퇴를 결정했는지 모르지만, 다른 수백만 명과 마찬가지로 양부인에게는 어떠한 경고도 없었다. 공격을 받은 쪽은 중국 도시들만이 아니었다. 중국인 중 90퍼센트 이상이 농촌에서 살고 있었다. 지난 수백 년 동안 거의 변화 없는 생활 방식을 유지했던 그들은 종교 의례, 가족의 호구를 유지하기 위한 농사, 수확물을 파는 것, 조세를 비롯한 국가의 온갖 요구를 놓고 끊임없는 투쟁을 강요받았다. 장제스의 항전 계획은 통일 국가의 이상을 실현하는 데 중점을 뒀지만, 전쟁은 중국인들의 안정과 공동체로 규정된 모든 것을 무너뜨리고 있었다.

7월 말 베이핑과 톈진을 점령한 일본군은 서쪽으로 진격하여 열악한 장비와 규율이 형편없는 중국 현지 지방군들을 분쇄했다. 철도는 중국 북부에서 전쟁의 양상을 결정했다. 일본군은 대규모 병력과 최신 무기를 신속하게 이동시키기 위해 철도에 의존했다. 이를 위해 1937년 여름 내내 연전연승을

---

5 "Flight"(account of Mrs Yang), 5쪽.
6 "Flight"(account of Mrs Yang), 5쪽. 피란 위기에 대해서는 다음을 참조. MacKinnon, *Wuhan 1938*; R. Keith Schoppa, *In a Sea of Bitterness: Refugees during the Sino-Japanese War*(Cambridge, Mass., 2011); Diana Lary, *The Chinese People at War: Human Suffering and Social Transformation, 1937~1945*(Cambridge, 2010).

거두며 중국 북부의 철도를 장악해나갔다.[7]

그해 가을 두 번의 전쟁이 있었다. 중국 중부에서 국민당과 일본이 충돌하는 주요 전장은 상하이였지만 싸움은 저 멀리 남쪽의 광둥성 광저우까지 확대되었다. 중국 북부의 상황은 한층 복잡했다. 장제스와 동맹을 맺었지만 그의 지휘를 받지 않는 부대들이 이 지역을 장악하고 있었다. 특히 중국 공산당은 강력한 존재였다. 그들의 군대는 상하이 전투에 참여하지 않았다. 공산당 지도부는 자신들의 근거지인 산시성 옌안과 가까운 중국 북부의 도시들을 방어하는 데 더 깊은 관심을 가졌다. 명목상 장제스는 이제 그들의 총사령관이었지만 실질적으로 그들을 통제할 방법은 없었다. 마오쩌둥은 창장강 하류의 삼각주에서 벌어진 일에 대해서는 거의 언급하는 일이 없었다. 그 대신 옌안에서 그는 중국 북부에 대한 일련의 명령을 하달했다. 항전의 중심은 중국 중북부 산시성의 성도 타이위안太原이었다. 그 지역의 군벌 수장인 옌시산은 중국 북부를 침입한 뒤 점점 숫자가 증강되고 있는 일본군을 저지하기 위해 이곳을 지켜야 했다. 1937년 가을 동안 산시성의 주요 도시인 타이위안과 다퉁大同[8]의 운명은 중국 북부의 전투를 좌우할 것이었다. 타이위안에는 주요 군수공장이 있었고 다퉁에는 석탄 탄광 지대가 있었다. 두 도시는 일본군에게는 훌륭한 전리품이 될 수 있었다.

국민당과 군벌, 공산당, 일본 사이의 싸움은 수많은 사람에게 실질적이고 파괴적인 악영향을 끼쳤다. 이들은 무력 충돌하는 군대의 자비심에 기대어 자신들의 고향에 그대로 남아야 하는가? 아니면 아무런 호구지책도 없이 자신의 전 재산이 담긴 여행 가방에 의지한 채 살아남기 위해서 낯선 곳으로 향해야 하는가? 언제나 그렇듯 빈민들에게는 어차피 선택의 여지가 없었다. 그들은 가진 것이 너무 없기에 고향을 떠날 수 없었다. 이러한 질문은 중산층에게 한층 더 시급했다.

7 Marvin Williamsen, "The Military Dimension, 1937~1941," in Hsiung and Levine ed., *China's Bitter Victory*, 137쪽.
8 산시성 북쪽에 있으며 산시성 제2의 도시. 석탄 매장량이 풍부하여 탄광이 발달해 있으며 주변 지형이 험준하고 철도의 교차점이기에 전략적 요충지이기도 하다.—옮긴이

그 시절 중국을 떠도는 사람들이 죄다 그토록 무력했던 것은 아니다. 그 속에서 자신의 진짜 모습을 확실하게 찾았다는 사람도 있었다. 1935년 반일적인 글을 발표했다는 이유로 수감되었던 언론인 두중위안杜重遠[9]이었다. 1936년에 석방된 두중위안은 그의 기개를 높이 산 국민당에게 채용되었다. 전쟁의 발발은 두중위안에게 항일전쟁을 보도하는 데 자신의 재능을 발휘할 기회를 주었다. 중국 북부가 무너지자 국민당은 1937년 가을과 1938년 봄에 걸쳐 영토를 사수하기 위해 필사적이었다. 두중위안은 중국 동부와 북부를 쉴 새 없이 오가면서 독자들에게 전쟁 뉴스를 실시간으로 전달했다. 8월 13일 오후 그는 상하이에 도착했다. 도시에서 진투가 본격적으로 시작된 날이었다. 두중위안의 글은 『디캉抵抗』에 정기적으로 전달되었고 일본군 침략이 시작된 후 중국을 강하게 뒤덮고 있는 혼란상을 절감시켜주었다. 역설적이게도 두중위안도 자신의 눈으로 본 광경에 똑같이 충격을 받고 흥분한 채 시간을 보냈다. 그는 항일에 관해 자유롭게 원하는 대로 쓸 수 있었고 군용 수송차량에 탈 수 있도록 요청하거나 얻어 탔다. 그의 독백처럼 적군이 보이지 않고 날씨가 구름 한 점 없이 맑은 날은 "마치 모두가 언덕으로 휴가를 간 것 같았다."[10] 그러나 두중위안의 전쟁 서사시 중 가장 주목할 부분은 중국의 포위된 철도망에 관한 보도였다.

그는 중국 중부에서 출발해 북방의 싸움터로 향하는 길고 고달픈 여행을 시작했다. 8월 중순, 두중위안의 여행 동료 리궁푸李公朴는 상하이 바깥으로 나가는 기차를 잡을 수 없었다. 그는 적 비행기로부터의 공격을 무릅쓰고 자동차로 인근의 쑤저우蘇州로 향했다. 쑤저우에 도착한 두 사람은 예약해둔 표를 찾기 위해 역장에게 갔지만 "객차는 더 이상 없으며 평소 소를 실

---

9 두중위안(1897~1943): 중국의 언론인이자 실업가. 지린성 출신으로 장쉐량과도 친분이 있었으며 만주사변 이후 항일운동을 후원했다. 중일전쟁 발발 이후 전시 특파원으로 활동했던 그는 1938년에 저우언라이의 요청으로 공산주의자들과 함께 신장성으로 파견되어 학교를 운영했으나 얼마 뒤 신장 군벌 성스차이에게 한간漢奸(친일파)으로 몰려서 체포되었고 1943년 9월 비밀리에 처형되었다.―옮긴이

10 "到大同去"(1937년 9월 23일), 杜毅·杜穎編, 『還我河山: 杜重遠文集』[이하 DZY](上海: 文匯出版社, 1998), 257쪽.

어나르는 유개화차만 있다"는 말을 들었을 뿐이었다.[11]

두중위안은 연착되거나, 연락이 되지 않거나, 예매가 취소된 열차를 타려고 몇 번이고 되풀이해야 했다. 그의 상세한 서술은 단순히 개인적인 좌절감을 쓴 일기장 이상이었다.(실제로 두중위안은 기발한 방법으로 목적지로 가기 위한 길을 찾는 데서 희열감을 느끼는 듯했다.) 이것은 전쟁이 중국에 초래한 거대한 혼란의 증거였다. 철도는 20세기 중국의 근대화에서 가장 강렬하고 화려한 상징이었다. 철도가 전국적으로 운영된 것은 전쟁이 발발하기 전 사반세기에 불과했지만 그 속도와 힘은 흔히 현지 발전을 나타내는 은유로 쓰였다. 일본이 운용하는 남만주철도는 일본 제국의 미래지향적인 상징으로서 고속 열차의 이미지를 담아 이를 정기적으로 광고했다. 이것은 은근히 후진적인 중국사회에 대한 우월감을 드러냈다. 국민당 또한 집권 10년 동안 철도가 3만2000킬로미터에서 6만4000킬로미터로 두 배 늘어난 것에 자부심을 가졌던 바 있다.[12] 그런데 이제 근대화는 위기에 직면했다.

두중위안은 중국의 전쟁 준비에 대해서 이제 어느 정도 파악할 수 있었다. 가장 주목할 부분은 방공호였다. 1930년대 동안 공중전은 그 잠재력에 대한 수많은 증거에도 불구하고 여전히 생소했다. 여전히 진행 중이었던 스페인 내전에서 1937년 독일과 이탈리아 폭격기들은 공화주의자들에 대항해 프랑코 장군을 적극적으로 지원했다. 영국 수상 스탠리 볼드윈을 비롯한 서구 정치가들이 "폭격기 만능론"의 고정관념에 사로잡힌 것은 영국이 유화 정책을 추구하는 중요한 동기가 되었다.[13] 하물며 유럽에 비해 기술적으로

11 杜重遠, "到大同去," *DZY*, 257~258쪽.
12 1927년부터 1937년까지 10년 동안 국민정부가 건설한 철도는 3793킬로미터였다. 1927년 당시 약 1만3000킬로미터였던 중국 철도는 1937년에는 두 배인 2만7000킬로미터로 늘어났으나 그중 절반은 일본이 지배하는 만주에 건설되었다. 장제스 정권은 1928년 11월 철도부를 설립하고 본격적인 철도 건설과 정비에 나섰으며 10년 동안 3만2000킬로미터를 건설한다는 원대한 계획을 수립했다. 그러나 심각한 재원 부족으로 실제로 건설된 철도는 계획의 10분의 1 정도였다. 그럼에도 청조나 베이양 시절에 비한다면 가장 철도 건설이 활발했던 황금기이기도 했다.(출처 : 김지환, 『철도로 보는 중국 역사』, 학고방, 2014)—옮긴이
13 세계 대공황의 여파로 군비를 대폭 축소한 영국은 공군력이 보잘것없었고 추축국 폭격기들이 런던을 폭격하지 않을까 우려했다. 뮌헨 회담에서 체임벌린 총리가 히틀러에게 수데텐을 양보한 이유도 이 때문이었다.—옮긴이

낙후된 전쟁을 수행하는 1930년대의 중국인들에게 하늘에서 죽음이 내려온다는 것은 큰 충격이었다.

일부 지역은 잘 준비되어 있었다. 타이위안은 장제스와 라이벌이었던 여러 군벌 중 한 사람인 군벌 수장 옌시산이 지배했다. 두중위안은 북쪽으로 위험한 여행을 한 끝에 1937년 10월 초 타이위안에 도착했다. 도착하자마자 그는 도시를 둘러보았다. "모든 곳에 방공 대비가 되어 있었다. 항전에 대한 당국자들의 의지를 보여줬다." 덜 인상적이지만 좀더 전형적인 모습은 타이위안에서 280킬로미터 떨어진 다퉁이었다. 두중위안은 군용 차량과 마차로 혼잡한 타이위안에서 차에 올라탔다. 그 여행은 최고의 시간이었다.

> 다퉁은 타이위안과는 전혀 달랐다. 매일같이 적 비행기가 몇 차례씩 날아오기 때문에 도시 전체에 죽음의 공기가 깔려 있었다. 하지만 도시 인근에 파놓은 기다란 몇 개의 터널을 제외하고 공습에 대한 대비는 전혀 없었다. 시 공무원들은 아침이 되면 식사용으로 쓸 몇 개의 롤빵을 손에 쥔채 저녁 7시가 될 때까지 하루 종일 숨어 있다가 그 뒤에야 겨우 자유롭게 움직일 수 있었을 것이다. 일반 주민들을 도울 아무런 수단도 없었다. 이들은 비행기가 날아간 뒤에도 꼼짝할 수 없었다. 심지어 터널 안에 숨어 있으면서도 비행기에서 들릴까 싶어 감히 큰 소리를 낼 수도 없었다.[14]

몇 주 만에 삶의 일상은 완전히 무너졌다. 사람들은 낮 대신 밤에 일했고 침묵을 유지하면서 긴 시간을 보내야 했으며 끊임없이 죽음의 공포를 견뎌야 했다. 두중위안이 타이위안에 도착하기 직전, 한 차례의 공습으로 180명이 사망했다.

혼돈이 중국을 감쌌고, 상점 주인과 농부부터 군인, 정부 관료에 이르기까지 각계각층에 영향을 미쳤다. 색안경을 낀 일부 외국인 관찰자들은 중국 정부의 생존 능력에 의문을 던졌다. 영국 외교관 더글러스 매킬럽이 우한에

---

14 杜重遠, "由太原到豐鎭"(1937년 9월 26일), *DZY*, 260쪽.

서 런던으로 보낸 기록은 특히 비관적이었다.

이곳에서 받은 가장 확실한 인상은 나태와 무능, 분열, 무책임과 중국 정부의 근거 없는 낙관주의다. 그 낙관주의는 전적으로 우리를 포함해 다른 나라들이 기꺼이(또는 마지못해서이건) 전쟁에 끼어들 것이며 거대한 재앙이 중국을 침몰하는 난파선에서 구할 것이라는 희망에 근거하고 있다. 자신들의 정부 조직은 물론이고 권력 중심축조차 강제로 밀려나고 있다는 것이 그들이 보여준 방어 작전에 대한 솔직한 평가라고 할 수 있다. 국민정부는 여태껏 자신들의 영토에서 중앙집권적인 정부로서 주권을 제대로 행사한 적이 없었다. 이것은 중국의 근대화 노선을 유지할 능력이 결여되어 있다는 의미다. 또한 그들은 예전에는 접근할 수 있었던 상하이의 자본에서 차단되었고 외국인들의 조언을 더 이상 얻을 수 없게 되었다. 그러나 우리의 진정한 의문점은 비난이나 동정심이 아니라 과연 그들이 살아남을 수 있는가다. 그 답에 대한 내 의견은 그들이 한커우(우한)에서 쫓겨나는 순간 산산조각나리라는 것이다. 나는 중국 정부를 말하는 것이지, 중국에 대해 말하는 것이 아니다. 전자와 달리 후자는 아마도 쉽게 파괴하지 못할 것이다.[15]

우한 주재 영국 무관 W. A. 로버트 프레이저도 유사한 내용의 보고서를 보냈다. 그는 "중국군은 회복할 수 없을 만큼 박살났으며 공군은 소멸했다"고 경고했다. 또한 덧붙이기를 "대부분 부도덕한 경력을 가진 사람들"로 구성된 국민정부가 영국의 원조를 끌어낼 요량으로 저항을 이어나가고 있다고 주장했다.

중국은 전쟁을 심각하게 여기지 않으면서 아무것도 안 하고 있다. 하지만 상하이를 국제적으로 중대한 위기에 빠뜨려 우리의 이권에 해악을 끼

---

15 *DBPO*, series2, vol.21(1938년 1월 31일), 676~677쪽.

쳤고 중국 중부 지역에서 우리의 상업적 이익을 매우 위태롭게 만들었다. 따라서 그들 정부는 항전을 이어가야 한다는 어떠한 격려도 받아서는 안 된다.[16]

이 침울한 메모들은 중국에 체류 중인 영국과 다른 서방 외교관들의 모순적인 시각을 함축하고 있었다. '중국China'이라는 세계는 앞으로도 계속되겠지만 그 정부는 오래가지 않는다는 생각이 서구인들의 오랜 고정관념이었다. 그들이 보기에 왠지 중국에서 근대 정부는 좀더 고전적이고 신화적인 이미지여야 할 '봉건적인 중국Cathay'과는 동떨어져 있었다. 어떤 사람들은 국민정부가 엄연히 새롭고 근대화된 중국 고유의 산물이라는 사실을 받아들이려 하지 않았다. 매킬럽의 보고서 역시 국민당이 전적으로 문제점만 안고 있는 것은 아니며 한 나라의 정부는 근대화 과정을 거치면서 외국 자본과 전문 지식에 더 이상 의존하지 않으려 한다는 사실을 마지못해 인정했다. 그러나 서구 열강들 입장에서는 자신들의 과오를 솔직하게 드러내는 것 자체가 불편한 일이기도 했다. 영국 입장에서는 중국에서 전쟁이 일어나는 것은 훨씬 훗날의 일이어야 했다. 유럽 정세는 점점 암울해지고 있었다. 몇 달 뒤에는 영국 총리 네빌 체임벌린이 체코슬로바키아의 일부 영토를 요구하는 히틀러의 비위를 맞출 요량으로 뮌헨으로 향하는 최악의 여행에 나설 참이었다. 그러나 매킬럽의 보고서는 자기 모순적인 내용이었고 현지 외교관들이 안고 있던 불안감을 배신하는 것이었다. 그는 영국의 무대책에 대한 핑곗거리를 찾고 있었을 뿐이다. 장제스 정권의 도전적인 모습은 매킬럽의 비관적인 예측이 빗나갔음을 증명했다. 실제로 그곳에는 로벗 하우와 같은 영국인 관료들도 있었다. 그는 영국 외무장관 앤서니 이든에게 매킬럽의 보고서와 관련하여 중국에 '특수한 설비들special facilities'을 제공해서도 안 되지만 그렇다고 영국이 중립주의를 내세워 중국의 무기 수입을 제한해서도 안 된다고 주장했다.[17]

16 *DBPO*, series2, vol.21(1938년 2월 2일), 679~680쪽.
17 *DBPO*, series2, vol.21(1938년 2월 3일), 682~684쪽.

되풀이해서 말하자면, 중국인의 항전을 바라보는 사람들의 평가에는 대중의 전의에 대한 그들의 통찰이 깔려 있었다. 언론인 두중위안은 독자들의 전의를 북돋고 항일 투쟁을 이어나갈 수 있도록 사기를 고무하고자 노력을 기울였다. 그러나 자신이 직접 목격했던 항전 노력의 취약점을 비판하는 데도 서슴지 않았다. 그는 다퉁에 있는 동안 3~5명의 부상병 무리와 마주쳤다. 이들은 장제스의 심복인 탕언보 장군 휘하의 병사들이었다. 탕언보의 군대는 8월 중순 베이핑 서북쪽 난커우南口에서 용맹하게 싸웠고 2만6000명에 달하는 사상자를 냈다. 그러나 그는 중앙군의 지원을 거의 받지 못했다.[18] 이번에도 중국 북부를 이미 잃은 것이나 다름없다고 여긴 장제스는 중부에서의 싸움에 대비하기 위해 자신의 최정예 부대를 아껴두었다. 장병들은 두중위안에게 빈약한 병참 지원으로 자신들의 항쟁이 얼마나 약화되었는지 비판의 목소리를 높였다. 두중위안은 독자들에게 그 패배에 대해 이렇게 설명했다.

제29군이 그곳에 주둔하고 있었다는 것은 유감이었다. 그들은 어떠한 방어 공사도 해놓지 않았기 때문이다. 난커우에 도착한 우리 군대는 방어 시설을 구축하는 동시에 적과 싸워야 했다. 그러니 어떻게 임무를 달성할 수 있겠는가? 게다가 아군에게는 항공기나 대포가 없었다. 적 비행기가 급습했을 때 할 수 있는 일은 죽음을 기다리는 것뿐이었다. 이러한 희생이 얼마나 많았는지 모른다. 보급 수송대가 수시로 적의 폭격을 받았기에 아군은 하루에 한 끼의 식사만을 할 수 있었다. 그러나 가장 비통했던 일은 아군이 철수할 때 중상을 입은 우리 형제들을 누구도 돌봐주지 않았다는 사실이었다. 몇몇은 길가를 기어가고 있었고 몇몇은 총으로 자살했다. 마침내 우리 군대는 행운에 맡긴 채 겨우 귀환했다. 하지만 모든 상점은 평소와 마찬가지로 문을 열었고 아무도 그들에게 관심을 가지지 않

---

18 장제스가 탕언보의 위기를 방관했다는 주장은 다시 살펴볼 필요가 있다. 탕언보는 쑹저위안, 옌시산처럼 지방 군벌 수장이 아니라 장제스의 직속 부하였다. 그가 지휘한 3개 사단(제21사단, 제84사단, 제94사단)은 모두 장제스 직계의 중앙군 정예 사단이었다.─옮긴이

았다. 제발 말해보라. 우리는 누구를 위해 싸우고 있는가? 우리는 누구를 위해 희생하고 있는가?[19]

두중위안은 중국 전역에서 전쟁에 대한 열정 부족을 체감하면서 점점 우울해졌다. 그는 마주친 병사들을 조금이나마 도와주려고 했고 타이위안까지 태워줄 차비를 지불했다. 그러나 "부상병들의 참혹한 실상과 대중의 몰이해, 군대와 정부 관리들의 일상적인 부패상"을 돌아보면서 아무런 비유나 과장이 섞이지 않은 질문을 던졌다. "우리는 어떻게 이처럼 전쟁을 하고 있는가?" 타이위안으로 돌아가는 여정에서도 그의 기분은 나아지지 않았다. "가면 갈수록 길은 더 나빠졌다. 우리는 절벽 아래로 미끄러질 뻔했다." 여행자들은 마지막에는 걸어가야 했다. 새벽 1시에야 간신히 타이위안에 도착했다. 산시 호텔로 향한 그는 "그야말로 지옥에서 벗어나 낙원에 들어간 것 같은 느낌이었다. 펜과 잉크로는 그날 밤의 달콤한 잠을 이루 표현할 수 없다"고 적었다.

머리카락이 쭈뼛쭈뼛해지는 차를 타야 하거나, 기차들이 제대로 운행하지 않는 불편함 등은 전투의 파괴성에 비하면 한낱 사소한 일처럼 보일지도 모른다. 그러나 20세기 총력전에서 일상적인 삶에 별다른 영향을 주지 않은 전투는 거의 없었다. 언론은 국민에게 전쟁을 이해시키기 위한 국민당의 강력한 무기였다. 두중위안의 기사 또한 그러한 전략의 한 부분이었다. 1930년대 중국은 방송 네트워크가 널리 구축되지는 않았지만 그 대신 풍부하고 활발한 언론 문화가 있었다. 독자들은 그들 자신도 비슷한 궁핍을 견뎌야 했기에 두중위안의 경험을 충분히 이해하고 공감했을 것이다. 톈진의 『다궁보』와 같은 중국의 유력 신문사들은 독자들과 함께 피란길에 나섰고 중국은 생존을 위한 투쟁을 거치면서 성숙한 새로운 시민사회를 만들어나갔다.

두중위안은 산둥성에서 500여 킬로미터 떨어진 타이위안에서 옌시산의 군대가 용맹스럽게 싸울 준비 중인 모습을 목격할 수 있었다. 일본군은 허베

19 杜重遠, "由太原到豐鎭"(1937년 9월 26일), *DZY*, 264쪽.

이성 스자좡石家庄을 비롯해 주요 철로 거점을 점령했다. 이 도시들은 타이위안 공격을 위한 발판이 되었다. 10월 13일부터 세 방향에서 일본군의 공격이 시작되었다. 옌시산의 군대는 필사적으로 저항했으나 수만 명의 사상자를 낸 끝에 마침내 전선이 붕괴되었다. 잔여 부대는 서쪽으로 물러났다. 공포에 질린 병사와 민간인들이 공습을 피해서 달아나는 동안 일본군은 타이위안을 점령했다. 비록 마오쩌둥은 가까운 곳에 제8로군 부대를 배치했지만 군이 도시를 지키기 위해 투입하지는 않았다. 그 대신 그는 저우언라이, 주더 등 측근들에게 "도시가 함락될 것에 대비해야 한다"고 말하면서 "여차하면 타이위안을 불태울 준비를 하라"고 지시했다.[20]

타이위안이 함락되자 마오쩌둥은 앞으로 중국공산당이 장기전에 대비해야 하며, 중국 인민들을 자극하기 위한 유격전에 모든 역량을 집중해야 한다고 확신했다. 그는 특유의 저속한 표현으로 이렇게 썼다. "가장 큰 모순은 똥통을 차지한 자들은 똥을 제대로 누지 못하고, 똥을 누지 못해 고통받는 전국의 인민들은 똥을 눌 똥통이 없다는 사실이다. 정부와 군대만으로 싸워서는 결코 일본 제국주의를 패배시킬 수 없을 것이다."[21]

그 대신 공산군 부대들은 치고 빠지는 전술을 구사할 것이었다. "유격전은 적의 옆구리와 등 뒤에서 벌어져야 한다"는 것이 그의 논리였다.[22]

중국공산당의 유격전은 장제스 측 일부 지휘관들의 방식과는 명확히 대조적이었다. 가장 악명 높은 사람은 (선교사 캐서린 핸드가 체류했던) 산둥성 주석 한푸쥐韓復榘[23]였다. 그는 일본인들과 교섭을 시도했고 1937년 말에는

20 "Opinions Regarding Strategic Deployment in North China after the Fall of Taiyuan" (1937. 10. 13), *MZD*, vol.6, 93쪽.
21 "Urgent Tasks of the Chinese Revolution following the Establishment of Guomindang-Communist Cooperation"(1937년 9월 29일), *MZD*, vol.6, 71쪽.
22 "Guerrilla warfare should be carried out mainly on the flanks in the rear of the enemy"(1937년 10월 23일), *MZD*, vol.6, 107쪽.
23 한푸쥐(1890~1938) : 허베이성 바저우霸州 출신으로, 한때 쑹저위안과 함께 시베이 군벌 펑위샹의 심복이었으나 중원대전에서 장제스에게 투항하여 산둥성 주석이 되어 산둥성을 자신의 왕국으로 만들었다. 시안 사변에서는 장쉐량 편을 들어 장제스의 처형을 지지했다. 중일전쟁이 폭발하자 제5전구 부사령관 겸 제3집단군 총사령관에 임명되었으나 일본군이 산둥성을 침공하자 싸우지도 않고 달아났고 이로 인해 황허강의 방어선이 무너졌다. 1938년 1월 11일 카이펑에서 열린 회의에서 장제스가 그의 비겁함을 질책하자 한푸쥐는 도리어 "산둥을 잃은 것은 내 책임이지만 난징을 잃은 것은

자신의 군대를 버리고 카이펑開封으로 도망쳤다. 장제스는 그를 체포했다. 그리고 군법회의에 회부한 뒤 책무를 다하지 않으려는 다른 장군들에게 본보기가 되도록 처형했다.[24]

한편, 12월 14일 중국군 부대가 산둥성으로 후퇴하자 폭격이 시작되었다. 캐서린 핸드는 이렇게 썼다. "바로 남쪽에 있는 막사가 폭격당하면서 집이 크게 흔들렸다. 다시는 겪고 싶지 않은 경험이었다. 폭격이 끝났을 때 나는 간신히 입을 열 수 있었다. 7발의 폭탄이 떨어졌지만 일부는 불발되었다. 두 사람이 죽고 여러 명이 다쳤다." 다음 몇 주에 걸쳐서 폭격은 계속되었다. 12월 25일, 핸드는 슬픈 어조로 썼다. "이런 크리스마스라니! 나는 아침에 교회에서 예배드릴 수 있다는 행복에 감사했다. 그다음 오후에는 11발의 폭탄이 떨어졌다." 그녀는 "나는 무릎이 부러지지 않도록 의자를 꽉 쥔 채로 다른 사람들처럼 두려움에 떨었다"고 메모했다. 다음 날 폭격기들이 또다시 나타났을 때 "방공호를 향해 서둘러 달려가지는 않았"지만 여전히 무서웠다고 썼다.[25]

두중위안은 보고서에서 수많은 사람이 적 비행기를 '귀신과 혼백'으로 여기고 있다고 지적했다. 미신은 끊임없는 공습에 대한 민방위 체계를 구축하는 데 방해가 되는 걸림돌이었다. 하지만 3년 뒤 전시戰時 런던에서 그러했듯, 그러한 비유는 일종의 저항이었고 많은 사람에게 저항은 치열한 현실이었다. 언제 어디서 아무런 예고 없이 죽음이 자신의 머리 위에 닥칠지 모른다는 두려움과 함께.

중국군이 산둥성에서 퇴각했을 때 캐서린 핸드가 목격했던 장면들은 전선이 서쪽으로 이동하면서 수없이 재현되었다. 중국 북부와 중부에서의 군사 작전은 서로 별개로 구분되었다. 그러나 피란민들은 군대의 통제 대상이 아니었고 공황에 빠진 채 한 전선에서 다른 전선으로 떠돌아다녔다. 일본군

누구 책임인가?"라고 따졌다. 분노한 장제스는 "내가 묻는 것은 산둥이지, 난징이 아니다. 난징 상실은 마땅히 누군가 책임질 것이다"라고 말했다. 그는 그 자리에서 체포되어 한커우에 연금되었고 1월 24일 총살당했다.

24 MacKinnon, *Wuhan 1938*, 18쪽.
25 *KH*, "Extracts from a diary"(1937년 12월 25일).

이 얼마나 신속하게 진격할지, 그들이 도착한 뒤 어떻게 행동할지는 누구도 알 수 없었다. 국민정부는 재빨리 후방으로의 영웅적 후퇴를 묘사한 선전화를 만들어냈다. 여기에는 많은 애국적인 중국인이 일본의 탄압을 받으면서 사는 대신 자신들의 정부와 함께 철수하는 모습이 담겨 있었다. 실제로 많은 사람이 그렇게 따랐다.

중국 중부를 떠난 사람들에게 생명줄은 창장강이었다. 창장강의 물길은 사람들이 우한과 서쪽 상류에 있는 충칭에서 안식처를 찾게 해주었다. 국민정부는 군수공장에서 일한 2만5000명의 숙련공들을 서쪽으로 옮길 준비에 착수했다. 전쟁 중에 새로운 공장을 건설하는 일은 거의 불가능했기에 기존 설비를 분해하여 배에 실었다.[26] [27] 피란민 중에서 가장 중요한 사람들은 상하이에서 온 사업가들이었다. 이들은 자신들과 함께 공장 설비를 이전시키는 데 필사적이었다. 한 연필공장 사장은 이렇게 회고했다.

공습이 계속되는 동안에도 직원들과 나는 시간을 다투면서 설비를 분해하고 배에 실었다. 기계 부품을 목선에 실은 다음 목재와 나뭇가지 따위를 덮어서 위장했다. 가는 도중에 적의 공습을 만나면 강변의 갈대숲 속에 숨어 있다가 다시 나와서 계속 이동했고 전장鎮江을 거쳐서 우한까지 오는 내내 그렇게 했다.[28]

먼저 도착한 또 다른 피란민들은 강 위를 항해하면서 겪어야 했던 현실적

---

26   장제스 정권은 장기 항전의 성공 여부가 중국 근대 공업의 절반 이상이 집중된 상하이의 공장들을 얼마나 내륙 지방으로 이동시키는가에 달려 있다고 여기고 개전과 함께 공장들의 내지 이전에 착수했다. 그러나 상하이 자본가들은 내지에는 상품시장과 원료가 충분하지 못하다는 이유로 비협조로 일관했으며 애국심보다는 자신들의 경영 이익을 우선시했다. 또한 상하이에 잔류한다고 해서 반드시 일본에 협조하는 것은 아니라는 논리로 거부했다. 실제로 상하이가 함락되는 1937년 11월 12일까지 정부의 지시에 따라 내지로 이동한 공장은 전체의 2.75퍼센트에 불과한 148곳에 불과했다.(출처: 김지환, 「중일전쟁기 상해 중립화와 공업 내지 이전」, 한국중국문화학회, 『중국학논총』, 2005)—옮긴이

27   Joshua H. Howard, *Workers at War: Labor in China's Arsenals, 1937~1953*(Stanford, 2004), 205쪽.

28   蘇智良 等, 『去大後方: 中國抗戰內遷實錄』(上海: 上海人民出版社, 2005)[이하 *QDHF*], 56쪽.

인 어려움들을 기억했다. 상류로 올라갈수록 더 작은 배로 옮겨야 했다. 특히 위험한 모래톱을 통과할 때에는 견인줄로 배를 끌어야 했고 숙련된 노 젓기 기술을 필요로 했다. 위험은 그 밖에도 있었다.

구정 전날 밤 무척 추웠다. 완현萬縣의 스바오자이石寶寨로 향하던 도중 우리는 두 척의 군함과 마주쳤고 이들이 일으킨 큰 파도에 휘말리면서 목선들이 바위에 부딪혀 침몰했다. 상앗대(얕은 곳에서 배를 움직일 때 쓰는 기다란 장대—옮긴이)의 꼭대기만이 물 위로 나와 있었다. 나중에 주변에 물어보니 30리 정도 떨어진 곳에 물속을 잘 아는 노인이 있다는 말을 들었다. 그는 '물쥐'라고 불리는 많은 도제를 데리고 있었다. 그들은 침몰한 배에서 물건을 꺼내오는 데 전문적이었다. (…) 돌아가면서 잠수하고 나무 상자들을 고리에 고정시키면 물 위에 있는 사람들이 끌어올리고 무게가 줄어들면서 배는 서서히 떠오를 것이었다. (…) 열흘 뒤, 그들은 배를 물 밖으로 끌어올렸다. 하지만 수리하기에는 구멍이 너무 컸다. 우리는 서쪽으로 가기 위해 다른 배를 빌려야 했다.[29]

훗날, 마오쩌둥은 충칭으로 향했던 사람들을 기념하고 싶지 않았다. 그는 오직 옌안의 공산당 본부로 향했던 사람들만(수적으로 훨씬 적은) 기념하기를 원했다. 이러한 상황은 마오쩌둥이 죽은 뒤에야 비로소 바뀌었다. 1991년 인터뷰에서 피란민의 한 사람이었던 옌양추晏陽初는 당시 공장들의 이전을 언급하면서 "이 일은 중국 공업의 됭케르크Dunkirk[30]였다"고 선언했다. 『다궁보』의 기자였던 쉬잉徐盈은 "우리의 됭케르크와 영국의 그것에는 어떠한 차이도 없었다. 오히려 우리 상황이 훨씬 더 어려웠다"고 언급했다. 또 다른 역

---

29   *QDHF*, 68쪽.
30   1940년 5월 26일부터 6월 4일까지 북부 프랑스 해안도시 됭케르크에서 진행된 영프 연합군의 사상 최대 철수 작전. 독일군의 압박과 공습 아래에서 영국군 22만6000명과 프랑스군·벨기에군 11만2000명이 포위망에서 벗어나는 데 성공했다. 비록 대량의 장비를 상실했지만 연합군의 사기를 크게 올려주었고 태세를 재정비할 시간을 벌었다. 이후 됭케르크는 기적의 탈출을 상징하는 대명사가 되었다.—옮긴이

사적 비교 역시 주목할 필요가 있다. 대장정과 창장강 상류로의 퇴각 양쪽 모두 더 강한 적에 맞서 물러선 것이었다. 그러나 대장정은 공산주의자들에 의해 수행되었다. 그들은 나중에 중국의 지배자가 되었고 그들의 퇴각 또한 세계적인 신화가 되었다. 장제스의 명령에 따른 충칭으로의 철수는 똑같이 고통스러운 과정이었지만 공식 기록에서 말살되었다.

전시 국민정부가 곧 직면하게 될 가장 큰 구조적인 문제는 장제스 정권을 따라서 상류로 올라온 피란민들이었다. 쓰촨성에서만 전쟁 기간에 920만 명이 정부 구호소에 공식 등록했다.[31] 많은 이가 자신들이 살던 집으로 돌아갈 수 있다는 어떠한 확약도 없이 앞으로 수년 동안 비참한 환경에서 살아야 한다는 것을 알게 되었다. 심지어 중국이 전쟁에서 승리할 것이라는 보장도 없었다.

오랜 세월 중국인들은 피란 여행을 경험했다. 역대 정복 왕조들은 자신들이 지나가는 길목에 있는 수많은 피란민을 뿔뿔이 흩어지게 했다. 그러나 20세기에 와서 처음으로 중국 중심부의 광대한 거리를 빠른 속도로 가로질러서 이동할 수 있게 되었다. 이것은 중국인들의 지리적 상상력을 바꾸어놓았다. 대규모의 인원이 광대한 지역을 이동한 경험은 향후 수십 년 동안 이 나라에 형성될 민족의식을 불어넣는 데 기여했을 것이다. 좀더 즐거웠던 시절, 두중위안은 잡지 『성훠生活』를 통해 독자들에게 끝없이 확장 중인 철도 위에서 자신이 방문했던 지역들을 소개하는 여행 작가로 일했다. 이제는 예전에 여행 집필에서 얻었던 경험을 활용하여 수많은 국지적 재앙에 대한 중국의 고뇌를 하나의 통일된 묘사로 만들어냈다. 우시에서 탈출한 양부인 또한 두중위안과 여행한 기억을 떠올리며 "그는 매일 만남을 가졌고 완전히 기억할 수 있을 때까지 지도를 공부했다"고 회고했다. 마지막 여정이었던 구이린桂林의 배 위에서 그녀는 창장강을 따라 펼쳐진 경치를 바라보았다. 그리고 비꼬아서 말했다. "우리를 이토록 먼 곳까지 여행하게 만들고 많은 것을

31 Lu Liu, "A Whole Nation Walking: The 'Great Retreat' in the War of Resistance, 1937~1945," *Ph. D. dissertation*, University of California, San Diego, 202~203, 210, 250, 287쪽.

보게 해준 일본인들에게 감사해야 할지도 모르겠다."[32]

양부인의 여정은 국민정부의 프로파간다가 묘사하는 저항적 망명과는 전혀 달랐다. 그녀와 가족들은 홍콩으로 향했고 그곳에서 상하이로 되돌아 왔다. 결국 양부인은 석 달 전 그녀가 처음 출발했던 곳에서 끝을 맺었다. 그녀 혼자만이 아니었다. 이제 중국 동부 지역은 정복당했다. 그곳은 더 이상 공습을 받는 위험한 지역이 아니었다. 일본군은 자신들이 장악한 지역은 폭격하지 않았다. 또한 상하이에서 외국 조계가 계속 유지된다는 사실은 적어도 일본군의 파괴적인 행동이 어느 정도는 억제되고 있다는 의미이기도 했다. 그러나 적군이 지배하는 곳으로 다시 돌아가서 살겠다는 그녀의 선택은 정부와 많은 동포에게는 결코 환영받을 만한 것이 아니었다. 두중위안은 전쟁 중에 중국 전역에서 이런 모습이 보편화되는 것을 목격했다.

적에게 부역하거나 한간漢奸(중국에서 친일 협력자를 가리키는 말—옮긴이)은 더 이상 같은 중국인이 아니며 뿌리 뽑아야 할 대상이었다. 그는 타이위안에서 민족 반역자들을 제거하는 단체에 대해서 들었다.

하루는 그들이 8명의 친일 부역자를 앞으로 데리고 나왔다. 부역자들은 종이로 만든 고깔모자를 쓰고 있었다. 모자에는 각자의 이름과 경력, 배신 행위가 명확히 적혀 있었다. 부역자들은 차량에 태워져 거리 이곳저곳에 끌려다녔고 대원들은 길을 따라다니면서 큰 북을 두들겼다. 거리에는 부역자들을 보려는 사람들로 가득했다. 모두 한목소리로 야유하고 욕설을 퍼부었다.[33]

전쟁은 중국인들이 갑작스럽게 국가를 인식하게 만들었고 국민의 정체성을 한층 다급하고 중요한 일로 여기게 해주었다. 동시에 항일이냐, 협력이냐를 놓고 사람들이 무엇을 선택하는가는 도덕적인 옳고 그름의 문제였다. 이러한 경향은 20세기 초반에 이미 볼 수 있었던 강한 위기감을 한층 고조시

32 "Flight"(account of Mrs Yang), 5~6쪽.
33 杜重遠, "徑太原," *DZY*, 261쪽.

컸다. 이 시기 정치는 여러 주요한 측면에서 현대적이고 진보적이었다. 그러나 초기 국민당은 1910년대와 1920년대 5·4운동을 전후하여 일어난 정치적·사상적 자유의 분위기를 정착시키는 데 실패했다. 이것은 부분적으로는 중국이 직면했던 수많은 위기의 결과였다. 정치는 양극화되고 서로 첨예하게 대립했다. 어느 쪽이건 의견 충돌이 때로는 생산적일 수도 있으며 심지어 불법이 아니라는 사실조차 용납하지 않았다. 국민당과 공산당 모두 겉으로는 자신들의 통치를 위협하지 않는 선에서 군소 정당을 허용하는 척하면서도 진정한 다원적인 정당 정치와는 거리가 멀었다.

게다가 끊임없이 이어지는 전쟁 문화는 중국사회 깊숙이 폭력이 스며들게 했다. 어마어마한 판돈이 걸려 있는 대일전쟁의 발발로 이러한 분위기는 한층 깊어졌다. 범죄자들을 공개적으로 망신 주는 것은 중국사회에서 늘 볼 수 있는 모습이었다. 하지만 전시 분위기에서 이러한 공개적인 린치는 항일 영웅과 민족 배신자를 명확하게 나누었다. 이것은 가족과 재산, 사업을 포기해야 하는지와 같은 수많은 중국인이 직면하고 있던 좀더 복잡한 현실적 문제를 모호하게 만들었다.

한편으로 전쟁은 또한 예전 같으면 중국에서는 결코 불가능하다고 여겼던 규모의 사회적 동원을 실현시킬 기회이기도 했다. 이때부터 군중 동원은 보편화되기 시작했다. 1950년대의 토지개혁운동부터 지주들에 대한 공개 폭력과 살해, 문화대혁명 당시 교사와 의사에 대한 의례적인 공개 고문에 이르기까지, 마오쩌둥 시절의 중국에서 끝없는 사회운동은 항전 시절의 관행에 뿌리를 두고 있었으며 사회적 무관심과 불신감을 품고 있던 대중을 광신자들로 바꿔놓았다.

두중위안은 타이위안 방문 중 초청받아 병사들에게 연설했다.

나는 그들을 향해서 우리가 어떻게 이 나라를 단결시키고 통일된 나라로 만들었는지, 상하이 전투에서 아군이 얼마나 용맹스럽게 싸웠는지, 적의 사기가 어떻게 떨어졌는지를 말해주었다. 그리고 나는 기나긴 항전 동안 중국은 모든 민중을 조직하여 적에게 맞서야 하며, 우리가 잃어버린 영토

(만주)의 인민들은 만리장성 너머를 되찾기 위해 선도자 역할을 하고 국군과 함께 힘을 모아서 적의 후방을 교란시켜야 한다고 외쳤다. 연설이 끝나자 모든 사람이 흥분했고 우레와 같은 박수가 쏟아졌다. 그들은 나를 환영하지는 않았지만 항전은 환영했다.[34]

두중위안은 변경 지역에서 중국인이라는 정체성이 허물어졌을 때 어떤 결과를 초래하는지 직접 목격했다. 1931년 만주가 침략당했을 때, 민중의 분노는 잠시뿐이었다. 장제스 정권이 비저항 정책을 계속 유지하는 것은 정치적으로 여전히 가능했다. 두중위안에게 가장 중요한 의무는 전쟁을 통해 중국이 하나가 되었다는 대중적 정서를 불러일으키는 일이었다. 전쟁 말기에 한층 강하고 중앙집권화된 중국을 만들겠다는 꿈에 고무된 그는 머나먼 서북부의 신장성에서 교육기관의 장을 맡게 되었다. 그곳은 (중국공산당과도 강력하게 연관되어 있을 뿐만 아니라) 비행기와 도로망을 통해 중국과 일체화되었다.

두중위안의 열정에는 장제스의 뜻이 반영되어 있었다. 장제스는 중국이 전쟁을 통해서 한층 단결되고 중앙집권화되리라 믿었다. 그러나 이러한 희망이 현실적이었던가? 국가 통일의 요구가 아직까지 국민당 통치 구역으로 남아 있었던 일부 지역(엄밀히 따지면 대부분의 영토는 국민당이 항전 동안 '자유중국'이라고 불렀던 영역으로 남았다)에 대한 지배력을 강화했던 것은 사실이다. 그러나 국민당은 자신들의 커진 권력을 제대로 활용하기가 쉽지 않음을 발견했다. 실제로 1937년 가을 중국의 붕괴는 그들의 희망에 치명적인 타격을 가한 것처럼 보였다.

1937년 말이 되자 중국 북부의 도시들은 일본군의 손에 넘어갔다. 톈진과 베이징, 타이위안, 다퉁, 지난 모두 함락되었다. 침략자들은 농촌지대를 완전히 장악하지 못했다. 이곳에서는 주로 공산당의 통제를 받으며 매복과 습격을 반복하는 유격대들이 출몰했다. 중국 중부는 취약했지만 국민당의

---

34 杜重遠, "由太原到鳳鎭," *DZY*, 265쪽.

임시 총사령부가 있는 우한은 안전했다. 하지만 일본군이 더 많은 영토를 점령할 것이라는 두려움으로 피란민들의 수는 갈수록 늘어났다.

전쟁 중에 얼마나 많은 중국인이 피란길에 나섰는지 신뢰할 만한 통계는 없다. 너무나 많은 사람이 사방으로 달아나야 했고 이들이 있었던 현지 공공기관들은 생존 투쟁에도 급급했기에 신뢰성 있는 기록을 남기는 일 따위는 뒷전이 될 수밖에 없었다. 그중 가장 쓸 만한 추정치를 보면 전쟁 동안 약 8000만 명에서 1억 명(전체 인구의 15~20퍼센트에 해당하는)이 이동했음을 알 수 있다. 물론 그들 모두가 피란지에서 전쟁이 끝나기를 기다린 건 아니었다. 많은 경우 피란을 떠났다가 금방 집으로 되돌아왔다. 그러나 집단 이동은 전쟁 내내, 전쟁이 끝난 뒤에도 여전히 영향을 미치면서 사회 불안을 야기했다. 그런 와중에 1937년이 저물어갈 무렵만큼 중국인들에게 최악의 시간은 없었다. 전쟁 시작된 첫 겨울, 이후 70여 년이 지난 지금까지도 중일 관계에 크나큰 영향을 미칠 충격적인 사건이 막 벌어질 참이었다.

제7장 난징 대학살

1937년 12월 1일, 장제스와 쑹메이링은 난징에서 결혼 10주년을 기념했다. 좋은 시기는 아니었다. 장제스는 "결혼한 지 10년이 됐지만, 당과 국가의 앞날이 어렵다. 다음 10년 뒤에는 또 어떻게 될지 모르겠다"고 썼다. 또한 그는 난징이 황량하게 보인다고 기록했다.[1]

실제로 지난 몇 달 동안 으스스한 고요함이 수도 난징에 짙게 드리웠다. 그리고 8월 중순이 되자 갑자기 전쟁이 이 도시를 덮쳤다.

난징은 처음으로 공중전을 경험했다. 오후 2시, 12대의 일본 비행기가 중국의 수도를 폭격하기 위해 나타났고 중국 비행기 10대와 전투를 벌었다. (…) 일본 비행기가 도착하기 전에 사이렌 경보가 30분 동안 도시 전체에 울려 퍼졌다. 그 전까지 수도는 단 한 번도 공습 대상이 된 적이 없었고 주민들은 그 위험을 알지 못했다. 공중전이 벌어지는 동안에도 사람들은 거리를 거닐며 담소를 나누었다.[2]

그러나 사람들도 재빨리 배웠다. 불과 며칠 후인 8월 말 이곳을 지나갔던 두중위안은 자신이 왔을 때에는 이미 도시의 많은 주민이 사라졌다고 기록했다. 그는 난징 센트럴 호텔에 묵었다. 그 호텔은 "폭격이 무서워 요리사들

---

1 家近亮子·王雪萍, 『從蔣介石日記'解讀1937年12月的南京形勢』, 『民國檔案』, 2009년 2기, 111쪽.
2 *NCH* 1937년 8월 15일, 262쪽.

이 대부분 그만둔 뒤였다." 두중위안은 주방에서 먹을 것을 뒤져야 했고 나중에는 음식을 구하기 위해 시내에 사는 친구를 찾아갔다. 호텔 직원들이 겁먹은 데는 그럴 만한 이유가 있었다. 그는 다퉁으로 떠나면서 이렇게 썼다.

내가 사흘간 난징에 머무르는 동안, 매일 밤 서너 차례씩 적 비행기들이 날아와 하늘을 환하게 밝혔다. 다행스럽게도 난징의 방공 대피소는 훌륭했다. (비행기들이) 나타나자 공습 사이렌이 울부짖었다. 탐조등이 멀리 적기의 동체를 비추자 대공포가 불을 뿜고 전투기들이 추격에 나섰다. 밤새도록 사방이 불타는 듯했다. 그 밝기란 믿을 수 없을 정도였다. 나는 새해의 일출을 보는 듯한 강렬한 인상을 받았다.[3]

수도의 밤하늘이 붉게 타오르는 동안, 동쪽으로 약 300킬로미터 떨어진 상하이에서는 치열한 전투가 한창이었다. 국민정부군은 거대한 항구 도시를 지키기 위해 파멸적인 방어전을 치르고 있었다. 난징이 포화에 직면하면서 저우포하이 또한 폭격이 끊임없이 쏟아지는 무서운 신세계에 익숙해져야 했다. 그의 집 안에는 지하실이 있었기에 공습이 시작될 때마다 친구들이 달려왔다. 지하실에서의 모임은 금세 전쟁에 대한 환멸로 이어졌다.[4] 그러나 저우포하이는 난징에 오래 머물지 않았다. 다른 중국인과 외국인들도 저우포하이와 같은 결정을 내렸다. 그리고 난징을 떠나 우한이나 내륙의 다른 도시로 향했다.

10월이 되자 장제스 정부는 서쪽으로 향했다. 총사령부는 우한으로, 행정부는 충칭으로 각각 옮겼다. 11월 말 로이터 통신은 암울한 실상을 보도했다. "폭우가 쏟아지는 가운데 중국 정부의 이전은 오늘로 거의 마무리되었다. 사무실과 공장의 쓸 만한 장비는 한창 해체 중이다. (…) 이 도시가 점령된다면 빈껍데기만 남을 것이다." 또한 기사에는 "주민들의 폭동을 비롯해 붕괴가 가까워졌다는 조짐은 전혀 없다. 대다수 중국인은 계속 싸우겠다고

3   杜重遠, "到大同去," 258~259쪽.
4   ZFHR, 1937년 8월 15일

결의를 다지고 있으며 항복에 완강하게 반대하고 있다"고 덧붙였다.[5] 장제스는 이런 분위기를 체감하고 있었다. 그에게 최우선 목표는 중국 중부 지역을 지키는 것이었다. 설령 상하이가 함락되어 연안 지역을 포기해야 하더라도 가능한 한 마지막까지 동부를 떠나지 않을 생각이었다. 수도를 포기하는 것은 정권의 권위에 치명적인 타격을 줄 수 있었다. 그는 공개 성명을 발표하여 끝까지 항전할 것을 고수했다. "마지막 한 뼘의 땅과 최후의 일인까지 싸우겠다는 것이 우리의 확고한 방침이다."[6]

난징은 모든 중국인에게 거대한 문화적 영향력을 지니고 있었다. 1421년까지 이 도시는 명 왕조의 수도였다. 거대한 도시의 성벽은 20만 명의 인력을 동원해 20년 넘게 건설되었고 제국의 힘을 나타내는 상징으로 우뚝 서 있었다. 수도가 베이징으로 옮겨진 뒤에도 도시는 훌륭한 건축물과 상인들의 품위 있는 생활양식으로 명성을 떨쳤다. 또한 난징은 1850년부터 1864년까지 피비린내 나는 내전 동안 태평천국의 수도였다. 1928년 장제스에 의해 중국의 수도가 되면서 또다시 주목을 받았다. 국민당은 난징을 거대한 식민도시인 상하이에 필적하는 근대화된 도시로 탈바꿈시켰다. 쑨원의 호를 딴 넓은 대로(중산루中山路)가 도시의 옛 중심부를 관통하고 웅장한 기둥을 갖춘 정부 청사들이 우뚝 솟아올랐다. 베이징 톈탄天壇과 미국 국회의사당을 결합시킨 새로운 국민당 당사의 건립 계획이 세워졌다.(그러나 실행에 옮겨지지는 않았다.) 도시를 꾸미는 작업은 주요 거리에 가로수를 심는 것부터 시작되었다.(심지어 오늘날에도 난징은 중국 내에서 가로수 녹음의 혜택을 볼 수 있는 몇 안 되는 도시다.) 난징은 국민당이 중국 전체에 실현할 생각이었던 환경과 기술적 근대화를 상징하는 도시가 되었다. 물론 대부분은 그저 몽상으로 남았다. 1930년대 후반까지 경제적 위기 때문에 대형 건설 프로젝트들은 자금을 제대로 확보할 수 없었다. 더욱이 전쟁이 발발하면서 난징의 위상은 침략의 위협에 노출된 험지로 전락했다.

일본 수뇌부는 처음부터 난징을 점령할 생각이 아니었다. 중국 북부에서

5 *NCH* 1937년 11월 20일
6 *NCH* 1937년 12월 1일(원자료는 1937년 11월 25일), 322쪽.

전투가 시작되었을 때 일본은 국민당 통치 구역을 장악하기보다는 화베이에서의 지배권을 강화하는 데 관심이 있었다. 그러나 장제스가 창장강 하류에서 새로운 전선을 열고 전쟁을 확대하자 일본인들은 자신들의 계획을 재검토했다. 11월 7일에는 중지나 방면군中支那方面軍이라는 새로운 지휘 편제를 급조했다. 중지나 방면군에는 일본군 제10군과 상하이 원정군이 배속되었다. 이것은 중국 중부에서 일본군의 전략이 크게 바뀌었음을 의미했다. 7월에 처음 전쟁이 시작되었을 때부터 일본은 강력한 일격으로 중국의 저항 의지를 완전히 꺾어버릴 참이었다. 그러나 전쟁의 확대와 중국군 수비대의 분투는 그들을 놀라게 했다. 11월 5일 일본군 제10군의 항저우만 상륙은 전쟁의 전환점이 되었다. 상하이에서 일본군은 승리했지만 예상했던 것 이상으로 많은 사상자가 발생했다. 전투에서 죽거나 다친 일본군은 4만2202명에 달했다.[7]

사실, 난징은 일본의 전략적 목표가 아니었다. 그들은 이미 상하이라는 중국 최대의 항구 도시를 차지했다. 난징 점령은 순전히 상징적인 의미만 있을 뿐이었다. 일본인들은 중국의 수도를 점령하여 자신들의 대동아공영권을 위협하는 중국 민족주의에 최종적인 패배를 안길 생각이었다. 마쓰이 이와네松井石根[8] 장군은 "난징 정부가 태도를 바꾸고 저항을 멈추지 않는 한, 우리 군대는 난징과 한커우는 물론, 중국이 새로운 수도로 정한 충칭까지 진격할 것이다"라고 엄포를 놓았다.

다른 일본 지도자들과 마찬가지로 마쓰이가 보기에 유럽 열강들은 중국

---

[7] Fujiwara Akira, "The Nanking Atrocity: An Interpretative Overview," in Bob Tadashi Wakabayashi, ed., *The Nanking Atrocity 1937~1938: Complicating the Picture*(New York, 2007), 35~36, 30쪽; Hattori Satoshi with Edward J. Drea, "Japanese Operations from July to December 1937," in Peattie, Drea and van de Ven, *Battle for China*, 175쪽.

[8] 마쓰이 이와네(1878~1948): 중일전쟁 중 상하이 파견군 총사령관과 중지나 방면군 초대사령관을 지냈다. 루거우차오 사건 발발 후 중국 침략의 선봉장에 섰지만 원래는 대중 강경파가 아니며 오히려 군부 내에서 보기 드물게 중국 전문가이자 중국과의 협력을 강조하는 온건파였다. 또한 장제스와는 젊은 시절부터 친분이 있었다. 난징을 점령했을 때 마쓰이는 약탈과 만행을 금지했으나 그가 부재 중인 상황에서 부사령관이자 황족인 아사카노미야 야스히코 친왕의 지시로 난징 대학살이 자행되었다. 그러나 전쟁이 끝난 뒤 도쿄 전범재판에서 트루먼 행정부는 천황가에 대한 처벌을 금지시켰고 그 대신 마쓰이가 난징 대학살의 희생양이 되어 전범으로 처형되었다.―옮긴이

을 지키는 데 무관심하며 오직 일본만이 중국을 진정으로 위하는 마음을 품고 있다고 여겼다.

> 첫 번째 핵심은 난징 정부로 하여금 유럽과 미국에 매달리는 정책을 버리도록 해야 한다는 것이다. 두 번째 핵심은 일본군이 중국의 진정한 친구라는 사실을 중국인들에게 인식시켜야 한다는 것이다. 일본은 이번 사건에서 그동안 난징 정부가 추진한 반일 정책이 초래한 오해를 바로잡고 4억의 중국인을 구원하기 위해 스스로를 제물로 바친 것이다.[9]

국민정부가 유럽이나 미국에 '매달린다'는 인식은 1937년 이전 장제스 정부가 일본의 위협에 맞서고자 서구 열강의 원조를 얻기 위해 활동했던 일을 가리켰다. 하지만 서구 열강들은 실질적인 도움을 주는 데 주저했다. 또한 더 넓은 관점에서 보면 중국은 국가 간의 갈등을 극복하기 위해 국제연맹과 같은 초국가기구에 참여하기 시작했다.[10] 중국을 자신들의 뒷마당쯤으로 여겼던 일본에게는 중국의 이러한 활동이 전혀 달갑지 않았다.

대부분의 외국인은 가을이 되자 난징을 떠났다. 각국 대사관들은 직원들을 대피시켰다. 기업은 직원들을 집으로 돌려보냈다. 잔류를 선택한 사람 중에는 지멘스사에서 일하는 독일 사업가 존 라베가 있었다.[11] 이 독일인은 10월 중순까지 난징의 모든 호텔, 상점과 영화관이 문을 닫았다고 기록했다.[12] 대다수 외국인에게는 난징을 떠나야 할 때라는 신호였다. 하지만 라베를 비롯한 소수의 외국인은 국민당이 남겨놓은 중국인들을 돕기 위해 뭐라도 해야 한다고 결심했다. 라베 외에도 난징대학 교수 루이스 스미스, 선교사이자 진링金陵여대 학장인 미니 보트린, 난징 YMCA 지부장 조지 피치 등

---

9 *NCH* 1937년 12월 1일(원자료는 1937년 11월 25일), 333쪽.
10 Margherita Zanasi, "Exporting Development: The League of Nations and Republican China," *Comparative Studies in Society and History*, 49:1(2007. 1).
11 John Rabe, *The Good Man of Nanking: The Diaries of John Rabe*, edited by Edwin Wickert, translated by John E. Woods(New York, 2000).
12 Rabe, *Good Man*, 11쪽.

이 남았다. 이들은 일본군이 난징을 점령했을 때 중립지대로 간주할 수 있는 국제안전구역을 설정하고 그 안으로 피신한 중국인들을 안전하게 보호하기로 했다.[13]

장제스는 이 아이디어를 환영했다. 그리고 국제안전구역을 설치하기 위해 10만 달러를 내놓았다.(실제 지불된 돈은 4만 달러였다.)[14] 장제스가 난징 수비를 맡긴 탕성즈唐生智 장군도 지지했다. 그러나 일본군은 받아들이지 않았다. 그들은 국제안전구역이 중국군 수비대의 은신처가 될지 모른다고 의심했다. 탕성즈 역시 중국군을 국제안전구역에 배치하고 그 주변에 참호와 방어물을 설치하겠다고 공언하면서 일본군의 의심을 부추겼다.[15]

12월 초 상하이가 함락되었다. 장제스는 수도를 포기할 경우 전 세계에 굴욕으로 비추어지리라는 것을 알고 있었다. 그는 내지로 철수하면서도 수도가 쉽게 함락되지 않았으며 군대가 마지막까지 싸웠음을 분명하게 보여주고 싶었다. 이것은 명예가 걸린 문제이자 훌륭한 선전 대상이기도 했다. 중국군이 승리를 안겨줄 수 없다면 하다못해 그 용기만이라도 인상 깊게 알릴 수 있을 것이었다.

11월에서 12월로 넘어갈 때쯤, 장제스는 난징 함락을 필연적으로 만들지 않으려고 최후의 시도에 나섰다. 그는 스탈린에게 전문을 띄워 군대를 보내 중국을 도와달라고 요청했다. 그러나 중국에서 지상전을 벌일 생각이 전혀 없었던 스탈린은 거절했다. 장제스는 소련 및 그와 연루된 중국공산당에 대한 불신감이 한층 커졌다. 12월 6일 왕징웨이는 주중 독일 대사 오스카 트라우트만과 면담하고 평화 회담에 대한 중재를 바랐지만 결국 수포로 돌아갔다. 그날 장제스는 자신의 승산을 계산해보았다. 일본군의 무기는 월등했고 중국군은 약했다. 게다가 도시의 사기는 이미 무너졌다.[16]

---

13 이러한 생각은 프랑스 예수회 수사 로베르 자퀴노가 그보다 앞서 상하이에 설치했던 유사한 구역에 근거했다. Marcia R. Ristaino, *The Jacquinot Safety Zone: Wartime Refugees in Shanghai*(Stanford, 2008), ch.4, 5.

14 Rabe, *Good Man*, 53쪽.

15 Rabe, *Good Man*, 46~48쪽.

16 Iechika, "Nanjing xingshi," 111쪽.

12월 7일 새벽 4시, 장제스는 일어나서 기도를 올렸다. 새벽 5시, 그와 아내는 비행기에 올라 암울한 수도를 떠났다. 그들은 먼저 장시성 난창南昌으로 날아간 다음 루산으로 향했다. 상황은 장제스의 "마음을 찢어지게" 했다.[17] 그는 난징이 마지막까지 싸워야 한다는 점을 분명히 했다. 그러나 그는 언제나 전략가였다. 첫 번째 본능은 자신이 포기한 도시를 생각하는 대신 그다음에 무엇을 해야 하는가 계산하는 것이었다. 장제스는 일기의 기획란에 '전시 교육 전략'과 '국가 동원 계획'의 필요성을 작성했다. 그는 국민당이 "혁명정신을 잃지 말아야 한다"는 점이 가장 중요하다고 느꼈다. 이러한 자기 반성은 장제스가 곧 허물어질 수도를 뒤에 남겨놓아야 했던 절망감과 비교해볼 때 의도적인 낙관주의로 여겨질 수도 있다. 그러나 장제스는 이러한 방법으로 그동안 중국에 닥쳤던 재앙에 대응할 수 있었다. 그는 교육이나 다른 사회 정책을 제시하여 단순히 무자비한 정복자를 상대로 겁에 질린 채 내륙 깊숙한 곳으로 달아나는 대신 항전을 통해 국가 재건에 나서겠다는 적극적인 구상을 해냈다.

장제스는 또한 '혁명정신'을 강조했다. 그는 마찬가지로 이 단어의 위명偉名을 써먹으려는 다른 경쟁자들이 있다는 사실을 잘 알고 있었다. 12월 11일, 그는 만약 공산주의자들이 그것을 차지하도록 내버려둔다면 "중국은 제2의 스페인이 될 것이다"라고 썼다. 많은 서구 진보주의자는 스페인과 중국에서 벌어진 전쟁이 유사하다고 봤다. 그들이 보기에 두 전쟁 모두 진보 세력이 반동 세력과 파시스트들의 공격을 받고 있었다.[18] 그러나 장제스의 사고방식은 여러 측면에서 프랑코에 가까웠다. 장제스에게 스페인 내전은 공산주의자들이 어떻게 국가적 분열을 이용하여 권력에 침투할 수 있는지 보여주는 사례였다. 동시에 그의 눈에 스페인 내전은 우울하기 짝이 없는 또 다른 평행세계였다.(서구 민주주의 국가들이 파시스트들의 침략을 받는 스페인 공화정부의 위기를 모르는 척하고 있다는 사실에서—옮긴이) 장제스는 난징을 떠나면서 열강들의 신속한 개입에 조금의 희망도 품지 않았다. 그는 앞으로

17 Iechika, "Nanjing xingshi," 111쪽.
18 Buchanan, *East Wind*, 62~63쪽.

3년 동안은 중국 혼자서 '힘겨운 투쟁'을 해야 할 것이라고 선견지명이 있는 전망을 내렸다. 장제스는 난징의 운명을 생각하고 싶지 않았지만 그 도시를 잊을 순 없었다. 7월 루거우차오에서 전투가 벌어진 이래, 장제스는 일본에 맞서 중국 동부를 지키기 위해 고단한 5개월을 보내야 했다. 중국의 운명이 곧 자신의 운명이라고 여기는 그로서 국민정부에 대한 희망과 꿈이 있는 수도를 잃었다는 사실은 몹시 고통스러운 일이었다. 12월 14일 아침, 장제스는 징발한 유람선을 타고 루산으로 향했다. 그곳에서 난징에서 철수한 이유에 대해 연설했다. 그리고 비행기에 올라 국민당의 새로운 총사령부가 있는 우한으로 날아갔다. 난징에서 벗어나 우한에 도착할 때까지 그의 머릿속은 난징에서 탈출한 피란민들의 구호 작업부터 군 수뇌부를 재편하는 것과 같은 계획으로 가득 차 있었다. 며칠의 시간 동안 그가 일기에 기록하지 않은 단한 가지는 자신이 떠난 뒤 난징에서 어떤 일이 벌어질 것인가였다.[19]

스스로 난징의 최후를 맡겠다고 나선 사람은 탕성즈 장군이었다. 그는 장제스의 동맹자이면서 격동의 군벌 시절 애증이 엇갈리는 복잡한 관계를 유지했다. 탕성즈는 마오쩌둥의 고향이기도 한 중국 중부의 풍요롭고 열정 넘치는 고장 후난성 출신이었다. 1920년대에 탕성즈는 한 번 이상 변절했다. 북벌전쟁에서는 국민혁명군에 가담했지만 그다음에는 장제스에게 맞섰고 다시 그를 지지했다. 물론 왕징웨이, 펑위샹 등 다른 명망 있는 지도자들도 이런 식이었다. 이제 장제스는 충성심이 의심스러운 지도자들을 데리고 일본군과 어떻게 싸울지를 궁리해야 했고 그들을 충성심과 전의를 시험할 수있는 곳에 투입했다. 난징을 방어하는 절망적인 임무에는 훈련이 부족한 부대가 배치된 반면, 앞으로의 긴 항전 동안 충분히 승산이 있는 싸움에 써먹기 위해 장제스 직계의 중앙군과 리쭝런의 광시 군대와 같은 최정예부대를 보존했다.[20] 그러나 이러한 방식은 아무런 승산 없이 싸워야 하는 지휘관과

---

19 Iechika, "Nanjing xingshi."
20 장제스가 전쟁 기간 자신의 정예부대를 결정적인 순간에 써먹기 위해 아껴두고 군벌 군대를 앞세웠다는 주장은 서방 학자들의 막연하고 오랜 편견이다. 실제로 난징 방어전에 투입된 탕성즈 휘하 12개 사단 중 4개 사단이 장제스 직계의 독일식 사단(교도총대, 제36사단, 제87사단, 제88사단)이었으며 나머지 8개 사단도 개편 작업을 통해 반半 중앙화된 사단들이었다. 군벌들은 장제스가 자신들

병사들에게는 그다지 위안이 되지 않았다. 탕성즈는 벼랑 끝에 몰렸다. 사실상 자살이나 다름없는 임무를 수행하거나 그렇지 않으면 공개적인 불명예를 감수해야 했다.

12월 둘째 주까지 난징에 잔류한 몇몇 외국인은 난징의 분위기가 극도로 비정상적이라고 묘사했다. 존 라베는 12월 8일 일기에 반쯤 비꼬는 투로 자신이 실질적인 난징 시장이 되었다고 적었다. 진짜 시장인 마자오준馬超俊이 전날 난징을 떠났기 때문이었다.[21] 그러나 중국군은 계속 참호를 팠고 최후의 한 사람까지 도시를 지키겠다는 의지가 분명했다. 『뉴욕타임스』의 틸먼 더딘 기자는 다음과 같이 썼다.

난징을 포위하는 일본군과 싸우기 위해 몇 개의 광둥 부대와 일부 광시 부대, 후난 부대, 그리고 시가지에는 제36사단과 제88사단, 난징 사단이라고 불리는 부대가 있었다. 광둥 부대는 지난 몇 주 동안 상하이에서 퇴각하는 와중에 큰 손실을 입었다.

장제스 대원수의 정예 부대인 제36사단과 제88사단은 상하이 전투에서 파멸적인 피해를 입었다. 난징으로 철수한 후 그 부대들은 신병들로 충원되었다.[22]

그 사이 주민들은 공황 상태에 빠졌다. 청뤼팡程瑞芳은 미니 보트린Minnie Vautrin[23]의 감독 아래 진링여자대학이 조직한 긴급운영위원회의 일원이었다.

을 총알받이로 쓰지 않을까 하는 의심을 품고 있었기에 장제스는 군벌들이 싸우려면 제일 먼저 자신이 가진 것부터 솔선해서 내놓아야 했다.—옮긴이

21   라베의 표현에는 과장이 섞여 있다. 장제스는 난징 전투가 시작되기 직전 난징 시장을 헌병대 부사령관이자 난징 경찰청장인 샤오산링蕭山令 소장으로 교체했다. 샤오산링은 철수 작전 중 부상을 입었고 포로가 되지 않기 위해 권총 자살을 했다. 난징 대학살과 탕성즈의 도주에만 초점이 맞추어지면서 막상 전투가 얼마나 격렬했으며 사단장 1명, 여단장 3명을 비롯한 17명에 달하는 중국군 장성이 장렬하게 전사했다는 사실은 제대로 주목받지 못하고 있다.—옮긴이

22   F. Tillman Durdin, "All captives slain," *New York Times*(1937. 12. 18).

23   미국인 선교사 미니 보트린(1886~1940)의 본명은 월헬미나 보트린이며, 난징에 진링 여자대학을 세웠다. 난징 대학살 당시 1만여 명의 중국인 여성과 아이들을 구했으며 장제스 정권은 그녀에게 훈장을 수여했다. 그러나 난징 대학살의 트라우마와 더 많은 사람을 구하지 못했다는 죄책감에 시달리다 1940년에 자살했다.—옮긴이

청뤼팡은 자신의 일기에 일본군이 들이닥치는 것이 초읽기가 되자 국제안전구역 내 공공건물들, 특히 대학들에는 피란처를 찾는 사람들로 가득 차기 시작했다고 썼다. 장제스가 떠난 직후인 12월 10일, 도시는 아직 함락되지 않았지만 청뤼팡은 혼란이 난징을 집어삼키고 있는 모습을 기록했다. "차는 없었다." 그녀는 이렇게 말했다. "그 대신 남자, 여자, 노인, 젊은이들은 자신들이 직접 짐을 끌어야 했다. 그들은 비행기와 대포 소리에 아랑곳하지 않았다. 정말로 참담한 모습이었다."[24] 대학은 도망치는 사람들의 주된 피신처였다. 도서관조차 사람들로 가득 차 있었다. 건물과 땅 위에는 "낡은 누더기 옷과 담요, 기저귀들이 널려 있었고 나무 위에도 있었다." 심지어 사람들은 캠퍼스 내 인공 연못에서 옷과 식기, 요강을 씻고 때 묻은 아기 옷을 빨았다.

평소 난징을 지탱했던 상거래는 갑자기 무너졌다. 사람들이 집을 버리고 안전구역으로 도망치면서 이들에게 먹을 것을 제공하기 위한 조치가 취해져야 했다. 청뤼팡은 대학 입구 밖에 쌀죽을 나눠주는 급식소를 설치했다. 운영 첫날은 무료였고 그 이후에는 여력 있는 사람들이 약간의 돈을 내놓았다. 원래 계획은 대학 내에 있는 2700여 명에게 음식을 제공한다는 것이었다. 하지만 며칠도 되지 않아 그 숫자는 급격히 늘어났다. 12월 중순, 보트린은 빈민들의 옷에 빨간색 꼬리표를 달아주는 새로운 방법을 사용했다. 이 덕분에 음식을 공정하게 나누어주고 진짜 가난한 사람들이 무료로 식량을 배급받을 수 있게 되었다.[25] 전근대 중국에서는 비상시, 특히 정부가 대처할 수 없을 때 향촌 엘리트 계층 주도로 공공 구호에 나서는 오랜 전통이 있었다.[26] 진링여대 긴급운영위원회의 활동 또한 이러한 전통에 따랐다.

24　第二歷史檔案管, "程瑞芳日記," 『民國檔案』(2004:3)[이하 CRF], 1937년 12월 10일, 26쪽.

25　Minnie Vautrin diary in Zhang Kaiyuan, ed., *Eyewitnesses to Massacre: American Missionaries Bear Witness to Japanese Atrocities in Nanjing*(Armonk, NY, 2001)[이하 MV], 340쪽.

26　전근대 중국의 자선활동 방식에 대해서는 다음을 참조. Joanna Handlin Smith, *The Art of Doing Good: Charity in Late Ming China*(Berkeley, CA, 2009); Kathryn Edgerton-Tarpley, *Tears from Iron: Cultural Responses to Famine in Nineteenth-Century China*(Berkeley, CA, 2009).

공기 중에는 말 그대로 공황과 혼란의 냄새가 가득 차 있었다. 난징의 비정상적인 상황을 가장 명확하게 보여주는 징후 중 하나는 갑작스러운 오물의 쇄도였다. 청뤼팡은 "먹는 것보다 싸는 게 더 큰일이었다"라고 한탄했다. 그녀는 제대로 된 위생시설은커녕, 심지어 중국의 빈민가에서 수세식 화장실 대신 사용하던 재래식 변기통(일명 '꿀단지')조차 없어서 오물로 가득 찬 공간에서 살아야 했던 실상을 거침없이 묘사했다. "그들은 아무 데서나 볼일을 봤다. 이 때문에 모든 곳에 똥과 오줌이 있었다." 며칠 뒤 상황은 한층 나빠졌다. "(냄새 때문에) 화장실에 들어갈 수 없었고 양동이가 없는 사람은 다른 사람 것을 사용해야 했다." 더 최악은 "그 화장실 안에서 사는 사람들도 있었다"는 사실이었다.[27]

도처에 널려 있는 배설물은 당장 사람들의 건강만 위협한 것이 아니었다. 지난 수십 년간 중국인들이 스스로 추구했던 것들을 역행하고 있다는 사실이었다. 기술 발전과 새로운 정부는 중국이 근대화되고 있다는 증거였다. 중국은 이를 통해서 자국의 영토에서 제국주의를 몰아내려고 노력해왔다. 또 한 가지는 "위생의 근대화"였다. 과학기술을 이용해 사회를 깨끗하고 건강하게 만들 수 있다는 생각이었다.[28] 중국의 도시들이 현대화되면서 하수와 배수 시설을 갖추었고 전 세계에 중국이 이룬 발전을 보여주었다. 그러나 전쟁은 가장 강압적이면서 해로운 방법으로 변화를 바꾸어놓았다. 몇 달 전 우시를 떠났던 양부인에게 그러한 현실을 가장 선명하게 깨닫게 한 것이 전쟁의 악취였다. 12월 12일, 일본군은 외부 세계를 충격에 빠뜨릴 사건을 저질렀다. 미 해군의 포함 파나이호USS Panay를 격침시킨 것이다. 난징 외곽의 창장강 위에는 미국과 영국 선박들이 정박하고 있었다. 서구 열강들이 전쟁에서 중립은 지키되, 중국에서 자신들의 권익을 포기한 것은 아니라는 사실을 일본에게 상기시켰다. 그러나 일본 비행기는 아무런 경고 없이 급강하하여 파

---

27 *CRF*(1937년 12월 10일), 27쪽.
28 Ruth Rogaski, *Hygienic Modernity: Meanings of Health and Disease in Treaty-Port China*(Berkeley, CA, 2004).

나이를 폭격했다. 4명의 선원이 죽고 48명이 다쳤다.[29] 일본 정부는 즉각 자신들의 실수를 인정하고 고의가 아니라고 강조하면서 미국에 220만 달러를 배상했다. 일본과 미국 사이에 벌어질 수 있었던 적대 관계는 무마되었다. 그러나 파나이 사건은 전쟁이 점점 확대되는 상황에서 서구 열강들이 언제까지고 자신들과 상관없다면서 중립에 매달릴 수 없다는 명확한 경고였다.

그럼에도 난징의 12월 12일은 아직 맑고 고요했다. 청뤄팡은 "포격은 계속되었지만 비행기에 의한 폭격은 없었다. 날씨는 좋았다. 이것은 피란민들에게는 좋은 일이지만, 적에게도 도움이 되었다"라고 썼다.[30] 상점들은 모두 문을 닫았다. 난민들은 끊임없이 안전구역으로 몰려들었다. 그러나 날이 어두워지자 상황은 한층 악화되었다. 이제 도시는 불길에 휩싸였다. 난징을 지킬 수 없다는 사실이 분명해지면서 탕성즈의 부하들이 도시를 가로지르면서 건물에 불을 지르기 시작했다. 존 라베는 고위 중국 장교를 통해서 탕성즈가 저녁 8시에 도시에서 탈출했다는 말을 들었다.

피란민들이 안전구역에서 웅크리고 있는 동안, 탕성즈의 부대들은 최후의 전투에 나섰다. 그들은 필사적으로 저항했다. 장제스가 난징을 떠난 뒤이틀 동안 탕성즈 군은 격렬한 전투를 벌였다. 탕성즈는 항복 요구를 거부했다.[31] 그러나 12월 12일 밤, 탕성즈는 더 이상 난징을 지킬 수 없다고 결정했다. 그는 예하 사단들에게 도시 북쪽 성문을 통해서 중지나 방면군의 포위망을 돌파할 것과 난징을 일본군에게 내줄 것을 명령했다.[32]

29 Akira Iriye, "The Role of the United States Embassy in Tokyo," in Dorothy Borg and Shumpei Okamoto, ed., *Pearl Harbor as History: Japanese-American Relations, 1931~1941*(New York, 1973), 119~120쪽.
30 *CRF*(1937년 12월 12일), 27쪽.
31 Taylor, *Generalissimo*, 151~152쪽.
32 이날 아침 장제스는 탕성즈에게 난징의 방어가 불가능하다고 판단될 경우 도시를 포기하고 물러나 전열을 재정비하라는 전문을 보냈다. 또한 국제안전위원회를 통해 일본군과의 교섭을 시도했다. 일본군은 탕성즈의 무조건 항복을 요구했고 탕성즈는 교섭이 무산되었다는 보고를 받자 오후 5시 각 군단장들에게 철수 지시를 내린 다음 제일 먼저 달아났다. 그러나 철수 명령은 치열한 전투와 통신 두절로 말단 부대에까지 제대로 전달되지 않았다. 특히 유일한 탈출로인 북문을 맡고 있던 제36사단 제212연대는 명령을 받지 못했다는 이유로 다른 부대의 철수를 저지했다. 이 때문에 대혼란이 빚어졌고 대부분의 수비대가 탈출하지 못한 채 일본군에게 섬멸되고 말았다. 7개 군 12개 사단 15만 명 중에서 그나마 부대 건제建制를 유지한 채 탈출에 성공한 부대는 난징 교외에 있던 제66군과 제83군 2만 명 정도였다.(출처: 曹劍浪, 『中國國民黨軍簡史』 中, 解放軍出版社)—옮긴이

명령이 떨어지자마자 병사들은 도망치거나 약탈에 나서거나 성벽을 통과했다. 급히 달아나려다가 창장강에 빠져서 익사하는 경우도 비일비재했다. 도시를 지키려다 이미 7만 명이 목숨을 잃었다. 밤하늘은 불바다였다. 일본군의 소행이 아니라 중국군이 건물에 불을 질렀기 때문이었다. 더딘은 이렇게 썼다. "중국인들은 중산릉中山陵 공원의 멋진 건물과 가옥을 포함해 교외지역의 거의 모든 곳을 불태웠다. 샤관下關은 검게 그을린 폐허 덩어리가 되었다. 심지어 일본군은 건물 밀집 지역의 중국군 부대에 대한 포격을 피했다. 건물들을 보호하기 위함이 분명했다. 웅장한 교통부 건물은 도시 안에서 파괴된 유일한 대형 정부청사였다. 그곳에 불을 지른 쪽은 중국인들이었다."[33] 건물에 대한 방화는 전쟁의 변함없는 특징이었다. 진격하는 적군에게어떤 가치 있는 물건도 주지 않겠다는 자포자기식 시도였다. 국민당과 공산당 양쪽 군대 모두 건물에 불을 질렀다. 지난 10월, 마오쩌둥은 자신의 동료들에게 타이위안이 함락될 경우 도시를 불태우라고 충고했다.

12월 13일 이른 아침 일본군은 난징에 입성했다. 중지나 방면군의 사령관은 마쓰이 이와네 장군이었지만 그는 와병 중이었다. 수도를 점령했을 때 대리 사령관은 아사카노미야 야스히코 왕朝香宮鳩彦王[34]이었다. 난징은 이미 절망적이었다. 더딘은 근대화를 향한 국민당의 희망을 상징했던 중산루의 변한 모습을 기록했다. "중산루에는 버려진 군복과 소총, 권총, 기관총, 야포, 대검, 군용 배낭 등이 도로를 메우고 있었다. 어떤 곳에서는 일본군이 탱크를 타고 거리의 잔해들을 치워야 했다."

청뤼팡 역시 침략자들의 도착을 일기에 기록했다. "어제 저녁 우리 군대가 후퇴했다. 오늘 아침 우리는 총성을 들을 수 없었다. 오후 2시 일본군은 수이시水西 문으로 들어왔다." 대학 입구를 경비하던 한 경찰관은 일본군이

33 Durdin, "All Captives Slain,"(1937년 12월 18일).
34 아사카노미야 야스히코(1887~1981)는 일본의 황족이자 군인이다. 쇼와 천황에게는 고모부였지만 어머니는 하녀 출신의 비천한 신분이었다. 일본 육군사관학교와 프랑스 상시르군사학교를 졸업했으며 2·26사건에서는 황도파를 지지하는 등 군부 내에서 대표적인 강경파였다. 난징 전투에서 그는 모든 포로를 죽이라고 지시했고 이로 인해 난징 대학살이 자행되었다. 패전 후 장제스 정권은 그를 전범으로 처벌할 것을 요구했으나 트루먼 행정부의 황족 불기소 방침에 따라 면죄부를 부여받았고 93세의 나이로 죽을 때까지 천수를 누렸다.—옮긴이

시내를 행군하는 것을 보고 길을 달려가면서 자신의 제복을 벗으려고 했다. "그는 넘어졌고 얼굴이 하얗게 질렸다. 겁쟁이 같았다." 그러나 며칠 뒤 청뤼팡은 그 경찰관의 공포심에 대해 타당한 이유를 적었다. 점점 더 많은 사람이 진링여대에 도착했다.

> 일본군은 백주 대낮에 도착하자마자 돈을 빼앗고 강간했다. 거리에서 많은 사람이 총검에 찔려 죽었고, 심지어 안전구역 안에서도 마찬가지였다. (구역) 밖에서는 더 많은 사람이 살해당했기에 어느 누구도 감히 밖으로 나갈 수 없었다. 피살당한 사람의 대부분은 청년들이었다.[35]

난징이 점령된 지 일주일도 되지 않아 9000명이 넘는 사람이 "마치 시루 안의 콩나물처럼" 대학 복도에서 잠을 잤다.[36] 얼마 뒤 미니 보트린은 다음과 같이 기록했다. "거대한 화재가 지금 동북에서 동남쪽 하늘까지 환하게 밝히고 있다. 낮에는 검은 연기가, 밤에는 하늘을 밝히는 불빛이 약탈과 파괴가 여전히 진행 중임을 알려준다. 전쟁의 결실은 죽음과 황폐다."[37]

중국의 많은 지역에서 외국인들은 중국과 일본 사이의 전쟁을 그저 모르는 척했다. 난징에서는 도시에 잔류한 30명도 채 되지 않는 서양인 무리가 급작스럽게 사건의 한복판으로 떠밀린 채 일본군과 무방비의 중국인 사이에서 완충 역할을 했다. 국제안전위원회를 조직한 서양인들은 훈련된 전문 관료나 공무원이 아니었다. 라베는 사업가였고, 월슨은 의사였으며, 스미스와 보트린은 대학교수였다. 위원회 멤버들은 일본군이 전쟁 규범을 준수하리라 기대했다. 또한 일본군이 질서를 복구하고 도시 내 중국인과 외국인들에게 이익이 될 만한 것에 관심이 있을 것이라고 예상했다. 그들은 (미국과 독일을 포함해) 중립국 시민이었기에 제3자로서의 이점을 얻을 수 있기를 바랐다. 실제로 낙관적인 선례가 있었다. 베이핑과 톈진은 큰 혼란 없이 점령되었

---

35 *CRF*(1937년 12월 14일), 28쪽.
36 *CRF*(1937년 12월 18일), 30쪽.
37 *MV*, 362쪽.

다. 심지어 같은 가을, 파괴된 상하이 역시 국민정부가 철수한 뒤 죽은 듯한 고요함에 빠져들었다.

그러나 난징은 전혀 달랐다. 점령한 순간부터 일본군 부대들은 모든 제약에서 벗어난 것처럼 보였다. 그로부터 1월 중순이 될 때까지 약 6주 동안, 중국 중부에서 일본군 병사들은 학살과 강간, 약탈 등 끝없는 만행에 빠져들었다. 비록 잠깐이기는 했지만, 도시에 새로운 질서를 세우는 대신 난징을 혼란에 빠뜨려 도시 규모를 줄이기로 결정한 것 같았다.

일본군이 난징에 들어온 지 며칠 뒤, 라베는 일본군 고위 장교로부터 전기 공급을 재개하기 위한 중국인 노동자들을 모아달라는 요청을 받았다. 라베는 도시의 질서를 유지하기를 원했고 도와주기로 했다. 그러나 끊임없는 공포 분위기 속에서 노동자들을 모으는 일은 불가능하다는 사실을 깨달았다. "일본군은 완전히 통제 불능이다. 이런 상황에서는 전기를 복구할 노동자를 찾을 수 없다."[38]

외국인 관찰자들은 점령 첫날부터 매우 충격적인 장면들을 목격했다. 처음에는 군복을 벗은 군인이라는 혐의를 받는 민간인 남성들이 표적이었다. 비록 겉모습으로는 민간인과 거의 구분할 수 없음에도 말이다. 모든 중국인 남성은 의심의 대상이 되었다. 며칠 동안 총소리가 수없이 들렸다. 총에 맞은 사람은 그나마 행운아였다. 난징 YMCA 지부장이었던 조지 피치는 12월 19일에 이렇게 썼다. "나는 대사관 소속 직원인 더글러스 젱킨스의 집으로 향했다. 국기는 그대로 걸려 있었다. 하지만 차고 안에는 그 집 하인이 죽어 있었다. 거리에는 여전히 많은 시체가 널려 있었다. 우리 눈에 들어온 것은 모두 민간인이었다. 홍완쯔후이紅卍字會(불교 자선 조직으로 나치즘과는 무관)가 그들을 매장하려 했지만, 트럭은 도난당했고 관은 장작으로 사용되었다. 게다가 휘장을 차고 있던 일꾼 몇 사람은 끌려갔다."[39] 사흘 뒤 피치는 다음과 같이 썼다. "나가보니 (…) 본부 동쪽 1.6킬로미터 떨어진 한 인공 연못가에 50구의 시체가 있었다. 모두 민간인임이 분명했다. 손을 뒤로 묶은 채 참수

38   Rabe, *Good Man*, 81쪽.
39   George Fitch diary in Zhang, Eyewitnesses[이하 *GF*], 1937년 12월 18일, 92쪽.

당해 있었다. 그들은 군도 훈련에 활용된 것인가?"[40]

피치는 군인이라고 의심받은 사람들에게 일어난 일을 직접 목격할 수 있었다. 12월 23일, 한 남자가 본부로 실려왔다. "머리는 검게 그을려 있었다. 눈과 귀가 없어지고 코는 일부만 남아 있었다."[41] 그는 다른 100여 명과 함께 묶인 채 휘발유를 뒤집어쓴 다음 불태워졌다고 말했다. 청뤼팡은 몇몇 노동자가 변장하기 위해 머리를 민 것을 봤다. 유감스럽게도 삭발은 그들을 더욱 군인처럼 보이게 만들었다.

일본인들은 자신들이 그저 패잔병들을 소탕하고 있을 뿐이라고 주장했다. 그러나 어떠한 설명으로도 민간인들에게 저지른 또 다른 범죄인 강간을 변명할 수는 없었다. 매일, 매 시간, 여성들이 강간을 당했다는 보고가 들어왔다. 12월 17일, 라베는 "어젯밤 1000여 명의 여성과 소녀들이 강간당했다고 한다. 진링대학에서만 100여 명의 소녀가 강간당했다"고 썼다.[42] 이틀 뒤 피치는 이렇게 보고했다. "어떤 집은 하루에 다섯 번에서 열 번까지 들이닥쳤다. 불운한 사람들이 약탈과 도둑질을 당하고 여자들은 강간당했다. 아무런 이유 없이 잔인하게 살해되기도 했다."[43]

미니 보트린의 일기에는 진링대학으로 피란왔던 강간 피해자들이 기록됐다. "지치고 눈에는 분노로 가득 찬 여자들이 줄을 지어서 몰려왔다. 그녀들의 밤은 공포 그 자체였다. 다시, 또다시 병사들이 그녀들의 집으로 들이닥쳤다.(열두 살 소녀부터 예순 노파에 이르기까지 강간당했다. 남편들은 침실에서 쫓겨났고 임산부는 총검으로……)"[44] 진링대학은 갈수록 사람들로 붐볐다. 보트린 밑에서 일하던 청뤼팡은 도시의 여성들이 계속해서 희생자가 되는 모습을 목격했다. 여성들은 건물 숙소에서 강간당했다. 보트린은 어떻게든 막으려고 최선을 다했지만 모두 막을 수는 없었다. 그녀는 "지쳐서 죽어"가는 것처럼 보였다. 보트린이 쓴 12월 19일자 일기가 당시 상황을 단적으로 증

---

40 GF(1937년 12월 22), 93쪽.
41 GF(1937년 12월 23), 94쪽.
42 Rabe, *Good Man*, 77쪽.
43 GF(1937년 12월 19일), 92쪽.
44 MV(1937년 12월 17일), 358쪽.

언하고 있다. "낡은 생활관 쪽에서 두 명의 군인이 2층으로 올라갔다는 고함이 들려왔다. 그곳에는 538호실이 있었다. 나는 한 사람이 문 앞에 서 있는 것을 보았다. 나머지 한 사람은 이미 그 안에서 불쌍한 소녀를 강간하고 있었다."[45] 한번은 일본군 병사들이 건물 안에 중국군 병사들이 숨어 있는지 알려줄 것을 요구했다. 보트린이 그곳에는 군인이 한 사람도 없다고 말했다. "그는 내 뺨을 때렸고, (중국인 동료인) 미스터 리를 마구 구타했다."[46] 그러나 청뤼팡은 보트린이 여전히 일본 침략자들의 본성을 제대로 이해하지 못한다고 생각했다. 12월 말, 보트린은 대학을 찾아온 일본군 헌병들에 대해 이야기했다. "그들은 정말 깨끗하고 잘 훈련받은 사람들로 보였다. 대부분 친절한 인상의 소유자였다."[47] 그러나 청뤼팡은 그녀의 평가가 의심스러웠다. 12월 21일, 더 많은 일본군이 대학에 나타났다. 청뤼팡은 이렇게 썼다. "보트린은 그가 좋은 사람이라고 여겼다. 그러나 실제로는 그는 우리(중국인)를 미워했다. 그가 (이전에 질책을 당하면서) 체면을 잃었기 때문이다. 우리는 바깥에서 소녀들을 데려오지만 군인들은 그들을 끌고 가기 위해 매번 찾아온다." 다음 날 "두 명의 군인이 와서 소녀 두 명을 잔디밭으로 끌고 갔다.(강간을 했다.) 나는 그들이 얼마나 부도덕한지 이미 들었지만 이제야 이해가 간다." 보트린은 일본 영사관을 찾아가서 이러한 행위를 보고하고 중재하려는 절망적인 시도를 했지만 청뤼팡은 희망을 버렸다. "나는 그녀에게 말했다. 그녀가 그들에게 보고할수록 오히려 일본 군인들은 이런 짓에 한층 열을 올릴 것이다." 그러나 청뤼팡은 또한 난징의 중국인을 돕는 소수의 미국인과 독일인들이 없다면 더 많은 중국인이 '죽음의 길'을 향하게 될 것이라고 언급했다.[48] 12월 20일, 일본인과 그녀의 미국인 보호자, 동포들에 대한 청뤼팡의 불만이 한꺼번에 터져나왔다.

45 *MV*(1937년 12월 19일), 361쪽.
46 *MV*(1937년 12월 17일), 359쪽; *CRF*(1937년 12월 17일), 29쪽.
47 *MV*(1937년 12월 27일), 366쪽.
48 *CRF*(1937년 12월 19, 21, 22일), 30~32쪽.

오늘 오후 일본 군인 두 명이 소녀 두 명을 강간하려고 왔다. 때마침 선임 장교 한 사람이 그들을 조사하러 왔다. 보트린은 그에게 자신이 목격한 것들을 설명했고 그 장교는 당황스러워했다. 그러나 이런 일은 그의 입장에서 솔직히 관심 밖이었다. 중국인들은 자신의 적이기 때문이다. 하지만 보트린은 이 사실을 이해하지 못했다. 그녀는 일본군 상관들을 데려와 그들의 병사들을 쫓아보내는 것만으로도 정신없이 바빴다. 천페이란陳斐然은 이틀 동안 겁에 질린 채 밖으로 나오려고 하지 않았다. 힘들어 죽을 지경이다. 피란민들은 어떤 말도 들으려 하지 않는다. 그들이 아무 곳에서나 똥을 싸고 오줌을 눠서 발 디딜 틈도 없다. 어두워진 뒤에는 감히 움직일 엄두도 못 낼 것이다.[49]

그녀는 덧붙여 말했다. "한 주 동안 아기 하나가 죽고 열 명이 태어났다." 며칠 뒤 그녀의 감정은 한층 우울해졌다. "매일 아기들이 태어난다. 도저히 감당할 수 없다. 불안감을 견딜 수 없다." 그녀가 짜증이 난 이유는 또 있었다. 2주 동안 씻지 못했기 때문이었다. 그 이유 중 하나는 강간할 여자를 찾고 있는 일본 군인들이 욕실에 들어와 자신을 겁탈할까 두려웠기 때문이었다. 일본군은 대학 발전기를 부숴버렸다. 대피소 안에 숨어 있는 사람들은 한밤중에 달갑잖은 시선을 끌지 않으려고 촛불도 켤 수 없었다. 때로는 아이러니하게도 그런 불결한 환경이 구원이 되기도 했다. 청뤼팡은 분노로 뒤덮인 대학가 한 곳에서 일본 군인에게 강간당할 위기에 처한 소녀를 간신히 구해냈다. 그 소녀가 몸부림치면서 옷이 온통 똥투성이가 되는 바람에 성적 매력이 뚝 떨어졌기 때문이었다.[50]

이 시기의 절박감은 중국인과 외국인 모두에게 오늘날의 기준에서는 매우 불편할 수밖에 없는 결정을 강요했다. 12월 23일, 청뤼팡은 한 소녀가 일본군들로부터 여러 차례 강간을 당한 채 고통스럽게 돌아온 것을 봤다. 그녀는 상처가 너무 심해서 제대로 걸을 수도 없었다. 청뤼팡은 곧 난징에 많

49 CRF(1937년 12월 20일), 31쪽.
50 CRF(1938년 1월 1일), 10쪽.

은 혼혈아가 생겨날 것이라고 일기에 썼다. "혐오스럽다!" 이튿날 그녀는 일본군 장교들이 중국인 부역자들과 함께 매춘부들을 찾고 있다고 얘기했다. 미니 보트린은 그 거래에 동의했다. 크리스마스이브에 그녀는 '순결하고 교양 있는 여성들'을 보호하기 위해 일본군이 매춘부를 수색하는 일을 허락했다.(결국 21명을 찾아냈다.) 청뤼팡이 보기에 만약 매춘부들이 대학 밖에서 일본군 병사들을 상대한다면 일본군이 '착한 여자들'을 강간하겠다고 들어오지 않을 것이었다. "이것은 합리적으로 보였다." 그러나 요즘 같으면 결코 지지받을 수 없는 성적 노동자들에 대한 도덕적 판단은 둘째치고라도, '합리적'이라는 그녀의 생각은 일본군이 도저히 보여줄 가능성이 없어 보이는 합리성을 기대하고 있었다.(매춘부를 보낸다고 해서 다른 여성들을 강간하러 오지 않는다는 아무런 보장이 없다는 점에서―옮긴이) 크리스마스이브에 600여 명이 라베의 정원에서 노숙 중이었다. 라베가 청뤼팡에게 크리스마스에 대해 얘기하자 그녀가 대답했다. "지옥의 휴일 같네요."

국제안전위원회와 중국인 동료들은 서로 같은 편이지만 그들 사이에는 긴장감이 감돌았다.(요 몇 주 동안의 히스테릭한 분위기에서는 놀랄 일도 아니었다.) 처음 며칠 동안 일본 군인들은 집과 건물들에서 약탈을 되풀이했고, 담배·술·음식을 훔쳤다.(심지어 진링대학 축산학 실험실에 있던 닭들까지도.) 한차례 약탈 후 청뤼팡은 고소해하면서 이렇게 썼다. "일본군은 국제안전위원회의 와인과 담배까지 가져갔다. 위원회는 체면을 구겼다. 왜냐하면 그들은 우리(중국) 병사들의 약탈을 두려워하면서 일본인들이 훨씬 규율 있게 행동할 것이라고 믿었기 때문이다. 이제는 그렇지 않다는 것을 깨달았다. 심지어 일본군은 안전구역의 존재를 인정하지 않는다."[51] 많은 중국인에게 외국인들은 동맹자였지만 너무나 명백한 서양인과 중국인 사이의 계급적 위상은 서로에게 그림자를 드리웠다. 또한 오합지졸 중국 군인들이 계속 있는 것보다 일본군이 더 질서가 있을 것이라는 진부한 편견이 지배했다. 청뤼팡이 어째서 국제안전위원회의 오판과 당혹감에 대해 그렇게 고소하게 여겼는지 알

---

51 CRF(1937년 12월 15일), 28쪽.

기란 어렵지 않을 것이다.

　잔혹 행위의 강도는 조금도 수그러들지 않았다. 크리스마스 직후, 일본군은 중국군의 자수를 선동하는 공개 무대를 설치했다. 그 자리에서 자백하면 해를 끼치지 않겠지만 뒤늦게 발각되면 처형하겠다고 협박했다. 200여 명이 넘는 군인들이 앞으로 나왔고 즉결 처형되었다. 더 이상 자신이 군인이었다고 자백하는 사람은 없었지만 일본군은 의심스러운 젊은 청년들을 체포했다. 일부 여성 피란민들은 청년들의 신원을 증명해줄 것을 요구받았다. 친척으로 확인되면 풀어주겠지만 "확인되지 않은 사람은 끌려가서" 죽을 것이었다. "한 노부인이 용감하게 나와서 세 사람을 확인시켜줬다. 사실 그녀는 그들과 전혀 모르는 사이였다." 청뤼팡은 이렇게 적었다. "그리고 어떤 젊은 여자가 한 남성이 자신의 오빠라고 확인해주었다. 그녀는 다시 옷을 갈아입고는 또 다른 남자들을 자신의 친척이라고 했다. 이런 행동은 정말로 존경할 만한 일이었다."[52] 며칠 뒤 청뤼팡은 그녀의 동료 웨이魏가 샤관下關[53] 지구에서 돌아왔다고 적었다. 그는 말했다. "시체들을 밟지 않고는 걸을 수도 없을 정도였다." 그가 목격한 장면은 너무나 끔찍했고 무서워서 죽을 것 같았다.[54]

　국제안전위원회 사람들은 그 사건들을 성실히 기록했다. 그들은 자신들만이 전쟁 범죄를 증명할 수 있는 유일한 외부 증인임을 알고 있었고(실제로 이들은 나중에 도쿄 전범재판 과정에서 증언하게 된다) 다른 사람들은 할 수 없는 일이었기에 상세하게 적었다. 당시 난징에서 자신이 겪었던 일을 문서로 남길 수 있었던 중국인은 극소수였지만 모든 중국인이 그 도시에서 벌어진 참사의 증인이 되었다. 전쟁이 끝난 뒤 도쿄에서 열린 극동국제군사재판의 판결문은 몇 주 동안 난징에서 무슨 일이 벌어졌는지에 대해서 묘사했다.

　수많은 강간이 있었다. 피해자가 자신을 보호하려고 하거나 가족의 사소

52　*CRF*(1937년 12월 26, 29일), 33~34쪽.
53　난징 서북쪽 창장 강변에 있는 부두. 난징 대학살 당시 수만 명이 이곳에서 학살되거나 시체가 버려지는 홀로코스트가 자행되었다.―옮긴이
54　*CRF*(1938년 1월 3일), 11쪽.

한 저항조차도 대개는 죽음으로 처벌받았다. (…) 많은 여성이 강간 후 살해되었고 신체는 훼손되었다. 점령 첫 한 달 동안 그 도시에서 2만여 건의 강간 사건이 벌어졌다.[55]

또한 극동국제군사재판은 2만 명의 중국 민간인이 군인이었다는 오해를 받아 살해되었으며, 3만 명의 군인이 죽임을 당한 후 시신이 강에 버려졌다는 사실을 밝혀냈다. 또한 학살된 사람들의 정확한 숫자를 놓고 논란이 벌어졌다. 중국 정부는 30만 명이라고 주장했고 다른 추정치들은 수만 명에서 수십만 명으로 추산했다.[56] 하지만 이러한 논란 때문에 일본군이 통제 불능이었으며, 자신들의 진격에 걸리적거린다는 이유로 현지 주민들에게 보복하여 많은 사람이 죽었다는 본질을 흐리게 만들 수는 없다.

난징의 혼란상은 일본 민간 관료들의 입에 발린 말(아마도 의도적인)과 군부의 행동에는 치명적인 괴리가 있다는 사실을 분명하게 보여주었다. 일본 대사관 직원과 고급 장교들은 사태를 진정시키겠다고 몇 번이나 장담했지만 정작 거리에서는 강간과 학살이 여전했다. 일본은 위계질서가 분명한 사회였다. 그러나 지난 20여 년 동안 하층 계급들은 자신의 상급자에게 제법 반항하게 되었다. 만약 그들이 재빨리 행동한다면 상급자들은 적어도 남들이 보는 앞에서는 못 본 척할 것이었다. 1931년 만주 점령은 도쿄 정부의 승인을 받지 않았지만 일단 일이 진행되자 (상대적으로 자유주의자들이 이끌던) 정부는 걸고넘어지기 어려웠다. 12월, 난징에서 공식 명령은 아무런 의미가 없었다. 피치는 일본 대사관을 찾아갔지만 그곳의 관료들이 끝없는 강간과 학살에 대해 할 수 있는 일이 없다는 사실에 좌절했다. "승리한 군대는 보상을

55 Neil Boister and Robert Cryer, ed., *The Tokyo International Military Tribunal: A Reappraisal*(Oxford, 2008), 191쪽.
56 최근 이 논란과 관련된 질문들에 대해서는 역사적 근거를 바탕으로 그 한계를 명확히 숫자로 제시한 여러 연구가 나왔다. 다음 연구들을 참조. Wakabayashi, *The Nanking Atrocity*; Joshua Fogel., ed., *The Nanjing Massacre in History and Historiography*(Berkeley, CA, 2000); Takashi Yoshida, *The Making of the "Rape of Nanking": History and Memory in Japan, China, and the United States*(New York, 2006); Daqing Yang, "Convergence or Divergence? Recent Historical Writings on the Rape of Nanjing," *American Historical Review*, vol.104:3, 1999.

받는 법이다." 그는 썼다. "그 보상이란 제멋대로의 약탈과 살인, 강간 그리고 믿기 어려울 만큼의 무자비함과 야만적인 행위를 저지르는 것이다. 현대사를 통틀어 난징의 강간만큼 검게 얼룩진 페이지는 없으리라."[57] 대사관 직원들은 심지어 자신들이 필요한 일조차 제대로 해결할 수 없다는 사실이 곧 드러났다. 한번은, 피치가 만난 일본 외교관들이 자기더러 시내에서 교통수단을 찾을 수 있도록 도와달라고 했다면서 비꼬았다. 또 어느 날에는 고주망태가 된 일본군 병사가 총검으로 두 명의 독일인을 위협했다가 때마침 지나가던 일본군 장성에게 붙들렸다. "그는 철썩 소리 나게 뺨을 때렸다." 두어 번 말이다. "하지만 그게 전부였다."[58]

아주 느리게나마 상황은 조금씩 나아졌다. 마침내 군대의 분노는 서서히 사그라졌다. 일본군은 도시 주민들을 겁에 질리게 하는 쪽보다는 그들이 협력하도록 민심을 얻는 쪽으로 방향을 바꾸었다. 12월 30일까지 일본군 경비병들이 각국 대사관에 배치되었다. 그 전에는 일본군이 수시로 대사관을 침입했다. 1월 말이 되자 사적인 살인과 강간은 점차 감소했다. 청뤼팡은 피란민들이 진링대학을 떠나기 시작하면서 겹겹이 쌓인 "똥과 오줌"만이 그 자리에 남았다고 썼다.[59] 연초에 일본군의 통제를 받는 새로운 시 정부가 세워졌고 서서히 질서가 바로잡혀갔다. 음식을 찾는 일도 좀 나아졌다.[60]

일본군은 자신들이 정복한 도시에서 뒤늦게 자비로운 인상을 만들겠다는 시도에 나섰다. 새해가 막 지난 뒤, 군대와 관련된 일본 여성들이 청뤼팡을 만나기 위해 미니 보트린을 방문했다. 청뤼팡은 "악마들과 만나고 싶지 않았지만" 오히려 자신의 동포들에게 더 큰 환멸감을 느껴야 했다. 일본인 방문객들이 "곰팡이가 핀 사과와 단것들"의 포장을 풀자 피란민들은 당장 달려와서 음식을 낚아챘다. 그녀는 "아이들은 몰라도 어른들이 일본인들의 음식을 먹는 것은 옳지 않다"며 분통을 터뜨리면서 침울한 감정을 드러냈다.

---

57 *GF*, 84쪽.
58 *GF*, 94쪽.
59 *CRF*(1937년 12월 29일), 34쪽.
60 난징 점령 후의 초기 단계의 생활에 대해서는 다음을 참조. Timothy Brook, *Collaboration: Japanese Agents and Local Elites in Wartime China*(Cambridge, Mass., 2005), ch.5.

"중국의 미래에는 희망이 없다. 얼마나 많은 우리 지식인이 일본의 협력자가 된 것인가. 이 사실을 생각하면 하물며 이 무지한 사람들이 이렇게 행동하는 것을 이해 못할 바는 아니다."[61] 장제스 또한 중국에 대해 같은 감정을 느꼈다. 민족주의가 충분히 형성되지 못했고 식량과 피란처 같은 일상에 필요한 것이 훨씬 절실한 사람들에게 어떻게 일본에 맞서라고 설득할 수 있는가? 또한 누구를 일본 부역자라고 할 것이며 어떤 근거로 그렇게 말할 것인가?

난징은 차츰 죽음과도 같은 고요함으로 돌아왔다. 점령 치하에서 이 도시는 겨울 내내 잔혹한 행위가 이어졌다. 그러나 2월 중순이 되자 살인과 강간의 초기 광란은 그럭저럭 마무리되었다. 이제 이 도시는 앞으로 일본군 점령 기간에 무슨 일이 벌어질지 지켜볼 뿐이었다.

오늘날 사람들에게 알려진 많은 기록이 외국인들의 보고서에서 나왔다는 것은 난징 대학살의 특징 중 하나다. 그건 그리 놀라운 일이 아니다. 장제스는 난징을 최후까지 지킬 것이라고 장담했고 중국 언론들은 도시 내의 공황 상태와 사회 붕괴를 함부로 보도할 수 없었다. 12월 13일 도시가 함락되자 중국 언론도 사라졌다. 일본인 기자들은 그 안에서 일어나는 일을 폭로할 기회가 없었다. 난징에서 자유롭게 돌아다닐 수 있는 사람은 극소수의 외국인 기자들뿐이었다. 그뿐만 아니라 국민당이 철수한 뒤 난징은 무시당한 존재가 되었다. 그곳에는 중국 정부의 관리들이 없었고 복지와 구호를 맡을 수 있는 기관도 존재하지 않았다. 정부 기관은 그림자 속에서 급조된 자치 조직으로 대체되어 지역 자선 단체들과 함께 활동했다. 범죄를 상세하게 조사할 수 있는 시스템 또한 없었다. 오직 국제안전위원회의 멤버들만이 그 역할을 할 수 있었다.

난징 함락은 국민당의 모습을 부정적으로 만들었다. 장제스는 난징을 지킬 수 없었다. 정부의 무대책은 그곳에 고립된 수십만 명의 중국인에게 거의 관심이 없었다는 얘기로 비쳤다. 탕성즈의 행동은 상황을 한층 악화시켰다.

61 *CRF*(1938년 1월 2일), 11쪽.

도시에 불을 질렀으며 수비대는 주민들을 보호하는 대신 달아났다. 난징에 대한 뉴스에는 침묵했다. 도시에는 외국인 기자들이 거의 없었다. 난징 함락을 기록했던 몇 안 되는 사람 중 한 명인 더딘은 군대를 난징에 남기기로 결정한 장제스를 비판했다. "장제스 대원수에게 큰 책임이 있다. 독일 군사고문단의 만장일치와 참모총장 바이충시白崇禧의 반대에도 불구하고 난징을 지키겠다는 헛된 시도를 허락했기 때문이다."[62]

그러나 비판의 궁극적인 초점은 중국의 결점이 아니라 일본에 맞추어야 한다. 중국의 실책은 그들이 결코 원해서가 아니라 전쟁의 결과로 빚어진 것이었다. 반면, 일본의 행동은 변명의 여지가 없었다. 더딘의 지적처럼 "일본은 가능한 한 공포가 오랫동안 유지되기를 원했고 중국인들에게 일본에 대항한 끔찍한 결과를 각인시키려 했다." 그는 이렇게 덧붙였다. "지금의 난징은 이방인들의 지배 아래 죽음과 고문, 약탈의 공포에 떨고 있는 사람들이 사는 곳이다. 이곳에 묻힌 수만 명의 중국군 병사들의 묘지는 일본의 정복에 맞서 싸우려는 중국인들의 희망 또한 땅에 묻혔다는 의미일 것이다."[63]

베를린 주재 미국 대사 윌리엄 에드워드 도드는 12월 14일 일본 대사가 "50만 명의 중국인을 죽였다"고 뽐내면서 도쿄는 서구의 개입이 없을 것이라고 자신했다는 점을 기록했다.[64] 우한 주재 존슨 대사는 일본이 무엇을 꾸미고 있는지 나름대로의 이론을 가지고 있었다. 그가 보기에 도쿄에서 평화의 소리가 나오고 있지만 일본인들이 현지에서 벌이는 행동들은 중국을 완전히 자신들의 세력권 아래에 복속시키려는 속셈이라고 생각했다. "나는 심지어 난징에서 일본군의 행태가 어떤 의미에서는 중국인들에게 백인들이 나서주리라 기대하지 말라는 확신을 심어주기 위함이라고 믿고 있다."[65] 서구의 관찰자들, 외교관과 기자들 어느 쪽이건 난징 함락은 중국인들의 지속적인 항일 희망에 치명적인 타격을 준 것이라고 여겼다. 이것은 장제스의 주변

62   Durdin, "All Captives Slain"(1937년 12월 18일).
63   Durdin, "All Captives Slain"(1937년 12월 18일).
64   *FRUS 1937*, vol.3(1937년 12월 14일), 806쪽.
65   *FRUS 1938*, vol.3(1938년 1월 11일), 13쪽.

사람들은 물론, 특히 왕징웨이도 마찬가지였다.

잔학 행위는 왜 일어났는가? 처음부터 난징 주민들을 대량 절멸시킬 음모가 있었다고 믿는 사람은 거의 없다. 이 충격적인 사건은 냉정한 계산이 아니라 약탈과 살인이라는 폭력적인 방식에 따른 것이었다. 비록 난징은 가장 잘 알려지기는 했지만 일본군이 중국 동부를 침략하면서 자행한 수많은 잔학 행위의 일부에 지나지 않는다. 일본군은 분노에 사로잡혀 있었다. 그들은 중국을 쉽게 정복할 것이며 1931년부터 1937년 사이에 겪었던 것처럼 약간의 저항에 부딪히리라 예상했다. 하지만 저항의 강력함, 상하이를 점령하는 데 소요된 시간은 일본에서 야수처럼 훈련받았고 정당한 전쟁이라는 선전에 세뇌당한 일본군 병사들이 자제심을 잃게 만들었다. 전쟁이 발발했을 때, 장제스는 자신의 동포들에게 일본군의 수준 높은 군사적 훈련과 대조적으로 빈약하기 짝이 없는 중국군 부대의 실상을 비판했다. 그러나 중지나 방면군에 배속된 부대들은 일본군 최정예 부대와는 한참 거리가 멀었다. 병사들의 상당수는 군대로 재징집되었다는 사실에 불만이 가득한 노병들(30대에서 심지어 40대에 이르기까지)이었다. 그들이 난징을 점령하기로 한 결정은 1937년 여름과 가을을 통해 전쟁의 흥분이 얼마나 거세졌는지 단적으로 보여주었다.

외부의 눈이 별로 없었다는 사실 또한 만행이 저질러질 수 있었던 또 다른 요인이었다. 그러나 난징에서 벌어진 일은 비록 얼마나 죽었는지 명확하지는 않더라도 뉴스 보도를 통해 조금씩 새어나왔다. 『노스 차이나 헤럴드』는 "난징의 공포"라는 제목의 사설에서 "만약 일본군에게 점령되는 모든 도시가 피바다가 된다면 전 세계는 공포와 경악을 감추지 못할 것이다"라고 통탄했다. 비록 내용이 많지는 않았지만 좀더 상세한 내용으로 "난징이 함락되면서 학살과 약탈, 강간이 벌어졌다는 암울한 이야기가 어제 들어왔다"라고 보도했다.

이틀 동안 수많은 살육과 수시로 반복되는 대량 약탈, 주택가에서 여성들에 대한 범죄를 비롯한 온갖 통제 불능의 소동으로 도시의 앞날이 보이지 않는다. (…) 해가 진 뒤 거리나 골목길에서 순찰대에게 붙들릴 경우 누구라도 그 자리에서 죽임을 당할 수 있었다. 그 공포는 이루 말할 수 없다.[66]

대학살이 처음부터 치밀하게 계획된 것은 아니라고 해도, 그 비극의 중심에는 일본과 중국의 이념적 충돌이 있었다. 일본의 대동아주의는 1900년대부터 1930년대 사이에 변질되었다. 일본인들은 자신들이 중국을 비롯한 다른 아시아 이웃들을 서양 제국주의로부터 해방시켜야 한다는 의무가 있다고 진심 어린 착각에 사로잡혔다. 반면, 중국인들의 관념은 일본과 서양 침략자 사이에는 아무런 차이가 없다는 민족주의를 형성해왔다. 이러한 생각이 일본인들이 추구하는 세계관과는 맞을 리 없었다. 서로의 인지적 부조화는 일본군이 피해자들을 한층 경멸하도록 부채질했다.[67]

장제스는 일본 천황의 이름 아래 난징에서 벌어졌던 엄청난 사건을 당장 알지는 못했다. 그러나 난징의 포기는 그를 크게 동요시켰다. 며칠 후 그는 관심을 국정으로 되돌리려고 노력했지만 금세 고열에 시달리게 되었다. 나흘 동안 몸을 가눌 수 없었고 증상이 약간 호전된 뒤에도 "나의 정신은 아직 회복되지 않았다. 좀더 누워 있어야 한다"고 말했다.[68] 그는 병중에도 일본과의 협상이나 국공합작에 대해서 계속 고뇌했다. 그러나 그 와중에도 일기에는 난징과 관련해서는 아무것도 언급하지 않았다.

그는 1938년 1월 22일에야 이렇게 썼다. "난징에서 왜구가 학살과 강간을 저질렀다. (그들은 자신들이 있는 곳에 갇혀 있다.) 그러나 극심한 고통에 시달리는 것은 내 동포들이다."[69] 어째서 장제스는 그 전까지 대학살에 대해, 심지어 일기에도 거론하지 않았던가? 어떤 학자는 틀림없이 부하들이 장제스에게 무슨 일이 일어나고 있는지 입을 다물었을 거라고 말한다. 충분히 가

---

66 *NCH* 1937년 12월 29일(원자료는 1937년 12월 25일), 477, 484쪽.
67 대동아주의에 대해서는 다음을 참조. Eri Hotta, *Pan-Asianism and Japan's War, 1931~1945*(Basingstoke, 2007).
68 Iechika, "Nanjing xingshi" 113쪽.
69 Iechika, "Nanjing xingshi" 114쪽.

능성 있는 얘기다.[70]

그러나 때때로 설령 사적인 일기라 하더라도 진실을 인정하기 어려울 때가 있다. 장제스는 심지어 국제사회의 이목이 집중되는 상하이에서 일본군이 했던 행동을 이미 목격했다. 그는 난징이 일본군에게 멋진 전리품이 되리라는 사실을 잘 알고 있었다. 그가 난징을 죽음으로 지키겠다고 선언한 이유가 달리 있겠는가? 장제스는 일본군이 저항할 수 없는 도시에서 무엇을 저지를지 어느 정도는 예감하고 있었을 것이다. 그리고 그는 그 도시를 포기한 사람이었다. 장제스가 그렇게 행동한 이유는 충분히 이해할 수 있다. 장제스가 없다면 우한은 가장 중요한 사령관을 잃는 셈이었다. 난징의 탈출은 그에게는 불가피했던 끔찍한 선택의 하나였다. 장제스는 전쟁이 끝나는 순간까지 이러한 선택을 더 많이 강요받게 될 것이었다.

어쩌면 장제스는 그저 자신이 무슨 말을 해야 할지 알 수 없었기에 한 달 동안 난징에 대해 아무것도 쓰지 않았는지도 모른다.[71]

---

70   Iechika, "Nanjing xingshi" 114쪽.
71   상하이와 난징의 패배는 장제스에게 큰 충격이었고 한동안 병원에서 요양을 해야 했다. 얼마 뒤 복귀한 그는 1938년 1월 11일 허난성 카이펑에서 열린 군사회의에서 이렇게 자아비판을 했다. "나는 전군의 총사령관으로서 가장 큰 죄가 있다. 우리는 이미 죽은 병사와 동포들에게 사죄하고, 국가에 사죄하며, 특히 우리 자신의 양심에 사죄한다."—옮긴이

제8장 타이얼좡 전투

1938년 3월 8일, 영국 작가 크리스토퍼 이셔우드는 일기에 이렇게 썼다. "오늘 오든과 나는 지금 이 순간만큼은 지구 어느 곳보다 한커우에 있는 것이 낫다는 데 동의했다."[1] 그의 감상은 서방 세계의 모든 진보주의자의 공감을 얻었다. 잠시 동안, 빛과 어둠의 싸움이 그 도시에서 일어난 사건을 상징하는 것처럼 보였다. 창장강 중류에 위치한 이곳에는 중국군 임시 총사령부가 있었다.

　1937년 11월, 장제스는 세 개의 대도시로 이루어진 우한으로 총사령부를 옮겼다. 국민당에게 우한은 자신들을 상징하는 도시이기도 했다. 이 도시는 한커우, 우창, 한양 세 개의 행정구역을 하나로 합한 곳으로, 지난 수 세기 동안 중국 연해와 내륙 사이에서 무역의 관문으로 번창해왔다. 서양인들은 종종 도시 전체를 '한커우'라고 부르기도 했다.[2] 1911년 10월 10일, 이 도시에서 체제를 뒤엎으려는 폭탄 음모가 발견되면서 전국적인 반란으로 이어졌다. 혁명은 청조의 마지막 황제를 끌어내리고 공화국을 세웠다. 혁명의 중심에는 신진 정치 세력으로 떠오른 상인 계층이 있었다. 이들은 의회 정치에 관여했을 뿐만 아니라 새로운 제철소와 방직 공장과 같은 도시 근대화에

1　Auden and Isherwood, *Journey to a War*, 39쪽.
2　한커우에는 외국 조계가 있었으며 우한의 상업 중심지였기 때문이다. 또한, 우창은 청조 시절 후베이 총독부가 있어 정치의 중심지, 한양은 양무운동 시절 근대 군수산업이 집중되었기에 군사의 중심지로 손꼽혔다. 중국인들은 우창과 한커우, 한양을 묶어서 '우한 3진'이라고 불렀다.—옮긴이

큰 기여를 했다. 20세기 초반 우한은 서양식 디자인에 따라 넓은 도로 양쪽으로 벽돌 기둥과 석조로 된 건물들이 줄지어 늘어선 현대적인 모습으로 변모했다.[3]

1926~1928년 국민당의 혁명은 이 도시를 한층 주목하게 만들었다. 우한은 국민당 좌파들의 수도가 되었고 그 뒤에는 저명한 공산주의자들과 손을 잡은 왕징웨이가 이끌었다. 혁명 정부는 오래가지 못했다. 노련한 장제스가 왕징웨이를 압도했기 때문이었다. 그는 군대를 보내 우한 정부를 공격했고 1927년에 함락되었다.[4] 도시의 반항적인 역사를 의식한 장제스는 수도를 우한에서 난징으로 옮긴 뒤 천씨 형제(CC계의 우두머리)에게 우한을 정치적으로 확고하게 장악토록 했다.[5]

그러나 1937년 가을의 재난은 우한을 중요한 위치로 새롭게 부상시켰다. 임시 수도의 위상을 빼앗긴 지 10년 만에 또 한 번 군사와 항전의 중심지가 되었다. 국민당의 주요 지도자들은 전쟁 발발 전 우한을 방문했고 사람들에게 이 도시가 곧 닥치게 될 전쟁에서 비중 있는 역할을 하게 되리라는 느낌을 부채질했다. 그해 연말이 되기 전까지 국민당의 장군과 참모들이 대부분의 각국 대사관과 함께 이곳으로 왔다. 그러나 1937년에서 1938년으로 해가 넘어가는 동안, 일본군의 진격을 멈출 방법은 없었다. 상하이의 파괴부터 난징에서의 광란적인 만행, 취약하기 짝이 없는 우한에 이르기까지 장제스 정권은 일본군의 맹렬한 공세에 무력하기 이를 데 없어 보였다.

1월에는 새로운 적대감이 고조되었다. 그때까지 일본은 상하이 전투와 난징 대학살 와중에도 공식적인 선전 포고를 보류해왔다. 그러나 1938년 1월 11일, 천황이 참석한 가운데 도쿄에서 어전회의가 열렸다. 고노에는 '지나사변'을 처리하기 위한 '근본적인 방침'을 내놓았다. 사실상 국민정부에 대한

---

3 MacKinnon, *Wuhan 1938*, ch.1 참조.
4 이 부분은 사실과 다를 수 있다. 장제스의 4·12정변으로 국민정부는 우한과 난징으로 쪼개지는 '영한분열'에 직면했으나 장제스는 북벌을 앞두고 같은 편끼리 싸워서는 안 된다는 이유로 1927년 8월 13일 스스로 하야를 선언했다. 이후 왕징웨이는 정식으로 국공합작을 파기한 뒤 두 정부가 평화적으로 합류하는 '영한합류'에 합의했다.—옮긴이
5 MacKinnon, *Wuhan 1938*, 11~13쪽.

최후통첩이었다. 그 조건들은 가혹하기 짝이 없었다. 여기에는 대일 배상금 지불과 일본의 지배 아래 중국 북부를 공식적으로 분리시킨다는 내용이 포함되어 있었다. 장제스 정권은 72시간 내에 요구를 받아들일지를 결정해야 했다. 만약 거부한다면 도쿄는 더 이상 국민정부를 인정하지 않을 것이며 완전히 파괴할 참이었다. 국민정부가 어떻게 응답할지 심사숙고하는 와중에 1월 16일 고노에는 "앞으로 제국 정부는 국민정부를 상대하지 않는다"고 공식 선언했다. 일본에서는 이것을 악명 높은 "아이테니세즈相手にせず(절대 상대하지 않는다)" 성명으로 불렀다. 며칠 후 일본 정부는 공식적인 국교 단절임을 분명히 했다. 외무대신 히로타 고키의 설명에 따르면 "전쟁 선포보다 훨씬 강력한 의미"라는 것이었다. 전쟁이 시작된 후 6개월 동안 무의미하게 도쿄에 주재하고 있었던 주일 중국대사는 결국 소환되었다.[6]

1월 말 장제스는 군사회의를 소집했다. 그는 전략의 최우선 과제는 중국 중동부에 있는 도시 쉬저우徐州의 방어라고 못 박았다. 그 이유는 루거우차오 주변의 군대를 동원했던 것과 마찬가지로 철도 때문이었다. 쉬저우는 톈진과 푸커우浦口[7]를 연결하는 진푸 철도의 중간에 위치하고 있었다. 만약 이 도시가 함락된다면 일본군은 중국 중부의 인구 밀집 지역에 대한 남북 교통선을 마음대로 지배할 수 있었다. 또한 서쪽의 란저우蘭州에서 동쪽의 롄윈항連云港까지 중국을 동서로 횡단하는 주요 간선 철도 중 하나인 룽하이 철도와 진푸 철도가 만나는 교차점이기도 했다. 1938년 봄 일본군 수뇌부는 쉬저우를 공격 목표로 삼았다.

쉬저우와 이곳을 관통하는 철로의 장악에 우한 남쪽 방어의 성공 여부가 달려 있었다. 장제스의 방어 전략은 1920년대 중국의 군사 사상가이자 지휘관이었던 장바이리蔣百里가 처음 제기했던 대일 장기 항전의 구상을 한층 발전시킨 대전략의 일부였다. 선견지명을 갖춘 장바이리는 1938년에 장제스의

---

6 Boyle, *China and Japan at War*, 78~81쪽.
7   난징 강안 맞은편에 있는 도시로 행정구역 상 난징에 속해 있으며 진푸 철도의 종점으로 교통의 요지이다.—옮긴이

군사고문으로 임명되었고 바오딩군관학교保定陸軍軍官學校 교장을 역임했다. 이 학교는 그 유명한 황푸군관학교의 전신에 해당하는 곳으로, 중화민국 초기 10년(1912~1922) 동안 중국의 엘리트 장교들을 양성했다.[8] 장바이리 밑에서 훈련받은 많은 장군이 우한에 모였다. 가장 대표적인 인물이 청천, 바이충시, 탕성즈 등이었다. 이들은 도시를 지키기 위한 가장 중요한 역할을 할 것이었다. 이들은 장제스에게 충성을 바치면서도 전략의 세세한 부분까지 간섭하려는 장제스의 성향에 대해서는 경계했다.[9]

우한이 과연 일본군의 진격을 저지할 수 있을지는 누구도 장담할 수 없었다. 외부 관찰자들 역시 비관적이었다. 그러나 우한의 불확실성은 근대 중국 역사를 통틀어 주목할 만한, 아마도 유일무이했을 자유의 안식처를 만들어냈다. 쉬베이훙徐悲鴻과 펑쯔카이豊子愷 같은 예술가들, 라오서老舍, 마오둔茅盾과 귀모뤄郭沫若를 비롯한 작가들은 1919년 5·4운동 무렵에 출현했던 진보적인 자유주의 사상에 깊은 영향을 받았다. 지난 몇 년 동안 국민정부의 검열과 중앙집권화는 그들의 창조적인 작업을 억눌렀다. 하지만 지금은 전쟁으로 인한 정치권력의 붕괴가 역설적으로 그들에게 새로운 장을 열어주었다. 중국에서 가장 명망 있는 문화인들 상당수가 우한으로 피신했다. 라오서는 중화전국문예계항적협회中華全國文藝界抗敵協會를 통해서 이른바 '오래된 술을 새 부대에 담는다'라는 운동을 주도했다. 그는 민요나 서민 이야기와 같은 전통적인 방법으로 항일 메시지를 담았다. 관객들은 라오서가 쓴 연극 「보위우한保衛武漢」 같은 작품을 기꺼이 찾았다.[10] 이셔우드와 같은 작가들이 매료된 것도 이러한 저항 의식이었다.

언론 또한 그 어느 때보다 자유를 누렸으며 다양한 시각에서 접근했다. 저우타오펀鄒韜奮은 좌파 성향의 잡지인 『성훠生活』를 발간했다. 이 잡지는 특

---

8 이 부분은 사실과 다르다. 바오딩군관학교는 황푸군관학교와는 상관이 없으며, 위안스카이가 허베이성 바오딩에 있던 육군 예비대학당을 육군대학으로 개칭하여 베이징으로 옮기면서 1912년 10월 그 자리에 바오딩군관학교를 세웠다. 베이양 시절 중국 최고의 육군사관학교로 1923년에 폐교될 때까지 6300명이 졸업했다.—옮긴이

9 MacKinnon, *Wuhan 1938*, 20~28쪽.

10 MacKinnon, *Wuhan 1938*, 74~75쪽.

히 두중위안의 논란의 여지가 많은 사설들 때문에 전쟁 이전부터 널리 알려져 있었다. 판창장范長江 같은 종군 기자들은 최전선의 상황을 날카롭게 보도하여 유명 인사가 되었다. 장제스의 국민당 중앙선전부 부부장이었던 홀링턴 K. 퉁(둥셴광董現光)은 해외 언론인들을 상대했다. 퉁은 미국 미주리대학에서 언론학을 전공했고 뉴욕의 여러 신문사에서 일했다. 그는 미국 언론에 대한 자신의 지식을 이용해 외국인 기자들이 전선의 상황을 적극 보도하도록 장려했다. 덕분에 서방 신문 1면을 통해 중국의 항전에 대한 동정심을 끌어낼 수 있었다.[11]

우한의 거주자들이 기대치 않았던 새로운 자유를 경험하고 있을 때, 일본군은 중국 중부를 계속 정복해나갔다. 1938년 2월 9일 일본군은 벙부蚌埠를 점령하여 화이허강 이북 지역을 통제했다. 그 뒤 몇 주 동안 쉬저우를 향해서 맹렬한 전투를 벌였다. 일본군은 진푸 철도를 따라 행군하면서 북쪽과 남쪽 두 방향에서 진격했다. 중국군 수비대는 룽하이 철도 동쪽 끝에 있는 롄윈 항구 주변의 진지를 고수했다. 일본군의 목표는 두 개의 집게발 사이에서 중국군을 결딴내는 것이었다. 이峄현과 화이위안懷遠현에서 양측은 결사적으로 싸웠다. 중국군은 일본군을 몰아내는 데 실패했지만, 일본군 또한 중국군 수비대를 분쇄할 수 없었다. 린이臨沂에서는 개전 초반 전장에서 스스로 물러나 불명예를 뒤집어써야 했던 장쯔중張自忠 장군이 만주의 정복자였던 이타가키 세이시로板垣征四郎가 지휘하는 일본군 부대를 저지하여 영웅이 되었다.[12]

일본은 최대 40만 명을 투입해 중국 동부와 중부에서 중국군을 격멸할 생각이었다.[13] 장제스는 쉬저우가 함락되면 당장 우한이 위태롭기 때문에 무슨 수를 써서라도 막아야 했다. 1938년 4월 1일, 장제스는 국민당 대표들에게 우한의 방어가 당의 운명을 좌우할 것이라고 연설했다. 그는 일본군이 지금까지 일곱 개 성을 점령했지만 성도와 주요 교통선을 장악했을 뿐이

---

11 MacKinnon, *Wuhan 1938*, 68~69쪽.
12 Williamsen, "The Military Dimension," 139쪽: MacKinnon, *Wuhan 1938*, 34쪽.
13 Mackinnon, "Defense," 194쪽.

라고 말했다. "그들은 주요 교통선 바깥에 있는 마을과 도시들은 결코 차지하지 못할 것이다." 또한 일본에 50만 명 이상의 병력이 있을지 몰라도 지난 8~9개월에 걸친 격전으로 수렁에 빠진 채 꼼짝도 못하고 있다고 주장했다. 장제스는 덧붙여서 중국이 광저우를 가지고 있는 한, "설령 일본군이 우한을 침공한들 아무런 의미가 없다"고 장담했다. 광저우를 통해서 중국은 외부 세계와의 해상 관계를 유지할 수 있기 때문이었다. "광둥성은 우리의 혁명 근거지다." 광둥성은 쑨원의 고향이기도 했다. 만약 일본 '왜구'들이 우한과 광저우를 공격한다면 큰 대가를 치를 것이며 점령지에 대한 통제 능력을 상실할 것이었다. 장제스는 자신의 계획을 다시 정리했다. "나는 여기서 여러분에게 단언한다. 우리의 항일 근거지는 핑한 철도나 웨한 철도[14] 동쪽이 아니라 서쪽이다."[15] 이에 따라 장제스는 철도 후방에 배치된 중국군 부대의 철수를 허락했다.

장제스의 연설은 항전과 더불어 중국이 전열을 가다듬어야 하는 이유를 설명했다. 분명히 말해서 장제스는 두 가지 모두를 시도하거나 적어도 군사적 재앙으로 변해가는 상황에 대해 태연함을 유지하려고 했다. 그러나 그는 궁지에 내몰려 있었다. 솔직히 말해 장제스는 연설을 하면서도 과연 우한을 지킬 수 있을지 확신하지 못했다. 그는 이 도시가 중요하다고 선언했다. 그리고 중국 인민들과 전 세계에 자신의 저항이 진실됨을 보여주려고 했다. 그러나 언제 함락될지 모르는 도시에 자신의 모든 것을 걸 수도 없었다.

가장 우선적인 일은 쉬저우의 방어였다. 이것은 장제스가 자신의 경쟁자인 리쭝런을 강력하게 신뢰해야 한다는 의미였다. 장제스와 리쭝런의 관계는 전시 중국을 통틀어 가장 애증이 엇갈리는 경우의 하나였다. 리쭝런은 중국 서남부 광시성 출신이었다. 이곳은 중국 동부의 문화적 중심지에 사는 사람들에게 항상 덜 문명화된 지역으로 취급받았다. 주민들은 자신들이 베이징(또는 난징)의 통치를 받는 제국의 일부라고 여긴 적이 결코 없었다. 중화민국 초기에는 자치권을 얻으려고 강력하게 시도하기도 했다. 리쭝런은 현

---

14 한커우와 광저우를 남북으로 연결하는 중국의 주요 간선 철도 중 하나. ─옮긴이
15 秦孝儀 編, 『先總統蔣公思想言論總集』(台北, 1984)[이하 ZT](1938년 4월 1일).

지 군사학교에서 훈련받은 젊은 장교들 중 한 명이었다. 그는 광시성을 국가의 통제하에 두기 위해 투쟁했으며 1923년에는 국민당에 가입했다. 그해에 쑨원은 소련과 손을 잡았다.(리쭝런은 바오딩군관학교를 졸업하지 않았지만 그곳 못지않은 군사적 전문성을 갖춘 윈난 강무당에서 훈련받았다.)[16] 그는 북벌 전쟁에 열렬히 참여했으며 국민혁명군이 중국 북부의 대부분을 장악하는 데 결정적인 역할을 했다. 그러나 난징 정부가 수립된 뒤 리쭝런은 장제스가 측근들에게 권력을 집중시킨다고 여기고 점차 경계심을 품게 되었다. 1930년, 리쭝런이 이끄는 "광시 군벌"은 장제스를 타도하려는 군벌 지도자들이 일으킨 중원대전에 가담했다. 비록 그들은 성공하지 못했지만 리쭝런은 서남쪽으로 근거지를 옮기고 장제스에게 재도전할 준비를 했다. 1931년 만주사변이 일어나자 그는 입장을 바꾸었다. 이제 그는 장제스보다 일본의 침략이 더 심각한 위협이라고 믿었다.[17]

두 사람 사이의 긴장감은 개전 초기부터 드러났다. 1937년 10월 장제스는 리쭝런을 제5전구 사령관으로 임명했다. 그는 장제스가 자신의 지휘권에 관여하지 않는다는 조건으로 직책을 받아들였다. 바꾸어 말해서, 장제스가 리쭝런의 부하들에게 어떠한 직접 지시(개인적인 명령)도 해서는 안 된다는 의미였다. 실제로 장제스는 전쟁 내내 그 약속을 지켰다. 그가 자신의 경쟁자들을 얼마나 존중하는지 보여주는 상징적인 모습이었다.(장제스는 또한 리쭝런의 광시파 장군인 바이충시를 매우 신중하게 대했다.)[18] 끝없는 후퇴와 파괴 속에서 장제스는 승리로 분류될 만한 것을 만들어낼 수 있는 장군이 필요함을 깨달았다.

---

16 사실 리쭝런은 일본의 육군유년학교에 해당하는 광시육군소학당을 졸업했으며 북벌전쟁 이전까지 광시성을 벗어난 적이 없었다. 육군소학당 시절 동창생 중에는 바이충시, 황사오훙黃紹竑 등이 있었으며 리쭝런을 구심점으로 강력한 구이린파 군벌을 형성했다. 이들의 세력은 장제스의 황푸파에 비견될 정도였다.─옮긴이

17 리쭝런과 광시의 역할에 대해서는 다음을 참조. Graham Hutchings, "A Province at War: Guangxi During the Sino-Japanese Conflict, 1937~1945," *The China Quarterly 108*(1986년 12월).

18 Chang Jui-te, "Chiang Kai-shek's Coordination by Personal Directives," in Stephen R. MacKinnon, Diana Lary, and Ezra Vogel, ed., *China at War: Regions of China, 1937~1945*(Stanford, 2007), 78~79쪽.

기자들은 전쟁 홍보의 일환으로 쉬저우 전선의 지휘관들에게 접근할 권리를 얻었다. 리쭝런과 그의 부하들은 방문 기자들에게 자신들의 이미지를 쇄신하고 효율적이면서 유능한 지휘관이라는 인상을 주려고 했다. 당연히 기자들 중에는 두중위안도 있었다. 두중위안은 "경이로운 서남부의 장군 리쭝런"에게 칭찬을 아끼지 않았다. 그는 "품격 있고 교양이 있으며" "큰 도량을 가졌다"고 묘사했다. 또한 두중위안은 공산군이 자신들을 인민들에게 공개할 때 흔히 써먹는 표현을 이용하여 리쭝런의 군대가 매우 엄격한 규율을 갖추고 있다고 말했다.

> 인민전쟁에서 가장 중요한 사실은 군대가 인민에게 해를 끼치지 않아야 한다는 점이다. 만약 인민이 물이면 군대는 물고기다. 물고기에게 물이 없으면 그들은 당장 질식할 것이다. 최악의 상황은 우리의 물을 이용하여 적의 물고기를 키우는 것이다. 이것이야말로 가장 어리석은 짓이다.[19]

두중위안은 쉬저우의 주민들이 리쭝런을 중국 고전에 나오는 유명한 전략가 강태공姜太公이라고 부르면서 대단한 열정을 드러냈다고 언급했다. 리쭝런은 두중위안과 제법 오랫동안 얘기를 나누었다. 그리고 그와 동료들을 만찬에 초청하여 함께 식사를 했다. 그날 저녁은 매우 화기애애했으며 두중위안은 리쭝런에게 이야기꾼의 능력이 있다며 칭송했다. 이 모든 일은 리쭝런이 중국군의 진면목을 대변하는 침착하고 유능한 지휘관으로 보이도록 했다.[20]

성청盛成은 쉬저우 전선을 취재한 또 다른 기자였다. 같은 시대의 두중위안처럼 성청도 중화민국 초기의 혼란상을 몸소 체험했다. 그는 프랑스에서 유학한 뒤 귀국했고 1919년 5·4운동의 상징이 되었다. 심지어 친일파로 여겨진 장관의 집을 불태우는 데 동참하기도 했다. 이제 그는 장기 항전에서 대중의 사기를 높이는 데 앞장서기 위해 전국문예계항적연합회全國文藝界抗敵

19　杜重遠, "姜太公," *DZY*, 273쪽.
20　杜重遠, "姜太公," *DZY*, 274쪽.

聯合會에 참여했다. 또한 쉬저우 전투에 참전 중인 병사들과 방대한 인터뷰를 진행했다. 언론의 보도 내용은 겉으로는 평온했지만, 1938년 3월 말 두려운 현실이 닥쳐왔다. 쉬저우 전선에서 일본군의 승리는 초읽기였다. 리쭝런은 바이충시, 탕언보 등 여러 고급 장교와 함께 오래된 성벽 도시 타이얼좡臺兒莊에서 일본군과 결전을 벌이기로 결정했다. 이 마을은 그다지 크지 않았지만 전략적으로는 매우 중요했다. 중국을 남북으로 연결하는 대운하와 접할 뿐만 아니라 쉬저우를 우회하는 진푸 철도와 룽하이 철도의 교차점이었다. 장제스 자신도 3월 24일 쉬저우를 방문했다. 도시는 아직 중국군이 차지하고 있었다. 일본군은 북쪽과 남쪽에서 서로 멀리 떨어져 있었다. 만약 도시를 잃는다면 집게발은 닫힐 것이었다. 3월 하순, 중국군이 타이얼좡에 집결하는 것처럼 보이자 일본군은 이소가이 렌스케磯谷廉介 장군의 부대(일본군 제10사단—옮긴이)를 출동시켜 병력을 증강했다. 현지 수비를 맡은 중국군 지휘관들은 더 이상 그곳을 지킬 수 있을지 확신하지 못했지만 장제스는 1938년 4월 1일에 전보를 보내 "반드시 타이얼좡에서의 적군을 격멸시켜야 한다"고 못 박았다.[21]

전쟁이란 원래 참혹한 것이지만, 타이얼좡 전투에서 양측 군대가 벌인 육탄전은 그야말로 처참하기 이를 데 없었다. 성청의 기록에는 이 전투에 참여한 장군 중 한 사람인 츠펑청池峰城[22]의 전투 회고가 그대로 담겨 있었다.

우리는 어느 작은 마을의 골목길을 끼고 싸웠다. 거리와 골목에서는 물론 집과 마당 안에서도 싸웠다. 어느 쪽도 물러서지 않았다. 집 하나를 점령하기 위해 벽에 구멍을 뚫어 적군에게 접근하기도 했으며 적군이 같은 벽을 뚫고 있을 때도 있었다. 손에 수류탄을 들고 서로 마주치는 경우도 있었다. 심지어 입으로 물어뜯으면서 육탄전을 벌였다. 집 안에서 적군이

21   Van de Ven, *War and Nationalism*, 224쪽.
22   츠펑청(1904~1955): 평위상 휘하의 시베이 군벌 중 한 사람으로 타이얼좡 전투에서 제31사단장으로 참전했다. 이후 제30군장으로 승진했으며 1940년 5월 후베이성 이창 전투에서 활약했다. 1949년 1월 화베이 초비사령관 푸쭤이의 반란에 동참하여 베이핑을 공산군에게 내주었으나 얼마 뒤 체포되어 1955년 옥중에서 사망했다.—옮긴이

내는 소리가 새어나오면 몰래 지붕으로 올라가 수류탄을 떨어뜨려 그들 모두를 죽였다.[23]

전투는 일주일에 걸쳐서 치열하게 이어졌다. 4월 1일, 츠 장군은 건물 하나를 점령하기 위해서 사실상 자살 특공대를 모집했다. 57명 중에서 10명만이 살아남았다. 한 병사는 일본 폭격기를 향해 사격을 가했고 자신이 격추했다고 주장했다. 그와 동료들은 다른 비행기가 조종사를 구하러 오기 전에 비행기에 불을 질렀다. 4월 2일부터 3일까지, 츠펑청은 마을 북쪽 역에 있는 수비대에 전화를 걸어서 상황을 확인했다. 그들 모두 눈물을 흘리고 심한 재채기를 했다. 일본군이 최루가스를 사용했기 때문이었다. 일본군은 야포와 중포를 비롯해 기술적 우위를 누렸지만 타이얼좡의 열악한 여건 때문에 자신들의 이점을 누릴 수 없었다. 중국군 수뇌부는 (다른 경우였다면 중국군 수비대의 약점이 되기 십상이었던) 병력과 물자의 재보급에 성공했으며 일본군이 줄어드는 무기와 탄약을 보충하지 못하도록 병참선을 차단했다. 일본군은 점점 기진맥진해졌다. 4월 7일 마침내 일본군은 괴멸하여 수천 명의 시체를 남긴 채 달아났다. 중국군은 2만 명을 사살했다고 공표했다. 실제로는 8000명 정도였다. 이번에는 중국의 결정적인 승리였다.

중국 내의 아직 점령되지 않은 모든 지역에서 환호성이 터져나왔다. 두중위안은 "영광스러운 적군의 섬멸"이라고 썼다. 심지어 일본 점령지인 산둥성에 있던 캐서린 핸드도 이 소식을 들었다.[24] 승리는 군대와 대중의 사기를 크게 북돋워주었다. 성청은 고급 장교들과 격의 없는 농담을 주고받던 츠펑청 장군 병사들과의 저녁 대화를 기록했다. 어떤 때에 병사들은 츠펑청이 자신들에게 "싸움의 비결"을 가르쳐주었다고 말했다. "밥이 있으면 먹고, 잘 수 있으면 자라." 국민정부군이 후퇴 이상의 능력을 보여주자 이와 유사하면서 좀더 듣기 좋은 진실들이 한층 공감을 얻게 되었다.

승자들은 그 전투를 영광스러운 성공으로 묘사하면서도 적군이 인간이

---

23 盛成, 『台兒莊記事』(北京: 北京言語大學出版社, 2007), 36쪽.
24 *KH*, "Diary," 1938년 4월 8일; 杜重遠, "姜太公," *DZY*, 273쪽.

라는 사실을 잊지 않았다. 츠펑칭은 자신이 우연히 일본군 장교의 철모 하나를 주웠던 일을 떠올렸다. 철모의 왼편은 핏자국과 함께 초연硝煙에 그슬려 있었고 뒤쪽에는 치명상의 흔적이 남아 있었다. 타이얼촹의 어디에서나 부처상과 목어木魚, 구호로 장식된 깃발과 같은 주술적인 개인 장신구들을 발견할 수 있었다. 일본군 시체를 태우기 위해 북쪽 역에 임시로 설치한 화장터에는 "모든 뼈를 완전히 태우지 마라"는 지시가 하달되면서 화장 도중에 중단되었다. 전투 후 리쭝런은 성청에게 전장에서 기념품을 주웠냐고 물었다. 성청은 일본군 시체에서 러브레터를 찾았다고 대답했다. 편지에는 "19세, 1938년 2월"이라고 적힌 소녀(아마도 고향의 연인으로 보이는)의 사진이 동봉되어 있었다.[25] 이런 일들에서 솟아난 감정은 그동안 일본군을 악마나 괴물, 왜구로 묘사한 언론 보도에서 느낀 감정과 대조적이었다.

국제사회는 항일에 새로운 활력을 불어넣어줄 것으로 보이는 긍정적인 변화에 주목했다. 타이얼촹 전투 며칠 후 우한 주재 미국 대사 넬슨 존슨은 미국인 관전 장교의 보고서를 토대로 미 국무장관 코델 헐에게 보고서를 올렸다. 하나는 산시성에서 항일 유격대를 조직한 공산당의 성공에 대해 깊은 인상을 받았다는 것이었고, 다른 하나는 사흘 동안 타이얼촹 싸움을 지켜본 이후의 견해였다. 그는 "중국군은 그곳에서 일본군을 상대로 훌륭한 승리를 거뒀다. 일본군이 현대전에서 겪은 첫 번째 참패였다"라고 보고했다. 존슨은 이들의 보고에 따라 일본이 중국을 점령하려면 예상보다 훨씬 많은 병력이 필요할 것이라고 확신했다. 중국 내 비점령 지구의 분위기 또한 유사하게 바뀌고 있다고 적시했다.

여기 한커우의 상황은 침울한 분위기에서 끈질긴 낙관주의로 변했다. 국민정부는 장제스 휘하에서 한층 단결하고 있으며, 근래 쉬저우에서 일본군의 참패로 미래가 완전히 절망적이지 않다고 여기고 있다. 나는 중국인들 사이에서 평화를 위해 타협해야 한다는 어떠한 열망도 보지 못했다.

---

25 盛成, 『台兒莊記事』, 48~49, 236쪽.

정부가 그러한 평화를 받아들이도록 군대와 국민을 설득할 수도 없을 것이다. 이 싸움이 자신들의 전쟁임을 자각하는 사람들 사이에서 항전 의지가 서서히 확산되고 있다. 일본군의 폭격과 잔혹한 민간인 살육이 중국인들을 강경하게 만든 원인이다.[26]

영국은 항상 장제스를 경계해왔다. 하지만 주중 영국 대사 아치볼드 클라크 커는 영국 신임 외무장관 핼리팩스 경에게 타이얼좡 승리 직후인 1938년 4월 29일 마지못해 중국 지도자를 인정하는 편지를 보냈다.

(장제스는) 이제 중국이 하나가 되었다는 상징이 되었다. 그가 스스로 달성하지 못했던 일을 해내도록 일본이 돕고 있다. 중국인들이 자신들을 통치하는 사람이 누구인지 신경 쓰지 않던 시절은 이미 지났다. (⋯) 비관적이고 암울했던 상하이에서 벗어나 중국 중부를 방문한 것은 나에게 활력이 되었다. 금전적인 지원만 제공된다면 중국의 항전은 좀더 장기화되고 효율적으로 지속되어 결국 일본인들의 수고는 허사가 되리라는 믿음이 점점 강해지고 있다. 장제스는 고집스럽고 타협하기 어렵다. 그러나 (국민당은) 매우 불리한 여건 속에서도 잘해나가는 방법을 강구 중이다.[27]

장제스는 모처럼의 승리를 만끽하면서도 그 승리를 확대하도록 탕언보와 리쭝런을 독려했다. 또한 이 지역의 병력을 45만 명으로 늘렸다. 그러나 중국군은 여전히 근본적인 문제에서 헤어날 수 없었다. 지난 반년 동안 장제스의 군대를 여러 차례 약화시켰던 파벌주의가 다시 부각되었다. 여러 군벌 장군은 항전에 힘을 모으기로 했지만 장제스가 자신들의 기득권을 빼앗지나 않을까 우려했고 자파 군대의 보존을 가장 우선시했다. 리쭝런은 타이얼좡에서 자신의 최정예 광시 군대를 투입하지 않았고 전투의 대부분을 탕언보의 부하들에게 떠넘겼다. 장제스의 장군들은 동료 두 사람의 운명을 잘

---

26 *FRUS 1938*, vol.3(1938년 4월 19일), 154쪽.
27 *DBPO*, series2, vol.21(1938년 4월 29일), 744~746쪽.

알고 있었다. 산둥 군벌 한푸쥐韓複築는 싸움을 회피한 죄로 처형되었다. 만주의 장쉐량은 장제스에게 둥베이 군의 감축을 수락했기에 결과적으로 가택 연금당하는 신세가 되었다. 그들이 장제스를 불신하는 데는 나름의 이유가 있었다. 장제스는 지방 군벌의 군대가 중앙의 지휘에 복속되어야 한다고 믿었다. 국가 통합의 관점에서 본다면 그러한 열망은 합리적이었다. 그러나 이 때문에 다른 군벌 수장들은 항일전쟁에 참여하는 일이 자칫 자신들의 지위를 위협할지 모른다고 의심했다. 군 수뇌부의 불화는 효율적인 병참 지원을 가로막았다. 전선에 탄약과 식량을 공급하는 일은 신뢰할 수 없었고 쉽게 중단되기 일쑤였다.

타이얼좡의 광채는 며칠 만에 무색해졌다. 일본군 지휘관들은 패배로부터 교훈을 얻었다. 그들은 작전 계획을 바꾸었고 병력을 보강했다. 중국 북부와 중부에서 일본군 부대가 이동하여 쉬저우 포위에 나섰다. 탕언보 부대는 타이얼좡 북쪽과 동쪽에서 용맹스럽게 싸웠다. 4월의 나머지 기간 내내 일본군은 이곳에서 전투를 벌여야 했다. 그러나 일본군의 진격으로 중국군은 룽하이 철도와의 연결이 끊어졌다. 이 때문에 쉬저우를 고수하려는 중국군의 이동이 차단되었다. 도시 남쪽에 배치된 중국군 부대에겐 북쪽에서 탕언보의 부대가 보여준 집요함이 없었다. 5월 중순 쉬저우의 중국군 부대는 거의 포위될 지경에 이르렀다. 5월 15일, 장제스는 철수를 허락했다. "강태공"(리쭝런)과 탕언보, 바이충시는 퇴각했다. 5월 18일 뜻밖의 모래 폭풍과 안개의 도움 아래 40개 사단이 일본군의 포위망을 통과하여 쉬저우에서 안전하게 빠져나올 수 있었다.[28]

난징과 마찬가지로 중국군은 내일을 기약하면서 살아남았지만, 쉬저우에 미친 영향은 끔찍했다. 이 도시는 1937년 8월 초부터 일본의 폭격을 경험했다. 주민들은 신중한 희망과 깊은 절망 사이에서 오락가락했다. 3월 두중위안은 쉬저우를 방문했다. 우한을 떠나기 전 친구들은 "도시가 무척 황폐해지고 주민들은 공포에 질려 있다"고 말했다. 그러나 실제로는 "쉬저우의 주민

---

28 *DBPO*, series2, vol.21(1938년 4월 29일), 744~746쪽.

들은 차분히 자신들의 생업에 열중하고 있었다. 어떤 면에서는 우한보다 더 평온했다."[29] 오스트레일리아 기자 로도스 파머Rhodes Farmer가 전쟁 말기에 출판한 책에서도 비슷한 목격담이 나온다. "공습이 진행되는 동안 주민들은 감시원, 소방원, 구조대원이 되었다가 공습이 끝나면 자신이 원래 하던 일로 되돌아갔다."[30] 그러나 5월 중순 국민정부군은 이 도시를 떠났다. 도시 교외는 흥분한 일본군의 자비심에 맡겨졌다. 폭격이 전투 마지막 날까지 쏟아졌다. 1938년 5월 14일 단 한 차례의 공습으로 700명이 사망했다. 쉬저우 주변의 건물과 다리들이 파괴되었다. 일부는 후퇴하는 중국군이 파괴했고 나머지는 진격하는 일본군에 의해서였다. 불과 몇 주 전만 해도 중국군에게 항전의 상징이었던 타이얼좡은 철저하게 파괴되었다. 쉬저우 함락 후에도 체류했던 캐나다 예수회의 한 수사는 쉬저우의 현장에 대해 다음과 같이 회고했다. 주택의 3분의 1 이상이 파괴되었고 대다수 현지 주민들은 겁에 질린 채 달아났다. 도시 주변의 모든 농촌에서 대량 학살에 대한 보고가 이어졌다. 그중 상당수는 선교사들이 목격했다. 일본군의 만행 외에도 주민들은 무법천지 속에서 비적떼의 공격을 받았다. 씨앗을 뿌려야 하는 시기였음에도 아무도 농사일은 엄두를 내지 못했다.[31]

쉬저우의 함락은 전략적으로나, 상징적으로나 큰 의미가 있었다. 중국 중부를 장악하고 이 지역으로의 군대 수송을 통제하려는 장제스의 노력은 또한 번 치명적인 타격을 입었다. 타이얼좡의 승리로 갑자기 고조된 사기는 비록 당장 무너지지는 않았지만 크게 얻어맞았다. 또한 누군가 항전을 지지할수록 전쟁은 길어질 것이며 일본과의 싸움에서 신속한 승리는 더 이상 가능하지 않다는 징후이기도 했다. 마오쩌둥이 있는 옌안은 쉬저우에서 거의 1000킬로미터나 떨어져 있었지만 그는 쉬저우의 패배가 의미하는 바를 알고 있었다. 1938년 5월, 마오쩌둥은 그 유명한 「지구전을 논함論持久戰」을 발

29 杜重遠, "姜太公"(1938년 4월 6일), DZY, 274쪽.
30 Diana Lary, "A Ravaged Place: The Devastation of the Xuzhou Region, 1938," in Diana Lary and Stephen MacKinnon, ed., Scars of War: The Impact of Warfare on Modern China(Vancouver, 2001), 102쪽.
31 Lary, "A Ravaged Place" 113~114쪽.

표했다. 여기서 그는 과도한 낙관주의를 비판했다. "타이얼촹 승리 후 어떤 사람들은 쉬저우 전역이 결전장이 되어야 하며 기존의 지구전 방침을 바꾸어야 한다고 말했다." 그가 보기에 이런 사람들은 타이얼촹 때문에 "정신이 혼미해진" 이들이었다. 마오는 궁극적으로 중국이 이길 것이라는 점을 의심치 않았지만(물론 이에 대해서는 이견을 제시할 수 없는 분위기였다) "신속한 승리는 불가능하다. 항전은 지구전이 될 것이다"라고 주장했다.[32] 한편으로, 유격전을 발전시키는 것은 중국 북부의 지구전에서 가장 필수적인 전략이었다. 그러나 쉬저우의 상실이 반드시 장기전을 예고하지는 않았다. 오히려 전쟁이 [일본군의 진격에 따라] 무시무시할 만큼 짧게 끝날 수 있다는 점을 암시할 수도 있었다.

---

32 "On Protracted War"(1938년 5월 26일~6월 3일), *MZD*, vol.6, 322쪽.

제9장 죽음의 강

1938년 6월 7일, 미 대사관 일등 서기관은 일본이 카이펑을 점령했다고 보고했다. 일본군은 느리지만 거침없이 서쪽으로 진격 중이었다. 그들은 중국 중부의 평야를 가로지르면서 수만 명의 병력을 실어 나르는 철로 연선을 장악해나갔다. 그는 이렇게 말했다. "룽하이 전역에서의 2단계가 막바지에 접어들었다. 이어서 한커우(우한) 점령을 위한 작전이 뒤따를 것이다."[1]

그러나 일본은 장제스의 심장부를 타격하기 전 정저우를 우선 점령해야 했다. 이 도시는 동서를 연결하는 룽하이 철도와 남북을 연결하는 핑한 철도(베이핑-우한)라는 두 간선 철도가 교차했다. 만약 일본군의 손에 넘어간다면 우한과 서북쪽의 도시 시안이 차례로 위기에 놓일 판이었다. 타이얼좡 패배의 충격에서 벗어난 일본군은 1938년 5월 말까지 중국 중부 지역으로 깊숙이 진격했고 정저우에서 불과 40킬로미터 떨어진 곳까지 진출했다.

1938년 봄이 되자 중국군은 벼랑 끝에 내몰렸다. 중국 전체의 항전 역량이 붕괴될 판이었다. 점점 줄어들고 있는 '자유중국'의 영토를 지키고 있는 국민정부군에게 그나마 가장 의미 있는 성공은 최악의 재난을 피하는 일이었다. 국민정부는 외국 언론사들을 통해 자신들이 끝없는 후퇴 말고도 나름의 계획이 있다는 점을 전 세계에 납득시킬 요량으로 고도의 선전 활동을 성공적으로 진행해왔다. 만약 그해 봄에 우한이 일본군에게 함락되었다면

---

1   *FRUS 1938*, vol.3(1938년 6월 7일), 194쪽.

중국군은 더 빠른 속도로 퇴각해야 했을 것이고 한층 더 강력한 붕괴의 인상을 주었을 것이다. 아무리 세계의 진보주의자들이 중국을 동정한다고 한들, 서구 열강들은 자국의 이익에 부합하지 않는 한 중국을 돕기 위해서 어떤 행동도 하지 않으리라는 점은 명백했다.

존슨 대사는 1938년 7월 우한의 임시 대사관에서 국민당이 이 삼각 도시를 지킬 수 있으리라고는 생각하기 어렵다고 썼다. 그러면서도 워싱턴을 향해서는 장제스의 전략을 높이 평가했다. 베이핑과 난징, 우한이라는 세 개의 꼭짓점으로 구성된 거대한 영토를 통제함으로써 일본군에게는 강력한 압박이 되었다. 존슨은 미국인 관전 장교 프랭크 돈을 비롯해 전문 지식을 갖춘 동료들과 논의한 결과 일본군이 그러한 압박을 완화시키려면 반드시 우한을 점령해야 한다는 데 의견을 모았다. 또한 그는 우한을 상실하면 중국 북부를 일본과 공산주의자들에게 맡기고 남부에 더 많은 국민당 세력을 집결시킬 것으로 보았다. 물론 우한 함락은 도시로 유입되는 조세가 더 이상 들어오지 않는다는 의미였기에 장제스에게는 경제적으로 큰 타격이 될 수 있었다. 게다가 이 도시는 장제스에게 마지막으로 남은 가장 큰 주요 산업 중심지였다. 그러나 존슨은 이렇게 강조했다. "중국인들은 한커우 점령의 대가가 가능한 한 비싸게 먹히도록 만들 참이다." 마지막으로 자신의 확신을 덧붙였다. "한커우를 잃는다면 타격은 되겠지만 중국의 저항이 끝장나리라는 의미는 아니라는 것이 우리의 결론이다."[2] 그는, 일본은 우한 점령으로 중국에서의 전쟁을 끝내고 싶겠지만 중국인들은 기껏 싸움 하나가 끝난 것으로 여길 뿐이라고 덧붙였다.

1938년 여름 미국인들이 추가로 보낸 편지에는 우한이 중국인들의 항전이 얼마나 만만찮을지 판단할 수 있는 중요한 잣대가 될 것이라는 생각이 담겨 있었다. 미 국무부 극동사무국 존 카터 빈센트는 스탠리 혼벡에게 일본 정부와 친분이 있는 어느 미국인이 이렇게 말하더라고 편지에 적었다. "중국인들은 스스로의 역량을 충분히 인식하지 못하고 있다. 만약 중국이

---

2 *FRUS 1938*, vol.3(1938년 7월 19일), 232~233, 236쪽.

효과적인 저항을 유지할 수 있다면(50만 명의 일본군을 붙잡아둘 수 있다면) 일본인들은 1년 안에 중국에서 물러나야 할 것이다." 전쟁이 얼마나 지속될지에 대한 빈센트의 예측은 완전히 빗나가기는 했지만 그는 예리하게 "이제 많은 부분은 중국인들의 의지와 저항 능력에 달려 있다"고 지적했다. 빈센트는 혼벡에게 이렇게 강조했다. "당신의 생각도 나와 같으리라고 믿습니다. 중국이 저항을 포기하지 않는 것은 중국 자신만이 아니라 우리나 다른 민주주의 세계에게도 아주 중요한 일입니다." 그는 지금 당장 미국이 전쟁에 관여할 수는 없다고 보면서도 혼벡에게 일본에 대한 경제 제재뿐만 아니라 대중 원조를 고려해야 한다고 촉구했다.[3]

국민정부 내에는 상충하는 본능이 있었다. 정부는 더 많은 사람이 필요했고 이 때문에 국민을 위한 더 많은 지원이 필요하다는 사실을 받아들여야 했다. 우한 시절은 국민정부의 지원 아래 중국 역사상 가장 거대한 규모의 난민 구호 활동을 보여주었다. 1937~1938년에 정부가 운영하는 구호소는 국제적십자사와 지역 자선 단체들의 지원을 받아 난민의 60퍼센트(2만 명에 달했다)를 수용했다.[4] 그러나 정부 내에는 냉혹한 시각도 있었다. 일부 관료들은 국민 개개인의 생명을 한낱 소모품으로 여겼다. 이후 장제스 정권이 일본군을 저지할 수 있을지에 대한 논쟁에서도 이 점은 부각된다.

지난 몇 세기 중국 중부를 형성해온 가장 중요한 힘은 "중국의 눈물"로 알려진 황허강이었다. 이 강의 독특한 이름은 강물에 떠다니는 황토 부유물에서 유래했다. 이 때문에 남쪽의 창장강에 비해 배가 항해하기 더 어려웠다. 황허강은 주변 토지를 기름지고 비옥하게 만들었으며 중국 문명의 발상지이기도 했다. 그러나 이 생명의 강은 때로는 배신의 쓴맛을 보여주기도 했다. 수백 년에 한 번씩 강둑을 무너뜨리고 아무런 경고 없이 방향을 바꾸어 홍수를 일으키면서 수많은 인명을 앗아갔다. 결국 중국인들은 강물을 통제하는 법을 배웠다. 거대한 제방을 쌓아서 물길이 벗어나지 않도록 통제했다. 제방의 대부분은 정저우 주변에 있었다. 일본군이 육로로 우한에 접근하기

---

3 *FRUS 1938*, vol.3(1938년 7월 23일), 234~235쪽.
4 MacKinnon, *Wuhan 1938*, 57쪽.

위해서는 거쳐야 할 길목이기도 했다. 적어도 잠깐 동안은 일본군의 진격을 막을 방법이 있었다. 제방에 구멍을 뚫는 일이었다. 하지만 그렇게 하면 제방 주변의 거주민들에게는 엄청난 고통을 안겨줄 수밖에 없었다. 1887년에 일어난 황허강의 대홍수 때는 거의 100만 명에 달하는 사람이 목숨을 잃었다.

황허강을 전쟁 무기로 활용하자는 생각은 특별히 새로운 발상이 아니었다. 1935년에도 장제스의 독일인 군사고문 폰 팔켄하우젠 장군은 오랫동안 군사적 검토를 한 끝에 "황허강은 최후 방어선이다. 방어력을 강화하는 데 좋은 방책이 될 것이다"라고 충고했다.5 하지만 이 독일인이 1938년의 절망적인 순간에 "물로 군대를 대신하자以水代兵"라는 계획을 내놓았던 것은 아니었다. 장제스에게 그 생각을 건의한 사람 중 하나는 제1전구 사령관 청첸程潛이었다. 그는 비행기를 타고 정저우로 날아갔고 군사력으로는 일본군의 공격을 막을 수 없다는 사실을 깨달았다. 선택은 두 가지였다. 며칠 안에 일본군에게 도시를 내주거나, 그렇지 않으면 적어도 한동안 그들을 저지할 수 있는 유일한 무기를 써야 했다. 물이 가진 불굴의 힘이었다.

장제스보다 인간적인 지도자였다면 제방을 아끼고 일본군에게 우한을 내줄 것인가 따위의 딜레마를 놓고 고민에 빠지지 않았을지도 모른다. 그러나 장제스는 제방을 무너뜨리지 않으면 우한이 며칠 안에 함락될 것이며 국민정부는 제때 충칭으로 철수하지 못하여 항복하거나 중국 대부분이 일본에 넘어가리라는 사실을 알고 있었다. 아마도 제2차 세계대전을 통틀어 1940년 프랑스군 수뇌부가 독일에 항복을 결정했던 것이 가장 유사한 사례일 것이다.6 7 프랑스와 마찬가지로, 장제스 또한 국가가 최악의 공격에 직면

---

5 第二歷史檔案管, "德國總顧問法爾肯豪林關于中國抗日戰略之兩分建議書"(1935년 8월 20일), 『民國檔案』(1991:2), 26쪽.
6 제2차 세계대전 당시 프랑스군 총사령관 모리스 가믈랭 원수는 개전 직전에만 해도 자신의 방어 계획을 확신하면서 "히틀러가 막강한 우리 진지를 선제공격하는 친절을 베푼다면 1억 프랑을 주겠다"라고 자신만만하게 말했지만 정작 며칠 뒤인 1940년 5월 13일 독일군이 예상을 뒤엎고 아르덴 산림을 돌파하자 완전히 패닉에 빠졌다. 이틀 뒤에는 "우리는 이미 졌다"면서 사실상 전쟁을 포기했다. 이 때문에 군 수뇌부는 물론, 내각마저 패배주의에 사로잡히면서 프랑스는 개전 6주 만에 항복을 선언했다.—옮긴이
7 그러나 근래의 연구는 프랑스 육군이 1940년에 독일을 패배시킬 더 좋은 기회를 가질 수 있었을 것이라고 주장했다. 다음을 참조. Ernest R. May, *Strange Victory: Hitler's Conquest of*

한 상황에서 결정을 내려야 했다. 더욱이 중국군은 프랑스군보다 훨씬 약했고 잘 훈련되어 있지도 않았다. 황허강의 제방을 폭파시킬지의 딜레마는 절망의 다른 이름이기도 했다.[8]

장제스는 결정을 내렸다. 웨이루린魏汝霖 장군에게 허난성 중부의 황허강 제방을 폭파하라고 명령했다. 그 지시가 무엇을 뜻하는지는 말할 것도 없다. 홍수가 중국 중부의 태반을 침수시키고, 엄청난 양의 물과 진흙이 넘쳐나 일본군의 진격을 강제로 멈추게 할 것이다. 하지만 그러기 위해서는 재빨리 행동에 옮겨야 했다. 만약 일본군이 이 사실을 눈치 채면 진격의 속도를 한층 높일 것이므로 정부로서는 어떤 경고도 공개적으로 할 수 없었다.

제8사단 참모장이었던 슝셴위熊先煜는 일기에 상황이 얼마나 급박한지 기록했다. 일본군은 이미 황허강 북쪽 제방까지 진출해 있었다. 중국군은 강 위에 놓인 철교를 폭파시켜 일본군의 전진을 잠깐 늦추었다. 제방 폭파는 그 다음 단계였다. 이곳이 진흙탕이 된다면 일본군은 다리를 복구할 수 없을 것이다.

제방의 폭파는 생각처럼 그리 간단한 일이 아니었다. 황허강처럼 거대한 물줄기를 제어하려면 매우 치밀한 토목 공사가 뒤따라야 했다. 게다가 제방은 두껍고 견고했다. 중국군은 6월 4일부터 6일까지 소도시 자오커우趙口에서 처음으로 제방 폭파를 시도했다. 하지만 둑이 너무 단단했다. 인근에서 시도한 또 다른 폭파도 실패로 끝났다. 시시각각 일본군은 더 가까이 다가왔다.

사단장 장짜이전蔣在珍은 슝셴위에게 어디에서 제방을 폭파시켜야 할지 의견을 물었다. 슝은 이렇게 썼다. "나는 지형에 대해 토론했다. 그리고 마두커우馬渡口와 화위안커우花園口 두 곳이 가능할 것이라고 대답했다." 그러나 마두커우와 자오커우는 서로 너무 가까웠다. 자오커우의 폭파 시도는 이미

France(New York, 2001).

8 량창건은 제방의 폭파는 피란민에 대한 국민정부의 태도와 그들의 복지 제공에 대한 정부의 필요성 측면에서 전환점이 되었다고 주장한다. 梁長根, 「抗戰期間國民政府在黃汛區的資源整合與國家調度」, 『軍事歷史研究』(2007:1), 57쪽.

실패했다. 일본군은 당장이라도 그곳에 들이닥칠 판이었다. 화위안커우 마을은 훨씬 멀리 떨어져 있었지만 강이 굽은 곳에 있었다. "우리에게 충분한 시간이 있다면, 화위안커우가 최선의 방책이다."[9]

처음에 군인들은 자신들의 임무가 순수한 공병 작업이라고 여겼다. 이들은 슝셴웨이의 말마따나 "흥분되는" 임무라고 여겼다. 슝과 웨이루린은 6월 6일 밤 처음으로 현장을 시찰했다. 주변은 앞으로 그들이 무슨 일을 벌일지 잠시 잊게 만들 만큼 평온했다. 슝은 이렇게 회상했다. "부드러운 바람이 불었다. 강물은 기분 좋게 흘렀다." 그러나 수위를 측량하기란 쉽지 않았다. 달빛은 어두웠고 손전등의 전구는 나가버렸다. 그들은 날이 밝으면 당장 제방을 터뜨릴 위치를 정할 생각으로 차 안에서 밤을 보냈다.

그러나 날이 밝자 그들이 계획한 일이 얼마나 중대한 사안인지가 알려지면서 병사들의 우려를 한층 증폭시키는 것처럼 보였다. 제2연대장 왕쑹메이 王松梅는 병사들에게 제방 폭파에 대해 말했다. "형제들, 이 계획은 국가와 민족의 이익과 관련되어 있다. 우리 동포가 당하고 있는 고난을 줄여줄 것이다." 그는 덧붙였다. "너희는 나중에 좋은 아내를 얻고 자식도 얼마든지 가질 것이다." 앞으로 해야 할 일이 정치적으로 얼마나 중요한 것인지를 부하들에게 납득시키기 위함이었다. 또한 강둑을 무너뜨리는 범죄로 인해 집안의 대가 끊기는 운명의 저주를 받지 않을까 우려하는 일을 방지하기 위해서이기도 했다.

웨이루린 장군은 화위안커우가 적임지라고 결정했다. 6월 8일부터 작업이 시작되었다. 2000여 명이 투입되었다. 국민정부는 작업을 빨리 끝내라고 닦달했다. 슝은 우한의 '가장 높으신 분들最高當局(의심할 여지 없이 장제스나 그의 측근들)에게서 진행 상황을 확인하는 독촉 전화가 끊임없이 걸려왔다고 썼다. 또한 국민당은 인부들을 격려하기 위해 공연단을 보내어 노래를 부르고 음악을 연주했다. 상전商震 상장(우리의 대장에 해당―옮긴이)은 이날 자정까지 제방을 무너뜨린다면 각각 2000위안을 지급하겠다고 전달했다. 다음

<hr>

9 第二歷史史檔案管, 「1938年黃河決堤史料一組」, 슝셴웨이의 일기에서 인용(1938년 6월), 『民國檔案』 (1997:3), 9쪽.

날 아침 6시까지 성공한다면 1000위안을 받을 수 있었다. 작업자들은 아무런 지원도 없었기에 독려가 필요했다. 자오커우에서 제방을 터뜨리는 데 실패하면서 웨이루린의 부대는 "1그램의 폭발물조차 쓰지 않고" 작업을 해야 했다. 모든 굴착 작업은 수작업으로 진행되었다. 그러나 인부 전원은 결국 2000위안을 받았다. 제방이 겨우 몇 시간 만에 파괴되었던 것이다.

6월 9일 아침이 되자 슝셴위는 분위기가 급변했다고 기록했다. 상황은 긴박하면서 엄숙했다. 처음에는 물의 흐름이 크지 않았지만 오후 1시가 되자 물은 "사납게" 쏟아져 내렸다. 마치 "1만 마리의 말이 내달리는 기세"였다. 슝이 먼 곳을 바라보자 눈앞에 마치 바다가 나타난 것 같았다. 그는 "마음이 아팠다"라고 썼다. 물의 순수한 힘이 제방의 균열을 한층 확대했다. 그리고 금세 강물의 4분의 3에 달하는 수백 미터 폭의 죽음의 물줄기가 중국 중부 평원을 가로지르며 동남쪽으로 쏟아져 내려갔다.[10]

슝셴위는 고뇌했다. "우리는 적을 저지하기 위해 이렇게 해야 했다. 더 큰 승리를 위해서는 아무리 많은 희생이 뒤따른다고 한들 후회해서는 안 된다." 그러나 그는 다른 군인들과 이야기를 나누면서 중대한 결론을 내렸다. 비록 자신들이 철도와 제방을 폭파하는 일을 맡았지만 "국가와 온 나라의 동포들"을 위해서 홍수로 집과 재산을 잃을 수많은 사람 또한 도와야 했다. 실제로 전날 밤 장 사단장은 전화를 걸어서 홍수에 휩쓸리게 될 현지 주민들에게 보낼 지원을 요청했다.

웨이와 슝 그리고 그들의 부대는 목선을 타고 가까스로 빠져나왔다. 하지만 홍수에 휩쓸린 수십만 명의 농민에겐 그다지 행운이 따르지 않았다. 며칠 뒤 『타임』지 특파원 시어도어 화이트는 참사에 대해 보도했다.

지난주 "천재지변(황허강)"이 홍수와 함께 들이닥쳤다. 강의 진로는 말할 것도 없고 중일전쟁 전체의 진로마저 흔들어놓았다. 카이펑 부근의 제방에서 심각한 균열이 발생하면서 800평방킬로미터에 걸쳐 1.5미터가 넘는

---

10   熊先煜, 『抗戰日記』(1938년 6월 9일), 10쪽; Diana Lary, "Drowned Earth: The Strategic Breaching of the Yellow River Dyke, 1938," *War in History*(2001:8), 198~199쪽.

쓰나미가 들이닥쳤고 죽음을 퍼뜨렸다. 황허강 범람에 따른 사상자 못지 않게 느리게 퍼지는 질병과 기아 또한 심각하다. 강의 오물들은 발목 높이까지 들판을 뒤덮은 채 세균을 퍼뜨리고 농작물들을 질식시킨다. 지난 주 2000여 개에 달하는 마을에서 쫓겨난 50만 명의 농민은 자신들이 겨우 찾아낸 마른 땅 위에서 구조되거나 아니면 죽음을 기다려야 하는 처지다.[11]

장제스 정권은 국민에게 최악의 폭력 중 하나라고 할 만한 일을 저지른 셈이었다. 그는 언론 매체들이 정부의 평판을 떨어뜨릴까 우려했다. 그는 제방이 무너졌다고 발표하면서도 그 원인이 일본군의 공습 때문이라며 책임을 전가했다. 일본군은 즉각 자신들이 제방을 폭격하지 않았다고 완강하게 반박했다. 화이트의 보도는 이 사건에 대한 대다수 외국인의 즉각적인 반응을 보여주었다. 난징과 쉬저우에서의 잔혹한 만행을 알고 있었던 그는 일본인들을 옹호할 생각이 없었다. 더욱이 황허강이 중국 중부에서 범람하고 있었던 시각에, 남쪽의 광저우에서는 일본군의 맹폭격으로 수천 명이 죽거나 다쳤다. 화이트가 보기에 중국인들의 책임이라는 일본군의 반론은 도저히 믿을 수 없는 일이었다. "외국 언론들은 이러한 비난이 터무니없다고 여겼다. 중국인들이 일본군의 전진을 견제하겠다고 50만 명을 희생시키는 것은 대가가 너무 큰 승리다. 게다가 제방을 무너뜨리는 것은 중국인들에게 최악의 범죄이며 중국군이 미미한 전술적 승리를 거두겠다고 거대한 비난을 감수할 수는 없을 것이다."[12] 물론 실제로는 그들의 소행임이 명백했다.

전쟁 내내 국민당은 일본군의 소행이 아니라 자신들이 제방을 파괴했다는 사실을 결코 인정하지 않았다. 그러나 진실은 금세 널리 알려졌다. 한 달 뒤 7월 19일 미국 대사 존슨은 개인적인 자리에서 "중국인들은 황허강을 범람시켜 정저우의 함락을 막았다"고 언급했다. 결과적으로 중국 중부의 5만 4000평방킬로미터에 달하는 지역이 침수되었다. 만약 일본군이 그렇게 했

11 "Japan's Sorrow," *Time*, 1938년 6월 27일.
12 *Time*, 1938년 6월 27일.

더라면 난징 대학살이나 충칭 공습조차 대수롭지 않게 보일 만큼 최악의
만행으로 기억되었을 것이다. 전쟁의 혼란과 재난 속에서 정확한 피해 집계
는 불가능했지만 1948년에 국민당이 공식 발표한 사상자 수는 엄청났다. 피
해 지역인 허난성과 안후이성, 장쑤성에서 사망자 수는 84만4489명에 달했
다. 또한 480만 명이 이재민이 되었다. 최근 연구에 따르면 그 수치는 낮아
졌다. 하지만 여전히 사망자 수 50만 명에 이재민 수가 300만~500만 명에
달한다.[13] 그에 비해 충칭에 대한 1939년 5월의 파괴적인 공습에서는 수천
명이 사망했을 뿐이다.

습센위는 일기에 황허강의 범람은 더 큰 승리를 위한 희생이라고 썼다. 심
지어 일본군조차 이 전술이 단기적으로는 성공했음을 인정했다. 주중 미 대
사관의 일등 서기관은 홍수 덕분에 "정저우로 향하는 일본군의 진격을 완
전히 차단했으며" 철도를 통해 일본군이 우한으로 남하하는 것을 막았다고
보고했다. 대신 일본군의 공격은 창장강의 강물과 그 북안을 따라서 진행될
것으로 예측했다.[14]

제방 파괴의 지지자들은 그 덕분에 중국 중부와 우한에 있는 장제스의
총사령부를 이후 5개월 동안 지킬 수 있었다고 주장할 것이다. 실제로 일본
군은 룽하이 철도를 따라서 우한으로 진격하는 것을 저지당했다. 홍수는 단
기적으로는 국민당이 바라는 대로 되었다. 그러나 잠시 숨 돌릴 시간을 벌어
주었을 뿐, 근본적인 해결책은 될 수 없었다. 중국군은 강력한 리더십과 조
속한 개혁이 절실했다. 일부 역사학자는 장제스의 결정은 어차피 닥칠 일을
잠시 늦추었을 뿐, 결과적으로는 무의미했다고 평가 절하한다.[15]

화이트의 말이 옳았다. 어떠한 전략적 이익도 50만 명에 달하는 자국민
의 희생을 대가로 지불할 수는 없었다. 그러나 장제스의 결정을 변명할 수는

---

13 Lary, "Drowned Earth" 205·206쪽.
14 *FRUS 1938*, vol.3(1938년 6월 15일), 197쪽.
15 다이아나 레리Diana Lary는 일본군이 전반적인 목적에서 실패하지 않았다고 주장한
다.("Drowned Earth" 201쪽). 마중롄馬仲廉은 일본군이 홍수 이전에 그들의 진로를 우한으로 변경
했으며, 홍수는 거의 전략적 가치가 없었다고 주장한다.(「花園口決堤的功軍事意義」, 『抗日戰爭硏究』
(1999:4). 한스 반 드 벤Hans van de Ven은 군사적 관점에서 그 결정을 신뢰한다. *War and Na-
tionalism*, 226쪽.

없지만 당시 처한 상황을 통해 부분적으로 이해할 수는 있을 것이다. 오늘날 우리는 국민당의 행위를 되짚어보면서 그들이 우한에 매달리지 말아야 했다거나 제방을 파괴하는 극단적인 행위가 결코 정당화될 수 없다고 논쟁을 벌일 수는 있다. 그러나 1938년의 무더운 여름, 장제스에게 유일한 희망은 가능한 한 일본의 진격을 지연시키면서 중국 내륙에서 장기 항전을 위한 최상의 여건을 만들어내고 일본의 만행에 대한 전 세계의 관심을 유지하는 일이었다. 홍수를 통한 잠깐의 지연 또한 전략의 일부였다. 국민당의 영혼 안에서 벌어지는 치열한 갈등에서 적어도 한동안은 냉혹한 계산이 승리를 거두었다. 제방 파괴로 인한 재앙적인 결과에 대해서는 국민당 스스로 용서를 빌어야 할 일이었지만 어쨌거나 그들에게는 하나의 전환점이 되었다.

———

1938년 여름, 온갖 혼란의 와중에 장제스의 가장 중요한 동맹 중 하나가 끝나버렸다. 6월 22일, 국민정부의 독일 군사고문단은 전원 귀국 명령을 받았다. 명령을 어길 경우 누구건 반역죄로 처벌될 수 있었다. 제1차 세계대전이 끝난 뒤 독일 바이마르 공화국과 중국, 갓 태어난 아기 새나 다름없는 두 공화국 사이에는 특별한 관계가 형성되었다. 두 나라 모두 허약했고 자국의 영토를 완전히 장악하지 못했다. 베르사유 조약으로 독일 사람들은 중국에서 치외법권의 지위를 잃었다. 하지만 그러한 처벌은 그들이 중국인들을 동등한 주권국가로서 대해야 한다는 의미였다. 덕분에 중국 내에서 다른 서구 국가들에 비해 경제적, 정치적으로 한층 환영받게 되었다. 장제스의 군사 개혁은 제크트, 그 뒤의 팔켄하우젠에 의해 좌우되었다. 1933년 히틀러가 권좌에 오른 뒤에도 양국의 유대 관계는 당장 끊어지지 않았다. 장제스는 나치 독일과 이념적인 유대 관계는 없었지만, 그들을 잠재적인 동맹국으로 여겼다. 또한 베를린이 극동에서의 주된 파트너로 중국이 아니라 일본을 선택하지 않도록 많은 노력을 기울였다. 1937년 6월 쿵샹시는 사절단을 이끌고 독일을 방문하여 히틀러와 회견했고 중국과의 동맹을 제안했다. 그러나 전쟁의 발발과 함께 국민당이 우한으로 퇴각하자 히틀러 정권은 독일의 운명을 일본에게 맡겨야 한다고 믿게 되었다. 그 결과의 하나가 독일인 군사고문단의 전원 소환 명령이었다. 장제스는 폰 팔켄하우젠을 찬양하는 연설을 하면서 "우리 친구의 적 또한 우리의 적이다"라고 선언했다. 또한 독일군의 충성심과 규율은 중국군이 본받아야 할 롤 모델이라고 말했다. "우리가 항전에서 승리한 뒤 당신들이 극동으로 돌아와 우리에게 다시 가르침을 줄 것이라 믿는다."(폰 팔켄하우젠은 제2차 세계대전 중 나치 점령하의 벨기에 총독이 되지만 전후에 많은 유대인의 목숨을 비밀리에 구했다는 사실이 알려지면서 높은 평가를 받게 된다.)[16]

독일인들은 떠나면서 자신들이 탄 객차 지붕 위에 스와스티카[17]가 그려진 독일 국기를 내걸어 강조했다. 이것은 현명한 조치였다. 우한은 이미 공습의 주요 목표물이 되어 있었다. 일본군은 이 도시를 점령하기 위한 전역을 시작했고 여기에 맞서 80만 명에 달하는 중국군이 집결했다. 그러나 황허강의 범람 때문에 일본군이 도시 북쪽에서 접근하는 것은 불가능했다. 그 대신 9개 사단이 창장강을 따라서 도시로 진격할 수 있도록 해군의 지원을 받았다. 중국군은 그야말로 용감하게 싸웠지만 기술적으로 진보된 일본 해군의 포격에 맞서 싸우기에는 너무나 허약했다. 그들의 희망은 오로지 외부의 원조에 달려 있었다. 스탈린은 중국이 일본과 계속 싸우도록 만들기 위해 소련인 조종사와 항공기를 원조했다.(1938년부터 1940년까지 2000여 명의 조종사가 중국에서 싸우게 된다.) 6월 24일부터 26일까지 일본 폭격기들이 창장강 입구의 요새지대가 항복할 때까지 맹폭격을 퍼부었다. 한 달 뒤인 7월 26일에는 중국 수비대가 주장九江을 포기했다. 침략자들은 주장 주변 주민들을 대상으로 약탈과 강간을 자행했다.

주장의 끔찍한 운명은 중국의 군사적 대응을 한층 강경하게 만들었다. 7월 31일 장제스는 휘하 장병들에게 아주 중요한 연설을 했다. "항전 첫해

---

16 *FRUS 1938*, vol.3(1938년 6월 22일), 202쪽.
17 고대 인도인들이 태양의 상징으로 만들어낸 만卍자 무늬. 히틀러의 나치당은 이 문양을 자신들의 상징으로 삼아 '하켄크로이츠Hakenkreuz(갈고리 십자가)'라고 불렀다.—옮긴이

우리가 이룬 성과는 일본군을 교착 상태에 빠뜨렸다는 사실이다." 그는 만약 우한이 함락된다면 중국은 남북으로 분단될 것이며 병력과 물자 이동에 중대한 차질이 빚어질 것이라고 지적했다. 하지만 무엇보다도 우한은 "혁명의 역사"와 강한 연관이 있다는 점에서 "정신적으로 크나큰 손실"이 될 수 있었다. 장제스는 청중에게 중국에 대한 전 세계의 동정심이 점점 커지고 있다는 확신을 강조했다. 또한 사람들이 일본군의 만행을 알게 될수록 침략자들의 평판은 나빠질 것이었다. 한편으로 그는 중국군의 행태에 대해서도 깊은 우려감을 드러냈다. 병사들은 장교의 통제를 받지 않으려고 했다. 이것은 "나라를 망치는 행위였다." 민간인들에 대한 습격은 군대와 국민 사이의 신뢰를 파괴하는 짓이었다. 장제스는 "너희는 도둑질을 해서는 안 될 뿐만 아니라 너희 것을 인민에게 나누어주어야 한다"라고 강조했다. 지휘관들은 자신의 직분을 지켜야 했다. 그는 마당전馬壋鎭[18]을 포기한 지휘관이 총살당했다는 사실을 상기시켰다. 그의 메시지는 특히 장교들을 향했다. 상하이와 달리 우한에는 방공호가 충분히 구축되어 있지만 "우리는 사람들을 버리고 혼자 살겠다고 그곳으로 달려가서는 안 될 것이다!" 쉬저우에서 일부 장교는 부하들을 뒤에 놔둔 채 도망쳤다. 만약 장교들이 충성심을 보여주지 못한다면 어떠한 보상도 기대하지 말아야 했다.[19]

군대가 벼랑 끝에 내몰린 채 결사 항전의 비분강개함이 맴돌았다. 더불어 장제스의 질타가 웬만큼 효과가 있었는지도 모른다. 8월에 일본군은 창장강 상류로 진격하면서 한층 어려운 싸움을 벌여야 했다. 쉐웨 장군이 지휘하는 약 10만 명의 군대가 황메이黄梅에서 일본군을 대적했다. 톈자전田家鎭 요새에서는 수천 여명의 수비대가 9월 말까지 항전했다. 상황이 이러니 일본군은 승리하려면 오직 독가스에 의존해야 했다. 그러나 여전히 중국의 최고 지휘관들은 협력에 소극적이었다. 신양信陽의 싸움에서 리쭝런의 광시 부대들은 완전히 기진맥진했다. 이들은 장제스의 심복인 후쭝난의 부대가 자신들을 구원하리라 기대했지만 후쭝난은 도시를 버리고 후퇴했다. 덕분에 일본군은

18 장시성 주장시 동북쪽에 있는 지명—옮긴이
19 "發揚革命歷史的光榮保衛革命根據地的武漢", ZT(1938년 7월 31일), 410~421쪽.

도시를 무혈점령할 수 있었다. 신양이 함락되면서 일본군은 평한 철도의 통제권을 장악했다. 우한 함락은 초읽기가 되었다.[20]

장제스는 다시 한번 우한 수비대에 대한 연설에 나섰다. 전황이 얼마나 급박한지 잘 알고 있었던 그는 도시가 곧 함락되리라는 사실을 인정하면서도 병사들의 사기를 고무시키려 했다. 우한은 많은 외국인이 살고 있어 외부 세계와 좋은 연결고리였지만 중국군은 어떠한 외부 지원도 기대할 수 없는 처지였다. 만약 불가피하게 우한을 버릴 수밖에 없다면 할 수 있는 한 적절한 계획을 세워야 했다. 장제스는 어디를 통해서 군대가 철수할지를 구체적으로 명시했다. 또한 전해 12월에 있었던 난징의 졸렬한 퇴각을 언급했다. 이 충격적인 사건은 충분히 재현될 수 있었다. 난징에서는 "외국인과 중국인 모두 그곳을 텅 빈 도시로 만들었다." 군대는 지쳐 있었고 숫자도 너무 적었다. "나는 어째서 그 도시를 지켜야 한다고 명령을 내릴 수밖에 없었던가?" 장제스는 난징의 장병들에게 "수도를 지키고 쑨원의 묘를 지키기 위해 그들 스스로 희생해줄 것"을 요구해야 했다. 그리고 그들은 "마치 고향 땅으로 돌아가듯 담담하게 죽음을 내려다보았다." 장제스는 만약 군대가 달아났다면 그것은 중국 5000년 역사에서 가장 치욕스러운 일이 되었을 것이라고 못 박았다. 마당전을 잃은 것 또한 수치였다. 이제는 우한을 지켜내 "형제들의 원수를 갚고 치욕을 씻어야 한다." 만약 그렇지 않다면, 장제스는 말했다. "우리는 먼저 간 사람들이나 우리 스스로의 양심을 마주볼 수 없을 것이다."[21]

이러한 설명을 하면서 장제스는 지난 일을 다시 쓰는 한편, 앞으로의 정치적 자본을 쌓는 일을 함께 해내야 했다. 최근 역사적 견해에 따르면, 난징은 죽음으로써 지켜졌다. 치욕은 그곳에 있던 군인들 때문이 아니라 그 도시를 잃었다는 사실에 있었다. 실제로 탕성즈의 군대는 이틀에 걸쳐서 장렬하게 싸웠다. 일본군이 도시를 점령하고 주민들에게 살인과 강간을 저지를 때에는 이미 그 자리에 없었다. 장제스는 난징에서의 영웅적인 방어를 강조하는 한편, 썩 훌륭하지 못한 결말은 무시하면서 군대가 우한에서 마지막까

20 MacKinnon, *Wuhan 1938*, 96쪽.
21 "認淸目前抗戰形勢和所負責人努力準備保衛武漢", *ZT*(1938년 8월 28일), 461~466쪽.

지 싸우도록 "순교"의 분위기를 만들어냈다. 동시에 우한 방어가 집단 자살이 되지 않도록 분명히 해야 했다. 이것은 그야말로 어려운 줄타기였다. 장제스 특유의 자기기만의 재능이 이 일을 도왔음이 틀림없다. 그는 자신이 만들어낸 진실의 버전을 꽤 오랫동안 진지하게 믿었을 것이다.

멀리 떨어진 옌안의 근거지에서 지켜보고 있던 마오쩌둥은 우한을 결사 방어하지 않겠다는 장제스의 의견에 강력하게 동의했다. 10월 중순 국민당이 도시에서 최후의 항전에 나서고 있을 때, 마오쩌둥은 이렇게 썼다. "만약 우한을 지킬 수 없다고 가정한다면 전쟁에 많은 새로운 일이 등장할 것이다." 여기에는 국공의 관계가 보다 개선될 것이며, 한층 강력한 대중 동원, 유격전의 확대 등이 포함되어 있었다. "우한 방어를 위해 우리가 투쟁하는 목적은 한편으로 적을 지치게 하고, 다른 한편으로 시간을 벌기 위함이다." 그는 계속해서 말하기를 "이로써 전국에서의 투쟁이 한층 발전하기 위함이지 그저 도시 하나를 죽음으로 지키려는 것이 아니다." 그가 보기에 오랜 항전에서 더 광범위한 투쟁을 지탱하기 위해 근거지를 잠시 버리는 것은 충분히 "허용할 수 있는" 일이었다.[22]

1937년 10월 무렵의 상하이는 거의 1년이 지난 지금 우한에서 재현되었다. 국민정부는 일본군이 도시에 도착하기 전 가장 중요한 산업 설비들을 선적하고 강의 상류로 정신없이 실어 날랐다. 난징에서와 마찬가지로 장제스는 마지막 순간까지 남아서 군대를 지휘했다. 10월 24일, 우한은 유난히 추웠다. 도시에는 눈이 내렸다. 장제스는 고위 장성들을 불러 모아서 떠날 것을 지시했다. "너희가 먼저 가라. 나도 곧 떠날 것이다." 그날 저녁 10시, 장제스와 쑹메이링 부부는 우한 비행장으로 향했다. 날씨가 한층 추워지면서 눈발이 날렸다. 장제스의 전용기는 출발이 지연되었다. 잠깐의 혼란이 있은 뒤, 민간 비행기에 올랐고 헝양(衡陽)[23]을 향해 출발했다. 주변에서는 포성과 함께 도시에 불길이 치솟았다. 그들은 그 순간 날아올랐다. 1938년 10월 25일, 도

---

22 "On the New Stage"(1938년 10월 12~14일), *MZD*, vol.6, 478~479쪽.
23 후난성 남부에 있는 도시로 창사 남쪽 190킬로미터 거리에 위치하고 있으며 상업과 교통의 중심지다.—옮긴이

시는 사방이 포위된 채 일본군에게 함락되었다.[24]

일본군이 우한만 점령하지 않고 여세를 몰아서 신속히 내륙 깊숙이 밀고 들어갈지 모른다는 장제스의 속단은 또 하나의 비극적인 결과를 초래했다. 후난성의 성도 창사長沙가 취약하다고 판단한 그는 적의 수중에 넘어가지 않도록 도시를 초토화시켜야 한다는 (직접적으로 명령하지는 않고) 암시를 주었다. 현지 병사들이 불을 질렀고 도시는 이틀에 걸쳐 불바다가 되었다. 정작 일본군은 창사로 진격하지 않았다. 그들은 80킬로미터 떨어진 둥팅호洞庭湖에서 멈췄다. 장제스는 참사에 대한 책임을 부인했다. 하지만 실제로 부하들이(그중 일부는 처형당했다) 그렇게 행동한 것은 그가 내린 명령 때문이었다.[25][26]

전 세계의 이목은 새로운 항전의 중심이 된 임시 수도 충칭으로 향했다. 장제스의 "자유중국"은 쓰촨성과 후난성, 허난성을 가리켰지만 장쑤성이나 저장성은 포함되지 않았다. 중국 동부 지역은 완전히 빼앗겼다. 중국의 주요 관세 수입, 가장 비옥한 곡창지대, 가장 근대화된 기반 시설 또한 모두 잃었다. 정치적 중심지는 머나먼 서부로 옮겨졌다. 이곳은 그전까지 국민당이 결코 지배하지 못했으며 지형적으로나 방언, 식습관에 이르기까지 모든 면에서 낯설고 예측할 수 없는 지역이었다. 북쪽에서는 일본군과 공산당이 불안정한 교착 상태에 빠져 있었다. 마오의 군대는 수십만 명의 사람을 중국 내륙으로 수송할 수 있는 철로에서 한참 떨어져 있는 농촌 변경 깊숙한 곳까지 일본군이 들어오지 못하도록 차단했다. 하지만 공산당 또한 일본군을 물리칠 수는 없었다.

---

24 Taylor, *Generalissimo*, 158쪽.
25 1938년 11월 12일부터 14일까지 벌어진 창사 대화재는 중일전쟁 중 최악의 재난 중 하나였다. 도시의 3분의 2가 불타고 3000여 명이 사망했다. 하지만 그 방화가 과연 누구의 책임인지는 쉽게 얘기할 수 없었다. 장제스는 우한 함락 직후 후난성 수석 상쓰충에게 "창사가 함락될 경우 도시에 불을 질러 일본군의 손에 아무것도 넘어가지 않도록 하라"라고 지시했다. 이것은 창사를 지키기 어렵다고 판단했기 때문이었다. 장쯔중은 나름대로 발화 준비부터 주민의 피란까지 실수가 없도록 치밀한 계획을 세웠으나 정작 그날 밤 패닉에 빠진 일부 병사가 멋대로 불을 지르면서 도시 전체가 불바다가 되었다. 장제스는 성난 민심을 달래기 위해 몇몇 책임자를 처형하면서도 "우리 전체의 잘못"이라고 말했다. 준비되지 않은 전쟁이 초래한 비극인 셈이었다.—옮긴이
26 Taylor, *Generalissimo*, 159~160쪽.

전쟁이 시작된 지 15개월이 지난 1938년 10월의 어두웠던 시간, 한 가지 사실만큼은 변함없었다. 관찰자들(중국의 사업가, 영국 외교관, 일본 장군들)은 매번 새로운 재앙이 나타날 때마다 틀림없이 중국이 항전을 끝내고 신속하게 항복하거나, 적어도 중국 정부가 도쿄가 제시한 가혹한 조건을 받아들이는 쪽으로 일이 해결되리라 예견했다. 그러나 상하이에서, 난징에서, 우한에서 저항을 분쇄하는 일본군의 가공할 힘에도 불구하고, 그리고 침략자의 동원력과 기술력, 경제적 자원에도 불구하고 여전히 중국은 싸우고 있었다. 그러나 혼자 싸우고 있었다.

제 3 부

고군분투

제10장 전시의 일상화

중일전쟁사에서 1938년 말 우한이 함락된 뒤 1941년 말 진주만 공격까지 3년의 시간은 얼핏 보기에는 지리한 교착 상태로 보일지도 모른다. 장제스와 마오쩌둥 양쪽의 전략에 따라 3개 세력이 서로 대치하면서 지구전에 돌입한 사실은 분명하다. 그러나 3년 동안 중국의 정세가 평온하거나 안정된 것과는 거리가 멀었다. 가장 먼저, 중국은 외부의 원조를 받을 수 있으리라는 어떠한 확신도 없이 사실상 홀로 싸웠다. 중국 남부와 중부를 차지한 국민당, 북부의 공산당 그리고 동부의 일본군은 중국의 분할 상태를 유지하기 위해서 대규모 군사 작전을 수행해야 했다. 전쟁의 성격은 공격에서 방어로 바뀌었다. 전쟁 첫해와 같은 격렬한 전투는 줄어들었다. 그 대신, 중국의 운명을 좌우하는 것은 변덕스러운 동맹관계, 비밀 외교, 앞으로 자신들의 진로를 영원히 바꾸게 되는 사회적인 변화였다. 변화의 중심에는 사회복지라는 새로운 발상이 있었다. 전통적으로 중국에서는 국가가 인민의 일상적인 복지에 직접 관여하는 일은 거의 없었다. 이제는 전쟁 상황 속에서 새로운 체제들이 서로 경쟁해야 하는 처지였다. 국민당과 공산당은 국가가 인민에게 더 많은 것을 요구하는 만큼 인민 또한 국가에 더 많은 것을 요구할 수 있음을 증명해야 했다. 한편, 친일 괴뢰 정권들은 자신들의 새로운 주인이 중국의 오래된 수많은 문제에 직면해야 한다는 사실을 보여줄 참이었다.

많은 사람은 가장 먼저 장제스의 새로운 전시 수도 충칭에 주목했다. 수백만 명에 달하는 피란민들이 서쪽으로 몰려오면서 도시는 국가의 축소판이나 다름없었다. 두중위안은 이렇게 회고했다. "나는 7년 전부터 충칭을 알고 있었다. 아편과 도박이 판을 치는 완전히 봉건적인 곳이었다." 그는 충칭의 변신에 큰 인상을 받았다. "도로는 새롭게 정비되었고, 도시의 면모는 바뀌었다. 정부 청사가 도시를 가득 채웠다."[1] 근대화된 동부 지역에서 온 이들은 낙후되고 더러운 이곳의 현실을 헐뜯었다. 작가 라오서는 싸구려 연초煙草로 만든 현지 담배를 피웠던 때를 떠올렸다.

처음 한 모금 내뿜자 누런색 연기가 나왔다. 폭죽이 아닐까 생각했다. 물론 폭발음은 없었으므로 계속해서 피웠다. 네다섯 번 뿜어내니 모기가 달아나는 것이 보였다. 아주 즐거웠다. 담배도 피고 벌레도 쫓아낼 수 있으니 이 얼마나 좋은 일인가!

그러나 남은 전쟁 기간, 각 지역의 대표들은 다 같이 어울리면서 함께 일하고 함께 생활해야 한다는 사실을 깨달았다. 도시의 위치 또한 중국의 지리적 감각을 바꾸는 데 큰 역할을 했다. 지난 몇 년 동안 중국의 서부 지역, 그중에서도 쓰촨성은 변경에 있었고 국민당의 통치를 거의 받지 않았다. 이제 동부의 심장부가 점령당한 동안 쓰촨성이 국민정부의 중심부였다. 1931년에도 또 다른 변경인 만주가 침략당한 사실은 민족주의가 결집하도록 한층 강하게 자극했다. 서부 지역으로 쫓겨난 국민정부는 티베트와 신장성처럼 이전에는 공화정의 허약함 때문에 중국의 영향력 바깥에 있었던 지역의 통합을 강화하는 데 나섰다.[2] 국민당 통치 구역 내 여러 대학의 인류학자들은 서부 변경 민족들을 연구하기 시작했고 그들을 (적어도 이념적으로는) 광범위한 중화 민족주의에 흡수하려고 했다.[3] 정부 전체가 창장강

---

1 杜重遠, "敵人內部嚴重狀況的新報告"(1938년 4월 24일), DZY, 276쪽.
2 신장에 관해서는 다음을 참조. James Millward, *Eurasian Crossroads: A History of Xinjiang*(New York: Columbia University Press, 2006); 티베트에 관해서는 다음을 참조 Hsiao-ting Lin, *Tibet and Nationalist China's Frontier: Intrigues and Ethnopolitics, 1928~1949*(Vancouver, 2006).
3 Andres Rodriguez, "Building the Nation, Serving the Frontier: Mobilizing and Reconstructing China's Borderlands during the War of Resistance(1937~1945)," *Modern Asian*

1400킬로미터 안쪽으로 거슬러 올라가면서 광대한 중국을 하나로 묶는 데 기여했다.

전시 수도를 저항의 등불로 본 사람은 중국인들만이 아니었다. 전쟁 말기 장제스에 대한 가장 혹독한 비평가 중 한 사람이 되는 시어도어 화이트는 중국인들이 "중국의 위대함"이라는 믿음 속에서 "자신들의 땅을 지키기 위해" 싸우고 있을 때의 충칭은 "한 시대"를 의미했다고 썼다.[4] 국민당 선전부의 책임자인 둥셴광Hollington K. Tong은 자신이 운영하는 영문 잡지『전시 중국China at War』을 통해서 간조 때에만 모래사장이 드러나는 충칭의 위험천만한 산후바珊瑚壩 비행장에 착륙하려는 용감한 중국인 전투기 조종사들의 이야기를 미국 고립주의들에게 알렸다.(뒷날 영국 선전가들도 유사한 방법으로 영국 본토 항공전 당시 런던의 상황을 알리고 미국의 고립주의자들이 전쟁에 참전하도록 설득하려고 했다.) 항전의 영광스러움은 충칭에서 장제스가 통치하는 중부와 서부를 일컫는 "자유중국"이라는 명칭에도 분명하게 드러나 있었다. 틀림없이 외국인들을 겨냥한 지리적 이름이었다.

창장강과 자링嘉陵강이 교차하는 절벽 위에 위치한 충칭은 중국 안에서건, 바깥에서건 일본 침략자에 맞서 싸우는 항전의 심장부로 묘사되었다. 하지만 현실은 오히려 덜 인상적이었다. 도시는 수많은 피란민이 모일만한 곳이 아니었다. 순식간에 다양한 형태의 임시 판자촌이 형성되었다. 어떤 것은 둘레에 나무판자를 얹고 대나무 기둥을 철사로 묶은 구조였다. 겉에는 진흙과 점토를 잔뜩 발라놓았고 기와나 짚으로 얇게 지붕을 덮었다. 또 어떤 것은 흙과 3겹의 나무판자로 되어 있었다. 저명한 문학평론가였던 후펑胡風은(1950년대에 마오의 가장 악랄한 투쟁의 희생자가 될) 후자에 해당하는 곳에 살았다. 폭격이 그를 거의 죽일 뻔했을 때 그 집은 보호막이 될 수 없다는 사실이 입증되었다.[5]

이처럼 급조된 주택들이 이 절망적으로 가난한 도시에서 하루아침에 온

Studies 45:2(2011. 3).

4   White, *Thunder*, 13쪽.

5   *QDHF*, 392~393쪽.

나라는 물론 세계적인 이목을 끌게 된 것은 그리 놀랄 일도 아니었다. 피란민들이 '자유중국'으로 밀려들면서 충칭의 인구는 폭발적으로 늘어났다. 1937년에 약 47만4000여 명 정도였던 인구는 1941년에 70만 명 이상으로 팽창했다. 전쟁 말기에는 105만 명에 달했다.[6] 쓰촨성은 국민정부의 항전과 재건 계획의 주요 근거지가 되었으며 인구는 (1944년 최고점일 때) 약 4750만 명이었다.[7]

신참자들은 자신들의 새로운 생활 여건에 쉽게 익숙해지지 않았다. 많은 사람은 중화민국 시대에 와서 도시에서 성장한 신흥 중산층이었다. 이들은 전쟁으로 피폐한 충칭보다 훨씬 안락한 삶을 누려왔다. 식수는 부족했고 사람들은 샘물을 찾아서 종종 수 킬로미터를 걸어야 할 때도 있었다. 특히 쓰촨성의 찌는 듯한 여름 가뭄 때에는 길게 줄을 서야 했다. 심지어 물을 구하더라도 심하게 오염되어 있어 소독이 필요할 때도 있었다. 배전망 밖에 있는 주택은 가정용 전기를 쓸 수 없었고 밤에는 그 일대에 불빛이라고는 없었다. 사람들은 기름등잔에 심지를 넣어 불을 밝혔다. 아이들이 숙제를 할 때에는 심지를 한두 개 더 넣어야 했을 것이다.[8]

그러나 도시의 변화는 인상적이었다. 다른 나라의 거대한 전시 수도들은 오랜 세월에 걸쳐서 정부 소재지로서의 경험이 풍부할 뿐더러, 장기간 훈련을 받은 정치인들과 관료들을 갖추고 있었다. 워싱턴과 모스크바, 런던, 파리, 베를린, 도쿄는 통치에 익숙한 도시들이었다. 충칭은 심지어 자신이 위치한 쓰촨성의 성도조차 아니었다.(쓰촨성 정부는 충칭에서 300킬로미터 떨어진 청두에 있었다.)

충칭은 산악지형이기 때문에 가을과 겨울 대부분 안개가 자욱이 도시를 감싸고 있었다. 이 때문에 충칭을 습격하려는 적 비행기들에게는 장애물이 되었다. 안정적인 전력 설비의 부족 또한 하늘에서 방문객들의 주목을 끌 만한 밝은 불빛을 거의 찾아볼 수 없었다는 의미였다. 하지만 따뜻한 날씨와

6 周勇, 『重慶通史』(重慶, 重慶出版社, 2002), 제2권, 876쪽.
7 四川省檔案館, 『抗日戰爭時期四川省各類情況統計』(成都, 西南交通大學出版社, 2005), 29쪽.
8 QDHF, 394쪽.

함께 봄이 되면 도시를 보호하는 안개도 사라졌다. 도시는 확실한 표적이 되었다.

도시 생활에 있어서 많은 부분은 국민정부의 통제 밖에 있었고 끝없는 공습이라는 새로운 현실만큼 무서운 일도 없었다. 1938년 겨울, 충칭에 대한 "시험적인 폭격"이 몇 차례 있었다. 1939년 봄부터 본격적인 공격이 시작되었고 그해 5월 3일과 4일 이틀간 쏟아진 파괴의 비는 새로운 공포 작전이 시작되었음을 알리는 것이었다. 하지만 국민당의 5·4운동 20주년 기념행렬을 잔혹하게 짓밟아버린 "대공습大轟炸"은 앞으로 몇 년에 걸쳐 일상적으로 경험하게 될 파괴의 시작에 지나지 않았다.

방공호라는 새로운 공동 공간이 중국인들의 의식 속에 들어왔다. 많은 사람의 일상 스케줄은 살아남기 위해 갑자기 달려야 할 때에 맞추어 다시 짜여졌다. "하루하루의 계획은 그날 날씨에 따라 정해졌다." 충칭의 한 주민이 이렇게 회고했다. "만약 먼 길을 가야 한다면 흐린 날을 선택해야 했다. 날씨가 맑다면 동이 트기 전에 일어나지 않으면 안 되었다." 사람들은 공습에 대비해 구급 가방을 챙기는 데 익숙해졌다. 그 안에는 음식과 물, 아마도 필수 의약품이 들어 있었을 것이다. 부유층들은 재빨리 피란할 수 있도록 귀중품과 함께 보관했다. 어떤 사람들은 방공호 안에서 오랫동안 서 있을 필요가 없도록 의자나 스툴stools(등받이와 팔걸이가 없는 의자―옮긴이)을 갖다놓기도 했다.9

전시 중국에서 흔히 그러했듯, 고통을 함께 한다는 미사여구 또한 현실 세계에서의 계급 차별을 숨겼다. 돈이 많거나 연줄 있는 사람들은 더 나은 대피소를 이용했다. 정부 관료들은 예비 방공호를 쓸 수 있는 특권이 주어졌고 직계 가족도 데리고 갈 수 있었다. 연간 약 2000위안을 지불할 수 있는 가장 부유한 사람들에게는 최고급 대피소가 있었다. 그러나 대부분의 사람은 암벽에 구멍을 뚫어서 만든 형편없는 방공호를 이용했다.10

9   *QDHF*, 408쪽.
10 Chang Jui-te, "Bombs Don't Discriminate? Class, Gender, and Ethnicity in the Air-

폭격은 봄이나 한여름에 집중되었다. 이 도시가 가장 더울 때였다. 온도는 섭씨 40도를 넘었다. 방공호 안에서 충칭 주민들은 공습이 시작되기를 기다렸다. 공기는 숨이 막힐 듯 답답했고 사람들은 다들 부채를 필수품으로 챙겼다. 폭격기들이 아직 수 킬로미터 밖에 있을 때에는 평소처럼 수다를 떨었고 아이들은 부모를 큰 소리로 불렀다. 좀더 태평한 사람들은 방공호 입구에서 의자에 앉은 채 경찰이 강제로 떠밀 때까지 시원한 공기를 쐬었다.

그런 뒤 비행기들이 날아왔다. 사람들은 곧 충격파가 불어 닥칠 것을 알리는 "묘한 바람"을 느낄 수 있었다. 항공기 동체에서 사출된 폭탄은 주변 공기를 진공상태로 밀어내는 기류를 형성했다. 이 순간 매우 주의해야 했다. 제대로 준비하지 않는다면 공기의 압력이 그들을 방공호 벽으로 내동댕이칠 수도 있었다. 어느 현지인은 이렇게 회상했다. "그 뒤에 우리는 소리를 들었다. 하늘이 무너지고 땅이 갈라지는 듯한, 마치 머리 위에서 천둥이 내리치는 것 같은 소리 말이다." 때로는 적기가 격추되는 일도 있었다. 그 순간 방공호는 환호성과 박수소리로 가득해졌다. 이러한 경험의 반복은 결국 사람들을 지치게 만들었다. 날마다 공습경보를 기다리고, 그다음에는 공습 해제신호를 기다리는 일은 일과 가정생활의 파괴를 의미했다. 1939년 5월의 공습에서 볼 수 있듯이, 설령 공습이 해제되었다는 소리를 들었다손 쳐도 그다음 공습이 곧장 닥칠 수도 있었다. 사람들은 덥고 어두운 방공호에 한 번 들어가면 며칠을 보내야 한다는 생각에 차츰 익숙해졌다. 구급상자와 용변을 위한 준비를 하면 며칠 정도는 지탱할 수 있었다. 하지만 그 뒤에는 갑갑하고 캄캄한 환경에 갇혀 있는 사람들에게 터무니없는 가격으로 필수품을 팔려고 온갖 용을 쓰는 행상들의 자비심에 기대야 했다. 방공호에서 대엿새를 보낸 다음 환한 바깥으로 갑자기 나오면 눈이 햇빛에 익숙해질 때까지 고통스러운 시간을 견뎌야 했다.[11] 정부 당국은 새로운 현실에 맞도록 규

Raid-Shelter Experience of the Wartime Chongqing Population, in James Flath and Norman Smith," *Beyond Suffering: Recounting War in Modern China*(Vancouver, 2011); Edna Tow, "The Great Bombing of Chongqing."
11   *QDHF* 411~412쪽.

정을 바꾸려고 노력했다. 만약 공습 해제경보가 자정 이후에 울리면 이튿날 노동자들의 근무시간은 단축되었다. 생필품을 판매하는 일부 상점들은 문을 항상 열어두도록 지시받았고 그에 따른 정부 보조금이 지급되었다.[12] 시어도어 화이트는 『타임』지에 "지난 몇 달 동안 충칭의 상인들은 폭격당할 가능성을 줄이기 위해 오후 4시에 영업을 시작했고 오후 늦게까지 장사했다"라고 썼다. 사람들이 언제 닥칠지 모르는 하늘로부터의 위험에 적응하면서 "전쟁의 일상화"가 자리 잡았다고 덧붙였다.[13]

1939년 5월의 공습 이후 정부 당국은 공습으로 사망한 사람들의 시신을 처리하기 위해 전문 시체 운송원들을 모집했다. 이들은 시신 한 구를 옮길 때마다 쌀 한 근(500그램)에 해당되는 돈을 받았다. 시체들은 선박 한 척에 선적되어 도시 바깥으로 옮겨진 후 '신관산新棺山'이라는 곳에 집단 매장되었다.(폭격이 한창일 때에는 한 번에 수백여 척의 배가 운항되었다.) 선원들은 처음에는 시체 전부를 옮겼지만 얼마 후에는 일부 시신을 배 밖으로 던지거나 강변에 묻어버리기도 했다. 그들에게 동정심이 없다거나 미신 때문이 아니라 어쩔 수 없었기 때문이었다. 배 바닥에는 시체에서 흘러나온 체액이 발목 높이까지 흐를 정도였다. 고무장화 없이 샌들만 신은 작업자들에게는 시체의 체액에 발을 적시면서 일을 하는 것은 즐거운 일이 아닐뿐더러, 비위생적이었다. 게다가 파리 떼가 들끓는 시체 더미 위에서 얇은 마스크 하나에 의존한 채 작업을 해야 했다. 악취가 너무 지독할 경우 시체 전부를 강가에 파묻기도 했다.[14]

충칭의 방공 능력은 형편없었다. 그 대안은 공군력의 확충뿐만 아니라 중국이 가지지 못한 대공 화기와 여타 장비를 신속하게 늘리는 일이었다. 1937년에 쑹메이링은 전시 중국에서 가장 주목받는 활약을 할 인물 중 한 사람인 미 공군의 예비역 소장 클레어 리 셔놀트Claire Lee Chennault를 영입

12   *QDHF*, 416쪽.
13   "War in China: Heavenly Dog," *Time*(1939년 5월 15일).
14   *QDHF*, 410~411쪽.

하여 문제를 해결했다.[15] 공군력의 강력한 옹호자였던 셔놀트는 중국의 미니 공군을 훈련시키는 일을 맡았다.(항공기 600대라는 공식적인 수치는 과장된 것으로 보인다.) 셔놀트는 소규모 중국 파일럿들에게 전투 훈련을 시켰고 일본 전투기들과 보다 잘 싸울 수 있는 미국인 파일럿들을 모집했다. 이 조직은 공식적으로는 미국인 의용 비행대AVG, First American Volunteer Group라고 알려졌지만 얼마 뒤 "하늘을 나는 호랑이들Flying Tigers"이라는 별명으로 한층 유명해졌다. 비록 그 호랑이들은 충칭의 하늘을 난 적이 없었지만 위기에 처한 중국의 전시 수도를 위해서 사기를 북돋아주었다. 하지만 셔놀트의 존재감과 그의 견해가 진정으로 빛을 보려면 적어도 몇 년은 더 기다려야 했다.[16]

비록 잦은 공습 자체를 막을 방법은 없었지만 정부는 그 여파에 대처해 나갔다. 어떤 면에서는 계획적으로, 또 어떤 면에서는 순전히 그때그때의 필요에 따라 즉흥적으로 사회적 복지를 제공하는 새로운 제도를 만들어냈다. 그럼으로써 중국에서는 다시 정부와 국민의 관계가 형성되었다.

국민정부는 대중 동원의 기법이 보기에는 인상적일지 몰라도 현실에서 항상 먹혀들지는 않는다는 사실을 깨달았다. 중국에서 항일 구호는 진정한 대중적 공감대를 기반으로 했다. 그러나 정부를 좇아 내륙 깊숙한 곳으로 따라온 수많은 사람은 정부를 향한 기대치 또한 높아졌다. 그들은 전쟁이 가져온 수많은 문제를 정부가 해결해줄 것으로 기대했다. 정부는 난징 시절에 시작한 근대화 계획을 이어가기 위해 전쟁을 이용했고 특히 정보 수집에 노력했다. 전시 상황이 무너졌을 때 각종 통계와 자료만이라도 가지고 있다면 적어도 이 나라가 제대로 돌아가도록 만들려는 사람들에게는 어느 정도 위안이 될 수 있었다. 설령 폭격을 막지는 못해도 정부가 여기에 능숙하

---

15   정확히 말하면 당시 47살이었던 셔놀트는 미 육군 항공대에서 만년 대위 신세였다. 그가 중국행을 선택한 것도 군대에 남아 있어봐야 장래가 없다고 여겼기 때문이었다. 1937년 4월 그는 중국으로 가기 전 군대를 퇴역했고 소령으로 예비역에 편입되었다. 태평양전쟁이 발발한 이후 미군에 현역 복귀했으며 준장 계급을 부여받고 스틸웰 장군 휘하에 들어갔다. 1943년 3월에는 소장으로 승진하여 중국전선 미 육군 산하 제14공군을 지휘했다. 1945년 10월에 퇴역한 그는 1958년 7월 명예 중장을 수여받았다.─옮긴이

16   Tow, "The Great Bombing of Chongqing," 265쪽; Taylor, *Generalissimo*, 179쪽.

게 대처하고 있다는 사실을 보여줄 수 있어야 했다.

이러한 노력은 국민정부가 아직 우한에 있었을 때부터 이미 시작되었다. 당시 국민당 운동가 스량史良 같은 사람들은 서둘러 난민 구호시설을 건설하는 데 앞장섰다. 국민정부가 충칭에 도착한 뒤 구호 시스템은 한층 체계화되었다. 주요 혁신 중 하나는 피란민들을 위한 신분증명서ID를 발급하는 기관을 설립했다는 사실이었다. 각기 다른 형태의 신분증명서는 당사자들이 일자리 배분을 비롯해 정부 수혜를 받을 수 있는 각각의 등급을 구분했다. 또한 이 규정은 새로운 제도가 부패의 수단으로 악용될 가능성을 차단했다. 피란민들은 "수상한 거래"를 하는 데 자신의 신분증명서를 써먹을 수 없었다.[17] [18]

충칭시 당국은 난민 업무만이 아니라 폭격의 뒤처리에 좀더 체계적으로 대처할 방법을 찾아나섰다. 1939년 1월 16일, 충칭 공공사무국과 도시구호위원회 등 시 대표들은 공습 대처에 필요한 가장 중요한 준비에 대해 논의했다. 지역 신생활운동과 훙완쯔후이紅卍字會(전통적인 불교 구호단체)를 비롯한 여러 단체도 여기에 참여했다.[19] 또한 경찰은 1939년 5월의 참혹한 폭격 이후 공습에 대한 피해 상황을 관리했다.[20] 다른 공무원들에게도 장려책이 제시되었다. 그중 하나는 충칭에 그대로 남은 직원들을 격려하는 차원에서 공공사무국 직원들에게 한 달 치 급여를 통째로 선물로 주는 것이었다.[21] 또 하나, 좀더 포괄적인 의견으로 폭격의 피해를 입은 직원들에게 더 나은 시설과 근무 여건을 제공하는 것이었다. 첫째로, 폭격으로 다친 공공사무국 직원들은 100위안을 넘지 않는 선에서 병원에서 무상 치료를 받을 수 있었다. 죽은 직원들을 매장할 여력이 없는 가족들, 폭격으로 죽은 배우자나 아

17 Ibid.
18 Rana Mitter, "Classifying Citizens in Nationalist China during World War II," *Modern Asian Studies* 45:2(2011. 3), 258~259쪽. 四川省檔案館, 民國[共和時期文件] 第38檔案, 2/614(1940년 6월).
19 重慶市檔案館[이하 *CQA*], 0067-1-1150(1939년 5월).
20 *CQA*, 0053-12-91(1939년 5월).
21 *CQA*, 0053-12-91(1939년 5월).

이를 매장해야 하는 직원들에게는 200위안의 장례비가 주어졌다.[22]

국민정부의 피란민 지원 규모는 중국 역사상 그 어느 때보다 컸다. 1937년 이전에는 정부의 공식적인 복지 정책은 거의 찾아볼 수 없었다. 전쟁은 그러한 제도들을 필수적인 것으로 만들었다. 1937년부터 1941년까지, 정부는 국가 차원의 발전구호위원회DRC, 賑濟委員會(1938)를 설립하고 구호 업무에 2억1400만 위안을 배정했다. 또한 9만 명의 피란민들에게 일자리를 제공했다. 발전구호위원회는 당사자들의 필요에 따라 도움을 받도록 할당된 신분증 제도를 만들었으며, 가장 가망 없는 상황에서도 피란민들을 대피시키기 위한 수송 네트워크를 구축했다. 1941년 말까지 38개의 주요 지점과 1059개의 중간 지점이 설치되어 920만 명에 달하는 인가받은 피란민들이 이용했다. 지원이 충분치는 않았다고 해도 그렇다고 결코 하찮지는 않았다.

정부는 피란민들의 처우가 공산당이나 일본과 비교될 수 있다는 사실을 깨달았다. 많은 중산층, 특히 진보 성향의 사람들에게 확실한 대안은 공산당이었다. 가난한 농촌 출신 피란민들은 일본의 지배를 받는 쪽으로 마음이 기울고 있었다. 만약 그렇게 한다면 적어도 자신들에게 익숙한 고향 땅에서 살 수 있었다. 어떤 의미에서는 일본군이 과거 수십 년 동안 중국을 휩쓸었던 대다수 군벌들보다 더 나쁘게 보이지 않았다. 심지어 더 나을 수도 있었다. 그렇다보니 국민정부는 피란민들이 집으로 돌아가는 일을 경계할 수밖에 없었다. 민족적인 자긍심 문제를 넘어 이들이 '자유중국'의 현실을 알릴 수 있었기 때문이었.

일본군은 중국인들이 되돌아오도록 만들 요량으로 인센티브를 제시했다. 1940년 한 보고서에는 피란민들이 점령지에서의 대풍작 소문에 유혹당하고 있다고 했다. 또한 일본 첩자들은 사람들이 어디에서 공짜로 차에 올라탈 수 있으며 이창에서 우한으로의 힘든 여정을 위해 밀수꾼의 배를 어떻게 구할 수 있는지 등 구체적인 조언을 노선 지도와 함께 알려주었다. 한 정부 보고서는 이렇게 썼다. "만약 우리가 이것을 내버려둔다면 항전에 심각한 악

22 CQA, 0053-12-91(1939년 6월).

영향을 끼칠 것이다." 국민당은 여기에 대응하여 구호 활동은 물론이고 선전 공작에도 더 많은 자원을 투입하여 새로운 이주자들이 "적에게 속아 넘어가지 않도록" 노력했다.[23]

선전은 난민들만을 겨냥하지 않았다. 충칭 저편에서는 신병 모집부터 도시와 군대에 공급할 식량 증산을 포함해 현지 주민들에게 온갖 요구가 쏟아지고 있었다. 정부는 근대적인 선전 기법과 여전히 전통적인 모습에 머물러 있는 농촌의 현실을 결합시켰다. 1939년 1월 쓰촨성의 한 보고서에는 횃불 행렬과 정치 풍자, 음악(전통적인 화구花鼓[24]나 대나무 악기 연주와 같은)으로 지역민들을 규합했으며 3000여 명이 참여했다고 썼다. 또 다른 사례로는 중추절의 연등 축제를 변형시킨 것이 있다. 축제 때 전통적으로 지어오던 시문에 전쟁 구호와 승리를 기원하는 내용이 고스란히 반영되었다. 그중엔 이런 구절도 있었다. "연등 축제의 밤 우리의 불빛은 일본까지 닿으리라. 그리고 중화민국 1만 년의 토대를 세우게 하리라."[25] 그러나 이러한 저항의 메시지는 대부분 누더기를 기워서 만든 성과일 뿐이라는 증거도 많았다. 군대에 입대한 장병들의 가족에게 보상으로 나가는 쌀이 공정하게 배분되지 못한다고 폭로하는 문건도 있었다.

신병 모집은 항전을 유지하려는 정부의 노력 중 핵심이었다. 초기 징병은 중구난방으로 진행되었다. 대다수 국민에게 참전이 얼마나 의미가 있는지 거의 설명되지 않았다. 이 때문에 대규모 탈영과 더불어, 현지의 부패한 징모관들은 신병 충원비는 착복하면서도 할당된 병력을 모으는 일에는 성의가 없었다. 1938년 1월 매월 징병 목표를 규정하는 한편, (적어도 서류상으로는) 강제 징집을 금지하는 새로운 징병 규정이 세워졌다. 신병 모집은 전혀 인기가 없었을 뿐더러, 현지에서는 신병들이 끝없는 학대에 시달리는 와중에도 전쟁 초기 몇 년 동안에는 그럭저럭 안정적인 선이 유지되었다.(1938년

---

23 Rana Mitter, "Classifying Citizens in Nationalist China during World War II," *Modern Asian Studies* 45:2(2011년 3월), 262쪽.
24 창장강 중하류 일대의 민간에서 유행했던 중국 전통의 북춤.
25 Mitter, "Classifying Citizens," 265~267쪽.

부터 1941년까지 국민정부군의 신병 충원은 연간 170만 명에서 200만 명 정도였다.) 전쟁 초반의 신병 모집 시스템은 광범위하고 고질적인 사회 문제를 일으키지 않았다.[26]

또 다른 보고서에는 중국사회의 거대한 부분을 차지하는 농촌 여성들의 동참을 제대로 끌어내지 못하고 있음을 지적했다. "여자들은 보수적이며 시야가 자신의 가정과 터전에 국한되어 있다. 그녀들은 항전의 의미를 제대로 이해하지 못한다." 보고서 작성자는 이 전쟁이 여성을 동원하고 민족의식을 높일 수 있는 기회이며, 그러기 위해서 일본군이 "아이들을 납치하고 재산을 불태웠으며 여자들을 강간했다"는 사실을 써먹어야 한다고 주장했다. 부상당한 군인을 간호하거나 군대를 위해 옷을 만드는 것과 같은 일이 반드시 여성 해방을 의미하지는 않았지만, 보고서는 중국사회의 어떤 근대화 사업이건 여성들의 참여가 필요하다는 사실을 역설했다. 전쟁은 모든 중국 인민에 의한 민족국가를 탄생시킬 것이었다.[27]

국민당의 전시 경제는 가능성을 보여주었다. 전쟁 발발 이전 중국은 식량을 자급자족할 수 없었다. 수백만 톤의 곡물과 쌀을 정기적으로 수입했으며 대부분은 동남아시아산이었다. 전쟁 첫해 쌀 수입은 늘어났다. '자유중국'의 주요 도시에서 쌀 가격은 그럭저럭 안정세를 유지했다. 농부들은 제법 돈을 벌었다. 여기에는 행운도 어느 정도 따랐다. 전쟁 첫 2년 동안 좋은 날씨가 이어지면서 풍작이 들었다. 하지만 정부 또한 농업 생산성을 높이기 위해 난민들의 노동력을 활용하고 근대적인 농약의 적용, 농업협동조합의 융자 제공 등 각종 개혁 정책을 시행했다. 덕분에 식량 공급은 비교적 안정적이었다. 1940년까지 쌀과 밀뿐만 아니라 다른 주요 작물 역시 일정한 수확량을 유지할 수 있었다.[28]

그럼에도 항전과 함께 복지국가를 건설하려는 국민당의 노력에는 큰 비용이 뒤따랐고 장제스 정권은 재정적인 벽에 부딪혔다. 1937년에서 1939년

---

26   Ibid.
27   Mitter, "Classifying Citizens," 272~273쪽.
28   Van de Ven, *War and Nationalism*, 260~262쪽.

사이에 정부의 연 세입은 63퍼센트나 줄어든 반면, 세출은 33퍼센트 늘어 났다. 국가 수입의 주요 원천들, 특히 가장 중요한 중국 해관의 관세 수입은 국민정부가 동부 지역을 빼앗기면서 상실했다. 그 대신 중국 국내에서 상품 수송 시 부과하는 이금세釐金稅가 신설되었다. 시장 자유화에는 걸림돌이지 만 전쟁 첫 2년 동안 상실한 관세 수입의 일부를 보충하는 데 효과적인 수 단이 되었다.[29]

국민당 치하 국내 산업경제 또한 위기에 직면했다. 1932년부터 정부는 철 강 생산, 기계 제조 등 중앙정부가 통제하는 새로운 군수 산업을 비롯한 "국 방 체제"를 건설하는 데 총력을 기울였다. 그러나 전쟁이 발발했을 때 새로 운 공장들은 건설이 완료되지 않았다. 창장강 상류를 거슬러 올라가면서 쓰 촨성으로 이전된 공장 대부분은 민간인 소유였다. 서부 지역은 중국 전체 발전發電 용량의 겨우 4퍼센트만을 감당할 수 있었으며 산업자본 점유율 또 한 미미한 수준이었다. 쓰촨성은 전쟁 전 10년 동안 철도와 고속도로 건설, 근대적인 철강 생산이 거의 진척되지 않았다.[30] 전시 산업경제를 동원하기 에는 한심스러울 만큼 기반이 미약했다. 설상가상으로 중국 동부의 상실로 쓰촨성에 산업 자재를 들여오기 위해서는 남중국해를 통하거나, 그렇지 않 으면 인도에서 버마의 "험프Hump"[31]라고 불리는 위험천만한 경로를 통해서 항공기로 실어 나르는 수밖에 없었다. 수입을 대체하기 위해 휘발유 대신 공 업용 알코올을 정제하는 등 독창적이지만 갈수록 절박해지는 방법이 활용 되었다.[32]

29 Kirby, "The Chinese War Economy" 191쪽: Felix Boecking, "Unmaking the Chinese Nationalist State: Administrative Reform among Fiscal Collapse, 1937~1945," *Modern Asian Studies* 45:2(2011년 3월), 283쪽.
30 Kirby, "Chinese War Economy," 190~191쪽.
31 '낙타 등에 달린 혹'이라는 뜻으로, 제2차 세계대전 당시 인도 동북부에서 해발 6000미터가 넘 는 히말라야 산맥을 넘어 윈난성 쿤밍 또는 쓰촨성 청두까지 연결하는 900킬로미터의 비행 경로를 가리키는 말. 일본 전투기의 습격은 물론이고, 고산지대 특유의 급격한 기류 변화와 폭풍우, 돌풍 등 으로 세계 최악의 비행 경로로 손꼽혔으며 "지옥으로 가는 하늘 길"이라는 별명까지 붙었다. 미 공군 은 500~600대의 수송기를 상실하고 1300여 명의 승무원이 사망했다. 그러나 전쟁이 끝날 때까지 중국에 약 70만 톤에 달하는 원조 물자를 제공하여 항전 승리에 기여했다.—옮긴이
32 Kirby, "Chinese War Economy," 196쪽.

정부는 현대 총력전에서 모든 사회의 전형이 될 만한 방법으로 대응했다. 경제에 대한 국가 통제는 한층 강화되었다. 전쟁 이전의 국가자원위원회를 통합하여 경제부經濟部를 신설했다. 장관에 열정 넘치는 위원장 웡원하오翁文灝가 임명되었다. 1938년 웡원하오의 부처에겐 주요 산업을 국유화하는 권한이 주어졌다. 그해 말까지 경제부는 63개의 기업에 대해 직영하거나 다른 국가기관, 민간 자본가들과 협력하여 운영했다. 그러나 아무리 노력한들, 전시 생산 증대는 낙후된 서남부의 가용 자원에 따라 근본적인 제약을 받을 수밖에 없었다. 전쟁 말기에도 국민당 통치 지구에서 생산하는 전력량은 일본 점령 지구의 8퍼센트에 불과했다.[33] 전시 기간 내내 충칭의 등잔불은 여전히 희미하게 반짝였다.

———

일본군이 중국 동부로 깊숙이 밀고 들어가고 있을 때, 미국 선교사인 캐서린 핸드는 산둥성 이저우沂州에 체류 중이었다. 중국군은 급히 퇴각했다. 도시는 일본군의 손에 넘어갔다. "일본군 수천 여명이 도시에 들어오고 있다." 이저우는 별다른 충돌 없이 함락되었다. 그러나 공포는 항상 그곳에 도사렸다. 1938년 5월 2일 핸드는 이렇게 기록했다.

폐허가 된 집 앞에서 무너진 건물 외에는 아무것도 보이지 않는 텅 빈 거리를 지키고 있는 모습이 가장 섬뜩했다. 가끔 산들바람에 깡통이 굴러다니는 특유의 소리가 들릴 뿐이었다. 폐허 속에서 곡식이나 돈을 뒤지는 사람들 그리고 어느 순간 한 무리의 군인이 나타날 수도 있다. (…) 내가 (미국) 국기를 들고 있는 한 우리는 안전할 것이다. 그러나 도시 주민들은 아무런 이유도 없이 총에 맞을 수 있었고 신분증명서가 없는 사람은 잠시도 안전할 수 없었다. 우리는 피란민 무리가 흩어져 달아날 수 있는 곳

33 Kirby, "Chinese War Economy," 192~193쪽.

핸드는 직접 전투를 경험한 적은 없지만 "섬뜩했다"라는 단어를 여러 차례 사용해서 전쟁터 한 가운데 있는 것과 같은 체감을 주려고 했다. 그녀 혼자만이 아니었다. 중국 동부가 점점 일본군의 지배에 들어가는 와중에 현지 중국인들은 공포와 체념이 뒤섞인 감정으로 이미 결정난 것처럼 보이는 일본의 승리를 기다리는 한편, 새로운 지배자의 본성을 알아내려고 했다.

일본군은 국민당이 철수한 뒤 점령한 지역을 떠맡을 준비가 거의 되어 있지 않았다. 침략자들은 1937년 7월의 사건이 전면전이 될 줄은 전혀 예상하지 못했다. 따라서 급격하게 확대되는 새로운 정복지를 어떻게 다룰지에 대한 구체적인 계획이 결여되어 있었다. 전례는 있었다. 일본군은 특히 1931~1932년 당시 만주 점령의 경험에서 정치적, 경제적인 지배의 방법을 찾아야 했다. 보편적인 수법은 나름 영향력이 있는 친일 부역자들을 찾아내 일본을 위해 일할 현지 정부를 조직하는 일이었다. 일본군은 점령지가 자신들에게 돈을 벌어다주거나 더 나아가 일본을 위해 수익을 제공하기를 원했지만 단기적으로는 질서를 회복하고 현지 주민들의 신뢰를 얻기 위해 그만한 비용이 필요하다는 사실을 깨달았다. 만주에서는 그리 어렵지 않았다. 점령에 대한 군사적 저항이 미미했기 때문이었다. 1937년부터 1938년 사이 중국 중부에서의 전투는 현지 기반시설에 큰 타격을 가했다. 이 지역에 질서를 가져다주는 일은 새로운 정권의 정당성을 주장할 수 있는 절호의 기회이기도 했다.[35]

강력한 정부가 필요했지만 그 같은 정부는 존재하지 않았다. "토비"를 토벌하는 일은 일본군과 그 부역자들에게 공통 관심사가 되었다. 이것이 항상 형식적이지만은 않았다. 1938년 1월 쑤저우 인근 어느 작은 마을에서 한 중산층 기독교도 여성이 현지 중국인 범죄자들에게 납치되었다. 한 달에 걸친 협상 끝에 3만 달러의 몸값은 1000달러까지 깎였고 여성과 두 딸은 풀려날

34 KH, "Diary," 1938년 5월 2일.
35 Brook, *Collaboration*, esp. ch.2, 3쪽.

수 있었다. 그녀들이 지불한 몸값은 현지 공동체가 나눠가졌지만 피해자들이 호소할 방법은 없었다.[36] 전쟁이 일어나기 전에도 인질 사건은 드문 일은 아니었다. 그러나 중국 동부에서 국민정부가 철수하자 토비들은 활동이 한층 용이해졌다. 전쟁이 계속될수록 일본군과 현지 정부는 단순히 몸값을 요구하는 도적떼부터 항일 유격대까지 싸잡아서 "토비"라고 칭함으로써 이 문제를 흐릿하게 만들었다. 물론 장제스도 중국공산당을 "공비共匪"라고 부르면서 똑같이 행동했다. 실제로 "항일투사"라고 자처하는 사람들의 상당수는 토비이거나 현지 주민들을 착취하면서 살아가는 데 익숙했다.(비록 많은 경우 그들에게 다른 선택의 여지가 거의 없었지만 말이다.)

토비는 중국 농촌에서 흔히 볼 수 있는 현상이지만, 도시 또한 범죄와 무질서가 지배하고 있었다. 1937년 12월 5일 상하이에서는 이전에 국민정부가 통치했던 지구에 친일 괴뢰 정권이 처음으로 수립되었다. 소위 "대도정부大道政府"[37]는 1938년 4월 28일에 막을 내렸지만 국민정부가 철수한 빈자리에 일본군이 그 대안을 제시한 첫 번째 시도였다.[38] 보다 야심찬 대안 정권은 '중화민국 유신정부中華民國維新政府'였다. 1938년 3월 28일, 난징 국민정부 대회당에서 공식적으로 결성되었으며 정부 수장은 량훙즈梁鴻志였다. 그는 1910~1920년대에 군벌 정권에서 주목을 받았지만 국민당 시절에는 한물간 정치인이었다.

이들은 난징에서 정부 수립을 공개 선언한 뒤 정부 각료 전원이 기차를 타고 상하이 신新아시아 호텔로 돌아왔다. 그 뒤 2년 동안 이른바 "호텔 정부"라는 비웃음을 당했다.(2년여 뒤 프랑스 비시 정권은 좀더 나았다. 고작 호텔 하나가 아니라 스파 리조트를 통째로 징발했다.) 상하이의 극소수 사람들만이 유신정부 최고위층을 거쳐 갔던 허수아비 지도자들의 존재를 알고 있었다.

---

36 Yale Divinity Library, MM Rue papers: Y. L. Vane, "One Month among the Bandits."
37 일본이 상하이 점령지구의 통치를 위해 푸둥 둥창루東倉路에 세운 친일 정권. 시장은 일본 유학파이자 상하이 츠쯔持志대학 교수였던 쑤스원蘇錫文이 임명되었다. 1938년 3월 28일 중화민국 유신정부가 수립되자 대도정부는 여기에 흡수되어 중화민국 독판 상하이시정공처로 개편되었다.—옮긴이
38 Timothy Brook, "The Great Way Government of Shanghai," in Henriot and Yeh, Shadow, 161쪽.

도시 점령지에서 정부는 껍데기나 다름없었고 실질적인 통치는 지난 몇 세기 동안 중국에서 형성된 여러 사회단체의 풍부한 조직망에 맡겨졌다. 그중 하나가 향우회同鄕會로 수많은 도시에 지부가 있었다. 상하이에서 사업하거나 또는 더 나은 삶을 얻기 위해 이주한 우시無錫 향우회 회원들은 현지 회원들에게 재정적 또는 여타 지원을 요청할 수 있었다. 믿을만한 또 다른 조직은 강력한 네트워크를 구축하고 있는 종교 자선 단체들이었다. 가장 대표적인 것 중의 하나가 적십자(이때에는 중국에서도 상당한 영향력을 가지고 있었다)에 해당하는 훙완쯔후이紅卍字會였다. 1938년 상하이에서 보낸 그들의 문서에는 자신들이 정치에는 어떠한 관심도 없으며 그보다도 상하이 전투 이후 경야經夜[39]의 아픔을 덜어주려는 것일 뿐이라고 선언했다.[40]

한편, 외국 조계는 중립적인 안전지대로서의 역할을 계속했지만 전쟁은 지치지도 않고 수많은 난민을 그곳으로 밀어 넣었다. 조계의 안전 구역으로 물밀 듯이 밀려오는 수천여 명의 난민들을 돕는 일은 이제 영국인들이 주도하는 상하이시 의회나 프랑스 조계당국의 몫이었다. 상하이의 대표적인 임시 수용소인 "제100호 수용소"는 낡고 외딴 병원의 시설을 이용해 1937년 가을 상하이 전투 당시 피란한 1300여 명의 난민을 수용했다. 여건은 그야말로 형편없었다. 한 자원봉사자의 역할은 서로 다닥다닥 붙어 있어야 하는 수많은 난민 사이에서 전염병이 퍼지지 않도록 돕는 일이었다. 그녀의 하루 일과는 난민 아이들의 우유병 소독을 비롯해 새 옷을 나눠주고 목욕시키는 일 등이었다. 그녀는 이렇게 썼다. "불쌍한 사람들이었다. 그들은 몇 달 동안 단 한 번도 제대로 목욕을 하지 못했다. 하지만 이토록 형편없는 여건에서 무슨 수로 그렇게 피부가 좋아 보일 수 있는지 놀라웠다."[41]

그러나 국제 공공 조계를 책임진 상하이 시의회SMC는 난민을 위해 거주 구역과 시설을 제공하는 일이 결코 달갑지 않았다. SMC의 관료였던 R. C. 로버트슨은 1937년 9월 6일 동정심이라고는 전혀 없는 보고서를 작성했다.

39 초상집에서 가족들이 죽은 사람의 곁을 밤새도록 지키는 중국 전통의 관습.—옮긴이
40 SMA: Q113-2-12, Q165-1-64.
41 Yale Divinity Library, MM Rue papers: Mrs C. M. Lee, "Impressions of Camp No. 100."

그는 피란민들이 시골 지역으로 꾸준히 이동하고 있지만 "그나마 형편이 나은 사람들이 떠난다. 남아 있는 사람 대부분은 도저히 떠날 수 없는 사람들이다. 단적인 예가 콤포Kompo[42]의 하층민들이 신자루新閘路에 있는 다 무너진 서양식 주택들을 멋대로 점거 중인 무허가 판자촌이다. 이곳의 난민들은 일용직이나 도둑질 따위로 생계를 유지하고 있으며 다른 곳으로 떠날 생각이 조금도 없다. 쓰레기장이나 다름없는 곳에서 생활하면서 공공의 건강을 위협하고 있다. 이 무리를 다루기 위해서는 오직 경찰이 나서는 수밖에 없다."[43] 그러나 로버트슨은 이것만이 전부가 아니라는 사실을 깨달았다. "이 난민들은 전투가 벌어지는 내내 포탄으로 부서진 폐허 속에 숨어 있었고 화마와 전쟁의 공포에 떨어야 했다. 따라서 의학적인 관점에서 볼 때 우리는 앞서 언급한 것에 더해서 전쟁 신경증과 신경과민까지 안고 있는 집단을 데리고 있는 셈이다."[44] 쏟아져 들어오는 난민들과 그들의 질병이 질서정연하고 이성적이며 근대적이라고 여겨왔던 상하이를 몰락시킬 것이라는 협박이었다.

피란민들의 영양을 보충할 수 있도록 대량의 대구 간유를 전달하는 것을 비롯해 다양한 의견이 제시되었다. 그러나 여러 수용소 안에는 너무 많은 피란민이 있었고 막대한 돈이 소요될 수밖에 없었다. 게다가 상하이 시의회는 공공 자선에 의존할 생각이었다. 그들은 난민 복지가 자신들의 역할이라고 여기지 않았다.[45]

1938년 4월 프랑스 조계 당국은 상하이 시의회 사무국장 스털링 페선든 Sterling Fessenden에게 편지를 보내 "1938년 4월 1일까지 조계에 들어온 피란민의 숫자가 15만 명을 넘었다"라고 전했다.[46] 프랑스 조계 당국은 더 이상 상하이에 난민선이 들어오지 못하도록 금지하자고 제안했지만 상하이 시의

---

42 현재의 상하이 진산구 장베이蔣北를 가리키는 것으로, 국제 공공 조계 시절 부르던 이름이다. 옮긴이

43 SMA(U1-16-1039).

44 SMA(U1-16-1039), 2쪽.

45 Ibid.

46 SMA(U1-16-1039), 101쪽.

회 경찰은 중국 최대의 항구를 폐쇄하는 일은 현실적으로 매우 어렵다고 지적했다. 그러나 공중보건위원회는 이렇게 강조했다. "수용소에 등록된 8만 명의 피란민들은 하나같이 농촌과 상하이의 낙후된 외곽에서 넘어온 미개하고 무지한 인간들이다. 이들에게 건전하고 질서 있는 사회에 필요한 것들을 이해시키고 지키도록 하는 일은 불가능하다."[47]

'미개한' 같은 표현은 공황 상태나 다름없는 당국의 처지를 보여주었다. 상황은 통제 불능으로 흐르는 것처럼 보였다. 외국인들의 특권 지구로서 상하이의 지위는 허약한 청조 시절이건, 점차 강해지고 있는 국민당 시절이건 조계 거주지 바깥의 중국이 얼마나 성장하고 변영하는지와 무관할 수 없었다. 그러나 중국 도시들이 '달 표면'마냥 두들겨 맞고 피란민이 쏟아져 나오면서 현지 시장과 수송망이 파괴되는 것이나, 국민정부가 점점 붕괴되고 있는 상황은 그동안 서구 열강들이 상하이에 쏟아 부은 막대한 금전적 투자(그리고 정서적인 투자까지)의 파멸을 의미했다.

일본군의 공격으로 혼란에 빠진 곳은 상하이만이 아니었다. 1939년 2월 12일 캐서린 핸드는 일본 점령 아래 있었던 이저우의 첫해를 이렇게 묘사했다.

일본군 수비대는 여전히 이 도시에 주둔하고 있고 주변 지역은 항일 유격대가 차지하고 있다. 충돌은 빈번하고 불가피하다. 우리는 언제 어디에서 얼마나 격렬한 싸움이 벌어질지 짐작할 수조차 없다. 이런 상황에서 이익을 챙기는 쪽은 토비들이다. 시골 사람들은 겁에 질린 채 멀리 도망치기 일쑤다. 우리에게는 여전히 너무 많은 난민이 남아 있다. 이 때문에 원하는 학생들을 모두 기숙사로 데려올 수 없는 형편이다. 난민의 상당수는 갈 곳이 전혀 없는 도시 사람들이다. 도시는 사실상 폐허가 된 채 병영이나 다름없다. 현지에는 아무런 경제적 활동도 없으며 군인을 제외하고는 주민들도 거의 남아 있지 않다. 병원은 사람들로 넘쳐나지만 치료비를 낼

47 SMA(U1-16-1039), 121쪽.

여유가 있는 사람은 찾아보기 어렵다. 만약 우리에게 그들을 위한 구호 기금이 없었더라면 많은 사람이 아사에 내몰렸을 것이다. 전쟁 전에는 잘 나가던 이들조차 지금은 직업도, 전망도 없다. 끝은 무엇이며 언제쯤 끝날 수 있을까? 그걸 알 수 있다면 우리는 행복할 수 있을까?[48]

———

중국공산당의 수도 옌안을 방문했던 외부인들은 훗날 회고록을 쓰면서 몇 번이나 음식에 관해서 언급했다. 식사 시간은 오전 8시와 11시, 오후 3시였고, 주식은 수수죽이나 말린 수수였다. 겨울에는 너무 추워서 닭들이 알을 낳지 않았기에 달걀조차 없었다.[49] 음식은 세심하게 배급되었고 변화는 거의 없었다. 아이가 있는 엄마들에게는 여분의 육류가 제공되었다. 당 내 고위직에 있는 사람들이 더 나은 대우를 받는 특혜 제도는 가족들끼리도 차별이 있다는 의미였다. 작가 아이칭艾青은 중간 수준의 식사를 한 반면, 아내와 아이는 기본 수준의 음식을 받아야 했다.[50] 음식 배급은 수많은 생활의 한 단면이었다. 전시 옌안은 삭막하고 엄격했다. 특히 당의 규율에 따르는 사람들에게 그러했다. 충칭에 비해 옌안은 새로운 사회적 계약의 시험 공간이었다. 당과 체제는 한층 열성적인 사회 보장을 약속했지만 그 대신 완전무결한 복종을 요구했다.

2년 전인 1935년, 초췌하고 기진맥진한 9000여 명의 군인들이 이 시베이의 언덕 마을에 도착했다. 그들의 당도는 중국공산당 신화에서 전설이 될 사건인 대장정이 끝났음을 알렸다. 실제로 대장정은 한층 강화된 국민당의 초공작전剿共作戰에, 장시성에서 공산당 지도부의 극심한 내분에 따른 도주에 지나지 않았다. 옌안은 국민당의 독재에 점차 분노하는 사람들에게 정치적 대안의 '상징'이 되었다. 하지만 공산당의 실험적인 정권은 1930년대 중반

48 KH, "Diary," 1939년 2월 12일.
49 朱鴻召, 『延安: 日常生活中的歷史(1937-1947)』(桂林: 廣西師範大學出版社, 2007), 11쪽.
50 朱鴻召, 『延安』, 11~29쪽.

만 해도 벼랑 끝에 내몰려 있었다.

코앞으로 닥친 전쟁의 위협은 중국공산당의 운명을 바꾸어놓았다. 이들은 더 이상 쫓기는 반란군의 신세가 아니라 공식적으로 항일 통일전선의 부차적인 동반자가 되었다. 전쟁 동안 공산당의 정치적 방침은 전쟁이라는 상황이 초래한 요구에 따라 거침없이 성장해나갔다.

전쟁은 또한 마오쩌둥의 경력을 바꾸어놓았다. 전쟁이 시작되었을 때 당내에서 마오쩌둥이 유일한 지도자 후보는 아니었지만 대장정을 거치면서 그의 지위는 크게 높아져 있었다. 그 이후에는 장정 과정에서 마오쩌둥과 동등 또는 그 이상으로 활약했던 다른 공산당 지도자들의 용감한 위업이 점점 빛을 바래게 될 것이었다. 1935년 1월 구이저우성의 쭌이 회의遵義會議[51] 또한 마오쩌둥의 운명에 있어서 중요한 전환점이었다. 회의는 코민테른이 지지했던 재래식 전투 방식을 버리고 마오쩌둥의 기동전술을 받아들이기로 했다. 그러나 1937년 전쟁 발발 당시 중국공산당 지도부에는 여전히 여러 명의 경쟁자가 남아 있었다. 가장 주목할 사람은 모스크바에서 훈련받은 왕밍王明(본명: 천샤오위陳紹禹)과 대장정 시절 노련한 라이벌이었던 장궈타오張國燾였다.[52] 그러나 마오쩌둥이 내리는 결정은 단순히 당 지도자들 사이의 야합을 통해서 만들어진 것만은 아니었다. 중국공산당은 자급자족으로 전환하기는 했지만 결코 외부 세계와 단절되지 않았다. 공산주의 이념은 전쟁이 만들어낸 현실적이면서 예측 불가능하며 시시각각 흘러가는 흐름에 맞추어 변화할 수 있어야 했다.

마오는 국민당과의 합작이 공산당의 세력을 확장할 수 있는 절호의 기회일 뿐만 아니라, 동시에 위험 또한 만만치 않다는 사실을 잘 알고 있었다. 특히 홍군은 장제스의 지휘를 받아야 했다. 그러나 공산당은 자체 무장 없이

---

51 대장정 도중이었던 1935년 1월 15일부터 17일까지 구이저우성 북부의 작은 마을 쭌이에서 열린 공산당 중앙정치국 확대회의. 그 직전인 1934년 11월 30일부터 12월 1일까지 벌어진 샹장 전투에서 홍군이 최악의 참패를 당하면서 보구와 오토 브라운 등 코민테른파의 입장은 크게 약화되었다. 마오쩌둥은 이 기회를 이용하여 당내 불만분자들을 규합한 후 반격에 나섰다. 특히 주요 지도부의 한 사람인 저우언라이가 그의 편을 들면서 승리를 거두었고 마오쩌둥은 처음으로 당내 주도권을 장악하여 최고 지도자의 자리에 한발 다가갔다.—옮긴이
52 Van Slyke, "Chinese Communist Movement," 183~187쪽.

장제스의 숙청에 속수무책이었던 1927년의 실수를 반복할 생각이 없었다. 개전 초기 약 3만 명 정도였던 공산군은 8월과 9월 동안 제8로군으로 재편되었고 3개 사단 8만 명으로 빠르게 늘어났다. 얼마 뒤에는 신편 4군으로 불리게 되는 1만2000여 명의 두 번째 부대를 편성할 수 있는 권한을 부여받았다. 이들은 중국 중부에서 활동할 것이었다.[53] 최소한 공산군의 3분의 1은 일본과 직접 싸우는 대신, (암묵적으로 국민당에 대항해 자신들을 방어하기 위해) 근거지에 남았다.

마오는 장제스의 항일에 진정성이 있다고 판단했다. 8월 13일, 상하이에서 중국과 일본의 첫 교전이 시작된 바로 그날, 마오는 자신에게 호의적인 미국 기자 님 웨일스Nym Wales[54](헬렌 F. 스노Helen Foster Snow의 가명)와 인터뷰를 했다. 마오는 국민정부가 즉각적인 개전을 승인한 사실과 공산군이 국민정부군의 일부가 되었음을 솔직히 인정했다.[55] 1937년 9월 6일, 산·간·닝陝甘寧 변구 정부가 공식 선포되었다. 그 이름은 산시·간쑤·닝샤에 위치한 세 성의 첫음절을 땄으며, 본부는 옌안에 있었다. 마오쩌둥이 전쟁 동안 새로운 사회의 청사진을 만들 핵심 근거지가 될 곳이었다. 후대의 학자들은 "옌안 시절"이라고 부르게 된다.[56]

전쟁 첫해 마오가 쓴 글들은 정치가로서, 사상가로서 변화 과정을 보여준다. 마오는 외부와 고립된 옌안에서 마르크스주의 문학을 광범위하게 읽어나갔다. 그는 항상 열렬한 독서광이었지만 아마도 5·4운동 이후 처음으로 도피 생활에서 벗어나 자신이 젊은 시절 받아들였던 이념에 몰두할 수 있는 여유를 얻었다. 모스크바에서 스탈린을 통해 공부할 수 있었던 왕밍이나 그 추종자들 또는 저우언라이처럼 당내 여러 도시 출신의 세련된 사람들과 달

---

53 Van Slyke, "Chinese Communist Movement," 181, 189쪽.
54 에드거 스노이 부인. 중국에 체류 중이던 스노 부부는 1936년 6월 장쉐량의 묵인 아래 서양 기자로서는 처음으로 공산군의 수도인 옌안을 직접 방문했다. 두 사람은 옌안에 4개월 동안 체류하면서 마오쩌둥과 공산당 지도부를 인터뷰했으며 이듬해『중국의 붉은 별Red Star Over China』을 출간하면서 그곳의 모습을 낭만적으로 묘사하여 이들의 존재를 서구 사회에 처음으로 알렸다. —옮긴이
55 "Interview with Nym Wales on Negotiations with the Guomindang and the War with Japan," *MZD*, vol.6, 16~17쪽.
56 Mark Selden, *The Yenan Way in Revolutionary China*(Cambridge, Mass., 1971).

리 마오는 시골 출신의 독학자였다. 지적 능력은 의심의 여지가 없었지만 교육 수준과 이론적인 유연성은 그렇지 않았다. 그는 공산당을 형성하는 이념적 기구를 확실하게 장악하여 자신의 지도력을 단단하게 다져나갔다.

전쟁 첫해 마오가 전쟁과 관련하여 기고한 글들은 사상가로서 그의 시야 범위가 산시성의 동굴 훨씬 저 너머에 있음을 보여주었다.[57] 1937년 11월 상하이가 함락되었고 타이위안 또한 그렇게 되었다. 마오는 이 도시들의 함락이 국민당의 대규모 진지전이 끝장났다는 신호이며 적어도 전쟁이 국제전으로 확대되기 전까지는 유격전이 주도적인 전략적 수단이 되리라고 여겼다. 장제스의 계획과 마찬가지로 마오의 생각 또한 개인적인 믿음 단계의 비약에 지나지 않았다. 1937년 가을에는 전쟁이 국제화되리라는 어떠한 징후도 찾아볼 수 없었다. 전통적인 총력전이 더 이상 효과가 없다는 마오의 주장 또한 정확하지는 않았다. 예컨대, 1939년 쉐웨의 창사 방어는 국민당 중국의 전략적 요충지를 적어도 몇 년 동안 지켜내게 했다. 설령 마오가 선호하는 이른바 '운동전'을 벌이려고 해도 국민당이 전 세계의 이목을 중국으로 끌어 모으고 국제적인 원조를 호소하면서 전통적인 방어전술을 포기하기란 정치적으로 매우 어려운 일이었다. 국민당의 부차적인 동반자로서 마오쩌둥은 보다 급진적인 전략적 사고를 얼마든지 자유롭게 할 수 있었지만 정작 런던과 워싱턴에 손을 내밀어야 하는 쪽은 옌안이 아니라 충칭이었다.

급진적 저항의 불빛으로서 옌안의 상징성은 많은 사람을 끌어들였다. 1937년부터 1940년까지 10만 명이 옌안에 들어왔다.[58] 수적으로는 충칭으로 향한 수백만 명에 비한다면 보잘 것 없었지만, 새로운 유입자들은 중국에서는 대단히 높은 교육을 받은 부류의 지식인들이었다. 그중 약 5만 명이 학생, 언론인, 교사와 같은 식자층이면서 중산층이었다. 대부분 중국의 새로운 미래를 찾기 위해서 왔다. 그들은 1937년 이전 국민당 정부의 잔혹한 행동을 보면서 이미 타협의 희망이 없다고 느꼈다. 그러나 많은 사람에게 옌안의 실상은 그들이 품었던 이상과는 거리가 멀었다. 이 작은 도시는 경제적

---

57   예를 들면, 「論持久戰」(1938년 5월 26일), *MZD*, vol.6, 319~389쪽.
58   Van Slyke, "Chinese Communist Movement," 203쪽.

으로 매우 궁핍했고 낙후되어 있었다. 여기에 비하면 충칭은 훨씬 세련된 대도시였다. 산시陝西성 주변은 지독하리만큼 가난했으며 거의 대부분이 농업에 종사했다. 이 점이 그곳에서 공산주의자들의 메시지가 먹혀들 수 있었던 한 가지 이유이기도 했다. 옌안의 공산당이 지배하는 인구는 겨우 140만 명에 불과했다. 이 지역은 지진이나 가뭄 등 자연 재해가 빈번했다. 그중에는 인간이 만든 재해(약탈과 기근)도 포함되었다. 거친 황토가 쌓인 암벽 여기저기에는 동굴을 파서 만든 집들이 있었다.

혁명을 원하는 사람들에게 부족한 식량과 형편없는 거처는 그곳의 삶에 있어서 큰 부담이었다. 옌안의 마르크스레닌주의 대학은 대표적인 공산당 교육기관이었다. 학생들은 산비탈의 동굴에서 거주했다. 밤에도 공부할 수 있도록 책상과 램프는 있었지만 의자는 없었다. 돤쒀취안段蘇權은 훗날 이렇게 회고했다. "학생들의 생활은 매우 질서정연했다. 우리는 공부하고, 수업을 받고, 토론하고, 그런 다음 먹고 잤다. 엄격한 질서가 있었고 호루라기 소리는 (명령을 내리기 위한) 신호였다."[59] 그러나 질서에 대한 압박에도 불구하고 능동적인 정치 운동을 조직하기란 쉽지 않았다. 옌안 병원의 설립자인 천쉐자오陳學昭는 『제팡일보解放日報』에 이렇게 기고했다.

우리가 회의를 열 때마다, 사람이 너무 많기도 했지만 기다리는 시간이 실제로 회의하는 시간만큼이나 걸렸다. 두 시간 회의를 위해서 우리는 두 시간을 기다려야 했다. 내가 두 시간 동안 보고를 듣기 위해 기다리는 중이라면 이미 그 전에 최소한 한 시간 반은 기다렸다는 얘기였다. 그때에는 나는 녹초가 되어서 도저히 회의에 집중할 수가 없었다.[60]

충칭에서는 동부에서 온 피란민들과 쓰촨성 현지 주민들 사이에 부조화가 나타나고 있었다. 옌안 또한 체계적인 공산 혁명을 추구하는 신참자들은 수백 년 동안 이어져온 현지 농촌 주민들의 봉건 관습과 마찰을 빚어야 했

59 朱鴻召, 『延安』, 12쪽.
60 朱鴻召, 『延安』, 8쪽.

다. 한 젊은 노동 운동가였던 양창춘楊長春은 1938년 봄의 어느 날 나무 심기 운동에 참여했던 것을 회상했다. 그는 나무를 가지런히 심자고 제안했다. 대장정의 베테랑이었던 그의 말은 무시당했다. 어떤 사람이 땅에 나무를 아무렇게나 밀어 넣자 다른 사람들도 그대로 따라했다. 말다툼이 벌어졌다. 양창춘은 그에게 "늙은 촌놈"이라며 욕을 했고 상대방 또한 "국민당 지역에 온 너희 같은 놈들은 구역질이 난다. 너희는 양놈들과 다를 바 없다!"라고 맞받아쳤다.[61] 옌안에서는 숙련된 기술자들을 구하기 힘들었다. 덕분에 그들은 더 높은 임금과 더 나은 생활(전쟁 이전에 비해서 대략 두 배)을 보장받았고 질시의 대상이 되었다.[62]

옌안에서는 언제나 남자가 여자보다 훨씬 많았다. 1938년 남녀 비율은 30 대 1이었다. 심지어 1944년에도 여전히 8 대 1이었다.[63] 많은 여성들에게는 전통적인 역할에서 벗어날 기회가 되었다. 한 가지 예로, 옷깃이 열린 "레닌 스타일"의 혁명 의상은 여자대학의 필수품이 되었다. 공산주의 운동가였던 자오차오거우趙超構[64]는 거의 반세기가 지난 뒤에야 옌안의 낭만적인 이미지가 잘못 알려졌다고 털어놓았다.

그곳에는 파마머리를 한 여성은 단 한 명도 찾아볼 수 없었다. 연인들끼리 손을 잡을 수도 없었다. 여성 동지들 중에서 여성스러움을 내세우는 경우는 거의 없었다. 여자들의 차림새는 남자들과 다르지 않았다. 전반적으로 옌안은 정말로 성적 매력이 결여된 도시였다.[65]

---

61 朱鴻召, 『延安』, 34쪽.
62 충칭의 노동자들에 대해서는 Howard, *Workers at War*, ch.3~5 참조.
63 朱鴻召, 『延安』, 6쪽.
64 자오차오거우(1910~1992): 장제스 시절 언론인이자 재야 사회운동가로 중국 사회의 명암을 고발했다. 1944년에는 옌안을 방문하고 「옌안의 한달延安一月」이라는 장문의 기사를 썼다. 국공내전 이후 대륙에 남아 전국인민대표대회 대표와 전국 정협 대표를 여러 번 역임했으며 1953년에는 공산당 어용 정당인 중국민주동맹에 가입했다. 그러나 문화대혁명이 일어나자 어린 홍위병들에게 우파로 몰려 큰 곤욕을 치르기도 했다.—옮긴이
65 朱鴻召, 『延安』, 228쪽(1992 회고록에서 인용).

옌안의 여자들은 또한 심각한 사회적 압력에 시달려야 했다. 피임이 제대로 되지 않아 뜻밖에 임신하는 경우가 흔했다. 원시적인 의료 여건 때문에 출산은 매우 위험하면서 정신적 충격을 줄 수 있었다. 만약 여성이 혁명 사업을 계속하길 원한다면 갓난아기를 현지 농민들에게 맡겨야 하는 고통을 감수해야 했다.[66] 위생은 매우 열악했다. 현지에는 농담으로 이를 가리켜 "혁명 벌레"라고 불렀다. 옌안에서 머무를 만큼 혁명에 열성적인 사람이라면 온몸에서 이가 들끓을 것이기 때문이었다.[67]

옌안 또한 일본의 공격을 피할 수는 없었다. 1938년 11월 20일, 일곱 대의 일본 폭격기가 이 오래된 도시를 폭격했다. 당시 목격자였던 왕광룽王光榮은 "70~80여 명이 죽거나 다쳤다. 살점이 날아다녔다. 실로 끔찍했다"라고 회상했다. 이튿날 폭격기들은 되돌아와 마오쩌둥의 거처를 명중시켰다. 30여 명의 군인이 죽었다. 그러나 사람들은 금세 배웠다. 이듬해 신정과 구정에 옌안은 또다시 공습을 받았다. 이번에는 한층 준비되어 있었고 사상자는 거의 없었다. 명나라 때 세운 도심의 탑에는 대공포가 설치되었다. 탑의 종은 공습경보용으로 활용했다.[68]

일본군은 충칭에서 했던 방식으로 옌안을 다루지 않았다. 1938년부터 1941년까지 도합 17차례의 공습이 있었다. 죽은 사람은 도합 214명이었다. 적은 희생은 아닐지 몰라도 1939년 5월 3~4일 단 이틀의 충칭 폭격에서 5000명 이상이 죽었던 것에 감히 비할 수는 없었다.[69]

일본은 완고한 반공주의 국가이면서도 정작 주된 목표는 장제스였다. 전 중국이 일본의 지배에 결코 굴복하지 않으리라는 사실을 상징하는 쪽은(마오쩌둥이 아니라―옮긴이) 장제스의 항전이었다. 끝없는 폭격에 시달리는 국민당 정권은 중국 언론뿐만 아니라 국제사회의 주목을 끌었다. 옌안은 고립된 곳이라 충칭에 비해 피란민의 수가 훨씬 적을 수밖에 없었다. 그 덕분에 공

66 朱鴻召, 『延安』, 238, 243, 245~250쪽.
67 朱鴻召, 『延安』.
68 朱鴻召, 『延安』, 319~321쪽; 王光榮, "日軍飛機轟炸延安紀實," 『党史博覽』(2003:2), 46~47쪽.
69 朱鴻召, 『延安』, 319~321쪽; 王光榮, "日軍飛機轟炸延安紀實," 46~47쪽.

산주의자들은 외부의 관찰과 간섭으로부터 벗어나 자신들이 하려는 일을 마음껏 추진할 수 있었다. 옌안은 미지의 장소로 남았다. 외국 대사관도 없었고 장기 체류하는 언론인도 없었다. 그곳으로 초대된 외국인들은 대부분 에드거 스노, 아그네스 스메들리Agnes Smedley처럼 무명은 아니지만 급진적이면서 공산주의에 동조하는 언론인들이었다. 이들은 옌안을 긍정적으로 묘사했다.

국제적인 주목을 받을 수 없다는 점이 마오쩌둥에게 새로운 사회질서를 창조하기 위한 훨씬 더 많은 기회를 안겨주었다. 당시 중국사회는 빈곤뿐만 아니라 토지 소유도 매우 불공평했다. 한 추정치에 따르면 인구의 12퍼센트가 전체 토지의 46퍼센트를 차지하고 있었다. 산·간·닝 변구 정부는 그 지역에 사는 모든 주민에게 의무를 공평하게 배분하는 정책을 추진하면서 현지 사정에 따라 적당히 조정했다. 더 적은 지주가 더 많은 토지를 소유하고 있는 경우에는 소작료를 얼마나 줄이는지가 중요한 관건이었다. 그 밖의 지역에서는 조세 감면이 더 중요했다. 공산주의자들은 옌안에서 변구 전체를 통제하려고 노력하는 대신, 대토지 소유자를 비롯한 주요 민간 경제를 감독하려고 했다. 지방 민의기구가 설립되는 등 정치 또한 다원화되었다. 그러나 실제로는 여전히 공산당이 그들을 장악하고 있었다.[70] 1940년 중국공산당은 통일전선정책을 강조하는 또 다른 대표제도인 "삼삼제三三制"를 추진했다. 이 규정에 따르면 모든 지방 권력은 3개의 집단에서 선출되어야 했다.(그러나 공산당과 군대는 이 규정의 적용을 받지 않았다.) 3분의 1은 공산당원이고, 3분의 1은 비공산당 좌파 인사이며, 3분의 1은 좌파도 우파도 아닌 중도 인사들이 각각 차지했다.[71]

마오쩌둥을 위협하는 다른 지도자들의 세력은 점점 약해졌다. 1938년 봄, 장궈타오는 자신이 공산당의 주도권을 장악할 가능성이 희박하다는 사실을 깨닫고 국민당으로 전향했다. 모스크바에서 일류 교육을 받은 정통 공

70   Van Slyke, "Chinese Communist Movement," 200~202쪽.
71   Selden, *Yenan Way*, 161~171쪽; Lyman van Slyke, *Enemies and Friends: The United Front in Chinese Communist History*(Stanford, 1967), 142~153쪽.

산주의자인 왕밍은 더욱 강력한 도전자였다. 그는 정면에서 마오쩌둥에 반대했고 중국공산당이 국민당과 한층 협력해야 한다고 주장했다. 심지어 국민당과 연합 정부를 구성하는 것도 가능하다고 여겼다. 소련이 국민당에게 상당한 원조를 제공하고 있다는 점에서 장제스에게 흘러들어가는 자금과 물자 일부를 공산당이 나누어 가질 수 있는 기회가 될 수도 있었다. 또한 왕밍은 중국에서 공산혁명은 농촌이 아니라 도시에서 시작되어야 한다는 생각에 고집스레 매달렸다.[72] [73] 그러나 일련의 사건은 그에게 불리하게 돌아갔다. 우한 함락은 도시에 공산주의 세력을 심으려는 그의 희망사항이 더 이상 현실적이지 않다는 의미였다. 그 대신 공산당이 침투할 지역은 농촌이었다. 마오의 시야는 왕밍을 훨씬 능가했다. 1938년 말이 되자 모스크바에서 교육받았다는 이력은 더 이상 실질적인 위협이 되지 못했다. 물론 마오쩌둥만이 유일하게 주목받는 공산당 지도자는 아니었다. 또한 마오의 근거지만 전쟁 동안 공산당 세력을 발전시킨 것도 아니었다. 그러나 마오의 카리스마와 옌안의 지리적 이점으로 인해 중국 내 다른 지역에서 벌어진 공산주의 투쟁 이야기들은 희미해졌다.

공산당은 중국 중부로 진출하여 산시성과 허베이성의 경계 지역에 근거지(진차지 변구晉察冀邊區)[74]를 건설했다. 또한 산시성 서북쪽(진쑤이 변구晉綏邊區)[75], 산시성 동남쪽 타이항산(진지루위 변구晉冀魯豫邊區)[76]에도 각각 근거지가 세워졌다. 산시성의 지방 군벌 옌시산은 본질적으로 장제스와 다를 바

---

72 왕밍은 스탈린의 지시에 따라 계급투쟁보다 항일에 총력을 기울여야 한다고 강조했지만 마오쩌둥의 정풍운동으로 그의 추종 세력은 몰락했고 왕밍 노선 또한 소위 "우경투항주의"로 혹독한 비판을 받아야 했다.―옮긴이

73 Van Slyke, "Chinese Communist Movement," 185~187쪽.

74 중일전쟁 중 공산군이 설치한 유격구 중 하나. 1937년 11월에 처음 건설되었으며 산시성(晉)과 차하르성(察), 허베이성(冀)에 걸쳐 있었다. 변구 사령관은 제115사단장 녜룽전晶榮臻이 맡았다. 국공내전 중에는 공산군 5대 야전군 중 하나인 화베이 야전군으로 확대되었다.―옮긴이

75 1937년 12월 허룽賀龍의 제120사단이 산시성 북쪽에 건설한 유격구. 산시성과 쑤이위안성(綏)에 걸쳐 있었다. 국공내전 중에는 공산군 5대 야전군 중 하나인 시베이 야전군으로 확대되었다.―옮긴이

76 1937년 10월 류보청劉伯承의 제129사단이 산시성 동쪽 타이항산 일대에 건설한 유격구. 산시성과 허베이성, 산둥성(魯), 허난성(豫)에 걸쳐 있었다. 국공내전 중에는 공산군 5대 야전군 중 하나인 중원야전군으로 확대되었다.―옮긴이

없는 골수 반공주의자였지만, 이들과 일시적인 동맹을 맺었다. 첫 몇 달 동안 산시성의 성도 타이위안은 류사오치劉少奇가 이끄는 중국공산당 북방국北方局의 총사령부가 되었다. 공산당의 영향력은 1937년 9월 25일 핑싱관平型關에서 중요한 군사적 승리를 이끌었다. 제8로군은 현지 부대들과 함께 매복한 뒤 서로 협력하여 일본군 제5사단 일부를 격파했다.[77]

전쟁 초기 몇 년을 거치면서 공산당과 그 군대는 비약적으로 확대되었다. 1937년부터 1941년까지 공산당원 수는 4만 명에서 76만3447명으로 늘어났다. 당초 9만2000여 명 정도였던 병력 또한 제8로군과 신4군을 합해서 도합 44만 명 이상으로 불어났다.[78] 이와 별도로 공산당 근거지 안에는 지방 민병대가 있었다. 신병의 상당수는 농사와 군 복무를 병행했다. 덕분에 군대에 징집된 젊은 남자들이 가족들을 부양하지 못하고 떠나야 한다는 (국민당 통치 구역에서는 일상적이었던) 두려움이 줄어들었다. 공산당은 군인 가족들에게 식량을 나눠주려고 했던(항상 성공적이지는 않았다) 국민당 정책 대신, 군 복무와 일상 농촌 생활의 간극을 좁히는 쪽을 선택했다. 게다가 국민당은 1940년까지 산·간·닝 변구에 법폐로 매월 60만 위안(18만 달러)의 보조금을 제공하여 절대 빈곤 지역에 귀중한 수입을 더해주었다.(국민당의 경제적 지원이 중단되자 스탈린은 중국공산당에 매월 30만 달러를 지급하기로 결정했다.)[79]

중국공산당은 대중 동원을 원했고 대중의 정치 참여를 끌어내는 데 있어서 국민당보다 한층 열성적이었다. 그러나 자신들의 경쟁자가 그러하듯, 공

---

77 핑싱관 전투에 관해서는 Satoshi and Drea, "Japanese Operations," in Peattie, Drea, and van de Ven, *Battle for China*, 164~167쪽 참조. 공산당의 근거지와 옌안 외의 저항에 대해서는 다음을 참조. 예를 들면, Gregor Benton, *Mountain Fires: Red Army's Three-Year War in South China, 1934~1938*(Berkeley, CA, 1992); *New Fourth Army: Communist Resistance Along the Yangtze and the Huai, 1938~1941*(Berkeley, CA, 1999); David Goodman, *Social and Political Change in Revolutionary China: The Taihang Base Area in the War of Resistance to Japan, 1937~1945*(Lanham, MD, 2000); David Goodman and Feng Chongyi, *North China at War: The Social Ecology of Revolution*(New York: M.E.Sharpe, 1999); Pauline Keating, *Two Revolutions: Village Reconstruction and the Cooperative Movement in Northwest China, 1934~1945*(Stanford: Stanford University Press, 1997); Dagfinn Gatu, *Village China at War: The Impact of Resistance to Japan, 1937~1945*(Vancouver, 2008).
78 Van Slyke, "Chinese Communist Movement," 188~189쪽.
79 Taylor, *Generalissimo*, 171쪽.

산당 역시 핵심 권력을 내놓을 생각은 추호도 없었다. 민주주의에 대한 그들의 관점은 어디까지나 정치 참여의 폭을 넓히는 것이지, 결코 자유주의적이거나 진정한 다원주의와는 거리가 멀었다. 반면, 국민당은 통치 구역 내에서 국민정부의 통제 아래 다른 정치세력들의 참가를 허용하는 국민참정회國民參政會를 결성하여 정치 참여의 기회를 넓히려고 노력했다.[80]

공산주의자들 역시 겉으로는 지역 민회의 참여를 장려하면서도 실제 권한은 공산당이 쥐고 있었다. (외부 관찰자들의 주장처럼) 이러한 제도가 실질적인 권한이 없었다고 폄하한다면 본질을 보지 못하는 것이다. 그들이 대항하려는 상대는 자유민주주의의 다원주의 모델이 아니라 제국주의 지배 아래에서 시민으로서 참정권의 기회를 전혀 기대할 수 없었던 전근대적 봉건체제였다. 그러나 그들 또한 지배 세력이 현실 권력을 나누는 데 얼마나 인색한지 상징적으로 보여주었다.

충칭과 마찬가지로 옌안은 단순한 물리적인 공간이 아니라 일종의 이상이 되었고 두 도시는 점령지구와 대비되었다. 충칭은 정부와 사회의 새로운 합의를 나타내는 상징이었다. 새로운 중국에서 정부는 국가적인 파멸의 위기에 직면했을 때 대중에게 더 많은 요구를 할 수 있으며 시민들은 자신들이 정부에 헌신하는 만큼 보상받기를 기대했다. 옌안의 합의 또한 본질적으로 충칭과 다를 바 없었다. 그러나 공산주의자들의 중심에는 개혁보다 혁명이 한층 중요한 위치에 있었다. 1917년의 러시아 혁명 역시 세계대전이 한창일 때 일어났다. 하지만 마오의 공산당이 추구한 방식은 하향식이었던 볼셰비키의 권력 장악과는 전혀 달랐다. 마오는 항일 통일전선에 힘을 결집시키는 것이 첫 번째이고 계급투쟁은 적어도 당분간 두 번째라고 강조했다. 그대신 공산당은 진정한 대중 동원의 기법을 발전시키는 데 시간을 보냈다. 모든 사람이 전시 중국에서 날로 커지는 공산당의 세력을 유쾌하게 받아들였던 것은 아니었다. 물론 장제스는 그들의 속셈을 깊이 불신했다. 그의 협력자이자 경쟁자였던 왕징웨이도 마찬가지였다.

---

80 Van de Ven, *War and Nationalism*, 220쪽.

제11장 미지로의 여행

1938년 11월 26일, 왕징웨이 저택에서 열린 비밀회의에 참석한 소수의 국민당 관료 중에는 저우포하이와 그의 심복 메이스핑梅思平[1]도 있었다. 메이스핑은 상하이에서 막 돌아온 참이었다. 그는 지난 며칠 동안 일본군 고위 인사들과 구체적이면서 열의 넘치는 대화를 나누었다. 만약 장제스가 이 사실을 알았다면 메이스핑은 그 자리에서 체포되었을 것이다.

그들의 요구는 간단했다. 왕징웨이가 충칭을 저버리고 일본이 지배하는 중국 동부에서 장제스에게 대항하는 새로운 정부를 세우는 것이었다. 양측은 합의문 초안에 서명했다. 일본 고노에 총리는 새로운 정부의 탄생을 알리는 성명을 준비 중이었다. 그러나 장제스가 이끄는 중국의 미래에 대한 불안감이 아무리 크다고 한들, 왕징웨이로서는 자신의 오랜 혁명 경력을 걸고 돌이킬 수 없는 도박을 벌이는 것과 다름없었다.

왕징웨이는 쉽게 마음을 정할 수 없었다. 회의가 끝나자 그는 침통한 얼굴이었다. 저우포하이는 그의 우유부단함에 분통을 터뜨렸다. 그는 이렇게 썼다. "집에서 우리는 왕징웨이의 성격에 대해서 논의했다. 그는 명확한 신념이 없고 변덕스럽다. 그래서 지난 10년 동안 실패했던 것이다. 하지만 이 문

---

1 메이스핑(1896~1946): 중일전쟁 중 왕징웨이, 저우포하이 등과 함께 국민당 내 주화파 인사들을 규합하여 일본과 타협해야 한다는 이른바 "저조구락부低調俱樂部"를 결성했다. 이후 왕징웨이 정권에 부역하면서 저장성장, 내무부장 등을 역임했지만 일본이 패망하자 친일파로 체포되어 난징에서 총살당했다.—옮긴이

제만큼은 설령 우물쭈물하더라도 결국에는 계획대로 할 것이다." 저우포하이의 결론은 다소 성급했는지도 모른다. 어쨌든 왕징웨이는 젊은 시절 혁명을 위해서 처형당할 위험을 무릅쓰기도 했다. 이제 그들은 충칭 정부의 고위 각료인 그에게 또 한 번 목숨을 걸 것을 요구했다. 장제스와 공산당이 변절을 반역으로 간주하리라는 점은 의심의 여지가 없었다.

다음 날 왕징웨이는 여전히 마음을 정하지 못했다. 하지만 저우포하이는 좀더 관대해졌다. 잠시 후 그는 왕징웨이가 결단력과 자제력은 부족하지만 충고 또한 귀담아듣는다는 사실을 떠올렸다. 저우포하이는 이렇게 썼다. "이것은 중요한 문제다. 그가 이것저것 따지려 한다고 내가 탓할 수는 없다. 설사 나라도 그렇게 했을 것이다."[2] 며칠 후 왕징웨이는 비로소 설득에 넘어간 것처럼 보였다. 하지만 망명을 행동으로 옮기기란 쉬운 일은 아니었다. 주요 배우들이 충칭을 떠나야 했다. 하지만 장제스의 특무 대장인 다이리戴笠의 부하들이 의심의 눈을 번뜩이고 있었다. 왕징웨이는 쓰촨성의 성도인 청두로 향하고 저우포하이는 남서부의 쿤밍昆明으로 가기로 했다. 쿤밍은 군벌 룽윈龍雲이 지배하는 윈난성에 있었다. 한족이 아닌 이족彝族[3] 출신이었던 룽윈은 장제스와 파란만장한 관계를 유지하는 군벌 지휘관 중 하나였다. 그는 원칙적으로는 국민정부의 권위에 복종하면서도 충칭이 너무 억압적이라고 여기는 반체제 인사들을 언제나 환영했다. 또한 윈난성은 프랑스 제국의 일부인 인도차이나와 국경을 맞대고 있었다.

장제스 그리고 말년의 마오쩌둥처럼 왕징웨이 또한 드센 아내가 있었다. 그는 우유부단했지만 천비쥔陳璧君은 그런 것과 거리가 멀었다. 그녀가 왕징웨이의 균형을 잡아주었을지도 모른다. 외교부 아시아 국장이자 나중에 왕징웨이의 측근이 되는 가오쭝우高宗武는 "그녀는 여걸이었다"라고 회상했다.

그리고 그녀는 왕징웨이에게 많은 영향을 끼쳤다. 그녀의 공격적이면서

2 ZFHR, 1938년 11월 26일~12월 1일.
3 중국 서남부에 분포한 소수민족 중 하나로 현재 인구는 약 700만 명 정도이며 대부분 윈난성에 살고 있다.—옮긴이

강한 태도는 왕징웨이의 다소 여성스러우면서 잘생긴 외모, 부드러운 모습을 보완했다. 그녀를 화나게 만들 경우 다시는 왕징웨이를 만날 수 없었다. 이것이 그녀의 가장 큰 힘이었다.[4]

가오쭝우는 천비쥔이 미남인 왕징웨이를 자신의 남편으로 사로잡을 수 있었던 이유는 그녀의 외모가 아니라 억센 성격 덕분이었다고 말했다. 그는 이렇게도 말했다. "그녀는 동안이었던 왕징웨이의 외모(왕징웨이는 민국 4대 미남으로 불릴 만큼 유명한 미남이었다.—옮긴이)를 항상 질투했다. 왜냐하면 사람들이 자신을 그의 모친이라고 착각하곤 했기 때문이다."

어떤 의미에서는 불손하다고 할 만한 그의 언급은 중국의 오랜 역사에서 황제의 등 뒤에 도사리고 있었던 강하고 무서운 여인들을 연상케 한다. 실제로 천비쥔은 왕징웨이에게 깊은 감명을 준 다양한 자질을 갖추고 있었다. 강한 용기와 남편을 향한 맹목적 헌신, 무엇보다도 그녀 스스로 혁명에 대한 신념이 있었다. 왕징웨이가 충칭을 탈출하기로 결심하게 된 이유 중의 하나는 천비쥔이 장제스가 남편을 죽이려 한다고 점점 확신했기 때문이었다.[5]

변절자들이 탈출할 준비를 하면서 분위기는 점점 긴장되었다. 매 순간마다 전시 수도 저 멀리에 나가 있는 장제스(당시 최전선을 시찰하기 위해 시안을 방문 중이었다—옮긴이)가 당장이라도 자신들이 뭘 하고 있는지 알아차릴 것만 같았다. "장제스가 10일 이전에 돌아온다고 한다." 12월 1일 저우포하이는 이렇게 썼다. "나는 마치 선생님이 이리로 오고 있다는 얘기를 듣는 남학생이 된 것 같은 묘한 기분이 들었다." 그리고 왕징웨이는 또 한 번 흔들렸다. 그의 초조함은 전화 통화에서도 그대로 드러났다. 어느 날 그는 중화민국 유신정부(일본군이 중국 북부에 세운 괴뢰정권)가 중국 전체에 대한 지배권을 주장하는 것처럼 보이는 공식 성명을 듣고 분통을 터뜨렸다. 또 다른 날에는 홍콩과 상하이의 언론들(이들은 국민정부 통제 밖에 있었다)이 자신을 공격하

4 高宗武, 『高宗武回憶錄』(北京: 中國大百科全書出版社, 2009)[이하 *GZW*], 30쪽.
5 *GZW*, 30~32쪽.

는 기사를 읽고 어떻게 대응해야 할지 어쩔 줄 몰라 했다.[6] 변절자들은 왕징웨이에게 모든 희망을 걸고 있었지만, 저우포하이는 그가 의지할 만한 인물이 되지 못한다는 사실에 점점 걱정이 더해졌다.

12월 5일, 저우포하이는 쿤밍행 비행기에 올랐다. 공항에서 배웅하러 나온 관료들이 보기에는 일상적인 출장이었다. 하지만 저우포하이에게는 정치적 미지로 향한 여정이 시작되는 순간이었다.

우리는 오전 10시 45분에 이륙했다. 잘 있거라 충칭! 이 나라의 흥망과 나 자신의 성패가 오직 이 여행이 성공하는가에 달려 있다. 비행기가 막 떠오르던 순간이 내 정치 생명의 끝은 아니었을까?[7]

쿤밍에 있는 동안 저우포하이는 가시방석에 앉은 기분이었다. 그는 "오늘 충칭 사투리를 들었다"라고 썼다. "충칭이 그립다. 나는 전혀 즐겁지 않을 뿐더러, 차라리 예전이 나았다. 이런 것이 내 정신적인 허약함이다." 집을 떠난 뒤 그는 자신의 과거를 돌아보면서 특히 오래전에 죽은 연인을 떠올렸다. "죽은 친구, 만추曼秋가 생각난다." 그는 비통함을 감추지 않으면서 이렇게 썼다. "내가 '죽은 친구'라고 이렇게 적는 것조차 참으로 괴롭구나."

그 뒤에는 충칭에서 온 소식이 그를 한층 절망에 빠뜨렸다. 왕징웨이는 출발을 취소했다. 장제스가 돌아오자 음모가 들킬까 겁이 났던 왕징웨이는 움직이려 하지 않았다. 홍콩에 있었던 메이스핑은 왕징웨이와 일본의 협상이 시작되었음을 알리는 상하이의 발표를 연기하기 위해 허둥거려야 했다. 저우포하이는 잠을 잘 수 없었다. "내 평생 이처럼 노심초사해본 적이 있었던가 싶다." 충칭으로 돌아가서 다음 기회를 기다릴 것인가? 무엇보다도 자신의 쿤밍 방문이 일상적인 것이 아니라는 사실을 아는 사람은 거의 없었다. 아무도 알지 못한다면 마음을 바꿔 먹을 수 있지 않을까?

그러나 저우포하이는 충칭으로 돌아갈 수는 없다고 결심했다. 지금 전시

6 *ZFHR*, 1938년 12월 1, 3일.
7 *ZFHR*, 1938년 12월 5일.

수도에 돌아간들 결정이 며칠 더 미루어질 뿐이었다. 만약 상황이 한층 나빠진다면 두 번 다시 떠나지 못할 수도 있었다. "만약 하늘이 중국을 망하도록 내버려두지 않는다면 왕 선생은 충칭을 떠날 수 있으리라."

저우포하이는 불면증에 시달렸다. 충칭에서 멀리 떨어져 있는 그로서는 변덕스러운 왕징웨이가 마음을 바꾸도록 설득할 도리가 없었다. 게다가 왕징웨이는 결정을 내리지 못하는 것처럼 보였다. 12월 7일 그의 부인 천비쥔의 외조카인 천춘푸陳春圃는 저우포하이에게 왕징웨이가 하노이행 티켓 예약을 취소했다는 사실을 알려주었다. 저우포하이는 이렇게 썼다. "어떻게 해야 할지 모르겠다. 5명의 방문객을 만나서 온갖 수고를 다했지만 솔직히 내 마음은 우울하기 이를 데 없다." 이제 그는 입장을 바꾸었다. 일단 충칭으로 돌아가서 상황을 지켜보고 더 나은 기회를 엿보는 쪽이 더 나을 것 같았다. "내 속마음은 80퍼센트는 충칭으로 돌아가는 것이고, 20퍼센트는 홍콩으로 가는 것이었다."[8] 그는 여전히 장제스에게 이 음모가 들통 나지 않을까 무서웠다. 만약 그렇게 된다면 자신은 무사할 수 없었다.

12월 18일 바깥으로 나간 저우포하이는 길거리에서 연주하는 악단과 경계를 서고 있는 경찰들을 볼 수 있었다. 누군가 중요한 지도자가 이 도시에 온 것이 틀림없었다. 과연 누구일까? 그가 장제스라면 저우포하이의 배신은 시작도 해보지 못한 채 끝나는 셈이었다. 하지만 왕징웨이가 쿤밍에 도착했다면 계획이 드디어 순항 중이라는 얘기였다.

———

우한이 함락된 후 장제스는 "이 전쟁은 민족전쟁이자 혁명전쟁"이라고 선언하면서 정부가 항복할 생각이 없다는 사실을 분명히 했다. 그는 항전이 안정되고 정당한 국가를 건설한다는 쑨원의 유지를 잇는 수십 년에 걸친 노력의 일환이라는 믿음을 한순간도 포기하지 않았다. 자신의 경력을 통해서 퇴

---

8 *ZFHR*, 1938년 12월 9, 12, 17일.

각이 반드시 패배가 아니며, 일본과의 전쟁은 평생 수없이 겪어야 했던 시련 중에서 가장 최근의 일에 지나지 않는다는 생각은 제법 그럴 듯했다. 또한 그 많은 희생을 치르면서 지키려고 했던 우한이 더 이상 자신의 전략에 필요하지 않다고 믿었다. 서북쪽과 동북쪽을 통해서 '자유중국'에 물자를 공급하는 새로운 원조 루트가 건설되고 있었다. 그리고 국민당은 이제 몇 개의 중요한 전선을 지키는 중이었다. 장제스는 "지난 5개월 동안 우리는 항전에 있어서 자신감을 키웠다"라고 선언했다. 이것은 타이얼좡의 승리 이후를 가리켰다.[9]

그러나 장제스는 여전히 거대한 도전에 직면하고 있었다. 1938년 말에도 국제사회가 중국에 개입할 가능성은 보이지 않았다. 중국공산당은 화베이와 화중 일부를 지배했다. 국민당은 싸움에 패배하지 않으려면 자신들이 가진 것을 활용해야 한다는 사실을 잘 알고 있었다. 장제스의 오랜 휴양지인 구링牯嶺[10]에는 더 이상 갈 수 없었지만 후난성 난웨南岳의 산장에서 고위 장성들을 불러 모아 지금까지의 전술적 오류에 대해 강의했다. 1938년 11월 25일 첫 번째 난웨 군사회의가 열렸다. 장제스는 청중에게 자신감을 불어넣을 요량으로 고대부터 근대에 이르는 중국 역사를 끄집어냈다. 가장 먼저 중국 군사 전략의 고전인 『손자병법』의 구절을 인용했다. "적이 우리를 치려 한다면 이를 이용하고, 만약 적이 그렇게 하지 않는다면 그때 비로소 우리는 그들을 쳐야 할 것이다." 장제스는 창장강을 따라 일본군이 깊숙이 들어온 것은 다름 아닌 국민당이 원했던 바라고 못 박았다. 겨우 몇 주 전인 10월 12일, 일본군은 다야만大亞灣에 상륙했고 열흘도 되지 않아 거대한 항구 도시인 광저우를 손에 넣었다.[11] 그러나 이러한 치명적인 타격조차 이제는 광대한 전략의 일부라는 얘기였다. 손자는 이렇게 조언했다. "적이 오기를 기다려라. 그러면 싸움터에서 원하는 곳에 자리를 잡을 수 있을 것이다." 전쟁의

9 CKSD, "爲國民退出武漢告全國國民書", 301~302쪽.
10 장시성 루산에 있는 명소로 주변 풍경이 매우 아름다워 장제스의 여름 별장이 있었다.—옮긴이
11 Drea and van de Ven, "Overview," in Peattie, Drea, and van de Ven, Battle for China, 35쪽.

제1단계는 끝났다. 이제는 제2단계의 방어전을 시작할 때였다.[12]

장제스는 이러한 논리가 합리적이기보다는 자포자기식으로 보일 수 있다는 사실을 잘 알고 있었다. 그는 자신의 주장을 뒷받침할 요량으로 좀더 최근의 유사한 역사적 사례를 끌어왔다. 70여 년 전 태평천국의 반란군은 중국 중부의 태반을 장악했다. 반란 진압을 맡은 청조 관리 증국번曾國藩은 싸움에서 패하자 한때 자살을 생각하기도 했다. 그러나 그는 주변의 만류로 마음을 돌린 다음, 패배의 원인을 따졌다. 이로써 상군湘軍을 개혁했고 우한, 창사 등지에서 대승을 거두어 마침내 반란군을 섬멸했다. 이것은 명확한 선례였다.

그러나 군대와 국가를 개혁하는 일은 결코 간단하지 않았다. 장제스는 그 자리에 모인 장교들에게 불만을 솔직하게 토로했다. 그는 일본인들을 향해서 "동양인"으로서 마땅히 가져야 할 특별한 미덕을 잃어버렸다고 비난의 목소리를 높였다. "오만한 군대는 항상 패배하는 법이다." 하지만 국민정부군 또한 그동안의 행태를 크게 바꿀 필요가 있었다. 장제스는 군대 스스로 조직을 해치는 행동을 바로잡아야 한다고 재삼 강조했다. 병사들은 싸움터에서 죽은 전우들의 시신을 수습해서 적절히 매장하고 무덤을 표시해야 했다. 부상병들은 더 나은 치료를 받을 수 있어야 했다. 장제스는 장교들에게 버림받은 병사들이 살아남기 위해 구걸하거나 도둑질을 하는 참혹한 모습이 이 나라 곳곳에서 벌어지고 있다고 지적했다. 원래 군대는 민간과 "일체"가 되어야 했지만 실제로는 많은 지역에서 군대가 나타나면 현지 주민들은 괴롭힘과 수탈에 시달릴까 겁을 먹고 달아나기 일쑤였다.

과오는 병사들에게만 있지 않았다. 장교들 역시 자신의 지위에는 집착하면서도 책임은 다하지 않았다. 병사들이 탈영해도 "태만한" 장교들은 그들을 붙잡는 데 무관심했다. 장교들은 전과를 과장하여 정보 보고서를 엉터리로 만들었고 종종 우군 사이의 의사소통에 실패하기도 했다. 걸핏하면 기밀 정보가 유출되는 반면, 적에 대한 정보 수집은 제대로 되지 않았다. 고위 지휘

---

12 "第一次南岳軍事會議開會訓示", ZT(1938년 11월 25일), 486~487쪽.

관들은 천편일률적인 전술을 구사하면서 예하 부대를 보다 융통성 있게 배치하는 대신 단선으로 된 방어선을 구축했다.[13]

장제스 스스로도 책임을 공유해야 한다는 걸 인정했다. 회의 마지막 날인 11월 28일, 그는 난징을 잃은 것은 "인생에서 가장 큰 치욕"이라고 말했다. 그는 상하이, 마당전, 우한 상실의 책임을 인정하는 동시에 우한 비행장과 방어 시설을 폭파하지 않은 과실도 시인했다. 그로 인해 일본군이 충칭을 폭격할 수 있는 거점을 남겨주었다. 하지만 그는 단어를 조심스럽게 선택하면서 광저우와 마당전을 잃은 이유가 자신이 "무능한 부하들"을 고른 탓이라고 책임을 돌렸다.[14]

회의석상에서 중국군을 강력한 전투부대로 변모시키기 위한 개혁안들이 제시되었다. 신병 모집 체계의 중앙 일원화를 비롯해 전군의 감축과 비용 삭감, 병력의 3분의 1을 최일선에서 자유중국의 안전한 후방으로 이동시켜 한 차례씩 재훈련에 착수하는 중앙 총괄 훈련 프로그램 등이었다. 물론 이러한 계획에는 일선 지휘관들과 그 부하들의 권한을 줄이고 중앙의 지휘에 종속시키겠다는 속셈도 있었다.[15] 그는 마지막으로 규율의 중요성을 강조하면서 발언을 끝냈다. "전쟁의 관건은" 그는 마오쩌둥을 연상케 하는 표현을 썼다. "우리가 민심을 사로잡을 수 있는가에 달려 있다."[16] 충칭에서 장제스 옆에는 그의 오랜 경쟁자인 왕징웨이가 있었다. 국방최고회의 부주석과 국민당중앙정치회의 주석고문을 맡고 있었던 왕징웨이는 자신의 혁명 경력이 어떻게 드라마틱하게 바뀌게 될지 곰곰이 생각했을 것이다. 한때 그는 쑨원의 확고한 후계자이기도 했다. 이제 그는 서남쪽의 궁벽한 곳에서 중국이 할 수 있는 어떠한 저항조차 대수롭지 않게 여기는 적과 마주보고 있었다. 게다가 원래라면 마땅히 자신이 앉았어야 할 국민 혁명의 지도자 자리를 차지한데다, 중국에서 가장 오래된 심장부의 태반을 일본인들에게 내준 장제스의 밑

---

13 "第一次南岳軍事會議開會訓示", 486~510쪽.
14 "第一次南岳軍事會議開會訓示(4)", ZT(1938년 11월 25일), 545~546쪽.
15 Van de Ven, *War and Nationalism*, 232쪽.
16 *CKSD*, 568쪽.

에 있었다. 장제스 최대의 적인 왕징웨이에게 항전의 슬로건은 점점 무의미해졌다. 외교관 가오쭝우는 이렇게 회고했다. "왕징웨이는 자신이 부주석이 된 것을 몹시 불만스러워 했다. 그는 누구보다도 자신이 국민당의 대표가 될 자격이 있다고 생각했다."[17]

왕징웨이는 일기를 쓴 장제스나 수많은 글을 쓰고 강연을 했던 마오쩌둥과 달리 개인적인 글을 남겨두지 않았다. 우리로서는 저우포하이와 같은 다른 사람들의 눈을 통해서 말년의 그를 이해할 수밖에 없다.[18] 1937년 전쟁이 발발했을 때, 저우포하이는 국민정부 선전부의 부부장(우리의 차관에 해당—옮긴이)이었다.[19] 전쟁이 시작된 후 몇 주, 몇 달 동안 저우포하이는 (승리에 대한) 회의감을 떨칠 수 없었다. 그는 소위 "저조구락부低調倶樂部"[20]라고 일컫는 정치인, 지식인들과 어울렸다. 이들은 일본과의 평화 협상 가능성을 조심스레 열어두기를 원하는 집단이었다. 이 그룹에는 전직 교수로 왕징웨이의 친구이자 지금은 정부의 몇몇 중요한 위원회에서 활동하고 있는 타오시성陶希聖도 있었다. 저우포하이가 왕징웨이와 가까워질 수 있었던 것도 "저조구락부"를 통해서였다.[21] 평화 협상을 향한 행동에서 중요한 역할을 맡은 사람은 외교부 아시아 국장 가오쭝우였다. 나이는 젊었지만(전쟁 발발 당시 겨우 서른 살이었다) 가오쭝우는 난징에서의 10년 동안 고도의 파벌 정치 속에서 노련한 정치적 수완을 보여주었다. 또한 일본 규슈제국대학에서 공부했다. 그가 쓴 중일 관계에 관한 저술은 왕징웨이와 외교부의 관심을 끌었다. 1935년에 왕징웨이가 잠시 자리에서 물러난 뒤에도 가오쭝우는 여전히 자신의 지위를 지켰다.

1937년 8월, 난징이 폭격당할 때 방공호에 숨어 있던 저우포하이와 동료들은 전쟁을 끝낼 방법을 의논했다. 8월 중순 그는 낙관적으로 썼다. "석 달

17   *GZW*, 26쪽.
18   하지만 1939년의 분량이 사라졌다.
19   Boyle, *China and Japan at War*, 168~169쪽.
20   중일전쟁 당시 왕징웨이를 중심으로 하는 국민당 내 비밀 화평파 모임. 중국 전체가 항전을 소리 높여 외치고 있으므로 자신들은 목소리를 낮출 수밖에 없다는 뜻에서 그들 스스로 "저조구락부"라고 불렀다.—옮긴이
21   Boyle, *China and Japan at War*, 168쪽.

안에 평화에 대한 논의가 시작될 것이다." 저조구락부는 장기 항전이 중국에 재앙을 가져다주리라고 굳게 믿었다. "중국의 국력은 충분하지 않다. 전쟁은 적당한 시기에 끝내야 한다."[22] 그들 중 상당수는 젊은 시절 일본을 방문했다. 따라서 자신들이 일본을 잘 알고 있다고 여겼다. 결과를 예측할 수 없는 전쟁에 몇 년에 걸쳐 매달리기보다는 차라리 일본의 요구 일부를 받아들여 신속한 평화 협상을 실현하는 쪽이 훨씬 더 나을 수 있었다. 가오쭝우와 동료들은 왕징웨이와 장제스가 일본과의 접촉 시도를 이미 알고 있을 것이라고 확신했다.[23] 정부에서 왕징웨이의 공식적인 역할 중 하나는 협상을 통해 전쟁을 끝낼 방법을 고민하는 일이었다. 따라서 장제스는 이와 관련해 모든 보고를 받고 있었다.[24]

하지만 장제스는 이 문제를 일본과 공개적으로 다루기를 원치 않았다. 1937년 8월, 장제스는 가오쭝우가 일본 대사 가와고에 시게루와 논의한 의견을 거부했다. 가오쭝우는 외교관이었고 양측의 협의 사안이 마치 정부의 공식적인 입장처럼 비추어질 수 있었기 때문이었다. 그러나 저조구락부는 장제스가 여기에 대해 완전히 반대하는 입장은 아니라고 판단했다. 타오시성은 왕징웨이와 대화한 뒤 장제스가 타협안을 부분적으로 받아들일 생각은 있지만 일본이 그 사실을 누설하지 않을까 매우 조심스러워 하고 있다고 결론을 내렸다. 왕징웨이의 주변 사람들은 그의 기분을 북돋기 위해 노력했다. 저우포하이는 이렇게 썼다. "우리는 그에게 낙담하지 말라고 설득했다. 비록 장제스는 공식석상에서는 강경하지만 사석에서는 좀더 융통성을 발휘할 것이다." 9월 중순 왕징웨이는 타오시성에게 영국과 미국의 중재를 통해 정전 협상에 나서야 한다고 말했다. 그는 장제스 또한 여기에 동의했지만 지나치게 큰 대가가 뒤따르지 않을까 겁내고 있다고 했다.[25]

1938년 초 중국 동부가 무너질 위기에 직면하자 저조구락부의 활동은

22   *ZFHR*, 1937년 8월 21일.
23   *ZFHR*, 1937년 8월 16, 17일; *GZW*, 30쪽.
24   Boyle, *China and Japan at War*, 168쪽.
25   *ZFHR*, 1937년 8월 30, 31일, 1937년 9월 1, 3일, 1937년 9월 11일.

한층 활발해졌다. 가오쭝우는 자신의 공식 직위에서 물러났다. 중일 양국의 비공식적인 대화 채널이 남아 있는 상하이와 홍콩을 오가는 특사라는 새로운 임무에 집중하기 위함이었다. 1938년 봄 가오쭝우는 우한으로 여러 번 복귀해서 저우포하이에게 협상의 진척 상황을 알려주었다. 가오쭝우와 그의 협력자들은 여러 명의 일본군 중급 장교와 기업인들을 만났다. 그들 중 다수는 중국에서 체류했으며 두 나라 사이에 전쟁이 일어났다는 사실에 몹시 괴로워하고 있었다. 1938년 7월 초 가오쭝우는 도쿄 초청을 받아들였다. 그는 몇 주 동안 그곳에서 이누카이 다케루犬養健, 마쓰모토 시게하루松本重治를 비롯해, 총리 고노에에게 비공식적인 조언을 제공하는 이른바 "조반회의朝飯會議"에 속한 정부 관료들과 언론인들을 만나서 평화의 가능성을 논의했다.[26] 가오쭝우 입장에서는 위험한 행동이었다. 만약 그의 존재가 공식적으로 알려질 경우 우한을 필사적으로 지키려는 장제스의 저항 노력에 치명적인 결과를 초래할 수도 있었다. 결과적으로 가오쭝우는 주최자들로부터 '극진한' 대우를 받았지만 아무런 양보도 얻어낼 수 없었다. 협상 도중 논의의 초점은 양국의 합의를 성사시키기 위해 2인자인 왕징웨이가 일본을 방문토록 장제스를 설득할 수 있는지 여부로 옮겨졌다.[27]

우한으로 돌아온 뒤, 자신의 무단 방일에 대한 짜증부터 분노까지 가오쭝우는 온갖 반응을 체감해야 했다. 왕징웨이와 장제스 모두 이 일로 그를 질타했다.[28](그러나 일부 학자는 가오쭝우가 장제스의 지시를 받고 일본에 접근했다고 주장한다.)[29] 우한은 10월 25일 함락되었다. 저우포하이는 운 좋게 탈출했다. 그는 10월 24일 충칭으로 향하는 마지막 비행기에 올라탔다. 원래는 하루 늦게 출발할 예정이었다. 이제 저우포하이는 중국이 가야 할 길을 진지하게 고민해야 했다. 장제스와 공산당은 전쟁이 국제화되기를 기다리면서

---

26 Boyle, *China and Japan at War*, 141쪽.
27 Boyle, *China and Japan at War*, 179~187쪽.
28 Boyle, *China and Japan at War*, 187쪽.
29 Huang Meizhen and Yang Hanqing, "Nationalist China's Negotiating Position during the Stalemate, 1938~1945," in David P. Barrett and Larry N. Shyu, *Chinese Collaboration with Japan, 1932~1945: The Limits of Accommodation*(Stanford, 2001), 57쪽.

"장기 항전" 아래 공식적으로 힘을 모았다. 충칭의 지독한 여름 더위 속에서 맞이한 첫날, 저우포하이는 주변 사람들과 함께 난징의 과거를 얘기하고 왕징웨이와 전쟁에 대해 논의하면서 긴 밤을 보냈다. 항전에 대한 저우포하이의 환멸감은 한층 커졌다. 그는 고향인 창사가 파괴되었다는 말에 혐오감을 감추지 않았다. "우리가 직접 창사를 불태웠다는 얘기를 들었다." 그는 장제스가 적의 손에 도시가 넘어가지 않도록 불태우라고 지시했다는 사실을 언급했다. "적군이 오기도 전에 우리의 땅에 불을 질렀다. 이것은 우리 민족을 적으로 여기는 것과 같은 참혹한 행동이다. 물을 살리겠다고 물고기를 죽이고 숲을 구하겠다고 새를 쫓는 것과 무엇이 다른가!" 저우포하이는 도시의 화재로 수천여 명이 죽었다는 사실을 알고 있었을 것이다. 또한 정치 체제가 구원을 불러올 것이라고 믿지 않았다. 그는 군사위원회를 가리켜 "나는 단 한 번도 진지하고 구체성 있는 토론이 벌어지는 모습을 보지 못했다"라고 혹평했다. "그들은 입을 다문 채 규정들을 통과시킬 뿐이다. 결정이 제대로 진척되지 않는 것도 당연하다." 저우포하이는 장제스의 자형姊兄이자 행정원장이었던 쿵샹시를 "허튼 소리"를 잘 하는 사람으로 꼽았다.[30]

저우포하이의 심리적 고비는 우한이 함락되고 며칠 후인 1938년 10월 말의 일기에 분명하게 드러나 있었다. 그는 자문했다. "영웅들은 스스로 상황을 만들 수 있는가?"

그렇지 않으면 상황이 영웅을 만드는가? 만약 후자라면 우리는 상황을 바꾸어 이 나라를 멸망에서 구할 것이다. 하지만 이것은 앞으로 우리가 어떻게 하는가에 달려 있다. 국가의 앞날은 우리가 예측할 수 없는 곳에 있다.[31]

11월 3일, 고노에는 라디오 연설에서 일본과 중국이 (아마도) 동등한 지위 아래 진정한 위협인 공산주의에 맞서 함께 싸우게 될 것이라고 강조했다. 소

---

30 *ZFHR*, 1938년 10월 30일, 1938년 11월 15, 23일.
31 *ZFHR*, 1938년 10월 30일.

위 아시아의 "신질서"라는 그의 목적을 공식 선언한 것이었다.[32] 비록 이 성명은 일본이 국민정부를 더 이상 상대하지 않겠다는 1월의 선언을 완전히 뒤엎지는 않았지만 국민당 내에서 "생각이 다른 사람들"이 도쿄와 한층 우호적으로 만날 수 있을 것이라고 제안했다. 고노에의 메시지는 왕징웨이의 구미를 당기기에 충분했다. 그는 저조구락부의 다른 사람을 보내 알아보도록 했다.

1938년 가을, 왕징웨이의 지시로 메이스핑은 상하이로 향했다. 메이스핑은 11월 12일부터 20일까지 이전에 가오쭝우와도 만난 적이 있는 이마이 다케오今井武夫[33] 중좌와 평화 협정의 구체적인 조건을 논의했다. 그 자리에는 가오쭝우도 있었다. 일본 측에서는 가게사 사다아키影佐禎昭 대좌와 이누카이 다케루가 참석했다. 회담은 상하이 훙커우虹口 중광탕重光堂의 급조된 한 저택에서 열렸다. 협상 참석자들은 몇 가지 중요 쟁점을 놓고 논쟁을 벌였다. 일본은 만주국의 승인을 원했다. 하지만 명백한 주권 포기로 보일 것이라는 사실을 아는 중국인들은 주저했다. 비록 중국 측은 전쟁이 입힌 손실을 "배상"하라는 일본 측의 요구를 쉽사리 받아들일 수 없었지만 양측은 중국 영토에서 경제적 착취를 허용하기로 합의했다. 일본은 치외법권을 포기하겠다고 하면서도 자신들의 조계는 여전히 내놓으려고 하지 않았다. 중국 측의 가장 큰 요구 사항이자 그들이 이 모든 위험한 모험에 나서게 된 목적 중 하나는 일본군의 중국 점령을 끝내기로 합의하는 일이었다. 즉각적인 철병 요구는 거부당했지만 최종적으로 "평화와 질서가 회복된 후" 2년 내에

---

32 이른바 "제2차 고노에 담화"라고도 부른다. 일본과 만주국, 중화민국 3국이 함께 힘을 모아서 소련의 위협에 맞서 싸우는 "동아시아 신질서"를 구축하자는 것이었다. 고노에는 연소연공을 고집하는 장제스 정권을 배제한다고 했지만 달리 말해서 장제스 정권이 연소연공을 포기하거나 반공주의를 내세우는 새로운 정권이 등장한다면 얼마든지 손을 잡을 수 있다는 얘기였다. 왕징웨이는 이 담화를 듣고 충칭을 탈출한 뒤 친일 괴뢰정권을 세웠다. 그러나 고노에의 화해 제스처는 어디까지나 자신의 생각일 뿐, 군부의 동의를 받지 못했고 무엇보다도 가장 중요한 중국 철병 문제에 확답을 내놓지 못했기에 중국인들의 불신을 살 수밖에 없었다.―옮긴이

33 일본 육군 내 대표적인 친중파이자 화평파. 루거우차오 사건 당시 불확대 방침을 지지했고 현지 교섭에 참여하여 쑹저위안 측과 정전협정을 체결했다. 중일전쟁 내내 대중 화평공작을 맡았으며 왕징웨이의 탈출과 난징 괴뢰 정권의 수립에 중요한 역할을 했다. 일본 항복 후에는 중국과의 종전 교섭을 맡아 지나 파견군의 평화적인 무장해제와 본국 송환에 기여했다.―옮긴이

철병한다는 구체적인 시한에 합의했다. 협상에는 두 가지 중요한 전제가 있었다. 하나는 왕징웨이가 새로운 정권의 수반으로서 망명한다는 것, 다른 하나는 신 정권이 일본군 점령지가 아니라 일단 서남쪽의 윈난성과 쓰촨성의 미 점령 지구에서 시작한 뒤 통치권을 (중국 전체로) 확대한다는 것이었다. 협상 참석자들은 장제스에게는 적과 경쟁자들이 아주 많기 때문에 신뢰할 수 있는 지도자가 이끌면서 평화에 헌신하는 경쟁 정권의 수립은 매력적일 것이라 추측했다. 윈난성의 룽윈, 쓰촨성의 류원후이劉文輝처럼 강력한 군대를 가진 군벌들 또한 변절할 "가능성"이 높은 명단에 올랐다.[34]

11월 26일 메이스핑이 왕징웨이의 저택으로 가져간 것은 바로 이 합의 내용이었다. 그로부터 한 달이 채 되지 않는 동안, 쿤밍의 저우포하이는 잠도 제대로 자지 못하고 겁에 질린 채 소식을 기다리고 있었다. 12월 18일, 쿤밍을 방문한 사람은 누구인가?

그 답은 나왔다. "바로 왕징웨이였다." 저우포하이는 이렇게 쓰면서 안도감을 드러냈다. "정말 기뻤다." 주저함과 망설임의 과정을 거친 뒤 왕징웨이는 적어도 한 발 내딛었다. 하지만 음모자들은 칼날 위에서 균형을 잡고 있었다. 잘못될 가능성은 여전히 컸다. 일단 그들이 다음 단계로 나아가 국경을 넘어 인도차이나로 넘어간다면 다시는 돌아갈 길이 없었다. 12월 19일, 저우포하이는 하노이로 데려다줄 비행기를 빌릴 수 있을 것이라는 얘기를 들었다. 여전히 음모자들은 항공편을 선택할지, 차로 갈 것인지의 결정을 앞에 두고 우물쭈물했다. "20분 동안 우리는 일곱, 여덟 차례나 마음이 바뀌었다. (…) 결국 비행기를 타기로 했다." 그들은 비행장으로 향했다. "오후 3시 15분 우리는 이륙했다." 중국 땅을 뒤로 한 채 저우포하이의 머릿속에 떠오른 것은 정치 문제가 아니었다. "어머니가 정말 보고 싶었다. 나는 다시는 노모를 뵙지 못하는 것은 아닐까 두려웠다. 나는 어머니를 그리며 눈물을 흘렸다."[35]

———

34　Boyle, *China and Japan at War*, 195~199쪽.
35　*ZFHR*, 1938년 12월 19일

저우포하이와 그의 보스였던 왕징웨이는 생애 마지막까지 자신들을 가장 진정한 애국자라고 생각했다. 일본의 공격으로 중국이 파괴될 것인가, 그렇지 않으면 소련에 의해 공산 중국이 세워질 것인가 두 가지 미래에 직면한 왕징웨이 일행은 평화 협상만이 전란에서 중국을 구하는 유일한 해결책이라고 믿었다. 그들은 영국, 미국과 동맹을 맺기보다는 소위 대아시아주의의 미래를 건설한다는 순수한 이념적 열정에 스스로 도취되었다. 또한 중국에서 제국주의를 강요하는 열강들의 행태는 그들에게 일본을 보다 선호하게 만들었다. 그러나 왕징웨이는, 일본의 생활 방식을 동경한 열렬한 부역자라는 의미의 "친일"은 결코 아니었다. 젊은 시절부터 민족주의 혁명의 대의에 그토록 헌신했던 한 사람에게는 기묘한 입장이었다. 왕징웨이는 어느 정도 일본어를 알고 있었지만 직접 일본어로 말하거나 쓰지는 않았다. 가오쭝우는 이렇게 회고했다. "그가 외교부장(왕징웨이는 1933년 12월부터 1935년 12월까지 외교부장을 역임했다.—옮긴이) 시절 나는 그의 통역을 맡아야 했다." 또한 가오쭝우는 다른 식민 제국주의 세력이 왕징웨이에게 영향을 주었을 수도 있다고 주장했다. 우한이 함락되기 전 왕징웨이는 프랑스 대사 앙리 콤Henri Cosme과 대화를 나눈 적이 있었다. 콤은 국민당이 일본과 협상할 것을 권고하면서 심지어 중국은 프로이센-프랑스 전쟁에서 패배했던 1870년의 프랑스보다도 허약하다고 지적했다. 당시 프랑스인들은 복수를 원했지만 행동에 옮길 수 있는 외교력이나 군사적인 힘이 없었다.[36] 콤의 요지는 분명했다. 그로부터 40년도 더 지난 뒤인 1918년 결국 프랑스는 오랜 숙적을 쓰러뜨렸다. 마찬가지로 중국 또한 일본을 이기기 위해서는 시간이 필요했다. 그 동안은 자신들의 승리 가능성에 대해서 현실적일 필요가 있었다. 실제로는 콤의 말은 당시 그가 생각했던 것 이상으로 그 자신에게 훨씬 더 큰 의미를 가지게 될 것이었다. 1940년 프랑스가 패망한 뒤 그는 비시 괴뢰 정권의 일본 대사로 부임했다.

왕징웨이는 하노이로 비행하는 내내 불안감을 감추지 못했다. 가오쭝우

---

36 *GZW*, 29~30쪽.

는 "그는 장제스가 이미 자신의 계획을 알아내고 전투기를 보내 충칭으로 강제 착륙시키지 않을까 몹시 두려워했다"라고 썼다. 심지어 왕징웨이는 측근들에게 급히 지시를 내렸다. "우리는 지금 남쪽으로 가고 있다. 그리고 해는 우리 오른쪽에 있다. 만약 그림자가 보인다면 (즉, 비행기가 되돌아간다면) 당장 조종석으로 가서 원래의 방향으로 되돌려라."[37] 그러나 군이 그럴 필요는 없었다. 12월 19일 오후 5시 30분, 왕징웨이 일행은 하노이에 무사히 도착했다.

다음 날, 그들은 100여 킬로미터 떨어진 작은 해변의 휴양지로 향했다. 변절자들은 좀더 여유를 갖게 되었다. 자신들이 행동에 나섰다고 생각하자 저우포하이의 기분도 달라졌다. "큰 바다를 마주보니 갑자기 안도감이 밀려왔다." 그는 계속해서 말했다. "바다는 넓고 하늘에는 구름 한 점 없다. 보름 전 충칭에 있을 때만 해도 이런 광경은 상상도 못했다." 일행은 점심으로 신선한 해산물을 먹었다. 그리고 신정권에 필요한 모든 것, 즉 군대나 외교는 물론 자금에 대해서도 논의를 시작했다. 저우포하이, 천춘푸, 타오시성은 저명한 정치가에 걸맞지 않은 방식으로 자신들이 이곳에 왔음을 표시했다. 그날 저녁 이들은 독한 중국 술을 마시고 베트남 사창가에 갔다. 하지만 그러한 방문도 감상적인 저우포하이를 위로하지는 못했다. "늙은 창녀가 달과 새, 과부에 관한 시를 읊었다. 나는 고향이 그리워졌다."[38]

그해 마지막 며칠은 음모의 구상과 여행으로 보냈다. 인도차이나는 다음 목적지인 홍콩으로 가는 길목일 뿐이었다. 여행 중에 저우포하이는 장제스가 모든 변절자 중에서 자신에게 가장 분노를 터뜨릴 것이라며 너스레를 떨었다. 왕징웨이는 단 한 번도 장제스의 친구가 아니었지만 저우포하이는 장제스와 가까웠다. 따라서 장제스를 인간적으로 배신했다고 여길 것이었다. 저우포하이는 장제스에게 (그리고 비서인 천부레이陳布雷에게) 자신의 행동을 설명하는 편지를 썼다. 저우포하이는 일기에 이렇게 썼다. "그들이 결코 나를 용서하지 않으리라는 사실을 잘 알고 있지만 나는 이것을 써야 한다." 한편,

37 *GZW*, 30쪽.
38 *ZFHR*, 1938년 12월 20일.

왕징웨이는 변절하게 된 이유를 설명하는 대중 연설문을 준비 중이었다. 저우포하이는 토론에서 두 가지 중요한 점을 강조하려고 애를 썼다. 첫 번째, 일본은 중국을 침략하고 굴복시키려는 "전통적인" 사고방식을 버려야 한다. 두 번째, 일본은 중국인들의 항전(왕징웨이가 위원회에서 투표에 붙였던)이 "국가의 독립과 생존"을 지키기 위함이었음을 인정할 수 있어야 한다. 만약 이 두 가지가 평화적으로 실현된다면 (즉, 협상을 통해서) 중국은 "전쟁 목표를 달성하는" 셈이었다. 왕징웨이는 어떠한 합의에서도 자신이 정의로운 전쟁에서 애국적인 승리자로 비추어지기를 원했다.[39]

충칭에서 비공식적인 신호가 조금씩 나타났다. 관리들은 왕징웨이의 중대 결정에 따른 정치적 의미를 축소하려고 노력 중이었다. 장제스는 주영 중국 대사였던 궈타이치郭泰祺를 통해서 왕징웨이에게 전보를 보내 유럽으로 갈 것을 종용했다. 궈타이치는 심지어 자신의 직위를 버려서라도 왕징웨이를 모시려고 했다. 저우포하이는 천부레이에게 편지를 보내 자신들의 결정이 "장제스에 반대하기 위함이 아니라 평화를 지지하기 위함"이라고 호소했다. 그는 천부레이더러 장제스가 언론을 통해 왕징웨이를 비난하거나 암살을 시도하지 않도록 설득해달라고 요청했다. 망명 첫날, 장제스는 왕징웨이의 배신과 관련해 언론이 신중하게 다룰 것과 "요양 차" 하노이를 방문 중이라고 설명하도록 지시했다. 또한 왕징웨이가 뭔가 하고 싶은 말이 있다면 우선 충칭으로 복귀한 뒤 자신과 의논해야 한다고 말했다. 12월 21일, 룽윈은 왕징웨이가 하노이에서 일본인들과 만났다고 보고했다. 장제스는 당혹감을 감출 수 없었다.

나는 왕 선생이 몰래 쿤밍으로 갔다는 말을 들었다. 이 나라가 전례 없는 위기에 직면해 있는 이 순간, 그가 어떻게 이러한 모든 상황을 무시하고 공산당과 협력할 수 없다는 변명만 남긴 채 아무에게도 얘기하지 않고 떠날 수 있는지 나로서는 도무지 이해할 수 없다. 실로 슬프기 짝이 없다.

39 *ZFHR*, 1938년 12월 21, 26일

그가 정신을 차리고 돌아오기만을 희망할 뿐이다.[40]

그러나 소용없는 짓이었다. 12월 22일, 고노에는 도쿄에서 긴급 기자회견을 열었다. 그리고 양국의 우호와 경제 협력, 반공을 위해 중국과 합작할 것이라는 모호한 공약을 떠들었다.[41] 장제스는 즉각 공개 반박했다. 그는 일본이 말하는 "신질서"란 "중국을 노예화하고 나아가 태평양을 지배하며 세계 다른 지역들을 분할하기 위한 표현일 뿐"이라고 단언했다.[42] 12월 31일, 홍콩의 한 신문은 왕징웨이의 전보를 공개했다. 며칠 동안 온갖 얘기가 무성하던 소문이 진실임이 확인되었다. 왕징웨이는 고노에의 성명이 평화를 논의하기 위한 새로운 조건을 마련했다고 주장했다. 합의 내용은 공산당에게 그들의 독자적인 기반을 포기할 것을 요구하되, 일본 역시 중국에서 철병할 것이라는 구체적인 약속을 해야 했다.[43]

"모든 언론이 왕징웨이에게 집중포화를 퍼붓고 있다." 저우포하이는 이렇게 썼다. "지금 상황을 본다면 충분히 예상했던 바다."[44] 변절자들은 적과 협상하기 위해 (국가와 민족을) 배신했다고 온갖 비난을 뒤집어 써야 하는 호된 대가를 치러야 했다. 이제 그들은 자신들이 마땅한 보상, 즉 독립된 중국의 합법 정부를 차지하게 되리라고 생각했다. 그 모든 것은 실현되리라. 1938년 마지막 날, 저우포하이가 말했다. "나와 타오시성은 새해 전날 밤 아무것도 하지 않고 앉아 있었다. 그렇게 한 해의 마지막 시간을 보냈다." 훗날 밝혀지겠지만, 왕징웨이와 저우포하이 그리고 저조구락부는 그렇게 둘러앉은 채 오랜 시간을 정말로 아무것도 하지 않은 채 보내게 될 것이었다.

40 *CKSD*(Box 40, Folder 2), 1938년 12월 21일.
41 Boyle, *China and Japan at War*, 213쪽.
42 Cheng and Spence, "Generalissimo Chiang assails Prince Konoye's statement," 321쪽.
43 Boyle, *China and Japan at War*, 223~224쪽.
44 *ZFHR*, 1938년 12월 27, 29, 31일.

제12장 진주만으로 향하다

중국 동부에 있는 안후이성은 한겨울이 되면 기온이 뚝 떨어지고 무척 습해지기 일쑤였다. 그러나 1940년 12월에 이 일대에 주둔했던 공산군 신4군 부군장 샹잉項英에게 날씨는 수많은 골칫거리 중의 하나에 지나지 않았다. 불과 몇 주 전 장제스는 안후이성에서 활동 중인 공산군 부대에 구주퉁顧祝同 장군이 지휘하는 국민정부 관할지 바깥으로, 즉 창장강 이북으로 물러나라고 지시했다. 더욱이 장제스는 구주퉁더러 공산주의자들이 말을 듣지 않을 경우 강제로라도 쫓아내야 한다고 강조했다.

샹잉은 국민정부군의 엄호 아래 철수가 순조로울 것으로 여겼다. 그런데 마오쩌둥과 홍군 총사령관 주더가 있는 옌안의 당 중앙에서 실망스러운 전보가 당도했다.

당신들은 국민당에 대해 더 이상 어떠한 헛된 희망도 가져서는 안 된다. 국민당이 제공하는 어떠한 도움에도 의존해서는 안 된다. 만약 한쪽에서 국민당이, 다른 한쪽에서 일본군이 협공한다면 당신들은 심각한 위험에 처하게 될 것이다.[1]

일주일도 되지 않아 샹잉은 자신이 처한 상황이 얼마나 위험한지 깨닫게

---

[1] 葉超, 「皖南事變經過的回顧」, 『安徽文史資料全書』 vol.6(1940년 12월 26일 전보), 5쪽.

될 것이었다. 1939년부터 1941년까지 2년 동안, 이 전쟁은 일본군과 그 부역자들에 대한 항전만이 아니라 국민당과 공산당의 싸움이 되었다. 국제 정세에 따라 좌우되는 동맹은 예전의 친구끼리 싸우게 만들었고 누구도 상상할 수 없었던 기묘한 협력 관계를 형성했다.

중일전쟁 첫 2년 동안 국민정부는 그러한 역경을 딛고 살아남을 수 있었다. 오합지졸 군대, 쏟아져 나오는 피란민 무리, 폭격에 대응하는 그들의 노력은 생존에 크게 기여했다. 하지만 국민당은 운이 따라준 면도 있었다. 공산당은 그럭저럭 통일전선의 합의사항을 지키면서 국민당과 협력했다.(적어도 노골적으로 맞서지는 않았다.) 소련은 여전히 충칭을 지지했고 유럽 열강들은 중립을 유지하면서도 장제스 정권에 대한 연민과 약간의 비공식적인 원조를 제공했다. 덕분에 서남쪽의 변경을 통해서 원조 물자를 지속적으로 확보할 수 있었다. 일본은 중국인들에게 위협이 되거나 외부 세계에 충격을 줄만한 친일 부역자를 끌어들일 수 없었다. 심지어 날씨도 도왔다. 전쟁 첫해의 여름, 자유중국에서 작물 수확은 놀라우리만큼 풍작이었다. 정부는 식량 수입의 차질을 다소 메꿀 수 있었다.

그러나 1940년 말이 되자 모든 환경이 바뀌었고 상황은 국민당에게 한층 불리해졌다.

1939년 9월, 모든 지휘권을 지나 파견군支那派遣軍으로 통합한 일본군은 10만 명의 병력으로 중국 중부의 도시 창사 공략에 나섰다. 이 도시는 1938년 10월 우한 철수 후 장제스가 불태우라고 지시하면서 이미 심각한 타격을 입었다. 만약 창사가 함락될 경우 중국 중부 최대의 곡창지대 중 하나인 후난성이 일본군의 손에 넘어간다는 의미였다. 게다가 쓰촨성으로 향하는 길목이 열리고 충칭으로 진격하여 장제스를 완전히 끝장낼 수 있었다. 그러나 일본군의 공세는 실패로 끝났다. 광둥 군벌 쉐웨는 도시를 훌륭하게 방어했다. 그는 유격전과 정규전을 병행했고 일본군을 매복한 곳까지 유인한 후 병참선을 차단했다. 창사는 여전히 중국인들이 차지했다.[2]

---

2 Van de Ven, *War and Nationalism*, 237~239쪽.

국민정부군은 80개 사단을 집결시켜 주도권을 되찾기 위한 전국적인 공세에 나섰다. 이 공세를 통해서 국민정부군은 예전에 옌시산이 지배했던 중국 북부의 산시성부터 남서부의 광시성에 이르기까지 광대한 영토를 탈환하려고 했다.

그러나 계획대로 진행된 것은 거의 없었다. 장제스가 동맹자라고 여겼던 군벌 옌시산은 산시성의 일부를 회복할 요량으로 일본군과 직접 교섭한 뒤 작전에서 멋대로 물러났다. 남부 지역에서는 일본군이 광시성 남부를 침공했다. 1939년 11월 23일 광시성의 성도 난닝南寧을 점령하고 바다로 향하는 통로를 차단시켜 장제스를 당황시켰다. 빼앗긴 영토를 되찾기 위해 군대를 공격 위치로 배치하기에 앞서, 국민정부군은 또 한 번 수세에 내몰려야 한다는 사실을 깨달았다. 두 달에 걸친 치열한 전투 끝에 일본군의 공격을 막아냈으나 국민정부군의 동계 공세는 이미 기세가 완전히 꺾였다. 봄이 되자 상황은 한층 악화되었다. 5월에 후베이성 이창宜昌이 일본군의 새로운 공세로 함락되었다. 이창은 쓰촨성에서 다른 지역으로 가는 교통의 요지였다. 이로 인해 장제스 정권은 한층 고립되었다. 또한 충칭은 세계에서 가장 선진적인 무기 중 하나인 일본 미쓰비시사의 제로 전투기에 속수무책이었다. 1940년 여름, 제로 전투기는 충칭 상공을 지키는 모든 전투기를 쓸어버림으로써 도시를 한층 공습에 취약하게 만들었다.[3] 이전과 마찬가지로 국민정부군이 초기 공세에서 달성했던 성과는 금세 재앙으로 돌변했다.

장제스의 곤경은 8000킬로미터 저편에 있는 유럽의 상황으로 한층 악화되었다. 1939년 늦여름, 두 개의 사건이 전쟁의 양상을 바꾸어놓았다. 이미 예상했던 바였던 독일과 영국, 프랑스 사이의 전쟁 발발, 그리고 전혀 예상할 수 없었던 독일과 이념적인 숙적인 소련의 해빙 무드였다. 후자는 1939년 8월 23일 모스크바와 베를린의 불가침 조약이 발표되면서 명확해졌다. 이것은 아마도 20세기를 통틀어 가장 충격적인 이념적 반전일 것이다. 일주일 뒤인 1939년 9월 1일에는 나치 독일의 군대가 폴란드를 침공했다. 이틀 뒤

---

3 Van de Ven, *War and Nationalism*, 240~246쪽.

에는 영국, 프랑스와의 싸움이 시작되었다. 유럽 열강들의 모든 이목은 당장 자신들의 생존이 걸린 싸움에 집중되었다. 이전에도 그들에게는 부차적이었던 극동의 싸움이 이제는 정말로 시시하게 여겨지게 되었다.[4]

장제스는 일본의 침략에 맞서 중국을 지키는 데 도움을 줄 수 있는 동맹국들을 모으기를 원했다. 그는 중립국들이 대중 원조에 소극적이었을 뿐만 아니라 전쟁 초기 몇 해 동안 동맹이 바뀌는 속도에 좌절해야 했다. 그는 유럽에서의 전면전을 원하지 않았다. 중국에 대한 관심이 한층 줄어들 것이기 때문이다. 하지만 이제는 식민제국의 민주주의 국가들과 파시즘 국가들 사이에 전선이 형성되면서 장제스는 새로운 동맹의 기회를 얻게 되었다. 이러한 관점에서 본다면 베를린과 모스크바의 화해 분위기는 재앙이었다. 장제스는 항일에 소련을 끌어들일 생각이었다. 그러나 이제 소련은 사실상 나치의 동맹국이 되었고 나치는 도쿄와 동맹 관계였다.

베르사유 조약 이후의 세계는 중국인들을 분노하게 만들었다.(1919년에 있었던 상징적인 5·4운동은 파리 강화회의 합의에 대한 직접적인 반응이었다.) 하지만 그 세계에는 적어도 미국과 유럽의 두 주요 열강이라는 힘의 축이 있었다. 이제 그 제국들은 무너지고 있었다. 새로운 지정학적 균형이 어떤 식으로 형성될지는 누구도 알 수 없었다. 장제스나 다른 모든 사람이 예상할 수 있듯이, 독일이 유럽의 새로운 강대국이 될 것은 분명했다. 유럽 전쟁의 첫해는 외교적으로 서로 어울리지 않는 옷을 바꿔 입는 당혹스러운 시기였다.

국민정부는 일찍이 나치 독일과의 짧은 밀월 관계를 누렸다. 실제로 전쟁 초기 몇 달 동안 히틀러 정권은 장제스 정권에게 군수물자를 꾸준히 공급했다.[5] 1936년에 체결된 반코민테른 협정은 명목상 독일과 이탈리아, 일본을 추축국으로 묶어두었다. 하지만 그들은 항상 서로를 불신했고 진정한 동맹을 형성할 수 없었다. 장제스는 서구 강대국들에게 자신이 독일과 본의 아니게 협력할 수도 있다는 사실을 은근히 암시할 필요가 있다고 생각했다. 특

4 Christopher Thorne, *Allies of a Kind: The United States, Britain, and the War against Japan, 1941~1945*(Oxford, 1978), 52쪽.
5 Garver, "China's Wartime Diplomacy," 10~11쪽.

히 동서 양쪽에 적을 두고 있었던 소련에게는 우려할 만한 일이었다. 그러나 극동에서 독일 정책의 모순은 갈수록 커졌다. 결국 1938년 4월 독일은 일본의 압박에 굴복하고 중국에 대한 원조를 중단했다.

영국은 거의 도움이 되지 않았다. 1937년에 네빌 체임벌린은 보수당이 지배하는 정권의 총리가 되었다. 그의 기력은 유럽의 평화 문제를 놓고 빠르게 소진되었다. 체임벌린이 보기에 체코슬로바키아가 "우리가 전혀 알지 못하는 저 먼 곳에 있는 나라"였다면, 런던의 많은 정책결정권자에게 (물론 모두 다 그랬던 것은 아니지만) 중국의 운명은 한층 망각당한 주제였다. 미국의 원조를 얻으려는 국민당의 노력은 결과가 좀더 나았다. 1937년 11월 브뤼셀에서 열린 9개국 회의에서 중국 대표단은 미국이 일본을 제재하고 정면 대결하도록 설득하는 데 실패했다. 하지만 1938년 중반, 미국의 태도는 조금씩 바뀌었다. 일본이 중국 남쪽 저 너머로 진출하려고 시도하면서 점령지와 외부 세계의 무역이 단절될 것이 점점 분명해졌다. 1938년 12월, 미 재무장관 헨리 모겐소Henry Morgenthau는 중국에 2500만 달러의 비밀 차관을 제공하기로 했다. 중국은 (광택 제품인) 동유桐油6와 같은 현물로 상환할 수 있었다.7 여전히 장제스는 더 이상 가능할 것으로 보이지 않는 동맹에 실낱같은 희망을 걸었다. 1920년대에만 해도 열렬한 반공주의자였던 그는 항일전쟁 첫해에 소련의 참전에 가장 큰 기대를 걸었다. 소련 군사고문단과 파일럿들은 1937년부터 1939년까지 중국의 항전을 도왔지만 소련은 일본에 선전포고하지 않았다. 그러나 아시아 북부에서 일본의 침략이 갈수록 확대되는 가운데, 소련도 이 전쟁에 휘말릴 수 있었다.

장제스가 전쟁의 흐름을 장악하려고 시도할 때마다 매번 중국 밖에서 벌어지는 사건들이 싸움의 성격을 근본적으로 뒤바꾸어놓기 일쑤였다. 서구의 관심이 유럽의 암담한 정세에 쏠리는 동안, 외몽골과 만주, 소련 동부 국경 일대에서는 극동의 (새로운) 전쟁으로 비화될 만한 싸움이 벌어졌다.

6　기름오동나무 열매에서 짠 식물성 기름으로 주로 중국에서 생산되며, 페인트와 잉크의 원료로 사용한다.—옮긴이
7　Garver, "China's Wartime Diplomacy," 13쪽.

1938년부터 1939년 초에 걸쳐, 일본군의 한 파벌(대소 국경을 맡고 있었던 관동군을 가리킨다—옮긴이)은 소련의 동부 국경을 압박했다. 소련은 손쉬운 상대로 보였다. 스탈린의 편집광적인 숙청으로 붉은 군대의 수많은 유능한 장교들이 처형되거나 시베리아로 유배되었다. 1939년 5월, 소련의 괴뢰 국가인 외몽골에 주둔한 소련군과 만주에서 출동한 일본군이 노몬한 마을 주변에서 갑작스레 충돌했다. 며칠 안에 양측은 병력을 증원했다. 6만 명 가까운 소련군이 관동군 4만여 명과 대치했다. 9월 중순까지 넉 달 동안 두 강대국은 치열한 전투를 벌였다. 결과는 일본의 완패로 끝났다. 훗날 제2차 세계대전에서 스탈린의 가장 유능한 장군 중 하나가 되는 게오르기 주코프Georgi Zhukov 장군은 이후 명성을 떨치게 되었다. 그동안 경멸의 대상이었던 소련군은 격렬하게 싸웠지만 양측은 휴전만이 아니라 불가침 조약에 서명했다. 장제스의 중소 동맹에 대한 희망은 사라졌다.[8]

가장 큰 타격은 유럽 북부의 동토에서 일어난 사건의 여파였다. 1939~1940년의 겨울 전쟁에서 소련이 핀란드를 침공하자, 당장 영국과 프랑스는 국제연맹에서 소련을 제명하는 결의안을 지지했다. 국제연맹 회원국이었던 중국은 결의안에 대한 거부권 행사를 거절했다.[9] 소련은 자신들의 제명을 막지 않은 장제스에게 분노했고 남은 전쟁 기간 장제스와 스탈린의 관계는 극도로 악화되었다. 중국은 더 이상 소련의 원조를 받지 못한 채 일본과 싸워야 했다.

———

장제스가 예측불허의 세계에서 외교적인 안건을 처리하기 위해 허우적거리는 동안, 왕징웨이의 계획은 지지부진했다. 메이스핑과 가오쭝우가 접촉했던 일본군 중급 장교들과 기업가들은 도쿄 정권 전체의 입장을 대변하는 것

---

8 이 작전에 대한 가장 포괄적인 설명은 기념비적인 다음 저서를 참조. Alvin D. Coox, *Nomonhan: Japan against Russia, 1939*(Stanford, 1985).

9 Garver, "China's Wartime Diplomacy," 16쪽.

은 아니었다. 실제로는 중국을 진정으로 동정하고 자신들의 위대한 이웃을 모욕하지 않는 평화를 갈망하는 보잘것없는 세력에 지나지 않았다. 그러나 고노에 총리는 왕징웨이와 함께 하는 것이 도쿄가 원하는 결과를 가져다주리라고 믿지 않았다. 1938년 12월 22일의 공개 성명에서 그는 중국과 대화를 다시 시작할 준비가 되어 있다고 하면서도 (상하이에서 왕징웨이에게 제시했던 협상의 핵심 부분인) 일본군이 2년 내에 중국에서 철병하는 계획은 논의 대상에 포함되지 않는다고 못 박았다.

한편, 충칭 정부는 왕징웨이의 배신을 신랄하게 비난하는 대신 냉철하게 다루기로 했다. 1939년 1월 1일, 왕징웨이는 모든 공식 지위에서 해임되고 국민당에서 퇴출되었다. 그러나 체포령은 아직 내리지 않았다. 왕징웨이의 일행은 1939년 1월 5일 고노에 내각이 사퇴하면서 한층 어려움에 직면했다. 후임자인 히라누마 기이치로平沼騏一郎 남작 역시 일본군 수뇌부와 마찬가지로 저조구락부를 받아들이는 데 신중했다. 그러자 1939년 5월 왕징웨이는 자신이 도쿄를 방문하겠다고 압박에 나섰다.

6월 초의 도쿄 여행은 재앙으로 끝났다. 6월 6일, 일본의 주요 각료 5명은 회의를 열고 왕징웨이 정권이 중국에서 얼기설기 엮여 있는 일본의 여러 괴뢰 정권 중 하나에 지나지 않는다는 사실을 분명히 했다. 자신의 주도 아래 중국을 하나로 통일하겠다는 왕징웨이의 꿈은 시작하기도 전에 끝장났다. 게다가 중국의 모든 영토를 경제, 군사적으로 지배하는 것을 포함해 일본의 요구는 그야말로 가혹했다. 육군대신 이타가키 세이시로板垣征四郎만이 조건을 논의하는 데 반대하지 않았다. 하지만 이타가키는 여러 괴뢰 정권들, 특히 베이핑에 수도를 두고 중국 북부를 지배하고 있는 중화민국 임시정부中華民國臨時政府[10]의 해체를 거부했다. 일본군은 전쟁으로 빼앗은 중국 북부의 지배권을 쉽사리 내놓을 생각이 없었다.[11]

---

10 중일전쟁 중 일본이 화베이에 세운 괴뢰 정권. 1937년 12월 14일에 베이징에서 수립되었으며 수장은 국민당 재무부장을 지낸 왕커민王克敏이 맡았다. 왕징웨이 정권이 수립되면서 명목상 여기에 흡수되었으나 북지나 방면군의 반대에 부딪쳐 화베이 정무위원회라는 이름으로 종전까지 유지되었다.—옮긴이

11 Boyle, *China and Japan at War*, 243~246쪽.

왕징웨이는 단 한가지만은 양보를 얻어냈다. 일본군은 중화민국 초기에 사용되었던 (그리고 왕징웨이가 경멸하는 중국 북부의 친일 부역자 왕커민王克敏의 중화민국 임시정부가 내걸고 있는) 오색막대가 그려진 깃발을 신정권의 국기로 쓰기를 원했다. 왕징웨이는 단호히 거부했다. 그의 정권에 걸맞은 국기는 오직 쑨원이 승인했던 파란 배경 위의 12개 줄기의 흰 별과 붉은 바탕으로 된 국민정부의 깃발이어야 했다. 결국 왕징웨이는 장제스가 공산당과 손을 잡은 것은 국민당에 대한 배신이며, 자신의 정권이 진정한 국민정부의 연장선이라고 굳게 믿고 있었다. 왕징웨이에게 청천백일기의 채택은 북벌 전쟁 당시 장제스에 의해 권좌에서 쫓겨난 이래 13년 동안 품어왔던 야심을 실현하고 쑨원의 혁명을 비로소 완수하게 만들 것이었다. 일본인들은 왕징웨이와 장제스의 군대가 서로 뒤섞여 싸울 경우 똑같은 깃발을 내걸어 그들을 구분할 수 없다는 이유로 반대했다. 왕징웨이는 고집을 꺾지 않았다. 결국 "화평, 건국, 반공和平建國反共"이라고 쓰인 노란색 삼각 깃발을 국기에 덧붙이는 조건으로 합의했다. 왕징웨이는 작은 승리를 거두었을 뿐이지만, 그렇다고 하찮다고 할 수는 없었다. 일본 지도부 대다수는 중국 민족주의를 (물론 일본이 주역을 맡게 될) 대아시아 형제애의 앞날을 망치게 할 외국의 이식체移植體 쯤으로 여기면서 경멸감을 감추지 않았다. 왕징웨이에게 있어서 중국 민족 혁명의 가장 중요한 상징적 깃발이 신정권의 청사에 휘날리도록 하는 일은 이미 기대할 것이 없는 일본과의 협력 관계에서 작으나마 성과로 비추어질 수 있었다.[12]

왕커민 정부와 난징에 있는 량훙즈의 "중화민국 유신정부"를 흡수하려고 했던 왕징웨이의 시도는 세 사람 모두 서로 함께 일하기를 원치 않았기 때문에 실패했다. 1939년 여름 노몬한에서 일본의 패배는 도쿄의 권력자들에게 왕징웨이의 이용 가치를 높여주었다. 자신들의 군대가 예상했던 것처럼 손쉽게 장제스를 꺾을 수 없다는 사실이 한층 분명해졌기 때문이었다. 그러나 이들은 여전히 완고했다. 1939년 11월과 12월 두 달 동안 가게사, 이누카

---

12 Boyle, *China and Japan at War*, 246쪽.

이, 여타 일본인 협상가들은 메이스펑과 저우포하이, 타오시성 등 왕징웨이의 측근들과 머리를 맞대었다.(왕징웨이는 교섭에 직접 참석하지 않았다.) 가게사는 개인적으로 중국인들을 동정했지만 일본군 강경파들의 가혹하고 비타협적인 요구를 강요하기 위한 중간 역할에 지나지 않았다. 일본군과 "고문단"이 중국 전역에 남아 있어야 한다는 조건은 국민당에게서 주권을 되찾으려는 왕징웨이의 명분을 흐려놓았다. 탄광과 광산과 같은 주요 산업에 대한 새로운 특혜를 내놓는 것 이외에도 일본 해군은 남쪽 하이난 섬의 통제권을 장악하기를 원했다. 중국의 재통합을 원하는 왕징웨이의 이상에도 불구하고, 중국 북부는 분리되어야 했다. 상하이 또한 특별 지역, 즉 일본인들이 우월적인 권리를 갖는 지역으로 구분되었다. 합의 내용은 거의 일방적이었다. 1939년 12월 30일 협정이 체결되었지만 장래는 암울했다.[13] 그나마 협상가들은 왕징웨이의 주도 아래 국민정부를 "재결성"하며 수도는 난징에 두기로 합의했다.

여기에 이르자 가오쭝우는 계획 전반에 대한 심각한 의문을 품게 되었다. 비밀 협정의 초안이 완성되자 그는 중국어 번역을 도와달라는 요청을 받았다. 왕징웨이는 당연하게도 (일이 밖으로 새어나가지 않도록) 보안 유지에 편집광적으로 민감한 반응을 보였고 번역 작업을 자신의 집에서 할 것을 요구했다. 그러나 가오쭝우는 한 부를 복사할 생각이었다. 그는 왕징웨이의 집을 방문한 한 일본 정치인을 배웅하면서 기회를 잡았다. 문서를 슬쩍 자신의 주머니 속에 넣고는 나중에 왕징웨이에게 전화해서 실수로 가져갔다고 말했다. 그러나 그것을 돌려주기 전에 집으로 들고 가서 사진을 찍어두었다.[14] 1940년 새해 첫날, 저우포하이는 가오쭝우와 지금껏 자신들이 추진해온 과업에 대해 긴 대화를 나누었다. "두 사람은 온 힘을 다해서 헌신하기로 맹세했고 서로를 용서하기로 했다." 저우포하이는 왜 가오쭝우가 자신에게 용서를 구하는지 알 수 없었다. 사흘 후 1월 4일, 저우포하이는 가오쭝우가 타오시성과 함께 갑자기 어디론가 사라졌으며 아마도 홍콩으로 향한 것 같다고

13 Boyle, *China and Japan at War*, ch.13.
14 *GZW*, 74~75쪽.

썼다. "그제야 신정에 그가 무슨 말을 한 것인지 알 수 있었다." 가오쭝우의 속내를 비로소 깨달은 저우포하이는 슬픔에 사로잡혔다. 1939년 마지막 몇 주 동안 협상을 통해 일본의 이중성을 절감했던 가오쭝우와 타오시성 두 사람은 일본과의 협력이 진정한 동반자로서가 아니라 철저하게 착취당하는 것임을 알게 되었다. 두 변절자는 폭력배 두목이었던 두웨성杜月笙("큰귀 두"라고 불리는)의 도움을 받아 상하이를 탈출했다. 그리고 충칭에 다시 나타나 국민정부의 기념비적인 선전공작에 기여했다. 이들은 일본의 요구사항이 얼마나 가혹한지 만천하에 폭로했다. 또한 왕징웨이를 향해서는 협상을 중단할 것과 "말이 벼랑 아래로 굴러 떨어지지 않게 막아 달라"라고 호소했다. 그 뒤 가오쭝우는 미국으로의 이민을 허락받았다. 타오시성은 다시 장제스의 측근 중 한 사람으로 복귀하여 그의 가장 뛰어난 선전 나팔수가 되었다.(두 사람 모두 평온한 말년을 보냈다.)

일본인들은 여전히 가장 비중 있는 인물인 장제스를 자신들의 편으로 회유할 수 있을 것이라는 희망을 버리지 않았다. 왕징웨이는 그들이 가능성을 열어둔 선택지 중 하나에 지나지 않았다. 가령, 일본인들은 왕징웨이의 신정권에 (공식적인 외교적 승인을 의미하는) 대사가 아니라 "특사"를 파견할 것이라고 선언했다. 저우포하이는 분통을 터뜨렸다. "우리 정권이 (진정한) 국민정부라고 생각한다. 승인받지 못할 이유는 없다." 그는 일본 관료들과의 대화에서 이렇게 말했다. "만약 신정권이 아무런 중요성이 없다면 뭐 하러 만들려고 했는가? 당신네들은 충칭과 협상할 여지를 만들기를 원한다. 우리는 일본인들이 충칭과 대화에 나서는 것을 반대할 생각이 없지만 당신네들이 신정권을 승인할 생각이 없다면 우리 또한 굳이 만들지 않겠다."[15]

저우포하이는 신정권에서 자신의 비중을 어느 정도 과대평가하고 있었다. 1월 26일, 그는 주요 장관의 선임을 왕징웨이가 아닌 자신이 맡았다고 썼다. "내 펜은 10분 만에 새로운 국민정부를 만들어낼 것이다." 그는 농담을 던졌다.[16]

15 *ZFHR*, 1940년 1월 13일, 230쪽.
16 *ZFHR*, 1940년 1월 26일, 237쪽.

그러나 저우포하이는 정부만 만든 것이 아니었다. 무력 또한 장악했다. 왕징웨이는 권력자로서 가장 큰 한계가 군사력의 부재였다. 이 때문에 북벌 전쟁에서 몰락했다. 10년이 지난 지금은 그의 기회가 일본에 의해 심각하게 제약을 받고 있었다. 또한 왕징웨이와 측근들은 장제스의 특무대장 다이리의 암살단에게 언제 살해당할지 모르는 처지였다. 저우포하이는 어쩔 수 없이 예전에 다이리 휘하에 있었던 두 사람, 딩모춘丁默邨[17]과 리스췬李士群에게 신변의 안전을 맡겨야 했다. 이들은 이른바 "마굴魔窟"이라고 불리는 상하이 제스필드가 76호에 있는 대저택에서 특무조직을 운영했다.[18] 이 같은 미심쩍은 지원에 의존하면서 왕징웨이 정권은 공식 수립되기도 전에 얼마 되지도 않는 위신이 한층 땅에 떨어졌다.

겨울에서 봄으로 바뀌는 동안, 저우포하이는 열정과 타락 사이에서 오락가락했다. 그는 여전히 충칭과 화해할 수 있다는 희망을 버리지 않으면서 미국인 중재자를 통해서 난징에 신정권이 수립되어도 일본과 (충칭의) 국민당이 대화를 중단해서는 안 된다는 낙관적인 메시지를 장제스에게 보냈다. 3월 말, 그는 고향인 광둥성의 재정 지원을 놓고 왕징웨이 부부와 언쟁을 벌였다. 언쟁의 이면에는 자신들에게 투자한 일본인들이 더 이상의 손실을 확실히 막을 요량으로 신정권의 수립을 도중에 중단시킬지 모른다는 두려움이 깔려 있었다.

그러나 이런저런 걸림돌은 있었지만, 왕징웨이는 마침내 자신의 새로운 정권을 차지했다. 1940년 3월 30일, 왕징웨이의 환도還都, 즉 "수도 복귀"가 공식적으로 실현되었다. 정권의 어용 신문인 『중화일보中華日報』는 "왕 주석의 정부"가 새로운 정권의 탄생이 아니라 진정한 국민당 정권이 정통 수도 난징에서 부활한 것이라며 온갖 미사여구를 늘어놓았다. 그중에서도 기사 한 가

---

17 딩모춘(1901~1947): 왕징웨이 정권의 고위 정치인으로, 원래는 중국공산당 초기 멤버 중 하나였으나 제1차 국공합작 중에 국민당으로 전향하여 첩보활동을 맡았다. 1939년 2월 일본의 회유로 변절했고 상하이에서 비밀경찰을 지휘하여 일본 점령지에서 국민정부 항일조직을 분쇄했다. 일본 패망 후 친일한간으로 체포되어 1947년 7월 쑤저우에서 총살당했다. 이안 감독의 영화 「색계色戒」에서 양조위가 그의 역할을 맡았다.—옮긴이
18 Boyle, *China and Japan at War*, 282~285쪽.

운데를 가득 채운 삽화는 진정한 정치 선전이라 할 만했다. 중국인을 상징하는 어린이들을 향해서 왕징웨이가 거대한 초인의 모습으로 광채를 내뿜고 있었다.[19]

저우포하이는 일기에 (환도) 행사를 여느 때처럼 특유의 자아도취적인 표현으로 묘사했다. "내 이상이 비로소 실현되었다. 일생일대 가장 기쁜 일이다." 그는 이렇게 선언했다. "국민정부가 수도로 복귀했고 청천백일기가 휘날리고 있다. 이 모든 일은 내가 시작했고 앞으로도 나를 중심으로 진행될 것이다. 내 평생이 결코 헛되지 않았다."[20] 행사가 끝난 뒤 저우포하이는 술을 너무 많이 마시고 배탈이 난 덕분에 그 순간을 망쳐버렸다. 왕징웨이는 그다지 기뻐하지 않았다. 행사에 참석한 한 사람은 이렇게 말했다. "그는 망연자실하게 서 있었다. 얼굴에는 눈물이 비처럼 흘러내렸다."[21] 왕징웨이가 변절하게 된 이유, 일본과 대등한 협력을 실현하겠다는 그의 이상은 이제 텅 빈 것처럼 보였다.

1940년 2월, 미 대사관의 참사관 프랭크 록하트Frank Lockhart는 존슨 대사를 대신해 지난 1년의 전쟁 상황을 요약한 보고서를 워싱턴에 보냈다.

국제 정세의 불확실성, "통일전선"의 갈등, 전쟁에 따른 국가 경제의 심각한 부담에도 불구하고 중국인들의 항전 의지가 감소했다는 징후는 전혀 보이지 않는다. 장제스 장군은 정부에 대한 신뢰를 유지하고 있으며, 그의 영향력은 정부 내 다양한 파벌의 알력 다툼에 따른 갈등을 효과적으로 풀어나간다. 중국인들의 항전 의지를 증폭시키는 중요한 요인 한 가지는 민간인들에 대한 일본군의 무자비한 폭격이다. 지난 5월에 있었던 충

19 *ZFHR*, 1940년 3월 30일.
20 *ZFHR*, 1940년 3월 30, 31일, 272~273쪽.
21 Boyle, *China and Japan at War*, 304쪽.

칭 공습은 가장 대표적인 민간인 학살 사례였다.[22]

　장제스가 (미 대사관의) 긍정적인 평가를 알았더라면 무척 귀중하게 여겼을 것이다. 1940년 봄 중국의 처지는 바람 앞의 촛불과 같은 신세였다. 3월에는 일본 고위 협상가들이 장제스와 타협하려고 시도하는 동안 왕징웨이는 난징에서 자신의 신정권을 인정받으려고 노력 중이었다. 중국에서는 "통공작桐工作", 일본에서는 "기리공작きり工作"[23]으로 알려진 이 전략에 따라 1940년 3월 7일부터 10일까지 홍콩에서 (비공식적인 중일 양국) 회담이 열렸다. 국민당은 군사적으로 심각한 상황에 직면해 있었다. 미국은 여전히 중립을 고수했고 유럽은 혼란스러웠다. 실제로 그해 봄, 프랑스의 몰락이 초읽기가 되자 영국 역시 독일과 평화 협상의 가능성을 시험하기 위해 유사한 방법으로 상대의 의중을 신중하게 떠보는 중이었다. 중국이 서구의 도움을 받을 가능성은 전혀 없었다. 일본인들에게는 장제스의 양보를 얻어낼 수 있는 절호의 기회였다.[24] 국민정부가 벼랑 끝에 몰린 와중에 장제스는 협상의 문틈을 조금 열었다.

　결과적으로 일본은 왕징웨이의 신정권을 승인하는 데 시간을 질질 끌었다. 1940년 여름과 가을 내내 이 변절자 집단에 대한 일본의 입장은 이중적이었다. 귀족원貴族院 의원인 아리마 요리야스有馬頼寧 같은 일본 정계의 원로들은 왕징웨이의 행동은 비열한 행위라며 비난했고, 일본 외상 마츠오카 요스케松岡洋右는 자신이 충칭과의 협상에 여전히 관심이 있음을 밝혔다.[25] 저우포하이는 자신들이 위대한 애국적 희생을 감수할 수밖에 없었다고 믿고

22　*FRUS 1940*, vol.4(1940년 2월 17일), 287쪽.
23　중일전쟁의 장기화와 노몬한의 패전으로 위기감을 느낀 일본 육군이 주도한 대중국 화평공작. 암호명은 "기리桐(오동나무)"였다. 양측은 홍콩에서 회담을 열었으며 중국 측은 장제스의 처남인 쑹쯔원이, 일본 측은 지나 파견군 참모였던 이마이 다케오 대좌 등이 참석했다. 그러나 만주국의 승인과 일본군의 철병 문제를 놓고 양측은 조금도 양보하려 하지 않았고 결국 회담은 결렬되었다. 일본 지도부는 때마침 발발한 완난 사변 등으로 국공의 갈등이 첨예해지면서 정치적 위기에 직면한 장제스가 항일보다 반공을 우선시할 것이라고 예상했지만 뜻밖에도 장제스는 국공합작을 유지하면서 항일의 의지를 꺾으려고 하지 않았다.—옮긴이
24　Garver, "China's Wartime Diplomacy," 8~9쪽.
25　Ibid.

있었던 변절자들의 불만을 토로했다. "충칭은 우리를 매국노로 여기지만 우리는 영웅이라고 생각한다. 오직 화평만이 이 나라를 구할 수 있다고 여겼기 때문이다. 이것이 우리 스스로 영웅인 이유다. 만약 우리가 영웅으로 여겨진다면 중국과 일본 사이에는 평화가 올 것이며, 우리가 매국노로 여겨진다면 양국에는 결코 평화가 찾아오지 않을 것이다."[26]

일본군 고위 장교들은 장제스의 처남인 쑹쯔원의 동생을 가장한 중국인 정보원과 접촉했다. 회담은 가장 기본적인 의제에서 좌초되었다. 일본군은 중국 북부에 병력을 주둔할 것과 만주국의 승인을 원했지만 장제스는 일언지하에 거부했다. 그러자 일본은 장제스를 한층 압박하는 것으로 대응했다. 6월 일본군이 주요 요충지인 이창을 점령했다. 충칭에 대한 압박이 계속되는 가운데, 6월 4일부터 6일까지 마카오에서 회담이 다시 열렸다.[27]

일본인들은 중국의 잠정적인 유럽 동맹국들의 약점을 찌르기도 했다. 장제스 정권에게 인도차이나 하이퐁Haiphong항에서 윈난성 쿤밍까지 철도를 이용한 물자 수송은 반드시 확보해야 할 생명줄이었다. 1940년 1월 파리가 독일의 공격에 대비하는 동안, 일본 외교관들은 프랑스 대사관을 통해서 해당 철도의 운행을 중지할 것을 요구했다. 일본군이 철도 폭격을 반복하자 도쿄의 프랑스 대사가 항의했지만 마쓰오카 요스케 외상은 이렇게 말하며 일축했다. "일본 정부는 프랑스가 장제스에게 물자를 보내는 행위를 중단할 때까지 인도차이나에서 프랑스 철도를 계속 폭격할 것이다."[28] 1940년 6월 프랑스가 무너졌다. 다른 식민지들처럼 인도차이나 또한 독일의 괴뢰 정권인 비시 정부의 관할에 들어갔다. 신정부는 중립을 지키기로 했기에 철도를 통해서 자유중국으로 물자가 들어가는 것은 여전히 허용되었다. 1940년 여름내 일본은 비시 식민지 정부에 철도 폐쇄를 압박했다. 프랑스 당국은 8월에 일정한 규모(6000명을 넘지 않는 선에서)의 일본군이 인도차이나에 주둔하는 데 동의했지만 철도 폐쇄는 거부했다. 9월 22일, 나카무라 아케토中村明人

26   *ZFHR*, 1940년 5월 13일, 280쪽.
27   Huang and Yang, "Nationalist China's Negotiating Position," 65쪽.
28   *FRUS 1940*, vol.4, (1940년 1월 15일), 263쪽.

중장이 지휘하는 일본군(남지나 방면군 산하 제5사단—옮긴이)이 인도차이나를 침공했다. 전투는 며칠 만에 끝났다. 일본군은 종전 때까지 이곳에 주둔하면서 국민정부에게 생명줄과 같았던 철도선을 완전히 단절시켰다.

1940년 7월, 영국 항공전이 잉글랜드 남부의 하늘에서 치열하게 벌어지는 동안, 일본 정부는 런던을 향해 영국 동인도 식민지에서 중국 국경으로 통하는 버마 루트를 폐쇄할 것을 요구했다. 버마 양곤에서 하역되어 육로를 통해서 국민정부에게 흘러들어가던 군수 물자를 차단시키겠다는 의미였다. 지난 6월에 프랑스의 몰락을 지켜보았던 처칠 내각은 영국령 동인도 식민지가 당장 침공당할까 겁을 먹었다. 아시아에서 새로운 전쟁을 받아들일 입장이 아니었던 그들은 버마 루트를 폐쇄했다. 1년도 안 되는 시간 동안, 국민정부의 원조 루트는 남중국해, 인도차이나, 버마에서 (비록 1940년 10월에 다시 개방되었지만) 모두 차단되었다. 국민당의 전략이 좀더 나았더라면 (즉, 광저우 방어에 성공했다면—옮긴이) 해상 통로를 약간은 더 유지했을지도 모른다. 하지만 영국과 비시 프랑스의 방침은 장제스가 어떻게 손 쓸 수 없는 것이었고 이로 인해 육상 통로를 모두 잃었다. 국민당은 한층 궁지에 몰렸다.

장제스는 결연한 태도를 고수하면서도 특유의 책략을 적절하게 발휘했다. 1940년 8월 일본과의 협상에 찬성했던 그는 일본이 국민정부와는 대화하지 않겠다고 했던 "상대하지 않는다相手にせず"를 철회하지 않았다는 평계를 내세워 돌연 회담을 취소했다. 국민당은 일본과 왕징웨이 정권의 결탁에 의문을 제기함으로써 자신들의 중요한 전략적 목표를 달성할 수 있었다.[29] 중국인들 입장에서 일본군은 반공을 명목으로 중국에 장기 주둔하려는 속셈이 분명하게 보였다. 공식 회담을 전혀 하지 않으면서도 은근히 일본과 대화할 수 있음을 암시하는 장제스의 전략은 두 개의 중요한 이점을 제공했다. 하나는 결국 왕징웨이가 난징에서 신정권을 수립하는 1940년까지 일본의 입장을 보류시켰다는 점이고, 또 하나는 서방 열강들을 향해 충칭에 더 이상 원조를 제공하지 않으면 그들의 적과 어떤 식으로든 타협할 수밖에 없다

---

29 Huang and Yang, "Nationalist China's Negotiating Position," 61쪽.

는 메시지를 던져주었다. 11월 30일, 왕징웨이 정부는 도쿄의 공식 승인을 얻었다. 이날 미국 정부는 자유중국에 1억 달러의 차관과 더불어, 50대의 군용기를 제공키로 했다고 발표했다.[30]

장제스의 태도는 진심으로 굴욕적인 평화를 실현할 요량으로 기꺼이 일본과의 협상을 제안하는 것과는 거리가 멀었다. 그는 중국에게 있어서 영국과 마찬가지로 "패망"에 직면했던 1940년의 가장 암울했던 시간 동안 여전히 일본에 맞서 싸울 것을 분명히 했다. 겉으로는 일본과 협력할지 모른다는 인상을 주면서도 결코 자신을 벼랑 끝으로 내몰 수 있는 걸음을 내딛지 않았다. 일본이 중국을 완전히 지배할지 모른다는 위협은 연합국들을 겁먹게 만들었다. 장제스는 무슨 수를 써서건 그들을 전쟁으로 끌어들여야 한다는 사실을 잘 알고 있었다. 그의 정부와 군대는 파멸을 눈앞에 둔 채 외부의 어떠한 도움을 받을 가능성도 거의 없었다. 게다가 이제는 새로운 위협이 그의 동맹 내부에서 모습을 드러냈다.

———

1939년 초부터 국민당은 공산당의 확대를 막기 위한 조치에 나서기 시작했다. 그해에 충칭 폭격이 시작되면서 국민정부의 지위가 큰 타격을 입었다. 폭탄이 떨어지는 동안 장제스와 그의 측근들은 동북쪽에서 경쟁자들의 세력이 커지는 것을 우려하지 않을 수 없었다. 장제스는 마오의 심장부를 겨냥해 새로운 정치적, 경제적 조치를 지시했다. 특히 공산당이 자신들의 세력권으로 여기는 허베이성과 산시성, 허난성, 산둥성에 대한 통제를 되찾을 생각이었다. 국민당은 40만 명의 병력을 투입하여 산·간·닝 변구의 서남부를 봉쇄했다. 이 작전의 목적은 그들의 영토를 침공하려는 것이 아니라 봉쇄하는 데 있었지만 양측의 협력 관계에 금이 가고 있다는 명확한 징후였다.

그러나 갈등은 기묘하고도 은밀한 상태로 유지되었다. 어느 쪽도 대중이

30 Boyle, *China and Japan at War*, 303~305쪽; Taylor, *Generalissimo*, 174~175쪽.

제12장 진주만으로 향하다 269

건, 국제사회에서건 국공합작이 실패로 끝났다고 여기도록 내버려둘 수 없는 처지였다. 산·간·닝 변구의 경계에서 국민정부군과 공산군 사이에 전투가 벌어졌지만 공산당은 국지적인 충돌일 뿐, 국공합작의 총체적인 파국은 아니라고 주장했다. 장제스 역시 대놓고 부정하지는 않았다.

그러나 마오는 국민당이 공산당을 탄압하려 한다는 점을 은근히 드러내기를 원했다. 1939년 7월 국공 양당의 장기적인 합작과 관련한 연설에서 마오는 그동안 공산당의 확대를 억제하려 했던 국민당의 이전 시도들을 날카롭게 지적하면서 국민당 "완고파들"이 공산당을 분쇄하려는 것을 공개적으로 비난했다.

> 너희는 우리를 "억누르고 있다"라고 주장한다. 하지만 가장 신기한 일은 "억누를수록" 우리는 한층 더 많아질 것이라는 사실이다. 예전에 우리 당은 새끼손가락만했다. 하지만 "봉쇄"와 "억압" 덕분에 우리는 엄청나게 커졌고 엄지손가락이 되었다. 홍군은 너희와 싸우면서 단련되었다. 홍군의 총은 모조리 너희를 통해서 얻은 것이다. 나는 너희에게 생각해보기를 청한다. 싸울 것이냐, 싸우지 말 것이냐? 우리 역시 여기에 대해 생각해봤다. 다 같이 화해해야 한다[31]

서로의 관계가 악화되면서도 양측은 상대에게 모순적인 감정을 품었다. 장제스는 언제나 마오를 경계했지만 저우언라이에 대해서는 보다 호의적이었고 두 사람은 서로를 존중했다. 1939년 8월, 저우언라이는 공산당 중앙정치국에 보고서를 올렸다. 그는 두 당이 극단적이면서 완고한 구성원들에게 재갈을 물릴 필요가 있다고 주장했다. 얼마 뒤 저우언라이의 팔이 골절되자 장제스는 전용기를 옌안으로 보냈다. 그리고 저우언라이 부부를 신장성을 거쳐서 모스크바까지 이송하여 치료받게 했다.[32]

---

31 "Persist in Long-term Cooperation between the Guomindang and the Communist Party," *MZD*, vol.6, 153쪽.
32 Taylor, *Generalissimo*, 166~167쪽.

그런 일과 상관없이 국민당의 봉쇄는 계속되었다. 이 때문에 공산당 근거지의 경제는 치명타를 입었다. 1940년 초에는 장제스가 국민당의 재정 지원을 중단시켰다. 설상가상으로, 전쟁 첫 2년 동안 대풍작이 이어진 후 1939년과 1940년의 수확은 훨씬 형편없었다. 흉작 때문에 1940~1941년 충칭의 곡물가가 1400퍼센트나 상승하면서 국민당에게도 문제가 되었다.[33] 고립되고 가난한 산·간·닝 변구 역시 물가가 폭등했다. 1940년에는 500위안에 살 수 있었던 물건이 1941년에는 2200위안으로 올랐다.[34] 공산당이 관할하는 인구는 훨씬 많아진 반면, 자원은 훨씬 줄어들었다. 그들의 해결책은 극단적인 경제적 자급자족이었다. "생산 운동"에 따라 향후 몇 년 동안 경작지의 확대뿐만 아니라 목화 생산과 가축 사육, 직물 생산, 소금, 석탄, 심지어 기름과 가스에 이르기까지 생산량을 대폭 늘리는 시도에 착수했다.[35] 이러한 발상은 강력한 심리적 효과가 있음이 증명되었다. 자급자족 경제로의 전환은 국공의 새로운 불신을 초래했고 남은 전쟁 기간은 물론, 전쟁이 끝난 뒤 몇 년 동안 이어졌다.

1940년 여름까지 두 개의 공산당 주력 부대는 중국 북부와 중부 대부분을 장악했다. 그해 8월, 펑더화이彭德懷가 지휘하는 제8로군은 중일전쟁을 통틀어 공산군이 수행한 유일한 주요 정규전이었던 바이퇀 대전百團大戰에 돌입했다. 4만 명(22개 연대, 최종적으로 104개 연대가 참여했던)에 달하는 병력이 중국 북부에서 철도와 도로, 교량 등 일본군의 지배에 필수적인 기반시설에 대한 전면적인 공격에 나섰다. 전투는 10월까지 계속되었고 일본군의 거대하고 잔혹한 보복을 초래했다.[36]

한편, 신4군은 국민당이 예전에 통치했던 황허강 남쪽과 창장강 북쪽으로 침투했다. 장쑤성 북쪽에서 안후이성, 상하이 서북쪽에 이르는 지역이 신4군 군장 샹잉이 이끄는 공산당의 근거지가 되었다. 7월 군사위원회는 공

33 Eastman, "Nationalist China during the Sino-Japanese War," 152~160쪽.
34 Van Slyke, "Chinese Communist Movement," 253쪽.
35 Van Slyke, "Chinese Communist Movement," 254~255쪽.
36 Van Slyke, "Chinese Communist Movement," 244~245쪽.

산군이 (1938년 6월 제방 붕괴 이후 변화된) 황허강의 옛 수로 북쪽에서 활동할 것을 제안했다. 샹잉과 국민당 측의 구주퉁, 샹구안윈상上省雲相은 그동안 그럭저럭 우호적인 관계를 유지해왔지만 이때에 와서는 경직되었다. 저우언라이는 제안을 지지했던 반면, 마오쩌둥은 완강하게 거부했던 것 같다.

10월 19일, 장제스의 참모총장인 허잉친은 공산군 총사령관 주더에게 예전에 창장강 이남에서 주둔을 허가받은 부대를 포함해 모든 공산군을 이동시켜야 한다고 말했다. 12월 9일 장제스는 다음과 같이 명령했다. 12월 31일까지 모든 신4군 부대는 창장강 이북으로 이동할 것, 또한 1월 31일까지 신4군과 제8로군 부대는 황허강 이북으로 북상해야 했다. 그는 구주퉁에게 비밀 전보를 보내 자신의 생각을 분명히 못 박았다. 만약 기한을 어길 경우 "이 문제를 책임지고 처리해야 한다. 더 이상의 관용은 없다."[37] 샹잉은 마오쩌둥에게 부대를 즉시 북쪽으로 향할지, 아니면 보다 덜 위험할 것으로 여겨지는 우회로를 선택할지 물었지만 마오의 지시는 애매모호했다.[38]

마오는 국민당과의 충돌을 야기할 도발을 놓고 기대 반, 걱정 반 사이에서 자신이 과연 어느 쪽을 원하고 있는지 확신할 수 없었던 것 같다.[39] 그런 뒤 12월 26일 그는 샹잉을 향해서 국민당을 믿지 말라는 강력한 경고 메시지를 보냈다. 마오는 이미 책임 떠넘기기에 나서고 있었다. 그는 자신의 우유부단함 때문에 안후이성의 신4군에게 재앙이 벌어질 경우 그 책임을 옌안이 아니라 현지 지휘관이 짊어지기를 원했다.[40]

1941년 1월 4일, 신4군 부대들은 북쪽이 아닌 남쪽으로 이동하기 시작했다. 공산당은 일본군이 장악한 지역을 피하기 위해서 불가피했다고 주장했

37   王建國,「顧祝同與皖南事變」,『抗日戰爭硏究』(1993:3), 197쪽; Benton, *New Fourth Army*, 515~516쪽.
38   예를 들면, "창장강 이남에 배치된 부대는 (국민당의 지시에 따라—옮긴이) 장쑤 남부 지역으로 북상하는 것이 최선이다"(1940년 12월 30일)와 "국민당의 공격을 분쇄하여 상황을 호전시켜야 한다" (1940년 12월 31일), *MZD*, vol.6, 610~611쪽; Benton, *New Fourth Army*, 513쪽.
39   "Mao Zedong and Zhu De to Zhou Enlai and Ye Jianying concerning the negotiations with Chiang Kaishek on the New Fourth Army's route for moving northward"(1940년 12월 25일), *MZD*, vol.6, 593쪽; Benton, *New Fourth Army*, 530쪽.
40   Benton, *New Fourth Army*, 530쪽.

다. 국민당은 공산당이 세력을 확장할 속셈이었다고 의심했다. 금세 양측의 충돌이 시작되었다.

그 행군에 참여했던 신4군의 간부 중 한 사람인 둥난차이董南才는 예팅의 부사령관인 (또한 경쟁자이기도 했던) 샹잉 휘하에 있었다. 그는 행군이 한겨울이었으며 날씨가 흐리고 몹시 추웠다고 회고했다. 여러 지점에서 부대들은 강을 건너기 위해 임시로 다리를 만들어야 했다. 하지만 "인원은 너무 많고 속도는 너무 느렸으며 짐은 너무 무거웠다. 물에 빠진 동지들은 차가운 강을 건너기 위해 용감하게 헤엄쳐야 했다."[41] 이틀 뒤 신4군은 국민정부군과 대치했다. 어느 쪽도 물러서지 않았다. "심지어 (우리) 취사병들까지 식칼을 들고 싸웠다." 공산군은 승리했지만 전투는 치열했다. 계속해서 전진하는 동안, 공산군은 적군의 기습적이고 치명적인 교전과 주변 지형의 위태로움 사이에서 절충해야 했다. 일부는 가파른 낭떠러지에서 굴러 떨어져 죽었다.[42]

이 와중에 부사령관인 샹잉이 자취를 감추었다. 그가 습격을 받아 직책을 던지고 달아났는지, 그렇지 않으면 국민정부군의 공격에 반격할 수 있는 다른 방법을 찾으려 했는지 분명하지 않다. 그 뒤 그는 갑자기 다시 나타났다. 그리고 1월 10일 당 중앙을 향해 말했다. "그저께, 우리는 포위망을 벗어나려고 했지만 실패했고 포위되었다. 우리는 섬멸당할 판이다. 나는 약간의 병력을 거느리고 우회할 길을 찾으려고 했다." 또한 그는 "이것은 그야말로 어리석은 짓이었다. 처벌을 달게 받겠다"라고 솔직히 털어놓았다. 당 중앙에서는 답장을 보내는 데 시간을 낭비하지 않았다. 그는 "겁쟁이"에 "비겁자"로 매도되었다.[43] 그러나 샹잉이 돌아왔다고 해서 국민정부군의 압도적 우위를 뒤집을 수는 없었다. 구주퉁의 공격으로 샹잉의 부대원 9000명이 죽거나

---

41 董南才,「皖南事變突圍記」,『玉環文史資料』第3輯(1941년 1월 5일), 79쪽.
42 董南才,「皖南事變突圍記」, 81쪽.
43 張光宇 · 李仲元,「新四軍在皖南事變中的軍事失誤與敎訓再探討」,『武漢大學學報』(1992:6), 72쪽.

포로가 되었다.[44] 상잉 자신도 억류되어 있다가 3월 14일 살해되었다.[45] [46]

그러나 국민당의 군사적 승리는 여론의 후폭풍에 직면했다. 대다수 외부 관찰자의 반응은 공산군 부대가 지시에 불응했기 때문이 아니라 장제스가 일본군 대신 국내의 적을 제거할 속셈으로 동맹자들을 배반했다는 것이었다. 1월 15일 마오쩌둥은 저우언라이와 예젠잉葉劍英에게 편지를 보내 "장제스가 떠드는 인의도덕에 대한 모든 얘기는 새빨간 헛소리이며, 어떤 경우에도 믿어서는 안 된다"라고 못 박았다.[47] 국내외 여론 또한 장제스를 향해 온갖 비판을 쏟아냈다.

『타임』지는 다음과 같이 보도했다.

44 Taylor, *Generalissimo*, 176~177쪽.
45 상잉은 국민정부군의 포로가 되는 대신, 몇몇 측근과 더불어 한동안 인근 산속에 숨어 있었으나 잠을 자던 중 자신의 부관이자 신4군의 자금을 맡고 있던 류호우쭝劉厚總에게 살해되었다. 류호우쭝은 국민정부군에게 투항했으나 체포되었고 1948년에 석방된 후 그 뒤의 일은 알려지지 않았다.—옮긴이
46 상당수의 책이 국공 최대의 충돌이었던 완난 사변과 관련하여 마오주의 혁명사관을 정설로 받아들여, 백단 대전 이후 갈수록 강해지는 공산당을 견제할 요량으로 장제스와 국민당 완고파가 저지른 사건으로 설명하고 있으나 전후 맥락을 놓치고 있다. 신4군은 1940년 이후 천이, 쑤이의 주도 아래 창장강 중류 이남에서 꾸준히 세력을 확대하고 현지 국민정부군 부대를 여러 차례 공격하면서 긴장이 점점 고조되었다. 가장 큰 이유는 마오쩌둥이 신4군의 확장이 제8로군에 비해 소극적이라고 질타했기 때문이었다. 장제스가 협정 위반이라며 여러 차례 경고하고 신4군의 이동을 지시했지만 마오쩌둥은 장제스가 항일을 포기하지 않는 한 본격적인 반공에 나서지는 않을 것이라 여기고 위험을 과소평가했다. 상잉 역시 자신의 오랜 근거지를 포기하는 데 주저했다. 상황이 심각해지자 비로소 마오쩌둥은 신4군의 이동에 동의했지만 신4군 전체가 아닌 신4군 사령부에 한해서였다. 결국 현지에서 양측이 충돌하면서 최악의 참사가 벌어졌다. 마오쩌둥은 완난 사변이 국민당 완고파의 음모라고 주장하면서도 상잉에 대해서는 "왕밍 노선"을 추종했기 때문에 참사를 초래했다면서 모순된 비판을 했다. 자신과 당 지도부의 오판에 대한 비난을 피하기 위함이었다. 또한 그동안 공산당 중앙에 고분고분하지 않았던 신4군 지도부가 완난 사변으로 괴멸한 것을 기회삼아 마오쩌둥은 측근인 류사오치, 덩샤오핑 등을 내려보내 신4군을 완전히 장악함으로써 실질적인 승자가 되었다. 완난 사변은 공산당에게 타격은커녕, 오히려 한창 정풍 운동으로 권력 장악에 나서고 있던 마오쩌둥에게 걸림돌 하나를 제거해준 셈이었다. 반면, 국민당 선전부는 이 사건이 소련을 자극할까 우려하여 사건의 의미를 축소하고 공산당에 대한 직접적인 비난을 자제하기에 급급했다. 여기에 대해서는 강현사, 「환난사변과 통일전선」(『중국근대사연구』 제16집, 중국근대사학회, 2002); 강현사, 「환남사변과 항영項英: 항영에 대한 재평가를 중심으로」(『중국학논총』 19권, 고려대학교 중국학연구소, 2006); 정형아, 「국공양당의 갈등과 화해에 대한 미국의 태도변화(1941-1944)」(『중앙사론』 제31집, 한국중앙사학회, 2010)를 참고하기 바란다.—옮긴이
47 "To Zhou Enlai and Ye Jianying concerning political and military preparations for an overall counterattack"(1941년 1월 15일), *MZD*, vol.6, 637쪽.

이것은 황푸의 승리였다. 공산주의자들을 증오하고 두려워하는 중국 장군들의 파벌이 신4군과 제8로군에게 쏟아지는 대중의 관심을 질투했기 때문이다. 그러나 중국을 위한 승리는 아니었다. 공산당이 장제스를 위해 싸우는 이유는 장제스보다 일본을 더 두려워하기 때문이다. 만약 일본(또는 러시아)이 자신들보다 장제스를 더 두려워해야 한다고 그들을 회유한다면 중국의 혼란은 한층 가중되리라[48]

장제스는 일본군과 공산당 양쪽 모두를 동시에 상대할 여유가 없다는 사실을 잘 알고 있었다. 그는 공산군을 억지로 창장강 이북으로 쫓아내려는 계획을 포기했다. 전쟁이 끝나는 순간까지 다시는 그러한 시도는 없었다. 반면, 홍군은 더 이상 장제스를 신경쓸 필요 없이 세력 확장에 나설 수 있다는 사실을 깨달았다.

샹잉이 퇴각에 성공하지 못한 데에는 마오의 우유부단함도 일부 책임이 있었다. 따라서 마오는 충돌이 빚어진 책임을 확실히 짊어졌어야 마땅했다. 결과적으로 본다면 이 싸움의 승자는 공산당을 장악하기 위한 투쟁을 벌이고 있었던 마오였다. 샹잉은 독자적인 기반을 가지고 있는 마오의 경쟁자였다. 이제 그의 패배와 죽음으로 중국공산당의 미래는 옌안의 마오에게 더욱 속박되었다.[49] 공산주의자들에게 재앙처럼 보였던 이 사건은 중국공산당과 마오쩌둥의 행운을 상승시키는 중요한 전환점이 되었음이 입증되었다.

실제로 "신4군" 사건은 중국 정치사에서 가장 중요한 사건의 하나로 알려지게 되었다. 1940년 내내 이어지고 있는 국내의 이념 투쟁은 중국 사정을 잘 아는 당시 관찰자들에게는 익히 알려진 일이었다. 1941년 초 넬슨 존슨 미국 대사는 중국 내륙을 광범위하게 시찰한 미 해병대 장교 에번스 칼슨Evans Carlson 소령이 작성한 보고서에 대응해 중국의 정치적 상황에 대한 상세한 평가서를 워싱턴으로 보냈다. 두 보고서의 서로 대조적인 내용은 중국의 정세에 대한 미국인들의 시각이 점점 두 쪽으로 갈라지고 있음을 보여

48 "Chiang and the Communists," *Time*, 1941년 2월 3일.
49 Benton, *New Fourth Army*, 597쪽.

주고 있었다. 칼슨, 그리고 함께 여행한 뉴질랜드인 레위 얼리Rewi Alley[50]는 1938년에 공산당 지역을 여행하면서 그들의 규율에 깊은 감명을 받았고 점점 공산주의자들 쪽으로 기울었다. 칼슨은 국민당이 갈수록 "파시즘"화되고 있으며 미국의 원조를 받는 대가로 장제스 정권이 보다 "민주화"되도록 압박해야 한다고 주장했다.[51]

반면, 존슨은 강하게 반대했다. 그가 보기에 국민당이 권력을 쥐고 있으려는 것은 "지극히 평범하고 자연스러운 모습에 지나지 않았다." 게다가 이들은 전쟁 중 국민참정회를 설립했다. 여기에는 공산당을 포함해 다양한 정치 세력들이 참여했다. 또한 그는 충칭에서 공산당 신문이 발행되고 있음을 지적했다. 전쟁 이전이라면 상상도 못할 일이었다. 어떤 사람들은 국민당이 전쟁을 명목으로 "모든 정치적 반대세력을 소멸시킬 속셈"이라고 예상했을지도 모르지만, 그들은 그렇게 하는 대신 "대세에 따르는" 쪽을 선호했다. 존슨은 국민당 내 파벌들의 영향력이 지나치게 과장되어 있다고 여겼다. 오히려 장제스는 "일본의 침략에 저항하는 통일된 구심점으로 인정받으면서 정치적 위상이 한층 커졌으며" 결론적으로 "오직 그만이 최종적인 결정을 내릴 수 있었다." 한편으로, 존슨은 국민당이 합작 운동과 지엽적인 수준의 개혁 운동에 착수했지만 막연한 반일 감정을 넘어서는 대중 운동을 장려하는 데 소극적이라는 칼슨의 평가에 대해서는 솔직히 인정했다. 그러나 미국의 대중 원조가 국민당의 적극적인 정치 개혁을 전제로 해야 한다는 주장에는 부정적이었다. 장제스는 일본과 싸우기로 했고 미국은 그 노력을 원조해야 했다. 존슨은 놀랄만한 선견지명으로 이렇게 주장했다.

---

50   레위 얼리(1897~1987): 뉴질랜드 출신 저명한 좌파 작가이자 사회 운동가. 제1차 세계대전에 참전한 그는 유럽에 파견된 중국인 노동자 군단의 열악한 실상을 목격하면서 중국에 관심을 두게 되었다. 1927년 중국을 처음 방문한 뒤 중국공산당과 깊은 관계를 유지했다. 중일전쟁 중에는 공업합작사 건설 운동과 학교 설립에 앞장섰으며 국공내전 이후에도 중국에 남아서 공산주의 선전을 위한 다양한 작품 활동을 했다. 그러나 문화대혁명이 터지자 그 또한 홍위병들의 공격을 피할 수 없었고 그나마 쑹칭링의 도움으로 탈출할 수 있었다. 마오가 죽은 뒤에야 얼리는 다시 중국을 방문할 수 있었다. 베트남 전쟁에서는 미국을 비판하고 월맹을 찬양했다. 그는 소련 코민테른에서 훈련받은 골수 공산주의자는 아니었지만 서양 제국주의에 대한 반감, 피식민 민족들에 대한 동정심이 공산주의에 대한 막연한 환상으로 이어졌던 당대 서구 지식청년들의 전형적인 모습이기도 했다.─옮긴이
51   *FRUS 1940*, vol.4, 1941년 1월 3일, 477쪽

만주 황실이 멸망하고 중국의 봉건적인 정치 체제가 무너진 뒤, 중국인들은 보다 새롭고 진화된 형태의 정부를 만들기 위해 자신들의 길을 나아가고 있다고 본다. 정부의 최종적인 모습은 아직 완성되지 않았고 어쩌면 앞으로 수십 년 동안은 불가능할지도 모른다. 그것은 민주주의일 수도 있고 그렇지 않을 수도 있다. 하지만 중국과 중국인들의 필요에 맞추어 만들어질 것이다.[52]

존슨의 논평은 빈틈이 없었다. 심지어 명목상 공산당의 이름으로 통치되지만 정책적으로는 공산주의와 거리가 먼 지금의 중국에 대해서도 충분히 적용될 수 있을 것이다. 또 한 번, 쑨원의 유산을 누가 차지할지를 놓고 불협화음이 있었다. 1939년은 장제스 한 사람에게 권력 집중이 심화되는 시기였다. 그는 국민당 "총재"라는 직함을 차지하면서 쑨원에 버금가는 권위를 얻게 되었다. 민족, 민권, 민생이라는 쑨원의 "삼민주의" 원칙은 난징 10년 시절에는 기껏해야 드문드문 시행되었을 뿐이지만, 전쟁이 시작된 뒤에는 최소한 일정 부분에서 여기에 맞추어 뭔가를 해보려는 모습이 눈에 띌 정도였다.

그러나 마오는 공산당이 쑨원의 유산을 차지하기 위해 자신의 가장 중요한 연설을 준비하고 있었다. 1939년 국민당과의 관계가 악화되면서 이전에는 좀더 유화적이었던 마오의 표현은 점차 바뀌었다. 1940년 1월 9일, 그는 연설을 했고 얼마 뒤에는 장문의 기사로 게재되었다. "신민주주의 이론"이라는 제목은 정치적 용어의 변화를 나타냈다. 쑨원이 민주주의라는 뜻에서 사용했던 "민권"이라는 표현은 (때때로 정부가 시민들에게 부여하는 뭔가를 의미하는) "인민의 권리"로 바뀌었다. 그 대신 마오쩌둥은 민주라는 표현을 썼다. 여기에는 "인민의 손으로" 직접 통치한다는 의미가 함축되어 있었다.

그는 장제스가 옹호하는 삼민주의 원칙이란 경제적 기득권을 고수하면서 공산주의를 폄하하려는 시도에 지나지 않는다고 주장했다. 마오는 공산당 강령을 한층 공개적으로 지지하면서 "신新삼민주의 원칙"을 제시했다. 그의

---

52 *FRUS 1940*, vol.4, 1941년 1월 3일, 479쪽

요구에는 제국주의 세력과의 연합보다 소련과의 동맹을 우선시할 것, 공산당과의 합작, 노동자 농민을 지원할 것 등이 포함되어 있었다. 이러한 원칙은 명백히 국민당을 반대하기 위함이었지만 마오는 "쑨원의 위대한 업적인 '삼민주의'를 발전시킨 것"이라고 선전하는 데 온갖 심혈을 기울였다.[53]

왕징웨이 정권은 쑨원의 사상을 그대로 받아들이는 동시에, 그 틀 안에서 또 다른 방향의 실마리를 찾아낸 제3의 정부였다. 왕징웨이에게 있어서 쑨원의 대아시아주의는 일본과의 협력이야말로 쑨원이 생전에 추구했던 국민당 강령의 하나임을 내세울 수 있는 가장 핵심적인 근거였다. 또한 왕 정권은 쑨원 강령의 민주적 요소를 아우르는 이른바 "신국민운동新國民運動"이라는 대중 운동에 착수했다. 이 운동은 1934년에 장제스 정권이 국가 부흥을 위해 시작한 도덕 진흥 운동이자 지금은 (국민당의) 전시 구호 사업과 재건 계획의 근간이 된 신생활운동을 모방했다.[54]

하지만 세 주역 중에서 어느 쪽도 서구, 특히 미국이 민주주의라고 간주할 만한 것들, 즉 시민 민주주의의 진정한 상징인 자유주의와 다당제 체제의 실현에는 관심이 없었다. 장제스와 마오쩌둥 모두 "민주주의"를 거론했지만 이들이 말하는 의미는 어디까지나 일당 통치 아래에서 대중의 정치 참여를 허용하겠다는 뜻에 가까웠다. 두 사람만이 그렇게 여겼던 것은 아니었다. 인도 민족주의자 수바스 찬드라 보스Subhas Chandra Bose, 버마의 바모Ba Maw 같은 반反서구 혁명가들 또한 대부분 진보적·대중적이면서도 동시에 다원적 민주주의자와는 거리가 멀었다. 그런 점에서 의회 민주주의 모델을 추구했던 간디와 네루는 이 지역을 통틀어 그야말로 이례적인 사례였다.

———

왕징웨이 정권은 자신들의 이념을 위해 쑨원을 찬양했다. 이들이 가장 열

---

53 "On New Democracy"(1940년 1월 15일), *MZD*, vol.7, 340, 351, 355쪽.
54 Federica Ferlanti, "The New Life Movement in Jiangxi Province, 1934~1938," *Modern Asian Studies* 5:44, 2010.

성적으로 매달린 사업 중 하나는 장제스의 신생활운동을 약간 변형시킨 신국민운동이었다. 또한 왕징웨이의 난징 귀환을 축하하는 (그와 대조적으로 장제스의 일그러진 얼굴이 그려져 있기도 했다) 포스터나 기사, 그리고 제복 삽화가 들어간 청소년 단체 구성 지침과 같은 정치 선전에 대해서도 적극적인 투자를 아끼지 않았다.[55] 농촌 지역에서는 일본의 승인을 받은 프로그램들이 신속하게 진행되었고 완곡하게 "농촌 정화淸鄕"라고 불렸다. 왕 정권의 경찰 수장인 리스췬李士群[56]이 주도한 이 전략의 목적은 농촌에 숨어 있을지 모르는 국민당 또는 공산당 저항 세력을 뿌리 뽑기 위함이었다. 이 정책은 성공적이었다. 일본에 부역한 모든 친일 정권들은 채찍과 당근을 적절하게 활용하여 일본에 순순히 복종하기만 한다면 그만한 보상이 뒤따른다는 사실을 넌지시 보여주었다. 1941년 공산군 신4군의 한 보고서에는 장쑤성의 여러 현에 대해 이렇게 썼다. "적과 괴뢰들은 추수기에 대량의 쌀을 실어 날랐다. 현지 주민들은 생필품을 얻기가 매우 어려웠다. 일본군과 그 괴뢰들은 합작사를 세워서 시장 가격보다 낮은 금액에 판매했다."[57]

그러나 합작사는 저항세력에 대한 훨씬 잔혹한 전략의 자비로운 한쪽 면에 지나지 않았다. 일본군은 중국인 부역자들이 자신들을 위해 대단한 일을 해주기를 바랐다. 장웨이칭江渭淸은 1941년 봄 사면초가에 몰린 공산당 신4군의 여단장이었다. 그는 겨우 4000여 명에 불과한 병력으로 쑤저우·창서우常熟·타이창太倉 주변 지역에서 왕징웨이 정권 휘하의 10만여 명에 달하는 친일 괴뢰군 및 경찰(그중에는 3000여 명의 일본인들도 포함되어 있었다)과 대치중이었다. 나중에 장웨이칭은 당시 공산군의 침투를 막기 위해 쓰였던 기법들을 회고했다. 고속도로를 따라서 1리(약 400미터에 해당한다)마다 검문소가 있었고 도로 주변은 대나무 장벽으로 둘러싸여 있었다. 또한 매 3리마다

55 SMA. Q130-1-1, R18-1-321, R48-1-801.
56 리스췬(1905~1943): 왕징웨이 정권의 일원으로, 딩모춘과 함께 악명 높은 친일 특무 조직 "제스필드 76호"를 이끌었다. 원래는 공산주의자였으나 1932년에 상하이 당국에 체포되자 국민당으로 변절했다. 중일전쟁 중에는 친일파로 변절했고 왕징웨이 정권에서 경정부장警政部長을 맡아 항일 세력을 분쇄하는 데 앞장섰다. 그러나 1943년 9월 충칭 측과 비밀 결탁한 저우포하이의 음모에 넘어간 일본헌병대에 의해 독살되었다.─옮긴이
57 王建國, 「淸鄕運動與李士群之死」, 『安徽史學』(2004:6), 56~57쪽.

망루가 하나씩 있었다. 도로에는 차량화부대가 요란하게 지나다녔으며 모터보터들이 강을 순찰했다. 새벽에는 군대가 들판에 숨어 있는 자들을 추적할 요량으로 군견과 대나무 장대를 이용해 마치 "빗으로 머리를 빗는 것처럼" 농작물 사이를 헤치면서 샅샅이 뒤졌다. 만약 누군가가 발각될 경우 말이나 자전거를 타고 추격했다. 야간 수색작업에는 간이 탐조등이 동원되기도 했다.[58]

장웨이칭과 그의 소부대는 여기에 익숙해져야 했다. 40여 일 동안 그들은 평복을 입고 2, 3명이 한 조가 되어 가장 감시가 엄중한 구역의 측면이나 후방에 숨어 있었다. 장웨이칭은 이렇게 회상했다. "적군이 방심하고 있을 때 우리는 사방에서 그들을 기습했다. 보초와 말을 죽이고 무기고에 불을 질렀으며 그들의 숙소에 폭탄을 던졌다." 또 다른 유용한 수법은 어둠 속에서 몰래 망루에 숨어 들어가 발포하여 혼란에 빠진 그들이 서로를 향해 쏘게 만드는 일이었다.[59] 이 정도로 일본을 손들게 만들 수는 없었다. 하지만 유격 전술이 왕징웨이의 새로운 통치가 안정되지 못하도록 어떻게 방해할 수 있으며, 모든 사람이 항복에 동의한 것은 아니라는 사실을 떠올리게 만들 수는 있었다. 물론 현지 농민들은 공산당(또는 국민당) 유격대의 존재를 반드시 환영했던 것은 아니었다. 저항 세력은 일본군과 친일 괴뢰세력의 끔찍한 보복을 불러올 수 있었다.

참담했던 1940년은 일본 제국 바깥에서 중국에게 미래가 있을지 모른다는 생각에 의문을 던지는 것처럼 보였다. 1941년이 시작되자 또 다른 참혹한 사건이 만신창이가 된 전시 수도를 충격에 빠뜨렸다. 6월 5일, 충칭은 다섯 시간에 걸쳐 폭격을 받았다. 주민들은 방공호로 몰려들었다. 스바티十八梯의 한 동굴은 다른 곳보다 여건이 훨씬 열악했다. 대형 방공호에는 전기 조명과 환풍기가 돌아가야 했지만 전기가 전혀 들어오지 않았다. 내부의 상황은 어둡고 숨이 막혔다. 오후 10시, 일본군이 독가스 폭탄을 가지고 온다는 소문이 퍼지면서 사람들은 동굴에서 빠져나오기 시작했다. 방공호 대원들은

58   胡居成, 「江渭淸與蘇南反'淸鄕'」, 『鐵軍』(2011:11), 9쪽.
59   胡居成, 「江渭淸與蘇南反'淸鄕'」, 9~10쪽.

사람들이 밀려나오는 와중에 방공호 안으로 억지로 밀어넣기 시작했다. 사람들은 다른 사람들 위로 넘어졌고 숨을 쉴 수 없어 혼란에 빠졌다. 몇 시간 동안 수백여 명이 어두컴컴한 지하에 갇힌 채 죽었다. 정확한 숫자는 알려지지 않았다. 공식적으로는 461명이 죽었다고 발표되었지만, 경찰 보고서에는 훨씬 많은 1527명에 달했다. 구조대원들의 뇌리에 확실하게 남은 모습은 죽은 사람들의 고통스러운 얼굴이었다. 사람들은 의식을 잃으면서 서로 팔다리가 엉켰고 절망에 빠진 사람들이 서로의 옷을 찢어버렸기에 벌거벗은 것이나 다름없었다. 또한 시신들은 마치 물에 흠뻑 젖은 것처럼 완전히 땀투성이였다. 생존자 중 한 사람인 탕정청湯政誠은 시체들 속에서 손이 나와서 그를 붙잡았던 것을 떠올렸다. "선생님 도와주세요……" 그 손은 탕의 반바지를 꽉 쥐고 있었기에 바지가 흘러내렸다. 탕정청은 반바지를 벗어던지고 허리 아래로 아무것도 입지 않은 채 동굴에서 도망쳤다.[60] 재앙에 대한 공식적인 보도는 적당히 윤색되었다. 하지만 이 도시의 분위기는 한층 침울해졌다.

이 와중에도 저 멀리서 일어난 사건은 국민당에게 실낱같은 희망이나마 주었다. 1940년 말, 프랭클린 루스벨트가 미국 대통령에 재당선되었다. 그는 공화당 후보 웬들 윌키Wendell Willkie와의 대결에서 "나는 당신들의 자식을 결코 어떠한 해외 전쟁에도 보내지 않을 것"이라고 장담했다. 그러나 루스벨트와 국무장관 코델 헐 모두 나치의 유럽 지배가 미국의 지위에 대한 심각한 도전이라는 사실을 깨닫고 있었다. 또한 중국에서의 "개방" 무역은 일본의 통치 아래 봉쇄되었다. 더 이상 중립은 선택 사항이 아니라는 사실이 점점 분명해졌다.

1941년 중국 국내외 정세에 대한 보고서에서 넬슨 존슨 미국 대사는 1940년 중반에 거대한 독일군이 유럽을 휩쓸 때 중국인들은 연합국의 대의명분이 얼마나 지탱될지를 위태롭게 바라보고 있었다고 썼다. 그러나 영국의 항복 거부 그리고 소련의 지속적인 호의는 중국 민중의 힘을 북돋아주었다. 이제는 미국과 영국의 원조에 기대를 걸면서 "승리"는 "사실상 자신들의

---

60 謝世廉 編, 『川渝大轟炸』(成都: 西南交通大學出版社, 2005), 76~89쪽.

것"이라고 여겼다.[61]

그 후인 1941년 6월 22일, 세계는 300만 명에 달하는 독일군이 소련으로 진격 중이라는 뉴스에 충격을 받았다. 히틀러의 소련 침공인 바르바로사 작전Operation Barbarossa은 지난 2년 동안 두 유럽 독재자 사이에서 유지되었던 불가침 조약의 놀라운 반전이었다. 유럽 전쟁은 완전히 뒤바뀌었다. 불분명하기는 아시아에서의 전쟁도 마찬가지였다. 정보가 유출된 덕분에 장제스는 이미 독일과 소련 사이에 충돌의 가능성이 있다는 사실을 알고 있었다. 1941년 4월 13일 일소중립조약 체결에 따라 장제스는 미국이 아시아 전쟁에 말려들 것이며 심지어 일본이 어쩌면 마음을 바꾸어 소련을 공격할 수 있다고 예측했다. 그렇게 된다면 중국은 워싱턴과 모스크바 양쪽 모두에게 핵심적인 아시아 동맹국으로서 중요한 역할을 하게 될 것이었다.[62]

독일의 침공은 스탈린을 깜짝 놀라게 했다.(가장 큰 이유는 독일에서 활동 중이던 스파이들의 보고를 받고 있었던 측근들이 날카롭게 경고했음에도 스탈린 자신이 묵살했기 때문이었다.) 코민테른은 동맹을 좀더 강화하기 위해 중국공산당을 향해 국민당에게 한층 협력하도록 지시했다.[63] 중국공산당 중앙위원회(공산당 최고 의결기관—옮긴이)는 1941년 6월 23일 "항일 통일전선과 국공합작에 한층 노력할 것"은 물론이고, 영국과 미국을 비롯해 추축 진영의 "파시스트 독재자들"에 맞서 싸우는 연합국들과의 동맹을 선언하는 것으로 응답했다.[64]

충칭과 옌안에게 있어서, 소련 침공은 전쟁이 일본에게 불리해질 것이라는 긍정적인 징후로 여겨졌다. 물론 난징의 시각은 달랐다. 6월 22일 저우포하이는 자신의 일기에 전쟁의 결과는 "예측할 수 없으며", 난징 정부의 각료들은 "모두 독일의 승리와 두 달 안에 모스크바를 점령할 것이라고 믿고 있

61 *FRUS 1940*, vol.4, 1941년 1월 3일, 484쪽.
62 Taylor, *Generalissimo*, 181~183쪽.
63 독일과의 적대를 거부한 스탈린에 대해서는 다음을 참조. Constantine Pleshakov, *Stalin's Folly: The Tragic First Ten Days of WWII on the Eastern Front*(Boston, 2005).
64 "Decision Regarding the International United Front against Fascism," *MZD*, vol.7(1941년 6월 23일), 764쪽.

다"라고 썼다. 저우포하이는 일본이 소련과 맺은 중립조약과 소련의 팽창을 막기 위해 추축국들과 맺은 반反코민테른 조약이 병립하기는 어려울 것으로 예상했다. 그러면서도 독일군이 선제공격한 이상 일본이 반드시 도울 의무는 없다고도 했다.[65] 또한 저우포하이는 마음속으로 결코 버리지 않았던, 중국 민족주의자의 시각에서 이 상황을 바라보았다. "만약 충칭이 연합국에 가담하고 그들이 승리한다면, 이것은 중국을 위한 일이다." 반대로 연합국이 패배한다면 장제스에게는 재앙이 될 것이다. 하지만 왕징웨이가 일본과 협력하여 정부를 구성하고 있었다. 즉, 중국은 "양쪽 모두에 한쪽씩 다리를 걸치고 있는 셈이었다."[66]

1941년의 여름은 전쟁에 있어서 지정학적으로 결정적인 변화를 초래했다. 그전까지 중국과 유럽에서의 전쟁은 유라시아 대륙에서 각자의 (필사적인) 싸움이었다. 그러나 독일의 소련 침공은 이제 일본에게 대소전쟁에 참여할지 말지 선택의 기로에 놓이게 했다. 도쿄의 논쟁은 그리 오래 걸리지 않았다. 비록 마쓰오카 외상을 비롯해 정부 일각에서는 남방 진출에 나서기 전에 소련을 공격하자고 주장했지만 관동군과 일본 해군 모두 적어도 독일군이 시베리아의 소련군 태반을 유럽 전선으로 끌어내는 데 성공한 뒤에야 비로소 독일을 도울 수 있을 것이라고 주장했다. 총리 자리에 복귀한 고노에 또한 찬성했다.[67] 소련 공격을 포기한 일본 지도자들은 그 대신 또 다른 강대국, 미국에 눈을 돌렸다. 일본군이 중국에서 더 이상의 추진력을 상실했다는 점은 석유와 고무를 비롯해 전쟁 수행에 절실한 자원들이 풍부한 동남아로 영향력을 확대해야 한다는 주장으로 이어지게 되었다. 1940년 이후 버마 루트의 폐쇄와 같은 요구는 도쿄가 아시아에서 한층 공격적으로 나서고 있다는 증거였다. 일본 지도자들은 중국을 정복할 능력조차 없었지만 판돈을 더욱 올리기로 결정했다.

루스벨트 행정부에서는 이러한 상황에 대한 우려감이 점점 증폭되었다.

---

65 *ZFHR*, 1941년 6월 22일, 481쪽.
66 *ZFHR*, 1941년 6월 29일, 484쪽.
67 Ibid.

비록 여전히 중립을 고수하고 있었지만, 무기 대여 프로그램Lend-Lease에 따라 미국은 독일과 맞서 싸우고 있는 영국과 소련에 상당한 원조를 제공하고 있었다. 이제는 대중 원조도 확대했다. 2월 10일에는 루스벨트의 특사인 로클린 커리Lauchlin Currie가 충칭을 방문했다. 그는 장제스에게 미국이 곧 4500만 달러 상당의 군수 장비를 제공할 것임을 알려주었다.[68] 미국주화군 사대표단AMMISCA, the American Military Mission in China이라고 명명된 소규모 조직을 이끄는 존 매그루더John Magruder 장군은 "진주만 사건"이 일어나기 전인 1941년 9월 충칭으로 파견되었다. 이들의 역할은 향후 중국이 대일 동맹에 참여할 것에 대비하여 신중하게 준비하는 것이었다.[69] OSS(Office of Strategic Services, CIA의 전신) 중국 지부는 1941년 초 루스벨트가 중국에 파견한 (이른바 "거친 빌Wild Bill"이라고 불리는) 윌리엄 도노번William Donovan 장군이 수장을 맡았다.[70]

미국인들은 일본이 동남아시아로 진출하는 것을 어떻게든 막을 요량으로 여러 차례 설득을 시도했다. 하지만 두 진영의 대치는 갈수록 악화되었다. 일본군은 프랑스령 인도차이나 남부를 점령했다. 미국은 그 보복으로 1941년 7월 대일 석유 금수조치를 단행했다. 10월에는 도조 히데키東條英機 장군이 이미 적대감을 감추지 않는 정부의 새로운 총리가 되었다. 도쿄는 한층 서구 열강들과의 싸움에 박차를 가했다.[71] 목표는 싱가포르, 홍콩, 말레이 반도, 네덜란드령 동인도와 필리핀이었다.

1941년 12월 7일 이른 아침, 미국 태평양 함대는 하와이 진주만에 정박 중이었다. 6척의 항공모함에서 발진한 두 무리의 일본 공습부대는 미국 군함과 선내에서 잠자고 있던 승무원들을 공격했다. 전함 애리조나가 완파되었고 17척의 군함과 근처에 주기된 군용기 대부분에 피해를 입혔다. 또한

68　Taylor, *Generalissimo*, 179쪽.

69　Charles F. Romanus and Riley Sunderland, *Stilwell's Mission to China*(Washington DC, 1953), 30~31쪽.

70　Yu, *OSS in China*, 25쪽.

71　Gerhard Weinberg, *A World at Arms: A Global History of World War II*(2nd ed., Cambridge, 2005), 252~264쪽.

2400여 명에 달하는 미국인이 죽고 1100여 명이 다쳤다. 그날 하루 동안 일본 침공군은 타이(당시 독립국이었던)와 말레이 반도, 필리핀을 공격했다.

장제스는 새벽 1시에 그 소식을 들었다. 그는 즉시 루스벨트에게 응원의 편지를 쓰면서 새로운 "공동의 전쟁"에 헌신하겠다고 약속했다.[72] 소식은 상하이의 저우포하이에게도 전해졌다. 12월 8일(하와이 시간으로는 하루 전날) 그는 일본군이 상하이 나머지 지역(그때까지 비점령 지구로 남아 있었던 외국 조계지를 말함—옮긴이)을 점령하는 사격 소리를 들을 수 있었다. 그런 뒤 일본이 서구 열강들에게 선전포고했음을 보고받았다. "나는 일본군이 호놀룰루와 말레이 반도, 싱가포르, 홍콩을 폭격했다는 얘기를 들었다." 그는 또한 비통함을 감추지 않았다. "이제부터 태평양은 도살장이 되리라."[73]

---

72 Taylor, *Generalissimo*, 188쪽.
73 *ZFHR*, 1941년 12월 8일, 548쪽.

제4부

독이 된 동맹

제13장 목적지는 버마

1941년 12월의 소름끼치는 날 이후 그들은 억류된 신세였다. 광둥성에 봄은 왔지만, 새로운 계절과는 무관하게 선교사 벨바 브라운Velva V. Brown 박사와 그녀의 미국인 동료들은 여전히 중국 남부 해안의 도시 산터우汕頭에 갇힌 채 앞날을 알 수 없었다.

브라운은 1923년부터 중국에 체류하고 있었다. 1937년 전쟁 발발은 산터우를 비켜가지 않았다. 특히 일본군의 폭탄이 도시를 강타하여 큰 충격을 주었다. 하지만 그 이후에도 대다수 미국인은 그대로 남았다. "평소처럼 영업하는 것이 우리 방침이다." 브라운은 고향의 가족에게 이렇게 전하면서 침략과 혼란에도 병원을 계속 운영하려고 애썼다.[1] 그러나 4년 후인 1941년 가을이 되자 중국 내 미국인들의 신변이 점점 보호받기 어려워지리라는 사실이 분명해졌다. 미국 침례교 해외 선교회에서는 11월 15일 "갈수록 악화되는 상황을 볼 때 선교활동 중인 모든 여성과 은퇴할 나이가 되었거나 건강이 좋지 않은 모든 남성은 가능한 최선의 방법으로 미국으로 귀국하기를 권고한다"라는 전보를 보냈다.[2]

중국 시간으로 12월 7일 (미국은 12월 6일), 브라운과 다른 선교사들은 교회의 라디오 주변에 모여 앉았다. 이들은 워싱턴에서 열린 코델 헐과 일본

---

1 Yale Divinity Library(RG08, Box 31), Velva V. Brown, *MD*[이하 *VVB*], 1937년 10월 4일의 편지.
2 *VVB*, 미국 침례 선교회로부터 받은 1941년 11월 17일의 편지.

대사 노무라 기치사부로野村吉三郎, 일본 특사 구루스 사부로來栖三郎의 마지막 회담에 대한 뉴스를 기다리면서 웅성거렸다.(워싱턴에서 코델 헐은 협상으로 평화를 얻을 수 있을 것이라고는 거의 기대하지 않으면서도 양국이 전쟁을 피할 수 있는 "1퍼센트의 가능성"이라도 잡기를 원했다. 그는 마지막 회담이 끝난 뒤 자신의 사무실에는 침묵이 흘렀으며 두 명의 일본 특사는 "고개를 숙인 채 입을 굳게 다물고 밖으로 걸어나갔다"라고 기록했다.)[3] 이튿날 오후 4시, 선교회에서 "일본군이 하와이를 공격했다는 충격적인 뉴스"가 담긴 전보를 보내왔다.[4] 그들의 선교사들은 하루아침에 적의 후방에서 붙들리는 신세가 되었다. 본국에서는 루스벨트 대통령이 그 공격을 놓고 "치욕의 날Day of Infamy"이라고 부르면서 비난의 목소리를 높였다. 브라운은 이렇게 썼다. "다음 날 아침 전쟁이 시작되었다는 말이 우리에게 들이닥쳤다."[5] 그날 이후 일본군 헌병이 외국인들을 체포하기 시작했다.

1941년 12월 8일까지 중국에서의 전쟁은 미국과 영국에게는 먼 나라의 얘기에 지나지 않았다. 본국은 대공황과 뒤이어 발발한 유럽 전쟁으로 정신이 없었다. 1937년 이후에도 중국에 체류 중이던 많은 서구인에게 전쟁은 늘 겪는 현실이면서도 외국 중립국 국민으로서 신분 보장은 그러한 현실에서 일정한 거리를 유지하게 해주었다. 이 점은 일본 점령지에 거주하는 외국인들도 마찬가지였다. 이제 그들은 적성국민으로 전락했다. 중국 동부 전역에서 미국인과 영국인들이 붙들려 억류되었다. 전쟁으로 폐허가 된 도시 한가운데에서 오랫동안 오아시스처럼 남아 있었던 상하이의 국제 공공 조계는 일본의 지배에 들어갔다. 도시에서 연합국의 국적을 가진 수천여 명의 외국인들이 강제 수용소로 보내졌다. 어떤 사람들은 전쟁이 끝나는 순간까지 그 혹독한 환경 속에서 지내야 했다. 11살 난 영국 소년 짐 밸러드Jim Ballard는 2000여 명이 수감된 룽화龍華의 강제수용소에서 10대를 보내게 되었다. 40년 뒤 소설가가 된 밸러드는 태양의 제국 치하에서 보낸 자신의 반半자전

---

3 Robert J. C. Butow, *Tojo and the Coming of the War*(Stanford, 1969), 402쪽.
4 *VVB*, 미국 침례 선교회로부터 받은 1941년 12월 7일의 편지.
5 *VVB*, 1942년 9월 1일의 편지.

적인 이야기를 통해 룽화 강제수용소의 일상이었던 굶주림과 추위, 질병에 대해 상세하게 묘사했다.6 상하이의 서양인 동료들에게 무슨 일이 있었는지 알 도리가 없는 산터우의 브라운과 그녀의 친구들은 자신들이 앞으로 어떻게 될지 불안하지 않을 수 없었다. 일본군은 선교사들을 지나치게 혹독하게 다루지는 않았지만 기다리는 시간은 몇 주에서, 몇 달로 계속 늘어났다. 그동안 아시아에서 세력 구도는 급격하게 바뀌었다.

포로들은 자신들을 돌아볼 시간이 충분히 있었다. 지난 수십 년 동안 수천여 명의 미국인들이 중국으로 향했다. 많은 사람이 벨바 브라운처럼 의사이거나 선교사, 교사였다. 펄 벅Pearl Buck은 중국 혁명과 근대화를 향한 여정 속에서 수년을 보냈으며 미국인 중 가장 잘 유명한 중국통이 되었다. 헨리 루스Henry Luce는 선교사 부부의 아들로 중국에서 태어났다. 그는 미국에서 가장 영향력 있는 잡지인 『타임』의 소유자였다. 또한 장제스에 대한 그의 확고한 애정은 미국인들을 상대로 중국의 전시 노력을 홍보하는 데 강력한 추진력이 되었다. 하지만 중국에 많은 이점을 가져다 준 것과는 별개로, 미국의 존재는 본질적으로 영국, 프랑스와 마찬가지로 제국주의 열강의 하나였다. 미국인들은 아편 밀매에 열을 올렸으며 중국 내에서 치외법권의 특혜를 누렸다. 하지만 1941년 12월 7일 오전 7시 30분, 하와이의 항구에서 미 함대가 괴멸함과 동시에 그 세계 또한 사라졌다.

마침내 4월 4일에 브라운과 그녀의 친구들에게 소식이 전해졌다. 그들은 운이 좋았다. 미국과 일본의 광범위한 인적 교환에 포함되어 떠날 수 있게 되었다. 여기에는 워싱턴의 노무라 주미 일본 대사와 도쿄의 주일 미국 대사 조지프 그루Joseph Grew같은 중요한 인사들도 있었다. 브라운은 이렇게 썼다. "떠나면서 가장 마음 아팠던 일 중 하나는 내 직원들, 특히 15년에서 20년에 걸쳐서 우리와 동거 동락했던 늙은 고용인들을 해고하는 것이었다." 선교

---

6 제임스 그레이엄 밸러드(1930~2009): 영국 작가로 상하이 국제 조계에서 태어났다. 진주만 공격 이후 그의 가족은 상하이 교외의 한 고등학교를 개조한 룽화 민간인 수용소에 감금되었고 전쟁 내내 그곳에서 보내야 했다. 이때의 기억을 떠올려 1984년에 쓴 작품이 『태양의 제국Empire of the Sun』이었다. 1989년에는 스티븐 스필버그 감독과 크리스찬 베일이 주연을 맡아 영화화되어 세계적인 베스트셀러가 되었다.—옮긴이

사 일행은 소지품을 꾸리는 데 가방 3개를 넘어서는 안 된다는 지시를 받았다. 옛 질서가 떠날 준비를 하는 동안 새로운 질서가 몰려왔다. 미국인들이 짐을 꾸리고 있을 때 나들이 나온 일본인과 타이완인들이 구경을 하러 왔다. "어떤 집에서 살지" 고르기 위해서였다.[7] 한 세기 동안 중국에서 미국인들은 제국주의의 한 축이었다. 그들은 때로는 자비로웠고 때로는 폭력적이었다. 언제나 중국은 궁극적으로는 서구의 지배 아래에 있었다. 이제는 새로운 제국이 그 자리를 차지하게 되었다.

집으로 돌아가는 여행길은 불편하기 짝이 없었다. 일행 중에는 상인, 선교사와 더불어 산터우 주재 미국과 영국 영사도 있었지만 지위에 대한 배려는 없었다. 벨바 브라운은 모든 사람에게 "침대만한 크기의 다 헤어진 중국산 매트가 주어졌다. 쇠로 된 바닥 위에 우리는 그것을 다닥다닥 붙여서 펼쳐야 했다"라고 썼다.[8] 여행자 대부분은 단단하게 포개진 금속판 위의 충전재를 부드럽게 만들기 위해서 부지런히 움직여야 했다. 이들의 여행은 1937년 중국 피란민들이 일본군을 피해서 떠나야 했던 그 끔찍한 여행에 비하면 아무것도 아니었다. 하지만 굴욕이라는 것은 틀림없었다. 종말의 순간이었다.

수천 킬로미터 저편의 워싱턴 DC에서는 새로 진급한 미 육군 중장이 이전과는 전혀 다른 대중관계를 시작하기 위한 임무를 부여받으려는 참이었다. 그 만남은 고작 4년에 불과하겠지만 그의 임기에 따른 여파는 향후 반세기 이상에 걸쳐서 미중관계에 영향을 끼치게 될 것이었다. 장제스는 그가 그토록 오랫동안 염원했던 것을 얻을 수 있었다. 세계의 의사 결정을 다루는 최고의 테이블에서 중국은 동등한 파트너로서 대우받게 되었다. 적어도 명목상으로는 말이다. 또한 진주만 공격 이후 몇 주 안에 장제스는 자신처럼 반反제국주의 경력을 내세울 수 있는 다른 아시아 지도자들의 본보기로서 새로운 동맹자들에게 그의 가치를 증명해 보일 것이었다. 또한 장제스는 인도를 방문하여 그곳의 독립 투쟁가들에게 동맹이자 친구, 비유럽인 동료

---

7   VVB, 1942년 9월 1일의 편지.
8   VVB, 1942년 9월 1일의 편지.

로서 연설을 하게 될 것이었다. 그런 다음에 그는 중국이 아니라 이웃 버마의 정글에서 벌일 연합군의 첫 번째 작전에 합류할 예정이었다. 그러나 중국이 연합국에 가담하는 데 지불해야 하는 대가는 결코 가볍지 않았다. 장제스는 새로운 동맹자가 절실하게 필요했지만 그것이 자신의 통치 기반을 뒤흔들 수도 있다는 사실 또한 받아들여야 했다. 이 복잡한 거래는 장제스와 인도·미얀마·중국 전역의 미군 총사령관 조지프 스틸웰Joseph W. Stilwell 사이에 벌어진 4년에 걸친 대결에서 확실하게 살펴볼 수 있다.

———

시작부터 새로운 동맹자들이 서로를 경계하고 있다는 사실이 분명했다. 물론 겉보기에는 화기애애했다. 12월 10일, 장제스는 새로운 현실에 관해 국민들에게 연설했다. "이제 전 세계 90퍼센트가 전쟁에 끼어들었다." 그는 연합국이 자신들의 "자유, 정의, 평화"를 지키기 위해 다 함께 싸우고 있다고 강조했다. 또한 쑨원의 삼민주의를 인용하여 중국은 "스스로를 구함으로써 세계를 구할 것"이라고 주장했다. 지난 수 년 동안 절망적인 저항에 매달려야 했던 중국의 희망은 다른 강대국이 자신들의 편에 서서 전쟁에 끼어드는 것이었다. 이제 두 개의 강대국이 중국의 편에 섰다. 미국과 대영제국이었다. 장제스는 일본만이 아니라 지금 도움의 손길을 내미는 이 두 나라가 과거에 중국에서 저질렀던 과오를 바로잡기 위해서는 이 기회를 활용해야 한다는 사실 또한 결코 놓치지 않았다. 그의 목적은 단순히 항전의 완전한 승리만이 아니었다. "중국의 영토와 주권을 완전히 회복하는 것"이기도 했다.[9]

장제스 자신의 목표를 공식화한 것은 특유의 외교적 수완이었다. 그의 일기에는 새로운 동맹에 대한 보다 솔직하면서도 모순적인 모습이 나타나고 있다. 장제스는 1941년 12월 한 달을 돌아보면서 자신이 임명한 주미 대사이자 학자, 또한 예전에 국민당을 혹독하게 비판하기도 했던 후스胡適가 루

---

9 *ZT, CKSD* 1941년 12월 12일의 연설문, 234~235쪽.

스벨트와 나눈 대화를 상세하게 기록했다. 루스벨트는 진주만 공격과 미국의 참전에 대해 중국이 연민을 보일 필요는 있지만 그렇다고 시끄럽게 축하해서는 안 된다고 요구했다. 아마도 이 미국 지도자는 새로운 동맹이 미국 내에서 어떤 식으로 기록될지 또한 충칭이 지나치게 유쾌해 하는 것을 자신의 유권자들이 알면 좋을 것이 없다고 우려했던 것 같다. 물론 중국인들은 축하할 생각이 없다고 장제스는 썼다. 오히려 그는 이러한 요구야말로 "미국과 영국이 우리를 경멸하는 것이며 루스벨트조차 이런 구태의연한 행태를 버리지 못하고 있다. 실로 통탄스럽다"라고 여겼다.[10] 진주만 사건 3주 뒤, 군수물자 원조를 놓고 중국은 미국과 영국의 우선권을 받아들여야 한다는 사실이 명확해졌다. 장제스는 제1차 세 강대국 회담[11]에서 미국과 영국이 중국을 대하는 방식은 "모욕"이라고 썼다.[12]

비록 루스벨트가 장제스를 실망시켰지만, 그가 한층 비난을 쏟아낸 상대는 또 다른 동맹국인 영국이었다. "영국은 우리를 진지하게 대하지 않는다." 장제스는 이렇게 썼다. "후대는 앞선 세대가 과거의 수치심을 딛고 이 나라를 세우는 것이 얼마나 어려웠는지 알아야 할 것이다." 그는 중국에 닥친 재난의 화근이 단순히 일본에만 있다고 생각하지 않았다. 영국이 그동안 중국에서 저질렀던 오랜 제국주의 역사를 기억에서 지울 생각 또한 없었다. 진주만 사건 1주일 뒤인 12월 15일 장제스는 다음과 같이 언급했다.

영국 대사(아치볼드 클라크 커)와 그의 주재 무관이 얼마나 예의바른지 나

10 *CKSD*, 1941년 12월 월간 반성록.
11 여기서 말하는 회담은 1941년 12월 22일부터 워싱턴에서 개최된 제1차 워싱턴 회담(코드명 "아르카디아Arcadia")으로 보인다. 미국 참전 이후 처음으로 열린 연합국 정상회담이었으나 루스벨트와 처칠 두 거두만 참석했고 중국의 자리는 없었다. 이 회담에서 미국과 영국은 "선 유럽 전략Europe first"을 결정했으며 일본에 대한 반격은 독일 패망 이후로 정해졌다. 이 때문에 뒷날 일부 수정주의 학자는 루스벨트가 유럽 전쟁에 참전할 요량으로 일본의 진주만 공격을 의도적으로 허용한 것이 아니냐는 의혹을 제기했다. 물론 이러한 음모론은 추론일 뿐, 실제와는 거리가 멀었지만 보다 분명한 사실은 루스벨트가 실제로 일본의 진주만 공격을 유럽 전쟁 참전을 위한 정치적 명분으로 활용했다는 점이었다. 결과적으로 본다면, 대일항전에 미국을 이용할 수 있으리라 여겼던 장제스의 기대와 달리 오히려 루스벨트가 일본을 묶어두는 데 중국을 써먹는 모습이 되었다.─옮긴이
12 *CKSD*, 1941년 12월 27일, 王建朗, 「信任的流失: 從蔣介石日記看抗戰後期中美關係」, 『近代史研究』(2009:3), 50쪽에서 인용.

는 이루 설명할 수 없을 정도다. 그러나 중요한 문제는 슬쩍 피하면서 사소한 이익을 탐하는 그들의 행태는 이전과 다를 바 없다. 이것이 영국인들의 참모습이다. 나는 이런 것이 용맹스러운 색슨 족의 평상시 모습일 줄이야 상상조차 할 수 없었다.[13]

이틀 뒤에는 솔직하면서 애매한 말을 덧붙였다. "나는 그들을 경멸하지만 또한 그들을 존경한다."[14] 장제스는 전쟁에 참전하는 조건으로 영국에게 요구할 목록을 정리했다. 홍콩 주룽九龍 반도의 반환, 영국의 영향력 아래에 있는 티베트의 통제권 반환, 외몽골과 소련의 꼭두각시 군벌 성스차이가 지배하는 신장성을 소련의 통제에서 풀어줄 것, 만주를 중국 영토로 인정하는 것 등이었다.[15] 영국인들 역시 중국의 달라진 태도에 주목했다. 충칭의 영국무관은 "믿을 수 없을 정도의 오만함과 자만심이 하늘을 찌르고 있다"라고 표현했다.[16]

미국의 관측통 역시 자신들이 원조하는 정권을 점점 불신하기 시작했다. 3년 전만 해도 넬슨 존슨 대사는 국민당의 전쟁 노력은 진정성이 있으며, 기대했던 것 이상으로 보다 다원적인 정치 문화를 허용하고 있다는 신뢰감을 드러냈다. 이제 존슨의 후임자로서 1941년에 취임한 클래런스 가우스Clarence Gauss는 좀더 신중한 입장이었다. 중국이 전쟁에서 손을 뗄 위험성을 묻는 코델 헐 국무장관의 질문에 대해 가우스는 그러한 우려를 일축하면서도 "국민당은 지난 수년 동안 개혁과 개선이라는 립 서비스만 늘어놓았을 뿐, 실질적으로 눈에 띄는 성과는 거의 없다"라고 보고했다.[17]

문제는 중국과 서구가 서로 전혀 다른 관점에서 중국의 처지를 바라보고 있었다는 사실이었다. 서구 연합국들이 보기에 중국은 일본군에게 온갖 괴롭힘을 당하는 동안 미국과 영국이 나타나 자신들을 만행으로부터 구해주

13 *CKSD*(Box 41, folder 18), 1941년 12월 15일.
14 *CKSD*, 1941년 12월 17일.
15 *CKSD*, 1941년 12월 20일.
16 Thorne, *Allies of a Kind*, 189쪽.
17 *FRUS 1942: China*(1942년 1월 7일), 193쪽; Thorne, *Allies of a Kind*, 181쪽.

기만을 무릎 꿇고 간절히 기다리는 애처로운 나라였다. 반면, 장제스와 대다수 중국인의 생각은 자신들이야말로 추축국의 침략에 맞서 처음부터 끝까지 흔들림 없이 싸워온 맞수였다. 전쟁을 그만둘 기회가 수없이 있었지만 중국은 외부의 개입 가능성이 제로인 절망적인 순간에도 포기하지 않았다. 따라서 이제는 그들과 동등한 열강으로 대접받을 자격이 충분하다고 여겼다. 미국은 영국보다는 좀더 중국이라는 동맹국에 대해 호의적인 태도를 유지했다. 비록 일부 영국인들이 중국을 동정하기는 했지만 대체적으로 이들은 은근한 무심함과 노골적인 경멸감 사이에서 오락가락했다. 그러나 중국의 연합국위원회Allied Commission 참여나 충칭에 ABCD(미국·영국·중국·네덜란드) 합동참모본부를 설치하게 해달라는 요청은 거부당했다.[18] 부분적으로는 중국군 지휘부에서 정보가 유출될 수 있다는 나름의 합당한 이유 때문이기도 했지만, 그보다도 영국인이나 미국인 어느 쪽이건 장제스를 진정한 동맹자로 대우하거나 중국을 주전장主戰場으로 여기지 않았기 때문이었다.(반대로, 소련은 미국과 영국 모두에게 전적으로 믿을만한 동맹국은 아니었지만 이들의 협상력과 중요성 덕분에 가장 핵심적인 사안에서 전략적인 파트너로 취급됐다.) 서방 연합국은 전쟁 수행에 대한 최선책을 놓고 서로 갈등을 빚었다. 미군 수뇌부 안에서는 유럽이 아니라 태평양에 우선권을 부여해야 한다는 해군의 요구가 대두되었다. 미 육군참모총장 조지 마셜George C. Marshall 장군은 모든 선택지를 놓고 저울질하면서도 궁극적으로 유럽 우선 전략에 손을 들어주었다.[19] 양측의 입장은 자기기만이나 다름없었다. 영국과 미국인들은 실질적인 협력 관계에 노력하기보다는 그저 (말로만) 중국이 자신들에게 중요한 동맹국의 하나라고 여길 뿐이었고, 결국 장제스는 서양 연합국들에 대해 자신의 가치를 과대평가하는 결과가 되었다.

그러나 장제스의 견해가 아주 터무니없다고만 할 수는 없었다. 미국으로서는 중국이 패망할 경우 국민당과 공산당이 발을 묶어두고 있었던 60만 명이 넘는 일본군이 태평양 전선에 재배치될 수 있다는 사실을 모르지 않

18 Thorne, *Allies of a Kind*, 183쪽.
19 Van de Ven, *War and Nationalism*, 25쪽.

앉다.[20] 따라서 적어도 "전쟁에 중국을 붙잡아두는 것"은 꼭 필요한 일이었다.[21] 1월에 장제스는 미국에 5억 달러의 차관을 요구했다. 가우스와 미 재무장관은 국민정부의 부패한 고위 관료들이 차관의 상당 부분을 빼낼 수 있다는 이유를 들어 탐탁찮아했다.[22] 하지만 이들의 비판은 다른 연합국들에게 제공하는 것에 비해 중국에 할당한 액수가 너무나 미미하다는 이유로 덮어졌다.(1941~1942년 미국의 무기 대여 원조 총액 중에서 중국의 비중은 1.5퍼센트에 불과했고 1943~1944년에는 0.5퍼센트까지 떨어졌다. 1945년에 와서야 겨우 4퍼센트로 늘어났다.)[23] 미국 관료들의 반발에도 불구하고 차관은 1942년 2월 3일 미 의회 하원을 통과했다.

하지만 주의 깊게 살폈더라면, 1942년 봄이야말로 장제스가 충분히 유용한 존재가 될 수 있다는 사실을 알아차렸으리라. 적어도 그는 서구 지도자들이 우유부단하게 굴었던 부분에서만큼은 확고한 입장이었다. 다름 아닌 변함없는 반反제국주의 의지였다. 이 점은 아시아의 새로운 전쟁이 대영제국의 중요한 소유물인 인도 대륙을 위협함에 따라 특히 중요하게 부각되었다. 추축 진영의 입안자들은 중동과 동아시아 양쪽에서 협공하여 거대한 인력과 풍부한 자원을 가진 인도 제국을 점령한다는 탐욕스럽고 야심만만한 계획을 세웠다. 그런 계획이 실현되지 못하도록 수단과 방법을 가리지 않고 막아야겠지만, 인도 내부의 정치적 불안정함은 실제로 그렇게 될 수도 있다는 두려움을 안겨주었다.

인도의 수도 뉴델리는 전쟁 중이기는 했지만 돌무더기와 날림으로 만들

---

20   1941년 말 개전 당시 일본 육군은 15개 군 51개 사단 210만 명에 달했다. 그중 절반이 넘는 27개 사단 100만 명이 중국 전선에 배치되어 있었으며, 이와 별도로 만주의 관동군이 70만 명에 달했다. 반면, 남방 전선에 투입된 병력은 4개 군 11개 사단 36만 명에 불과했다. 일본 지도부가 국운이 걸린 미, 영과의 싸움에 육군의 20퍼센트 남짓한 병력만 투입했던 이유는 근근이 균형을 유지하고 있는 중국 전선에서 병력을 빼낼 경우 중국군의 반격을 초래할 수 있다는 점, 선박 부족으로 대부대의 병참선을 지탱할 수 없다는 것도 있었지만 그보다도 동남아에서 연합군의 지상군 전력이 형편없어 이 정도로 충분하다고 여겼기 때문이었다.—옮긴이

21   White, *Thunder*, 146쪽.

22   Barbara W. Tuchman, *Stilwell and the American Experience in China, 1911~1945*(New York, 1971), 251쪽.

23   Lloyd E. Eastman, "Nationalist China during the Sino-Japanese War, 1937~1945," in Eastman et al., *Nationalist Era*, 145쪽.

어진 임시 수도 충칭과는 전혀 다른 모습이었다. 30년 전, 에드윈 루티언스 Edwin Lutyens 경은 앞으로 수 세기 동안 이어질 라지Raj(인도어로 "규율rule"이라는 뜻으로 영국령 인도식민제국을 가리키는 말―옮긴이)에 걸맞도록 하얀 대리석으로 빛나는 새로운 도시를 만들었다. 도시는 세워졌지만 영국인들은 급격한 정치적 변화의 압박과 더불어 갈수록 격화되는 인도 독립 운동과 싸워야 했다. 윈스턴 처칠은 인도인들에게 권력을 돌려주는 데 가장 완고한 반대자 중 한 사람이었지만 1930년대에 오면 그의 견해는 시대착오적으로 여겨지면서 처칠이 보수당 내에서 고립되는 데 일조했다. 그 10년 동안, 영국 총독은 여전히 수장 자리를 유지하면서도 행정권의 상당 부분이 인도인 입법 의회에 넘어갔다. 그러나 1939년 인도 총독 린리스고Linlithgow 경은 인도에서 가장 대중적인 독립 지지파인 인도국민회의 지도자들과의 합의 없이 독일과의 전쟁에 인도를 끌어들였다. 네루와 간디는 다른 저명한 지도자들과 함께 분노를 터뜨렸다. 처칠과 마찬가지로 린리스고 역시 인도인들에게 신속히 권력을 이양하는 것에 반대한 인물이었기에 그의 행동은 마치 의도적인 모욕처럼 보였다. 대부분의 국민회의 지도자들은 반파시즘 투쟁에 대한 지지를 선언했다.(예외적으로, 전 국민회의 총재였던 수바스 찬드라 보스는 독일로 떠난 뒤 결국에는 일본의 후원 아래 인도 국민군을 이끌었다.) 그러나 영국의 대의를 돕기 위한 인도의 정치, 군사적 지원에도 불구하고 1942년 초까지 인도 독립의 구체적인 일정으로 연결되지 못한다는 사실에 대해 네루와 간디는 점점 우려감을 드러냈다. 영국과 국민회의의 관계는 1941년 12월 아시아에서의 전쟁이 발발하면서 한층 파국으로 치닫게 되었다.[24]

　장제스 정부에게 인도와의 관계는 생존이 걸린 문제였다. 일본과 영국의 전쟁으로 인한 결과 중 하나는 버마 루트가 단절될지도 모른다는 사실이었다. 장제스는 1940년 여름 처칠 행정부가 일본의 압박을 받아 석 달 동안 그곳을 폐쇄했을 때 여기에 담긴 의미를 이미 맛보았다. 하지만 그해 말 버마 루트가 다시 개통되면서 중국에 여전히 매월 2만여 톤에 달하는 물자를

24　Barbara D. Metcalf and Thomas R. Metcalf, *A Concise History of India*, 200쪽.

실어 나르고 있었다.[25] 이 보급로의 상실과 더불어, 인도에서 버마 '험프'를 넘어오는 물자 공수가 이전보다 한층 중요해졌다. 장제스는 일본이 패배하기 전에 인도에 대한 영국의 지배가 약화되지 않을까 점점 우려했다. 장제스는 국민회의 지도자들을 직접 면담할 요량으로 인도 방문을 제안했다. 그의 제안은 처칠을 격노하게 만들었지만 충칭 주재 영국 대사 클라크 커의 중재로 자리가 마련될 수 있었다.

장제스는 젊은 장교 시절 소련을 방문한 이래, 근 20여 년 동안 중국 밖으로 나가본 적이 없었다.[26] 그가 인도 수도에 도착했을 때, 영국은 그들의 가장 거대한 식민지를 일본 침략에 대항하기 위한 방벽으로 쓰기 위해 필사적인 노력을 기울이고 있었다. 인도군의 규모는 10배나 늘어났다. 하지만 도시에는 긴장감이 감돌고 있었다. 영국 당국이 인도를 대신해 성급하게 선전포고를 선언하면서 정치적 분위기는 폭발 직전이었다.[27]

2월 11일, 델리에서 장제스는 네루와 더불어 마울라나 아자드Maulana Azad를 회견했다. 그는 국민회의 의장이자 이 나라를 인도와 파키스탄 두 나라로 쪼개야 한다는 무슬림 연맹의 진나Jinnah[28]에게 완강히 반대하는 이슬람 지도자 중 한 사람이었다. 장제스는 자신이 네루와 마음이 통한다고 느꼈다. 그것은 놀라운 일이 아니었다. 네루는 1939년에 중국을 방문해 장제스와 몇 차례 우호적으로 만난 적이 있었다. 네루의 배경과 타고난 개성은 그를 민주주의 지지자로 만들었다. 이런 점은 결코 장제스의 성향과 거리가 멀었지만 두 지도자 모두 대중 지향적이면서 반제국주의를 추구하되, 현실

25   Taylor, *Generalissimo*, 194쪽.
26   한 번은 있었다. 장제스는 처음으로 정치적 하야를 선언했던 1927년 10월에 일본을 방문하여 다나카 기이치 총리를 비롯한 일본 지도자들을 만나 자신의 존재감을 확실히 각인시켰으며 외세 앞에서 한없이 비굴했던 위안스카이나 베이양의 군벌들과는 다르다는 사실을 보여주었다. 또한 중국 재계의 최대 실력자였던 쑹씨 집안과도 관계를 맺어 정치적 입지를 강화했다. 장제스에게 이러한 경험은 어느 정도나마 중국 바깥 세상에 대한 나름의 인식을 갖게 해주었다. 반면, 마오쩌둥은 1949년 12월 스탈린을 만나기 위해 모스크바를 방문한 것을 제외하고 평생 중국 밖으로 나가본 적이 없었고 그의 편협한 시각을 형성하는 데 일조했다.—옮긴이
27   Metcalf and Metcalf, *A Concise History of India*, 201~202쪽.
28   무함마드 알리 진나(1876~1948): 파키스탄의 초대 총리이자 국부國父로 불린다. 독립 과정에서 간디, 네루와 대립하고 독자적으로 이슬람 독립 운동을 이끌어 파키스탄의 분리 독립에 성공했다.—옮긴이

적 타협을 거부하지 않았다. 장제스는 자신의 지위를 이용해 인도인들에게 강연을 했다. 그는 두 독립 지도자에게 "나의 혁명가로서의 경험으로 볼 때 절차나 전략에서 실수가 있어서는 안 될 것"이라고 충고했다. 장제스는 인도 민족주의의 대의에 공감했으며 처칠이나 영국인에 대한 친근감은 전혀 없었다. 하지만 간디와 네루가 영국군의 인도 주둔에 반대하는 것에 대해서는 연합국의 전쟁 수행력을 약화시킬 수 있다며 우려를 토로했다. 사실 네루와 간디는 입장이 서로 달랐다. 네루는 일본에 맞서 싸우되 영국과는 별개로 인도인들 스스로 해야 한다고 여겼다. 반면, 간디는 보다 강력한 비폭력 저항 운동을 고집했다.[29] 장제스는 이렇게 썼다. "그들의 극단적인 태도는 나를 놀라게 만들었다." 진나에 대해서는 훨씬 덜 열성적이었다. 장제스는 그를 가리켜 "사기꾼"이라고 불렀다. 또한 "영국인들은 인도인들을 이처럼 써먹는다. 하지만 힌두교도와 무슬림이 함께 할 수 없다는 주장은 결코 사실이 아니다"라고 썼다. 그는 "진정한 애국 무슬림이라면" 간디와 국민회의를 마땅히 지지해야 한다고 주장했다.[30] 장제스는 조각 조각난 채 20세기 내내 분열을 겪어야 했던 나라의 지도자였다. 그가 분리주의를 지지하는 인도 정치인들을 냉정하게 바라본 것은 이상하지 않았다.

그의 방문은 금세 외교적 폭풍을 초래했다. 처칠은 한 나라의 지도자인 장제스가 봄베이(뭄바이)에서 가까운 와르다Wardha에 있는 간디 저택을 방문해서는 안 된다고 고집했다. 간디가 마치 고위 관료가 된 것처럼 비추어질 수 있다는 얘기였다. 그 대신 간디가 스스로 뉴델리에 가야 마땅하다는 것이었다. 장제스는 분통을 터뜨렸다. 그는 한밤중에 영국 당국으로부터 간디를 방문하지 말라고 요구하는 전보를 거듭해서 받아야 했다. 그는 묵살하는 쪽을 선택했다. 2월 15일 자정, 장제스는 간디가 직접 보낸 전보를 받았다. 그는 깊은 감동을 받았다. "나라를 잃는다는 것은 자유를 잃는 것만큼 고통

---

29   Guido Samarani, "Shaping the Future of Asia: Chiang Kai-shek, Nehru, and China-India relations during the Second World War Period," LSE working paper, http://www.ace.lu.se/images/Syd_och_sydostasienstudier/working_papers/Samarani.pdf.

30   CKSD(Box 47, folder 7), 1942년 2월 27일.

스러운 일이다." 장제스는 자신의 감정을 이렇게 표현했다. "나는 클라크 커 대사를 불렀다. 그리고 인도를 떠나기 전에 간디를 만나야 한다고 말했다."[31] 결국 영국은 노벨문학상 수상자이자 대문호 라빈드라나트 타고르Rabindranath Tagore가 세운 캘커타(콜카타) 인근 산티니케탄Santiniketan대학에서 장제 스와 간디가 만나는 데 동의해야 했다.

2월 18일, 장제스와 간디는 쑹메이링의 통역과 더불어 장장 다섯 시간에 걸쳐서 담화했다. 간디는 장제스에게 자신은 항일에 공감하고 있으며 중국 에 대한 영국의 원조를 방해하지 않겠다고 약속했다. 그러나 장제스는 상호 협력에 대한 그의 생각을 떠보려고 했다. 달리 말하면 전쟁에서 인도인들이 보다 적극적인 역할을 맡아줄 수 있느냐는 것이었다. 간디는 즉답을 하는 대신, 장제스에게 "다른 사람의 원칙을 바꾸도록 강요해서는 안 된다"라고 못 박았다. 그런 뒤 그가 곤란한 대화를 끝낼 때마다 사용했던 특유의 방법 인 인도 전통의 카다르 옷감을 만드는 물레를 돌리기 시작했다. 다음 날 장 제스는 자신의 불만을 이렇게 토로했다.

전날 간디와의 회견은 실망스러웠다. 나는 너무 큰 기대를 했다. 아마도 영국인에게 지배받는다는 고통이 그의 마음을 무감각하게 했는지도 모른 다. 그는 오직 인도만을 알고 사랑한다. 그 바깥에 있는 사람들에게는 관 심이 없다. 인도의 관습적인 가치관이 그를 이렇게 만들었다. 그는 인내의 방법만 알뿐, 열정은 모른다. 이것은 혁명 지도자의 정신이 아니다. 나는 인도 혁명이 쉽지 않으리라 단언한다.[32]

간디 또한 두 사람이 벽에 부딪혔음을 깨달았다. 그는 같은 독립 지도자 인 발라바이 파텔Vallabhai Patel에게 이렇게 썼다. "내가 뭔가 배운 것이 있다 고 말할 수는 없을 것이다. 우리 역시 그에게 가르쳐줄 수 있는 것은 없었 다." 쑹메이링은 나중에 네루에게 간디의 방식이 인도에 자유를 가져다줄지

31   *CKSD*, 1942년 2월 15일.
32   *CKSD*, 1942년 2월 19일.

에 대해서 부정적으로 말했다. 이 때문에 그 국민회의 지도자를 크게 화나게 만들었다. 간디에 대한 장제스의 평가는 타당하다고 할 수 없었다. 간디는 인도가 아니라 남아프리카에서 자신의 평생을 바치게 될 투쟁을 시작한 국제주의자였다. 특유의 비폭력 저항 철학은 인도의 전통적 사고방식 외에도 톨스토이와 같은 사상가들에게 적지 않은 영향을 받았다. 그러나 장제스가 두 사람의 목표 사이에서 근본적인 벽을 본 점은 틀리지 않았다. 간디의 비폭력 원칙은 1920년대와 1930년대의 군벌 항쟁을 거쳐야 했던 지도자에게는 공감을 얻기 어려울 수밖에 없었다. 또한 장제스는 개인적으로 사치를 즐기지 않았지만 간디의 극단적인 소박함은 쑹메이링의 화려한 취향과는 거리가 멀었다.

장제스는 고별 연설을 하면서 인상적인 말을 남겼다. 그는 (인도인) 청중에게 난징 대학살을 상기시키면서 일본에게 반제국주의의 희망을 걸어서는 안된다는 사실을 깨닫게 했다. 또한 만약 연합국이 패배한다면 "세계 문명은 백 년 이상 후퇴할 것"이라고 경고했다. 또한 그는 중국과 인도의 자유를 확실히 연관 지으면서 인도인들이 요구하기 전에 영국인들 스스로 실질적인 권력을 인도에 양여해야 한다고 주장했다.[33] 물론, 처칠은 다시 한번 분노했다.

장제스는 일기에서 자신의 인도 방문이 만들어낸 두 가지의 역학 관계에 대해 되짚어보았다. "나는 고별 연설에서 인도 해방을 전적으로 지지했다. 영국인들은 이해하지 못할지도 모르지만, 나는 이것이 영국에게 이득이 되리라 굳게 믿는다." 그는 자신이 인도 독립을 지지하면서도 영국의 전쟁 수행에 적극적으로 협조하기를 요구하는 것에 대해 네루가 모순적인 태도라며 불만을 드러냈다고 기록했다. 장제스는 그에게 모든 정치란 모순적인 법이며, 만약 그것이 좀더 명확할 수 있다면 이미 "정치가 아니라 철학"일 것이라고 대꾸했다. 결국 1942년 2월은 아시아 전쟁이 막 시작된 순간이었다. 버마 전역이 열릴 참이었고 장제스는 인도가 일본군의 손에 넘어갈지 어떨지 (처칠이나 루스벨트 이상으로) 알 방법이 없었다. 인도에서 가장 영향력 있

---

33 「告印度國民書」, ZT, 289~292쪽.

는 독립 지도자들이 그저 명목상 동의가 아니라 항일전쟁을 적극적으로 지지할 것인지가 장제스의 가장 큰 관심사였다. 한편으로 인도 방문을 통해서 이 전쟁이 아시아에서 새로운 반제국주의 연합을 만들 수 있는 기회가 되리라는 그의 생각은 한층 확고해졌다. "혁명의 기회란 찾기는 어렵고 놓치기는 쉽다." 2월 21일 마지막 오찬에서 장제스는 네루를 이렇게 질책했다. "이것은 인도의 유일한 혁명의 기회가 될 것이다. 만약 놓친다면 그 기회는 다시 오지 않을 것이다." 네루는 대꾸하지 않았다. "하지만 그가 이해한 것 같았다."[34] 장제스는 3월에 인도 지도자들을 향해 연합국의 지지를 또 한번 촉구하는 연설을 했다. 또한 영국인들을 향해서는 인도가 이미 중국을 제외한 다른 어느 나라보다도 많은 군인을 제공하고 있으며 신속한 독립을 약속한다면 이 나라에 한층 열정을 불어넣을 수 있을 것이라고 강조했다.[35]

반제국주의 연대에는 한계가 있었다. 1942년 4월 영국 좌파 정치인 스태퍼드 크립스Stafford Cripps 경이 이끄는 사절단의 인도 방문은 식민지 당국과 인도 국민회의 사이에서 아무런 타협도 끌어내지 못했다. 몇 달 뒤인 1942년 8월에는 네루와 간디가 인도 불복종 운동을 시작했다. 이들은 영국을 향해 신속한 독립을 요구했지만 국민회의 최고 지도부를 비롯해 10만여 명의 참여자들이 체포되었다. 국민회의의 지지와는 무관하게, 250만 명에 달하는 인도인 병사들이 전쟁 내내 연합국을 위해 싸웠다.

하지만 장제스가 인도를 방문했다는 사실 자체는 큰 의미가 있었다. 세계 각지에서 비서구인들이 자유를 갈구하던 시절, 독립운동 지도자들이 비유럽 국가 지도자의 방문을 받은 사건은 그야말로 희귀한 일이었다. 다른 연합국 지도자들 중에서 그처럼 신뢰를 품고 네루나 간디를 만나는 일은 없었다. 장제스는 자신이 국민회의 지도자들에게 전쟁에 절대적으로 협력하도록 설득하지 못한 것에 개인적으로 실망감을 드러냈다. 이런 점에서는 장제스의 관심사가 처칠이나 루스벨트와 결코 차이가 없었지만 막상 영국 지도

---

34 *CKSD*, 1942년 2월 21일.

35 「訪問印度的感想與對于太平戰洋國的觀察」(1942년 3월 9일), 『先總統蔣公思想言論總集』, www.chungcheng.org.tw/thought/class06/0019/0008.html, 52~61쪽.

자는 그 사실을 깨닫거나 솔직히 인정하려고 하지 않았다. 만약 영국 당국이 좀더 장제스를 적극적으로 지지했더라면 결과는 달라졌을지도 모른다. 어쨌든 간에 그의 방문은 국제무대에서 하나의 강대국이자 주권국가로서 중국의 첫 번째 전시 행동을 확실하게 각인시켜주었다.

———

1942년 1월 14일, 미 전쟁부장관 헨리 스팀슨Henry L. Stimson은 워싱턴 DC에서 단 한 명의 손님과 함께 저녁식사를 하는 중이었다. 그는 조지프 스틸웰 장군이었다. 두 사람의 대화 주제는 중국이었다. 스틸웰은 일기에 스팀슨이 "중국인들은 미국인 지휘관을 마땅히 받아들일 것이다"라고 말했다고 썼다. 또한 스팀슨의 말을 덧붙였다. "점점 더 운명의 손가락은 장군을 가리키고 있습니다."[36]

마셜은 모든 전력을 유럽에 집중키로 결정하면서도, 미국인이 아시아에서 싸우고 있다는 사실을 보여주는 것 또한 여전히 중요하다고 인정했다. 어쨌거나 미국에게 싸움을 건 쪽은 독일이 아니라 일본이었다. 하지만 그는 미 육군 병력을 중국에 배치하기를 원치 않았다. 그가 생각해낸 해결책은 중국군이 미군 참모장 한 사람을 받아들이도록 장제스를 설득하는 일이었다. 이렇게 한다면 미국인이 중국인들과 나란히 하는 것처럼 생색은 내되, 실질적인 병력을 보내라고 요구하지는 못할 것이었다. 스틸웰은 그 역할을 맡기 위해 마셜이 고른 사람이었다.

스틸웰은 웨스트포인트에서 교관 생활을 했으며, 그곳에서 특유의 신랄한 말투 덕분에 "까칠한 조Vinegar Joe"라는 별명을 얻었다. 그는 그 별명을 자랑스럽게 여겼다. 전간기인 1935년부터 1939년까지 미 대사관 무관으로 근무한 것을 비롯해 중국에서 수차례 복무했으며 중일전쟁 발발을 직접 목격했

---

36 Joseph W. Stilwell, ed. Theodore H. White, *The Stilwell Papers*(Beijing, 2003, originally New York, 1948)[이하 *SP*], 1942년 1월 14일, 14쪽.

다.[37] 그의 보고서는 한 가지 변함없는 주제를 담고 있었다. 중국군이 자신들의 영토를 지키기보다 후퇴를 선호하는 것에 대한 어리둥절함과 분노였다. 어떤 사람이 중국은 언제쯤 반격에 나설지 궁금해하자 그는 이렇게 대답했다. "공격에 대한 그들 특유의 혐오감이 사라진 뒤에나 가능하겠지."[38] 스틸웰은 중국군 장교들이 현대전에 필요한 역량을 갖추지 못했다고 생각했다. 한편으로, 이 타고난 싸움꾼은 자신을 써먹을 줄 아는 지휘관 밑에 있다면 뭐든 정복할 수 있을 것이라는 불굴의 믿음을 가지고 있었다. 스틸웰은 그때까지 실전에서 직접 부대를 지휘한 경험이 전혀 없었지만 그 대신 조지 C. 마셜이라는 힘 있는 친구가 있었다. 그는 자신이 중국군에게 진정한 "지휘 COMMAND(그는 일기에서 이렇게 강조했다)"가 무엇인지 보여준다면 일본군에게 훨씬 효율적으로 대항할 수 있을 것이라고 여겼다.[39] 그러나 1942년 2월 6일, 마셜은 충칭 미군 대표단의 단장 존 매그루더 장군에게 전보를 보내면서 스틸웰의 권한에 대해 분명하게 선을 그었다. "중국과 버마의 미군 부대는 스틸웰의 지휘를 받을 것이다. 그러나 스틸웰 장군은 항상 대원수의 지휘를 받아야 한다."[40][41] 공식적인 스틸웰의 권한과 스틸웰 자신이 여기에 대해 어떻게 생각하는가의 인식 차이는 금세 중요한 결과를 초래할 것이었다.

37 캘리포니아대학 버클리캠퍼스에서 중문학을 전공했던 스틸웰은 1942년 장제스의 참모장을 맡기 이전에도 3번이나 중국에 근무하여 미 육군에서는 중국 전문가로 통했다. 그는 중국이 여전히 군벌 할거 시대였던 1920년부터 1922년까지 중국 산시성에서 근무했으며 1926년부터 1929년까지는 톈진 주둔 미 제15보병연대 대대장을 맡았다. 또한 1935년부터 1939년까지 난징의 미국 대사관 무관으로 근무했다. 그러나 이러한 경력은 오히려 스틸웰로 하여금 베이양 정권 시절 외세 앞에서 한없이 나약하고 무능했던 중국 지도자들에 대한 잘못된 편견을 심어주었다. 스틸웰은 중국인들의 마음을 얻어 양국 사이에 근본적인 신뢰를 쌓기보다는 중국의 난처한 처지와 미국의 대중 원조를 무기삼아 일방적인 복종만을 요구하면서 중국인들의 극심한 반발을 초래했다. 이 때문에 양국 관계를 왜곡시킨 것은 물론이고, 결과적으로 자신의 경력마저 망치게 되었다.—옮긴이
38 Tuchman, *Stilwell*, 172쪽.
39 Taylor, *Generalissimo*, 191쪽.
40 중국 전구에서 스틸웰의 직책은 명확하지 않았다. 그는 중국 전구 참모장, 중국-버마-인도 전구 미군 총사령관, 충칭 주재 연합군사위원회 미국 대표, 대중 무기 대여 감독 및 통제관까지 겸임했다. 스틸웰의 권한과 책임은 전례가 없을 만큼 어느 미국 장성보다도 막중하고 거대했으며 무엇보다도 장제스와 상당 부분 겹쳤다. 중국 측과 사전에 충분히 협의를 거친 결과가 아니라 마셜이 일방적으로 정했기 때문이었다. 마셜이 부여한 과중하고 복잡한 업무는 스틸웰 특유의 외교 능력 부재와 고압적인 태도까지 더해지면서 결과적으로 장제스와 스틸웰이 끊임없이 충돌할 수밖에 없었던 원인이 되었다.—옮긴이
41 NARA(National Archives and Records Administration, WashingtonDC) RG 493.

미국의 본격적인 참전으로 1941년 12월 이후 충칭은 전혀 다른 도시로 바뀌었다. 미군 부대가 중국 전선에서 직접 싸우기 위해 파견되지는 않았지만, 미국인 관료들과 군 관계자들의 유입은 일상적인 모습이 되었다. 때때로 그로 인해 해괴한 결과를 초래하기도 했다. 한 보고서에서는 어느 현지 학생이 미국식 억양으로 중국어를 말했다는 이유로 혼이 났다고 말했다. 그녀가 교실에서 새로운 발성을 시험하자 선생님은 이렇게 꾸짖었다. "아가씨, 나는 너의 남자친구가 아니라 스승이라는 사실을 기억해라." 미국인들의 체류는 새로운 소리만이 아니라 새로운 시각적 현상을 만들어내기도 했다. 그레이엄 펙은 전쟁 기간 중국에서 미 전쟁정보국US Office of War Information에 근무했다. 그의 역할은 전쟁 수행과 더불어 중국의 새로운 동맹국인 미국에 대한 긍정적인 이미지를 확산시키는 일이었다. 충칭 시절을 다룬 그의 흥미진진한 회고록에서 펙은 전쟁으로 만신창이가 된 이 도시에 활기를 불어넣는 새로운 존재가 등장하는 장면을 다음과 같이 묘사했다. "강력하고 힘이 넘치는 굉음. 마치 두꺼운 비단을 찢는 것처럼 부드러웠다. 동체 앞쪽에는 상어의 웃는 얼굴이 그려진 미제 '플라잉 타이거즈' P-40 전투기가 이곳에 나타났다." P-40은 30분 동안 마치 "즐거운 날치 떼처럼" 공중 기동을 선보이면서 관객들에게 공연했고 그에 대한 화답으로 "50만 명이 한꺼번에 하늘을 향해 환호하는" 소리를 들을 수 있었다. 충칭 주민들은 우월한 기술을 가진 새로운 동맹국의 존재에 대해 기쁨을 감추지 않았다.[42]

1937년 이후 충칭에 있었던 클레어 셔놀트 장군은 이제 미중 양국이 공식적인 동맹국이 된 사실을 매우 기뻐했다. 그의 휘하에 있는 플라잉 타이거즈AVG 부대는 진주만 사건 이전에 약속했던 대로 1941년 말 전투기들이 인도되면서 P-40 전투기 100대로 전력이 증강되었다.(1942년에 AVG는 제14공군의 일부로 재편되어 중국 내 유일한 미군 전투부대가 된다.) 그러나 스틸웰의 도착으로 이 미국인 파일럿은 골칫거리에 부딪치게 되었다. 셔놀트는 항공력이 중국 전선에서 일본군에게 신속한 승리를 거둘 수 있는 비결이라고

42   Peck, *Two Kinds of Time*, 384쪽.

확신했다. 그와 반대로, 스틸웰은 잘 훈련된 육군의 힘을 믿었다. 미국과 중국의 복잡한 관계를 한층 꼬이게 만들 대립이 벌어질 참이었다.

장제스의 가장 큰 바람은 미국이 중국 전선에서 싸울 수 있는 지상 전투부대를 제공해주리라는 것이었다. 하지만 연합군 수뇌부는 여기에 대해 진지하게 고려할 생각이 없었다. 미 육군의 공식 역사학자들은 분명하게 밝혔다.

그곳에는 미 지상 전투부대가 존재하지 않았다. 중국에서 미군의 목적은 중국인들이 스스로 싸우도록 돕는 것이었다. 전쟁부와 합참은 적극적으로 조언하고 여기에 기술과 항공 지원을 더하는 것으로 끝냈다. 더욱이 미국인이 중국에 보내질 때마다 매월 일인당 0.62톤의 보급품을 중국으로 수송해야 한다는 의미였기에 스틸웰은 중국에서 미 지상군과 지원 요원을 최소한으로 억제해야 했다. 이런 이유로 그러한 범주에 속하는 부대는 거의 찾아볼 수 없었다.[43]

스틸웰이 중국군 부대를 지휘할 수 있는 기회는 금세 다가왔다. 연합군 수뇌부가 내린 첫 번째 결정 중 하나는 중국이 아니라 버마에서 일본군의 진격을 막는 것이었다. 진주만 공격 이전부터 영국과 중국은 중국과 영국령 인도 사이에 있는 버마가 일본의 공격에 취약하다는 사실을 우려해왔다. 만약 버마가 함락될 경우 일본군은 인도 동북부의 캘커타로 진출하여 인도 동부 지역 전체를 위협할 수 있었다. 또한 버마 로드는 매월 약 2만 톤의 물자를 공급해왔으며 인도에서 중국으로 훨씬 적은 양의 물자를 공수하는 험프 비행만이 유일한 대안이었다. 그러나 버마에서 일본군의 위협은 심각하게 여겨지지 않았다. 그곳에 배치된 병력은 겨우 1만2000여 명에 불과했다.[44]

얼마 뒤인 1942년 2월 일본군이 버마를 침공했다. 그들은 그전까지는 영

43 Romanus and Sunderland, *China-Burma-India Theater: Time Runs Out in CBI*(WashingtonDC, 1959), 19쪽.
44 Van de Ven, *War and Nationalism*, 23쪽.

국 식민지를 우선적인 목표로 삼지 않았지만 지난 몇 달 동안 일련의 사건으로 자극을 받았다. 진주만 공격 이후 일본군은 파죽지세로 홍콩과 필리핀을 정복했다. 막강했던 영국군은 갑자기 대수롭지 않은 존재로 여겨졌다. 이제 버마는 보다 매력적인 목표물이 되었다. 여기에는 버마 로드를 통한 국민당의 물자 공급을 차단시키고 영국령 인도의 동쪽 측면을 취약하게 만들 수 있다는 두 가지 유혹이 있었다. 2월 9일, 일본 제15군은 수도 랑군(양곤)으로 진격했고 타웅우Tounggoo와 만달레이Mandalay를 향해 북상했다.

장제스는 버마 중부의 타웅우를 지키기 위해 제5군과 제6군의 출동을 제안했다. 하지만 그의 제안은 인도군 총사령관이자 영국 극동사령관인 아치볼드 웨이벌에 의해 거부되었다. 웨이벌이 내세운 명분은 부분적으로는 병참 문제였지만, 그보다도 제국의 자부심에 흠집을 낼 수 있다는 이유였다. 웨이벌은 처칠에게 버마의 방어는 중국군이 아니라 영국군이 맡는 쪽이 "확실히 더 나을 것"이라고 썼다. 처칠은 그의 주장에 동의하지 않았다.[45] 여전히 워싱턴에 머무르고 있었던 스틸웰은 웨이벌이 "버마에 지저분한 중국인들이 들어오는 것을 원치 않았다"라며 거만하게 적었다.[46](제1차 세계대전에서도 비슷한 일이 있었다. 중국이 유럽의 연합군 진영에 전투부대의 파견을 제안하자 프랑스는 동의했지만 영국은 거절했다.)[47] 그러나 동남아시아에서 영국의 지위는 점점 흔들리고 있었다. 이 지역에서 가장 훌륭한 군항인 싱가포르는 2월 15일에 함락되었다. 제2차 세계대전을 통틀어 대영제국에게 가장 큰 재앙 중 하나였다. 헤럴드 알렉산더Herold Alexander 장군이 지휘하는 영국군 부대는 랑군을 지키지 못한 채 물러났다. 3월 8일 일본군은 이 도시를 점령하자마자 여세를 몰아 타웅우로 진격할 준비에 착수했다. 알렉산더와 장제스는 상호 불신에도 불구하고 더 이상 최선책이 없다는 확신 아래 힘을 모았다. 알렉산더의 관심사는 중국군을 희생양으로 이용하면서 영국군을 인도 방

45 Van de Ven, *War and Nationalism*, 29쪽.
46 *SP*, 1942년 1월 24일, 26쪽.
47 중국의 민족주의에 대한 영국의 우려는 다음을 참조. Xu Guoqi, *China and the Great War: China's Pursuit of a New National Identity and Internationalization*(Cambridge, 2005); Thorne, *Allies of a Kind*, 187, 189쪽.

어를 위해 후퇴시키는 것이었다. 장제스는 버마 중부의 만달레이를 지켜야 한다면서 중국군이 이 도시에 당도할 때까지 영국군이 보다 적극적으로 지원해주기를 요구했다. 양쪽 모두 이미 상실한 버마 남부를 포기했다.[48]

스틸웰은 그럴 생각이 없었다. 그는 1942년 3월 초 인도를 거쳐서 충칭에 도착했고 장제스의 참모장으로 임명되었다. 대원수와의 첫 번째 공식 면담을 가진 후 스틸웰은 만족스러워했다. "그는 기꺼이 싸울 의사가 있으며 영국군의 후퇴와 무기력함에 진절머리를 내고 있다."[49] 스틸웰의 임명을 놓고 장제스의 첫 반응 또한 호의적이었다. 그러나 그는 자신이 중국 전구의 총사령관이라는 점을 분명히 하면서 스틸웰이 자신의 명령에 복종하리라 믿었다. 장제스는 미중 양국의 우호를 보여줄 요량으로 미국인들이 스틸웰을 파견한 것을 기꺼이 받아들였다. 하지만 서양인에게 자신의 지휘권을 내줄 생각은 전혀 없었다.

3월 9일과 10일 스틸웰은 장제스와 버마 전략을 놓고 회의를 열었다. 장제스는 신중하게 접근할 것을 권고하면서, 중국군은 (이족 출신 군벌 룽윈이 통치하는) 윈난성의 국경을 지키기 위해 버마 북부로 보내져야 한다고 주장했다. 아직 만달레이를 지켜낼 기회가 있다고 확신한 그는 스틸웰이 영국에 압력을 가해서 중국군이 그 도시를 방어하는 데 지원토록 해주기를 원했다. 반면, 스틸웰은 타웅우에서 일본군을 밀어낸다면 대승을 거둘 수 있을 것이라며 공세 전략을 강조했다. 그는 1942년 3월 9일 일기에 이렇게 썼다. "랑군이야말로 핵심이다. 랑군이 없다면 보급은 차단된다." 또한 덧붙여 말했다. "나는 잽Japs(일본군의 멸칭—옮긴이)이 형편없다고 확신한다."[50] 이 전역에서 미군 부대의 참전은 없을 것이므로 스틸웰은 중국군만으로 싸워야 했다. 특히 중국에서 출동한 제5군과 제6군은 중국군 최강부대였다.[51]

---

48 Bayly and Harper, *Forgotten Armies*, 156~166쪽; Van de Ven, *War and Nationalism*, 30쪽.
49 *SP*, 1942년 3~6월, 43쪽.
50 *SP*, 1942년 3~9월, 44쪽; Taylor, *Generalissimo*, 197; Van de Ven, *War and Nationalism*, 31쪽.
51 버마로 출동한 중국군은 이른바 "중국원정군"이라고 불렸으며 청일전쟁 이래 근대 중국 역사상 최초의 해외 원정이었다. 사령관은 장제스의 심복인 웨이리황衛立煌과 뤄쥐잉羅卓英이었으며 제5군

장제스와 마찬가지로, 스틸웰 또한 중국이 열성적으로 참전할수록 그 가치가 커질 것이라고 확신했다. 그는 중국 본토에서 일본군과 결전을 벌여야 한다고 진심으로 생각했다. 그의 상급자들 모두 그 생각에 동의하지는 않았다. 영미 합동참모회의의 비망록에서 마셜은 스틸웰의 임명에 대한 자신의 평가를 이렇게 적었다. "태평양은 부차적인 전선이다. 우리는 지금보다 더 많은 일본군 사단을 묶어두기 위해서 중국인들을 활용할 필요가 있다."[52] 스틸웰은 공세 전략을 추구하여 마셜의 충고를 거스르고 있었다.

그 같은 위험도가 높은 전술은 나름의 쓰임새가 있을 수도 있었다. 10년 뒤 더글러스 맥아더Douglas MacArthur 장군은 (한국에서) 전쟁을 일으킨 공산군을 상대로 인천에서 대담한 상륙 작전을 펼쳐 전쟁의 흐름을 역전시켰다. 그러나 맥아더는 1942년의 스틸웰보다 훨씬 경험이 많았고 자원 또한 훨씬 더 많이 보유하고 있었다. 장제스는 버마에서 연합군의 공중 엄호나 전차의 지원이 불충분한데다 제5군과 제6군을 상실할 경우 중국 서남부의 방어가 한층 불리해질 수 있다는 이유를 들어 스틸웰의 생각에 반대했다. 그는 스틸웰의 지휘권을 유지시키되, 만달레이 부근에서 중국군의 전력을 증강시킨 다음 자신이 적절한 공격 시기를 정할 때까지 기다려줄 것을 거듭 요구했다.

스틸웰은 처음에는 중국군 부대의 미국인 지휘관으로서 자신의 입장에 대해 어느 정도 자각하고 있었다. "나는 중국인들이 나를 받아들이는 방식에 깜짝 놀랐다."[53]

그는 영국의 승인을 얻어내는 것을 그다지 달가워하지 않았고 일기를 쓰는 내내 "라임주스 놈들Limeys(영국 수병을 가리키는 멸칭―옮긴이)"이라고 들먹였다. 또한 중국인들이 "대영제국을 구하러 달려와줄 것"을 간절히 기다리고 있다면서 중국 주재 영국 무관 랜슬롯 데니스Lancelot Dennys 소장을 조롱했

과 제6군, 제66군 9개 사단 10만 명으로 편성되었다. 그중에서 제5군은 군사위원회 직속 전략 예비대로서 중국군 유일의 기계화 부대였다. 지휘관들 역시 하나같이 북벌 전쟁과 중일전쟁에서 잔뼈가 굵은 베테랑들이었다. 중국의 사활을 버마 전역에 걸렸던 장제스는 사실상 자신이 내줄 수 있는 최강의 부대를 스틸웰에게 제공한 셈이었다.―옮긴이

52 Van de Ven, *War and Nationalism*, 26쪽.
53 *SP*, 1942년 3월 14일, 53쪽.

다.[54] 그러나 자신이 중국인들을 이해할 수 있다는 믿음과 영국인들을 경멸하는 무모함에서 깨어나 그의 본성을 드러내는 데엔 그리 오랜 시간이 걸리지 않았다.

초반의 짧은 훈훈함이 끝난 뒤 스틸웰과 장제스는 거듭 충돌했다. 스틸웰은 일기에 장제스를 "땅콩peanut"이라고 부르기 시작했다. 그 별명은 확실히 애정이 담긴 의미는 아니었다. 버마 국경에서의 방어 전략을 놓고 장제스의 희망은 스틸웰의 조롱 섞인 반응으로 연결되었다. 스틸웰은 일기에서 이렇게 비웃었다. "앞으로 한 달 동안 아무 일도 일어나지 않는다면 그제야 우리는 공격에 나설 수 있으리라. 그는 이것이 쉬운 일이 될 것이라고 믿고 싶어 한다. 나더러 제5군과 제6군은 절대 패배하면 안 된다고 거듭 말하기에 그걸 약속할 수 있는 다른 사람을 보내라고 대꾸했다."[55] 스틸웰은 장제스의 반대에 대해 조심성이 지나치다거나 심지어 겁쟁이라고 매도했다. 하지만 배수진을 치고 있는 일국의 지도자가 실전 경험도 없는데다 자신의 최정예 부대 두 개를 전멸의 위기로 내몰 수도 있는 외국인 장군의 대담하기 그지없는 전략에 대해 의문을 품는 것은 그리 놀랄 일은 아닐 것이다. 그러나 장제스는 자신의 신임 참모장과 갈등을 빚기를 원치 않았다. 따라서 불안감을 안은 채 스틸웰이 자신의 전략을 실행하도록 수락했다.

3월 21일, 스틸웰은 버마로 돌아갔다. 타웅우는 공격을 받고 있었다. 스틸웰은 중국과 영국 어느 쪽과도 자신의 계획을 충분히 의논하지 않고 그가 지휘하는 국민정부군 제22사단과 제55사단에게 서둘러 남쪽의 핀마나Pyinmana와 퍄운붸Pyawnbwe의 일본군에게 공격을 가하라고 명령했다.[56] 스틸웰은 본국에 있는 아내에게 보낸 편지에서도 자신의 작전이 위험하다는 사실을 부정하지 않았다. "마궤Magwe에 대한 일본군의 공습은 우리의 보잘것없는 지원마저 깨끗이 쓸어버렸소. 이제 우리는 한동안 아무런 대책 없이 싸워야 할 것 같소." 그는 이어서 적었다. "하지만 중국인들은 이런 일에 익숙

---

54 *SP*, 1942년 3월 12일, 51쪽.
55 *SP*, 1942년 3월 19일, 55쪽.
56 *SP*, 1942년 3월 23일, 59쪽.

할 것이고 균열 없이 더 많은 일을 할 수 있으리라 믿고 있소."[57]

얼마 지나지 않아 스틸웰을 시험하는 무대가 마련되었다. 3월 25일, 일본 군이 타웅우를 포위했다. 스틸웰은 그곳에 갇힌 제200사단이 포위망을 뚫고 탈출하는 것을 거부했다. 그는 남들이 모두 히스테리에 빠져 있는 동안 자신만이 굳건히 버티고 있다고 믿었다. "내가 걱정하는 것은 장제스와 그의 변덕스러운 마음이다." 그는 자신이 배운 교훈에 대해 덧붙여 썼다. "받아들일 수 없는 계획을 실행해야 할 때에는 최대한 천천히 해야 하는 법이다." (그가 가리키는 "받아들일 수 없는 계획"이란 장제스의 퇴각 요구였다.) 제5군의 군단장인 두위밍杜聿名 장군에 대해서는 "그의 우울증 발작이 모든 것을 그르쳤다. 맙소사, 그가 그런 모습을 보여줄 때마다 실로 한심스럽다." 또한 이렇게 적었다. "예난자웅Yenangyaung에서는 영국군들이 반란을 일으켰다. 영국인들은 유전을 파괴하고 있다. 오, 하나님! 우리는 무엇을 위해 싸우고 있는가?"[58] 만약 스틸웰의 작전이 실행에 옮겨졌다면 그는 자신의 판단이 과연 정확했는지 제대로 이해할 수 있었을지도 모른다. 하지만 그렇게 되지 않았다. 장제스는 일기에 절망감을 토로했다. "나는 미국인들과 영국인들의 계획을 돕겠다고 무익하게 큰 희생을 치러야 했다는 사실을 깨달았다. 하지만 지금 나는 끝까지 버텨야 한다."[59] 일본군이 도시 가까이 접근하자 장제스는 마침내 3월 30일 사단장에게 철수해도 좋다는 전보를 보냈다. 스틸웰은 장제스가 자신의 지휘권을 방해하고 있다면서 뒤늦게 비난을 퍼부었다. 다음 날 오후 스틸웰은 비행기에 올랐다. 그리고 이튿날 새벽 2시에 충칭에 도착했다. 4월 1일 아침, 스틸웰은 이렇게 적었다. "나는 만우절 바보인가? 3월 19일부터 4월 1일까지 나는 버마에서 중국인과 영국인, 내 부하들, 병참, 의료 지원 등등과 싸워야 했다. 여기에 일본군까지 말이다." 스틸웰의 자기 연민적인 어투는 숙적으로 여기는 장제스에 대해 그가 알고 있는 것보다 어떤

57 *SP*, 1942년 3월 24일, 59~60쪽.

58 *SP*, 1942년 3월 25~26일, 60~61쪽: Bayly and Harper, *Forgotten Armies*, 180쪽, 주목할 것은 이것이 버마 경제에 가져올 장기 지속적이며 엄청난 파괴적인 영향이다.

59 *CKSD*, 1942년 3월 29일, 楊天石, 『抗戰與戰後中國』(北京: 人民大學出版社, 2007), 386쪽에서 인용.

의미에서는 한층 가까운 것이기도 했다. 장제스 역시 전쟁 초반 "내 아내를 제외하고 누구도 나를 이해하지 못한다"라고 기록했다. 하지만 장제스는 일기 곳곳에서 자기반성을 드러냈다. 반면 타웅우의 실패에 대한 평가에서 스틸웰은 그런 면을 거의 찾아볼 수 없었다. "멍청한 짓, 두려움, 수세를 고집하면서 우리는 타웅우에서 일본군에게 한방 먹일 기회를 놓쳤다. 가장 큰 이유는 장제스가 간섭을 일삼은 탓이다." 또한 그는 중국의 정치와 군사전략을 가리켜 "왜곡, 우회, 속임수"라고 단언했다.

물론 스틸웰은 만우절이건 뭐건 간에 바보와는 거리가 멀었다. 그러나 일선 지휘관으로서의 역량에서 심각한 한계를 보여주곤 했다. 그는 세상을 바라보는 자신만의 잣대가 있었으며 그 잣대에서 어긋나는 것이라면 그게 뭐가 되었든 간에 무시해버리거나, 더 나쁘게는 자신을 악의적으로 깎아내리기 위한 의도라고 생각했다.

그날 오후, 스틸웰은 장제스에게 가서 "바닥에 날고기를 내동댕이쳤다." 그리고 자신의 지휘권을 박탈해줄 것을 요구했다. "나는 무표정한 얼굴로 장제스더러 당신 부하들이 당신의 지시를 따르지 않고 있다고 말해야 했다. 사실 그들은 장제스가 시키는 대로 하고 있을 것이 틀림없는데 말이다." 그는 중국인들이 자신들의 군사 지휘권을 "그다지 신뢰할 수 없는, 빌어먹을 외국인한테" 넘기는 것이 쉽지 않다는 사실을 인정했다. 그러면서도 일기의 다음 문장을 보면 스틸웰이 심적으로 그다지 냉정하지 못하다는 사실을 알 수 있다. "가장 나쁜 쪽은 언론이다. 내가 이곳 땅에 발을 디디기도 전에 나더러 일주일 안에 (이미 함락된) 랑군을 되찾아야 한다는 둥의 별별 헛소리가 홍수처럼 쏟아져 나오고 있다. 만약 일본 놈들이 나를 버마에서 완전히 쫓아낸다면 얼마나 멍청이로 여겨질 것인가."[60] 스틸웰은 자신의 언론 협력자들을 통해서 그가 전쟁에서 싸울 것을 단호하게 결심한, 투지 넘치고 사심이라고는 없는 남자로 포장될 것이었다. 시어도어 화이트의 표현에 따르면 그는 "진지하면서 민주적이며 부패와 이중성, 외교적인 잡담의 상세 내용 따위에

---

60 *SP*, 1942년 4월 1일, 65~67쪽.

는 한 치의 용납도 허용하지 않았다."[61] 실제로 스틸웰은 같은 계급의 다른 어떤 지휘관들보다도 자신의 이미지에 관심이 많은 위인이었으며, 그의 실전 경험 부족은 버마의 실패로 인해 한층 심각해졌다.

장제스는 딜레마에 빠졌다. 자신이 타웅우의 사단장에게 퇴각 명령을 내린 것은 사실이었다. 그 덕분에 사단장과 장병들의 목숨을 구할 수 있었을 것이다. 스틸웰은 압도적인 일본군의 공격에도 불구하고 물러날 생각이 조금도 없었다. 장제스는 그를 그나마 남아 있는 중국군 최정예부대를 위험에 빠뜨리려고 부지런히 애를 쓰는 경솔한 지휘관으로 간주했다.(그 주에 장제스는 13일 안에 새로운 비행장을 건설할 수 있다는 스틸웰의 확신에 의문을 더졌다. 장제스는 이렇게 썼다. "그는 영국인들에게 속았다. 이제는 나를 속이는 중이다.")[62] 하지만 미국과 동맹을 맺기 위해 4년 이상을 기다려온 그로서는 넉 달도 되지 않아 중국 전구에서 미국인 고위 지휘관과 정면충돌하는 모습을 보여줄 수는 없는 노릇이었다. 장제스는 쑹메이링과 논의했다. 그녀는 스틸웰을 달래야 한다고 강조했다. 스틸웰은 그녀와 더 많은 시간을 보냈고 이렇게 표현했다. "직설적이고 단호하면서 정력적이며 권력을 사랑한다. 장제스가 올바른 방향으로 갈 수 있도록 강력한 영향력을 행사한다."[63] 장제스는 충칭 교외에 있는 별장인 황산으로 스틸웰을 초청했다. 그곳은 먼지와 소음으로 가득 찬 도시에서 벗어날 수 있으면서 폭격에서도 비교적 안전했다. 그는 스틸웰이 버마로 귀환할 때 뤄줘잉羅卓英 장군이 함께 동행할 것이라고 전달했다. 그는 스틸웰의 명령을 예하 중국군 지휘관들에게 하달하는 책임을 맡게 될 참이었다. 게다가 중국군에 대한 스틸웰의 지휘권을 확실하게 보장하기 위해 장제스 자신도 이들과 동행하기로 했다. "이것은 나의 중요한 승리다." 스틸웰은 이렇게 썼다. 또한 "외세에 대한 그들의 (배타적인) 역사와 경험을 고려해볼 때 장제스가 만들어낸 정말 놀라운 제스처라고 할 수 있다"라고 덧

---

61 White and Jacoby, *Thunder*, 147쪽.
62 *CKSD*, 1942년 4월 8일, 楊天石, 『抗戰與戰後中國』, 387쪽에서 인용.
63 *SP*, 1942년 4월 1일, 68쪽.

붙였다.[64] 일행은 버마의 메이묘Maymyo[65]로 날아갔다. 그중에는 장제스와 쑹메이링 부부 외에도 『타임』지 설립자의 아내이자 작가였던 클레어 루스Clare B. Luce 여사도 있었다. 그곳에서 중국군 장교들은 공식적으로 스틸웰의 명령에 의심 없이 따를 것을 지시받았다.

버마의 전황은 급박했다. 스틸웰은 일본군을 함정에 빠뜨릴 요량으로 중국군 제5군을 핀마나에 배치하기를 원했다. 그러나 계획은 금세 무용지물이 되었다. 영국군은 자신들이 포위될까 두려운 나머지, 중국군의 우익을 엄호하려고 하지 않았다. 4월 18일 영국군의 윌리엄 슬림William Slim 소장(그는 이 전역에서 중장으로 승진했다)이 지휘하는 부대들이 예난자웅의 유전 지대에서 일본군에게 포위될 위기에 직면했다. 스틸웰은 중국군을 우회시켜 구원에 나섰다. 4월 20일 스틸웰은 이렇게 썼다. "로이코Loikaw에서 일본 놈들 탱크부대에 대한 터무니없는 이야기가 있다. 그들은 라시오Lashio가 목표일까? 빌어먹을, 이러다가 우리를 완전히 엿 먹일지도 모른다."[66]

남쪽으로 진격한다는 연합군의 희망은 일본군이 이 지역에서 연합군의 최정예 부대를 괴멸시키기 전에 필사적으로 달아나야 하는 것으로 바뀌었다. 하지만 퇴각은 서로의 목적과 판단을 신뢰하지 않았던 영국인과 중국인, 스틸웰에 의해 방해받았다. 한편, 일본군은 4월 29일 스틸웰이 그토록 두려워했던 라시오 공격에 나섰다. 이제 연합군의 태반은 일본군의 포위망을 돌파하지 못한 채 버마에서 포위 섬멸당할 판이었다. 스틸웰은 이렇게 썼다. "붕괴와 참패의 위기가 눈앞에 닥쳤다."[67]

스틸웰과 장제스 사이에서 어느 쪽이 의지가 더 강한지 새로운 싸움이 시작되었다. 스틸웰은 두위밍에게 병력을 이끌고 중국이 아니라 인도로 퇴각할 것을 지시했다. 장제스는 참모장이 자신의 병력 대부분에게 다른 나라로 가라고 명령했다는 소식을 듣고 경악했다. 그는 스틸웰이 버마에서의 공격

64 *SP*, 1942년 4월 2일, 68쪽.
65 버마 중부 만달레이 주의 소도시. 교통과 상업이 발달했고 군사적 요충지로서 식민지 시절 영국군의 주요 주둔지 중 하나였다.―옮긴이
66 *SP*, 1942년 4월 20일, 76쪽.
67 *SP*, 1942년 4월 30일, 80쪽.

을 그르친 나머지 싸울 의지를 상실한 것이 아닌지 의문스러워했다.[68] 장제스는 명령을 취소하고 두위밍더러 군대를 북쪽의 미치나Myitkyina로 데려가라고 지시했다. 그런 뒤 장제스는 스틸웰이 자신의 몇몇 측근만을 데리고 버마를 벗어나 인도로 향하는 중이라는 보고를 받았다. 또 한번 장제스는 그가 자신이 지휘하던 군대를 포기하고자 했다는 사실을 도저히 믿을 수 없었다.[69] 장제스는 실망감을 토로하면서 이렇게 썼다. "이런 군사 고문이 있을 줄 누가 예상할 수 있겠는가. 전투로 인해 의지가 무너졌다는 말인가?"[70]

스틸웰은 떠나기로 결정했다. 5월 5일 그는 미국인과 중국인, 영국인 병사, 인도인 기술자, 버마인 간호사 등으로 구성된 80여 명의 일행을 데리고 길을 나섰다. 스틸웰이 이끄는 이 다채로운 무리가 지나야 하는 정글은 적군만큼이나 위협적인 질병과 독사가 도사리는 위험한 여정이었다. "영국 녀석들의 발이 죄다 물렀다." 5월 8일 스틸웰은 이렇게 썼다. "우리는 모두 지쳤다. 정글 속에서 시끄럽게 떠드는 원숭이들의 소리, 폭격기들이 날아다닌다. 이글대는 텐트와 곤충들." 그들은 5월 20일 인도 동북부의 임팔에 도착하여 "늙고 멍청한" 현지 관리가 그들을 영접하면서 마침내 문명 세계와 접촉할 수 있었다.[71]

언론의 주목을 받을 기회를 놓칠세라, 스틸웰은 5월 25일 뉴델리에서 공식 성명을 발표했다. "우리는 지독하게 두들겨 맞았다." 그는 이렇게 선언했다. "우리는 버마에서 도망쳐나와야 했다. 그야말로 수치스러운 일이다. 나는 우리가 패배한 원인이 무엇인지 찾아내고 돌아가서 되찾아야 한다고 생각한다." 그는 아내에게 보낸 편지에서 책임을 어떻게 다른 사람에게 떠넘길 것이며 자신의 의도가 무엇인지 솔직하게 털어놓았다. "나는 대원수에게 돌아가 보고할 것이오. 그리고 한바탕 꾸중을 늘어놓을 셈이오. 그는 지금까지 누구에게도 들어본 적이 없는 얘기를 듣게 될 것이고 그것이 어떻게 받아들

---

68 Taylor, *Generalissimo*, 204쪽.
69 Taylor, *Generalissimo*, 204~205쪽.
70 *CKSD*, 1942년 5월 6일, 楊天石, 『抗戰與戰後中國』, 387쪽에서 인용.
71 *SP*, 1942년 5월 14일; Tuchman, *Stilwell*, 298쪽.

여질지 지켜보는 것은 흥미로울 일이 될 것 같소."[72] 장제스는 아직 스틸웰에게 알리지 않았지만 이제 그의 지휘권을 박탈해야 한다고 마음먹고 있었다.[73] "나는 이제야 동맹이 속빈 강정이라는 사실을 깨달았다. 미국도 예외가 아니다."[74]

놀랍게도 스틸웰 일행은 한 명도 죽지 않고 정글을 빠져 나올 수 있었다. 하지만 스틸웰의 지휘를 받았고 그가 버마에 버리고 나왔던 부대들은 그처럼 운이 좋지 못했다. 뤄구羅占는 두위밍 장군 휘하의 제5군에서 복무했다. 그들은 일본군과 치열한 싸움을 벌였고 몇 마리의 코끼리를 사로잡기도 했다. 그러나 5월 초 통신이 끊어지자 그들은 만달레이를 향해 북서쪽으로 이동했다. "정글은 수 킬로미터에 걸쳐 온 세상을 뒤덮고 있었다." 뤄구는 이렇게 회상했다. "우리는 극심한 갈증에 시달려야 했다." 이들은 금세 길을 잃었다. 논두렁을 힘겹게 지나가는 동안 사방에서 벌레들이 달려들었다. 또한 엄청난 뇌우가 쏟아져 흠뻑 젖었다. 며칠이 몇 주로 바뀌는 동안 상황은 한층 나빠졌다. 병사들은 더 이상 무기를 들 힘도 없었다. 그렇다고 일본군에게 붙들리는 것은 원치 않았기에 모두 무기를 파괴했다. "병사들은 누더기가 된 채 아주 수척해졌다. 각자 쌀자루와 수통, 연료 깡통을 들고 있었고 다른 한 손에는 지팡이를 쥐고 간신히 걸어갔다." 병사들의 힘든 행군은 음식 탓에 더욱 어려움을 겪어야 했다. "우리는 한 달 동안 기름기라고는 구경도 할 수 없었다." 뤄구는 이렇게 불만을 토로했다. "똥은 아주 단단했고 덕분에 항문이 갈라졌다. 우리는 언제쯤 기름기를 맛볼 수 있을까?" 그들이 지나가는 곳마다 도처에 시체가 널려 있는 모습을 볼 수 있었다. 중대 소속 요리사는 행방불명되었다. 그의 시신은 반쯤 먹힌 채 발견되었다. 아마도 정글 속에서 어슬렁거리는 수많은 호랑이 중 한 마리의 소행이 틀림없었다. 6월 중순이 되자 그들은 기아에 허덕였고 살아남기 위해 나무뿌리를 캐야 했다. 한편, 장마비는 매일같이 쏟아졌다. 심지어 공중에서 보급품을 낙하했을 때 일부 병

72 *SP*, 1942년 5월 26일, 89쪽.
73 Taylor, *Generalissimo*, 203~204쪽.
74 *CKSD*, 1942년 5월; 王建朗, 「信任的流失」, 52쪽에서 인용.

사가 떨어지는 박스에 깔려 죽는 비극도 있었다. 너무 오랫동안 굶주렸던 많은 병사는 허겁지겁 먹었다가 복통으로 죽었다. 8월 초가 되어서야 뤄구의 일행은 마침내 인도에 당도했다.[75]

쑨리런孫立人 장군의 신편 제38사단은 비록 일본군의 공격과 질병으로 손실을 입기는 했지만 대부분 무사히 인도에 당도할 수 있었다. 제5군의 일부 부대는 일본군의 폭격을 받으면서 미치나로 북상했다. 제96사단과 제200사단은 그런대로 부대를 유지한 채 중국으로 들어갔다. 제6군은 운이 나빴다. 이들은 일본군의 공격을 받아 대부분 전멸했다. 일본군은 여세를 몰아서 중국의 입구인 윈난성까지 진격했다. 하지만 장제스는 셔놀트의 플라잉 타이거즈와 더불어 군대를 보내 적군을 격퇴했다.[76] 어차피 일본군은 이 시점에 군이 중국까지 진격할 필요는 없었다. 버마 로드를 통해 충칭으로 들어가는 보급선을 차단한다는 주요 목표는 이미 달성했다. 육로이건 해상이건 안정적인 통로를 상실한 국민정부로서는 이제 완전히 외부와 고립될 위기에 직면했다.

스틸웰의 실패한 버마 전략이 국민정부의 방어 핵심을 무너뜨렸는가? 국민정부와 영국이 함께 주장했던 북부 버마로의 철수 또한 결국에는 이 지역이 일본군의 지배에 들어가는 것을 막지 못하고 버마 로드를 상실했을지 모른다. 하지만 스틸웰의 위험하기 짝이 없는 도박은 성공보다 실패에 훨씬 더 가까웠다. 이로 인해 2만5000여 명의 중국군과 1만 명 이상의 영국-인도군이 죽거나 다쳤다.(일본군 사상자는 4500여 명에 불과했다.)[77] [78] 철수는 중국을

---

75 羅古,『印度之征戰』(上海, 1945), 1942년 6월 4일~ 8월 4일, 35~75쪽.

76 Taylor, *Generalissimo*, 206~207쪽.

77 중국군의 실제 손실은 저자가 제시한 수치보다 훨씬 많았다. 1942년 3월부터 5월까지 이어진 제1차 버마 원정에서 중국군 10만3000여 명이 참전하여 그중 5만6480명이 죽거나 부상, 행방불명되었다. 또한 제200사단장 다이안란戴安瀾 중장을 비롯해 사단장 1명, 부사단장 2명, 연대장 2명이 전사했다. 영국군은 증원부대까지 합해 4만 명이 참전하여 1만4000여 명만이 탈출했다. 중국군의 손실은 전체의 60퍼센트에 달했으며 신편 제38사단을 제외한 모든 부대가 사실상 붕괴되었다. 특히 제200사단은 장제스가 10년에 걸쳐서 육성한 중국군 유일의 기갑 사단이었으나 거의 모든 장비와 차량을 상실했다. 손실률만 본다면 중일전쟁을 통틀어 최악의 참패였다. 사상자의 대부분은 일본군과의 싸움이 아니라 스틸웰이 중국군을 버리고 달아나면서 지휘 계통이 붕괴된 중국군 부대들이 개별 탈출하는 과정에서 발생했다는 점에서 가장 큰 책임은 스틸웰에게 있었다. 만약 유럽이나 태평양 전구에서 미군 부대에 이만한 피해를 입혔다면 스틸웰은 여론의 혹독한 비난을 피할 길이 없었겠지

지키기 위해 더 많은 제5군과 제6군 병사들이 구원될 수 있었다는 의미였다. 어느 쪽을 선택했건, 분명한 사실은 1942년 봄 국민당의 중국은 더 이상 버마를 통해 물자를 공급받을 가능성이 없다는 점이었다. 스틸웰의 선택이 초래한 정치적, 경제적 결과는 향후 몇 년 동안 장제스 정권에게 고스란히 되돌아올 것이었다. 버마 루트의 차단은 스틸웰에게 또 다른 기회를 주었다. 중국으로 보내질 참이었던 4만5000톤의 원조 물자는 이제 인도로 넘어간 (스틸웰이 직접 지휘할) 국민정부군에게 할당되었다.[79] 스틸웰은 전쟁 내내 대중 원조의 통제권을 쥐고 있으면서 원조 물자의 대부분을 자신이 지지하는 작전에 전용했다. 이 때문에 국민당과의 동맹 관계는 갈수록 악화되었다.

국제 전쟁으로 전환된 지 겨우 몇 달 만에 벌어진 버마의 참사는 중국의 전쟁 수행력에 대한 서구 사회의 편견을 키웠다. 장교들(주로 미국인들로 특히 스틸웰)의 눈에는 부패한데다 소극적인 중국 지도자 장제스의 희망사항을 거스르고 중국이 좀더 열렬하게 싸우도록 동기를 부여하는 것은 쓸데없는 노력처럼 여겨졌다. 장제스는 이런 분위기를 아주 잘 이해할 수 있었다. 그는 중국군에 대한 스틸웰의 보고서들을 가리켜 "경멸적이면서 우리의 이름에 먹칠을 하고 있다"라고 썼다. "그들은 우리를 도우려는 의지가 없다. 여기에 대해 생각할수록 화가 나고 고통스럽다."[80]

버마에서 장제스의 군대는 중국의 군사적 위신을 높이는 데 별다른 역할을 하지 못했다. 하지만 모든 지역에서 퇴각하기에 급급했던 영국군과 비교하더라도 중국군의 성과는 결코 형편없다고 할 수 없었다. 연합국은 장제스가 중국의 이익을 최우선으로 한다는 이유로 비난했지만 그가 그렇게 하

만 피해자들은 미국인이 아니라 중국인이었다. 서구 언론들은 연합국의 사기를 올려야 한다는 명목으로 도리어 역경을 딛고 일어선 전쟁 영웅으로 포장했다. 정치 논리에 따라 패전의 책임은 모두 애꿎은 영국군과 중국군에게 돌려졌다. 제66군장 장전張軫을 비롯해 여러 명의 중국군 고위 지휘관들이 해임되었으며 제66군은 아예 중국군 편제에서 지워졌다. 덧붙여, 버마 철수 과정에서 이른바 "백골가도"라고 불렸던 중국군의 비참한 패주 모습은 꼭 2년 뒤 무다구치의 무모한 "임팔 작전"을 통해 일본군에 의해 고스란히 재현된다.—옮긴이

78 Taylor, *Generalissimo*, 207~208쪽.
79 Van de Ven, *War and Nationalism*, 35쪽.
80 王建朗, 「信任的流失」, 52쪽.

기를 원했다고 해서 (다른 나라들 또한 마찬가지였다는 점에서) 놀랄 일은 아닐 것이다. 또한 그들은 장제스 정권의 취약성을 들어 장제스를 대수롭지 않게 평가하면서도 한편으로 영국군이나 미군과 같은 강하고 잘 훈련된 군대를 지휘할 때처럼 하지 못한다고 비난을 퍼부었다. 국민정부군을 그토록 약화시킨 여건들, 특히 4년에 걸쳐서 지속된 전쟁은 장제스를 도와야 한다는 합리적인 명분으로 인식되기보다 오히려 일종의 실패로 치부되었다.

버마 전역이 진행되는 동안, 서구 연합국들의 인식에서 중국의 위치가 얼마나 낮은지 보여주는 또 하나의 사건이 벌어졌다. 1942년 4월 18일, B-25 폭격기 16대가 미 해군 항공모함 호넷Hornet에서 출격했다. 이들은 도쿄와 오사카, 나고야 등지의 군사, 산업 목표들을 공습했다. 실질적인 피해는 거의 없었다. 하지만 그 공습으로 인해 일본의 방공망이 얼마나 취약한지 드러났다. 나중에 그 출격은 지휘관인 제임스 두리틀James Doolittle 중령의 이름을 따서 "두리틀 폭격"으로 유명해졌다. 공격 소식은 전쟁 수행을 위한 미국의 대규모 선전 활동에 불을 붙였다. 하지만 장제스의 간담은 서늘해졌다. 폭격기들은 중국 동부 저장성에 있는 중국군 비행장에 착륙하기로 되어 있었다. 실제로는 누구도 그렇게 할 수 없었다. 모두 중국에 불시착했다. 그중 한 대만이 블라디보스토크에 착륙했고 그 뒤 1년 동안 그곳에 억류되었다. 하지만 일본군은 분노를 감추지 않았다. 이들은 셔놀트가 건설한 저장성의 모든 중국군 비행장을 공격해 파괴했으며 인근 주민을 상대로 온갖 만행을 저질렀다. 미국 대중의 사기는 확실히 높여주었을지 몰라도 중국의 전쟁 수행에는 심각한 악영향을 초래한 셈이었다.[81] [82]

---

81 두리틀 폭격은 처음부터 군사적인 필요가 아니라 정치적인 목적으로 강행된 전형적인 프로파간다 작전이었다. 루스벨트 행정부는 1930년대에 수립한 오렌지 계획에 따라 미국의 한정된 군사력과 자원 대부분을 유럽 전선에 투입하기를 원했다. 그 대신 태평양 전선에서는 대독 전쟁이 끝날 때까지 수세를 고수할 생각이었지만 진주만 공격으로 잔뜩 격앙된 국내 여론의 집중 포화가 쏟아지면서 전술적 효과는 없어도 국민들의 눈을 돌릴 만한 작전이 필요했다. 그러나 당시 미국은 항모에서 발진할 수 있는 장거리 폭격기가 없었고 폭격 후에는 항모로 귀환 대신 중국에 착륙하기로 했다. 따라서 중국과의 긴밀한 사전 조율이 필요했지만 미국은 중국 정부에 일방적으로 통고하는 식이었다. 장제스는 일본군의 보복을 우려하여 작전을 완강히 반대했으나 대중 원조를 무기로 삼은 미국 측의 압박에 굴복할 수밖에 없었다. 실제로 일본군은 저장성 일대의 중국군 비행장을 제거한다는 명목으로 "저간작전浙贛作戰"을 발동하고 18만 명의 병력을 투입하여 대대적인 소탕작전과 더불어 현지 주민들에게

그 후 1년 동안 미국인 조종사들의 존재는 양국의 긴장 관계를 지속적으로 초래하는 원인이 되었다. 한 미국 무관은 중국 측 대표가 자신에게 미국 비행기들이 머리 위로 날아올 때마다 공습경보가 울린다는 이유로 "중국인들은 미국인들을 점점 싫어하고 있다"고 말했다면서 다소 불만을 표했다. 사실은 그들이 도착할 때까지 (미국은 중국과 정보를 공유하지 않았기 때문에─옮긴이) 현지 주민들은 자신들에게 다가오는 비행기들이 우군인지 아닌지 알 방법이 없었다. 이 때문에 마을의 지도자들은 폭격에 대비해 주민들을 피란시켜야 했고 일상생활에 방해를 받아야 했다. 셔놀트는 "비점령지구에서 단 한 명의 일본 스파이도 없다는 사실을 중국인들이 자신에게 증명하지 못하는 한" 이렇게 할 수밖에 없다고 대답했다. 물론 절대 불가능한 일이었다. 미국인들은 중국 측에 공습에 관련된 정보를 넘겨줄 경우 적군에게 정보가 넘어가 자국 조종사들이 심각한 위험에 노출될 수 있다고 우려했다. 하지만 중국군 고위 지휘관들에 대한 신뢰 거부는 양국의 불평등한 관계를 불가피하게 부각시켰다.

더욱이 장제스 정권은 내부에서부터 점점 취약해지고 있었다. 진짜 범인은 사악한 장군이나 어정쩡한 동맹국 때문이 아니라 그 자신과 민중 사이의 갈등을 초래할 자연적·사회적 압박에 있었다.

온갖 만행을 저질렀다. 25만 명의 민간인이 학살당했으며 난징 대학살에 비견될 정도였다. 루스벨트는 미 국민들에게 잠시 위신을 세울 수 있었지만 그 대가는 중국인들이 목숨으로 톡톡히 치른 셈이었다.─옮긴이

82   Taylor, *Generalissimo*, 209쪽; Van de Ven, *War and Nationalism*, 34~35쪽.

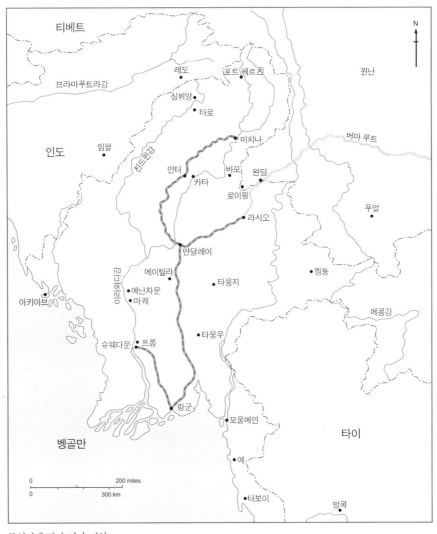

중일전쟁 당시 버마 전역.

제14장 허난성의 대기근

언론인 리슈李蕤[1]는 1943년 2월 중국 중부의 허난성을 방문했다. 이 지방은 중국 역사에서 특별한 위치를 차지했다. 이곳을 통과하는 황허강은 중국 고대 문명을 싹트게 했다. 뤄양과 정저우 같은 도시는 역사가 수천 년을 거슬러 올라갔다. 비옥한 토양은 매년 수백만 명의 중국인들을 먹여 살릴 수 있는 곡물을 생산했다. 또한 거대한 인구는 지난 5년의 전쟁에서 중국군의 병력을 팽창시켰다. 허난성의 일부 지역은 1938년 장제스가 일본군의 진격을 막을 요량으로 제방을 파괴하라고 명령하면서 끔찍한 고통을 겪어야 했다. 이제는 심각한 굶주림이 그 지역 사람들에게 재앙을 안겨다주고 있다는 소문이 퍼지고 있었다. 공식적인 검열 때문에 소문의 진위를 확인하기는 쉽지 않았다. 리슈는 허난성의 상황을 좀더 자세하게 알고 싶었다.

리슈는 이렇게 썼다. "이징푸義井鋪에서 옌스偃師로 여행하던 도중, 길옆에 세 구의 시체가 있었다. 그중 한 사람은 백발의 노인이었다. 누군가가 그의 옷을 모두 벗겨갔다. 얼굴은 논바닥에 처박혀 있었다."[2] 리슈는 계속해서 허난성의 안쪽으로 향했다. 어떤 곳에서 그는 한 노인에게 어째서 저렇게 많은

---

1 리슈(1911~1998): 작가이자 공산당원. 허난성 출신으로 본명은 자오하이선趙悔深. 『중궈시보中國時報』의 주필을 맡았다. 중일전쟁 중에는 종군기자로 활동했다. 특히 1942년 허난 대기근의 참상을 외부에 알려서 충격을 주었고 국민정부의 탄압을 받았다. 한국전쟁 당시 북한을 방문하여 중국군 프로파간다에 앞장섰으며 『런민일보』 대표를 맡기도 했으나 마오의 광기 어린 문화대혁명이 시작되자 여느 지식인들과 마찬가지로 우파로 몰려 호된 박해를 받아야 했다. 마오쩌둥이 죽은 뒤에야 우파라는 멍에에서 벗어날 수 있었다.─옮긴이
2 李蕤, 「災災區系列通訊與'豫災剪影」, 宋致新, 『1942: 河南大饑荒』(湖北人民出版社, 2005), 66쪽.

사람이 뤄허洛河강의 강둑에 모여 있느냐며 물었다. 노인은 새똥을 모으는 중이라고 대답했다.(한때 그 주변에 기러기들이 넘쳐났을 것이다.) 사람들은 똥을 물에 헹군 다음 그 속에 단단히 박혀 있는 얼마 안 되는 작은 조각들을 꺼냈다. 채 소화되지 않아 그런대로 먹을 수 있는 밀 알갱이였다.[3] 소름끼치는 얘기지만, 그렇다고 해서 굶주림의 봄을 견뎌야 했던 허난성 사람들에게 가장 최악의 일은 아니었다.

국제정치에서 중국의 역할이 갑자기 확대되면서 국내 사정 또한 변화했다. 진주만 공격 이후 장제스는 스틸웰과 루스벨트, 처칠과의 협상에 더 많은 시간을 할애해야 했다. 버마의 참사는 그 동맹이 진정한 동반자가 되기 위해서는 아직도 가야할 길이 얼마나 먼지 보여주었다. 게다가 장제스는 좀더 가까이에 있는 국내의 급변하는 정세를 세심하게 살피지 못했다. 중앙정부의 영향권이 미치지 못하는 먼 변경 지방은 성급하게 도입한 관료 시스템의 문제를 비롯해 구호품의 공급, 군사 행정 등에서 매우 취약했다. 일본군의 위협뿐만 아니라 가용 자원이 점점 줄어들고 국민정부와 동맹국들이 국민에게 더 많은 인내를 요구함에 따라 중국사회의 긴장감은 갈수록 커지고 있었다.

중국은 그렇게 오랫동안 기다렸던 서구 열강과의 동맹을 얻었다. 하지만 모든 것이 (중국의) 전시 체제와 맞는 것은 아니라는 수많은 징후 또한 드러났다. 미국 전쟁정보국OWI 내에서 그레이엄 펙이 맡은 역할은 장제스와 미국 동맹의 좋은 면을 부각시키는 일이었다. 하지만 그는 금세 (동맹에 대한) 가장 즉각적인 반응이 "냉소적인 비웃음 그리고 국민당이 점점 현실과 괴리되고 있다는 사실"이라는 것을 깨달았다.

충칭의 새로운 결의에도 불구하고 서남부 바깥 지역에서 국민당의 권력 기반이 급격하게 위태로워지고 있다는 사실을 감추기에는 역부족이었다.

장제스에게 국민당이 통치가 흔들리고 있다는 사실을 직접적으로 알려줄 수 있는 사람은 장남 장징궈蔣經國였다. 두 사람의 관계는 항상 어느 정도 거리가 있었다. 장징궈는 1927년에 소련으로 갔고 그곳에서 10년 동안 머물면

---

3   李蕤, 「災災區系列通訊與'豫災剪影」, 79쪽.

서 1935년에는 벨로루시 출신의 아내 파이나Faina와 결혼했다. 1937년에 중국에 돌아온 그는 궁핍하기 짝이 없는 장시성의 간저우贛州라는 지방을 담당하게 되었다. 그곳에 있으면서 그는 일기를 썼다. 여기에는 국민당이 추진한 근대화 정책과 중앙집권화가 멀리 떨어져 있는 곳까지 얼마나 영향력을 미쳤는지(또는 실패했는지)에 대한 수많은 사례가 담겨 있다.

그곳에 머무른 지 얼마 지나지 않은 1940년 6월, 장징궈는 허름한 현지 초등학교를 방문했다. 학생들 중 한 사람은 사실은 서른 살이나 된 병역 기피자였다. 장징궈는 학생들에게 질문을 퍼부었다. 하지만 "국민정부가 어디에 위치하고 있는가?"라는 질문에 어느 누구도 대답하지 못했다. "왕징웨이는 어디에 있는가?"라는 질문에는 누군가 "일본"이라고 대답했지만 그가 다시 "일본은 어디에 있는가?"라고 묻자 긴 침묵이 흘렀다. 마침내 한 학생이 "일본 제국주의 안에 있습니다"라고 대답했다.

다른 기관들 역시 사정이 안 좋기는 마찬가지였다. 어느 병원에서는 환자들에게 줄 것이 쌀죽 이외에 아무것도 없었다. 한 초라한 지역 관청에서는 커다란 오줌통이 발견되면서 가뜩이나 어두운 분위기가 더욱 어두워졌다. 장징궈는 그 관청의 책임자가 호적 서류 뭉치를 베개처럼 쓰고 있는 모습을 발견했다. 왜 담요와 베개를 쓰지 않느냐고 묻자 그는 누군가에게 도둑맞을까봐 숨겨두었다고 대꾸했다.[4]

장징궈는 전쟁 내내 간저우에 있었고 이 지역은 그가 시행한 사회적 개혁 덕분에 잘 알려졌다. 그러나 두어 해가 지난 뒤에도 장징궈는 여전히 이곳의 절망적인 빈곤과 마주해야 했다. 예순여섯 먹은 한 노파는 자신이 3년 동안 이용했던 현지 무료 급식소에서 충분한 밥을 준 적이 한 번도 없다면서 불평을 늘어놓았다. 또한 그는 어느 초라한 집에서 "지독한 냄새가 났다"라고 썼다. 집 주인이 (12개의 항아리와 3개의 변기통에) 개똥을 모은 다음 무게를 달아서 팔았기 때문이었다.

국가 통일이란 이 같은 벽촌에서는 공허한 소리에 지나지 않았다.

---

4 張日新, 『蔣經國日記(1925~1949)』(北京: 中國文士出版社, 2010), 1940년 6월 26일, 55~56쪽.

장제스는 자신이 원하는 새로운 중국을 만들기 위해서 일본을 물리쳐야 했다. 또한 그러기 위해서는 군사 동맹이 필요했다. 마침내 그는 진주만 공격 이후 그중 하나를 이룰 수 있었다. 그러나 동맹에 따른 즉각적인 효과는 오히려 장제스 정권이 외부로부터 공급받는 원조 물자가 한층 줄어들었다는 사실이었다. 또한 군대에 물자를 공급하는 것은 일본에 맞서 중국의 항전 역량을 유지하는 데 필수적이지만 이로 인해 사회와 경제를 안정시키는 데 어려움을 겪을 수밖에 없었다.

중국의 전시 자금을 기록하고 통제하는 일 양쪽에 참여했던 아서 영Arthur Young 또한 새로운 동맹이 만들어낸 효과를 목격할 수 있었다. 그는 미국무부의 경제 고문으로 근무했으며 1929년에는 장제스 정권의 재정 고문으로 초빙되었다. 전쟁이 발발한 뒤에도 그는 중국에 남았고 갈수록 악몽이 깊어지는 이 나라에서 신뢰받는 중요 인물이 되었다. 전쟁 초반인 1937년 9월 11일 영은 "군대가 필요로 하는 식량으로 세금을 낼 수 있는 새로운 현물세"를 제안했다. 그 정책은 수확이 많았던 전쟁 초기에는 그다지 시급해보이지 않았다. 그러나 1940년의 흉작 때문에 (국민정부의 주요 부처인) 행정원에서는 토지세를 현금 대신 곡물로 징수하기로 결정했다. 루스벨트의 중국 특사 로클린 커리 또한 결정을 지지했다. 1941년 7월 1일 현물 징수가 시작되었다. 얼마 뒤에는 쌀과 밀을 (정부와 군대가) 강제 매입할 수 있는 새로운 규정이 뒤따랐다.5 허난성과 산시山西성, 산시陝西성 등 중국 북부에 있는 성들은 밀이 주된 작물이었고 윈난성, 광시성을 비롯한 남부 성들은 쌀이 주 작물이었다. 쓰촨성은 양쪽 모두 재배했다.6

그 정책은 비합리적이라고 할 수 없었다. 군대는 병들고 사기는 땅에 떨어졌으며 굶주림에 허덕이고 있었다. 영국령 인도에서 들어오는 대량의 곡물 수입이 없다면 곡물을 징발하는 것은 불가피했다. 그렇게 하지 않고서는 거대한 국민정부의 상비군은 존재할 수 없었다. 스틸웰은 중국이 자국 내에

5 Arthur N. Young, *China's Wartime Finance and Inflation, 1937~1945*(Cambridge, Mass., 1965), 23쪽.
6 Van de Ven, *War and Nationalism*, 277쪽.

서 일본군과 거의 싸우지 않는다면서 불평했지만 이 불평은 몇 가지 측면에서 본질을 흐리고 있었다. 연합국의 전략은 유럽과 태평양 전선에 초점을 맞추고 있었다. 중국에서 본격적인 싸움을 벌인다는 것 자체가 미국과 영국의 역량을 뛰어넘어 자원에 심각한 부담을 초래할 수 있었다. 일본군이 중국 중부로 더 이상 진격할 수 없는 유일한 이유는 국민정부군의 존재 덕분이었다. 만약 정말로 국민정부가 자국 영토를 지키지 않겠다고 결정했다면 일본군은 1942년이나 1943년에 중국을 완전히 정복했을 것이다.

하지만 곡물을 강제 징발키로 한 정책은 이미 허약해진 경제에 실질적인 타격을 주었다. 1940년 4월 왕징웨이 정부가 수립되자 일본인들은 새로운 화폐를 발행하고 공포함으로써 현지 주민들이 강제로 사용하도록 했다. 국민당과 연계되어 있던 중국 은행이 주된 목표가 되었다. 1940년 3월 24일 상하이 프랑스 조계에 있는 중국 은행 지점에서 폭탄이 터지면서 70여 명이 죽었다. 그 후 몇 달에 걸쳐 은행 직원들에 대한 체포와 협박이 끝없이 벌어졌다.[7] 여전히 국민당의 법폐를 지니고 있던 사람들은 국민당이 지배하는 지역에서 사용할 방법을 찾을 수밖에 없었다. 갑자기 대량의 지폐가 그곳으로 쏟아져 들어왔다.[8] (국민당에게는) 설상가상으로, 자유중국의 보급로가 하나둘 끊어지면서 식량 부족에 허덕이는 시점이었다. 물가가 치솟기 시작했다.

군대가 더 이상 시중에서 대량의 식량을 구매할 필요가 없어진 덕분에, 현물세 정책은 인플레이션을 억제하는 효과를 발휘했다. 1942년 이후부터 정부는 매년 약 6000만 석(300만 톤)의 곡물을 징수할 수 있었다. 그러나 그 부담은 현재 국민정부의 지배를 받고 있는 지역 중에서도 가장 비옥한 성들, 특히 쓰촨성에 가중하게 짊어지워졌다. 또한 이 정책으로 인해 부패와 투기를 위한 새로운 기회가 생겨났다.[9] 무엇보다도 새로운 제도에서는 전쟁 수행

7　Brian G. Martin, "Shield of collaboration: The Wang Jingwei regime's security service, 1939~1945", *Intelligence and National Security*(16:4, 2001), 117쪽.
8　Van de Ven, *War and Nationalism*, 269쪽.
9　Van de Ven, *War and Nationalism*, 276쪽.

의 훨씬 많은 책임이 농촌으로 전가되었다. 전쟁 초반부터 농촌은 징병 대상으로 큰 부담을 안아야 했지만 농민들은 심각한 식량난을 겪지 않았다. 수확이 괜찮고 현물세가 없다는 것은 농민들이 자급자족이 가능하다는 의미였다. 어느 순간 군대 부양의 책임은 농민들이 직접 떠맡아야 할 몫이 되었다. 국민당과 일본군 사이에 있는 최전선이자 전통적으로 풍요로운 허난성은 1942년 여름에 심각한 고초를 겪게 될 것이 분명했다.

전쟁 초기 몇 년 동안 수확은 괜찮았다. 그러나 중국 남부에서 쌀 수확량은 1939년 7억5330만 석에서 1940년 6억1890만 석으로 감소했다. 이후 전쟁 초반 3년 동안 달성했던 목표에는 다시 도달하지 못했다. 중국 북부의 밀 수확은 1940년 2억110만 석이었지만 1941년 1억6510만 석으로 줄어들었다.[10] 수확량이 크게 출렁이는 모습은 예전에도 있었다. 그러나 흉작과 더불어 다른 전시 제약 요소들이 결합하면서 한층 치명적이 되었다.

장중루張仲魯는 그 결과를 목격했던 사람들 중 한 명이었다. 1942년 장중루는 허난성의 건설부장에 임명되었다. 그는 난징 10년 동안 부흥에 희망을 건 국민정부에 의해 해외에서 교육받은 중국의 신세대 기술 인재로, 미국 미주리대학과 컬럼비아대학을 졸업했다. 그는 빠르게 경력을 쌓아올렸고 허난대학의 총장을 역임했다. 그러나 해외 교육과 국민당 내에서의 경험은 전시 허난성에서 겪게 될 시련에 대비하는 데 거의 도움이 되지 못했다.

훗날 장중루는 그해 초 다양한 요인이 한꺼번에 닥치면서 최악의 결과를 초래했다고 고백했다. 1941년 초 허난성 남부에서 전투가 벌어지는 동안 성의 태반이 일본군의 침공으로 점령되었다.[11] 1942년 봄에는 비가 오지 않았다. 수확량은 평년의 10~20퍼센트에 불과했다. 장중루는 회고했다. "봄 추수가 끝난 뒤 사람들은 몹시 걱정하고 당황스러워했다. 그들은 가을 추수에 기대를 걸었다. 하지만 여름 내내 비가 내리지 않으면서 초가을이 되자 작물이 모두 말라 죽어버렸다." 심지어 "우물이 있어서 가뭄에 시달리지 않은 마을 역시 "메뚜기 떼가 몰려와 죄다 먹어치운 덕분에" 재앙을 피할 수 없었

---

10 Van de Ven, *War and Nationalism*, 263쪽.
11 張仲魯, 「1942年河南大荒的回憶」 宋致新, 『1942: 河南大饑荒』, 144쪽.

다.[12] 문제는 식량 부족이 아니라 필요한 곳에 식량을 운송할 수 있는 시스템이 빈약했다는 점이었다. 인접한 산시성과 허베이성에는 식량이 있었지만 그 성의 정부 담당자들은 허난성으로 식량을 운반하기를 거부했다. 이것은 단순히 이기주의라고만 할 수는 없었다. 이제 곡물세는 현물로 납부되고 있었고 군대에 공급하기 위해 막대한 양의 곡물이 강제 징발되었다. 성 정부들은 점점 가치가 하락하는 화폐와 자신들의 귀중한 곡식을 바꾸는 데 전혀 흥미가 없었다. 장제스는 허난성의 곡물 할당량을 줄이겠다고 발표했지만 실제로는 허난성 곡물 징발 책임자가 요구된 할당량보다 훨씬 많은 양을 징발했다.[13] 굶주림이 허난성을 휩쓸기 시작했을 때 부패한 관료들은 자연재해를 인공 재해로 바꾸어놓았다.

1942년 여름 국민정부는 관리들을 내려보내 농촌 상황을 직접 조사할 것과 곡물세가 징수되는 실태를 점검토록 했다. 장중루 또한 조사관 중의 한 사람으로 파견되었다. 싱양滎陽현의 현장이었던 줘쭝렌左宗濂은 장중루에게 곡물 징발을 끝낼 수 없었다면서 눈물을 흘렸다. 정鄭현의 현장 루옌魯彥은 이씨 성을 가진 한 가족이 자신들의 마지막 곡식을 징수관에게 내주고는 온 가족이 강에 뛰어들어 자살했다고 말했다. "그런 뒤 그는 울기 시작했다." 장중루는 이렇게 회고했다. "그는 말을 잇지 못한 채 무릎 꿇고 머리를 땅에 찧으면서 곡물 징발을 면제해달라고 애원했다." 장중루는 상황을 보면 볼수록 더 나빠지고 있음을 절감했다.

> 우리가 지나가는 동안, 굶주린 사람들이 풀뿌리를 캐고 나뭇잎을 따고 나무껍질을 벗기고 있었다. 정저우 남쪽으로 내려가면서 먹을 것을 구걸하는 피란민들의 끝없는 행렬은 너무나 참혹하여 차마 볼 수 없는 지경이었다.[14]

12　張仲魯, 「1942年河南大荒的回憶」, 144쪽.
13　張仲魯, 「1942年河南大荒的回憶」, 145쪽.
14　張仲魯, 「1942年河南大荒的回憶」, 150쪽.

이러한 모습은 가을 추수가 실패한 직후인 기근 초기에 일어났다. 더 최악의 상황은 아직 시작되지 않았다. 여행을 계속하는 동안 장중루는 가는 곳마다 절망을 봐야 했다. 팡청方城 교외에는 인신매매 시장이 있었다. 장중루는 살아남을 수 있는 유일한 방법으로 아내를 팔려고 내놓은 한 부부를 만났다. 그들이 헤어져야 할 때, 아내가 큰소리로 외쳤다. "내 바지가 당신 것보다 좋아요. 내 것을 가져가요." 이 말을 들은 남편은 이렇게 울부짖었다. "나는 당신을 팔 수 없소. 같이 죽읍시다." 사람들에게 대안이 있다면 오직 이곳을 탈출하는 것뿐이었다.

내가 가는 곳마다 먹을 것을 구걸하기 위해 남쪽으로 달아나는 피란민들이 있었다. 더 이상 움직일 수 없는 사람들은 길가에 그대로 쓰러져 죽었다. 자식을 찐빵 몇 개와 바꾸기도 했다. 뤄양에 갔을 때 역 주변에는 피란민들로 가득했다. 그들의 신음소리와 울음소리를 듣는 것은 도저히 참을 수 없는 일이었다. 기차가 도착하자 그들은 서로 타려고 싸웠고 지붕에 매달렸다. 그게 얼마나 위험한지 따위는 신경 쓰지 않았다. 기차에 탈 수 없었던 사람들은 눈물을 흘리면서 자식들을 팔아넘겼다. 얼마를 받건 상관없이 그들은 아이들을 넘겨주었다. 기차가 서쪽으로 향하던 중 터널을 만났다. 기차 지붕 위에는 사람들로 가득했고 셀 수 없는 사람들이 터널 상단에 부딪혀 떨어져 죽었다.[15]

허난 출신 작가 류전윈劉震雲의 부친은 1942년 기근 당시 피란을 경험했던 사람들 중 한 명이었다. 부친이 그들의 모든 재산이 실린 수레를 미는 동안, 삼촌은 아이들을 태운 바구니를 짊어진 채 길을 걸었다. 그러나 뤄양에 도착한 뒤 가톨릭 수녀들이 운영하는 죽 배급소를 나오던 중 부친은 군인들에게 끌려갔다. 류전윈의 조부모는 자신의 아들이 어떻게 되었는지 알 도리가 없었다. "그들은 내가 납치되었다고 생각했다. 내가 부모님을 다시 만날

15　張仲魯, 「1942年河南大荒的回憶」, 151쪽.

수 있었던 것은 몇 년이나 지난 뒤였다." 조부모는 다른 수백여 명의 사람과 함께 기차 지붕 위에 올라탔다. 부친의 사촌 한 사람도 함께 탔지만 어린 여동생은 그러지 못했다. 두 번 다시 그녀를 볼 수 없었다.[16]

장중루는 자신이 방문했던 지역 바깥의 상황은 한층 심각하며 주민들이 식인을 저지르고 있다는 얘기를 들었다고 말했다. 리슈 또한 인육을 먹고 밀매했다는 죄로 투옥된 사람을 만날 수 있었다.[17] 이러한 행위들은 거의 알려지지 않았다. 이러한 최악의 범죄는 일종의 도덕적 금기사항인데다, 얼마쯤 과장이 섞였을 수도 있었다. 그러나 시간이 흐른 뒤, 기근 시절에 저질러졌던 은폐된 행위들의 증거가 드러났다. 중국 문화대혁명 초기였던 1960년대, 허난성의 돤장段掌이라는 작은 마을에서 3명의 주민이 심문을 받았다. 그중에서 키가 작고 눈이 튀어나온 왕주라는 이름의 남자는 "대기근 시절"인 1942년 겨울에 있었던 일들을 실토했다. 마을 동쪽 끝의 다 허물어진 집에는 늙은 피란민이 구걸을 하면서 살고 있었다. 왕주는 친구 둘과 함께 노인을 죽인 다음 그의 살을 요리해서 먹었다. 그런 다음 그들은 마을을 지나가는 사람들을 유인하여 죽인 다음 한 사람씩 잡아먹었다. 심지어 그보다 더한 짓도 저질렀다. 사십이 넘은 여인이 일곱 여덟 살 쯤 된 여자아이를 데리고 왕주의 집에서 하룻밤을 보냈다. 다른 희생자들을 찾을 수 없었던 왕주와 친구들은 여인과 딸을 목졸라 죽였다. 왕주는 희생자들이 어떻게 먹혔는지 털어놓을 때까지 거듭 심문을 받아야 했다. 마침내 그는 실토했다. 친구들이 여인의 내장을 제거한 후 먹었고 왕주 자신은 소녀를 집으로 데려가서 잡아먹었다.[18] 전쟁은 인간성 그 자체를 파괴하고 있었다.

무능과 부패가 굶주림의 주된 원인으로 거듭해서 드러났다. 리슈는 뤼난汝南현의 스주뎬 마을에 있는 곡물창고를 맡고 있던 한 관리의 사례를 폭로했다. 이 현에는 기근이 일어났을 때를 대비한 곡물창고가 있었고 1937년

---

16   劉震雲, 『溫故一九四二』(北京: 人民文學出版社), 209쪽.
17   張仲魯, 「1942年河南大荒的回憶」, 151쪽; 李蕤, 「災災區系列通訊與'豫災剪影」, 107쪽.
18   "Quequ canshi jilu" [Records of horrors in the flood zones], *Weishi Wenshi ziliao*, no.5, 70쪽.

전쟁 발발 이후 손을 댄 적이 없었다. 이제 그것이 필요할 때였다. 곡물창고가 열렸다. 그곳에는 약 1만5000여 명에 달하는 사람들을 먹여 살리기에 충분한 물자가 있어야 했다. 하지만 현지 관리들은 식량을 실제로 비축한 적이 없었다. 개인적인 치부에 활용했기 때문이었다.[19] 뤄양과 정저우 등 기근 지역의 도시에서는 여전히 식당들이 운영되었지만 그만한 여유가 있는 사람들만 이용할 수 있었다.

메이저 신문인 『다궁보』는 기근을 취재하기 위해 현지에 특파원을 파견했다. 1943년 2월 재난의 진상을 가감 없이 상세하게 분석한 보고서가 출판되었지만 사흘 동안 출간이 금지되었다.[20] 시어도어 화이트는 (중국에서 기사를 쓰는 데) 별다른 제약을 받는 일이 없었지만 미국에서 장제스의 좋은 이미지가 유지되기를 원했던 헨리 루스는 중국에서 보내온 화이트의 기사를 적당히 완화하도록 지시했다. 그러나 1943년 3월 22일자 화이트의 기사는 『타임』지의 편집에도 불구하고 분노를 불러왔다. 화이트는 중국의 관찰자들이 기록한 모든 참상을 자신의 눈으로 직접 목격했다. "길가에서 시체를 뜯어먹는 개들, 어둠이 뒤덮인 뒤 죽은 사람의 인육을 찾는 농민들, 끝없이 버려져 있는 마을들, 걸인들이 도시 입구를 떼 지어 다니고 고속도로 위에는 아기들이 버려진 채 울다가 죽어간다." 화이트가 본 광경 중에는 기차 때문에 다리가 잘려나간 피란민과 외국인 선교사들에게 먹을 것을 구걸하는 걸인의 무리도 있었다. 자기 아기를 먹었다는 혐의로 재판을 받고 있던 한 여자는 아기가 죽은 뒤에 먹었다고 변명했다. 화이트는 기근을 초래한 여러 사건의 연관성에 대해 기록했다. 군대와 관리들에게 우선 공급하기 위한 곡물 수요와 기근 지역으로의 식량 공급 지연, 여기에 필요한 식량 공급을 더욱 어렵게 만드는 열악한 도로 사정이 상황을 한층 악화시켰다. 화이트는 장제스를 직접적으로 비난할 수 없었다. 하지만 자신의 견해를 분명하게 했다. "그중에서 최악의 일은 기근에 무관심하다는 사실이었다." 그는 자신의 기사문 마지막 단락에 2주 동안의 취재 마지막 날 현지 관리들이 자신에게 제공

19 李蕤, 「災災區系列通訊與'豫'災剪影」, 111쪽.
20 White and Jacoby, *Thunder*, 166쪽.

한 만찬에 대해 썼다. 닭고기, 쇠고기, 마름, 두부, "설탕을 입힌 케이크 세 조각"을 비롯한 온갖 산해진미가 있었다.[21] [22]

화이트는 루스와 논쟁을 벌인 끝에 결국 『타임』 지에서 사직했다. 전쟁이 끝난 뒤 그는 저서 『중국에서의 천둥Thunder out of China』을 통해 보다 확실하게 장제스를 고발할 수 있었다. 화이트는 기근 당시 그의 뇌리에 가장 인상적으로 남아 있던 장면을 묘사했다. "아직 17살도 되지 않은 소녀였다. 날씬하고 예쁜 소녀였다. 그녀는 축축하게 젖은 땅 위에 누워 있었다. 입술은 죽음의 파란색이었다." 화이트는 다시 허난성에서 취재 당시 접한 냉담한 관리들과 굶주린 농민들에 대해 이야기했다. 그리고 이렇게 결론 내렸다. "우리는 허난 농민들의 가슴 속에 죽음 그 자체와도 같은 차갑고도 굴복하지 않는 정신이 있다는 사실을 알게 되었다."[23] 이 책을 출간했을 때 그는 1943년에는 확실하게 알 수 없었던 사실들을 알고 있었다. 즉, 그로부터 1년 뒤 그 농민들은 자신들을 그토록 수탈했던 정부를 향해 복수에 나섰다는 것 그리고 정부의 태만함이 수백만 명의 사람들을 죽게 했다는 사실이었다.

21　류전윈劉震雲의 소설 「溫故一九四二」를 원작으로 하는 펑샤오강 감독의 2012년 영화 「1942」는 허난 대기근 당시 한 가족의 비극사를 사실적으로 묘사한 영화다. 이 영화에서도 현지를 취재하는 시어도어 화이트가 등장한다. 중일전쟁에서 최악의 재난 중 하나로 꼽히는 허난 대기근은 허난성 인구의 약 10퍼센트인 300만 명이 아사했으며 2년 뒤 일본군의 이치고 작전에서 중국군 제1전구가 대패하는 원인이 되었다. 그러나 근대 이전 중국에서 가뭄과 기근은 연례 반복적인 일이었으며 중일전쟁 발발 수년 전에도 창장강 중하류에서 극심한 가뭄과 창장강 범람으로 수십만 명이 아사하는 참사가 벌어졌다. 허난 대기근은 인도 벵골 대기근이나 16년 뒤 마오쩌둥의 대약진운동이 초래한 기근과는 달리, 최고 지도자의 무책임한 정책과 위정자들의 무관심이 초래한 인재人災가 아니라 전쟁이라는 특수한 상황이 만들어낸 불가항력의 재난이었다. 곡창지대의 태반이 함락되고 해외에서 식량 수입이 끊긴데다 철도의 90퍼센트 이상이 일본군의 손에 넘어가면서 후방에서 식량을 수송할 방법이 없었기 때문이었다. 장제스는 이 문제에 결코 무관심하지 않았으며 나름대로의 지원책을 마련했으나 기근의 규모는 국민정부의 역량으로 해결할 수 있는 선을 넘었다. 미국과 영국 역시 무관심했다. 1942년 동안 대중 원조의 규모는 매월 2000톤에 불과했다. 반면, 소련은 1942년 한 해 동안에만 150만 톤의 식량을 원조 받았고 식량 사정을 크게 개선할 수 있었다. 에드거 스노와 더불어 중국에서 가장 유명한 미국 언론인이었던 시어도어 화이트는 중국에 대한 충분한 이해 없이 짧은 취재 기간 자신의 눈으로 직접 본 중국의 오랜 병폐만을 부각시켰고 장제스 정권의 부패와 무능함으로 모든 책임을 돌렸다. 이것은 미국 사회 특유의 청교도적인 사고방식과 중국에 대한 멸시감, 이념적 오만함에 갇혀 있던 당시 젊은 미국 지식인들의 보편적인 모습이기도 했다. 결과적으로 중국인들의 고통에 대한 미국인들의 동정을 얻기보다는 오히려 혐오감을 부추기고 루스벨트 행정부의 편견에 일조했을 뿐이었다.―옮긴이

22　"Until the Harvest is Reaped," *Time*, 1943년 3월 22일

23　White and Jacoby, *Thunder*, 177쪽.

특히 장교 한 사람은 앞으로 닥칠 재앙에 대해 전혀 생각하지 않는 것처럼 보였다. 장중루는 사람들이 그 시절 네 가지 재앙을 꼽았다고 회고했다. "홍수, 가뭄, 메뚜기, 탕언보." 탕언보 장군은 1938년 4월 타이얼좡 전투에서 중요한 역할을 했으며 여전히 장제스의 충실한 심복이었다. 기근이 한창일 때, 일본군의 침공을 우려한 탕언보는 수십만 명의 농민을 동원하여 도로 건설을 독려했다. 농민들은 노동력을 제공하는 대가로 세금의 일부를 감면해줄 것이라는 확언을 받았다.(왕조 시절 존재했던 부역제도의 회귀인 셈이었다.) 장중루는 그 약속을 정말로 믿었던 사람은 거의 없었으며 도로 건설은 탕언보가 군사적 목저보다 자신의 필요에 따라 시작한 것이라며 비난이 쏟아졌다고 주장했다. 탕언보의 부하들 또한 불법과 폭력적인 수단을 써서 병사들을 징집하는 것으로 유명했다.[24]

"허난성의 기근이 심각하다고 들었다." 1943년 4월 장제스는 일기에 이렇게 썼다. "게다가 그곳의 관리들은 이 문제에 대해 모르는 척하고 있다고 한다." 일주일 뒤 그는 한층 경고의 목소리를 높였다. "허난성의 기근 지역에서 주민들은 굶주리고 있으며 개와 짐승들이 시체를 뜯어먹고 있다. 이런 지독한 상황을 듣는 것은 참을 수 없는 일이다." 그는 전쟁이 1년 이상 더 길어진다면 중국은 더 이상 견딜 수 없을지도 모른다고 덧붙였다.[25] 그러나 장제스는 지엽적이고 충분치 못한 조치만을 취할 수 있었다. 그의 일기에는 1943년 봄의 그가 얼마나 심적 부담을 안고 있었는지를 보여준다. "나는 진실로 현기증을 느낀다. (⋯) 경제는 허약하고 군사와 정치적 상황은 암울하다. 지금이야말로 최악의 시간이다. 지난 6년의 항전을 거친 몸과 마음이 기진맥진하다." 며칠 뒤에는 이렇게 언급했다. "우리가 처한 현실은 상처투성이다. 6년의 항전으로 우리는 만신창이가 되었다."[26] 독성 화합물이나 진배없는 미심쩍은 국내 동맹들, 한계에 직면한 경제, 스틸웰과의 갈등이 장제스의 관심이 허난성의 재앙에서 멀어지게 만들었다.

24 張仲魯, 「1942年河南大荒的回憶」, 148쪽.
25 *CKSD*, 1943년 4월 5일, 1943년 4월 11일.
26 *CKSD*, 1943년 4월 18일, 1943년 4월 20일.

장제스가 기근 희생자들을 적어도 막연하게 동정했다는 사실 자체는 의심의 여지가 없다. 그러나 국민당 중국의 아슬아슬한 시스템은 이제 더 이상 견딜 수 없는 압박 아래에 놓여 있었다. 충칭과 쓰촨성은 비록 한계에 직면하기는 했지만 근대적인 전시 체제가 마련되어 있었고 여전히 그럭저럭 돌아갔다. (상당 부분 해외 기부를 통해서 들어온) 수입이 있었고, 국제사회의 비난에 대한 두려움도 작용했다. 그리고 적어도 일부 엘리트들(웡언하오翁文灝와 장팅푸蔣廷黻 등 미국에서 공부한 기술 관료들) 사이에 이 전쟁이 중국 국민 혁명을 부활시킬 계기가 되리라는 생각이 있었다. 덕분에 충칭과 그 주변 지역은 비교적 안정을 누리며 발전할 수 있었다. 그러나 충칭에서 동쪽 저 너머로 향할수록 국민정부가 서류상으로나 실질적으로나 휴지조각이 된 지폐 이상의 권위를 갖고 있다고 보기가 점점 어려워졌다. 체제를 지탱하는 아슬아슬한 힘의 균형은 (각 지역 간의) 경계를 가로지르며 협력하는 일을 방해했다. 쓰촨성의 난민 구호 프로그램은 설령 충분치는 않았어도 최소한 시도는 하고 있었다. 국민당과 일본군 사이에서 지배권 쟁탈이 벌어지고 있는데다, 중국공산당이 항상 뒤에서 도사리고 있었던 허난성에서는 구호 프로그램이 실질적으로 진척될 수 없었다. 지배력이 한층 모호했던 저장성에서는 난민 구호란 유명무실에 지나지 않았다.[27]

장제스 정권이 허난성의 기근에 마땅히 책임을 져야 한다는 사실은 틀림없다. 곡물세를 현물로 전환한 점, 구호를 위해서 식량 대신 지폐를 운송하여 실패를 자초한 점, 부정부패와 같은 정부의 직접적인 조치가 초래한 상황은 충칭의 정책 결정권자들에게 책임이 오롯이 돌아갈 수밖에 없다. 하지만 장제스 정권만이 그러한 실책을 저질렀던 것은 아니었다. 수개월 뒤인 1943년 7월부터 11월까지 이와 거의 비슷한 규모(약 300만 명이 죽었다)의 또 다른 기근이 서쪽으로 약 600여 킬로미터 떨어진 인도 벵골 지방에서 벌어졌다. 버마 상실 후 이미 제한을 받고 있었던 쌀 공급은 1942년 10월 16일 해안가에 열대성 폭풍이 휩쓸고 간 뒤 한층 줄어들기 시작했다. 여기에는

27 Schoppa, *In a Sea of Bitterness.*

쌀이 부족하다는 소문으로 사람들이 사재기에 나선 것도 한 가지 이유였다. 이 때문에 식량을 얻거나 사는 것이 불가능해졌다. 1943년 중반 시어도어 화이트가 허난성을 묘사한 인상적인 모습은 벵갈의 농촌 곳곳에서 고스란히 재현되었다. 국민정부와는 달리, 영국령 인도는 이렇다 할 전란에 휩쓸리지 않았다. 캘커타(콜카타)에 대한 강력한 폭격은 있었지만 충칭과 같은 파괴는 없었다. 비록 식민지이기는 하지만 의회민주주의에 준하는 정부의 통치를 받았다. 하지만 중국의 『다궁보』와 마찬가지로 『캘커타 스테이츠먼the Calcutta Statesman』을 비롯한 현지 언론은 기근과 관련된 보도를 내보내지 못하도록 검열을 받았다. 장제스 정권처럼 이곳에서도 진취성이나 열정이 결여되고 통치보다는 연줄에 더 관심을 갖는 무능한 관리가 널려 있었다. 또한 중국에서 그러했듯 해외의 군대를 먹여 살리기 위해 벵골은 사람들이 기근에 시달리는 동안 식량을 빼앗겨야 했다. 영국 전시 내각은 굶주린 사람들을 위해 물자 수송선 보내는 일을 거부했다. 처칠 및 인도 식민지장관 리오 애머리Leo Amery를 비롯한 각료들은 인도 사람들에게 무관심했고 심지어 노골적인 적개심까지 드러냈다. 이것은 부분적으로 (장제스가 간디와 네루를 설득하려고 했던) 인도 불복종 운동이 초래한 결과이기도 했지만 그보다 인도인들에 대한 총리의 뿌리 깊은 혐오감 때문이었다.[28] 그러나 장제스는 영국령 인도 정부와는 달리 그를 뒷받침하는 세계 제국의 지원도 없었을 뿐더러, 인도처럼 전란과는 무관한 대륙을 갖고 있지도 않았다.

비록 기근은 지독한 재앙이었지만, 중국이 세계대전에 발을 담근 이후 국민정부가 와해되어가는 광범위한 과정의 일부에 지나지 않았다. 돌이켜 본다면, 농촌의 거대한 빈곤은 전쟁이 초래한 결과라는 사실은 분명했지만 더 이상의 심각한 기근은 없었다는 점은 분명 놀라운 일이다. 전쟁이 끝나고 20년 후, 아서 영은 얼마쯤 절제된 표현으로 이렇게 회고했다. "국민정부가 농업 문제에 좀더 효과적으로 대처하지 못한 것은 불행한 일이었다." 그

28   Bayly and Harper, *Forgotten Armies*, 285~286쪽. 전시 기근에 대한 비교 분석은 다음을 참조. Sugata Bose, "Starvation amidst Plenty: The Making of Famine in Bengal, Honan and Tonkin, 1942~1945," *Modern Asian Studies* 24:4(1990년 10월).

는 1949년 정권을 잡은 공산당이 즉시 토지세를 부과했으며, 국민당이 타이완으로 옮기자마자 토지 개혁을 실시해 농업 분야에서 성공적인 성과를 거두었다는 데 주목했다. 영은 전시 국가 운영의 실패 이유가 자신들의 토지에 세금을 부과하는 것에 대한 지주들의 완강한 반대로 계급 간의 위화감이 생겼기 때문이라고 솔직히 인정했다. 또 다른 이유는 "정부의 생존이 더 절박했기 때문"이었다.[29]

허난성의 기근은 국민당의 재정 압박에 따른 결과가 어떤 면에서는 그리스 비극[30]과 비슷하다는 사실을 보여주었다. 제아무리 개별적으로는 서로 다른 행동을 취하더라도 전체적으로는 (비극적) 결과를 피할 수 없다는 점에서 그랬다.(반대로 1958~1962년 마오쩌둥 치하 대약진 운동 시절의 기근은 최고 지도자의 방침을 바꾸는 것으로 끝내는 것이 가능했고 결국에 그렇게 되었다.)[31] 부패와 무관심, 냉담함은 하나같이 나름의 역할을 했다. 그러나 결과적으로 장제스가 할 수 있는 더 나은 선택은 없었다. 영은 투기와 사재기가 "현지 주민들이 국민정부를 적대시하게 만들었으며, 농촌 민심이 공산당 쪽으로 돌아서는 데 일조했다"라고 인정했다. 그러면서도 그는 "재정적 조치로 곡물을 징발한 것은 전쟁 비용을 충당하기 위해서 불가피한 선택이었으며 정부의 자금 확보를 위한 수단 중 하나였다"라고 주장했다.[32] 국민정부가 항전을 지속할 수 있었던 것은 곡물세 덕분이었을 것이다. 하지만 그 대가를 치른 이들은 시어도어 화이트가 목격했듯이 허난성의 들판에서 죽어가던 농민들이었다.

29 Young, *China's Wartime Finance*, 23쪽.
30 그리스 비극Greek tragedy은 기원전 5세기 무렵 그리스 아테네의 디오니소스 축제 기간에 공연되었던 일련의 연극을 지칭한다. 영웅과 신들이 어울린 비극적인 이야기가 주를 이루며 아이스퀼로스, 소포클레스, 에우리피데스가 3대 작가다. 대표적인 작품으로 「아가멤논」 「소포클레스왕」 「안티고네」 등이 있다.—옮긴이
31 Frank Dikötter, *Mao's Great Famine: The History of China's Most Devastating Catastrophe, 1958~1962*(London, 2010).
32 Young, *China's Wartime Finance*, 25~26쪽.

전세가 악화되면서 경제 상황 또한 나빠졌다. 1942년 곡물세의 현물 납부는 농민들의 처지를 궁지에 내몰기는 했지만 적어도 식량 가격이 상승하는 것은 억제시켜주었다. 그러나 곧 인플레이션은 다시 치솟기 시작했다. 원인 중 하나는 일본군에 의한 통화 팽창이었지만, 국민정부에 우호적인 아서 영은 물자 부족, 피란민, 병력 징집에 따른 노동력의 부족 등 다양한 이유를 거론했다. 하지만 종합적으로 그는 "전시 중국의 인플레이션은 주로 통화 남발 때문이었다"라고 결론 내렸다.[33] 어려움에 직면한 장제스 정권은 인쇄기에 눈을 돌려 더 많은 지폐를 찍어냈다. 1944년 중반부터 1944년 말까지 물가는 매월 10퍼센트 이상 올랐다.[34]

1940년 2월 충칭에서 쌀 한 근(약 500그램)의 가격은 2위안이었다. 그런데 그해 여름 버마 로드가 폐쇄되자 12월에는 18.35위안이 되었으며 진주만 공격 직후인 1942년 초에는 40위안에 달하는 등 2년 동안 20배나 올랐다. 전쟁 마지막 해에는 물가가 한층 가파르게 올라갈 것이었다.

중국은 전간기의 독일, 헝가리가 경험했던 초인플레이션을 전쟁 내내 겪었던 것은 아니었다. 영은 그것이 "중국의 신용" 때문이었다고 썼다.(마침내 물가가 걷잡을 수 없게 된 시기는 1946~1949년의 국공내전 때였다.) 그러나 물가 상승은 가뜩이나 비참한 삶을 살고 있으면서 정부의 구호 지원에 매달려야 했던 수많은 사람에게 더욱 직접적으로 와닿았다. 또한 부자와 가난한 자의 격차를 한층 벌여놓았다. 자신의 재산을 외국돈으로 바꾸어 해외로 보낼 수 있는 최고 부유층들은 그렇게 했다.(영의 추산에 따르면 약 3억 달러가 전쟁 기간 중국 밖으로 빠져나갔다.) 군대 고위 장교들은 휘하 부대의 급료가 자신들의 손을 거쳐서 재분배되는 덕분에 지위를 이용해 재정적인 보상을 받을 수 있었다. 하지만 하급 장교와 졸병들은 당연히 봉급이 줄어들 수밖에 없었고 그들의 구매력은 다달이 감소했다. 곡물세는 그들이 얼마 안 되는 양이

33 Young, *China's Wartime Finance*, 299쪽.
34 Young, *China's Wartime Finance*, 302쪽.

나마 쌀을 지급받을 수 있다는 얘기였다. 하지만 그 밖에도 고기나 야채, 세면도구, 옷가지 등을 사야했다. 1944년 6월 쓰촨성의 성도인 청두에서 일반 병사들의 생활비는 봉급의 11배가 넘었다.[35] 이 말은 그들이 (살아남기 위해) 다양한 필사적인 방법에 매달려야 한다는 의미였다.

충칭 언론들은 엄중한 검열을 받아야 했다. 그러나 수많은 찻집이 신문 가판대 역할을 대신했으며 그 안에서는 온갖 소문이 떠돌았다. 그중 한 이야기는 매일같이 천정부지로 치솟는 물가지수가 사람들의 일상에 어떤 영향을 미쳤는지 증언해주었다.

충칭의 모 기관에서 근무했던 한 상교(우리의 대령에 해당―옮긴이)는 아내와 3명의 아이와 함께 도시에서 거주했다. 그의 생활은 몹시 고달팠다! 하루는 도시 바깥으로 나가서 조사하는 임무를 맡게 되었다. 대략 한 달은 걸릴 일이었다. 집에는 이불이 한 채밖에 없었고 다른 이불을 살 돈도 없었다. 날씨는 추웠다. 그가 이불을 가져간다면 가족들은 얼어 죽을 것이었다. 유일한 방법은 출장을 가지 않는 것이었다. "군인의 의무는 명령에 따르는 것이다." 상관은 그가 지시를 고의로 어겼다는 사실을 알았다. 또한 이불이 한 채밖에 없을 만큼 가난하다는 사실을 믿을 수 없었다. 상관은 그를 군대에서 쫓아냈다.[36]

아마도 내용 중 일부는 실제보다 과장되었을 것이다. 그러나 인플레이션 때문에 직업 군인들의 위신이 크게 훼손되었다는 사실은 의심의 여지가 없었다. 얼마 안 되는 봉급으로 자존심이 상한 장교들이 탈영한 이야기도 있고, 부업으로 물을 지고 나르다가 상관에게 들킨 한 장교에 대한 에피소드도 있다. 상관은 그에게 부업을 계속하는 대신 "우선 중교(중령) 계급장부터 떼라"고 말했다.[37] 국민정부군은 썩어들어가고 있었다. 목적도 확실치 않은

35 Young, *China's Wartime Finance*, 319쪽.
36 *CQHX*, 29쪽
37 *CQHX*, 30쪽.

상태에서 너무 오랫동안 방어 태세를 유지하면서 끝없는 기다림을 강요받았다. 이 군인들은 몇 달 뒤 중국이 1938년의 잔혹했던 여름 이후 최악의 공세에 직면하게 되리라는 것을 알 수 없었다.

군대가 물가 상승의 희생양이 되었고, 물자 부족과 굶주림이 농촌을 지배하는 동안, 도시의 삶 또한 점점 궁핍해지고 지쳐갔다. 그레이엄 펙은 "돈이 있거나, 암시장과 연줄이 있으면 값비싼 수입 의류와 통조림, 술"과 같은 사치품을 얻을 수 있었던 반면, "농촌에서 몰려온 수많은 떠돌이 걸인이 도시 교외에 있는 정부 방공호를 차지하기 시작했다"라고 기록했다.[38]

중국인 관찰자들 역시 사업적 관련 없이 고정 월급으로 하루하루 살아가야 하는 우울한 현실을 기록했다. 한 대학 식당의 안내문은 쓴웃음을 짓게 했다. "배부를 때까지 먹어서는 안 된다." 무미건조함을 가장한 통렬한 풍자도 있었다.

쓰촨성에는 쥐가 많다. 참새도 많다. 누군가가 쥐와 참새를 잡는 덫을 발명한다면 그 덫은 날개 돋친 듯 팔릴 것이다. 하지만 쓰촨성 사람들은 참새를 잡을 수 없었다. 그들은 참새 맛이 먹을 만한지 알아낼 수 없었다.[39]

충칭 정부를 돌아가게 하던 공무원들 역시 연줄과 암시장을 이용해 질 좋은 상품을 손에 넣을 수 있는 소수의 특권층과 그렇지 못한 대다수 사이에서 점점 나쁜 쪽으로 벌어져가는 격차를 절감했다. 전쟁이 시작되었을 때부터 1943년 말까지 교사들의 수입은 고작 생활비의 5분의 1 수준으로 올랐을 뿐이었고, 정부 관리들은 10분의 1만큼 올랐다.[40] 한때 중산층은 국민당이 자신들의 열망을 실현시켜 줄 수 있는 근대화되고 안정된 중국을 건설하리라는 희망을 품었다. 인플레이션은 많은 중산층 중국인의 저축을 무너뜨렸다. 아서 영은 대학 학비를 위해 매년 상당한 돈을 저축했던 한 가족의

---

38 Peck, *Two Kinds of Time*, 385, 386쪽.
39 *CQHX*, 5쪽.
40 Young, *China's Wartime Finance*, 320쪽.

이야기를 들려주었다. 아들이 18살이 되었을 때 "부모는 저축을 몽땅 찾아서 아들에게 케이크 한 개를 사주었다."[41]

영은 인플레이션과 부정부패가 중국 지식인들에게 끼친 절망적인 영향에 대해서도 특별한 관심을 기울였다. 지식인들은 "환멸을 느끼고 반정부적"이 되었다. 그들의 불만은 억압당했다[42] 불만에 가득 찬 한 관리는 냉소적인 시로 자신의 가정생활을 묘사했다. "몸에 걸친 옷에는 구멍이 갈수록 늘어나는데 쓰촨이 그다지 춥지 않아 다행이구나. 온 가족이 작은 방 한 칸에 옹기종기 모여서 새처럼 구슬프게 울고 있노라."[43] 재정적 위기는 전쟁을 통해 새롭고 한층 통합된 국가를 세우려는 국민당의 희망에도 재앙적인 결과를 초래했다. 난민 구호부터 고속도로와 항공 노선 건설 등과 같은 원대한 구상(두중위안)에 이르기까지 모든 계획은 자금 부족과 갈수록 치솟는 인플레이션이라는 현실에 발목을 잡힌 신세였다. 인플레이션이 그다지 심하지 않았던 1943년조차 정부가 군사와 민간 분야에 지출할 수 있었던 금액은 1937년 대비 25퍼센트에 지나지 않았다.[44]

재정 위기를 피할 수 있었던 사람들에 대한 분노가 커졌다. 장제스에 대해서 사치스럽다고 비난하는 사람은 거의 없었다. 하지만 아내의 방탕함을 거론하는 이야기들은 넘쳐났다. 현지 미국 기자들은 부패하고 열의를 찾아볼 수 없는 이 동맹국에 대해 점점 환멸을 느꼈다. 그들은 국민정부가 안고 있는 광범위한 문제의 상징으로서 쑹메이링의 행동을 가십거리로 삼았다. 어느 이야기에서는 버마 험프 루트를 통해서 마담 장(쑹메이링)을 위해 보내진 상자 안에는 옷과 장신구로 가득 차 있었다고 했다. 소문이 확산되면서 점점 각색되었다. 얼마 뒤에는 상자에 "흰 담비의 털로 짠 브래지어"가 가득했다는 식으로 바뀌었다.[45] 쑹메이링의 언니 쑹아이링의 남편이었던 쿵샹시는 중국에서 가장 부패한 인물로 의심받았다.

41 Young, *China's Wartime Finance*, 321쪽.
42 Young, *China's Wartime Finance*, 323쪽.
43 *QDHF*, 400~401쪽.
44 Van de Ven, *War and Nationalism*, 270쪽.
45 Peck, *Two Kinds of Time*.

물론 펙과 화이트 같은 미국인을 비롯한 많은 관찰자는 국민당의 실패를 공산당의 성공과 비교해 더욱 냉혹하게 부각시켰다. 그러나 옌안의 상황 또한 좋지만은 않았다. 이 지역에서 국민당의 보조금은 1939년에 끝났고 봉쇄로 전환되면서 경제 사정을 한층 악화시켰다. 허난성의 기근을 초래했던 1940년과 1941년의 흉작은 산·간·닝 변구에도 영향을 미쳤다. 국민당의 법폐는 더 이상 그곳에서 자유롭게 사용할 수 없었기 때문에 공산당은 자체적으로 지역 화폐를 발행했다. 게다가 현지에서 생산할 수 없는 물자를 수입하기 위해 손에 넣기 어려운 법폐를 모아두어야 했다. 그 결과는 초인플레이션이었다. 심지어 국민당 통치 구역보다도 심각할 정도였다. 1937년부터 1944년까지 충칭의 물가는 755배 오른 반면, 같은 기간 옌안은 5647배 올랐다. 마오의 근거지에서 경제는 붕괴 위기에 직면했다.[46]

마오쩌둥의 대응은 자급자족의 중요성을 강조하는 것이었다. 물자 수출입이 원활하지 않거나 교환 통화가 부족하다면 그 지역은 자급자족해야 했다. 1942년 12월 마오는 봉쇄 지역의 경제적 해결책에 대한 생각을 담은 중요한 글을 발표했다. 그의 주장은 인상적일 만큼 실용적이었다. "인민 경제와 공영 경제를 다 함께 발전시키지 못한다면 우리는 그냥 앉아서 죽기를 기다리는 수밖에 없을 것이다."[47] 그 전까지 상당수의 현지 주민들에게 세금이 거의 부과되지 않았다. 마오는 이제 무거운 세금이 불가피하다고 인정하면서도 그 대신 공산당은 농민들의 "실보다 득이 더 클 수 있도록" 수공업과 농업, 상업의 진흥을 보다 적극적으로 지원해야 한다고 강조했다.[48]

세금은 확실히 무거웠다. 여기에는 농민들에 대한 주된 현물세(곡물, 짚, 양

---

46 Van Slyke, "The Chinese Communist Movement," 252~253쪽.
47 1942년 12월 산·간·닝 변구의 지도자 회의에서 마오쩌둥이 행한 '경제 문제와 재정 문제'에 대한 연설의 일부다. 마오는 다른 지도자들이 농민들의 부담을 최소한으로 줄이고 선정을 베풀어 그들의 마음을 얻어야 한다는 주장에 대해 이론에 불과하다며 일축했다. 또한 일본군 및 국민당과의 선생에 승리하기 위해서는 인민들에게 요구할 것은 요구할 수 있어야 한다고 강조했다. 그는 매우 현실적이었으며 목적을 위해서 수단을 정당화할 줄 알았다. 이런 점이 이론과 지식에만 치중했던 여느 유학파 지도자들과 다른 점이었고 당내 비주류 세력이었던 마오가 수많은 쟁쟁한 경쟁자를 물리치고 최고 권력을 얻을 수 있었던 가장 큰 이유였다.―옮긴이
48 "Economic and Financial Problems in the Anti-Japanese War"(1942년 12월) in Mao Ze-dong, *Selected Works*, vol.3(Beijing, 1967), [이하 *MSW*], 111쪽.

털)와 일부 금납세가 포함되어 있었다. 그러나 공산당은 국민당 지역에서 고통을 초래했던 실수를 피하기 위해 세심한 신경을 썼다. 비록 중산층 농민들의 부담은 한층 가중되기는 했지만 최하층 20퍼센트에 해당하는 가장 가난한 소작농들은 여전히 세금이 면제되었다. 곡물세를 내는 사람들은 1938년 수확량의 1퍼센트 미만을 납부했지만 1941년에는 13.6퍼센트로 늘어났다.(그 후 몇 년 동안 다소 줄어들었다.)[49] 마오쩌둥은 자신의 정책을 "인민들을 끝없이 착취하는" 것과 비교하면서 (국민당이) 군대와 정부를 우선시하여 인민들에게 큰 해악을 끼치고 있다고 주장했다. "이것이 바로 우리가 결코 따라 해서는 안 되는 국민당의 방식이다."[50]

토지 현물세의 가중한 부담으로 허난성의 기근이 극에 달하던 시기였기에 마오쩌둥의 지적은 정곡을 찔렀다. 공산당에 의해 더 많은 세금 부담을 강요받고 있었던 소작농들은 억울했겠지만 적어도 허난성 주민들이 마지막 쌀 한 톨까지 세금 징수원들에게 빼앗기고 굶어죽도록 내버려졌던 것과 같은 참혹한 수탈은 면했다. 공산당의 정책은 엄격하기는 했지만 진보적이었다. 또한 효율적이기도 했다. 전쟁 기간 옌안의 곡물 생산량은 40퍼센트나 늘어났다. 면직물 생산은 1938년 대비 1943년에는 14배가 되었다. 소금과 석탄, 석유, 천연 기름, 가스 개발 또한 활발했다.[51] 공산당이 합법적인 방법으로만 자신들의 수입을 메꾸었던 것은 아니었다. 공산당 근거지에서 아편을 생산해서 국민당과 일본 점령 지구에 판매했다는 증거가 있었다.[52]

옌안에서 공산당의 정책은 그 지역을 붕괴에서 구했다. 또한 국민정부와 인민들의 관계를 좀먹고 있었던 파괴적인 악순환에 대한 대안이 존재한다는 사실을 보여주었다. 그러나 마오쩌둥은 이 지역의 안정에 있어서 큰 이점이 한 가지 있었다. 그가 통치하는 산·간·닝 변구에는 군대가 4만 명에 불

49 Van Slyke, "The Communist Movement" 253~254쪽.
50 "Economic and Financial Problems in the Anti-Japanese War" 111, 114쪽.
51 Van Slyke, "The Communist Movement" 254~255쪽.
52 Chen Yung-fa, "The Blooming Poppy under the Red Sun: The Yan'an Way and the Opium Trade," in Tony Saich and Hans van de Ven, *New Perspectives on the Chinese Communist Revolution*(Armonk, NY, 1995).

과했다. 그는 유격전을 내세움으로서 전시 동맹에 깊숙이 개입하기 위해서 국민당이 필요로 했던 대규모 상비군을 유지할 필요가 없었다. 장제스의 서방 연합국들이 가장 즐겨했던 비난은 국민당이 전쟁을 치를 수 있는 충분한 병력을 모으는 데 소극적이었으며, 서방의 도움을 받아 이기기만을 기다리고 있었다는 점이다.(그레이엄 펙이 장제스를 비판했던 핵심이기도 했다.) 그러나 공산당에 대해서는 칭찬을 아끼지 않았던 그 동일한 관찰자들은 (이미 경제가 한계에 직면한 상황에서) 경제적 생산성이 전혀 없는 수십만 명의 군인을 한데 모아두는 일이 얼마나 심각한 부담인지를 인정하려 들지 않았다. 국민당 중국은 옌안과 다른 의미에서 봉쇄당한 신세였다. 마오는 상대적으로 군비 부담이 낮아 국민당이 도저히 따라할 수 없는 방법으로 재정 수입을 배분할 수 있었다.

국민당 통치 구역에서의 삶이 갈수록 가혹하고 불평등해지는 동안, 공산당은 점점 희망의 상징이 됨과 동시에 국민당과 명확히 비교되었다. 1943년 12월 28일, 국민당 통치 구역 남부에 위치한 쿤밍의 한 신문에 게재된 광고는 점점 궁핍해지는 중산층들의 가장 고통스러운 치부의 정중앙을 찔렀다.

아이 입양을 원하는 분들께: 교육기관에서 근무 중인 한 부부가 아이를 키울 능력이 없어 (내년 봄에 태어날) 아기를 아무런 조건 없이 넘기려고 함. 아이를 키우고 가르칠 수는 있지만 출산하지 못해 입양할 의사가 있는 안정적인 가정은 연락 바람.[53]

이것은 너무나 절망적인 외침이었다. 자식을 낳아 대를 잇는 일이 가장 중요한 전통으로 여겨졌던 중국이니만큼, 이 광고는 전쟁 경험이 삶을 알아볼 수 없을 만큼 왜곡시켰다는 사실을 말해주는 일종의 신호였다. 유일한 희망은 중국이 스스로 무너지기 전에 전쟁이 끝나는 것이었다. 공포와 불확실성, 사회가 무너질지 모른다는 분위기 속에서 장제스, 마오쩌둥, 왕징웨이 할 것

---

53 *QDHF*, 400쪽.

없이 중국의 모든 정권은 국민을 통제하기 위한 새롭고 잔혹한 방법에 매달리게 될 것이었다.

제15장 공포의 정부들

1942년 2월 1일은 중국공산당 역사의 전환점이었다. 그날 옌안 공산당 학교의 시무식 연설에서 마오쩌둥은 1000명이 넘는 당 간부들에게 신랄한 비판을 쏟아냈다. 그는 이렇게 선언했다. "일부 동지들 마음속에는 여러 가지 문제가 있다. 그다지 올바르지 않고 타당하게 여길 수 없는 것들이다." 마오는 다양한 "병폐"에 대해 공격을 퍼부었다. 한 가지 예로, 그는 일부 당원들이 장황하면서 현학적인 표현으로 쓴 정치적인 글을 "팔고문八股文"에 비유했다. 왕조 시절 치러진 과거시험에서 수험생들은 전통적인 방식으로 딱딱하면서 형식적인 문체로 작문해야 했다. 마오는 옌안의 혁명에 가담한 지식인 엘리트들에 대해서도 이와 같다고 비판했다. 그는 "우리는 남들보다 많이 배웠고 학식을 과시하고 싶은 지식인이 많다는 사실을 알고 있다. 이 자칭 지식인들은 상대적으로 볼 때 오히려 가장 무식한 이들이다. 때로는 노동자, 농민들이 그들보다 훨씬 많은 것을 알고 있다"라며 꾸짖었다. 마오쩌둥은 또한 "종파주의"에 대해 경고했다. 그는 "독자성"을 꾀하는 당원들이 사실은 "명성과 지위를 추구하고 있으며 남들의 주목을 받기를 원한다"라고 주장했다. 그는 당원들에게 그들 자신이 결국에는 공산주의 운동의 일부이며 "당에는 민주주의만이 아니라 집중제[1]가 더 많이 필요하다"고 강조했다.[2]

---

1 소수는 다수의 의견에 무조건 따라야 한다는 공산주 특유의 방식. 공산당은 민주주의의 한 방식이라고 주장했지만 서구처럼 모든 사람이 동등하게 참여할 권리를 가지는 것이 아니라 노동자, 농민이라는 특정 계급만이 참여할 수 있으며 결국 공산당이 그들을 대표한다는 명목 아래 모든 권력을

연설은 정풍운동의 공식적인 시작을 의미했다. 중국에서는 정돈작풍整頓作風이라고 부르는 이 운동은 "당의 기풍을 바로잡는다"라는 의미였지만 그야말로 엄청난 충격을 몰고 왔다. 그 시대 표현을 빌리자면 "당의 방식을 바로잡을" 기회이며 철저한 이념적 쇄신을 하겠다는 뜻이었다. 여기에는 마오쩌둥의 저작을 배우는 데 열렬히 집중할 것과 공산당의 목표에 대한 맹신에 가까운 헌신이 포함되어 있었다. 동참을 거부하는 사람들은 처음에는 심리적인 압박만 받았지만 나중에는 실질적이면서도 지독한 압박이 가해졌다.

마오쩌둥의 사상적 소용돌이를 직접 목격했던 증인 중 한 사람은 1942년 중국공산당에 파견된 소련 고문 블라디미로프Peter Vladimirov[3]였다. 블라디미로프는 어리둥절해하면서 이렇게 썼다. "당원들만이 아니라 병사들, 주민들까지도 지금 (마오의) 연설을 억지로 배우도록 강요받고 있다. 고된 전쟁과 경제적 어려움 속에서 (…) 웃기는 짓거리다." 그가 보기에 이 운동은 틀림없이 "마오쩌둥이 꾸미고 있는 아주 심각한 어떤 일을 숨기려는 속셈"이었다.[4]

그러나 블라디미로프의 지적은 본질을 비켜나갔다. 정풍운동은 다른 어떤 것을 숨기기 위한 위장막이 아니었다. 중국사회를 전반적으로 뜯어고치겠다는 마오쩌둥의 핵심적 과제였다. 또한 마오로 하여금 자신의 목표를 그럭저럭 달성할 수 있게 해준 "고된 투쟁"에 지나지 않았다. 마오쩌둥이 꿈꾸

독점했다. 민주주의의 가장 중요한 원칙은 다수결만이 아니라 다원성도 있지만, 그 다원성을 이해할 수 없었던 것이 공산주의의 근본적인 한계였다. 레닌과 스탈린은 물론이고, 마오쩌둥 역시 소위 "민주집중제"를 내세워 자신에 대한 무조건적인 복종만을 강요했고 반대 목소리를 모조리 종파주의자로 몰아 숙청하거나 공포와 위협을 통해 입을 다물게 했다.—옮긴이

2 "Rectify the Party's Style of Work"(1942년 2월 1일), *MSW*, 35, 39, 44쪽.

3 소련 외교관이자 언론인이었던 그는 타스 통신의 기자로 위장해서 1938년 5월부터 1945년 11월까지 장장 7년여 동안 옌안에 체류했다. 그는 미국 언론인 에드가 스노와는 또 다른 관점에서 마오쩌둥과 옌안의 실상을 지켜보았으며 이들의 이념적 모순과 이중성을 간파했다. 그러나 당시의 정치적 상황 속에서 겨우 4개월 남짓 옌안에 체류하면서 공산주의자들이 보여주는 것만 봤던 에드거 스노의 책은 『중국의 붉은 별』이라는 이름으로 서방 세계에 엄청난 히트를 친 반면, 러시아인들이 남긴 기록은 최근까지도 거의 주목을 받지 못했다.—옮긴이

4 Peter Vladimirov, *The Vladimirov Diaries: Yenan, 1942~1945*(New York, 1975), [이하 *PVD*], 1942년 5월 22~29일. 블라디미로프의 진짜 이름은 'Piotr Parfenovich Vlasov'다. 블라디미로프의 일기가 처음 발견되었을 때 서구에서는 그것이 진짜인지 의심했다. 냉전 이후 러시아 자료들의 번역이 가능해진 이후, 소련 당국이 마오쩌둥의 평판을 악화시키려는 목적으로 그 자료의 순서를 조작하고 일부는 삭제했지만, 그 내용들은 블라디미로프가 썼던 것과 일치한 것으로 밝혀졌다.

었던 혁명은 공포로 가득한 이 투쟁의 경험에 의해 뒷받침되었다. 정풍운동은 근대적 공산주의 국가를 형성하는 데 결정적인 역할을 했다.

전황의 악화를 이용해 정권 개조에 나선 쪽은 공산당만이 아니었다. 장제스와 왕징웨이 정권도 마찬가지였다. 경제 사정이 나빠지자 장제스 정권은 전쟁 초기에 볼 수 있었던 풀뿌리 다원주의를 점점 상실했다. 전쟁이 막 시작되었을 때부터 국민당의 여러 가지 프로그램에는 명암이 있었다. 한쪽에서는 복지 구호제도 시행, 군수공장 같은 기술적으로 진보된 설비의 건설, 비非국민당원들의 정치 참여 등으로 상징되는 개방과 근대화가 있었다. 다른 한쪽에는 어둡고 내부지향적이며 장제스가 중국의 최고 권력자가 될 수 있게 해준 암흑가 범죄 세계와의 연계가 있었다. 물론 처음부터 정통성의 위기를 겪었던 왕징웨이 정권은 전쟁 내내 자신들의 친일 행태를 옹호하는 일에 주력했다.

진주만 공격 이후 중국은 외부와 한층 더 고립되었고 군사적·경제적 위기가 심화되었다. 국민당은 자신들의 통치 구조와 사회 기반을 강화하기에 급급했다. 또한 충칭이 약화된 것을 이용해 공산당과 난징 정권(왕징웨이)은 경쟁 체제의 구축에 나섰다. 세 정권 모두 그 기반의 본질은, 실제로는 복잡하게 얽혀 있었지만 거의 거론되지는 않았던 국가 폭력이었다. 각 정권에는 장제스, 마오쩌둥, 왕징웨이라는 최고 지도자가 있었다. 그러나 그 뒤에서 그림자처럼 활약하던 사람들이 있었다. 이들은 심리적인 압박을 통해 정권의 의지를 집행하는 비밀경찰을 휘두르면서 말을 듣지 않는 사람들에게는 고문을 가했다. 전시 중국이라는 실존적인 위협은 경쟁자들이 목적을 달성하기 위해 상호간에 위협과 폭력을 저지르면서도 상대의 비판에 대해서는 모르쇠로 일관할 수 있는 완벽한 핑계거리가 되어주었다. 어느 쪽이건 앞에서는 쑨원에게 경외감을 표하면서 뒤로는 스탈린식의 사고와 행동방식을 추구했다.

이러한 방식에 통달한 세 명의 전문가가 있었다. 장제스에게는 "중국의 하인리히 힘러"라고 불리는 다이리가 있었다. 왕징웨이에게는 겉보기에는 부드럽지만 거친 폭력배 출신의 리스췬이 있었다. 그리고 마오쩌둥에게는 인간의 육체와 정신을 괴롭히는 데 있어서는 세계 최고의 전문가이자 소련 NKVD[5] 수장인 니콜라이 예조프Nikolai Yezhov 밑에서 훈련 받은 캉성康生이 있었다. 이 세 사람은 중국 전시 정권에 깊이 관여하면서 권력의 제로섬 싸움을 부추겼다. 다이리와 미 정보기관의 연계는 중국 내 연합군의 작전 수행에 재앙을 초래할 불확실성을 만드는 데 일조하게 된다. 리스춴의 음모는 왕징웨이의 가장 충실한 심복 저우포하이가 또 다른 운명적인 결정을 내리게 했다. 이것은 일본에 부역했던 중국인들에게 큰 영향을 끼칠 참이었다. 캉성은 언젠가 중화인민공화국이라고 불리게 될 훨씬 더 거대한 공포의 구조물을 창조하게 될 것이었다. 이들은 철천지원수였다. 아이러니하게도 세 사람은 몸담고 있는 곳은 전혀 다르지만 목적은 같았다. 모든 것에는 명암이 있듯, 이들은 전시 여건을 이용해 현대화와 독재가 일체화된 강력한 국가 체제를 만드는 데 매진했다.

———

혁명 초기부터 다이리는 장제스의 측근이었다. 1920년대 부귀영화를 꿈꾸던 저장성 출신의 청년 다이리는 상하이 청방의 우두머리 두웨성의 암흑가 음모에 가담하게 되었다. 또한 그런 인맥 관계를 통해 같은 저장성 출신인 장제스와도 안면을 틀 수 있었다. 황푸군관학교 시절 북벌 전쟁을 계획하는 동안 다이리는 공산당 동료들을 염탐했다. 1928년 북벌에서 승리한 뒤 장제스는 이런 다이리를 방첩부대의 수장으로 임명했다. 다이리는 초창기부터 은밀함으로 악명이 높았으며 자신의 사진이 외부에 유포되지 않도록 주의를 기울였다. 중일전쟁이 발발한 뒤 다이리는 한층 장제스 정권의 핵심이 되었다. 그는 잔인함과 가학성으로 유명했다. 1927년 상하이에서 공산

---

5 NKVD(People's Commissariat of Internal Affairs)는 소련 내무인민위원회를 말한다. 적백 내전 시절 레닌이 만든 비밀경찰 체카가 전신으로, 내무부와 방첩 기관, 일반 경찰을 총괄했다. 특히 스탈린 시절 베리야가 수장을 맡아 반대파들을 총살하고 소수민족의 강제 이주, 시베리아 수용소로의 추방 등으로 악명을 떨쳤다. 스탈린 사후 국내 일반 행정을 맡은 내무부와 비밀경찰로서의 역할을 계승한 국가보안위원회KGB로 분리되었다. ─옮긴이

주의자들을 숙청할 때의 이야기가 있다. 그는 철도 옆에서 기관차의 보일러를 달군 다음 묶여 있는 죄수들을 그 안에 던져 넣었다. 불타 죽어가는 죄수들이 지르는 비명소리는 기차 엔진의 증기 소리에 묻혀서 들리지 않았다. 영국 특수작전총집행국SOE, Special Operations Executive 국장 존 케스윅John Keswick은 다이리를 가리켜 "어떤 사람이라도 제거하는 데 주저하지 않을 것이다. 진정한 죽음의 사자다."[6]

전쟁이 장기화되면서 다이리는 군사위원회 조사통계국(약칭 군통)이라는 무미건조한 이름을 가진 한 기관에 자신의 권력을 집중시켰다. 사실 군통은 합법과 불법을 함께 행사하는 사조직이었다. 충칭 남부 왕룽먼望龍門에 있는 군통 본부를 언급하기만 해도 전시 충칭에 살고 있던 대부분의 평범한 사람을 겁에 질리게 하기에 충분했다. "나는 왕룽먼 사람이다"라는 말 한마디만으로 기차의 무임승차부터 사창가를 무상으로 이용하는 것까지 안 되는 일이 없었다. 군통 요원의 신경을 건드리는 어리석은 사람이나 체제 전복과 관련된 정치적 발언을 늘어놓는다면 그 처벌은 폭력조직의 자비에 매달려야 하는 감옥으로 끌려가는 것이었다. 고문과 납치는 일상적인 위협이었다. 도시는 군통 요원들이 우글거리고 있다는 사실이 알려지면서 더욱 험악한 분위기가 되었다. 이들 군통 요원은 대부분 매년 몇 개의 고발 건수를 들고 와서 제공하고 돈을 받아 간신히 생활을 유지하는 하층민들이었다. 이들의 첩보는 방법이나 정확성에서 아무런 원칙도 없었다. 요원의 태반은 우한의 범죄소직에서 충원되어 충칭으로 건너왔다.[7]

다이리가 자신의 보스인 장제스의 부추김을 받아 특히 집착했던 쪽은 공산당이었다. 국공합작 덕분에 공산당은 국민당 임시 수도인 충칭 서쪽 교외에 있는 훙옌춘紅岩村에 연락소를 설립할 수 있었다. 또한 공산당 신문인 『신화일보』를 빌긴할 권한도 얻었다. 그러나 군통은 훙옌춘의 같은 건물에 국

---

6 Wakeman, *Spymaster*, 388~389쪽, fn 40, 39쪽. 중국에서 케스윅, SOE와 영국의 역할에 대해서는 다음을 참조. Richard Aldrich, *Intelligence and the War against Japan: Britain, America, and the Politics of Secret Service*(Cambridge, 2000), ch.15.
7 Wakeman, *Spymaster*, 333~334, 337쪽.

민당 사무실을 내고 공산당의 활동을 항상 예의주시했다. 그 와중에도 충칭의 공산당은 다이리의 코앞에서 몇 가지 중요한 성과를 달성했다. 장루핑張露萍이라는 젊은 여성이 다이리의 통신 본부에 잠입한 뒤 그녀가 속한 조직이 군통 무선기지국의 수백 건의 통신에 접근할 수 있게 만들었다. 장제스의 최고위 군사 고문 옌바오항閻寶航[8] 장군을 비롯해 국민정부 내 공산당 고급 첩자들은 곧 있을 바르바로사 작전(히틀러의 소련 공격)에 대한 상세 내용을 모스크바로 누설했다.(하지만 독일이 소련을 침공하기 며칠 전 스탈린은 이를 "아시아인들의 허튼수작"이라며 묵살했다.)[9]

그러나 대체로 충칭에서 공산당의 활동은 제약을 받았다. 그 도시에서 국민당의 지배는 너무나 확고했기 때문에 반대 세력들에게는 결코 안전한 공간이 아니었다. 반면, 쓰촨성에서 공산당 요원들은 청두에 집결해 있었고 또는 저 멀리 있는 변경으로 향하기도 했다. 광시성 구이린은 전쟁 대부분의 기간 동안 공산당의 핵심 지역이었다. 서남부에서 가장 자유로운 곳은 윈난성의 성도 쿤밍이었다. 이 지역을 통치하는 군벌 룽윈은 장제스 정권과 불편한 관계를 유지했다. 그는 자신의 도시에 온갖 유형의 정치적 반체제 인사들을 불러모았다. 피란 중이던 중국 최고의 대학(베이징대, 난카이대, 칭화대 등)들이 연합한 시난연합대학은 급진 사상이 자라는 곳이었다.[10]

다이리는 중국 정보기관의 최고 수장이었으므로 진주만 공격 이후 미국 동맹자들에게 중요한 인물로 여겨졌다. 미국인들은 이미 영국보다 중국 정보기관과 더 긴밀히 협력하고 있었다. 그 이유는 부분적으로 1940년 6월의

---

8   옌바오항閻寶航(1895~1968): 만주의 펑톈성(랴오닝성) 하이청에서 태어났다. 장쭤린, 장쉐량과는 동향 사람이기도 했다. 젊은 시절 장쉐량의 도움을 받아 영국에 유학했다. 그는 만주사변 이후 몰락한 장쉐량을 동정하고 장제스가 만주 회복에 관심이 없다면서 불만을 품었다. 1937년 저우언라이의 중재로 공산당에 가입했다. 중일전쟁 중 국민정부의 주요 요직을 역임했던 그는 공산당의 첩자 노릇을 하면서 많은 정보를 빼냈다. 국공내전 이후 마오 정권에서 외교관으로 활동했고 전국 정협 상무위원을 맡았으나 문화대혁명에서 홍위병들에게 "반혁명분자"로 몰려서 온갖 박해를 받은 뒤 옥사했다.—옮긴이

9   Yu Maochun, *OSS in China: Prelude to Cold War*(New Haven, 1997), 43~44쪽. 동북의 대의를 위한 활동가로서 옌바오항의 경력에 대해서는 다음을 참조. Rana Mitter, "Complicity, Repression, and Regionalism: Yan Baohang and Centripetal Nationalism, 1931~1949", *Modern China* 25:1(1999년 1월).

10   John Israel, *Lianda: A Chinese University in War and Revolution*(Stanford, 1998).

어느 사건 덕분이기도 했다. 당시 홍콩 지더啓德 비행장을 경유 중이던 다이리는 현지 식민 당국자들에게 붙들렸다. 그는 밤새도록 구치소에 갇혀 있다가 외교적인 싸움을 벌인 끝에 다음 날 아침 풀려날 수 있었다. 이 사건은 장제스 정권의 반영 감정을 한층 격앙시켰다.[11] 미중 동맹은 이제 중미합작기구SACO, Sino-American Cooperation Organization의 기치 아래 다이리와 미 해군 퇴역 제독 밀턴 마일스(비공식적으로는 "메리Mary"로 알려져 있었고 농담으로 무성영화 배우였던 메리 마일스 민터로 불리기도 했다)가 협력하는 사이로 발전했다. SACO의 이름은 반공이라는 명목으로 반체제 인사들을 투옥하고 고문에 관여했다는 이유로 오늘날 중국에서는 터부시되고 있다. 당시에는 OSS를 비롯해 중국에서 해외 방첩 활동을 총괄하는 가장 힘 있는 기관 중 하나였다.

중국에서 미국인들의 존재는 스틸웰과 셔놀트의 경쟁으로 복잡해졌다. 스틸웰은 이제 장제스와 완전히 견원지간이 되었다. 반면, 셔놀트는 장제스를 존경하면서 장제스 부부와 친밀한 관계를 유지했다. 두 미국인은 전술에 있어서도 마찰을 빚었다. 셔놀트는 여전히 항공력이 중국에서의 빠른 승리를 가져올 결정적인 수단이라는 입장을 고수했지만 스틸웰은 전쟁이 오직 길고 고된 지상전을 통해서만 승리할 수 있다고 확신했다.[12]

이제 밀턴 마일스가 도착하면서 가뜩이나 오해로 가득 찬 관계를 더욱 꼬이게 만들었다. 미국 정보기관들은 당장 서로의 영역 싸움에 나섰다. "와일드 빌" 도노번이 수장을 맡고 있는 OSS 중국 지부는 마일스, 다이리와 정보활동에서 다 같이 힘을 모으기로 잠정적인 합의를 했다. 하지만 도노번이 중국에서 자기들만의 독자적인 작전에 나서면서 합의는 시작부터 어긋나기 시작했다.[13] 1942년 말 다이리는 OSS가 중국에서 수집한 정보를 자기도 모르게 미국과 영국 고위 장성들에게 보내고 있다는 의심을 더욱 굳히게 되었

11　Wakeman, *Spymaster*, 282~283쪽.
12　스틸웰과 셔놀트의 갈등에 관해서는 Van de Ven, *War and Nationalism*, 36~37쪽 참조.
13　Yu, *OSS in China*, 25쪽: Aldrich, *Intelligence and the War against Japan*, 267쪽: Michael Schaller, *The American Crusade in China, 1938~1945*(New York, 1979).

다. 또한 다이리는 장제스와의 관계가 극도로 악화된 스틸웰과 협력해야 한다는 (게다가 더 불쾌한 일은 그에게 보고해야 한다는) 점을 용납할 수 없었다. 차라리 마일스(그리고 미 해군)와의 정보 협력이 스틸웰(그리고 미 육군)과의 그것보다 훨씬 다이리의 마음을 끌었다.

갈등은 1943년 12월 2일 도노번을 위해 다이리가 주최한 만찬에서 표면화되었다. 도노번은 다이리더러 OSS에 협조하지 않겠다면 OSS는 그를 빼놓고 일을 추진할 것이라고 말했다. 다이리는 자신의 관할 밖에서 활동하는 OSS 요원들을 모조리 죽이겠다고 으름장을 놓았고 도노번 역시 그 대가로 중국인 장성을 죽일 것이라고 소리를 질렀다. 다음 날 장제스가 도노번에게 미국인들은 "여기가 주권국가라는 사실을 기억했으면 한다. 당신들이 그에 맞게 행동해주길 바란다"고 말한 뒤에야 비로소 흥분이 가라앉았다.[14]

그러나 근본적인 싸움이 해결된 것은 아니었다. 중일전쟁 동안 중국에서는 SACO와 OSS 사이의 은밀한 내분이 있었다. 다이리와 군통 또한 난장판에 기여했고 심지어 그것을 이용하기도 했다. 역기능의 상당 부분은 미국 정보 조직들이 제대로 협력하지 못하고 중국에서 자신들이 실질적으로 무엇을 해야 하는지 제대로 결정하지 못한 무능함 때문이었다. 중국에서 미국 첩보 활동의 혼란과 불확실성은 한층 깊어졌다.[15] 특수작전집행국SOE, Special Operations Executive과 비밀정보국SIS, Secret Intelligence Service으로 편성된 영국 정보조직은 중국 북부의 공산당과 접촉하는 것을 비롯해 중국에서 일정한 성공을 거두었다. 하지만 전체적으로는 협력적이면서 효율적인 구조를 만들지 못했다는 점에서는 마찬가지였다. 실제로 가우스 대사는 중국에서 적어도 15개 이상의 연합군 정보 조직이 활동하고 있으며 그들은 "중국인들을 충분히 만족시키지 못했다"고 언급했다.[16] 1년 내에 정보 조율이 제대로 진척되지 않는다면 전쟁의 향방에는 심각한 결과를 초래할 것이었다.[17]

14 Wakeman, *Spymaster*, 316~317쪽.
15 Yu, *OSS in China*, 97쪽.
16 Aldrich, *Intelligence and the War against Japan*, 287, 296쪽.
17 정보 주제에 대해서는 다음 글을 참조. Hans van de Ven, ed., "Lifting the Veil of Secrecy: Secret Services in China during World War II," *Intelligence and National Security*, 16:4

한편, 다이리는 국민당 체제 안에 자신의 공포 제국을 확장해나갔다. 1943년 4월 15일 미국 해군 장관 프랭크 녹스와 중국 외교부장 쑹쯔원은 SACO 협정에 공식 서명했다. 협정문의 영문판에는 이 조직이 "중국 연해와 중국 내 점령 지역, 기타 일본군이 차지한 지역에서 공동의 적을 공격하는 것이 목적이다"라고 선언했다. 중국어판에는 적 후방에서 특수 작전을 수행하기 위한 특수 부대와 기타 부대의 편성을 명시했다.[18] 마일스와 다이리 둘 다 SACO의 공동 지휘권(엄밀히 말해서 다이리가 수장이고 마일스가 부수장이었다)을 이용하여 자신들의 권력 기반을 차지할 속셈이었다. 마일스는 OSS에 대한 미 해군 정보부(중국 내 미 해군 조직)의 우세를 공고히 하는 것이었다. 다이리는 국민당 체제 내에서 자신의 권력과 독자성을 강조하기 위함이었다. 또한 마일스는 치명적인 독극물이나 분말 폭약 등 다양한 물건을 중국으로 가져와 다이리에게 기술적 혁신에 대한 깊은 인상을 남기려고 했다.[19]

SACO의 최우선 임무는 미군의 중국 연안 침공에 호응하여 적 후방에서 일본군을 교란할 유격대의 훈련을 지원하는 일이었다. SACO의 훈련소를 거쳐간 인원은 공식적으로 2만7000명 이하였지만 어떤 사람들은 4만 명 또는 그 이상으로 추정하기도 한다. 훈련 과정은 음험함과 익살의 혼합이었다. 미국인 교관들은 자신들이 중국인들의 얼굴을 서로 구별하기 어렵다고 솔직하게 털어놓았다.(어느 누군가가 중국인 생도들을 구별할 수 있게 등에다 숫자를 적어놓자고 제안했다.) 이런 모습은 다이리가 원하는 바이기도 했다. 왜냐하면 그는 SACO 생도들이 오직 자신에게만 복종하기를 바라고 있었기 때문이었다. 그의 부하들은 훈련소 안에서 미국인들과 개인적인 친분을 쌓는 것을 금지당했다.(이 일을 좀더 용이하게 하려고 양쪽의 숙소를 분리시키고 훨씬 더 사치스럽게 지었다.) 다른 국민당 기관들조차 SACO 훈련소에 들어갈 수 없었다. 그 대신 생도들은 장제스에 대한 개인숭배를 받아들여야 했다. 이

(Winter 2001).

18 Wakeman, *Spymaster*, 291~292쪽.

19 Wakeman, *Spymaster*, 310쪽.

장교들은 앞으로 최고 지도자의 "눈과 귀"가 될 것이었기 때문이었다.[20]

SACO 훈련장이 있는 출입 제한 구역은 충칭 교외 거러산歌樂山의 구릉 지구에 위치해 있었다.

10×6킬로미터 규모의 이 구역은 다이리의 개인 영지나 다름없었다. 통행 증 없이는 누구도 들어갈 수 없었다. 우연히 주변을 배회한다면 체포되었고 고문을 받거나 살해되기도 했다. 미인계를 우려해 독신 여성의 출입은 금지 되었다. SACO 요원들은 복무 동안에는 결혼도 할 수 없었다. 언덕 사이 계 곡에는 다이리의 군통 훈련소, 군통 요원과 미국인 직원들을 위한 숙소가 있었다. 그리고 가장 작은 계곡 안에는 정치범들을 고문하고 죽였던 "바이궁 관白公館"이라는 정치범 수용소가 있었다. 장제스 정권은 이제 집행관들을 보 유했고 그들의 훈련에 미국 자금이 들어갔다. 다이리의 "눈과 귀"는 장제스 의 입에 발린 말과 삐걱거리는 사회복지 시스템으로는 할 수 없는 일, 즉 국 민당 체제를 붕괴로부터 지키는 일을 하게 될 것이었다.

———

장제스 정권만이 전시 공포 체제를 구축한 것은 아니었다. 1938년 일본 과의 협력 초기부터 왕징웨이 정부는 자체적인 보안 조직의 개발에 나섰 다.[21] 저우포하이는 하노이에서 왕징웨이가 변절한 직후부터 이 일에 착수했 다. 그는 딩모춘과 리스췬이라는 두 명의 상하이 폭력배를 고용하여 계획의 전면에 앞세웠다. 덩치 큰 리스췬과 말라깽이 딩모춘 모두 저우포하이와 마 찬가지로 공산당에서 정치 인생을 시작했다. 하지만 재빨리 변절하여 다이 리의 군통에 들어갔다. 그들은 여기서 무자비한 폭력과 정치적 잔인함을 맛 보았다. 1939년 초 그들은 또 한 번 변절하여 이번에는 왕징웨이 밑으로 들 어갔다. 일본군 중좌 하루케 게이인晴氣慶胤은 딩모춘의 "냉혹한 태도와 독사 같은 눈"에 오싹함을 감추지 않았지만 리스췬의 "밝고 쾌활한 모습"에는 호

20 Wakeman, *Spymaster*, 294, 299쪽.
21 Martin, "Shield of Collaboration" 95쪽.

감을 드러냈다.[22]

딩모춘의 모습은 두 사람이 어떻게 활동했는지를 좀더 확실하게 보여준다. 1939년 내내 왕징웨이는 일본과의 담판을 시도했다. 저우포하이는 딩모춘·리스췬과 함께 상하이 정계를 통제하기 위한 공포 기구를 조직했다. 딩모춘과 리스췬은 하루케 중좌의 협력을 얻어 상하이 제스필드가 76호에 있는 대저택을 근거지로 삼았다. 권한은 불분명했지만 범죄와 폭력이 수시로 일어난 덕분에 그곳은 곧 "마굴"이라고 불렸다.[23] 이른바 "76호"는 그들의 맞수인 "왕룽먼"처럼 상하이 시민들에게 두려움의 대상이 되었다. 76호의 지하에는 정치범들이 갇혀 있었다. 만약 다이리의 요원들이 왕징웨이 측 인사를 살해한다면 그 보복으로 친국민당 인사들이 총살될 것이었다.[24]

1940년 3월 왕징웨이 정권이 공식적으로 출범함에 따라 리스췬과 딩모춘 또한 활동에 박차를 가했다. 그 후 3년 동안 이어지는 이들의 살인과 범죄는 금세 효과를 발휘하여 상하이 거리를 성공적으로 통제했다. 하지만 결과적으로 왕징웨이 정권의 정당성은 약화되었다. 1938년 미지의 세계를 향해 여행을 떠난 왕징웨이는 1943년에 오면 유령 같은 모습이 되어버렸다. 그의 가장 가까운 측근조차 믿음을 잃었다. 그해 초 저우포하이는 불만을 토로했다. "내가 보기에 왕징웨이는 부인의 꼭두각시나 다름없다. 아첨꾼들에 둘러싸인 채 점점 지도자로서의 모든 자격을 잃어가고 있다."[25] 저우포하이의 발언은 왕징웨이 내각의 고위 각료들이 실제로 분열되고 있음을 보여주었다. 왕징웨이의 부인 천비쥔에게는 소위 "공관파公館派"라는 그녀의 집안사람들로 구성된 파벌이 있었다. 반면, 저우포하이는 리스췬, 딩모춘과 좀더 친밀했다. 하지만 여기서도 갈등은 있었다. 1942년 초까지 저우포하이와 리스췬은 서로 주도권 싸움을 벌였다.[26] 일본과 서구 사이에 전쟁이 시작된

22　Martin, "Shield of Collaboration" 99쪽.
23　Martin, "Shield of Collaboration" 101쪽.
24　Boyle, *China and Japan at War*, 281~285쪽.
25　*ZFHR*, 1943년 1월 6일, 690쪽.
26　Brian G. Martin, "Collaboration within Collaboration: Zhou Fohai's Relations with the Chongqing Government, 1942~1945," *Twentieth-Century China* 34:2(2008. 4), 59, 60쪽.

1941년 12월 대립은 한층 격렬해졌다. 얼마 뒤 왕징웨이 정권의 비밀경찰들이 저우포하이의 처남 양싱화楊惺華를 비롯해 왕징웨이 정권 최고위층에서 몰래 활동하고 있었던 충칭 정부의 중요 군통 요원들을 급습했다. 이 사건은 저우포하이에게는 재앙이 될 수도 있는 일이었다. 그는 첩자들을 처형해야 한다는 리스췬의 요구를 단호하게 거부했다. 그 대신 그들을 자신의 수하로서 왕 정권에 복직시켰다.

저우포하이가 초조했던 이유는 그저 파벌 경쟁 때문만이 아니었다. 왕징웨이의 변절에 일조한 지 3년이 지난 뒤 저우포하이는 자신이 잘못된 결정을 내렸다고 확신했다. 이제 충칭 정부는 곁에 막강한 두 서구 열강을 두고 있었다. 친일 괴뢰 정권이 장제스와 도쿄 사이에서 다리 역할을 할 여지는 거의 없었다. 다이리는 상하이와 난징의 지하 요원들과 자신의 군통 조직을 이용해 저 멀리서 압박을 가했다. 그는 저우포하이에게 시 구절이 적힌 편지를 보냈다. "충칭에서 어려움에 처한 모친의 사정을 알고 있느냐? 모친은 성문에 기댄 채 아들이 돌아오기만을 하염없이 기다리고 있다." 저우포하이는 불면증에 걸렸고 꿈에서 모친의 환상을 볼 정도였다. 그는 심지어 자살까지 생각했다.[27] 1942년 말 저우포하이는 또 한 번 변절을 결심했다.

1938년 변절했을 때와 마찬가지로, 이번에도 저우포하이는 측근들에게 속내를 숨겼다. 그는 공개적으로 심경의 변화를 드러내지는 않았지만 다이리에게 "자수하겠다"는 편지를 보냈다. 다이리는 그 같은 고위급 인사를 회유했다는 데 기뻐하면서 저우포하이를 왕징웨이 정권의 내부 첩자로 최대한 써먹기 시작했다. 저우포하이는 상하이 위위안루愚園路에 있는 자신의 저택에 강력한 출력의 무선 송신기를 숨겼다.(놀랍게도, 저우포하이는 충칭발 정보를 감시하는 호의적인 일본군 장교의 허가를 받아 송신기를 설치할 수 있었다.) 하지만 예전에 충칭과의 협상을 시도했을 때와 마찬가지로 저우포하이는 옛 친구인 장제스와 어떤 직접적인 대화 채널도 열 수 없었다. 1943년 3월 저우포하이는 국민당의 'CC계' 시절부터 오랜 동료이자 상하이 국민당 지하조

---

27 *ZFHR*, 1942년 12월.

직의 고위 인물인 우카이신吳開先을 충칭으로 보내 장제스에게 평화 회담을 확대하자는 제안을 했다. 대답은 없었다.[28] 저우포하이의 비밀 접촉은 다이리의 그림자 제국에 의해 가로막혔을 것이다. 장제스와 직접 관련되어 있는 어떠한 협상 소문조차 외부에 조금이라도 알려진다면 국민당 정권에 대한 미국의 신뢰에 금이 가게 만들 수 있었다.

1943년 9월 다이리는 저우포하이에게 새로운 요구를 했다. 왕징웨이 정권의 비밀경찰 수장으로서 지나치게 능력을 발휘하고 있던 리스췬의 암살을 도우라는 것이었다. 수많은 군통 요원이 왕 정권 구역에서 정체가 발각되어 살해되었다.[29] 저우포하이에게도 리스췬은 권력으로 향하는 길을 가로막는 주된 걸림돌이었다. 저우포하이는 음모에 가담하는 대가로 100만 달러를 얻을 수 있다고 낙관했음이 틀림없다. 그러나 결과적으로 행동에 옮긴 쪽은 일본인이었다. 리스췬이 도를 넘는 데 대한 두려움을 느낀 한 일본군 헌병대 憲兵隊(겐페이타이) 장교가 1943년 9월 9일 상하이 와이탄外灘 근처의 고급 호텔인 브로드웨이 맨션으로 저녁 식사 차 그를 초대했다. 리스췬은 식사를 마치자마자 땀을 흘리기 시작했고 곧 심한 복통에 시달렸다. 그는 하루도 되지 않아 죽었다. 그 일본인이 생선 요리에 치명적인 독을 넣었던 것이다.[30] 이제 저우포하이의 강력한 맞수는 사라졌다. 왕징웨이 정권을 공고하게 해줄 엄격하고도 합리적인 첩보 조직을 구축할 가능성은 치명적이고 사사로운 파벌 싸움에 의해 내부에서부터 무너지고 있었다.

———

충칭과 난징 정권의 첩보기관들이 중국의 남부와 중부에서 서로 싸우는 동안, 공산당은 북쪽에서 자신들이 지배하는 주민들을 옥죄고 있었다. 초기 작전에서 실패에 직면한 이들은 이쪽으로 방향을 바꾸었다. 1940년 후반

28   Martin, "Collaboration within Collaboration" 66~67쪽.
29   Martin, "Shield of Collaboration" 133, 131쪽.
30   Boyle, *China and Japan at War*, 285쪽.

백단대전은 그동안 공산당이 정규전을 거의 수행하지 않았기 때문에 일본 군을 크게 놀라게 했다. 그에 대한 보복으로, 일본군은 소위 "삼광三光작전"을 발동하여 북지나 방면군에게 "모두 죽이고殺光, 모두 불태우고燒光, 모두 약탈하라搶光"라는 지시를 내렸다. 그 후 3년 동안 25만 명의 공산군은 10만 명의 중국인 친일 괴뢰군의 지원을 등에 업은 북지나 방면군 15만 명의 잔혹한 공격을 받았다. 일본군은 습격하고 그대로 철수하는 대신, 모든 마을을 파괴하고 현지 작물을 망쳤으며 곡식창고를 약탈했다. 그런 뒤에도 일본군은 다시는 저항하지 못하도록 반복해서 돌아왔다. 공산당 자료들은 해방구의 인구가 4400만 명에서 2500만 명으로 줄어들었으며 수많은 공산군 병사가 탈영했음을 인정했다.[31] 대부분의 중국 북부 지역에서 공산당의 가장 큰 과제는 적극적인 항전이 아니라 어떻게든 살아남는 것이었다.[32] 유일한 예외는 마오쩌둥의 근거지인 산·간·닝 변구였다.

중국 북부에서 일본군의 만행은 옌안의 지속적인 항전을 좀더 중요하게 만들었을뿐더러, 마오쩌둥에게 상당한 이점을 제공했다. 그의 근거지는 국민당이나 일본군의 공격으로부터 비교적 안전했지만 다른 지역의 공산당 근거지는 사실상 일본군 후방에 있었다. 전쟁 동안 항일은 두 개의 축이 이끌었다. 1930년대 후반 중국을 광범위하게 여행한 뒤 미국 정부에 중국에 관한 보고서를 제출한 바 있는 미 해병대 장교 에번스 칼슨은 장제스와 마오쩌둥을 "중국의 쌍둥이 별"이라고 지칭했다. 그들의 수도인 충칭과 옌안은 중국이 승리하기를 염원하는 수백만 명의 상징이었다. 그러나 충칭은 그동안의 전쟁으로 만신창이가 되었던 반면 옌안의 위상은 점점 커지고 있었다. 옌안 부흥의 중심에는 (공산주의) 정책이 있었다. 하지만 난징이나 충칭에서와 마찬가지로 그것은 공포에 의한 지배였다.

마오쩌둥은 더 이상 여러 지도자 중에서 가장 높은 사람이 아니었다. 공산당 근거지에서 "마오쩌둥 사상"이 이념적 잣대와 같은 의미가 되면서 그의

---

31 Van Slyke, "The Chinese Communist Movement" 247~249쪽.
32 다음을 참조. Feng Chongyi and David Goodman, eds, *North China at War: The Social Ecology of Revolution, 1937~1945(Lanham, MD, 2000)*.

위상은 꾸준히 높아졌다. 마오쩌둥 사상의 학습은 공산당원이 될 수 있는지에 대한 기준이 되었다. 만약 당원이 되기를 원한다면 (1942년 4월 기준으로) 22권의 중요한 이론서를 달달 외워야 했다. 그중 18권이 마오쩌둥의 저작물이었다.[33]

그러나 사상 개조는 마오쩌둥의 비밀경찰 수장인 캉성의 공작이 뒷받침했다. 공산당 지하활동 시절, 훈련의 일부로서 캉성은 1936년 모스크바로 파견되었다. 당시 그곳에는 스탈린이 자행하는 숙청이 최고조에 달해 있었다. 이것은 숙청운동에 앞장섰던 NKVD의 수장 예조프의 이름을 따서 예조프스치나Yezhovshchina라고 불렸다.(예조프 자신 또한 1938년에 숙청되었다.) NKVD에서 훈련받은 캉성은 모스크바에 "숙반사무실肅反辦公室"을 설치하고 "변절자"나 "반혁명분자"로 분류된 중국인 공산주의자들을 처형했다. 많은 사람이 캉성이 한때 국민당과 협력했다는 불편한 과거사를 알고 있다는 이유만으로 유죄를 선고받았다. 캉성은 가학성에서 다이리에 필적했다. 그러나 장제스에게 절대적으로 충성했던 다이리와 달리, 캉성은 공산당 지도부와의 관계에서 훨씬 기회주의적이었다. 그는 1930년대에 마오쩌둥이 떠오르는 것을 봤고 여기에 편승했다.

캉성의 시대는 1942년 옌안에서 마오쩌둥의 정풍운동 선언과 더불어 찾아왔다. 눈앞의 목표는 분명했다. 마오는 왕밍과 모스크바에서 시간을 보냈던 여러 공산당 지도자(이른바 "28인의 볼셰비키"로 알려진)에게 자신의 권세를 증명하기를 원했다. 그러나 여기에는 더 원대한 목표 또한 있었다. 개인주의와 느슨한 기율에 빠져 있는 당내 많은 저명한 지식인 또한 이들의 표적이었다.

중국의 병폐에 대항해 지하운동에 가담하고 옌안으로 피신하던 낭만적인 시대는 끝났다. 대신, 당원들은 중국을 지배하기 위한 부품이 되어야 했다. 마오의 선언에 반발한 저명한 지식인 중에는 1920년대 상하이에서 문학적 센세이션을 일으켰던 직설적인 단편소설 「소피의 일기莎菲女士的日記」의 저

---

33 David Apter, "Discourse as Power: Yanan and the Chinese Revolution," in Apter and Saich, *New Perspectives.*

자 딩링이 있었다. 길고 위험한 여행 끝에 딩링은 1937년 1월 옌안에 도착했고 이 지역에서 가장 명망 있는 문인 중 한 사람이 되었다. 그녀의 소설은 혁명을 향한 신념과, 여성 해방의 이상에 있어서 번드레한 말만 늘어놓을 뿐 항상 계급투쟁의 뒷전으로 밀쳐두는 당에 대한 회의론이 결합되어 있었다. 1941년 출판된 딩링의 단편소설 「내가 샤춘에 있을 때我在霞村的時候」에서는 그 중심에 이율배반적인 등장인물이 있었다. "전전貞貞(순결)"이라는 이름을 가진 젊은 여성은 첩자의 신분을 감추기 위해 일본군의 후방에서 매춘부가 되었다. 고향으로 돌아온 그녀는 매춘 경력 때문에 "부도덕한" 짓을 했다는 이유로 마을 사람들에게 쫓겨나야 했다. 소설의 핵심은 이분법적인 도덕적 범주의 미묘한 차이와 여기에 순응하기를 거부한다는 것이었다.34

마오쩌둥이 정풍운동을 선언한 직후, 딩링은 1942년 3월 국제 여성의 날에 "삼팔절에 관한 소감三八節有感"이라는 제목의 사설로 응답했다. 그녀는 자신의 글에서 옌안의 혁명적인 분위기에서도 여자와 남자는 다른 평가를 받고 있다고 꼬집었다. "여성들은 자신의 시간을 초월할 수 없다. 그녀들은 이상적이지 않을뿐더러, 강철로 만들어지지도 않았다. (…) 나는 남자들, 특히 권력을 가진 사람들이 (…) 사회적인 현실에서 여자들의 결핍된 부분을 주시했으면 한다."35 또 다른 젊은 작가이자 번역가인 왕스웨이王實味는 "들판의 백합꽃野百合花"이라는 제목의 글을 썼다. 그는 옌안의 거만한 분위기를 비판하고 고위 간부들이 진정한 혁명정신을 잃고 있다고 고발했다.36 마오쩌둥이 반응을 보이는 데에는 그리 오랜 시간이 걸리지 않았다. 4월, 딩링은 옌안의 당 일간지 『제팡일보』의 문학 편집장 자리에서 쫓겨났다.37 다른 망명 지식인들 역시 옌안에서 자신들의 대우가 점점 싸늘해지고 있다는 사실을 알게 되었다. 정풍운동이 정식으로 막을 연 지 3개월 뒤인 5월 2일 100명이 넘는

34   "When I was in Xia Village," in Ding Ling, *Miss Sophie's Diary and Other Stories*(tr. W. J. F. Jenner), Beijing, 1983.
35   Jonathan D. Spence, *The Gate of Heavenly Peace: The Chinese and their Revolution, 1895~1980*(London, 1981), 330쪽.
36   Spence, *Gate*, 332쪽.
37   Bonnie S. Macdougall, *Mao Zedong's "Talks at the Yan'an Conference on Literature and Art": A Translation of the 1943 Text with Commentary*(Ann Arbor, MI, 1980).

문인과 예술가들이 옌안 양자링楊家嶺의 나무 벤치로 모였다. 그들은 이날 예술과 문학 좌담 행사를 주관할 마오를 기다리고 있었다. 좌파 사상가와 작가들은 옌안에 도착한 이후 혁명에 대한 염원과 당에 대한 존경심, 예술가로서 자신의 이상에 진실해야 한다는 신념 사이에서 스스로 갈피를 잡지 못하고 있다는 사실을 깨달았다.

마오쩌둥의 개회식 연설은 인근의 국민정부군 총성 소리로 인해 여러 번 끊겼다. 하지만 그는 한 가지 사실을 분명히 했다. 예술적 이상은 전쟁의 필요와 혁명에 비해 부차적인 존재에 불과하다는 것이었다. 옌안에서 문학과 예술의 청중은 "노동자와 농민, 병사, 혁명 간부"였다. 그리고 예술가들은 정치적 강건함보다 자기 방종을 선호하는 "무미건조하고" "개성 없는" 작품에 더 이상 매달리는 대신 이제는 "대중의 언어"를 배울 때였다.[38] 이날의 좌담에 이어 몇 주 동안 열린 세 번의 회의에서 공산당과 이들을 지지한 지식인들의 관계에는 강력한 변화가 있었다. 발언자들은 연달아 웅변과 회개, 고발을 했다. 1970년대에 공산당 중앙선전부 부부장을 맡게 되는 후차오무胡喬木는 1936년에 죽은 중국의 대문호 루쉰魯迅이 공산당 지도자를 받아들여야 했다고 주장했다.(그는 공산주의를 추종했지만 가입하지는 않았다.) 즉, 그가 그렇게 하지 않았다는 사실은 "자랑거리"가 아니라는 얘기였다. 문학 작가인 허치팡何其芳은 스스로 "나는 시급히 개조되어야 한다"고 말하면서 당의 용서를 구하는 혹독한 자아비판을 했다. 5월 23일 좌담이 끝났을 때 마오는 이것이 변화의 끝이 아니라 시작일 뿐이라고 재차 압박했다. 그는 이렇게 말했다. "민중에게 봉사하려는 지식인들은 그들과 민중이 서로 잘 알기 위한 과정을 거쳐야 한다." 또한 불길한 말로 끝맺었다. "이 과정에는 어쩌면, 아마도 확실히 많은 고통과 갈등이 뒤따를 것이다."[39]

마오쩌둥의 용어들은 옌안의 분위기가 얼마나 심각하게 바뀌었는지 보여주었다. 사람들이 그곳으로 들어가는 일은 훨씬 힘들어졌을 뿐만 아니라 떠

---

38 "Talks at the Yenan Forum on Literature and Art"(1942년 5월), *MSW*, 71~72쪽.
39 "Talks at the Yenan Forum," 71~72쪽.

나는 것 또한 매우 어려워졌다.[40] 도시는 적군의 봉쇄만이 아니라 당의 새로운 강경 노선으로 외부 세계와 단절되었다. 초기의 개방적이면서 모험이 가득했던 분위기는 "전부이거나 아무것도 아니거나"로 바뀌었다. 다원주의와 "신민주주의"적인 사고는 공산당에 의한 통제로 대체되었다.

캉성은 개조 작업의 밑바닥에서 "고통과 갈등"을 일으키는 장본인이었다. 그는 충성스러운 당원들을 국민당의 간첩으로 모함하는 전형적인 소련식 기법을 활용했다. 일단 그들이 고문을 받고 자백하면, 그들의 자백을 근거로 삼아 무더기로 고발과 체포에 나섰다. 1943년 전세 악화로 공산당 근거지가 한층 고립된 상황을 이용해 캉성은 숙청의 속도와 격렬함을 한층 높였다. 동지들이, 옌안에 그렇게 많은 국민당 첩자가 있을 수 있느냐고 묻자 그는 이렇게 대답했다. "그들을 우선 잡아들인 다음에야 우리는 여기에 대해 논의할 수 있을 것이다. 그들이 갇혀 있는 동안 우리가 심문하면 된다."[41]

그는 정풍운동이 당과 당원들을 위한 것이라고 대중에게 설파했다. "왜 공산당은 당신을 구하기 위해 그러한 고통을 감수하려는가?" 1943년 7월의 연설에서 그는 이렇게 질문을 던졌다. "간단히 말해서 당신이 중국인이기 때문이며 적에게 넘어가 봉사하기를 원치 않기 때문이다." 그는 "관용에는 한계가 있다"고 분명하게 못 박았다. 만약 죄를 인정하기를 거부한다면 "우리는 엄중한 방법으로 그들을 근절해야 할 것이다."[42]

심리적 압박이 정풍운동의 핵심이었다. 한 가지 예를 들면, 바닥에 원을 그린 뒤 피고를 원 안에 가두고 자백할 때까지 나가지 못하도록 했다. 한 희생자는 50년도 더 지난 뒤에 당시의 핍박 과정을 떠올렸다. 그녀는 "당신은 당을 믿는가?"라는 질문을 받았다. 그녀는 그렇다고 대답했다. "그렇더라도 우리가 당신에게 문제가 있다고 말하면, 당신에게 문제가 있는 것이다"라는 대답이 돌아왔다. 그녀는 그때 절벽으로 뛰어내리고 싶었다고 회상했다.[43]

40 Ibid.
41 Byron, *Claws*, 172~179쪽.
42 Byron, *Claws*, 179~180쪽.
43 Zhu, *Yan'an*, 132~133쪽.

지식인 스보푸(石泊夫)는 간첩 혐의를 받고 투옥되었다. 그의 아내 가오뤄잉(高絡英)은 당의 저명한 지식인 저우양(周揚)을 살해하려 했다고 "자백했다". 그녀는 동굴 안에 불을 질러 세 아이와 함께 질식사했다. 그 이야기를 들은 저우양은 이렇게 말했다. "그녀는 스스로 당과 단절했고 따라서 인민과도 단절되었다. 그녀가 아이들과 함께 자살했다는 점에서 공산당에 대한 증오심이 얼마나 컸는지 알 수 있을 것이다."[44]

그러나 '개조'는 단순히 심리적인 부분에만 국한되지 않았다. 정풍운동은 육체적 체벌과 더불어 종종 고문도 가했다. 옌안의 교육기관 중 하나인 루쉰 예술학원에서 나온 문서에서는 이곳에서 이념적 저항을 하는 사람들을 대상으로 한 묶고 때리는 고문이 있었음을 폭로하여 문화적으로 포장된 이 학원의 이름이 기만임을 보여주었다. 예술학원은 심지어 자체적인 노동수용소를 운영했다. 일부 수감자들은 국민당의 수용소만큼 열악하다고 말했다. 왕스웨이는 공산당이 그를 반대하는 집회를 주최하면서 희생된 사람들 중 한 명이었다. 제일 먼저, 그를 비난하는 포스터들이 등장했다. 그런 다음 '트로츠키주의자'로 간주되어 공산당에서 쫓겨났다. 마지막에는 외부와의 접촉이 끊긴 채 투옥되었다. 그는 결국 1947년에 처형당했다. 딩링 또한 거센 비판을 받았고, "삼팔절에 관한 소감"에서 드러냈던 견해를 철회할 것을 강요받았다. 그녀는 농촌으로 유배되어 2년 동안 노동을 해야 했다.[45]

1966년 문화대혁명이 일어났을 때, 많은 외부 관찰자는 홍위병들이 그들의 계급적인 적들을 박해하고 고문하는 현상을 도저히 이해할 수 없었다. 그러나 반세기 전 정풍운동은 이미 그들의 명확한 계획을 보여주고 있었다. 그것은 마오의 중국이 탄생하는 순간이었다. 당장은 인상적이지 않았다. 외부 관찰자들은 공산당의 근거지가 있는 시베이 지방의 봉쇄 구역에서 벌어지는 일에 그다지 관심이 없었다. 하지만 그 체제의 징후는 10년도 채 되지 않아 중화인민공화국으로 다가오게 되었다. 일개 급진 야당은 이제 수백만 명의 인민을 통치하는 정권의 당이 되었다. 토지개혁과 급진적인 조세제도

44 Zhu, *Yan'an*, 132~133쪽.
45 Spence, *Gate*, 334~335쪽.

로 균형을 이루는 소위 "옌안의 방식"은 중화인민공화국 초기의 일부를 차지할 것이었다. 공포 전술도 마찬가지였다. 인민의 적은 새로운 주인에게 공개적인 모욕과 구타를 당하고 심지어 죽임을 당할 것이었다.

진주만 공격 이후 몇 년 동안 중국 내 주요 정치 세력의 선택이 점점 분명하게 나뉘었다. 전쟁 초기에만 해도 국민당과 공산당은 자신들의 계획에서 다원적이면서 협력적인 면을 강조했다. 자국민과 외부 세계 양쪽에서 가능한 한 많은 영향력을 확보해야 하는 정당으로서는 합리적인 행동이었다. 다원적인 언어는 단순히 독재정권을 구축하기 위한 연막이 아니었다. 더욱이 1941년 이전 국민당과 공산당은 자신들의 정당 밖에 있는 사람들의 관심을 얻으려고 많은 노력을 기울였다. 그러나 장제스와 마오쩌둥 모두 궁극적으로는 일당독재의 현대적인 중국을 꿈꾸었다. 이것은 진정한 다원주의와는 양립할 수 없는 목표였다. 국민당에게도 공산당에게도 근대 국가와 자유주의 국가는 서로 별개의 얘기였다. 실제로는 그 반대였다. 레닌을 통해 영감을 얻었던 두 정당 모두 통치 구조의 일부로서 공포의 사용을 인정하고 받아들였다. 전쟁의 재앙과 중국 내에서 갈수록 커지는 사회적 위기는 양쪽 정권에서 기술적이고 관용적인 부분을 점차 벗겨냈다. 또한 폭력과 강압을 선호했던 사람들이 권력을 장악해나갔다.

그와 더불어, 전시 중국의 세 정권은 제각기 공포가 무엇을 의미하며 어떻게 사용해야 하는지 나름의 해석을 가지고 있었다. 리스췬과 딩모춘에게 거리의 통제와 개인적 권력 확장은 어떠한 이념적 봉사보다도 훨씬 중요했다. 다이리의 동기는 덜 사사로운 것이었다. 물론 그는 권력을 사랑했고 확실히 사디스트이기도 했지만 중국의 붕괴를 막을 주춧돌로서 장제스에게 충성을 바쳤다. 그러나 무시무시한 정권의 집행자이자 돈에 매수되지 않는 눈과 귀가 되어줄 첩보 조직을 만들겠다는 다이리의 염원은 군통의 수많은 부정직함과 폭력에 의해 훼손되었다. 대중은 군통 요원들이 이념에 충실한 일꾼이 아니라 약자들이 자신의 이익을 위해 권력을 부여받은 것으로 여겼다. 캉성의 공산주의 공포는 달랐다. 개조의 목적은 누군가의 주머니를 채우기 위함이 아니었다. 오히려 하나의 분명한 목표를 구상했으며 그리고 달성했다. 그것은 급진적인 이념과 전시 고립, 공포에 의한 정치적 권력의 새로운 시스템을 창조하는 것까지 한꺼번에 가져다줄 것이었다. 항일전쟁은 마오쩌둥의 중국을 탄생시키고 있었다.

제16장 카이로 회담

1943년 2월 18일, 워싱턴의 최고 엘리트들로 구성된 청중이 미 의회 하원 회의실을 가득 메웠다. 카리스마 넘치는 연설자는 쑹메이링이었다. 이제껏 미 의회 합동 회의에서 연설하는 두 번째 여성이자 민간인 여성으로서는 처음이었다. 부정부패와 전쟁에 소극적이라는 소문 때문에 미국 여론이 중국에 대한 재정적, 군사적 원조를 거부하지 않을까 우려한 그녀는 미국에서 중국의 위상을 높이기 위한 여정에 나섰다. 쑹메이링의 등장은 그곳을 열광의 도가니로 만들었다. 단색의 검정 치파오와 보석 장신구를 한 그녀는 부통령 헨리 월리스 곁에 앉았고 매력과 허세로 정치인들을 끌어모았다. 쑹메이링은 둘리틀 폭격대의 일원으로 귀환 도중 중국에 불시착한 미국인 조종사가 현지 농민들에게 마치 "예전에 헤어졌던 형제마냥" 환영을 받았다는 이야기를 들려주었다. 그녀는 나중에 그 조종사가 자신에게 이렇게 말했다고 했다. "그는 우리 나라 사람들을 봤을 때 마치 고향에 온 것 같다고 생각했다고 합니다. 자신이 중국에 온 것은 그때가 처음이었는데 말이죠." 그녀의 연설은 "우리는 신념이 있을 뿐만 아니라 우리에게 신념이 있음을 세상에 알릴 것입니다. 또한 그것을 실현하기 위해 행동할 것입니다"라는 말로 끝맺었다.[1] 그녀의 말은 청중에 대한 분명한 도전이었다. 대중 원조에 우선권을 주고 비난을 멈추라는 얘기였다.

---

1   Pakula, *Last Empress*, 419쪽.

마담 장(쑹메이링)은 미국 정책결정권자들에게 승리했다. 미국 전역을 가로지르는 모금 투어에서 가는 곳마다 그녀를 흠모하는 군중이 몰려들었다. 그러나 아시아 파시즘에 맞서 싸우는 풀뿌리 민주주의 국가라는 자유중국의 이미지는 점점 벼랑 끝에 몰리고 있었다. 그레이엄 펙은 겉으로는 쑹메이링의 승리로 보이는 것이 사실은 붕괴가 임박했다는 조짐으로 해석했다. 그는 이렇게 썼다. "나는 그녀가 미국으로 가기 전까지는 붕괴가 시작되었다고 여기지 않았다. 그녀가 받았던 과도한 찬사가 국민당이 미국의 전폭적인 지원을 받고 있는 것처럼 보이게 했기 때문이다."[2] 쑹메이링의 미국 방문을 바라보는 장제스의 시각은 펙의 인식보다 더욱 냉정했다. "아내가 백악관을 방문한 후 나는 미국이 진정성 없이 우리를 이용하고 있다고 확신하게 되었다."[3] [4] 1943년은 중국과 영국, 미국이 서로 상대를 한층 경계하면서 연합국들 사이에서 불신이 점점 깊어지는 한 해가 될 것이었다. 또한 그해 말이 되면 장제스는 롤러코스터마냥 오락가락하는 미국과의 관계가 마치 저 멀리 떨어져 있는 이집트의 모래와 버마의 정글처럼 그를 승리에서 재앙으로 밀어내고 있음을 발견하게 될 것이었다.

1942년 봄 버마의 대실패 이후 미국과 중국의 정치·군사 지도자들의 관계는 느리기는 하지만 눈에 띄게 악화되었다. 그러나 전체적으로 세계대전

---

2 Peck, *Two Kinds of Time*, 477쪽.

3 *CKSD*, 1943년 2월, 王建朗, 「信任的流失」, 51쪽에서 인용.

4 저자의 서술은 오해의 소지가 있다. 장제스는 미국에 대한 불신감과 별개로 쑹메이링의 미국 방문 자체는 매우 성공적으로 여겼다. 쑹메이링은 루스벨트의 초청을 받아 미국 전세기를 타고 1942년 12월 17일부터 1943년 6월 29일까지 7개월 동안 미국을 순방했으며 나중에는 캐나다 정부의 요청으로 캐나다를 방문하여 유세했다. 유창한 영어와 특유의 호소력은 미 정계와 조야, 민간에 엄청난 파장을 남겼다. 한 의원은 "외국인 중에서 마담 장만큼 미국 국민에게 영향을 끼친 사람은 없다"라고 극찬했다. 장제스 또한 "그녀의 가치는 20개 사단과 맞먹는다"고 말했을 정도였다.(박명희, 「宋美齡과 戰時中國外交 宋美齡의 訪美活動이 中國政治에 끼친 影響을 중심으로—」, 『중국근현대사연구』 제51집 제51호, 중국근현대사학회, 2011) 비록 미국이 진주만 공격 이후 중국과 동맹을 맺기는 했으나 양국의 해묵은 감정과 서로에 대한 이해 부족은 쉽게 해소할 수 있는 것이 아니었다. 그런 점에서 그녀의 미국 순방은 미국인들의 중국에 대한 오랜 편견을 깨뜨리는 데 일조했으며 아편전쟁 이래 근대 미중관계에서 하나의 이정표가 되었다. 루스벨트가 카이로 회담에 자유 프랑스나 여타 동맹국들을 제쳐놓고 장제스를 4대국의 일원으로 초청했던 것도 쑹메이링이 얻어낸 성과였다. 장제스가 미국에 불신감을 드러낸 것은 쑹메이링이 미국에서 찬밥 대우를 받아서가 아니라 갈수록 깊어지는 스틸웰과의 갈등, 미국이 대중 원조에는 인색하면서 중국을 "선先유럽 전략"의 희생양으로 삼으려 한다고 여겼기 때문이었다.—옮긴이

의 흐름은 점진적으로, 확실하게 연합군 쪽으로 기울고 있었다. 중국 저 멀리 있는 스탈린그라드 전투는 절정이었다. 난징과 충칭 양쪽에 몰래 양다리를 걸치고 있었던 저우포하이는 추축국의 운명이 바뀌고 있음을 인정했다. 1943년 1월 그는 "독일 전선이 곤경에 처해 있다. 만약 연합군이 제2전선을 연다면 독일은 확실히 패망할 것이다"라고 관측했다. 저우포하이에게는 선견지명이 있었다. 소련이 나치의 침공에 반격을 시작하면서 그 전투는 정말로 전환점이 되었다. 하지만 그는 전쟁이 끝난 뒤에도 여전히 일본인들이 지배하는 영역이 있으리라 믿었다. 미국과 영국이 소련을 진심으로 신뢰하지 않을 것이라는 타당성 있는 의심을 품었던 그는 소련을 견제할 요량으로 그들이 일본의 힘을 받쳐줄지 모른다고 기대했다. "그들은 소련의 대항마로서 독일에 여전히 상당한 힘을 허용할 것이다. 그렇게 하지 않는다면 유럽과 아시아 전체가 소련의 지배에 들어갈 것이다. 따라서 미국과 영국, 독일, 일본 모두 소련과 맞서기 위해 타협하게 될 것이다."[5]

저우포하이는 독일이 군사력으로 유럽을 장악할 세 번째 기회는 결코 없을 것이라는 연합국의 결의를 이해할 수 없었다. 일본과의 타협 또한 태평양에서 갈수록 커지는 그들의 야만성으로 인하여 거의 불가능했다. 그러나 전후 대소 봉쇄가 서구 열강들의 주요 관심사가 되리라는 그의 예측에는 선견지명이 있었다. 저우포하이는 충칭의 장제스 정권 대표 류바이찬劉百川과의 비밀 회담에서 미일의 타협이 성사될 것으로 보인다면 충칭은 미국보다 먼저 일본과의 평화를 향해 첫발을 내딛어야 한다고 제안했다. 왕징웨이 정권 입장에서 태평양의 평화를 깨뜨린 사건이 자신들과 정치적으로 무관하지 않게 된 이상 이러한 생각은 그들의 분명한 관심사였다. 그러나 저우포하이는 장제스에게 압력을 가할 수 있는 방법을 알고 있었다. 충칭은 미국이 일본에게 무조건 항복을 요구하는 대신 쪼개진 평화를 중재할지 모른다는 편집증을 갖고 있었다.[6] 유럽에서 나치의 패배는 이제 현실적인 가능성으로 다가왔기에 연합국은 당연히 태평양을 부차적으로 여기게 될 것이며 중국

---

5 *ZFHR*, 1943년 1월 26일, 699쪽; 1943년 1월 29일, 701쪽.
6 *ZFHR*, 1943년 2월 2일, 703쪽.

은 관심에서 더욱 멀어질 것이다.

미 의회에서 쑹메이링의 놀라운 성공에도 불구하고 동맹자들에 대한 장제스의 의심은 한층 깊어졌다. "중국은 연합국 네 곳 중에서 가장 약하다. 약골이 유괴범과 폭력배, 불량배를 만난 셈이다." 그들이 중국의 친구라고 자처하건, 적이라고 하건 상관없이 여전히 "우리를 도마 위의 생선으로 여길 것이다."[7]

민주주의 국가들과 동맹을 맺을 가치가 없는 허약하고 부패한 독재 국가라는 비난이 중국을 향해 거듭 쏟아졌다. 그 비판에는 미국과 영국도 있었다. 미국은 전 영토의 3분의 1에서 여전히 인종 분리 정책을 합법적으로 유지하고 있었다. 영국은 전 세계에 식민지를 가진 나라였다. 더욱이 두 나라는 잔혹하기 짝이 없는 스탈린 정권과 손을 잡았다. 국민당 중국에 대한 비판은 물론 추악한 국내 정치가 초래한 점도 있었지만 중국의 허약한 지리적, 전략적 위치의 결과였다. 장제스는 존경과 분노가 섞인 시각으로 미국과 그 대통령을 바라보았다. 1943년 2월 루스벨트와 스탈린이 카사블랑카 회담에 따라 협정을 체결하자 장제스는 두 지도자가 "우리의 마지막 3년의 전쟁 계획을 무너뜨렸다"라며 분을 참지 못했다. 스탈린그라드 전투에서 유리해진 소련이 그들의 최우선 목표를 독일을 패배시키는 것에 묶어둘 것이기 때문이었다. 장제스가 보기에 이 협정은 (안 그래도 거의 가망이 없는) 일본의 대소 공격 가능성을 줄어들게 했다. "피해자는 중국이다." 3대 열강이 중국을 계속 변변찮은 참여자로 취급하리라는 느낌은 장제스로 하여금 중국이 합당한 위신을 얻기 위해 투쟁해야 한다는 생각을 한층 굳히게 만들었다. "예전의 미국은 중국을 장식품으로 취급했다." 장제스는 이렇게 곱씹었다. 심지어 중국에 대한 재정 원조도 영국에 대한 무기 대여를 확대하는 데 미국 내 반발 여론을 누그러뜨리기 위한 우회적인 술수였다고 추측했다. "이제 또다시 중국을 제물로 삼으려는 것이 틀림없다." 그는 미국이 전후 태평양을 지배할 의도로 중국의 독자적인 항공력 확보를 원치 않는다는 사실에 분노

---

7 *CKSD*, 1943년 2월 28일.

를 터뜨렸다.[8] 그러나 장제스 또한 태평양에서의 힘의 향방이 바뀌고 있다는 사실을 깨달았다. 한 대화에서 그는 "우리는 미국이 동아시아에서 지배 세력이 되는 것을 두려워하지 않는다. 우리는 그렇게 되지 않는 것을 두려워 한다"라고 말했다.[9] 만약 이곳에서 장차 패권국이 생겨난다면 일본과 소련, 영국보다는 그나마 미국이 낫다고 생각한 것이다.

이와는 대조적으로, 만약 장제스가 영국을 높이 평가한다면 대부분 그들의 교활함과 완고함, 교만함에 대한 것이었다. 그는 중국에서 영국의 존재는 그들의 지위를 유지하는 것 외에 별다른 목적이 없다고 생각했다. 처칠은 특히 골칫거리였다. 1943년 3월, 장제스는 처칠이 전후 질서를 형성할 "3대 열강"에서 "중국을 완전히 배제한다"고 발언한 사실을 알고 분노가 끓어올랐다. 몇 달 후 장제스는 "모든 대사가 본능적으로 첩자이지만, 영국은 그중에서도 최고다"라는 평가를 덧붙였다.[10]

마찬가지로 영국 지도부도 중국에 부정적이었다. 1943년 7월 영국의 한 외교부 문서에서는 "대중 원조는 오직 전략적 이익이 있을 때에만 첫 번째로 고려될 수 있을 것이다"라고 주장했다. 또한 일본을 방해하기보다는 충칭 정부가 무너지도록 내버려두는 쪽이 더 나을 것이라고 덧붙였다. 실제로 처칠은 중국을 열강으로 여기는 발상을 비웃으면서 중국의 국제적 위상을 높이려는 미국의 노력을 쓸데없는 짓이라는 생각을 공공연히 드러냈다. 처칠은 외무장관 앤서니 이든에게 "중국이 다른 삼국에 비교할 만한 강국인 척하는 것"은 미국의 "가식"에 지나지 않는다고 썼다.[11] 영국은 미국의 의도를 믿지 않았다. 처칠은 영국이 우호적 제스처로서 홍콩을 중국에 돌려줄지 모른다는 루스벨트의 희망사항을 고려해줄 여유가 없다고 못 박았다.[12]

아편전쟁 이후 영국은 중국에서 가장 영향력 있는 서구 열강이었다. 그리고 1930년대에 그 지위를 위협할 것으로 여겨진 나라는 미국이 아니라 일

8   *CKSD*, 1943년 2월 13일, 707쪽; 1943년 2월 21일, 710쪽; 1943년 3월 4일, 714쪽.
9   *CKSD*, 1943년 4월 16일.
10   *CKSD*, 1943년 6월 30일, 1943년 8월 19일.
11   Thorne, *Allies of a Kind*, 306쪽.
12   Thorne, *Allies of a Kind*, 311쪽.

본이었다. 처칠은 전후 세계 질서에서 중국을 주요 강대국으로 대우하기를 원치 않았지만 영국사회에서는 중국이 이제는 그들의 권리에 걸맞은 대우를 받아야 한다는 광범위한 공감대가 형성되어 있었다.[13] 영국은 특별한 의미가 있는 행동으로 그들의 변화된 인식을 보여주었다. 1842년 이후 중국에서 서구 제국주의가 가장 분명하게 드러났던 곳은 중국 최대의 상업 중심지 상하이였다. 이 도시는 태평양전쟁의 발발과 동시에 일본군에게 함락되기는 했지만 국제 공공조계는 프랑스 조계와 더불어 외세가 지배하는 섬과 같았다. 이제 미국인과 영국인들은 증오의 대상이었던 치외법권을 끝내고 국제 공공조계를 중국인들에게 돌려주겠다고 제안했다. 중국이 전쟁에서 승리한다면 상하이는 한 세기만에 처음으로 중국의 주권 아래 통일된 도시가 될 것이었다.[14] 미국의 강력한 압박 아래 영국은 새로운 조약을 받아들이고 1943년 1월 11일 조약문에 서명했다. 이로써 중국에서 처음으로 제국주의의 종식과 더불어 "불평등 조약"이 평등한 조약으로 대체되었다.(왕징웨이 또한 이에 질세라 난징 정권이 연합국에 선전포고한 대가의 일부로서 이틀 전인 1월 9일 조계의 "주권"을 반환받는 조약에 서명했다.[15] 그러나 실속 없는 제스처로 서구 제국주의가 일본의 변종 제국주의로 대체되었을 뿐이다.)

장제스는 영국과 미국 동맹국들로부터는 많은 비판거리를 찾아냈지만 자신이 가장 경멸하는 참모장을 향해서는 표현을 자제했다. 장제스는 자신의 일기에 이렇게 쓰곤 했다. "오늘 스틸웰을 만났다. 그는 나를 혐오한다. 나는 그를 경멸한다. 여태껏 그런 인간을 만나본 적이 없다."[16] 1943년 2월, 장제스는 두 사람 사이의 대화를 자신의 입장에서 기록했다. 장제스는 험프 루트를 통해서 매월 1만 톤의 물자와 500대의 항공기를 요구했다. 만약 이런 지원이 없다면 중국은 앞으로의 싸움을 더 이상 "책임"질 수 없다고 주장했다. 스틸웰은 이렇게 대꾸했다. "우리가 그렇게 하지 않겠다면 당신은 일본과

13 Thorne, *Allies of a Kind*, 319쪽.
14 Thorne, *Allies of a Kind*, 187~188쪽.
15 Boyle, *China and Japan at War*, 308쪽.
16 *CKSD*, 1943년 6월 29일.

싸울 수 없다고 말하는 것인가?" 장제스는 스틸웰의 반응이 "사악하고 무례하기 짝이 없다"라고 여겼다. 그는 다음과 같이 언급했다.

나는 인내심을 발휘하면서 그를 공격하지 않았다. 다만 이렇게 대답했을 뿐이다. 중국은 지난 6년 동안 싸웠으며 태평양전쟁이 발발하기 전 미국과 영국이 아무런 도움의 손길도 주지 않았을 때에도 중국은 혼자 싸웠다고 말이다.[17]

물론 '까칠한 조'도 장제스에 대한 개인적인 평가에서는 마찬가지로 솔직했다. "우리는 이 부패한 정권을 지원하고 그들의 수장인 땅콩을 지혜롭고 위대한 애국자이자 군인으로 찬양해야 할 판이다. 신이시여!"[18]

1943년 봄 버마가 다시 연합국의 논의 대상으로 떠올랐을 때 스틸웰에 대한 장제스의 의심은 한층 커졌다. 적어도 스틸웰은 다른 대다수 연합군 수뇌부와 달리 버마가 중국과 아시아 전선의 중심이라고 믿었다. 이 점은 그의 숙적인 셔놀트, 장제스와도 생각이 일치했다. 그러나 스틸웰은 중국 전역에서 육군보다 공군이 유리하다고 믿고 있는 셔놀트와 끝없이 반목했다. 1942년 11월, 1940년의 대통령 선거에서 루스벨트에게 패배했던 공화당원 웬들 윌키Wendell Willkie가 친선 임무를 맡아 충칭을 방문했다.(그의 방문은 훗날 그가 쑹메이링과 하룻밤을 보냈다는 음탕한 소문을 낳게 된다.) 윌키는 셔놀트와의 면담을 요청했다. 예전에 셔놀트가 윌키에게 중국과 태평양 전선에서 승리하기 위해 전투기 105대와 폭격기 42대가 필요하며 이러한 지원이 있다면 공중전을 통해 전쟁에서 승리할 것이라는 편지를 보냈기 때문이었다. 워싱턴의 마셜은 그 편지를 묵살했지만 한편으로 스틸웰에게 그의 미국인 경쟁자와의 관계를 회복하도록 노력할 것을 권고했다.[19]

17 *CKSD*, 1943년 2월 7일.
18 *SP*, 1943년 1월 19일, 161쪽.
19 Taylor, *Generalissimo*, 219~220쪽.

1943년 5월, 셔놀트와 스틸웰은 중국에서 무엇을 해야 하는지 보고하기 위해 워싱턴으로 불려갔다. 스틸웰은 중국군이 더 잘 훈련되어야 하며 북부 버마의 일본군을 공격하여 그곳을 통해 보급로를 열어야 한다는 주장을 고집했다. 셔놀트는 동의하지 않았다. 그는 마셜에게 메모를 보냈다. "중국은 내부적으로 이미 심각한 상황에 처해 있다." 그는 왕징웨이 친일 괴뢰군이 병력을 증원하고 있으며 "갈수록 치솟는 인플레이션, 굶주림, 전염병의 만연이 중국인들에게 점점 영향을 주고 있다"고 언급했다. 그는 지상전을 준비할 시간이 있는지에 의문을 드러내면서 그 대신 공군력을 제안했다. "중국에서 항공 공세를 시작하는 데 따르는 위험은 상대적으로 미미하다. 아무것도 하지 않는 것보다는 나을 것이다."[20] [21]

스틸웰은 경쟁자의 제안에 대해 신랄한 비난을 쏟아냈다. "나 말고 아무도 육군을 건설하는 따분한 일에 관심이 없다. 셔놀트는 6개월 안에 잽들을 중국에서 쫓아내겠다고 장담했는데 그에게 그럴 기회를 줘보는 것이 어떤가? (그의 말마따나) 승리의 지름길이 되겠지."[22] 회담의 무게 추는 스틸웰의 북부 버마 전역을 반대하는 쪽으로 향했고 1943년 가을 우기가 지난 뒤에나 공세를 시작할 것을 제안했다. 그 대신 윈난성의 중국군 부대를 강화하여 중국 내 폭격기 비행장들을 보호하는 데 활용하도록 했다. 루스벨트 또한 험프 루트를 통과하는 공중 수송량을 늘리는 데 동의했다. 스틸웰은 "루스벨트는 내가 말할 기회를 주지 않을 것이다"라고 불평을 늘어놓으면서 공

---

20   셔놀트의 주장대로 당시 중국군의 상황은 매우 심각했다. 장제스는 장기 항전을 위해 후방 지역에 대규모 군수공장을 건설했으나 1941년 이후 연료와 원자재 부족으로 사실상 마비상태가 되었다. 동남아에 배치된 연합군이 예상외로 일본군의 공격에 너무 쉽게 무너지면서 중국의 해외 수송로가 차단되었기 때문이었다. 전쟁 후반기에 오면 월간 무기 생산량은 소총 1만8000정, 소총탄 1700만 발, 경기관총 1000여 정, 중기관총 500여 정, 박격포 600여 문, 각종 포탄 60만 발을 생산하는 정도였다. 중국군이 도합 400만 명에 달했으며 엄청난 소모전으로 매년 적어도 150만 명의 신병을 보충해야 하는 처지에서 턱없이 부족한 양이었다. 심지어 스틸웰은 1943년 11월이 되면 중국군의 탄약 재고가 바닥날 판이라고 기록했다. 장제스와 셔놀트는 스틸웰이 주장하는 야심찬 버마 탈환에 대해 원칙적으로는 공감하면서도 그가 연합국 수뇌부의 미온적인 태도와 중국군의 비참한 상황을 도외시한 채 자신의 무리한 의욕만 앞세울 뿐, 책임은 중국에게 떠넘기고 있다면서 깊은 불신을 드러냈다.—옮긴이

21   NARA RG 493(616/174).

22   1943년 5월 회의에서 스틸웰의 메모, *SP*, 172쪽; Van de Ven, *War and Nationalism*, 36~37쪽.

군력에 힘을 실어주는 것은 멍청한 짓이라고 생각했다. "나는 두 번이나 말이 가로막혔다. 하지만 처칠은 그 논의에서 손을 떼려고 했고 더 이상 아무 말도 할 수 없었다."[23]

장제스에게 공이 넘어가자 그는 버마 작전에 동의했다. 그 대신 미국이 상당한 규모의 공군력과 해군, 보병의 지원을 제공한다는 전제를 달았다.[24] 서방 연합국이 버마에서의 새로운 작전을 약속한 데 장제스가 미심쩍어한 것은 나름의 이유가 있었다. 그 계획은 구체성이 결여되어 있었기 때문이었다. 1943년 중반에 오자 미국과 영국 수뇌부는 나치 독일의 패망으로 이어질 유럽 디데이 상륙작전인 오버로드 작전에 온 힘을 기울였다. 중국은 다시 한 번 우선순위에서 아주 낮은 쪽으로 밀려났다. 그해 8월 퀘벡에서 개최된 쿼드런트 회담Quadrant Conference에서는 루이스 마운트배튼 경[25] 휘하에 새로이 동남아시아 연합사령부SEAC가 설치되면서 중국과 인도 전구가 분리되었다. 이러한 압박의 일부는 처칠에게서 나왔다. 그는 미국인들이 아시아 전쟁에서 영국이 충분히 제 역할을 하지 않는다고 여길까 전전긍긍했다.(미국 사회는 SEAC가 "영국의 아시아 식민지 구하기Save England's Asian Colonies"의 약자라고 비꼬았다.)[26] 버마와 타이는 동남아 연합사령부 아래에 놓이게 되면서 장제스의 세력권과 분리되었다. 덕분에 중국에 대한 원조는 중요한 쟁점이 적힌 목록에서 더욱 저 아래로 내려갔다. 스틸웰은 마운트배튼이 맡은 동남아 연합사령부의 부사령관에 임명되었다. 하지만 여전히 장제스의 참모장으로

23 *SP*, 173쪽.
24 Van de Ven, *War and Nationalism*, 37쪽.
25 루이스 프랜시스 앨버트 빅터 니컬러스 마운트배튼(1900~1979). 영국의 명문 귀족 출신으로 당시 국왕이었던 조지 6세의 사촌이자 엘리자베스 2세 여왕의 남편인 에든버러 공작의 외삼촌이기도 하다. 해군 장교였던 그는 제2차 세계대전에서 노르웨이 전역과 크레타 전투, 디에프 작전 등에 참전했으며 항공모함 일러스트리어스를 지휘하여 추축군에 포위된 지중해 몰타에 항공기와 물자를 수송하기도 했다. 처칠과는 매우 가까운 관계였으며 1943년 8월 불과 43세의 나이에 해군 대장으로 승진하여 동남아시아 연합사령부 총사령관으로 부임했다. 그는 버마를 탈환하고 싱가포르에서 동남아시아 주둔 일본군의 항복을 받아냈다. 이후 인도의 마지막 총독으로 부임하여 인도와 파키스탄을 독립시켰다. 1979년 손자와 요트를 타던 중 아일랜드 공화국군IRA의 폭탄 테러로 사망했다. 그는 도쿄 전범재판이 군의 정치성을 위배한다는 이유로 비난하면서도 일본인들을 증오했고 평소 유언에 따라 장례식에 일본인들의 참석은 거부되었다.—옮긴이
26 Van de Ven, *War and Nationalism*, 39~40쪽.

서 중국-인도-버마 전역의 지휘권은 가지고 있었다. 이러한 상황은 "까칠한 조"가 장제스만큼이나 영국인들에게 거부감이 있었기 때문에 한층 복잡하면서 일을 어렵게 만든 것이라고 볼 수 있다.[27]

1943년 여름 동안 스틸웰은 장제스와 국민정부군 지휘관들을 유명무실한 존재로 전락시키고 자신이 공산군을 포함한 모든 중국군을 지휘하겠다는 환상에 사로잡혔다. 그와 장제스의 관계는 더욱 삭막해지고 있었다. 스틸웰은 장제스가 "나를 자신의 참모장으로 임명해서 자신이 내리는 무슨 명령이건 내가 군말 없이 따를 것으로 여기고 있다. 그는 정말 멍청이다"라며 조롱했다.[28] 이 단계에서 스틸웰은 장제스의 어떠한 제안이나 우선순위도 진지하게 받아들일 생각이 없었다. 이제 그는 상황이 요구하는 바를 조금이라도 이해할 수 있는 사람은 자신밖에 없으며 영국인들과 다른 대다수 미국인들도 착각하고 있다고 생각했다.

스틸웰의 자기-권력 강화는 워싱턴의 눈살을 찌푸리게 했다. 장제스의 처남 쑹쯔원은 진주만 공격 직후 외교부장으로 임명되었다. 쑹쯔원은 미국의 수도에서 루스벨트의 가까운 친구이자 정치적 해결사인 해리 홉킨스의 영향력을 이용해 스틸웰에 대한 불만을 토로하면서 미국이 그의 지휘권을 빼앗도록 압력을 가했다. 스틸웰이 중국에서 악영향을 끼치고 있다고 여겼던 홉킨스는 이에 공감했다. 그리고 쑹쯔원에게 군 수뇌부의 교체를 제안할 것을 권고했다. 9월 15일 쑹쯔원은 백악관을 향해 마운트배튼이 동남아 연합사령부의 사령관으로 임명된 이상 스틸웰은 더 이상 중국에 남아 있을 필요가 없다고 주장했다. 그 대신 중국인 장군이 중국-버마-인도 전구의 항공력을 비롯한 중국 내 모든 부대를 지휘할 것을 요구했다.[29] 백악관은 그의 주장을 받아들였다. 9월 중순 루스벨트는 골칫거리 미군 참모장의 소환을 준비했다. 쑹쯔원은 10월 15일 충칭으로 돌아왔다. 장제스는 스틸웰의 소환을

27 Thorne, *Allies of a Kind*, 299쪽.
28 *SP*, 1943년 9월 4일, 186쪽.
29 Ramon H. Myers, "Casting New Light on Modern Chinese History: An Introduction," 吳景平·郭岱君 編, 『宋子文駐美時期電報選』(上海: 復旦大學出版社, 2008), 256쪽.

공식 요구했다.

그런 뒤 장제스는 우물쭈물했다. 처남은 스틸웰의 퇴출을 외치고 있었지만 다른 가족은 오히려 그가 계속 머물러 있어야 한다고 목소리를 높였다. "메이(쑹메이링)"와 "큰누나(쿵샹시의 아내였던 쑹아이링)"는 뜻밖에도 참모장(스틸웰)을 편들었다. 스틸웰은 자신을 닦달하는 쑹쯔원을 향해 그녀들이 변호해주었다고 착각했지만 어쨌거나 그는 "총명한 부인들"이 "심각한 상황"을 해결했다고 평가했다.[30] 장제스의 아내와 처형은 스틸웰이 쫓겨날 경우 그와 장제스의 반복되는 불화 문제는 해결될 수 있겠지만 일본군이 여전히 자유중국의 정복을 으름장 놓고 있는 와중에 미중의 분열을 드러내게 될 것이라며 우려했다. 특히 쑹메이링은 소환을 강력히 반대했다. 쿵샹시와 쑹아이링은 스틸웰이 소환될 경우 자신들을 희생양으로 삼아 쑹쯔원의 권력이 강화되는 것이 아닐까 두려워했는지도 모른다. 워싱턴은 쿵샹시에 대해 부패하고 식견이 결여된 인물로 간주했다. 여기에는 나름의 합리적인 근거가 있었다. 쿵샹시와는 달리, 쑹쯔원은 비교적 자유주의자이며 정당한 권리를 가지고 더욱 높은 권력을 추구하는 잠재적인 도전자로 여겨졌다. 장제스는 쑹쯔원이 다른 인척들보다 더 많은 정치권 권력을 가지는 것을 원치 않았다. 또한 스틸웰을 잃는다면 (영국 마운트배튼이 지휘하는) 동남아시아 연합사령부가 중국보다 영국의 우선순위를 앞세워 중국군을 활용하도록 한층 압박을 가하지 않을까 우려했다.[31]

10월 16일, 마운트배튼은 충칭에 도착해서 스틸웰을 만났다. 스틸웰은 음울한 대문자로 "대원수는 내가 쫓겨나야 한다고 말하고 있다"라는 편지를 그에게 보냈다.[32] 그러나 마운트배튼은 장제스더러 스틸웰을 유임하라고 압박했다. 사면초가에 몰린 장제스는 10월 17일 스틸웰을 면담했다. 두 사람은 격렬한 대화를 나누었다. 장제스는 이렇게 썼다. "스틸웰이 들어오자 나는 그의 잘못된 견해에 대해 충고했다. 그는 그 사실을 인정했고 앞으로 나에게

---

30 *SP*, 1943년 9월 25일, 193쪽.
31 Van de Ven, *War and Nationalism*, 39쪽.
32 *SP*, 1943년 10월 16일, 196쪽.

복종하기로 동의했다."³³ 스틸웰은 그렇게 여기지 않았다. 그는 밤늦게 장제스의 호출을 받았다. 장제스는 그에게 "총사령관과 참모장의 직무를 이해해줄 것"과 "어떤 우월의식도 가지지 말 것"을 권고했다. 스틸웰은 "헛소리"라고 여기면서도 "나는 예의를 갖추어 경청했다"라고 썼다. 전반적으로 그는 "나는 공기처럼 자유로우며 어떤 후회나 자책도 없다"라고 느꼈다.³⁴ 두 사람은 근본적인 문제를 해결하는 대신, 대결을 뒤로 미뤘을 뿐이었다. 며칠 뒤 장제스는 결정을 뒤집고 스틸웰이 남아줄 것을 요청했다. 쑹쯔원은 워싱턴에서 자신의 노력이 수포가 되었다는 데 분통을 터뜨리고 굴욕감을 느꼈다. 하지만 장제스는 듣지 않았다. 장제스는 일기에 지난 일의 모욕을 되짚어보면서 곱씹었다. 그는 1920년대에 쑹쯔원이 보로딘(황푸군관학교에서 국민당과 공산당을 훈련하기 위해 소련에서 보낸 코민테른 요원)과 함께 자신을 끌어내리는 계획에 참여했으며 1931년 만주사변 위기에서는 자금 조달을 거부하여 자신을 더욱 궁지로 내몰았다고 확신했다.³⁵ 쑹쯔원은 이제 권력에서 밀려났다.

1943년 10월 같은 주에 충칭 정부는 믿기 어려운 연합국들과의 관계를 염두에 둔 방책으로 난징의 왕징웨이 정권과 대화의 끈을 여전히 유지했다. 그리고 또 다른 대표로서 쉬차이청徐采丞이 파견되어 내부협력자가 된 저우포하이를 만났다.

쉬차이청은 저우포하이에게 중국이 일본과 독단적인 평화를 맺지 않겠다고 모든 연합국과 함께 서약했지만, 중국의 영토 주권을 보호하는 목적이라면 그러한 논의를 할 수 있는 예외 조항이 있을 것이라고 말했다. 저우포하이는 의심이 들었다. 그는 "중국을 위해 숙고하는 것이란 바둑을 두는 것과 같다"라고 생각했다. "당신은 되돌릴 수 없는 행동을 하지 말고 묘책을 위한 얼마쯤의 여지를 남겨두어야 한다. 하지만 충칭이 과연 여기에 대해 깊이 생각해봤는지, 미국과 영국이 정말로 그러한 조건에 동의했을는지 나로서는

33 *CKSD*, 1943년 9월 18일.
34 *SP*, 1943년 9월 17일, 187~188일.
35 *CKSD*, (Box 43, folder 9), 1943년 10월 18일.

알 수 없다."³⁶ 그의 의심은 일리가 있었다. 서구 연합국들은 일본과의 협상을 위해 그 같은 자율권을 중국에게 내줄 의사가 조금도 없었다.

1943년 11월까지 연합국과 추축국은 체스 게임에서 서로 다른 위치에서 있었다. 유럽에서는 히틀러 군대가 스탈린그라드에서 패배하면서 1942년 6월 미드웨이 해전의 승리와 이듬해 솔로몬 제도의 더딘 탈환에 따른 태평양에서의 추진 동력에 한층 불을 붙였다. 7월에는 이탈리아에서 무솔리니가 권좌에서 쫓겨났다. 이제 유리한 쪽은 연합군이었다. 일본인들은 장제스가 미국, 영국에게 묶여 있기보다 자신들과 협상하는 쪽이 더 낫다는 사실을 보여줄 수 있어야 했다. 1943년 9월 도쿄 대본영에서 열린 회의에서는 더 이상 독일의 지원을 기대할 수 없다는 결론을 내렸다. 일본 전시 경제는 심각한 압박을 받고 있었다. 철광석과 강철, 석탄, 석유 등 하나같이 부족한 형편이었다. 따라서 일본 본토와 석유가 풍부한 동남아시아 점령지의 방어를 우선하는 것으로 전략을 조정해야 했다. 일본은 버마와 동남아시아 점령지 대부분을 지키되, 소련에 대해서는 반드시 중립을 고수하도록 노력할 필요가 있었다. 또한 이날 회의에서는 중국과의 전쟁이 확대되는 일을 피해야 한다고 강조됐다.³⁷

이제 두 개의 동맹국이 전후 아시아에서 서로 전혀 다른 이상의 전시장이 될 정상회담을 위해 한자리에 모였다. 도쿄는 자신들의 목표가 서구의 굴레로부터 아시아 동맹국들의 "해방"이라고 공개 선언했다.³⁸ 이에 대한 제스처로서 11월 30일 일본은 왕징웨이 정권과 적어도 명목상으로는 이전의 굴욕감을 주던 합의보다는 좀더 평등한 조약을 체결했다. 이튿날 왕징웨이와 저우포하이는 일본인들이 자신들의 제국을 위해 사용하던 거창한 표현인 대동아공영권을 축하하는 회의에 참석하기 위해 도쿄로 날아갔다.

그들이 착륙한 전시 수도는 정말 소박한 장소였다. 아직은 미국의 주요 폭

---

36   *ZFHR*, 1943년 10월 5일, 803쪽.
37   R. B. Smith, *Changing Visions of East Asia, 1943~1993: Transformations and Continuities*(London, 2010), 18쪽.
38   Smith, *Changing Visions*, 19쪽.

격 범위에서 벗어나 있었지만 쌀 공급이 줄어들면서 점점 궁핍해지고 있었다. 회의를 소집한 이유는 나날이 악화되는 현실을 무시한 채 일본과 그 동맹국들의 돈독한 관계를 보여주어 일본이 이 지역을 그렇게 오랫동안 지배해왔던 서구 제국주의를 대체할 새로운 정치체제에 착수했다는 생각에 얼마만큼이라도 실체를 부여하려는 속셈이었다. 1943년 11월 5일, 일본 도조 총리는 아시아 각지에서 도쿄로 모여든 한 무리의 지도자를 환영했다. 버마의 독립 지도자 바모는 저우포하이가 보기에 학생회장처럼 "쾌활하고 사교적"이었다. 반면 미국 통치자들에게 쫓겨났으나 지금은 필리핀 정부를 이끌고 있는 조제 라우렐에 대해서는 "아주 노련했다"라고 평가했다. 그러나 대표들 중에서 가장 카리스마를 지닌 지도자는 전前 인도 국민회의 총재였던 수바스 찬드라 보스였다. 1941년 독일에 망명했던 그는 "자유 인도Azad Hind"의 실현을 위한 새로운 조직인 인도국민군Indian National Army의 지도자로서 일본에 왔다. 보스의 연설을 들은 저우포하이는 "결의에 찬 혁명가"라며 극찬했다. 보스는 일본의 역할을 찬양했다. "세계가 광명과 깨달음을 얻기 위해 동양에 의지한 것은 이번이 처음은 아니다. 새롭고 자유로우며 번영하는 동양의 창조에서 일본 정부와 국민이 주도적인 역할을 맡아야 한다." 보스는 또한 1904~1905년의 러일전쟁이라는 고무적인 사례를 떠올렸다. 이 사건은 아시아 열강이 유럽 열강을 물리친 최초의 일이었다. 마무리는 중화민국 국민정부의 주석 왕징웨이가 맡았다. 역동적인 보스나 바모와 달리 왕징웨이는 마치 부서질 것 같은 느낌이었다. 바모는 왕징웨이에 대해 이렇게 말했다. "놀랄 만큼 미남이었다. 말은 많지 않았지만 조심스럽게 단어를 골랐다. 그의 절제된 태도와 이어지는 단어들을 통해 금세 중국의 비극을 느낄 수 있었다."[39]

회의에서 구체적인 약속이란 거의 없었다. 그러나 동남아시아 지도자들과 보스에게는 아무리 그들의 독립에 대한 일본의 지지가 약하고 제 잇속을 차리는 것에 불과하다고 한들, 이날의 회의는 영국이나 (필리핀의 경우) 미국

---

39 Ba Maw cited in Boyle, *China and Japan at War*, 323쪽.

의 식민 통치로부터 자유와 독립의 열망이 마침내 공식적으로 인정받았다는 명확한 순간을 보여주었다. 왕징웨이에게는 그러한 이득이 없었다. 이미 위태로운 중국의 주권은 전쟁이 발발한 뒤 탄탄해지는 대신 거꾸로 약화되었다. 말로는 보다 평등하고 진정한 동반자라고 해도 일본과의 새로운 동맹은 믿을 만한 것이 아니었다. 그러나 대동아공영권 회의가 아무리 얇은 갈대와 같다고 해도 전후 연합국의 이상에 대한 명백한 도전이었다.

연합국이라는 이름과는 정반대로 이들은 놀라울 만큼 분열되어 있었다. 이런 점은 특히 장제스 입장에서 문제로 와닿을 수밖에 없었다. 중국의 허약한 지위는 협력 관계가 스스로 안고 있는 기이한 모순 때문이었다. 결정적으로 소련은 일본에 중립을 고수했다. 이것은 스탈린이 중국의 대일 전쟁 목표를 공식적으로 지지한다는 뉘앙스를 풍길 수 있다는 이유로 장제스가 참석하는 어떤 공개적인 회의에도 모습을 드러낼 수 없다는 의미였다. 그러나 스탈린은 명백히 전후 아시아 형성에 대해 중요한 관심을 가지고 있었다. 결과적으로 1941년 이후 거의 모든 주요 회의에서 (스탈린을 참석시키기 위해) 장제스가 배제될 수밖에 없었다. 이러한 상황은 처칠이 중국에 대해 멸시감을 노골적으로 드러내면서 더욱 나빠졌다.

장제스 입장에서 이러한 압박은 1943년 11월 22일부터 26일까지 열린 카이로 회담(코드네임 "육분의Sextant")의 중요성을 증대시켰다. 카이로 회담은 제2차 세계대전 중 중일전쟁의 포괄적 해결을 실현하려고 했던 유일한 정상급 회담이었다. 이 회의는 미국, 영국 사이에 긴장이 계속되는 와중에 열렸다. 양측은 1943년 겨울과 이듬해 봄 내내 서유럽 탈환을 위한 오버로드 작전(노르망디 상륙작전의 코드네임─옮긴이)의 개시일을 놓고 설왕설래하고 있었다. 미국인들은 전략적 우선순위를 정하자고 주장하는 반면, 영국인들은 선택의 여지를 남겨두기를 원했다. 오버로드 작전에 대한 결정은 필연적으로 다른 전선들, 지중해와 태평양, 궁극적으로는 중국에 이르기까지 연쇄적인 영향을 초래할 것이었다.[40] 그러나 카이로 회담은 미국이나 영국 모두 태평

40 Weinberg, *A World at Arms*, 624~629쪽.

양전쟁을 어떻게 끝낼지에 대한 명확한 입장이 없다는 점에서 차질을 빚었다. 심지어 1943년 워싱턴과 런던 양쪽은 태평양 전선의 역할을 재조명했음에도 중국 전장의 중요성에 대해서는 여전히 모호하게 남겨두었다.[41]

허버트 후버 시절 전쟁부 장관을 지냈던 패트릭 헐리는 이제 루스벨트의 개인 특사로 임명되었다. 11월 12일 그는 충칭에서 장제스와 회담했다. 장제스가 보기에 헐리가 찾아온 이유는 다가오는 회담에서 서로의 오해가 없도록 처칠과 스탈린에 대한 루스벨트의 의도를 납득시키기 위함이었다. 장제스는 "동아시아 문제에 관한 처칠과의 논쟁을 자신에게 맡겨줌으로써" 두 사람 사이에 중재사로 끼어들겠다는 미국 대통령의 의도라고 해석했다. 그는 카이로에서 자신이 강조할 몇 가지 중요 사항에 대해 거론했다. 새로운 국제 질서에서 중국이 동등한 지위를 부여받을 수 있는 연합국United Nations 체제의 공식적인 설립, 향후 버마 탈환 작전에서 해·공군의 원조 등에 대한 것이었다.[42] (여기서의 'United Nations'는 연합국들을 가리켰다. 이 용어는 1945년이 될 때까지 국제 연합the United Nations Organization이라는 뜻으로 사용되지 않았다.) 또한 장제스는 자신의 역할에 대한 중요성을 신중히 고민하는 데 시간을 할애했다. 여태껏 어느 비유럽 국가 지도자들도 이처럼 서방 강대국들과 어깨를 나란히 하면서 주요 회의에 참석할 수 있었던 적은 없었다. 장제스는 이렇게 떠올렸다.

나는 오직 중용만을 추구할 따름이다. 나 스스로 부끄러움이 없어야 한다. 일본 문제를 처리하고 배상을 논의하는 일에 있어서 미국과 영국이 먼저 이야기를 꺼내기를 기다려야 하며 우리가 먼저 거론해서는 안 된다. 그럼으로써 미국과 영국은 세계 전쟁에서 우리가 추호의 사심도 없다는 시실에 안심하고 우리를 존중할 것이다[43]

———

41 Thorne, *Allies of a Kind*, 294쪽.
42 *CKSD*(Box 43, folder 10), 1943년 11월 12일.
43 *CKSD*, 1943년 11월 17일.

장제스와 쑹메이링은 엄중한 보안 속에서 카이로에 내렸다. 그들이 대중 앞에 모습을 드러내자 신선한 충격을 주었다. 대영제국의 참모총장 앨런 브룩 장군은 몇몇 젊은 장교가 평소처럼 맵시 있는 패션을 한 마담 장(쑹메이링)을 보고는 "야단법석을 떨었다"고 썼다. 브룩 스스로는 그녀에 대해 "누런 얼굴"과 "줄담배"를 피우는 모습을 떠올리면서 "썩 보기 좋지는 않다"라고 생각했다.[44]

장제스는 지난 3년 동안 마음속으로 막연하게 불쾌하게 여겨왔던 윈스턴 처칠과 처음으로 대면했다. 쑹메이링의 통역으로 두 사람은 30분에 걸쳐 이야기를 나누었다. "내가 기대했던 것 이상으로 이야기가 더없이 순조롭게 진행되었다." 이튿날에도 그들은 꼬박 한 시간 동안 대화를 했다. 처칠이 "당신은 내가 형편없는 늙은이라고 생각했겠지요?"라고 말하자 다 같이 웃었다.[45](영국 외무부의 고위 관료 알렉산더 캐도건Alexander Cadogan 역시 "윈스턴은 마담 장에게 홀딱 빠져 있었다"라고 썼다.[46] [47]) 그날 늦게 장제스는 "폭삭 늙어 보이는" 루스벨트를 만났다.(이미 그는 죽음에 이르게 될 과도한 스트레스의 징후를 보여주었다.) 과묵한 장제스와는 달리, 쑹메이링은 계속 활기찬 모습을 보여주었다. 장제스는 이렇게 썼다. "다과회에서 아내는 모든 사람을 즐겁게 하려고 애썼다. 나는 별다른 말을 하지 않은 채 한 시간 뒤 그 자리에서 빠져나왔다." 그는 미국과 영국이 이미 회담 의제를 정해놓은 것으로 보이는 메모를 접하고는 혼란스러워 했다. 정작 중국의 제안과 그 지위에 대해서는 아무런 얘기도 없었다. "이것은 실로 납득하기 어려운 일이다."[48]

---

44 Pakula, *Last Empress*, 471쪽.
45 Pakula, *Last Empress*, 470쪽.
46 Thorne, *Allies of a Kind*, 319쪽.
47 실제로 처칠은 카이로 회담 중에 쑹메이링을 가리켜 "내가 전 세계에서 가장 높이 평가하는 몇 안 되는 여성 중 한 사람"이라고 극찬했으며 훗날 자신의 회고록에서도 "비상할 정도로 특유의 매력을 지닌 여성"이라고 표현했다. 골수 마초주의자이자 괴팍하기로 이름난 그로서는 이례적인 모습이었다. 루스벨트 역시 쑹메이링을 통해 장제스를 이해할 수 있게 되었다고 말했다. 당시 장제스를 수행한 중국 대표단 중에 영어에 능통한 사람은 많이 있었지만 쑹메이링이 직접 통역을 맡았으며 자신의 매력을 한껏 발휘하여 카이로 회담에서 가장 주목받는 여성이자 실질적인 주역이 되었다.(박명희, 「宋美齡과 戰時中國外交─宋美齡의 訪美活動이 中國政治에 끼친 影響을 중심으로─」, 『중국근현대사연구』 제51권 제51호, 중국근현대사학회, 2011)─옮긴이
48 *CKSD*, 1943년 11월 21일, 1943년 11월 22일.

카이로에서는 아시아와 관련된 두 가지 중요한 사안이 있었다. 하나는 전후 아시아에 대한 구상이었다. 다른 하나는 중국과 동남아시아 연합 사령부 SEAC가 당면하고 있는 전략에 대한 것이었다. 장제스는 회담을 위해 전후 자신의 가장 중요한 목표에 대해 적었다. 여기에는 만주와 타이완, 평후澎湖 열도의 회복, 한반도에 독립국가를 세우는 것, 대중 배상의 일부로서 중국 점령지 내 모든 일본 소유 공장과 선박의 인도 등이 있었다.[49]

그러나 논의는 결코 순조롭지 않았다. 연합국들은 아시아에서 어떻게 싸울지를 놓고 강력하게 걸고넘어졌다. 카이로에서 SEAC는 세 가지 유력한 안을 제시했다. 첫 번째가 버마의 재탈환("타잔Tarzan 작전"), 두 번째는 북부 수마트라 침공("컬버린Culverin 작전"), 마지막은 가장 야심만만한 계획으로 벵골만을 통해 안다만 제도를 점령하고 동남아시아에서 일본군의 보급선을 위협하는 벵골만 상륙작전("해적Buccaneer 작전")이었다.[50] 장제스는 슬림 장군의 영국군과 함께 중국군이 투입되는 "타잔 작전"을 지지했다. 그러나 그는 안다만해(벵골만 남동쪽에 있는 바다로, 버마해라고도 부른다—옮긴이)를 침공하는 계획도 약속해주기를 원했다. 카이로에 도착한 직후 그는 일기에 육·해·공 합동의 버마 침공을 지지할 것이며 목표는 북부 버마의 만달레이라고 적었다.[51] 처칠은 여기에 동의할 의사가 없었다. 하지만 장제스는 그가 "모든 사람이 암묵적으로 동의했음"을 깨달았을 것이라고 생각했다. 사실 미 수뇌부 또한 시큰둥했다. 그들은 태평양에서의 작전이 우선이라고 믿었다. 장제스는 이런 사실을 어느 정도 직감했을 것이다. "마셜과 의견을 나눴다. 마셜은 장황하게 (하지만 알맹이가 없는) 떠들었다. 나로서는 그의 요점이 무엇인지 알 수 없었다."[52] 마운트배튼 또한 장제스에게 호의적이지 않았다. "그(장제스)가 군대에 대해 도대체 얼마나 알고 있는지 궁금하지 않을 수 없다."[53] 동시에 마운트배튼은 영미 양국이 장제스에게 의도적으로 모호하게 대하고

49 *CKSD*, 1943년 11월 21일.
50 Van de Ven, *War and Nationalism*, 42쪽.
51 *CKSD*, 1943년 11월 21일.
52 *CKSD*, 1943년 11월 23일.
53 Thorne, *Allies of a Kind*, 333쪽.

있다는 사실에 대해서는 입을 다물었다. 이 때문에 후자(장제스)는 진지하게 전략적 선택을 내리기가 한층 어렵게 되었다. 그러자 뜻밖에도 루스벨트가 끼어들었다. 그는 장제스에게 "해적 작전"은 반드시 "타잔 작전"과 더불어 실행에 옮겨질 것이라고 장담했다.[54]

장제스는 루스벨트와의 대화를 통해 아시아에서의 주도적 지위를 비롯해 전후 중국과 관련한 자신의 목표가 실현될 것이라는 믿음을 갖게 되었다. 처칠이 빠진 채, 두 사람의 사사로운 대화에서 장제스는 대통령에게 일본의 미래, 그리고 전후 공산주의와 제국주의에 맞서 싸우는 일에 대해 언급했다. 그는 이렇게 썼다. "나는 소련 공산주의에 대한 루스벨트의 정책을 칭찬했다. 하지만 영국 제국주의를 향한 정책 또한 성공하여 전 세계에서 억압당하는 사람들이 해방되기를 희망했다. 오직 그런 뒤에야 우리는 이 전쟁에서 미국이 공헌한 바를 돌려줄 수 있을 것이다."[55] 그의 가장 큰 걱정거리는 소련이 탐내는 시베이西北의 신장성이었고 조선과 베트남의 독립에 대한 자신의 열망에 대해서도 거듭 강조했다.(후자는 중·미 합동 지도 아래 실현될 것이 확실시되었다.) 장제스는 루스벨트와의 대화에서 반反제국 민족주의와 반공이 양립할 수 있다는 그의 확신을 더해주었다. 장제스에 따르면 토론에서 매우 흥미로운 가능성이 제기되었다. 루스벨트는 전후 일본 점령을 중국군이 주도할 것을 제안했다. "이것은 아주 의미심장했다." 장제스는 이렇게 언급했다. "그러나 나는 당장 가부를 명확하게 밝히지는 않았다."[56]

이것은 분명 탁월한 선택이었을 것이다. 루스벨트의 온화하지만 모호하면서 툭 던져보는 식의 언급은 회담장에서 결코 검증할 길이 없을 것이고, 미수뇌부의 어느 누구이건 그 제안에 중요성을 부여한 사람은 장제스라고 여겼을 것이기 때문이었다. 장제스는 수십 명에 달하는 루스벨트의 가장 가까운 사람부터 적에 이르기까지 지난 수십 년에 걸쳐 익히 알고 있었던 일을

54　Van de Ven, *War and Nationalism*, 43쪽; *CKSD*, 1943년 11월 23일; Weinberg, *A World at Arms*, 628쪽.

55　*CKSD*, 1943년 11월 23일.

56　*CKSD*, 1943년 11월 23일.

겪고 있었다. 즉, 친근한 말솜씨로 자신과 대화를 나누고 있는 사람이 서로 의견이 완전히 일치한다고 믿게 만드는 것이 대통령의 능력이었다. 심지어 루스벨트는 같은 날 다른 사람과 앞서 얘기했던 말과는 정반대의 말을 입에 담기도 했다.

게다가 루스벨트는 장제스와 처칠 사이의 불신을 다 알고 있다는 듯, 두 사람을 손바닥 위에 올려놓고 가지고 놀았다. 장제스는 "나는 처칠이 영국식 정치가이며 앵글로색슨족의 전형적인 사례임을 알고 있다"며 콧방귀를 뀌었다. "그러나 루스벨트와 비교할 수는 없다. 그(처칠)를 요약하자면 편협하고 약삭빠르며 이기적이고 완고한 인간이다." (장제스에 따르면) 루스벨트는 연회에서 "내 머리를 지끈지끈하게 만드는 진짜 골칫거리는 처칠"이라면서 장제스의 증오심을 부추겼다. 영국은 여전히 중국이 강대국이 되는 것을 원치 않는다는 얘기였다.[57]

많은 미국인은 영국에 대한 장제스의 우려에 공감했다. 그들 또한 미국의 전쟁 노력이 대영제국을 지탱하는 데 사용될까 우려했다. 카이로 회담을 전후로, 아시아에서 처칠의 전쟁 목표가 루스벨트의 그것과는 본질적으로 다르다는 사실이 분명했다. 따라서 미국인들은 전후 유럽과 아시아 구상을 놓고 스탈린과 직접 논의할 수 있는 여지를 더 많이 남겨두고 싶어했다. 지난 9월 처칠은 백악관에서 "앵글로색슨 민족의 우월성"을 유지할 필요성에 대해 언급했다. 그 자리에는 전 중국 대사를 지낸 넬슨 존슨을 비롯해 (비록 그는 국민당의 시련에 대해서 늘 동정적이었지만) 그러한 생각에 찬성하는 몇몇 미국의 대중적인 인사도 있었다. 그러나 대다수 미국인은 그들의 편견과는 별개로 영국과 손을 잡는 것이 제국주의 동맹이라는 불편한 가능성을 만들어 대일 전쟁이 인종 전쟁으로 바뀔 위험성이 있다는 사실을 알아차렸다. 국무부 차관보이자 루스벨트의 "고문단Brains Trust" 일원이었던 아돌프 벌은 두 나라가 "중국 문제, 인종 문제, 인도 열망에 대한 생각"을 비롯한 아시아의 여러 쟁점을 놓고 서로 갈라서 있다고 판단했다. 처칠의 입발린 말 저 너머에,

---

57 *CKSD*, 1943년 11월 25일, 1943년 11월 26일.

진실은 제국이 지나치게 팽창해 있고 특히 끝없이 불어나는 영국의 전시 부채로 인해 미국이라는 동맹의 어두운 그늘 속으로 향하고 있었다는 것이다.[58] 영국인들 또한 비록 주류적인 분위기는 아니지만 미국의 진짜 적이 독일이 아니라 일본이라고 여기지는 않을까 걱정했다. 앨런 브룩은 자신의 일기에 미국 군인들에 대해서 "그들의 마음은 사실상 태평양에 있다"라고 썼다.[59]

장제스와 쑹메이링은 잠깐 피라미드를 방문한 후 11월 27일에 떠났다. 카이로 이후 장제스는 자신이 배운 것을 되새겨보았다. "내가 외교 무대에서 모습을 드러내기는 처음이었다." 그는 이렇게 언급하면서 앞으로의 해외 활동에서 한층 자신감을 가질 수 있을 것이라 장담했다. 만약 자신이 그토록 염원했던 영토의 회복을 실현한다면 "중국 역사상 가장 위대한 외교적 성과가 될 것이다."[60]

그의 개인적인 일기라고는 해도 어떤 의미에서는 지나치게 앞서가는 얘기였다. 그러나 동시에 한 가지 놀라운 사실이 눈길을 돌리게 만들었다. 중국 같은 외교적 약소국이 강대국들을 상대로 적어도 명목상이나마 동등한 대우를 해달라고 압박했던 사례는 지금까지 찾아볼 수 없었다. 장제스는 여러 차례 영국이 가지고 있는 영향력을 돌아보았다. "영국은 세계에서 가장 먼 곳까지 뻗어나가는 힘을 가지고 있다. 아시아와 아프리카 두 개의 대륙에서, 심지어 결코 길들일 수 없는 이슬람교도들조차 그들에게 순종하게 만든다. 그들의 마력은 실로 경탄하지 않을 수 없다." 카이로 회담 내내 영국이 미국에 비해 영향력이 줄어들고 있다는 것에 초조해하던 처칠이 장제스의 평가를 알았더라면 만족스러워했을 것이다.

그러나 장제스의 언급은 중국이 서구 열강들과의 관계에서 얼마나 발전했는지를 보여주었다. 겨우 20년 남짓한 시간 만에 장제스는 이름 없는 지방 군벌에서 미국 대통령, 영국 총리와 어깨를 나란히 할 수 있는 지도자가

58 Thorne, *Allies of a Kind*, 275~279쪽.
59 Thorne, *Allies of a Kind*, 291, 292, 288쪽.
60 *CKSD*, 1943년 11월 26일 이후의 주간 반성록.

되었다. 장제스는 이제 독립을 원하는 다른 나라들에게 선례가 될 수 있도록 이번 기회를 이용하여 스스로 한층 강력해져야 한다고 생각했다. 장기적으로 미국, 영국과 진정한 경쟁을 위해서는 중국인들의 교육 수준을 높일 필요가 있었다. 그러나 보다 단기적인 관점에서 본다면 "영국은 다른 국가들을 돕기 위해 어떤 것도 내놓지 않을 것"이 분명했다. 따라서 루스벨트가 버마에서의 어떤 종류의 지상 작전이 되건 해군을 원조키로 보장한 것은 큰 의미가 있었다. 장제스의 신중함은 선견지명이었다.[61]

———

장제스가 충칭으로 돌아오는 비행기 안에서 참고 견디는 동안, 카이로에서 2000킬로미터 떨어진 페르시아 수도 테헤란에서 있었던 사건은 상황을 크게 바꾸어놓고 있었다. 카이로에서 합류하기를 거부했던 스탈린은 테헤란에서 루스벨트, 처칠을 만나 자신의 입장을 분명히 했다. 그는 유럽이 절대적으로 우선되어야 한다고 고집하면서 오버로드 작전이 시작되면 동부 전선에서의 작전을 한층 강화하겠다고 장담했다. 또한 소련은 대일전에 참전하기로 약속하면서도 그 시기는 오직 독일이 항복한 후가 되어야 한다고 말했다. 그 결과 연합국의 목표는 급변했다. 벵골만을 통한 주요 상륙작전이 될 "해적 작전"은 12월 5일 없었던 일이 되었다.[62] 그 작전은 영국 해군이 보유한 상륙함의 태반을 요구하는데다, 미 수뇌부는 과연 그것이 성공 가능한 전략이라고 결코 확신한 적이 없었다. 해적 작전의 포기는 중국과의 맹약이 마치 대수롭지 않은 양 간단하게 파기될 수 있다는 또 다른 암시였다.

고립무원의 신세가 될까 우려한 장제스는 윈난 주둔군(Y군)의 버마 출동을 거부했다. 그는 불평을 늘어놓았다. "이것만 보더라도 영국은 극동에서 힘을 낭비하고 싶은 생각이 없다는 것을 알 수 있다."[63] 처칠은 마운트배튼

61 *CKSD*, 1943년 11월의 월간 반성록.
62 Van de Ven, *War and Nationalism*, 45쪽.
63 *CKSD*, 1943년 10월 1일.

에게 아라칸 해안(인도와 버마 사이에 있는 해안—옮긴이)에서 소규모 상륙작전을 실시하여 2만 명의 영국군이 중국군을 지원할 것을 승인했지만 장제스는 제안을 거절했다. 이 결정으로 해적 작전은 끝장났다. 장제스는 버마로 밀고 들어가는 타잔 작전에 전념하기로 한 약속은 그대로 유지했다. 중국 영토 밖에서의 연합 작전에 일정 정도 기여할 필요가 있음을 깨달았기 때문이었다. 동시에 중국의 이익과 남아 있는 군사력이 거대한 지리적·전략적 게임의 장기 말로 전락되지 않도록 조심스레 행동하는 것은 지극히 당연한 선택이었다. 장제스는 영국의 배신을 거듭 비난했다. "영국은 버마 진격에 대해 표리부동하다." 또한 덧붙여서 그들의 행태가 "우리 경제를 질식시키고 있다"라고 썼다. 마셜은 상륙작전 대신 버마 북부를 관통하는 도로를 건설하기로 약속했다.[64]

변화무쌍함이 장제스를 뒤흔들었다. 그는 카이로에서 돌아오는 길에 인도에서 잠시 머물면서 자신의 위태로운 지휘권에 대해 다시 한 번 떠올려야 했다. 그곳에서 정둥궈鄭洞國 장군과 얘기를 나누고 비하르Bihar주의 람가르Ramgarh에 주둔한 주 인도 중국군 3만3000여 명을 사열했다. "스틸웰은 정둥궈를 꼭두각시로 취급하고 있다." 장제스는 이렇게 한탄했다. "그는 정둥궈에게 실권을 주지 않았고 레도Ledo의 최전선에서 작전을 지휘하는 것을 허용하지 않았다. 이러한 일들은 얼마든지 있다. 실로 마음이 아프다." 동시에 장제스는 고위 장성들의 자질을 높이는 문제에 대해서는 결코 간과하지 않았다. 그는 "우리 지휘관들의 정신과 신체, 학습은 냉철하게 말해서 미국인들과 겨룰 수 없다"라고 인정했다. "우리가 어떻게 해야 이처럼 낙후된 사람들을 가르치고 국가에 자긍심을 심어줄 것이며 진정한 민족 해방을 도모할 수 있겠는가?"[65]

한편으로, 일부 미국인들 마음속에서는 자신들이 장제스를 과연 어디까지 지원할지에 대한 의구심이 점점 굳어갔다. 그들의 비판은 한층 가차 없었다. 충칭에서 보는 상황은 카이로와는 전혀 달랐다. 카이로 회담이 끝나고

64   Van de Ven, *War and Nationalism*, 46쪽.
65   *CKSD*, 1943년 11월 30일.

대원수가 복귀하자 가우스 대사는 코델 헐에게 중국의 항전 역량이 앞으로 얼마나 이어질지에 대해 우려를 드러내는 편지를 썼다. 그는 명망 있는 국민정부 경제부장인 웡원하오가 자신과의 대화에서 현물세의 징수로 인해 농민들의 깊은 원한을 샀음을 솔직하게 털어놓았다고 보고했다. "중국인들이 절망적인 경제 문제를 해결할 수 없다는 사실을 인정해야 한다." 가우스는 이렇게 주장하면서 중국 정부가 이제는 전략적으로 "완전히 수세적"이며 "모든 면에서 수동적이면서 현실에 안주하고" 있다는 사실도 받아들여야 한다고 말했다. 또한 중국군의 영양 상태가 매우 심각하고 부패로 가득하며 군사적 가치를 찾아볼 수 없는 행동만 벌이고 있다고 주장했다.[66]

충칭에서 가우스만이 자유중국의 쇠락을 알아차리지는 않았다. 그와 그레이엄 펙은 장제스 정권이 가장 심각한 어려움 속에서 미국의 달러를 이용해 권력을 지탱하는 모습을 볼 수 있는 사람들 중 한 명이었다. 다이리가 이끄는 군통의 앞잡이들은 수많은 반체제 인사를 체포하여 고문하고 처형장으로 끌고 갔다. 장제스는 여전히 서방의 또 다른 동맹인 스탈린만큼 야만적이지는 않았지만 1943년 말이 되면 국민정부는 더 이상 애정과 존경을 받기 불가능한 상태가 되었다. 가우스는 그러한 "유사 파시스트"적인 행동이 전후 미국의 곤혹스러운 동맹을 만들게 될 것이라고 언급했다.

그러나 가우스는 설령 정치적 상황이 아무리 심각하다고 해도 "중국이 불가피하게 일본과 타협을 선택할지 모른다고 지레짐작하는 것은 성급하다"는 점을 인정했다. 그는 국민정부가 전쟁에서 연합국이 이길 것이며 "반드시 승자 쪽에 서야 한다"고 진심으로 믿고 있음을 단언했다. 또한 중국이 지난 6년 싸웠고 "거의 50만 명의 일본군"을 묶어두고 있다는 사실을 헐에게 상기시켰다. 그는 "전쟁 피로"가 더 이상 중국이 행동에 나서지 못하게 강력하게 막고 있다는 사실을 솔직하게 시인했다.(물론 그해 초 장제스 역시 "우리는 지난 6년에 걸친 항일전쟁으로 완전히 기진맥진해졌다"고 털어놓았다.)[67] 많은 중국인은 자국이 이미 아시아를 지키는 일익으로서 역할을 수행해왔으며 소

---

66 FRUS 1943: China(1943년 11월 30일), 167~176쪽.
67 CKSD, 1943년 4월 20일.

련의 원조를 받는 공산당이 중국 북부를 점령하지 못하도록 막는 것은 물론, 전쟁이 끝난 뒤를 대비해 자신들의 정부가 힘을 보존해야 한다고 생각했다. 가우스 또한 미국이 단독으로 일본과 평화 협상을 맺을지 모른다는 장제스의 커다란 공포심을 인정했다. 여기에는 왜 만신창이가 된 중국이 전쟁 다음 단계에서 보다 적극적으로 행동하기를 그토록 꺼렸는지를 설명해주는 많은 이유가 있었다.

가우스에게는 그럴 만한 자격이 있었지만 그의 비판이 그다지 공평하다고는 할 수 없었다. 장제스는 태평양에서의 연합 작전에 기꺼이 참여할 의사가 있다고 분명하게 밝혔다. 그러나 다른 연합국들이 유럽에 온 힘을 집중하는 와중에 장제스의 그러한 제안이 진심이었다고 보기 어려웠다. 당시 상황에서 장제스가 수세적인 전략을 선택했다고 해서 놀랄 일은 아니었다. 다시 한 번 연합국은 중국의 우선순위를 두 번째, 심지어 세 번째로 낮추었다. 그뿐만 아니라 연합국의 지리적·전략적 목표라는 측면에서는 이해할 수 있지만 중국을 가장 낮게 취급하면서도 그들더러 마치 첫 번째 순위가 된 것처럼 행동해야 한다는 뉘앙스를 은근히 풍겼다. 그러한 요구는 위선이었다. 연합국의 전략은 유럽 탈환을 앞두고 중국에서 더 이상의 행동이 없을 것이라는 전제가 깔려 있었다.[68] 장제스가 정말로 자신의 군대를 동원해 어떤 식으로든 단독 공세에 나섰더라면 괴멸적인 타격을 입었을 것이다. 또한 충칭 정권의 몰락은 앞당겨졌을 것이고 난징 정권이 중국에서 더 많은 영토를 차지했거나 공산당이 더 빨리 승리했을지도 모른다.

장제스는 루스벨트에게 보낸 메시지에서 태평양에서의 전면적인 공세가 수행되지 않는 것에 대해 자신의 실망감을 솔직하게 털어놓았다. 특히 점점 닥쳐오는 경제적 붕괴 앞에 놓인 중국인들은 연합국의 원조 약속이 과연 진심인지 믿지 못하게 될 것이라고 경고했다. 오직 10억 달러의 차관과 중국 내 미 공군의 규모를 두 배로 늘리고 공중 수송량을 매월 2만 톤으로 늘리는 것만이 중국 경제의 붕괴를 막고 항전 역량을 지탱할 수 있다는 것이었

---

68 Van de Ven, *War and Nationalism*, 62쪽.

다. 그렇지 않으면 일본군은 연합군이 유럽에 모든 힘을 집중하는 동안 중국을 "처리해버릴" 것이라고 우려를 표했다.[69]

그러한 요구는 최소한 현명하다고 할 수 없었다. 오히려 장제스의 끝없는 탐욕으로 비추어졌다. 그러나 장제스가 알맹이 없는 막연한 지원 공약보다 수중의 현금이 더 낫다고 생각한 것은 (그가 처한 상황을 본다면) 충분히 용서받을 수 있는 일이었다. 결과적으로 카이로에서 충분히 강해졌다고 여겼던 그의 위치는 얼마 되지 않아 약화되었다. 이제 유럽, 그리고 오버로드 작전에 대한 계획이 1944년 세계 전쟁 무대를 지배하리라는 점은 분명했다.

새해가 밝았을 때, 장제스는 자신이 곧 정권의 사활을 걸고 필사적으로 싸우게 되리라는 사실을 깨닫지 못했다. 프랑스 해방에 모든 병력을 집중하기로 한 결정은 불과 몇 주 뒤 중국에서 전혀 생각하지 못했던 직접적이면서 매우 위험한 결과를 초래할 참이었다. 더욱이 연합국, 그중에서도 미국인들이 자신들의 결정을 장제스에게 억지로 강요하면서 상황은 한층 나빠지게 될 것이었다.

---

69 *FRUS 1943: China*(1943년 12월 9일), 180쪽.

제17장 하나의 전쟁, 두 개의 전선

황야오우黃耀武가 난생처음 비행기를 타본 때는 1944년 6월 부대가 인도로 공수되면서였다. 험프 비행이 위험하다는 사실은 알고 있었지만 젊고 모험을 할 준비가 되어 있었던 그는 그다지 걱정하지 않았다. 그를 훨씬 더 괴롭혔던 쪽은 추위였다. 지상의 기온은 높았지만 9000미터 상공을 비행하는 더글러스 C-47 다코다[1] 내부의 병사들은 한 겹의 옷만 걸친 채 뼛속까지 떨고 있었다. 황야오우는 "나는 어지러웠고 머리가 지끈거렸다"고 떠올렸다. 가련하게도, 그는 잠이 들었고 따뜻한 공기가 몸에 와닿은 뒤에야 자신이 최종 목적지인 인도에 당도했음을 알 수 있었다.[2]

광둥성 출신이었던 황야오우의 부모는 미국으로 이민 갔지만 1911년 이후 새로운 공화국 건설에 일조하겠다는 열망으로 귀국했다. 1928년에 태어난 황야오우는 전쟁 초반 부모님을 모두 잃고 스스로 살아남기 위해 겨우 15세의 나이에 입대했다. 그는 입대 초기의 기억이 생생하게 떠올랐다. 그와 신병 무리가 앉은 자리 정면에는 장제스와 마오쩌둥, 허잉친의 사진이 마치 모두 한 당의 동지들이고 1930년대의 참혹했던 충돌은 전혀 없었던 일

---

1   제2차 세계대전 중 미 육군항공대의 주력 쌍발 수송기. 원래는 민간 항공기였던 DC-3를 군용 모델로 개량했다. 1941년에 첫 비행을 했으며 제2차 세계대전과 한국전쟁, 베트남전까지 물자 수송과 공수부대 낙하작전 등에 사용되었고 1만 대 이상 생산되어 동맹국들에게도 공여되었다. 중국 공군에도 적지 않은 수가 원조되어 그중 일부는 국공내전 중에 공산군의 손에 넘어가 공산군 공군의 초기 기체로 활용되었다. 원래 정식 기체 이름은 "스카이트레인Skytrain"으로, "다코다Dakota"는 영국 공군에서 부른 명칭이었다.—옮긴이
2   黃耀武, 『我的戰爭(1944~1948)』(瀋陽: 春風文藝出版社, 2010), 24쪽.

인 양 벽에 나란히 걸려 있었다. 그 뒤 그와 동료들은 산속으로 들어가서 서로 피로써 형제의 맹세를 하면서 일본 침략자들을 모조리 죽이기 전까지는 결코 고향으로 돌아가지 않기로 다짐했다. 몇 달이 지나지 않아 황야오우는 중국 항일전쟁을 통틀어 가장 영웅적이면서 비극적인 한 해 동안 중요한 역할을 하게 될 참이었다. 한쪽에서는 추한 승리를 거두었지만 다른 한쪽에서는 국민정부를 거의 결딴낼 뻔한 재앙에 직면하게 되었다. 그해 초 장제스는 루스벨트에게 전보를 보냈다. 그는 카이로에서의 합의를 뒤엎고 테헤란에서 이뤄진 결정은 일본군을 자극하고 중국을 정복할 기회를 잡게 될 것이라고 경고했다. "일본은 당연하게도 연합군의 모든 전력이 유럽 전선에 집중되리라 예상할 것이다. 그렇게 되면 중국 전구는 일본 기계화 부대와 항공부대 앞에 내버려질 것이다." 그는 이렇게 주장했다. "오래지 않아 일본은 중국에서 총공세에 나설 것이다."[3] 서구 정보기관들은 그 주장에 동의하지 않았다. 그들은 일본군이 한층 방어에 집중할 것으로 확신했다. 장제스는 2월 제4차 난웨南岳(후난성 남부 형양에 있는 도시─옮긴이) 군사회의에서 자신의 입장이 동맹국들에게 보다 비중 있게 받아들여지지 못한 것에 대해 불만을 드러냈다. "그들은 여전히 중국군을 동등한 존재로 여기지 않는다. 매우 수치스러운 일이다. 이는 근본적으로 우리 군대가 여전히 약하기 때문이다."[4]

봄이 되자 중국 동부 지역에서 무언가 벌어질 징후가 있었다. 가우스는 3월 23일 헐에게 믿을 만한 정보통을 근거로 "일본군이 허난성에서 새로운 공세를 준비 중이다"라고 알렸다.[5] 그러나 스틸웰의 관심은 다른 곳에 있었다. 1944년 2월 14일, 『타임』지에는 인도에서 버마에 이르는 보급로 건설을 신랄하게 비판하는 사설이 실렸다.

스틸웰 중장은 17개월에 걸쳐서 워싱턴과 런던, 뉴델리의 집중 공격을 받았다. 비판가들은 인도와 중국을 연결하는 새로운 레도 로드Ledo Road에

---

3 1944년 1월 1일의 문서(PRO), in Van de Ven, *War and Nationalism*, 46쪽.
4 「第四次南岳軍事會議開會訓辭」(1944년 2월 10일) *ZT*, 324쪽.
5 *FRUS 1944: China*(1944년 3월 23일), 43쪽.

노력을 쏟을 가치가 없다고 잘라 말했다. 지난주 인도 수도에서 "까칠한 조" 스틸웰은 등나무 줄기로 만든 자신의 안락의자에 뻣뻣하게 앉아서 눈을 감은 채 긴 손가락으로 담배통을 만지작거렸다. 그는 자신을 비난하는 사람들을 향해 이렇게 대꾸했다. 레도 로드는 미국의 두 가지 목표를 달성케 할 것이다. 첫째로, 적어도 봉쇄된 중국에 얼마간의 물자를 전달할 수 있을 것이다. 둘째로, 일본군을 죽일 수 있다는 점이다. 루이스 마운트배튼 제독의 입장은 스틸웰과 다르다. (…) 미군 사령관은 대원수 장제스의 군대가 재무장하기 위해서는 반드시 중국 남부 항구가 열려야 한다는 사실을 인정했다. 그러나 "까칠한 조", 아마도 뉴델리에 있는 고위 장교들을 통틀어 누구보다도 중국을 잘 알고 있을 터인 그는 "험프"의 항공 루트와 레도 로드가 중국의 당장 급박한 수요를 해소할 수 있게 하여 아시아의 전략에도 부합한다고 고집을 부렸다.[6]

그것은 의도적으로 도발하기 위한 사설이었다. 이 기사가 나오게 힘을 쓴 사람은 스틸웰을 쫓아내는 데 실패하여 잔뜩 화가 나 있는 마운트배튼이었다.[7] 또한 스틸웰과 그의 지지자들의 특별한 시각이 언론을 통해 드러나 있었다. 1942년 5월 정글을 도보로 탈출한 이래, 스틸웰에게 버마의 탈환은 일종의 집착이 되었다. 카이로 회담에서 해적 작전의 제안은 스틸웰의 희망을 한껏 부풀게 했다. 작전이 취소된 뒤에도 그는 그것을 다시 추진하는 데에만 매달렸다. 마찬가지로 영국군과 중국군은 이미 버마 공격을 준비하기 위해 나서고 있었다. 1943년 12월 중국군은 국경지대의 일본군 전초 거점들을 공격하기 시작했다. 그러나 마운트배튼의 SEAC는 인도 북동부의 아삼 레도에서 북부 버마를 거쳐서 중국 남부 윈난성으로 향하는 레도 로드를 재개통하려는 공격 작전에 브레이크를 걸었다. 이제는 연합군 사이에서 싸움이 벌어졌다. 스틸웰은 레도 로드에서 당장이라도 공격을 시작하려고 안달이 난 반면, 마운트배튼과 그의 미국인 참모장인 앨버트 웨드마이어는 그

6 "Battle of Asia: A Difference of Opinion," *Time*, 1944년 2월 15일.
7 Van de Ven, *War and Nationalism*, 49쪽.

러한 계획이 실익이 없다는 입장을 고수했다. 결국 이긴 쪽은 스틸웰이었다. 스틸웰은 루스벨트를 설득할 요량으로 자신의 대리인들을 보냈다. 루스벨트는 명확한 입장이 없었고 그렇다고 북부 버마의 작전을 확실하게 반대하지도 않았다. 스틸웰과 SEAC 사이의 심각한 혼란은 불과 넉 달 앞으로 다가온 디데이의 비밀 준비에 최우선 순위를 두고 모든 신경을 집중하고 있는 연합국 수뇌부를 대단히 당혹스럽고 산만하게 만들었다. 스틸웰은 누구도 그를 멈추게 할 조치를 하지 않은 덕분에 자신의 작전을 시작할 수 있었다.

장제스는 여전히 일본군의 대규모 공세가 임박했다는 사실을 우려했다. 그러나 서구 연합국들을 설득할 수 없었다. 3월 27일 장제스는 버마 작전을 위해 Y군(도합 9만여 명 정도였다)과 미군 전투기들을 인도로 보낸다면 중국 중부를 취약하게 만들 것이라고 주장했다. 루스벨트는 4월 3일 장제스가 군대를 출동시키지 않는다면 중국에 대한 더 이상의 원조를 "기대하지 말라고" 못 박았다. 스틸웰(그리고 마셜)까지 압박하자 장제스는 굴복할 수밖에 없었다.[8][9] 장제스는 깊은 우려감에도 불구하고 웨이리황 장군의 지휘 아래 4만 명의 병력을 버마 전선으로 출동시켜야 했다.[10] 스틸웰은 휘하의 중국군과 미군 부대를 버마 북부의 미치나로 과감하게 투입했다. 5월 17일 스틸웰

---

8 루스벨트가 장제스를 압박한 이유는 스틸웰의 오판 때문이었다. 연합군 수뇌부는 오랫동안 준비해온 노르망디 상륙작전에 총력을 기울이고 있었고 아시아에서도 미 해군의 주도 아래 병참선이 짧은 중부 태평양을 통해 북상 중이었다. 따라서 버마에서의 대규모 공세에 흥미가 없었으나 스틸웰은 북부 버마의 일본군 전력을 과소평가하고 자신이 가진 중국군 2개 사단과 1개 미군 연대만으로도 충분히 승리할 수 있다고 판단했다. 장제스는 지나치게 낙관적이라고 지적했지만 스틸웰은 장제스의 성고를 단순히 그가 싸울 의사가 없는 탓으로 흘려버렸다. 그러나 일본군은 철도를 통해 신속하게 북부 버마로 병력과 물자를 증원할 수 있었다. 영국군 또한 무다구치의 "임팔 작전"이 발동되면서 수세에 몰렸기에 스틸웰의 공세는 당장 교착상태에 빠진 채 도리어 포위 섬멸당할 판이 되었다. 진퇴양난에 빠진 스틸웰은 루스벨트에게 Y군이 출동하도록 장제스를 압박해줄 것을 건의했다. 루스벨트 역시 스틸웰에게 미군 부대를 증원할 수 없는 처지에서(그렇다고 대선을 눈앞에 두고 있었던 그로서는 스틸웰의 실패를 모르는 척할 수도 없었다) 모든 책임을 장제스에게 떠넘길 수밖에 없었다. ─ 옮긴이
9 Van de Ven, *War and Nationalism*, 54쪽.
10 최초 출동 부대는 윈난성 주둔 제20집단군(군사령관 휘구이상霍揆彰) 휘하 제53군, 제54군 5개 사단이었다. 그중 제53군 2개 사단은 구 장쉐량 휘하의 둥베이군이고 나머지 3개 사단은 중앙군이었다. 이들은 1944년 5월 11일 밤 살윈강(중국명 루쟝)을 건너 북부 버마에 진입했다. 또한 6월 1일에는 제11집단군 8개 사단이 추가로 투입되는 등 작전이 종료되는 1945년 3월까지 2개 집단군 6개 군 18개 사단 및 각종 지원부대가 참전했다. 이와 별도로 인도 레도에서 스틸웰이 직접 지휘하는 X군(중미연합군) 산하 2개 군 7개 사단 및 전차 제1대대가 동쪽으로 진격했다. 버마에 투입된 중국군은 도합 30만 7000여 명에 달했으며 그중 6만 명을 잃었다.(曹劍浪, 『中國國民黨軍簡史』, 解放軍出版社) ─ 옮긴이

은 미치나 비행장을 점령했지만 얼마 되지 않아 이전의 상황이 반복되었다. 1942년과 마찬가지로 스틸웰은 또 한 번 자신이 일본군에게 포위되었음을 깨달았다.

그러나 이번에는 스틸웰의 구출을 위해 더 많은 지원이 다가오고 있었다. 황야오우는 신편 제6군 산하 신편 제22사단에 배속된 병사 중의 한 명이었다. 이 부대는 인도에서 빈틈없이 훈련받았다. 또한 인도에 주둔한 중국군 사단들을 통해 정보를 제공받는 이점도 있었다. 하지만 그 정보들이 그의 두려움을 해소할 수는 없었다. 일본군은 정글전의 경험을 이용하여 나무들 사이에 기관총좌를 설치했다. 도로의 어떤 구간에서는 한쪽은 울창한 정글이고 다른 한쪽은 깎아지른 절벽이었다. 병사들은 덩굴을 잡고 위로 올라가야 했다.[11] 열대 몬순(계절풍)의 영향으로 울창한 버마의 정글은 중국의 평야나 산림과는 전혀 달랐다. 이 지역은 미군과 영국군과 마찬가지로 그곳에서 싸우는 중국군 병사들에게 마치 다른 세계에 온 느낌을 주었다. 얼마 뒤 황야오우와 동료들은 정글 속으로 들어갔다. 그들은 재빨리 일본군의 주의를 끌지 않을 수 있는 방법을 만들어냈다. 서로 연락할 때 "원숭이 울음소리"를 내는 것이었다. 만약 황야오우가 세 번 울음소리를 내면 동료도 세 번 응답했다. 이것은 "이상 없음"이라는 뜻이었다.

그러나 버마에 있는 것도 나쁘지만은 않았다. 스틸웰이 랜드리스Lend-Lease를 좌지우지한다는 의미는 달리 말해서 (스틸웰 휘하에 있는) 이 부대의 보급이 괜찮다는 뜻이었다. 황야오우는 매끼 나오는 쇠고기와 호박에 질렸던 일을 떠올렸다. 그러나 그들의 식사는 동쪽으로 2500킬로미터 떨어진 곳에서 벌어지는 싸움에 휘말리게 될 수많은 중국군 부대 입장에서는 그야말로 부러움의 대상이 될 만한 것이었다.[12][13]

---

11 黃耀武, 『我的戰爭』, 28~29쪽.
12 실제로 버마와 윈난성에 주둔한 일부 중국군을 제외하고 90퍼센트 이상의 중국군은 심각한 영양실조 상태에 직면해 있었다. 병사들은 별다른 부식 없이 약간의 쌀로 끼니를 때워야 했다. 이러한 만성적인 식량난 때문에 각 사단들에는 전염병의 만연은 물론이고 매월 수백여 명의 탈영병이 발생했다.—옮긴이

그러나 연합국은 일본군의 계획을 알 수 없었다. 일본군 수뇌부는 버마와 더불어 중국 본토에 대해서도 대규모 공세에 나서겠다는 실로 뜻밖의 결정을 내렸다. 1943년 가을 일본 대본영은 아시아에서 자신들의 위치가 점점 벼랑 끝으로 내몰리고 있다는 사실을 깨달았다. 태평양에서 미군이 공세에 나서면서 일본군이 1942년 초에 쌓아올린 것들이 얼마나 보잘것없는지 점차 분명해졌다. 1944년 봄이 되자 연합군의 공격은 도쿄가 태평양 중부에 있는 점령지의 일부라도 지킬 요량으로 병력을 재편성하도록 압박했다. 1944년 2월 마셜 제도를 상실하자 도조 총리는 해군 군령부 총장을 해임하고 자신은 육군참모총장을 겸임했다.[14] [15] 이제 일본군은 1941년에 그러했듯, 판돈을 두 배로 올리기로 결정했다. 그들은 과감하면서 예측불허의 행동이 다시 한 번 자신들에게 유리하게 작용하리라 기대하면서 아시아 대륙에서 최후의 대규모 일격을 가할 속셈이었다. "우고 작전五號作戰"은 8만 5000여 명의 병력으로 버마 북부에서 인도로 진격하는 것이었다. 또 다른 주요 전역은 이 전쟁에서 중국을 영원히 끝장내기 위한 "이치고 작전一號作戰"이었다. 도쿄의 대본영은 중국 중부를 확실하게 관통할 군사 작전을 승인했다. 이 발상은 지난해 내내 점령 지역을 통제하려고 허우적거리느라 대부분의 시간을 허비한 지나 파견군이 내놓았다. 1944년 1월 4일 계획이 구체화되었다. 작전의 핵심은 중국 중부에 있는 미군 비행장들을 파괴하고 철도망을 따라서 중국 중부에서 프랑스령 인도차이나에 이르는 교통로를 여는 것이었다. 도조 총리는 비행장의 파괴만을 지지했지만 계획은 1월 24일 공식 승인되어 실행에 착수했다.[16]

13　黃耀武, 『我的戰爭』, 60쪽.
14　총리대신과 육군대신을 겸임하고 있었던 도조는 지휘권의 일원화를 명목으로 자신이 육군참모총장까지 맡았다. 해군대신이었던 시마다 시게다로 또한 해군 군령부총장을 겸임했다. 이것은 메이지유신 이래 군부의 전통을 깨뜨리는 일이었다. 하지만 도조의 야심은 얼마 뒤 마리아나 제도를 상실하자 그 책임을 지고 7월 18일 내각 총사퇴를 선언하면서 겨우 5개월 만에 끝났다. 하지만 도조가 물러나면서 일본 지도부는 한층 리더십을 상실한 채 혼란에 빠졌고 화평이냐, 항전이냐를 놓고 지루한 논쟁만 벌이며 패망의 길로 향하게 되었다.—옮긴이
15　Weinberg, A World at Arms, 647쪽.
16　Hara Takeshi, "The Ichigô Offensive," in Peattie, Drea, and Van de Ven, Battle for China, 392~398쪽.

이치고 작전은 일본군이 여태껏 감행했던 작전 중에서 가장 큰 규모였다. 약 50만 명에 달하는 병력이 중국 중부에서 프랑스령 인도차이나 국경에 이르기까지 동원되었다. 그러나 이치고 작전은 단순한 전략적 목표 그 이상이었다. 일본군과 국민정부군 양쪽 모두에게 이 전역은 전쟁에서 살아남기 위한 마지막 시도였다. 일본에게 중국을 완전히 무력화하는 것은 가장 다급하면서 절박한 일이 되었다. 만약 아시아에서 주도권을 차지할 수 있다면 유럽에 온 힘을 기울이고 있었던 미국과의 협상을 실현할 수 있을지도 몰랐다.[17]

4월 중순, 장제스와 가우스의 의심은 참혹하리만큼 정확했음이 증명되었다. 일본군의 강력한 공세가 허난성으로 거칠게 밀고 들어갔다. 50만 명의 병력과 200여 대의 폭격기가 동원되었다. 또한 8개월분의 원료와 2년 치 탄약이 지원되었다.[18] 국민정부군 수뇌부가 일본군의 의도가 무엇인지 이해하는 데에는 꽤 오랜 시간이 걸렸다. 군령부 부장 쉬융창徐永昌[19]은 1944년 봄까지 중국 남부에 대한 일본군의 공세는 없을 것이라고 확신하고 있었다. 5월이 되어서야 일본의 공세 방향이 핑한 철도를 따라 중국 중부로 향할 것이 분명해졌다.[20] 국민정부군은 다가오는 폭풍에 맞서 중부 지역을 지키기 위해 움직였다.

이제 군대는 지난 몇 년 동안 일본군과의 싸움에 따른 소모와 국민정부의 부패, 무능의 결과를 절감해야 했다. 병력의 충원은 1941년 이후 줄어들고 있었고 신병의 강제 모집이 훨씬 보편화되었다. 징집은 흔히 범죄 집단과 결부되어 밧줄에 묶인 채 고향에서 저 멀리 떨어진 곳으로 보내졌다. 만약

17 Bayly and Harper, *Forgotten Armies*, 370쪽.
18 Van de Ven, *War and Nationalism*, 47쪽.
19 쉬융창(1887~1959): 중화민국 일급상장(원수). 청나라 때 쑹칭宋慶의 무위우군에서 하급장교로 군 생활을 시작했으며 베이징육군대학교를 졸업했다. 처음에는 펑위샹 밑에 있었으나 이후 옌시산에게 귀순하여 중원대전에서는 산시군 부사령관을 맡아 장제스와 싸웠다. 옌시산이 장제스와 화해한 뒤 중앙으로 진출했으며 장제스 직계는 아니었지만 그의 총애를 받아 중일전쟁 중 바오딩 행영 주임과 제1전구 사령관, 군령부 부장을 역임했다. 일본 패망 후 도쿄 요코하마의 전함 미주리 호 함상에서 열린 항복조인식에 중국군 대표로 참석했다.—옮긴이
20 Wang Qisheng, "The Battle of Hunan and the Chinese Military's Response to Operation Ichigô," in Peattie, Drea, and Van de Ven, *Battle for China*, 406쪽.

자기 마을에서 가까운 곳에 배치되었다면 그들은 손쉽게 달아나버렸을 것이다.[21] 인플레이션이 군대 봉급을 갉아먹은 덕분에 군 복무는 한층 인기가 없었다. 그와 동시에, 윈난성의 Y군을 비롯한 그나마 남아 있는 중국군 최정예 부대의 일부는 수천 킬로미터 떨어진 버마에서 스틸웰의 지휘를 받으면서 미치나의 포위를 풀기 위해 싸우고 있었다.

중국 중부에서 중국군의 서류상 전력과 만신창이가 된 현실 사이의 어마어마한 격차는 1944년 5월 악몽 같은 시간 속에서 그대로 드러났다. 장딩원 蔣鼎文[22]과 탕언보는 중국 북부 제1전구를 맡아 홍수와 기근으로 엄청난 고통을 받았던 허난성 황허 유역의 뤄양을 지키고 있는 두 명의 장군이었다. 장딩원은 1938년 화위안커우의 제방 파괴 이후 여전히 극심한 고통에 시달리는 허난성 북부의 상황을 설명했다. 그는 이렇게 썼다. "나는 이미 이곳의 병력이 부족하다고 생각한다." 그는 병력 증원을 요청했지만 받아들여지지 않았다. 다른 국민정부군 부대는 공산당을 저지하는 데 투입되었다. "우리는 삼면에서 적과 마주보고 있다. 지켜야 할 곳은 너무나 넓고 병력은 너무나 적다." 이와 대조적으로 일본군은 이 일대의 평야에서 가장 유리하게 싸울 수 있는 차량화 부대를 갖추고 있었다.

또한 장딩원은 문제가 자신이 아니라 대원수에게 있다는 사실을 엄중히 드러냈다. 그의 부대는 전역이 막 시작된 4월 23일과 24일에 걸쳐 공격을 받았고 뤄양에서 결전이 시작되었다. 하지만 장딩원은 5월 1일까지도 장제스의 공격 허가를 받지 못했다. 그 와중에 일본군이 더욱 깊숙이 진격하면서 때는 이미 늦었다. 장딩원은 탕언보의 구원을 위해 병력을 보내야 했다. 탕언보가 위禹현 주변을 지키라는 장제스의 이전 명령에 복종하여 다른 방향으로 향했기 때문이었다. 이러한 식의 소통 실패는 고질적이었다. 뤄양으로

---

21 Van de Ven, *War and Nationalism*, 271~273쪽.
22 장딩원(1893~1974): 중화민국 일급상장. 신해혁명 당시 장제스 휘하에서 항저우 공략에 앞장섰다. 광저우 정부 시절 쑨원의 몇 안 되는 군사 인재로 대원수부 참모를 역임했고 황푸군관학교 교관을 맡았다. 허잉친과 더불어 장제스의 오랜 맹우이자 경쟁자였으며 북벌 전쟁과 상하이 사변, 초공작전, 양광 사변 등 굵직굵직한 전투에서 많은 공을 세워 명성을 떨쳤다. 중일전쟁 중에는 제1전구 사령관을 역임했으나 이치고 작전에서 뤄양을 상실한 책임으로 모든 직위를 박탈당했다. 이후 더 이상 군직을 맡지 못한 채 장제스의 고문으로 남았다.—옮긴이

진군하라는 전보를 받지 못한 제13군과 제38군은 종전의 명령대로 위현으로 향했다. 그 후 며칠 동안 이러한 일들이 반복되었다. 탕언보와 장딩원 휘하의 일부 부대는 다음 위기 지역으로 향했지만 대부분의 부대는 통신이 두절되었고 통합적인 전략이 불가능해졌다. 그리고 장딩원은 암시했다.("장제스, 당신은 여전히 이 일을 기억할 것이다.") 상황을 혼란스럽게 만든 것은 장제스의 명령이었다.[23]

그러나 장딩원의 설명 중에서 가장 오싹했던 점은 현지 주민들의 반응에 대한 서술이었다.

> 전역이 벌어지는 동안, 예상하지 못했던 일은 허난성 서부 산악지대의 주민들이 아군을 공격하여 총과 탄약, 폭탄, 심지어 대구경 박격포와 통신 장비까지 빼앗았다는 사실이었다. 그들은 아군을 포위하고 장교들을 살해했다. 우리는 이러한 보고를 아주 많이 들었다. 마을 촌장과 보갑保甲(마을의 연대 책임을 담당하는 조직)들은 그대로 달아났다. 그와 더불어, 그들은 우리가 저장해둔 곡식을 모조리 약탈했다. 남은 것은 텅 빈 그들의 집과 논밭이었다. 이 말은 우리 장병들이 앞으로 먹을 것이 없다는 얘기였다.[24]

장딩원은 그동안 군대가 저질렀던 패악이 이 같은 일을 초래했다는 사실을 마지못해 시인했다. "그곳에서 규율에 따르지 않고 현지 주민들을 괴롭혔던 소수 군인이 있었던 것은 사실이다. 하지만 국민정부 행정이 제 역할을 못했기에 군대가 대신 나설 수밖에 없었다." 그러나 그는 신뢰가 무너지는 것이 얼마나 큰 피해를 줄 수 있는지 목격했다. "솔직히 말하기가 참으로 고통스럽다. 결과적으로 우리는 적과 싸우는 것보다 동포들의 공격으로 훨씬

---

23 蔣鼎文, 「蔣鼎文關于中原會戰潰敗原因之檢討報告」(1944년 6월), 『中華民國史檔案史料匯編』, 97쪽.
24 「蔣鼎文」, 98쪽.

더 많은 것을 잃었다."[25]

장딩원의 주장은 자기변명일 뿐이었고 자신을 제외한 탕언보, 장제스 그 밖의 사람들에게 책임을 떠넘겼다. 정부에 제출된 기소장은 지휘관들의 혐의에 대해 가차 없었다. 제1전구가 전역에서 대패한 이유는 "장딩원과 부사령관 탕언보가 정치, 군사적 문제에 전혀 관심이 없었으며" 그 대신 개인적인 축재에만 열을 올렸고 부하들에 대해서도 똑같이 행동하도록 묵인했다는 것이었다. 장딩원과 탕언보의 부대는 몇 가지 유리한 점을 가지고 있다. 가령, 체코제 무기들은 적의 무기보다 어떤 면에서는 우수했지만 이들은 제대로 활용한 적이 없었다. 일반 병사들의 봉급을 삭감하면서 불만은 고조되었다. 또한 가짜 장부에 유령 병사들의 명단을 올려놓고 그들의 봉급을 요구했다. 이 때문에 사단의 인원은 늘 부족할 수밖에 없었다.

명목상으로는 장딩원이 지휘했지만 대다수 관찰자는 실권을 가진 쪽은 탕언보라고 여겼다. 비판자들은 정면에서 그를 겨냥하여 포화를 쏟아냈다. 6년 전 타이얼좡의 영웅은 이제 아무런 무게감도 줄 수 없었다. 귀중웨이는 이렇게 주장했다. "탕언보는 중국 중부에서 적을 패배시킬 막중한 책임이 있었다. 하지만 적군이 황허강을 건널 때 그는 전선으로 나서는 대신 달아났다. 그리고 한가롭게 온천에서 목욕을 즐겼다." 사령관이 최전선에서 160킬로미터나 떨어진 곳에서 오랫동안 온천에 몸을 담그고 있는 동안, 그의 군대는 사방으로 흩어져 도망쳤다. "그들이 총알 한 발도 쏘지 않은 것은 당연한 일이었다." 국민정부군의 정예부대로 간주되었던 탕언보 군대는 민간인들과 함께 교전 지역에서 달아나려는 장교들의 짐을 운반하는 데 투입되었다. 탕언보 자신은 두 명의 통신병과 20~30여 명의 호위병들을 거느리고 도망쳤다. "마치 쥐새끼처럼 달아났다. 이 때문에 예하 부대들과의 연락은 완전히 끊어졌다." 비난의 목소리는 날카로웠다. 그들은 탕언보가 적과 싸우거나 공격에 나섰다는 보고서를 날조했다고 주장했다. "하지만 그는 자신의 군대가 어디에 있는지조차 알지 못했다." 귀중웨이는 비판을 계속해서 쏟아냈다. "그

---

25 「蔣鼎文」, 98쪽.

러니 무슨 수로 공격을 명령한다는 말인가? 허위로 군사 보고한 죄는 용서받을 수 없다."[26]

탕언보와 장딩원은 용서받을 수 없는 행동을 했다. 그러나 어떤 면에서는 부하들을 버린 탕언보는 1942년 버마에서 스틸웰의 "퇴각"을 연상시켰다. 스틸웰은 부패와는 거리가 멀었고 부하들에 대해서도 깊은 관심을 보여주었다. 하지만 그 또한 변덕스러우면서 (얼마 뒤 미치나를 구하기 위해 미군 부대를 투입했던 것처럼) 부하들을 합리적인 수준의 한계 이상으로 내몰았다. 게다가 개인적인 복수심에 눈이 멀어 군사적인 판단을 흐리게 했다. 중국-버마-인도 전역에서 서방과 중국군 지휘관들은 하나같이 탁월한 리더로서의 소질과 더불어 군법회의에 회부될 만한 행동력을 갖추고 있었다. 분명히 탕언보와 스틸웰은 양쪽 모두 보유한 사람들이었다.

탕언보와 장딩원에 대한 비난은 끝없이 이어졌다. 물자가 부족했던 군인들은 농민들에게서 곡식을 "빌려왔다." 그리고 그 곡식을 찾아서 빻느라 훈련을 등한시했다. 심지어 이렇게 했음에도 곡식의 질이 나쁘다보니 그들은 영양실조에 허덕여야 했다. "그들의 투쟁 의지는 바닥났다."[27]

이제 주민과 군대의 관계는 완전히 돌이킬 수 없게 되었다. 허난성 북부가 일본군에게 함락되었을 때 침략자들은 관청의 곡물저장고에 남아 있었던 막대한 식량을 손에 넣었다. 노획된 밀가루 100만 포대는 군인 20만 명이 5개월 동안 먹을 수 있는 양이었다.

궈중웨이는 허난성 농민들이 친일 부역자들의 선동으로 국민정부군을 무장 해제시켰다는 탕언보의 변명을 일축했다. "허난성 사람들이 충성스럽고 용맹하며, 심지어 가뭄과 기근이 심할 때에도 장정들과 식량을 바쳤다는 사실은 누구나 다 알고 있다." 사실은 탕언보의 말이 옳았다. 현지 주민들은 일본군에 맞서기 위해 국민정부군 병사들이 달아나면서 버리고 간 무기를 주웠을 뿐이었다. 궈중웨이는 "설령 연합국의 승리가 전세를 뒤바꾼다고 한들, 중국 북부의 여러 성과 허난성의 중요 지역을 되찾기란 여전히 대단히 어려

---

26 「郭仲隗等要求嚴懲湯恩伯等提案及國民參政決議」(1945), in no.2.
27 「郭仲隗」, 114쪽.

울 것이다"라고 토로했다.[28]

장딩원 또한 적군과 더불어 "하급 행정기관과 치안기관"에서 암약하는 친일 부역자들이 군대를 공격하고 주민들을 "속였"다고 책임을 돌렸다. 그의 보고서는 국가와 국민 사이의 신뢰가 무너졌음을 보여주었다. 현지에서는 일본군의 진격을 막을 요량으로 도로를 파괴하라는 명령을 거부했다. 심지어 그들은 때때로 낮에 군대가 파헤쳐놓은 도로를 밤새 복구하기도 했다.[29]

국민당은 1938년 제방 파괴와 1942년 허난 기근의 결과를 톡톡히 절감하고 있었다. 기근이 일어난 이유는 전적으로 정부의 무능함 때문만은 아니었다. (비록 그 원인이 크기는 했지만) 일본군의 침략이 없었다면 결코 일어나지 않았을 수도 있었다. 그러나 수확이 실패하고 곡식을 세금으로 강탈당하는 끝없는 두려움과 더불어 피란민으로 전락하거나 굶주림에 허덕여야 하는 농민들 입장에서는 어차피 별다를 것이 없었다. 이제 국민당은 그들을 향해 한 번 더 적에 맞서는 데 자발적으로 나서주기를 기대했다. 이번에는 허난성 주민들이 거부했다.

시안에 있는 미 대사관 직원 중 한 사람인 (그리고 나중에 장제스 정권의 주타이완 대사로 파견되는) 에버렛 드럼라이트는 가우스에게 해당 전투 보고서를 올렸고 다시 미 국무부로 보내졌다. 약 6~7만 명의 일본군이 "저항의 시늉"만을 만났을 뿐이며, 제1전구는 장딩원, 탕언보의 명성과 더불어 "분쇄되었다." "중국인들은 인력과 물자, 농작물에서 심각한 손실을 입었다. 특히 요 몇 년 사이 가장 풍작이었던 밀 수확을 상실했다는 점이 치명적이었다." 이제 서쪽에 있는 산시陝西성이 적군 앞에 노출되었다.[30] 시어도어 화이트 또한 허난성에서 완패를 초래한 모든 요인에 대해 논평했다. 전선에서 모습을 감춘 지휘관들, 자신들의 사유 재산을 피란시키는 데 군용 장비를 사용한 장교들, 농민들에게서 소를 징발했던 것 등 그로 인해 군인들은 중국인 동포들에 의해 무장 해제되었다. "일본군은 3주도 안 되어 자신들의 모든 목표를

28 「郭仲隗」, 114~115쪽.
29 「蔣鼎文」, 98쪽.
30 *FRUS 1944: China*(1944년 5월 20일), 77쪽.

달성했다. 남쪽으로 향하는 철도는 그들의 수중에 들어갔으며 30만 명의 중국군이 소멸했다."[31][32]

뤄양의 상실은 국민정부군 수뇌부가 자신들과 대치하고 있는 일본군의 역량을 과소평가하면서 또 다른 재앙을 초래했다. 5월 말 쉐웨 장군은 다시 한 번 창사 방어를 위한 준비에 착수했다. 이 도시는 1938년 10월 장제스가 우한에서 물러난 뒤 지독한 고통을 겪어야 했다. 쉐웨는 예전에 이 도시를 매우 용맹하게 지켜냈지만 이번에는 병력이 훨씬 열세였다.(그는 1만 명으로 3만 명의 일본군과 맞서야 했다.) 게다가 일본군은 자신들을 포위하려는 쉐웨의 작전에 이미 익숙했다. 그는 타이얼좡에서 이런 방법을 써먹었다.[33][34] 시어도어 화이트는 "그의 군대는 지난 3년 동안 퇴보했다. 그들의 무기는 3년 전에 비해서 더 낡아버렸고 병사들은 그들이 마지막 승리의 영광을 누렸던 3년 전보다 한층 굶주림에 시달리고 있었다"라고 논평했다.[35] 장제스는 심각한 상황에서 쉐웨가 자신에게 충성하지 않는다는 두려움에 사로잡혀 창사에 증원 부대를 보내지 않기로 결정했다. 셔놀트는 장제스의 행동에 분노를 터뜨렸다.[36] 도시를 지키고 있었던 쉐웨와 장더닝張德能 장군은 더 이상 방어선을 유지할 수 없었다. 지난 6년 동안 저항했던 도시는 겨우 3주 만에 일본

---

31 허난성의 전례 없는 패배는 장제스에게는 그야말로 치명적이었으며 중일전쟁은 물론, 국공내전에까지 돌이킬 수 없는 결과를 초래했다. 카이로 회담을 전후하여 장제스는 중국의 국제적 위상을 전에 없이 높였다. 비록 스틸웰과의 갈등이나 미·영·소 3대국의 은근한 무시, 국내의 정치적·경제적 어려움에도 불구하고 이러한 점은 당시에만 해도 그다지 부각되지 않았다. 가장 골칫거리였던 공산당에 대해서도 지루한 협상 끝에 1944년 3월 더 이상의 대립을 끝내고 양당의 관계를 재정립하여 항일에 힘을 모으기로 합의했다. 국민당만큼이나 공산당 역시 일본군의 소위 "삼광작전"으로 존립의 어려움을 겪고 있었기 때문이었다. 자신감을 얻은 장제스는 전면 공세의 준비를 지시했을 정도였다. 그러나 그 직후 일본군의 대공세가 시작되고 유일한 전략예비대인 Y군을 스틸웰에게 빼앗기면서 장제스의 구상은 무용지물이 되었다. 더욱이 공산군은 일본군의 공세에서 아무런 타격을 입지 않았을뿐더러, 화베이와 화중에서 국민정부의 통치 기반이 와해된 것을 기회 삼아 이 지역을 빠르게 잠식해나갔다. 덕분에 국공내전에서 장제스에게 대항할 수 있는 물적 기반을 확보할 수 있었다.—옮긴이
32 White and Jacoby, *Thunder*, 178쪽.
33 쉐웨는 타이얼좡 전투에 참전하지 않았다. 그는 제1전구 제1병단을 지휘하여 허난성 카이펑에서 일본군의 진격을 저지하고 있었다.—옮긴이
34 Wang Qisheng, "Battle of Hunan," 409쪽.
35 White and Jacoby, *Thunder*, 183쪽.
36 Taylor, *Generalissimo*, 272쪽.

군에게 함락되었다.[37] 미국인들의 신뢰감은 이제 중국인들만큼이나 땅에 떨어졌다. 국민정부군이 반격하는 모습을 보여줄 필요성이 더욱 절실해졌다. 6월 15일, 가우스는 이렇게 썼다. "총체적으로 암울하다. 충칭에서는 패배주의가 점점 확산되고 있다." 그는 "비참한 상황에 몰려 있었던" 허난성 농민들이 아군을 공격했다는 사실이 관료들의 사기를 특히 떨어뜨렸다고 덧붙였다. 일주일 뒤, 장제스는 중앙육군군관학교에서 비관적인 연설을 했다. "모든 사람이 적군은 너무 강하고 우리는 너무 약하다고 여기고 있다." 이어서 말했다. "오늘날 우리가 사는 시대는 과학의 시대다. 우리는 여기에 걸맞은 정신을 발전시켜야 한다."[38] 그러나 현실은 장제스의 연설에서 암시하는 기술적 근대성과는 동떨어져 있었다. 장제스 역시 뒤이은 연설에서 우군을 공격한 허난성 사람들에게 초점을 맞추고 러시아 내전의 백군이 그러했던 것처럼 후퇴하는 군대가 약탈과 강간, 살인을 저질렀다는 사실을 인정했다. 그는 "이런 군대는 당연히 패배할 수밖에 없다"라며 참담함을 감추지 못했다.[39]

장제스와 미국인들이 소위 그들의 전우라는 마오쩌둥의 반응을 보지 못

37   창사 함락이 장제스와 쉐웨의 갈등 때문이라는 주장은 당시 상황에 대한 몰이해다. 장제스는 충칭의 관문인 창사를 지키기 위해 필사적이었으며 제9전구에는 가장 많은 전력이 배치되었다. 장제스보다 아홉 살 아래였던 쉐웨는 쑨원의 호위 대대장 출신으로 중국에서 가장 유능한 장군 중 한 사람이었다. 그가 1920년대에 장제스에게 대항하는 반란에 가담한 경력이 있기는 했지만 오래전의 일이었다. 장제스가 여러 심복을 제쳐놓고 그에게 가장 중요한 전구를 오랫동안 맡긴 것은 그만큼 신뢰했다는 증거였다. 제9전구는 1939년부터 1943년까지 4년 동안 세 차례나 일본군의 대규모 공격을 격퇴했으나 장기전으로 매우 피폐해진 상황이었다. 게다가 3분의 1에 달하는 병력이 재편성을 위해 윈난성으로 이동하면서 크게 약화되었다. 군사위원회는 급히 주변 전구에서 병력을 모아서 7개 군 10만 명(제26군, 제46군, 제62군, 제73군, 제74군, 제79군, 제100군)을 제9전구로 증파했다. 그중에서 제46군(광시군)과 제62군(광둥군)을 제외한 5개 군은 장제스 직속의 중앙군이었다. 1개 군은 편제상 우리의 군단에 해당하지만 평균 인원수는 1만 명 정도에 불과했으며 무기와 장비가 매우 빈약했다. 그나마 중국군 부대 중에서는 일류의 전투력을 가지고 있다는 평가를 받았다. 장제스는 방관은커녕 할 수 있는 선에서 지원한 셈이었지만 일본군 또한 10개 사단 30만 명을 투입하는 등 총력을 기울였기에 제9전구는 예전처럼 일본군의 지격을 막기에는 역부족이었다. 쉐웨는 장딩원과는 달리 창사 함락 이후에도 별다른 문책 없이 여전히 중책을 맡았으며 국공내전에서도 활약했다. 그러나 시어도어 화이트를 비롯한 일부 미국 저널리스트들은 충분한 사실 확인 없이 스틸웰의 악의적인 주장을 그대로 옮겨 적음으로써 미국 사회의 오해와 편견을 한층 심화시켰다. 근래에 『장제스 일기』를 비롯해 타이완 측 비밀문서들이 공개되면서 많은 오류가 바로잡혔으며 당시 장제스가 패전에 대한 압박으로 심지어 자살까지 고려했다는 사실이 밝혀졌다.─옮긴이
38   ZT, CKSD, 1944년 6월 25일의 연설문, 429~432쪽.
39   ZT, CKSD, 1944년 7월 21일의 연설문, 445쪽.

했던 점이 그나마 다행이었다. 소련인 고문 블라디미로프는 이렇게 기록했다. "중국공산당의 지도자는 허난성과 후난성에서 장제스 군대가 고통스러운 패배를 당했다는 소식에 기뻐서 어쩔 줄 몰라 했다. 그의 계산은 간단했다. 장제스가 패배할수록 (옌안은) 이익이라는 것이었다."[40]

형양이 일본군의 새로운 목표로 떠올랐다. 결국, 중국 중부에 대한 공격은 또 다른 일본군이 광저우 북쪽과 우한 남쪽을 관통하는 작전으로 이어져 중국의 심장부를 두 쪽으로 가르고 자유중국을 이전보다 더욱 고립시킬 참이었다. 게다가 국민당의 전쟁 수행은 장제스와 스틸웰의 갈등으로 인해 또 한 번 위기에 직면했다. 쉐웨는 이제 형양으로 물러났지만 장제스는 쉐웨의 충성심을 의심하여 또다시 직접적인 지원을 거부했다. 장제스는 자신이 신뢰하는 팡셴줴方先覺 장군을 형양 방어에 투입하는 한편, 셔놀트의 공군이 엄호토록 했다. 일본군은 처음으로 도시를 공격하는 데 실패했다. 그러나 금세 중국군의 물자가 바닥났다. 장제스는 수비대에게 재보급하지 않았다. 셔놀트는 직접 스틸웰에게 가서 중국군 일선 부대에게 한 줌에 불과한 1000톤의 보급품을 보내달라고 간청했다. 스틸웰은 단 세 마디로 묵살했다. "그들을 그냥 내버려둬."[41]

장제스와 스틸웰 모두 무책임하게 행동했다. 그들의 반감과 개인적인 편견 때문에 두 사람이 그토록 높이 평가한다고 주장해왔던 중국군 수천여 명의 죽음을 초래했다. 그러나 장제스는 중국인들이 싸우고 있다는 모습을 보여주는 것이 얼마나 중요한지 깨달았고 결과적으로 중요한 역할을 한 쪽은 장제스이지 스틸웰이 아니었다. 장제스는 보급품을 항공 수송하는 대신, 형양의 방어를 돕기 위해 주변의 다른 부대들을 증파했다. 도시는 영웅적으로 방어에 나섰고 용감하게 싸웠지만 실패로 끝나면서 8월 8일 함락되었

40 *PVD*, 1944년 8월 3일, 237쪽.
41 Tuchman, *Stilwell*, 473쪽. 터크먼은 스틸웰의 말을 동정적으로 해석했다. 그가 장제스와 셔놀트에 상당한 도움을 주었으며 쉐웨를 구해야 한다는 (셔놀트의) 요청은 스틸웰의 판단이 옳다는 것을 인정하지 않은 채 자신들의 무능함을 은폐하려는 시도에 불과했다고 주장했다.

다.[42] [43]

1938년 당시의 용맹했지만 실패로 끝났던 방어전은 장제스의 입장을 강화하는 데 기여했다. 하지만 1944년에는 그렇지 못했다. 국민당은 그동안 장제스가 권좌를 지켜야 한다고 믿어왔던 한 사람으로부터 격렬한 비판을 받았다. 다름 아닌 루스벨트 대통령이었다. 전쟁 초기 국민당은 싸울 때마다 패배를 거듭했다. 하지만 상하이와 우한에서 중국군이 전력을 다하는 모습은 국민정부가 항전에 진지하게 임하고 있다는 인상을 주었다. 이제 뤄양과 창사에서의 부끄러운 패배는 충칭과 워싱턴에서 적대적인 수군거림을 초래했다. 마셜은 루스벨트에게 중국에 아직 남은 군사 자원을 "일본에 맞서 생산적인 노력을 할 수 있는 누군가"에게 맡길 때가 되었다고 말했다. 마셜이 보기에는 오직 스틸웰만이 그 역할에 적합했다. 루스벨트는 미국인을 중국군 총사령관으로 임명할 것을 요구했다. 장제스는 받아들일 수밖에 없었다.[44]

장제스는 자신의 지휘권은 물론, 통치권까지 침해하려는 미국인들의 시도를 결코 간과하지 않았다. 그는 쑨커孫科가 미국인들을 등에 업고 국민당의 수장 자리를 넘보고 있다고 점점 굳게 믿었다. 쑨원의 아들로서 쑨커는 이러한 역할에서 훌륭한 혈통을 갖추었다. 그의 신분은 신성불가침이나 다름없었다. 덕분에 다른 저명한 인사들과 달리 다이리의 비밀경찰들에 개의치 않고 자유주의 정책을 얼마든지 옹호할 수 있었다. "쑨커는 어디서나 활개를 치면서 '민주주의' 구호를 이용해 사람들의 마음을 흔들고 있다." 장제스는 불평을 늘어놓았다. "중앙 정부의 각료들 중에서도 부화뇌동하는 자들이 생

---

42 허난성의 졸전과 달리, 형양 전투는 중일전쟁을 통틀어 가장 치열한 전투 중의 하나였다. 일본군은 서늘드기 지휘하는 중미연합공군의 맹폭격과 극심한 병참난, 전염병에 시달려야 했고 외곽에서 중국군이 거대한 포위망을 형성하자 한때 퇴각을 고려하기도 했다. 1944년 6월 26일부터 8월 8일까지 40일에 걸친 전투에서 일본군의 사상자는 제68사단 제57여단장 시마 겐키치志摩源吉 소장을 비롯해 2만 명에 달했으며 약 1만 3000여 명 정도였던 중국군의 손실을 훨씬 능가했다. 하지만 결과적으로 형양은 함락되었고 때마침 스틸웰과의 갈등이 최악으로 치닫게 되면서 중국군의 분투는 연합국 수뇌부에게 아무런 감흥을 주지 못했다.—옮긴이

43 Taylor, *Generalissimo*, 282쪽; Wang Qisheng, "Battle of Hunan," 407~413쪽.

44 Van de Ven, *War and Nationalism*, 55쪽; Taylor, *Generalissimo*, 277쪽.

겨난다면 그야말로 재앙이 벌어질 것이다." 몇 달 동안 장제스는 의심의 범위를 한층 넓혔다. "배후 조종자는 소련이다. 쑨커는 반역자 왕징웨이보다도 나쁘다." 그리고 이렇게 덧붙였다. "미국과 영국, 소련 모두 쑨커를 꼭두각시로 활용하고 있다. 그중에서도 미국이 가장 나쁘다."[45]

일본군이 중국 중부를 박살내면서 국민당에 대한 미국의 신뢰는 빠르게 사라지고 있었지만 그들의 시선이 향한 쪽은 쑨커가 아니었다.(부통령 헨리 월리스는 중국에서 쑨커를 만난 뒤 그를 가리켜 "지도자에 걸맞은 강인한 성격과는 거리가 멀었다"라고 평가했다.)[46] 충칭 주재 미 대사관 2등 서기관이자 스틸웰의 참모이기도 했던 존 서비스는 중국 중부에서 국민당의 붕괴는 중국의 전쟁 수행에 심각한 악영향을 초래할 것이라고 보고했다. 곡창지대인 장시성과 후난성의 상실, 새로운 피란민들의 물결, 중국 서부의 가장 가난한 지역에서 거대한 군대를 유지해야 하는 점, 게다가 일본 위폐의 홍수는 국민당 중국에서 가뜩이나 치솟고 있는 인플레이션을 더욱 악화시킬 것이 틀림없었다. 그는 국민정부의 붕괴가 "이미 초읽기"라고 결론 내렸다.[47] 이러한 가정이 서비스에게 앞으로의 중국 지도자를 놓고 국민당의 대안에 대한 위험한 결론을 내리도록 만들었을 것이다.

1944년 1월 미국 외교관 존 데이비스 주니어는 미국이 옌안의 공산당 본부와 정식으로 접촉하는 것이 현명하다고 주장했다. "오직 한 명의 미국인 공식 관찰자만이 공산당 지역을 방문한 적이 있었다. 그건 이미 6년 전의 일이었다." 그러나 그 뒤에도 미국이 간접적으로 수집한 정보를 통해 중국공산당에 대해서 어느 정도 꽤 확실하게 알 수 있었다고 주장했다. 공산당은 일본의 군사적, 산업적 중심지에서 멀지 않은 곳에 주요 근거지를 구축했으며 일본에 대한 쓸 만한 정보를 가지고 있었다. 만약 소련이 전쟁에 개입한다면 공산당 지역을 통해서 공격에 나설 것이었다. 그는 공산당이야말로 "중국에

---

45 *CKSD*, 1944년 4월 15일, 1944년 5월 15일, 1944년 8월 1일, 王建朗, 「從蔣介石日記看抗日戰後期的中英美關係」, 『民國檔案』(2008: 4), 107, 57쪽.

46 *FRUS 1944 China*[Wallace Visit, 1944년, 6], 1944년 7월 10일, 242쪽.

47 *FRUS 1944: China*(1944년 6월 12일), 98~99쪽.

서 장제스 정권에 가장 위협적인 단일 도전자"라고 못 박았다. 또한 보다 논란의 여지가 있는 주장을 내놓았다. (공산당이 국민당보다 더 적극적으로 싸우고 있다는 암시와 함께) "중국에서 가장 단결되어 있으며 규율을 갖추었고 정력적으로 항일에 나서고 있는 정권"이라는 것이었다. 또한 그들이 "새로운 중국과 소련 사이의 관계 개선을 위한 토대"를 만들 수 있다고 주장했다. 공산당은 미국인 방문자들을 기꺼이 환영한다고 밝혔다. 장제스의 옌안 봉쇄가 한층 타협을 어렵게 만들고 있었기에 미국은 공산당이 마음을 바꾸기 전에 기회를 잡아야 했다. 물론 장제스는 그러한 접근에 대해 발목을 잡으려 할 것이었다. 따라서 "대통령이 직접 그를 압박하고 우리가 충분히 협상력을 발휘해 어떠한 초반의 걸림돌도 넘어설 수 있게 해야 한다."[48] 가우스는 데이비스의 의견을 워싱턴으로 전달했다. 또한 장제스의 권좌가 여러 측면에서 위협받고 있다는 사실에 주목했다. 실제로 얼마 전 국민당 정권에 새로운 활력을 불어넣으려는 젊은 장교들이 쿠데타를 시도했다. 특히 서북부에 주둔한 후쭝난을 비롯해 일부 국민정부군 장군들은 공산당과의 협력에 합의했다. 공산당을 분쇄하려는 시도는 내전을 초래할 수 있었다.[49]

스틸웰 또한 공산당을 전쟁에 더욱 끌어들여야 하며 그들이야말로 국민당에게 찾아볼 수 없는 중국사회에 대한 진정한 이해를 갖추고 있다고 확신했다. 비록 스틸웰은 본국에서는 (루스벨트의 대소유화정책을 반대하는) 공화당원이었지만 장제스 정권에 대한 혐오감 때문에 평소의 정치적 성향에서 점점 괴리되었다. 그는 이렇게 썼다. "중국 인민은 과중한 세금과 군대의 폐해, 다이리의 게슈타포로부터 탈출할 수 있는 유일한 현실적 희망으로서 홍군을 환영하고 있다는 사실을 그(장제스)는 결코 알 수 없을 것이다."[50] [51]

48 *FRUS 1944: China*(1944년 1월 15일), 308쪽.
49 *FRUS 1944: China*(1944년 1월 15일), 306~307쪽.
50 옌안에 대한 스틸웰의 우호적인 평가와는 달리, 실제로 그가 옌안과 진지하게 접촉하거나 공산군을 활용하려고 했다는 증거는 없다. 영국이나 소련에서와는 달리 중국에서의 원조 물자 통제권과 배분권은 스틸웰이 쥐고 있었다. 따라서 그가 마음만 먹으면 장제스를 철저히 배제한 채 옌안에 원조 물자를 전달하여 공산군을 무장시킬 수 있었고 그중 일부를 자신의 버마 작전에 투입할 수도 있었다. 하지만 죄다 말뿐이었다는 점에서 그의 속셈을 의심하지 않을 수 없다. 스틸웰은 어느 대다수 미국 장군들과 마찬가지로 이념적으로 공산주의를 동정했거나 소련을 진정한 동맹으로 여겼던 것

처음에 장제스는 미국과 공산당이 공식 접촉하려는 어떠한 제안도 맹렬하게 반대했다. 그는 "내가 완강히 거부하는 것은 지극히 당연하다"라고 썼다.[52] 그러나 1944년 6월 미국 부통령 헨리 월리스의 방문은 그를 동요시키는 데 일조했다. 월리스는 루스벨트에게 중국의 항전에 대해 지극히 비관적인 보고서를 올렸다. 또한 장제스가 "수구적인" 자들에게 둘러싸여 있다고 비난하면서 "현재 진행 중인 협상 결과가 만족스럽거나 장기적인 해결 가능성이 거의 보이지 않을 만큼 공산당에 대한 선입견에 사로잡혀 있다"라고 평가했다.[53] 장제스는 공산당과 접촉하려는 미국인들의 압박에 결국 백기를 들어야 했다.

1944년 긴 여름 동안 일어난 사건들은 장제스의 편집증을 유발했다. 그는 "20년 동안 공비共匪들과 소련인들은 나에 대한 음모를 꾸몄다"라고 적었다. "하지만 이제는 영국과 미국이 공산당과 함께 음모를 꾸미고 있다. 마치 세계 제국주의가 나를 사방에서 매복 공격하는 셈이다!"[54] 스틸웰은 그를 "땅콩"이자 싸울 의욕이 없는 어릿광대쯤으로 여겼을 것이다. 그러나 장제스 입장에서 연합국을 향한 공포심은 틀림없이 합리적이었다. 그는 대폭 줄어든 병력으로 일본군의 주요 공세에 대항해 싸우는 한편, 자신이 찬성하지도 않은 버마 전역을 도우라고 강요받았다. 게다가 그의 통치력은 다른 권력 기반을 찾는 미국인들의 시도에 의해 침해당했다.

그러나 장제스의 위대한 맞수도 초조했다. 공산당의 소련인 고문 블라디미로프는 7월 15일 마오쩌둥을 만났다. "그는 지쳐 있었다." 마오쩌둥은 밤새 대화를 나누는 동안 안절부절못했고 담뱃재를 떨어뜨리기도 했다. 마오는

이 아니었다. 또한 옌안의 사정에 능통하지도 않았다. 그의 진짜 목적은 정말로 공산당과 손을 잡자는 것이 아니라 장제스의 최대 아킬레스건을 건드려서 망신을 주기 위함이었다. 스틸웰은 심지어 장제스가 인도를 방문할 때 히말라야 상공에서 항공기 사고를 가장해 살해하려는 음모를 꾸미기도 했다.(Richard Bernstein, *China 1945: Mao's Revolution and America's Fateful Choice*, 이재황 옮김, 『1945 중국, 미국의 치명적 선택』, 책과함께, 2016)—옮긴이

51 *SP*, n.d. 1944, 268쪽.
52 *CKSD*, 1944년 3월 24일, cited in Wang, "Cong Jiang Jieshi," 56쪽.
53 *FRUS 1944: China*(Wallace Visit), 1944년 7월 10일, 241쪽.
54 *CKSD*, 1944년 7월 26일, cited in Wang, "Cong Jiang Jieshi," 56쪽.

그에게 말했다. "미국의 태도는 우리 미래에 대단히 중요하다." 블라디미로프는 마오쩌둥이 소련의 예속에서 벗어날 요량으로 미국, 영국과 모종의 협상을 바라고 있다는 느낌을 받았다.[55]

1944년 7월 22일, 더글러스 DC-3 비행기가 미국 육군 시찰단을 태운 채 옌안의 황토 위에 착륙하기 위해 접근했다. 마오쩌둥과 주더가 이때를 위해 맞춘 새로운 제복을 입고 그들을 맞이하려고 비행장에 직접 나와 있었다. 군가 연주와 병사들의 행진이 진행되었다. 블라디미로프 자신도 (소련 관영 통신사인 타스TASS의 기자라는 신분으로) 라이카 카메라를 들고 역사적 순간을 기록하기 위해 기다리는 중이었다. 더글러스 비행기가 먼지구름 속을 뚫고 활주로를 벗어나 요란스럽게 프로펠러가 떨어져 나가면서 겨우 멈추었을 때 역사는 희극이나 심지어 비극으로 변할 것처럼 보였다. 다행히 다친 사람은 없었고 일행은 모두 무사히 나왔다.[56]

미국인 방문자들은 "딕시 사절단Dixie Mission"으로 알려지게 될 것이었다. 남북전쟁 당시 남부 연합군[57]에서 따온 일종의 농담이었다. 최초 인원은 9명이었고 한 달 뒤에는 10명이 추가되었다. 인솔자는 정치 분석을 맡은 존 서비스와 군사 정보 수집 책임자인 데이비드 배럿 대령이었다. 블라디미로프는 서비스에게서 "젊고 활력이 넘치며 비상한 기억력을 가지고 있다"라는 특별한 인상을 받았다. 서비스는 그 자질을 이용해 이곳을 여행하는 동안 끊임없이 질문을 던졌다.[58] 서비스가 작성한 보고서는 충칭으로 보내진 뒤 가우스에 의해 워싱턴으로 향했다. 옌안의 실상에 대해서 거의 아는 바가 없었기에 그의 보고서는 하나같이 새로웠다. 동굴 생활의 불편함부터 정풍운동의 공포에 이르기까지 공산당 근거지의 정치는 수수께끼의 장막 뒤

55 *PVD*, 1944년 7월 15일, 229~230쪽.
56 *PVD*, 1944년 7월 22일, 233쪽.
57 딕시Dixie는 남북전쟁 당시 남부 연합의 통칭으로, 남부 연합군에서 유행했던 군가 제목에서 유래했다. 이 때문에 오늘날까지도 미국 사회에서 남부 출신들을 흔히 "딕시"라고 부르기도 한다. 덧붙여, 북부 사람들은 남부 사람들에게 "양키Yankee"라고 불린다. 옌안을 방문한 미 육군 시찰단을 "딕시 사절단"으로 부르게 된 이유는 미국인들이 보기에 당시 옌안의 처지가 남부 연합과 비슷하다고 여겼기 때문이라는 설이 있지만 누가 제일 먼저 그렇게 부르기 시작했는지는 불분명하다.—옮긴이
58 *PVD*, 1944년 9월 10일, 253쪽.

에 가린 채, 충칭의 부패함을 강렬하게 드러내는 빛과 명확한 대조를 이루었다. 서비스 나름대로는 자신이 "중국공산당이 외우는 마법"에 걸려들지 않으려고 필사적으로 애를 쓰고 있다고 생각했다. 하지만 시찰단의 첫인상은 매우 긍정적이었다. 그들은 "다른 나라에 와서 다른 사람들을 만나고 있다"는 일반적인 느낌을 받았다. 옌안과 국민당 지역의 차이는 모든 점에서 분명했다. "경호원, 헌병, 충칭 관료들의 가식적인 말, 어떤 것도 찾아볼 수 없다." 서비스는 이렇게 썼다. "마오와 다른 지도자들은 늘 존경의 말을 듣는다. 하지만 이들에게는 쉽게 다가갈 수 있을뿐더러, 맹목적인 아첨의 대상도 아니다." 또한 검소한 의복과 생활수준, 구걸하는 사람을 보기 힘든 점, 절망적인 빈곤도 그들에게는 인상적인 모습이었다. 서비스는 적어도 겉모습에서 남녀의 복장과 행동거지에서 거의 차이가 없다는 사실도 깨달았다. 심지어 "충칭의 공원과 조용한 거리에서 흔히 볼 수 있는 커플들의 애정행각"도 볼 수 없었다면서 "옌안은 섹시함과는 거리가 먼 도시다"라고 했던 어느 혁명가의 말을 고스란히 재현했다.[59]

서비스는 공산당이 조성한 수많은 사회적 변화에도 주목했다. 예를 들어서, 민속 무용과 같은 농민 예술 형식의 강조였다. 1942년 마오쩌둥이 문화와 예술계에 농민 문화와의 연계성을 한층 강화하라는 요구에 따른 것이었다. 서비스는 검열이 없다는 점과 자유 의식에 대해서도 보고서에 담았다. "사기가 매우 높다. 전쟁은 임박한 현실처럼 보인다. 패배주의 대신 자신감이 있다."[60] 그는 "대충 보았을 때 옌안에는 경찰이 눈에 띄지 않는다"라고 썼다. 몇 달 동안 서비스는 공산당 지도자들과 그들의 체제에 대해 조금이라도 알아내려고 애를 썼다. 그는 옌안 사람들이 "확실히 개성이 부족하다"라고 하면서도 전반적으로 볼 때 젊고, 혈기왕성하며, 실용적이라는 결론을 내렸다. "(이들의) 모든 실험은 중국사회에서 과연 효과가 있는가에 달려 있었다." 그는 이들의 사고방식이 확실히 획일적이라는 사실 또한 발견했다.[61]

59 *FRUS 1944: China*(1944년 7월 28일), 518쪽.
60 *FRUS 1944: China*(1944년 7월 28일), 517~520쪽.
61 *FRUS 1944: China*(1944년 9월 4일), 553쪽.

그러나 전체적으로 그의 결론은 마오의 업적을 칭찬하면서 이와 대조적으로 장제스를 깎아내렸다. 그의 관점은 블라디미로프가 보는 것과는 전혀 달랐다. 블라디미로프는 반(反)국민당 선전과 정풍운동이 "당 내의 억압적이고 질식할 것 같은 분위기"를 초래했다고 썼다. 사람들은 "있지도 않은 죄에서 벗어나기 위해" 서둘러 "자신들의 진취성을 포기해야 했다."[62]

7월 26일, 서비스는 미국 방문자들을 위한 만찬에서 마오쩌둥 곁에 앉았다. 공산당 지도자는 서비스에게 미국이 옌안에 영사관을 설치할 전망이 있는지를 물었다. 서비스는 외교적으로 그러한 계획의 어려움에 대해 대꾸했다. 하지만 마오는 미국이 일본과의 전쟁을 그만두고 즉시 떠난다면 "그때가 바로 국민당의 공격과 내전이 폭발할 가장 위험한 시기가 될 것"이라고 강조했다.[63]

냉전이 닥친 뒤 딕시 사절단과 관련된 서비스와 배럿, 그 외의 미국인들은 미중의 정치적 온기가 쌀쌀맞은 증오심으로 바뀌면서 "누가 중국을 잃었는가?Who lost China?"라는 정치적으로 가시 돋치고 편견 어린 질문으로 깊은 곤경에 처하게 될 것이었다. 옹호자들은 미국과 마오의 공산당 사이에 현실적인 협력의 희망이 있었다고 주장했다. 공격자들은 이들이 공산주의자들의 속임수에 넘어간 얼간이들이 되었다고 비난했다.[64]

어느 쪽의 해석도 설득력 있어 보이지 않는다. 서비스와 동료들이 공산당 지역이 보다 규율을 갖춘 군대를 가지고 있으며 그들의 정책이 국민당 지역

62 *PVD*, 1944년 8월 16일, 240쪽.
63 *FRUS 1944: China*(1944년 7월 27일), 523쪽.
64 미국인들이 옌안의 겉모습만 보고 성급하게 우호적인 판단을 내렸던 이유는 이들이 공산주의 동조자여서가 아니라 미국 사회 특유의 청교도적인 가치관에 방탕한 충칭보다는 소박한 옌안이 부합한다고 여겼다는 점과 충칭과 옌안의 치열한 선전전에서 충칭이 완패한 탓도 있었지만, 보다 근본적으로 루스벨트 행정부의 정치적 필요 때문이었다. 루스벨트는 파시즘과의 전쟁에서 영국을 비롯한 다른 어느 동맹국들보다도 소련의 협력이 가장 중요하다고 여겼다. 그는 중국에서 국공의 갈등이 단순히 그들만의 문제를 넘어서 자칫 중국을 놓고 미국과 소련의 갈등으로 확대되어 연합국 전체에 악영향을 줄까 우려했다. 또한 미국과 소련이 이념을 넘어서 협력 관계를 구축한 것처럼 국공 역시 그렇게 할 수 있을 것이라고 생각했다. 하지만 중국의 정치적 상황에 대한 몰이해, 당사국의 입장은 무시한 채 자국의 이해관계를 앞세워 일방적인 복종을 강요하면서 문제 해결에 도움이 되기보다는 오히려 일을 한층 복잡하게 만들었다. 미국 국내 정치에서 통용되는 방식이 다른 나라에도 당연히 통하리라 여겼던 것이 루스벨트의 가장 큰 오류였다.(정형아, 「국공양당의 갈등과 화해에 대한 미국의 태도변화(1941~1944)」, 『중앙사론』 제31집, 한국중앙사학회, 2010)―옮긴이

보다 더욱 효율적이었다고 결론내린 것은 타당성이 있었다. 틀림없는 사실이었기 때문이다. 특히 토지 개혁의 성공적인 실행은 국민당이 결코 해내지 못했던 진정한 사회경제적 변화를 보여주었다. 이것은 공산당의 공로였다. 하지만 그들 나름대로 세심하게 관찰했다고는 해도 자신들이 수년에 걸쳐 알고 있는 충칭과 짧은 기간 수박 겉핥기 식으로 보았을 뿐인 옌안을 단순 비교하는 것은 불합리했다. 충칭에서 오랫동안 지내면서 "부패의 악취"와 허난성의 대기근과 같은 참상을 알고 있는 그들이 공산당 지역에서 깊은 감명을 받는 것은 놀라운 일이 아니었다.[65] 공산당에 대한 그들의 시각이 지나치게 장밋빛이기는 했지만 정풍운동의 잔혹성 때문에 그러한 시각 전체를 부정할 수는 없었다. 즉, 국민들에게 억압적이면서도 동시에 진정으로 인기 있는 정권이었다는 논리도 가능하다. 그러나 그들은 전쟁 초기부터 충칭 정권을 방해했던 대규모의 공습과 피란민의 물결을 마오쩌둥이 겪을 필요가 없었다는 데에 따른 이점을 과소평가했다. 게다가 마오쩌둥이 결코 진심으로 워싱턴과 손을 잡는 일은 없을 것이라고 못 박았던 당내 토론에도 참여할 수 없었다.[66] 그의 이념적 지지는 스탈린 쪽이었고 급진적이면서 폭력적인 국내 혁명을 추구했다.

또한 이들은 장제스 정권의 부패하고 결함 있는 체제에 대해 서구 세계와 미국이 과연 어느 정도 책임이 있는지에 대해서도 입을 다물었다. 오랜 고립, 중국을 모든 우선순위에서 가장 아래에 두기로 한 연합국들의 합의는 장제스를 대단히 어려운 처지로 내몰았다. 서비스와 배럿이 옌안을 방문하고 있던 시기, 국민정부군은 형양의 전선을 유지하려고 노력하는 한편, 최정예 부대 일부는 스틸웰을 따라 돈키호테마냥 버마로 여정 중이었다. 스틸웰과 서비스보다는 중국공산당에 대해 환상이 덜했던 가우스는 서비스의 열광적인 설명을 워싱턴에 성실히 전달하면서도 공산당의 기여도에 대한 그들의 자의적인 평가를 액면 그대로 받아들여서는 안 된다고 경고했다. "근래 공산당이 내세우는 항일에서의 군사적 성취는 부풀려진 것 같다." 그는 공산당

---

65 *SP*, "reek of corruption."
66 Sheng, *Battling Western Imperialism*, 74, 90쪽.

이 중국 북부에 중요한 항일 근거지를 건설한 것은 "의심의 여지가 없으며" 중국 북부와 중부에서 "일부" 일본군을 견제하고 있다는 사실에 대해서는 솔직히 인정했다.

그들은 일본군과 정면에서 만나는 것을 피하면서 적의 소부대를 가끔씩 공격하는 것으로 국한시키고 있다고 판단된다. 중국에서 지난 7년 동안의 전투를 검토한다면 공산당의 참전은 상대적으로 소규모에 불과했다고 말해도 무방할 것이다. 공산당은 규모와 격렬함에서 상하이와 쉬저우, 한커우(우한), 창사 전역에 비견될 만한 어떠한 전투도 치른 적이 없었다. 그들의 주장과는 상반되지만, 그들은 단지 중국에서 활동하는 일본군의 극히 작은 부분만을 견제하고 있다고 볼 수 있다.[67]

여기서의 작은 부분이란 국민당과 비교했을 때 그렇다는 얘기였다. 가우스는 장제스의 추종자와는 거리가 멀었지만, 그렇다고 해서 공산당이 악화되는 중국의 전세를 뒤엎을 마법의 열쇠는 아니라고 생각했다. 옌안에서는 공산당을 가장 가까운 곳에서 볼 수 있는 블라디미로프가 그와 생각이 같았다. 그는 모스크바에 제출한 보고서에서 단호하게 말했다. "제8로군과 신4군은 1941년 이후 사실상 싸우지 않고 있다."[68]

———

중국 중부가 무너지는 동안, 버마 작전은 지지부진했다. 황야오우는 자신과 동료들에게 언제라도 죽음이 닥칠 수 있다는 사실을 의심치 않았다. 야맹증을 앓고 있었던 한 전우는 밤중에 숲속에서 모습을 감추었고 다시는 볼 수 없었다. 황야오우의 지휘관은 부하들이 낯선 지역에 있다는 사실을 깨닫고 야영지를 만들라고 명령했다. 제일 먼저 기관총을 배치했고 뒤이어

67 *FRUS 1944: China* (1944년 9월 1일), 534쪽.
68 *PVD*, 1944년 9월 7일, 252쪽.

방어 진지를 구축했으며 마지막으로 방공호를 팠다. 잠자리는 단순했다. 병사들은 나무 사이에 시트와 담요를 아무렇게나 깔았다. 적의 위협은 여전했다. 어느 날 밤 소규모 충돌에서 100여 명의 일본군이 시체가 되었지만 연합군 또한 30여 명이 전사했다. 그중 한 명은 미군 연락장교였다. 그는 낙하산을 임시 텐트로 사용했고 이 때문에 스스로 적의 눈에 띄는 표적이 되었다.[69]

미치나의 포위는 끝날 조짐이 보이지 않았다. 스틸웰은 포위를 풀기 위해 영국군을 동원할 수 있었지만 여전히 매스컴에 관심이 있었던 그는 미군이 그 도시를 탈환해야 한다고 고집했다. 스틸웰 휘하에는 "메릴의 약탈자들 Merrill's Marauders"[70]이라고 불리는 타격 부대가 있었다. 이 부대는 중국군과 현지 버마인 부대로 보충되었지만 산을 가로지르면서 전투를 벌이는 와중에 숫자가 크게 줄어들었다. 그들이 미치나에 도착했을 때 많은 병사가 중병에 걸려 있었고 병참선이 차단되었다. 마운트배튼은 스틸웰이 자기 부하들을 함부로 희생시키는 데 분노를 터뜨리면서 다시 한 번 그를 쫓아내려고 했다.[71] 스틸웰은 일기에서 부하들이 제대로 하고 있는지에 대한 우려감을 드러냈다. 그는 중국군 병사들이 도시로 진입하려던 일본군을 찾아서 소탕한 것에 대해 후하게 평가했다.(그는 그들을 "빙兵"이라고 불렀다. 중국어로 "병사"라는 의미로, 일반적으로 사용되면서 또한 분명한 존중의 뜻이 담겨 있었다.) 그러나 그는 또한 그곳으로 날아온 『새터데이 이브닝 포스트』의 기사를 보고 불평을 터뜨렸다. "아시아에서 진정한 천재는 셔놀트인 모양이다." 그는 자신의 강력한 숙적에 대한 신문 사설을 가리키며 잔뜩 비꼬면서 씩씩거렸다. 반면, 자신은 "그냥 멍청이 새끼"라는 것이었다.(물론 스틸웰의 말이지, 포스트의 말은 아니었다.) 스틸웰은 지옥 같은 포위공격 속에서도 자신을 언급하는 언론 보

69   黃耀武, 『我的戰爭』, 61~62쪽.
70   정확한 명칭은 제5307혼성부대(5307th Composite Unit)로, 여단장인 프랭크 메릴Frank Merrill 준장의 이름을 따서 통칭 "메릴 부대"라고 불렸다. 동남아시아의 정글 지대에 특화된 장거리 특수전 정보병 부대였으며 규모는 약 2200명 정도였다.—옮긴이
71   Van de Ven, *War and Nationalism*, 51쪽.

도에 신경 썼다.[72] 또한 그는 틈틈이 마운트배튼을 향해 경멸감을 터뜨리기도 했다. "그는 우리 사령부에서 연설을 할 만큼 굵은 신경을 가지고 있지만, 우리 미군은 바보가 아니다. 그들은 바지를 내린 대영제국의 모습을 보고 있다. 그 꼴이 썩 볼만하지는 않다."[73]

그러나 같은 주인 6월 22일, 임팔에서 힘겨운 승리를 거두어 버마의 형세를 뒤집은 쪽은 스틸웰이 그토록 경멸했던 영국군이었다. 슬림 부대는 자신들이 진격하는 과정에서 마주쳤던 모든 일본군을 무자비하게 살육하는 것으로 명성을 떨쳤다. 적군은 포로가 되는 대신, 죽임을 당했다. 약 8만여 명의 일본군이 영국군의 버마 탈환전에서 죽었다.[74] 미국인과 중국인, 카친인[75]이 뒤섞인 스틸웰 부대는 북쪽으로 진격해 일본군을 더욱 괴멸시켰다. 8월 3일 일본군은 완패했음을 깨달았다. 열대성 우기가 다가오면서 그들은 미치나를 스틸웰의 부하들에게 넘겨주고 철수했다. 스틸웰과 함께 출발했던 부대는 3개월에 걸친 포위전에서 5명 중 4명꼴로 죽거나 다쳤다.[76] [결론적으로 임팔은 방어 전역이었다. 중국군이 조금 기여하기는 했지만 사실상 영국군과 인도군의 승리였다.]

버마의 형세를 역전시키기는 했지만, 미국 언론이 떠드는 것에 비해 스틸웰의 업적은 빛이 바랬다. 가우스는 국민당의 실패에 대해 혹평하면서도 또다른 날카로운 지적을 했다. 그는 정통한 비판가들이 "우리는 중국군에게 무기를 공급하지 않았다. 북부 버마로의 원정은 실책이었다. 우리가 장비를 배치한 살윈강의 부대는 중국 동부 전선에 배치되었어야 했다"라고 논쟁 중이라는 사실에 주목했다.[77] 그는 이러한 결정이 장제스가 아니라 SEAC 총사령관을 등에 업은 스틸웰에 의해서였다는 사실을 군이 지적할 필요가 없었다. 궁극적인 승리는 중국 동부에서 국민당이 끔찍한 대가를 치르는 것과

---

72 *SP*, Letter(prob. 1944년 6월 15일), JWS to Mrs JWS, 256쪽.
73 *SP*, Letter(prob. 1944년 7월 2일), JWS to Mrs JWS, 258쪽.
74 Bayly and Harper, *Forgotten Armies*, 390쪽.
75 버마 북부와 중국 윈난성, 인도 북동부에 걸쳐서 거주하는 티베트계 소수 민족.—옮긴이
76 Bayly and Harper, *Forgotten Armies*, 390쪽.
77 *FRUS 1944: China*(1944년 6월 15일), 100쪽.

동시에 이루어졌다. 8월 8일 미치나의 포위에서 승리한 지 불과 5일 뒤, 형양 포위전은 그 도시의 함락으로 끝났다. 허난 공세에서 중국군의 형편없는 모습은 설령 더 많은 부대가 투입되었어도 일본군의 공세를 역전시키기는 역부족이었을지도 모른다는 점을 보여주었다. 그러나 이치고 작전, 장제스가 처음부터 경고했지만 연합국 정보조직들에 의해 묵살된 이 공세는 버마에서 일본군이 마주쳤던 중국군 정예부대의 부족으로 확실히 한층 처참한 결과를 초래했다. 스틸웰은 자신의 도로를 건설했고 복수에 성공했다. 하지만 그의 강박적인 프로젝트가 마침내 결실을 맺은 것은 12월이 되어서였다. 아삼에서 시작한 레도 로드는 라시오에서 버마 도로와 연결되면서 다시 한 번 육로를 통해 인도에서 중국으로 보급 물자를 보낼 수 있게 되었다. 1945년 7월 한 달 동안 약 5900톤에 달하는 물자가 도로를 따라 수송되었다. 그러나 이 단계에 오면 험프 루트를 통해 공수되는 물자가 도로를 통한 수송을 초라하게 만들었다.[78][79] 물론 전쟁이 좀더 오래 지속되었다면 그 길은 보다 중요한 역할을 했을지도 모른다. 레도 로드는 장제스에 의해 스틸웰 로드로 이름이 바뀌었다. 겉으로는 그것을 건설한 미국인들의 의지에 대한 찬사였지만 아마도 그 속내에는 그 같은 어리석은 짓을 저지른 장본인의 이름을 붙여야 한다는 암시가 깔려 있었을 것이다. 도로가 뭔가 쓸모가 있게 되었을 때, 스틸웰이 1944년 무더운 여름에 버마의 정글에서 싸우고 있을 때에는 전혀 예상할 수 없었던 운명을 맞이하게 되었다.

---

78 이른바 "레도 로드" 또는 "스틸웰 로드"라고 불리는 이 거대한 건설 작업은 장장 2년의 시간과 1억5000만 달러의 거금, 2만8000여 명의 공병과 3만5000명의 인부가 동원되었다. 무수한 희생 끝에 완료되어 제2차 세계대전을 통틀어 가장 어려운 공사로 손꼽혔다. 1945년 1월 12일 113대의 수송 차량이 레도를 출발했고 1800킬로미터를 달렸다. 한 달 뒤 쿤밍에 도착하여 첫 보급품을 전달할 수 있었다. 그러나 1945년 1월부터 8월까지 7개월 동안 레도 로드를 통해 전달된 물자는 모두 합해 3만 4000여 톤에 불과한 반면, 3년 동안 험프 루트로 공수한 물자가 65만 톤에 달했다는 점에서 의미가 퇴색할 수밖에 없었다. 일본군의 저항, 험준한 지형, 끝없이 펼쳐진 비포장도로는 차량으로 대량의 물자를 수송하기에는 걸맞지 않았고 처음부터 예상된 일이기도 했다. 레도 로드의 건설은 스틸웰에게 자기만족을 주었을지 몰라도 투자 대비 성과를 본다면 시기적으로도 적절치 못했고 결과적으로 불필요한 희생에 지나지 않았다.(Don Moser, *World War II*, vol.9(China-Burma-India), 타임-라이프북스 편집부 編, 『라이프 제2차 세계대전 6권 中國-버마-印度』, 타임-라이프북스 편집부, 1981)—옮긴이

79 Taylor, *Generalissimo*, 309쪽.

그 도로는 오늘날까지 스틸웰 로드로 알려져 있다. 당시 겨우 열여섯 살에 불과했던 황야오우는 결코 사람들에게 기억되지 못할 이름들에 대해 생각했다. "나는 자신을 희생한 전우들에게 몹시 화가 났다. 그들은 모두 광둥성에서 왔고 이제 더 이상은 아니다. 전쟁이란 이런 것이다. 승리를 달성하기란 매우 어렵다. 희생자들은 제대로 땅에 묻힐 수도 없다. 전진하는 군대에게는 그럴 여유가 없기 때문이다. 그들의 몸은 반나절이면 벌레들에게 뜯어 먹힐 것이다. 가족들은 그 사실을 통보받지도, 보상받지도 못할 것이다."

산속에서 다 함께 피로 맹세했던 황야오우의 의형제들은 여전히 북부 버마의 정글 속에서 백골로 누운 채 자신들의 죽음이 적어도 국가에 의해 기려지기를 바랐을 것이다. 그러나 운명은 그들에게 더욱 잔인했다. 공산당의 제8로군이나 신4군이 아니라 국민정부군 제6군에서 싸웠던 그들은 몇 년 뒤 마오 치하의 중국에서 그 기록이 지워질 것이었다. "실제로 후대의 역사는 그들에 대해 잊어버렸다." 오랜 세월이 지난 뒤 황야오우는 솔직하게 인정했다. "내 마음속에서 그들은 조국을 위해 죽어간 선열들이었다. 그들의 죽음은 정당했다. 그러나 지금 누가 그들을 기억하는가?"[80]

---

80   黃耀武, 『我的戰爭』, 76~77쪽.

제18장 스틸웰과의 마지막 대결

1944년 9월 19일, 차량 한 대가 충칭 교외 황산에 있는 장제스·쑹메이링 부부의 산장에 멈춰 섰다. 차에서 내린 스틸웰 장군은 완전히 흥분한 채 계단을 올라갔다. 그의 손에는 루스벨트로부터 온 메시지가 들려 있었다.

스틸웰은 그 편지에 담긴 폭발성을 잘 알고 있었다. "오늘을 내 인생의 달력에 빨간색으로 표시할 것이다." 그는 일기에서 무척 흡족해했다. "마침내, 그 오랜 시간 끝에, 프랭클린 루스벨트는 결국 분명하게 얘기했다. 문장마다 폭죽을 잔뜩 꽂은 채 말이다."[1]

황산에서는 장제스와 루스벨트의 개인 특사로 충칭을 방문한 패트릭 헐리, 그리고 다시 우호적인 관계로 돌아선 쑹쯔원을 비롯한 고위 관료들과 군정부장인 허잉친 등이 참석한 회의가 진행 중이었다. 스틸웰은 헐리를 불러서 메시지를 보여주면서 자신이 직접 장제스에게 전달하라는 명령을 받았다고 말했다.

헐리는 주의를 촉구했다. 다름 아니라 그가 참석 중이었던 그 회의에서는 스틸웰의 책무에 대한 새로운 변수 값을 논의하는 중이었다. 버마에서는 증원 병력이 파견될 예정이었고 스틸웰이 총사령관으로 임명될 참이었다. 헐리는 간곡하게 애원했다. "조, 당신은 이 공놀이에서 이미 이겼다." 만약 스틸웰이 그 메시지를 직접 전달한다면 앞으로 몇 세대에 걸쳐서 미중 관계에 영

---

1 *SP* 참조.

구적으로 손상을 주는 위험을 초래할 것이었다.[2]

9월의 그 순간은 가뜩이나 고통스러운 중국의 전쟁 경험에서 최악의 해가 닥쳐온 뒤였다. 그해 가을 일본군의 이치고 작전은 중국 중부를 관통하면서 파멸적인 길을 휩쓸고 있었다. 하지만 장제스의 최정예 부대 태반은 여전히 버마에 남아 있었다. 1944년 8월 형양이 함락되자 장제스는 절망의 구렁텅이에 빠져들었다. 그는 지금의 참담한 상황이 "일본 때문이 아니라 우리 동맹국들 때문이다"라고 썼다. 이제 그는 "루스벨트가 이미 나를 끌어내리기로 결심했다"라고 확신했다. 쑹커와 공산당의 공격으로 장제스는 자기 연민에 젖어들었다. "전 세계 모든 악의 세력들이 뭉쳐서 나를 핍박하고 모욕하고 있다." 그는 경멸감을 토로했다. "마치 나를 집어삼키려고 지옥이 열린 것 같다."[3]

개인적으로 장제스는 매우 대담한 방안을 고르는 것을 숙고했다. 그는 이렇게 썼다. "마지막 수단으로 나는 군사와 정치적 직위에서 물러날 준비를 해야 할 것이다." 그렇게 되면 미국인들도 어쩔 수 없을 것이다. "루스벨트는 내가 물러날 수도 없고 물러나기를 원하지도 않는다고 여기고 있다. 그래서 아무 염려 없이 나를 핍박한다. 그는 전쟁에 중국군을 이용하기를 원한다. 그렇지 않으면 100만 명의 미군을 동아시아에 보내 그들을 희생시켜야 할 것이다." 장제스는 자신의 사임이 초래할 결과에 대해 곰곰이 생각했다. 당시 중국에는 2만7738명에 달하는 미군이 주둔하고 있었다. 그중 1만7723명은 미 육군 항공대였다.[4] 루스벨트는 장제스를 한쪽으로 제쳐놓을 수 있는 기회를 잡을 수도 있었다. 다른 한편으로, 그의 "사임은 미국의 대일 전쟁 수행에 불리할 것이므로 그들의 태도를 바꾸어" 장제스와 중국에 대한 모욕을 멈추게 할 가능성도 있었다. 또는 미국은 쑹커와 같은 "꼭두각시"가 정권을 차지하는 동안 가만히 지켜볼지도 몰랐다. 그런 뒤 군사적, 정치적 상황이 나빠지면 다시 장제스를 부를 것이고 "그들에게는 나밖에 선택의 여지가 없

2 Taylor, *Generalissimo*, 288쪽.
3 *CKSD*, 1944년 8월 17~28일, 1944년 9월 2일, in WJL, 56쪽.
4 Romanus and Sunderland, *Time Runs Out in CBI*, 19쪽.

으므로" 새로운 진정성을 가지고 타협에 나설지도 몰랐다.[5]

이틀 후 장제스는 자리에서 물러나지 않기로 결심했다. "그것은 이 나라에 너무나 위험하다." 그는 자신이 떠난 뒤 벌어질 수많은 문제에 대해 돌아보았다. 쑨커가 소련에 접근하는 것부터, 국민정부에 대항해 공산당이나 일본과 연합한 지방 군벌들의 위협, 공산당이 이 나라의 젊은이들과 교육 제도를 자신들의 이념에 물들게 하는 것까지 말이다.[6]

이러한 생각은 지극히 자기중심적인(개인적인) 판단으로 여겨질 수 있지만, 장제스의 위협은 허세가 아니었다. 장제스는 예전에, 1931년 겨울 만주 위기가 최고조가 되었을 때 자리에서 물러난 적이 있었다. 당시 쑨커는 실제로 행정원장에 취임했다. 하지만 군부 쪽이건 재정 쪽이건 국민당의 어느 파벌도 그의 통치를 받아들일 생각이 없다는 사실만 증명되었다. 장제스는 1932년 초 다시 권력에 복귀했다. 중국 정계는 장제스가 국가를 단결시키는데 결코 없어서는 안 되는 인물이라는 사실을 배웠다. 만약 루스벨트가 지금 쑨커에게 추파를 던지고 있다면 그 또한 똑같은 교훈을 익힐 필요가 있었다.

그러나 1944년의 상황은 1932년과 전혀 달랐다. 쑨커는 여전히 믿을 만한 대안이 아니었고 미국인들 또한 장제스가 상상하는 것처럼 그에게 접근하지 않을 것이었다. 하지만 공산당에 대해서는 그렇지 않았다. 장제스가 물러나지 않기로 한 8월 31일, 가우스는 그를 만나서 국민당과 공산당이 화해할 필요성을 논의했다. 나중에 가우스는 장제스를 가리켜 "시간이 공산당의 편이라는 사실을 인식하지 못하고 있는 것 같았다"라고 썼다. "자유중국에서 정부의 영향력과 통제력이 아직 와해되지는 않았지만 점점 더 나빠지고 있다." 가우스는 그 해결책으로 일종의 초당적인 전쟁위원회의 조직을 제안했지만 장제스는 의례적으로 동의했을 뿐이었다.[7]

실제로는 장제스는 그 의미를 충분히 이해하고 있었다. 이 모든 것이 그

---

5   *CKSD*, 1944년 8월 29일, 王建朗, 「信任的流失」, 60쪽에서 인용.
6   *CKSD*, 1944년 8월 31일, 王建朗, 「信任的流失」, 60쪽에서 인용.
7   *FRUS 1944: China*(1944년 9월 4일), 546쪽.

를 더욱 격분시켰다.

국내외의 압박이 갈수록 더해가고 있다. 특히 미국인들이 내 정신을 엄청나게 압박한다. 그들은 내가 스틸웰의 요구를 받아들이고 공산당과 타협하기를 강요한다. 제국주의 속셈을 완전히 드러냈다.[8]

스틸웰은 워싱턴의 귀를 솔깃하게 하는 싸움에서 의심의 여지 없이 이기고 있었다. 그는 버마의 위기는 장제스가 자신에게 더 이상의 지원을 꺼렸기 때문이라고 분명히 못을 박았다. 9월 7일 헐리는 새로운 지휘구조에 관한 세부 사항을 명확히 결정하기 위해 충칭에 도착했다. 스틸웰은 공산당을 포함한 모든 중국군의 지휘권을 갖게 될 것이다. 겨우 일주일 뒤 장제스와 스틸웰은 헐리가 요청한 회의에서 또 한 번 충돌했다. 스틸웰은 일본군의 침공으로 붕괴 위기에 직면한 구이린에서 돌아왔다. 그는 일기에 장제스가 모든 책임을 저야 한다는 생각을 숨기지 않았다. "구이린에서 닥친 재앙은 (…) 그들이 해야 할 일은 대원수와 허잉친, 나머지 패거리들을 모조리 쏴 죽이는 것이다."[9] 이제 장제스는 버마 미치나에 있는 X군을 동쪽으로 전진시켜 룽링龍陵의 구원을 요구했다. 스틸웰은 그 부대들에게 휴식이 필요하다는 이유로 거절했다. 장제스는 일주일 안에 이동하지 않으면 버마의 Y군을 철수시켜 윈난성의 성도인 쿤밍 방어에 쓰겠다고 선언했다. 스틸웰은 "허튼소리에 터무니없는 수작"이라며 반박했다.[10] 이러한 충돌 이후 9월 15일, 가우스는 장제스를 면담하고 다른 당파 사람들을 두루 포함하는 광범위한 지도부의 구성을 재차 압박했다. 장제스는 그 요구에 분노를 터뜨렸다.[11] 그러나 압박은 시작일 뿐이었다.

9월 16일, 루스벨트와 처칠은 제2차 퀘벡 회담(코드네임 "8각형Octagon")에

---

8   CKSD, 1944년 8월 6일, 王建朗, 「信任的流失」, 56쪽에서 인용.
9   SP, 1944년 9월 9일, 276쪽.
10 SP, 1944년 9월 15일, 279쪽; Taylor, Generalissimo, 285쪽.
11 CKSD, 1944년 9월 15일, 王建朗, 「信任的流失」, 59쪽에서 인용.

참석 중이었다. 여기서 그들은 히틀러 정권의 몰락 후 독일에 점령 구역을 설치하는 것을 비롯해 유럽 전선에 관한 주요 결정을 논의했다. 마셜이 스틸웰의 불평이 적힌 메모를 넘겨받았을 때 대통령의 심중은 다른 문제들에 쏠려 있었다. 스틸웰은 장제스가 버마 주둔 부대들의 구출을 거부하고 있다고 주장했다.(장제스가 제200사단 1만여 명을 보냈다는 사실은 쏙 빼놓았다.)[12] 루스벨트의 반응은 당연하게도 버마에서 곧 재앙이 닥치게 될지 모른다는 두려움이었다. 특히 대선이 불과 몇 주 앞으로 닥친 상황에서 결코 재미있는 전망이 아니었다. 마셜의 참모들은 이제 (적어도 그들이 보고받은 대로) 버마의 전황이 뒤집어지는 것에 대해 깊은 우려감을 드러내는 초안을 작성했다. 그리고 여기에는 대통령이 직접 서명할 것이었다. 편지는 장제스에게 북부 버마에서 군대를 철수시켜서는 안 될뿐더러, 그들을 돕기 위해 더 많은 병력을 파견해야 한다고 요구했다. 루스벨트는 장제스가 스틸웰과 마운트배튼에 협조한다면 "1945년 초 중국으로 가는 육로가 개통되어 중국은 지속적으로 싸울 수 있을 것이며 당신의 통치권도 보장될 것이다"라고 말했다. 그러나 만약 장제스가 버마 공격에서 손을 뗀다면 자유중국으로의 육상 통로는 차단될 것이었다. 경고는 더욱 가차 없었다. "당신은 스스로 결과를 받아들이고 개인적으로 책임질 준비를 해야 할 것이다." 루스벨트의 말투는 단호했다. "지난 몇 달 동안 나는 중국과 당신을 향해 점점 가까이 다가오는 재앙에 맞서 싸우기 위해 과감한 행동을 선택해야 한다고 거듭 권고했다." 무엇보다도 한 가지 요구는 분명했다. "스틸웰 장군은 어떠한 제한 없이 당신의 모든 군대를 지휘해야 한다."[13] 아마도 그 서신은 장제스에게 썼던 것 중에서 가장 단호했을 것이다.

바로 이것이 1944년 9월 어느 날 스틸웰더러 (장제스에게) 직접 넘겨주라고 지시받은 서신이었다. 아이러니하게도 장제스는 어차피 스틸웰의 모든 핵심적인 요구 사항인 중국군의 지휘권을 그에게 넘겨줄 의향이 있었다. 우방국의 지도자에게 그처럼 딱딱하면서 공격적인 언사로 쓰인 그 편지를 있는

<hr>

12 Taylor, *Generalissimo*, 286쪽.
13 *FRUS 1944: China*(1944년 9월 16일), 157쪽.

그대로 전달할 필요는 없었다. 하지만 스틸웰은 그렇게 해야 한다고 고집을 피웠다. 헐리는 충격을 완화시킬 요량으로 장제스에게 중국어 번역문을 읽어볼 것을 권유했지만 오히려 원문보다 한층 무뚝뚝하다는 사실이 뒤늦게 밝혀졌다. 장제스는 쪽지를 다 읽은 다음 한 발짝 떼면서 간단하게 말했다. "알겠소." 그다음 찻잔을 거꾸로 뒤집었다. 그 제스처는 회의가 끝났다는 뜻이었다. 동시에 스틸웰과 지속적으로 협력하거나, 중화민국 군대에 속한 수백만 명의 지휘권이 그 미국인에게 주어질 어떠한 가능성조차 사라졌다는 의미였다.[14]

루스벨트의 서신 배달은 하나의 분수령이었다. 이 짧은 순간의 희열 덕분에 스틸웰은 매우 무거운 대가를 치를 참이었다. 미중 관계는 앞으로 사반세기 동안 더욱 무거운 대가를 치러야 할 것이었다. 확언컨대, 그들은 오늘날까지도 여전히 그 대가 중 일부를 치르고 있다.

장제스는 스틸웰이 편지를 내밀었을 때에는 아무런 감정도 보이지 않았다. 하지만 처남인 쑹쯔원과 단 둘이 있는 자리에서는 울음을 터뜨리면서 그 편지가 스틸웰이 저지른 짓이라며 분노했다. 루스벨트와 마셜이 버마의 상황을 악화시킨 것은 장제스가 지원을 거부했기 때문이라는 스틸웰의 주장을 믿었다는 점에서 장제스의 비난은 나름의 타당성이 있었다. 쑹쯔원은 자신과 셔놀트 두 사람 모두와 친분 있는 미국인 기자 엘솝Joseph Alsop을 불러서 대응책의 초안을 작성하는 데 도와달라고 요청했다. 루스벨트에게 보내는 편지에는 스틸웰이 더 이상 중국에서 환영받지 못하는 인물이라는 사실을 분명히 했다. 그러나 장제스는 그 편지를 보내는 것을 일단 미루었다. 그 사이 광시성 서남부 전선을 강화하는 데 노력하는 한편, 바이충시 장군에게 제4전구와 제9전구의 지휘를 맡아달라고 설득했다.[15] [16] 한편, 스틸웰

---

14   Taylor, *Generalissimo*, 288쪽; Tuchman, *Stilwell*, 494쪽.
15   정확히는 제4전구, 제9전구를 포괄하는 군사위원회 직속 서남행영주임에 임명되었다. 제1전구 사령관 장딩원과 탕언보가 패전의 책임으로 쫓겨난 것과 달리(탕언보는 몇 달 뒤 윈난성 주둔 제3방면군 사령관으로 복직하여 광시성 탈환전에 나섰고 자신의 실추된 명예를 어느 정도 회복하는 데 성공했다) 제4전구 사령관 장파쿠이, 제9전구 사령관 쉐웨는 그대로 유임되었다.—옮긴이
16   Taylor, *Generalissimo*, 289~290쪽.

은 무척 흐뭇해하면서 다섯 구절로 된 엉터리 시가 담긴 편지를 아내에게 보냈다. 그중에서도 첫 번째 구절은 그야말로 신랄한 맛을 풍겼다.

나는 오랫동안 복수를 기다렸다네.
드디어 기회가 왔고,
눈으로 땅콩(장제스―옮긴이)을 보았네.
그리고 그의 급소를 냅다 차버렸지.[17]

이제 미국과 중국의 관계는 거의 알아볼 수조차 없을 만큼 악화되어 있었다. 많은 미국인이 보기에, 장제스 정권은 배은망덕한 주제에 타락한 덜 중요한 나라이자 서유럽 전역에서 가장 중요한 작전인 오버로드가 막 시작되려 할 때 성가시게 구는 존재에 지나지 않았다. 미 대사관 이등 서기관 라이스Rice는 1944년 10월 시안에서 침울한 보고서를 올렸다. 그가 대화를 나눈 많은 미군은 "거의 대부분 중국과 중국인들에 대해 부정적이면서 때로는 격렬하게 비난을 쏟아냈다." 이들을 경악시킨 것 중에는 부패(원래 랜드리스에 의해 공급된 군용 휘발유를 고위 관료 부인들이 구입하는 것을 포함해)와 내통(일본군 간첩 혐의자들이 별다른 조사도 받지 않고 풀려나는 것 등)도 있었다. 그러나 라이스는 이러한 시각에는 중국 도시에서의 "불결함과 질병, 오염"과 거리에서 함부로 침을 뱉는 것과 같은 나쁜 습관에 대한 일상적인 반감 또한 섞여 있다는 사실을 솔직히 인정했다. 그는 많은 군인이 인도에서 근무했고 그곳의 현실을 가까이에서 접하면서 현지 사람들에 대한 호감을 잃었다는 사실에 대해서도 언급했다.[18] 라이스의 주장에는 제1차 세계대전 이후 독일을 점령한 미국인들이 때로는 같은 동맹국인 프랑스보다 오히려 독일에 더 연민을 느꼈으며 전후 주일 미군 점령군이 중국보다 일본을 더 우호적으로 여길 수 있다는 나름의 선견지명을 반영하고 있었다. "분명히 말해서, 전

17 *SP*, 1944년 9월 21일(스틸웰의 아내에게 보내는 편지), 282쪽.
18 *FRUS 1944: China*(1944년 10월 2일), 163쪽.

후 미국 여론에 지대한 영향을 주게 될 것이다."[19]

그러나 동시에, 중국 지도자 역시 미국인들을 가리켜 중국을 위해서 싸울 생각은 전혀 없이 머릿수만 꾸준히 늘리면서도 또한 중국이 포위당했다는 현실을 인정하기 거부하는 지극히 부담스러운 존재로 여기기 시작했다. 미국은 자신들이 기대하는 나치가 몰락하는 단계에 오면 미 지상군이 필요할 것이라고 여기고 중국 내 미군 부대의 증강에 착수했다. 1만600여 명의 미군이 윈난성의 성도 쿤밍에 주둔하고 있었다. 1944년 초 군정부장 허잉친은 윈난성 주석 룽윈에게 전보를 보내 윈난성과 인도 주둔 미군에게 쇠고기 공급을 늘리라고 지시했다. 룽윈은 "미군 부대가 이미 1년 넘게 여기에 있으면서 엄청난 양을 소비하고 있다"라고 대답했다. 그는 덧붙여 말하기를,

> 1943년 봄 이후, 미국인들은 매일 거의 30마리의 소와 1000마리가 넘는 닭, 1000개의 달걀을 소비했고 돼지와 양은 셀 수조차 없다. 논밭을 가는 소들을 모조리 사들였다. 엄청나고 놀랄 만큼 비용이 들었다. 우리는 인도는 고사하고, 윈난성에 공급하는 일조차 심각한 어려움에 직면할 것이다.[20]

1년 뒤 장제스가 직접 이 문제에 개입했다. 그는 미국인들이 전투력을 유지하려면 중국인들보다 훨씬 더 많은 육류 위주의 식단이 필요하다고 강조했다. 룽윈은 쇠고기를 얻기 위해 이토록 많은 소를 계속해서 징발한다면 농사를 짓는 데 반드시 필요한 논밭을 경작할 소조차 남아나지 않게 될 것이라고 지적했다. 돼지와 닭고기 또한 공급하지 못할 판이었다. 이 동물들은 대규모 공장이 아니라 오직 개별 가정에서 소규모로 사육되었기에 앞으로 구입하기가 훨씬 더 어려워질 것이 틀림없었다.[21] 미국인들이 사기를 높이기

19   *FRUS 1944: China*(1944년 10월 2일), 164쪽.
20   룽윈이 1944년 1월 22일 허잉친에게 보낸 전보, 張振利, 「從民國檔案看1944年駐滇美軍肉類供應風波」, 『雲南檔案』(2011년 12월), 21쪽에서 인용.
21   장제스가 1944년 9월 11일 룽윈에게 보낸 전보; 룽윈이 1944년 9월 19일 장제스에 보낸 전보, 張振利, 「從民國... 風波」, 『雲南檔案』(2011년 12월), 20쪽에서 인용.

위해 친숙한 식단을 제공해주기를 원하는 것은 결코 불합리하다고 할 수 없었지만 그로 인해 중국이 지불해야 하는 비용이 너무 컸다. 1945년 1월 중국에는 3만2956명의 미군이 있었다. 8월이 되면 6만369명으로 늘어났다. 1944년 11월부터 1945년 5월까지 미군 주둔 비용은 매월 10억 위안에서 매월 200억 위안으로 치솟았다.[22] [23]

장제스는 일본군의 맹렬한 공세 앞에서 자신과 조국이 살아남기 위해 싸워야 하는 순간에 미국인들을 위해 쇠고기를 공급해야 한다는 메시지를 보내야 했던 사실에 특히 짜증이 나지 않을 수 없었을 것이다. 그는 서구 연합국들이 또다시 자신들의 이익에만 급급하여 중국의 우선순위를 무시한다고 확신했다. 연합국은 중국군에게 레도 로드 전역에 참가할 것을 강요하면서 이치고 작전에 따른 중국 중부에서의 진정한 위협을 간과했다. 장제스는 스틸웰의 소환이 자신의 입장을 강화할 것이라고 맹신하지 않았다. "설령 미국이 지금 스틸웰의 소환을 받아들인다고 해도 그들은 여전히 나를 끝장내려고 할 것이다."[24] 그 미국인은 자신이 초래한 피해를 깨닫지 못하는 것처럼 보였다. 스틸웰은 공산군을 포함하는 종합적인 국가적 지휘 체계 수립에 착수했다. 공산군은 자신을 통해 장제스에게 보고하게 될 것이었다. 그 대가로, 공산당은 5개 사단 분의 장비와 보급품을 공급받고 황허강 이북에 병력을 배치할 권리를 얻을 수 있었다.[25]

그러나 장제스는 스틸웰이 (중국을) 떠나야 한다고 고집했다. 9월 25일, 워싱턴에 스틸웰 장군의 소환에 관한 장제스의 공식적인 요구가 전달되었다.[26]

---

22   Eastman, "Nationalist China during the Sino-Japanese War," 157쪽.
23   1945년 당시 중국이 400~500만 명의 중국군을 유지하기 위해 매월 지출하는 비용은 약 1200억 위안이었다.(民國檔案史料彙編 第五集 第二編 財政經濟 1937~1945) 그런 점에서 미군의 주둔 비용은 훨씬 값비쌌다. 전쟁 말기로 가면서 중국에 주둔한 미군은 빠르게 늘어났지만 미 제14공군과 군사고문, 정보요원이었고 전투 부대는 단 하나도 없었다. 전쟁이 끝나는 순간까지도 미군이 유럽에서처럼 중국 전선에서 직접 싸우는 일은 없었던 반면, 이들의 존재는 중국인들에게 큰 부담이 되었다. 군기가 이완된 미군 병사들에 의한 각종 대민 사고와 마찰도 커졌다. 하지만 미국 정부는 우월적 지위를 이용해 대개 모르쇠로 일관했다. 이로 인해 지식인들과 민중의 반 외세 분위기에 불을 붙이면서 장제스 정권을 더욱 압박했다.—옮긴이
24   CKSD, 1944년 9월, 월간 반성록, 王建朗, 「信任的流失」, 60쪽에서 인용.
25   Tuchman, Stilwell, 495쪽; Taylor, Generalissimo, 291쪽.
26   Taylor, Generalissimo, 292쪽.

10월 5일 루스벨트와 장제스는 두 사람의 관계에서 가장 솔직한 대화를 나누었다. 언어적 충돌을 초래하기보다는 회피하는 쪽에 더 익숙한 두 지도자로서는 이례적인 모습이었다.(사실, 루스벨트의 서신은 마셜이 대신 썼다.) "당신이 지난 8월 12일 스틸웰에게 중국 내 모든 군대의 지휘권을 양여키로 합의했던 결정을 번복한다는 데 놀라움과 유감을 드러내지 않을 수 없다." 루스벨트는 이치고 작전 이후 중국의 상황이 너무나 심각해지면서 자신은 차라리 미국이 지상 작전에서 완전히 손을 떼려고 했다고 경고했다. 그러나 험프 루트를 유지하는 것은 매우 중요하므로 상황상 "당신의 지휘 아래 스틸웰이 직접 버마와 윈난성에 있는 모든 중국군을 지휘하는 것"을 요구할 수밖에 없었다는 것이다. 루스벨트는 스틸웰이 장제스의 참모장으로 남거나, 그가 원조 물자에 대한 직접적인 권한을 가져서는 안 된다는 점은 솔직히 인정했다.(장제스는 스틸웰이 원조 물자를 직접 통제하면서 이치고 작전 내내 중국이 이 물자들을 거의 이용할 수 없었다는 사실을 잘 알고 있었다.) 그러나 루스벨트는 경고의 문구로 끝을 맺었다. "나는 만약 우리가 스틸웰을 버마 전역에서 해임한다면 그 결과가 당신이 생각하는 것보다 훨씬 더 심각할 것이라고 확신한다."[27]

스틸웰 자신도 소환설이 떠돌고 있다는 사실을 알고 있었다. 여태껏 장제스를 향한 그의 발언은 두 사람의 협력 가능성이 거의 없음을 드러냈다. 스틸웰이 보기에 장제스는 "전쟁의 주된 재난에 책임이 있으며" "미국의 노력을 경멸했고" "진정성 있게 싸우지 않을 것"이었다. 스틸웰은 또한 루스벨트에 대해서도 자신을 지지하지 않는다면서 혐오감을 느꼈다. "프랭클린 루스벨트는 내 목을 자르고 나를 팽개치려고 한다. 그들은 나를 해칠 수 없다. 지옥에나 가버려라."[28] 그런 뒤 10월 7일, 스틸웰은 장제스에게 보내는 루스벨트의 메시지를 보고 "꽤 격려가 되었다"라고 생각했다. 그는 특히 버마에서 자신의 해임을 반대한다고 권고하는 대목에서 기쁨을 감추지 못했다.(그

---

27 *FRUS 1944: China*(1944년 10월 5일), 165쪽.

28 *SP*, 1944년, 10월(일자 불명), 1944년 10월 1일, 287~288쪽.

는 이 부분에 대해 "끝 부분이 좀 뻣뻣하군"이라고 짧게 논평했다.)[29] 물론 장제스는 미국 대통령이 보낸 편지에 대해 스틸웰처럼 생각하지 않았다. 그는 헐리를 통해 답장을 보냈다. 그는 여전히 미국인 장교에게 자신의 지휘권을 내줄 의향이 있지만 "믿을 수 있고 솔직하면서 진정성 있게 협력할 수 있는" 사람이어야 한다고 주장했다. 장제스의 입장은 명확했다. "스틸웰 장군은 그 모든 중요한 자질에서 현저하게 부족하다는 사실을 스스로 보여주었다." 그는 자신의 요구를 분명히 하면서 결론을 내렸다. 스틸웰은 소환되어야 했다. 지금 바로.

끝은 썩 좋지 않았다. 장제스는 헐리에게 보다 비공식적인 서신을 넘겨주었다. 여기에는 자신이 타당한 사유라고 여기는 것들, 특히 스틸웰의 군사적 판단을 어째서 신뢰할 수 없는지 루스벨트에게 확실히 짚고 넘어가기 위한 내용이 담겨 있었다. "스틸웰 장군과 나는 버마 전역과 관련해 서로 합의한 바가 없다." 그는 버마를 경유하는 육상 통로 재개의 중요성을 충분히 이해하고 있었다. 하지만 이 작전은 카이로에서 제안되었지만 테헤란에서 뒤집어졌던 버마 남부에서의 상륙작전이 병행될 때에만 비로소 의미가 있다고 못 박았다. 단지 "북부 버마에서의 제한적인 공세"만으로는 "결과에 의해 정당화되기에는 훨씬 값비싼 대가가 따를 수 있으며 심지어 엄청난 위험에 처할 수 있다." 1944년 4월 스틸웰이 이러한 공세를 제안했고 장제스가 이견을 달자 그는 "중국이 연합국의 대의에 어떤 실질적인 기여도 하지 않으려는 속셈이라고 의심받을 것"이라고 반박했다. 따라서 장제스는 마지못해 동의한 뒤 람가르에서 훈련받은 부대들을 레도 로드 전역에 투입토록 했다. 그 뒤 스틸웰은 버마에 더 많은 중국의 예비대를 보내줄 것을 요구했으며 또한 험프루트의 물자를 여기에 활용할 것을 명령했다.

장제스는 그것이 직접적인 결과를 가져왔다고 생각했다. "일본군은 이 기회를 이용해 중국에서의 공세에 나섰다. 처음에는 허난성, 그 뒤에는 후난성이었다." 버마 전역은 (중국의) 인력과 물자를 죄다 빨아들였다. 중국 동부에

---

29 *SP*, 1944년, 10월 7일, 289쪽.

서 국민정부군은 스틸웰이 버마에서 상대하는 적군의 여섯 배에 달하는 일본군과 마주보고 있었지만 그는 "그야말로 무관심"으로 일관했다. 장제스가 가장 강하게 지적하는 것은 스틸웰이 윈난성에 비축된 원조 물자의 방출을 거부했다는 점이었다. 장제스는 중국군이 쓰기 위해 오직 극소량의 물자만이 방출되었다고 주장했다. "산포 60문, 대전차 총 320정, 바주카포 506문"에 불과했다. 결과적으로 그는 "우리는 미치나를 얻었지만 중국 동부 전체를 잃었다. 이 점에서 스틸웰 장군은 중대한 책임을 결코 면할 수 없다"라고 선언했다. 장제스는 스틸웰이 매번 무례하게 전달했던 루스벨트의 메시지에 담긴 암시에 대해 경악을 감추지 않았다. 그는 중국이 근본적인 붕괴에 직면했다는 생각에 반대하면서, 루스벨트가 중국이 골칫거리라는 이유로 대중 원조의 철회를 운운하는 것은 매우 무례하다고 여겼다. 헐리는 메모에 자신의 생각을 직설적으로 첨부해서 (워싱턴으로) 보냈다. "장제스와 스틸웰은 본질적으로 양립할 수 없습니다. 오늘 대통령께서는 장제스냐, 스틸웰이냐 중에서 양자택일해야 할 것입니다." 그는 덧붙여서 중국인들 중에서 장제스만큼 할 수 있는 다른 지도자는 없다면서 루스벨트가 누구를 선택해야 할지에 대한 자신의 생각을 분명히 했다.[30]

"도끼날이 떨어졌다." 스틸웰은 10월 19일 일기에 이렇게 썼다. "나는 소환되었다." 다음 날 오후 5시, 스틸웰은 "땅콩"과 마지막 면담을 가졌다. 두 사람 모두 꼭 필요한 위선적인 말만 늘어놓았다. 장제스는 그동안 일어난 모든 일에 대해서 유감스럽게 생각한다고 말했다. 스틸웰은 그에게 자신이 오직 "중국이 잘되라고" 행동했음을 기억해줄 것을 부탁했다. 장제스는 스틸웰에게 중국이 외국인에게 수여할 수 있는 최고의 영예인 청천백일훈장靑天白日勳章을 주겠다고 제안했다. 스틸웰은 거절했다.(그는 "그딴 건 그 자의 XXX에나 꽂으라고 그래!"라고 말했다.)[31] 나흘 뒤인 10월 24일, 스틸웰은 델리로 떠났다.[32]

30 *FRUS 1944: China*(1944년 10월 9일(note)), 169쪽.
31 *SP*, 1944년 10월 20일, 293쪽.
32 스틸웰의 후임자인 웨드마이어는 그가 관행을 무시하고 자신과 인사도 하지 않고 떠났으며 심지어 작전 계획이나 향후 구상 등 업무 인수인계를 위한 어떤 서류도 남기지 않았다는 데 크게 당황했다. 웨드마이어는 사무실을 철저히 뒤졌지만 아무것도 발견할 수 없었다고 회고했다. 스틸웰의 참모들

최후의 대규모 공격이었던 이치고 작전 이후의 모습.

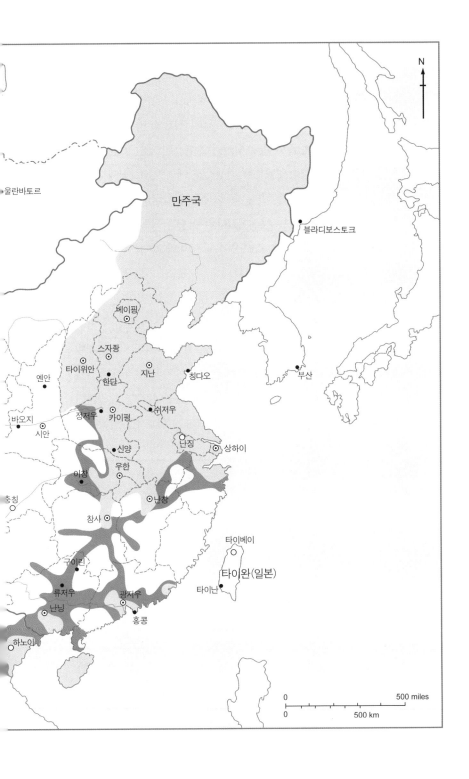

N

울란바토르

만주국

블라디보스토크

베이핑

스자좡

타이위안   지난   칭다오   부산

옌안   한단

바오지   정저우   카이펑   쉬저우

시안   신양   난징   상하이

이창   우한

충칭   난창

창사

타이베이

구이린   타이완(일본)

류저우   광저우   타이난

난닝   홍콩

하노이

0   500 miles

0   500 km

그는 다시는 중국에 발을 들여놓을 일이 없을 것이었다.[33 34]

장제스와 스틸웰의 악감정은 전시 동맹 동안 미중 불화를 가장 선명하고도 단적으로 보여주는 사례였다. 그러나 정보 영역에서의 다툼부터 재정적 원조와 부대 임무의 논쟁에 이르기까지 중국에서의 전쟁을 따라다녔던 수많은 갈등 중의 일부에 지나지 않았다. 스틸웰과 장제스의 개인적인 충돌은 중요하지만, 마셜과 다른 연합국 수뇌부가 전쟁 초기에 내린 보다 광범위한 전략적 결정에서 눈을 돌려서는 안 된다. 즉, 중국은 연합국의 전쟁 수행에서 주요 전역이 되지 않을 것이라는 사실이었다.[35] 이것은 확실히 이해할 수 있는 부분이지만, 중국인들이 스스로 소모품이 될 것이라고 기대할 수는 없는 노릇이었다. 연합국은 장제스가 동맹국들에게 자신들의 가치를 증명하기 위해 싸워야 한다는 허구를 강요함으로써 미중 관계를 갉아먹었다. 가치가 의심스러운 버마를 되찾으려고 계속 시도하기보다는, 장제스가 제한된 자원을 중국을 방어하는 데 사용하도록 허용하는 쪽이 훨씬 합리적이었을 것이다. 설령 매스컴이 보기에는 중국이 광범위한 전쟁 수행에서 적극적인 역할을 하지 않는 것처럼 보일지라도 말이다. 처칠이 받아들일 생각만 있었다면 장제스를 일본의 대아시아주의와 공산주의에 도전하는 비非백인 민족주의 저항의 진정한 상징이자 다른 비非유럽권 민족들에 대한 신뢰할 수 있는 특사로 활용할 수도 있었을 것이다. 실제로는 장제스 정권은 생색은 낼 수 없으면서 지나치게 야심적인 목표에 연루된 채 중국 자신의 목표와 우선순위

역시 웨드마이어에게 모든 것은 스틸웰의 "엉덩이 주머니" 속에 있었기 때문에 자신들이 얘기해줄 수 있는 것이 없다고 대답했다.—옮긴이

33 스틸웰은 중국으로 돌아올 수도 있었다. 워싱턴으로 소환된 그는 한동안 펜타곤에서 근무하면서 육군의 훈련과 기계화와 같은 한직을 맡았으나 1945년 6월 오키나와 전투에서 사이먼 버크너 중장이 전사하자 그를 대신해 오키나와 주둔 제10군 사령관에 임명되었다. 그러나 그가 부임했을 때 오키나와 전투는 이미 끝났기에 실전에 나설 일은 없었다. 일본이 항복을 선언한 뒤 트루먼 행정부는 소련군의 남하를 저지하기 위해 급히 한반도에 38선을 긋고 스틸웰을 남한 점령군 사령관에 임명하려고 했다. 그러나 장제스는 극동에서 맥아더 다음의 고위 고성인 스틸웰이 남한에 부임할 경우 미군이 상륙한 중국 동부 지역까지 그의 관할에 들어갈 수 있다고 여기고 강력하게 반대했다. 결국 스틸웰과 제10군 주력은 오키나와에 그대로 남았고 그중 존 하지 중장이 지휘하는 제24군단만이 남한에 상륙했다. 스틸웰은 1946년 10월 12일 위암으로 급사했다.—옮긴이

34 *SP*, 1944년 10월 20일, 1944년 10월 24일, 293쪽.

35 Van de Ven, *War and Nationalism*, 특히 제1장에서 이러한 논점에 대해 매우 분명히 설명하고 있다.

를 늘 서구 연합국과 소련에게 양보한다는 인상을 주었을 뿐이었다. 이 씨앗들은 1949년 공산당이 최종 승리를 거둔 뒤에도 이어질 미중의 불신을 싹트게 했다. 심지어 오늘날까지도, 미중 관계는 그 상처가 치유되려면 여전히 멀다는 사실을 보여준다.

한편, 일본군의 이치고 진격은 중국 중남부를 거쳐서 계속 앞으로 나아갔다. 일본군의 승리 가능성이 갑자기 증대되면서 국민당 지구는 들끓기 시작했다. 1944년 11월 구이린에서 그레이엄 펙은 날카로운 히스테리를 느꼈다. 도시는 "폭풍우가 몰아치는 바다 위를 표류하는 유원지" 같았고 쏟아져 들어오는 피란민 무리로 넘쳐났다. 기차역은 도시를 빠져나가려는 사람들로 가득했다. 그들은 점점 가까이 오는 일본군의 공격에서 가능한 빨리 서쪽으로 달아나려고 했다. 11월 24일 도시는 함락되었다.[36] 일본군의 맹습은 한발짝 더 충칭으로 다가섰다. 교착상태였던 전쟁이 어느 순간 갑자기 하루아침에 끝이 날 것처럼 보였다.

---

36 구이린이 함락된 날은 1944년 11월 11일이었다. 시어도어 화이트는 현지 수비대가 번번히 싸우지도 않고 도시를 버리고 달아난 것처럼 기사를 썼지만, 실제로는 열흘에 걸쳐서 치열한 전투가 벌어졌으며 제131사단장 칸웨이융闞維雍 소장, 제31군 참모장 잔밍쿤呴蒙均 소장 등 여러 명의 고위 지휘관을 비롯해 2만5000여 명의 사상자를 냈다. 일본군은 11월 24일 광시성 성도 난닝을 함락시켰고 12월 14일까지 광시성의 나머지 지역을 모두 점령함으로써 8개월에 걸친 이치고 작전을 종료했다.—옮긴이

제19장 뜻밖의 승리

루스벨트의 이전 세 차례의 대선과는 달리 1944년의 대통령 선거 결과는 예측하기 어려웠다. 정력적인 공화당 개혁주의자였던 뉴욕 주지사 토머스 듀이Thomas E. Dewey는 늙고 병든 대통령을 물러나게 할 그럴듯한 기회를 가진 것 같았다. 이제 스틸웰의 위기는 이미 과열된 선거 주변의 분위기를 더욱 고조시키는 데 일익을 맡았다. 스틸웰이 소환됨에 따라 "까칠한 조"를 지지하는 언론들 덕분에 중국 내 미국 정책 입안자들은 더 이상 미국에 어울리지 않는 파트너로 전락해버린 어느 동맹국에게 제 마음대로 부림을 당하는 충실한 하인처럼 여겨졌다. 중국에서 돌아온 『뉴욕타임스』의 브룩 앳킨슨Brooks Atkinson은 이 이야기를 기사화할 준비가 되었다. 그는 카이로에서 잠시 머무르면서 이미 본문을 작성했고 가방을 수색할 때 군사 검열을 피하려고 자신의 재킷 주머니 속에 원고를 숨겼다. 심지어 미국의 고향으로 돌아온 뒤에도 그의 기사는 다시 한번 검열관들에 의해 가로막혔다. 10월 31일에야 루스벨트는 개인적으로 기사 게재 금지를 해제할 것을 지시했다. 앳킨슨의 기사는 대단히 파괴적이었다. 스틸웰의 소환은 "빈사 상태에 내몰린 반反민주적인 정권의 정치적 승리"라고 주장했다. 장제스에 대해서는 "미개하고 피도 눈물도 없으며 독재적인" 정권을 이끄는 인간이라고 묘사했다. 무엇보다도 장제스를 가리켜 일본군과 싸우겠다는 "기본적인 의지를 찾아볼 수 없는 인물"이라고 비난했다.[1]

　루스벨트는 그 기사가 자신의 미국인 고문단보다 장제스에게 불리할 것이라는 점을 정확히 계산했다. 11월 7일 대통령은 432명의 선거인단을 확보해 듀이가 확보한 99명을 꺾고 4선에 승리했다. 국민투표에서는 루스벨트가 겨우 200만 표 차이로 이겼지만 여전히 여유롭게 권력을 부여받았다. 그의 곁에는 새롭게 부통령이 된 해리 트루먼이 있었다.(헨리 월리스는 민주당 실력자들에 의해 대통령직에 적합하지 않은 좌파 괴짜로 간주되면서 버려졌다.) 중국은 확실히 중요한 쟁점거리가 아니었다. 유럽과 태평양에서의 전쟁이 대중의 마음을 훨씬 사로잡았다. 스틸웰의 위기는 루스벨트라는 대세를 돌릴 수 없었다. 그럼에도 장제스 정권과 미국의 관계는 새로운 지점에 도달했다.

그 뒤에 뜻밖에도 충칭과 워싱턴의 관계는 다시 활기를 띠기 시작했다. 새로운 훈훈함 속엔 그 나름의 위험이 있었음이 나중에 드러났지만, 단기적으로 스틸웰의 소환과 루스벨트의 재선은 미중 동반자 관계에서 곪아 있던 종기를 제거한 것처럼 보였다.

분위기를 바꾸는 데 가장 큰 역할을 했던 것은 (비록 공식적으로는 1945년 2월까지도 끝나지 않았지만) 12월 이치고 작전이 갑자기 멈추었다는 사실이었다. 이치고 작전에서 일본군은 중국 영토 안에 가장 깊숙이 들어오면서 1938년 여름에 점령한 영토보다 더 많은 지역을 장악했다. 하지만 장기적인 목표의 대부분은 달성하지 못했다. 비록 구이린 주변의 미 공군 비행장들을 쓰지 못하도록 만들었지만 비행장들은 간단히 훨씬 깊숙한 내륙으로 옮겨졌다. 더 중요한 사실은 태평양에서 사이판의 함락으로 미국은 1944~1945년의 도쿄 대공습을 비롯해 중국 외 다른 곳에서 일본 본토를 폭격할 수 있는 거점을 확보하게 되었다는 점이다. 또한 이치고 작전은 (비시 정권이 지배하는) 프랑스령 인도차이나와 중국 북부-중부를 연결하는 선을 열기는 했지만, 1945년 초 중국 본토의 기진맥진한 일본군의 상황에서는 아무런 의미가 없었다.[2] 그 전역 동안 일본군의 전사자는 약 2만3000여 명에

1 Tuchman, *Stilwell*, 505~506쪽.
2 Tohmatsu Haruo, "The Strategic Correlation between the Sino-Japanese and Pacific Wars," in Peattie, Drea, van de Ven, *Battle for China*, 443~444쪽.

달했다.[3] 이치고 작전은 일본에게 완전한 승리를 안겨주지는 못했지만 국민당을 불구로 만들었다. 허난성과 후난성의 거대한 곡창지대와 병력 충원 지대를 상실했으며 국민정부군은 거의 75만 명의 사상자를 냈다.[4]

1945년 초 일본군이 멈추면서 장제스에게는 실낱같은 희망이 생겼다. 또한 그는 조심스럽게 낙관했다. 장제스는 스틸웰의 소환을 미국이 중국을 "진심으로" 돕겠다는 신호로 여겼다. "새해 들어 나에게 가장 큰 위안이다." 그는 여전히 쉐웨와 룽윈 같은 군벌 경쟁자들을 무장시키려는 미국의 시도를 우려하면서도, 미국의 태도는 영국이 제창한 제국주의 형태와는 "전혀 다르다"라고 장담했다.[5] 장제스는 전후 어떤 합의에서도 영국은 중국을 진지하게 대할 생각이 없는 반면, 미국은 중국의 국제적 지위를 높이려 한다고 굳게 믿었다.

스틸웰은 자신의 후임자인 앨버트 웨드마이어 장군에게 브리핑도 해주지 않고 떠나버렸고 서류도 거의 남겨두지 않았다.(한 냉소적인 참전 군인은 이렇게 말했다. "스틸웰은 그 모든 것을 자신의 뒷주머니에 넣고 다녔다.")[6] 웨드마이어는 장제스에게 깊은 인상을 받았지만, 중국군의 전반적인 군사 지휘 상황에 경악했다. 장제스 또한 웨드마이어가 원조 물자를 통제했던 스틸웰의 방식을 그대로 유지하려 한다는 사실에 난색을 드러냈다. "미국의 정책이 전혀 바뀌지 않았음이 분명하다. 이러한 사실은 내 마음을 고통스럽게 한다."[7] 장제스는 미국이 자신의 군벌 경쟁자들을 무장시키려고 하고 있으며, "무기를 미끼로 삼아서 나누어줌으로써 군대는 외국인을 떠받들고 내 명령을 따르려고 하지 않을 것이다"라고 확신했다.[8] 스틸웰로부터 굴욕을 당했던 장제스는 이제 연합국들의 사소한 무례에도 의심을 앞세웠다.

장제스의 경쟁자들은 미국을 향한 그의 증오심에 놀랐을 것이다. 워싱턴

3 Hara, "Ichigô Offensive," 394쪽.
4 Hara, "Ichigô Offensive," 401쪽.
5 *CKSD*, 1945년 1월 5~7일, 王建朗, 「信任的流失」, 61쪽에서 인용.
6 Albert C. Wedemeyer, *Wedemeyer Reports!*(New York, 1958), 294쪽.
7 *CKSD*, 1945년 1월 14일, 王建朗, 「信任的流失」, 61쪽에서 인용.
8 *CKSD*, 1944년 12월 3~18, 22일, 王建朗, 「信任的流失」, 61쪽에서 인용.

으로 점점 더 비관적인 보고서를 보냈던 클래런스 가우스는 중국의 정세에 대한 자신감 부족을 드러냈다. 그는 스틸웰이 소환된 직후 자리에서 물러났다. 헐리가 대통령 특사에서 정식 대사로 승진했다. 헐리의 부임으로 그동안 서비스가 추진했고 가우스가 적어도 암묵적으로 지지했던 공산당에 대한 유화정책은 끝났다. 장제스의 영향력은 한층 강화되었다. 장제스는 민주주의에서 여론이 어떻게 움직이는지에 대해 결코 제대로 이해한 적이 없었다.(이쪽은 쑹메이링의 전문 분야였다. 그녀는 미국 매체와 대중에게 끈기 있게 구애했다.) 또한 그는 스틸웰의 소환이 미국에서 자신의 대의에 얼마나 큰 해를 끼쳤는지 알지 못했다. 불행하게도 헐리는 그의 전임자들 이상으로 중국에서의 경험과 분석 능력이 결여되어 있었다. 가우스는 장제스를 매우 부정적으로 여겼던 반면, 헐리는 훨씬 긍정적으로 생각했지만 그렇다고 그게 항상 장제스에게 이익이 되지는 않았다. 오클라호마의 천방지축 석유업자였던 헐리는 처음에 장제스를 "미스터 섹", 마오쩌둥을 "무스 둥9"이라고 부르는 등 중국인들의 이름을 함부로 부르는 것으로 유명했다. 헐리는 중국의 단결과 관련한 장제스의 역량을 지나치게 맹신했으며 공산당이 매우 위험한 권력 경쟁자라는 사실을 이해하지 못했다. 이 터무니없이 복잡하고 미묘한 정치적 상황을 이해할 수 있는지가 이제 국민당과 공산당 사이의 내전을 피하는 데 있어서 결정적인 역할을 했다.

장제스가 공산당의 의도를 우려한 것에는 그럴 만한 이유가 있었다. 장제스의 권력은 줄어든 반면, 마오쩌둥의 권력은 꾸준히 늘어나면서 서로 대치하고 있었다. 100만 명이 넘는 당원과 약 90만 명에 달하는 정규군, 비슷한 규모의 민병이 뒷받침하는 상황에서 공산당이 전후 질서에서 주요 세력이 될 것은 확실했다. 그러나 이 시점에서 중국의 모든 정치 세력은 일본과의 전쟁이 앞으로 최소한 1년에서 2년 정도는 더 지속되리라 예상했다. 이러한 점은 마오쩌둥에게 새로운 세계에서 자신의 당을 어떻게 이끌어야 좋을 것인지 고민하게 했다. 공산당은 대일 항전을 떠받들고 있다고 보여져야 했

9 무스 둥Moose Dung은 영어로 "사슴 똥"이라는 뜻이다.—옮긴이

다. 만약 장제스를 공공연히 반대한다면 그동안 장제스가 항일보다 반공을 우선했다고 비난했던 도덕적 명분을 상실할 수 있었다.(이치고 작전과 버마 전역에서 국민정부군은 일본군과 싸웠고 공산당은 이 전역에서 조금도 기여하지 않았지만 이러한 비난은 여전히 통하고 있었다.) 한편, 마오쩌둥은 "이번에야말로, 우리는 중국을 손에 넣어야 한다"라고 단호하게 말했다.[10] 그의 당은 이치고 작전이 제공한 기회를 자신들이 어디까지 이용할 수 있을지를 논의했다. 국민정부는 수세에 내몰렸고 일본군은 기진맥진했다. 이 와중에 앞으로 1년쯤 뒤에 거의 틀림없이 보이는 전후 싸움에서 공산당은 보다 유리한 위치에 설 기회가 있을 것인가? 마오쩌둥은 조심스럽게 경고했다. "우리 당은 여전히 충분히 강하지 않다. 충분히 단결되지도 않았으며 견고하지도 않다." 또한 당의 힘이 완벽하게 보장되지 않은 지역을 점령하려고 해서는 안 된다고 못 박았다. 국민당의 통치력이 드문드문 남아 있기는 하지만 그들이 물러난 지역으로 조심스레 세력을 넓혀 나갔다.[11]

딕시 사절단은 미국과의 온화한 분위기를 조성하고 미군이 중국 연해를 침공했을 때 공산당이 후방 지원을 제공하는 것을 설득하기 위한 전략의 중요한 일부였다. 그러나 1944년 10월 스틸웰의 소환으로 이제 장제스와 미국의 관계는 바뀌었다. 1944년 가을 이전만 해도 미국인 참모장(스틸웰)과 미국 대사(가우스) 두 사람 모두 장제스에게 적대적이었다. 그들은 공산주의자들에 동조하지는 않았지만 자신들이 공산당에 대해 알고 있는 바에 한해서는 경탄했다. 그러나 스틸웰의 후임자인 웨드마이어는 장제스를 다루는 데 훨씬 덜 거칠었으며, 가우스의 뒤를 이은 헐리 역시 장제스에게 매우 우호적이면서 그의 입장을 지지할 뿐만 아니라 스스로 국공 양 당을 연결하는 고리 역할을 맡았다.

헐리의 출발은 매우 좋았다. 1944년 11월 7일, 장제스의 희망과는 반대로 신임 대사는 딕시 사절단으로 옌안을 방문했다. 비행기가 옌안에 도착한 후, 헐리는 비행기 승강구 꼭대기에 모습을 드러내고 (환영의 뜻을 나타내는 오클

---

10 Chen Jian, *Mao's China and the Cold War*(Chapel Hill, NC, 2001), 22쪽.
11 Van Slyke, "The Chinese Communist Movement," 279쪽.

라호마의 전통인) 촉토족Choctaw 인디언의 돌격 함성을 질러 마오쩌둥을 비롯해 자신을 마중나온 사람들을 당황하게 만들었다. 블라디미로프는 헐리가 공산당 최고 지도자들과의 토론에 대처했던 방식에 깊은 인상을 받았다. 그는 헐리가 (아마도 돌격 함성을 떠올리게 하는) "약간 괴짜스런 면"이 있기는 하지만 "매우 말쑥하게 차려 입었으며 자신감이 넘쳐흘렀다"라고 인정했다.[12] 협상은 활기가 넘쳤지만 양측은 공산당이 자신들의 군대를 보유한다는 전제 아래 장제스가 이끄는 연합 정부에 들어가는 것을 허용하는 5개 항을 제시했다. 그러나 헐리가 충칭으로 돌아오자 장제스는 그 제안을 일언지하에 거절했다. 만약 공산당이 자신들의 군대를 국민정부의 휘하에 두지 않겠다면 그들이 새로운 정부 안에서 있을 자리는 없다는 것이었다.

헐리는 입장을 바꾸어 대원수의 손을 들어주었다. 공산당은 연합정부에 들어오기 전에 자신들의 군대를 국민정부군에 편입시켜야 했다.[13] 비난이 오갔다. 마오쩌둥은 장제스가 "뻔뻔하게도 공산당더러 군대를 넘겨주어야만 '합법적인 지위'를 줄 수 있다고 말했다고 한다"라면서 코웃음 쳤다. 헐리는 여기에 대해 에드워드 스테티니어스Edward Stettinius 국무장관(그는 1944년 12월 피곤에 지친 코델 헐로부터 직위를 넘겨받았다)에게 전보를 보내 자신의 입장을 분명히 했다. "나는 공산당과의 모든 협상 과정에서 공산당이 독자적인 정치 정당이건, 국민정부의 반란 세력이건 미국은 어떤 물자 지원이나 다른 형태의 원조를 제공하지 않을 것이라고 못 박았다." 다른 관료들의 의견은 달랐다. 서비스는 "우리가 유고슬라비아의 경우에서 그러했듯" 자신들이 모든 항일 군대를 무장시킬 것이라고 장제스에게 간단명료하게 말해야 한다[14]고 주장했다.[15] 지난해 말 서비스는 스틸웰에게 전보를 보내 "국민당은 자신들

---

12 *PVD*, 1944년 11월 8일, 287쪽.
13 Chen Jian, *Mao's China*, 24쪽.
14 실제로는 유고슬라비아와 그리스의 상황은 중국 이상으로 훨씬 심각했다. 구 왕정 체제가 붕괴된 뒤 우후죽순으로 생겨난 파르티잔 세력들은 추축국과 싸우기보다는 오히려 독일이 항복한 후의 주도권을 확보할 요량으로 격렬한 파벌 싸움과 보복전에 열을 올렸다. 미국과 영국은 발칸 반도에 대한 자신들의 영향력을 유지하기 위해 현지 사정을 무시한 채 무작정 무기와 보급품, 자금을 넘겨줌으로써 내전에 한층 불을 붙였다.―옮긴이
15 Herbert Feis, *The China Tangle: The American Effort in China from Pearl Harbor to*

의 생존을 위해서 미국의 원조에 매달리고 있다. 그러나 우리는 (우리 생존을 위해) 국민당에게 매달리지 않는다"라면서, 이렇게 덧붙였다. "우리는 장제스에게 감사하는 마음을 가질 필요가 없다."[16] 심지어 사적인 전보에서도 (장제스 정권이) 7년 넘게 일본에 맞서 싸운 정권이라는 말은 실로 해괴한 소리라고 주장했다. 또한 OSS 내 적어도 한 개 그룹을 "북부 중국의 옌안에 근거지를 둔 주요 정보기구로 설치해야 하며, 17개의 선발팀과 다수 현지 정보원들을 편성하여 산시성과 허베이성, 산둥성, 러허성에 있는 제8로군과 유격대 근거지의 주요 전진 거점에서 운용해야 한다"라고 건의했다.[17] 미국인들의 이러한 인식은 공산당의 위치를 훨씬 높은 곳까지 끌어올려주었을 것이다.

1945년 3월, 서비스는 마오쩌둥과의 대화에서, 공산당 지도자는 미국이 장제스를 지지하는 어리석은 행동을 한다고 생각하고 있으며 이 사실을 분명하게 밝혔음을 보고했다. 마오는 공산당만이 중국 인구의 가장 많은 부분을 차지하는 농민들의 이익을 진정으로 대변하는 유일한 정당이라고 주장했다. 그는 헐리가 "다섯 가지 항목"으로 좋은 인상을 얻었음을 다시 한번 강조하면서 불평을 늘어놓았다. "우리는 어째서 미국의 정책이 시작은 잘해놓고 가다가 오락가락하는 것처럼 보이는지 도통 이해할 수 없다."[18]

헐리와 서비스의 분석 모두 전적으로 틀렸다고 할 수는 없었다. 헐리가 주장하는 것처럼 공산당이 장제스 군대와 합하지 않는다면 국민당을 공격하는 데 그 군대를 쓸 것은 틀림없는 사실이었다. 또한 서비스의 말마따나, 장제스가 설령 항일 대의에 도움이 된다고 해도 공산당이 독자적인 세력 기반으로 보이지 않기를 간절하게 바라고 있다는 것 또한 사실이었다. 그러나 미국의 입장은 비록 양쪽이 서로 너무 다른 사고방식을 가지고 있지만 무엇보다 최선의 방침은 당연하게도 가능한 빨리 일본군을 물리쳐야 한다는 점

the Marshall Mission(Princeton, NJ, 1953), 266~267쪽.
16 Feis, China Tangle, 271쪽.
17 NARA RG 493(614/170(8)).
18 FRUS 1945: The Far East, China(1945년 3월 13일), 277, 279쪽.

이었다. 물론 이것은 전쟁에 지친 연합국 전체 입장에서는 단연코 최선의 결과였다. 하지만 그로 인해 중국이 치르게 될 대가는 내전이 곧 폭발할 것이라는 사실이었다. 문제의 핵심은 미국인들이 볼 수 없었거나, 보지 않으려 했던 엄연한 현실에 있었다. 중국인들 어느 누구도 연합정부의 수립에 성의를 보이지 않았다. 장제스와 마오쩌둥 또한 자신의 세력이 절대 권력을 놓고 싸울 준비를 하는 동안 (시간 벌이를 위한) 임시적인 협정쯤으로 여겼을 뿐이었다.

그러나 장제스와 마오만이 중국에서 새로운 권력의 실체를 저울질했던 것은 아니었다. 난징에서는 저우포하이가 자신을 보호하기 위해 노력 중이었다. 1944년 내내 왕징웨이의 건강은 점점 나빠졌다. 왕징웨이는 난징 정권 초기부터 초라하고 빛바랜 인물에 지나지 않았다. 저우포하이, 천궁보陳公博 그리고 여타 사람이 주된 책임을 맡고 있었다. 정권의 자주성에 대한 일본의 말이 얼마나 공허한지 깨닫자마자 왕징웨이는 말 그대로 실의에 빠졌다. 그는 임기가 끝날 때까지 허수아비 이상이 아니었다. 왕징웨이의 육체적인 병 또한 재발하면서 그를 괴롭혔다. 1935년 암살 시도를 당한 뒤 여전히 회복하지 못했던 왕징웨이는 1944년 3월 일본으로 날아갔다. 그는 나고야의 제국대학병원에 갇혀서 거의 병상에서 시간을 보내야 했다. 저우포하이는 8월 그를 만나기 위해 일본으로 향했다. 왕징웨이는 충격적일 만큼 수척했지만 저우포하이와 천궁보가 정권을 물려받기를 희망한다고 말했다. 그의 충실한 아내는 권력이 경쟁자들의 수중에 넘어간다고 여기고 분노를 터뜨렸다.[19]

11월 10일, 왕징웨이는 폐렴에 따른 합병증으로 죽었다. 저우포하이는 다음 날 난징의 일본 대사를 통해 그 소식을 전해 들었다. "쿤밍에서 하노이까지 함께 했던 우리의 여정을 생각하니 실로 슬프지 않을 수 없다." 그는 이렇게 썼다. "사람의 일이란 한결같지 않다."[20] 왕징웨이의 유해가 난징으로 날아왔다. 그가 생전에 그토록 원했던 일은 죽어서야 비로소 실현되었다. 그는

19 *ZFHR*, 1944년 8월 10일, 909쪽.
20 *ZFHR*, 1944년 11월 11일, 948쪽.

쑨원과 다시 만났다. 난징 교외 쯔진산紫金山 꼭대기에 거대한 묘가 새롭게 건설되었다. 왕징웨이의 시신은 옛 정치적 스승의 안식처에서 조금 떨어진 곳에 묻혔다. 왕징웨이의 정치적 여정은 정치적으로는 급진적인 혁명파에서 친일 부역자로, 지리적으로는 난징에서 유럽을 거쳐 충칭과 하노이, 다시 난징으로 돌아왔고 그런 뒤 난징에서 영원한 안식을 취하기 전 일본이라는 엄청난 거리를 돌아야 했다. 14개월 뒤, 그는 마지막으로 한 번 더 여정을 겪어야 할 것이었다.

천궁보는 새롭게 재편된 정부의 수장을 대행하게 되었다. 한편, 저우포하이는 양다리를 걸치는 데 전력을 쏟았다. 2인자였던 그는 연합군(미군)이 중국 동부 점령을 계획하는 동안 다이리와 끊임없이 연락을 주고받았다.(1945년 여름까지 중국 전구에서는 3만4726명의 항공대원과 2만2151명의 육군을 포함해 6만 명이 넘는 미군이 배치되어 있었다.)[21] 저우포하이는 왕징웨이 정권의 군대가 정규 미군 부대와 합류할 것이며 공산당과의 어떤 연합도 없을 것이라고 장담했다.

저우포하이와 국민정부군 제3전구(중국 동부지역을 맡은)의 총사령관인 구주퉁은 연합군의 침공을 앞두고 상하이에서 저장성까지의 해안선을 확보하는 것을 놓고 장시간 토론을 벌였다.[22] 국민당과 왕징웨이 정권 사이의 친근함은 많은 외부 관찰자가 보기에는 당황스러운 일이었다. 그중에서 존 페이튼 데이비스는 구주퉁에 대해 다소 혼란스럽다는 듯이 묘사했다. "그는 특별히 불성실하지도 않고 그렇다고 성실하지도 않다. 그는 일본인들과 거래를 하느라 정신이 없다."[23] 그러나 저우포하이는 자신에게 뭔가 깨달음을 줄 것으로 보이는 비교 사례를 발견했다. 8월 21일 저우포하이는 오버로드 작전에 직면한 비시 정부가 피란에 나서야 한다는 사실에 주목했다. "그들의 처지는 우리와 비슷하다." 그는 이렇게 썼다. "그들은 스스로 슬퍼할 시간이 없으므로 우리가 그들을 대신해서 슬퍼할 것이다." 유럽 전쟁이 끝나는 순

21   Romanus and Sunderland, *Time Runs out in CBI*, 258쪽.
22   Martin, "Collaboration within Collaboration," 77쪽.
23   Boyle, *China and Japan at War*, 318쪽.

간, 프랑스의 부역 정권은 독일과의 협력이 외부의 어떤 도움의 손길도 기대할 수 없을 때 프랑스를 지키기 위한 부득이한 수단이었다고 주장할 것이었다. 페탱은 드골이 프랑스의 "칼"을 가지고 있을 때, 자신은 비시 정권의 수장으로서 프랑스의 "방패"를 가지고 있었다는 유명한 말을 남겼다.[24] 왕징웨이 정권 역시 비시 정권이 세워지기 2년 전에 이미 똑같은 주장을 했다. 그들은 충칭과 목적은 같지만 수단이 다를 뿐이라고 여겼다. 저우포하이는 프랑스의 상황과 평행선상에서 또 다른 걱정을 했다.

미군은 여전히 파리 외곽의 프랑스 시골에 갇혀 있었다. 수도의 거리에서는 독일군을 공격하는 레지스탕스들이 가득했다. "이런 모습은 난징과 상하이에서도 일어날 수 있다. 우리로서는 얼마나 혼란스러울지 감히 상상할 수 없다."[25]

데이비스는 장제스 정권이 부역자들과 대화를 나누고 있다는 사실에 실망감을 감추지 않았다. 하지만 그가 1945년 봄 또 다른 일련의 은밀한 회담에 대해 알았더라면 한층 경악했을 것이다. 비록 증거는 충분치 않지만 아주 흥미로운 사실이 있었다. 공산당이 이듬해 중국 동부에서 벌어질 지상전역에 대비하여 장쑤성의 어느 작은 마을에서 일본군과 대화를 나누었다. 일본군은 공산군 신4군이나 난징 정권 휘하의 군대 70만 명을 건드리지 않고 국민정부군과의 싸움에만 모든 화력을 쏟아부을 것을 제안했다. 이 회담이 과연 어디까지 진행되었을지는 알기 어렵다. 장제스가 일본과 대화하는 것과 그들에게 굴복하는 것이 엄연히 달랐던 것처럼, 공산당 역시 그들이 진정한 반제국주의자였음에는 의심의 여지가 없다. 하지만 공산당은 국민당이나 왕징웨이 정권과 마찬가지로, 변화무쌍하고 예측할 수 없는 상황을 최대한 활용할 수 있기를 원했다.[26]

---

24 이 시기에 대해서는 다음을 참조. Julian Jackson, *France: The Dark Years, 1940~1944*(Oxford, 2003).

25 *ZHFR*, 1944년 8월 21일, 1944년 8월 26일.

26 Joseph K. S. Yick, "Communist-Puppet Collaboration in Japanese-Occupied China: Pan Hannian and Li Shiqun, 1939~1943," *Intelligence and National Security*(16:4, 2001), 76~78쪽.

1945년 초가 되자 유럽에서 나치의 지배가 몇 달 안에 끝나리라는 사실이 현실로 다가왔다. 루스벨트와 스탈린, 처칠은 최대한 빨리 아시아에서의 전쟁을 마무리짓는 데 관심을 돌렸다. 1943년 11월 테헤란에서 스탈린은 유럽의 전황이 바뀌면 소련 또한 태평양전쟁에 참전할 것을 약속했다. 이제 루스벨트는 그 약속이 실현되도록 확실히 매듭짓기를 원했다. 저 멀리 떨어진 뉴멕시코의 사막에서는 원자폭탄을 개발하는 특별한 실험이 진행되고 있었다. 그러나 1945년 초에는 그 무기가 과연 효과가 있을지는 여전히 의문스러웠다. 연합군은 길고도 참혹하기 짝이 없는 전역이 될 수 있는 일본 정복을 위한 계획을 세워야 했다. 유럽과 아시아 대부분 지역의 운명은 1945년 2월 4일 소련 크리미아 지역 흑해 연안의 얄타에서 열린 회담에서 결정지어졌다.

얄타의 논의 대부분은 전후 유럽의 운명과 관련하여 서구와 소련의 영향 아래 분할하겠다는 것이었다. 아시아 또한 토론에서 주된 논제였다. 연합참모회의CCS, The Combined Chiefs of Staff는 1947년 중반 이전에는 태평양전쟁에서 승리하기 어렵다고 확신했고 루스벨트와 처칠에게도 그렇게 보고했다. 두 사람은 스탈린이 아시아의 전쟁에 확실하게 참여하라고 압박했다.

그러나 스탈린의 참전에는 조건이 뒤따랐다. 그는 일본 북부와 러시아 해안 사이에 있는 쿠릴 열도와 남부 사할린섬의 지배권을 요구했다. 또한 만주에서 다양한 군사적, 수송상의 권익은 물론이고, 사실상 소련의 영향력 아래에 있는 외몽골에 대해서도 현상 유지를 원했다.(국민당은 여전히 몽골 전체에 대한 소유권을 주장했다.) 만주에서 중국의 주권은 보장하지만 소련의 영향력 또한 인정받아야 했다. 스탈린은 다른 지도자들이 중국과의 사전 협의를 거치지 않고 자신에게 동의해줄 것을 요구했다. 그 대가로 유럽 전쟁이 끝난 뒤 90일 내에 대일전쟁에 참전키로 약속했다. 이 거래는 회담의 공식기록에 딸린 부록으로서 일련의 밀약으로 체결되었다.[27] [28]

---

27 얄타 회담은 유럽 문제 이외에 대일전에 대해서도 논의했지만 카이로 회담과 달리 장제스는 초청받지 못했다. 또한 소련의 참전 약속이 중국을 통해서 일본에 누설될 수 있다는 스탈린의 강력한 요구에 따라 철저하게 숨겨졌다. 루스벨트는 심지어 측근들에게도 이 사실을 알려주지 않았으며 적절한 때가 될 때까지는 처칠, 스탈린 세 사람만 알고 있기로 약속했다. 스탈린이 요구한 내용은 대부분 중국의 주권과 관련되어 있었고 극동에서의 세력 균형을 근본적으로 뒤흔들 만한 내용이었지만 루

장제스는 중국의 미래에 관한 얄타 회담에 전혀 끼어들 수 없었지만 스스로 의문을 품고 있었다. "이번 회담이 중국에 미치는 영향은 클 것이다. 나는 루스벨트가 처칠과 스탈린이 나를 상대로 꾸미는 음모에 가담하지 않기를 바란다." 장제스가 협정 내용을 들었을 때 침울해 하면서 세계가 제1차 세계대전이 끝난 뒤 벌어졌던 패권 경쟁에 또 한 번 던져질 것이라고 생각했다. "이번 3국 정상 회담은 이미 제3차 세계대전의 씨앗을 뿌렸다." 장제스는 이렇게 썼다. "루스벨트는 여전히 이 회담을 외교적 승리라고 부르고 있다. 실로 터무니없는 소리다."29

얄타 협정에 비밀 조항이 붙어 있다는 소문은 장제스의 의혹을 더욱 증폭시켰다. 마침내 루스벨트는 중국 대사 웨이다오밍魏道明을 면담하고 만주와 관련한 비밀 협약이 있다는 사실을 털어놓았다. 이 사실을 안 장제스는 격분했다. 한편, 워싱턴으로 돌아온 헐리 역시 소련에 양보했다는 소문에 우려감을 드러냈다. 얼마 뒤 루스벨트는 그가 얄타 회담의 상세 내용을 보는 것을 허락했다. 헐리는 미군이 중국 해안에 상륙할 때를 대비해 공산당을 무장시킬 것을 제안한 국무부 문서를 읽고 큰 충격을 받았다. 루스벨트는 장제스에 대한 헐리의 입장을 지지하면서도 국민당과 공산당의 화해를 한층 어렵게 만들 수 있는 어떤 말도 공개적으로 얘기해서는 안 된다고 경고했다. 그러나 헐리는 4월 2일 워싱턴의 기자 회견장에서 미국은 오직 국민정

스벨트는 누구와도 의논하지 않은 채 스탈린이 장제스의 지위를 인정하고 중국 내정에 관여하지 않겠다는 약속만 있으면 충분하다고 막연하게 생각했다. 처칠은 루스벨트가 "전쟁을 하루라도 빨리 끝내 미군의 희생을 줄이려고 했기 때문"이라고 평가했지만 후대 수정주의 학자들은 그의 병세가 매우 심각하여 정상적인 판단력이 결여되어 있었다고 비판했다. 장제스는 다양한 루트를 통해서 밀약의 존재를 짐작하고는 있었으나 정확한 내용을 알 수 없었고 미국을 통해서 정식 통보받은 때는 루스벨트가 죽은 뒤인 1945년 6월 15일이었다. 그는 그제야 쑹쯔원을 모스크바로 보내 스탈린과 세부 사항에 대한 협의에 착수했지만 시간이 너무 촉박했다. 트루먼 역시 이 문제에 대해 대수롭지 않게 여기고 있다가 포츠담 회담 이후에야 심각성을 깨닫고 소련군의 참전을 지연시킬 요량으로 장제스에게 소련과의 협상을 서두르지 말 것을 요청했지만 칼자루를 쥔 쪽은 어차피 스탈린이었으므로 아무런 의미가 없었다. 자세한 내용은 정형아, 「1945년 중소교섭과 미국의 개입」(『중앙사론』 제29집, 한국중앙사학회, 2009); 정형아, 「얄타회담 전후를 통해 본 중미관계」(『역사와실학』 제40집, 역사실학회, 2009) 참고.—옮긴이

28 Taylor, *Generalissimo*, 300~301쪽; Weinberg, *A World at Arms*, 806~807쪽.
29 *CKSD*, 1945년 2월 10일(월간 반성록), 1945년 2월 17일(월간 반성록), 王建朗, 「信任的流失」, 61~62쪽에서 인용.

부만을 인정할 것이며 더 이상 공산당을 상대하지 않겠다고 선언했다.[30]

루스벨트는 헐리가 강조한 막연하면서 비타협적인 원칙을 누그러뜨리기를 원했지만 그럴 기회는 주어지지 않았다. 병마에 시달리던 대통령은 세계 전쟁에서 싸우는 데 자신의 마지막 기력을 소진했다. 헐리가 기자회견을 한 지 불과 10일 뒤인 1945년 4월 12일, 루스벨트는 조지아 주 웜스프링스에서 뇌출혈로 서거했다. 국가적 애도와 함께 해리 트루먼이 대통령으로 취임했다. 기민하지만 사람들에게 알려지지 않은 새로운 총사령관이 대처해야 할 문제들 중 하나는 갈수록 악화일로인 중국 위기였다. 중국 내 미국의 정보력은 OSS와 밀턴 마일스의 SACO 사이의 알력 다툼으로 약화되었다. 이 때문에 국무부 내에서는 서로 다른 목소리가 계속 흘러나왔다. 헐리는 장제스를 절대적으로 지지했다. 서비스와 데이비스는 여전히 장제스가 고분고분하지 않거나 정권이 무너질 때를 대비해 다른 대안을 지지한다고 말했다. 그 뒤 헐리는 장제스에 대한 반대가 지극히 개인적인 반감이라고 한층 확신했다.[31] 이처럼 누구를 선호할 것인가를 놓고 옥신각신하는 다툼은 전후 미국 정치에 있어서 비극의 하나로 이어질 것이었다. 다름 아닌 "누가 중국을 잃었나"에 대한 무익한 논쟁이었다.

비록 헐리가 국민당에 대한 신뢰를 공공연히 거론했지만 중국에서 권력이 이동하고 있다는 사실을 여전히 이해하지 못했다. 차라리 장제스에게 전열을 재정비하기 위해 연립정부를 구성할 것을 충고하는 편이 더 나았을지도 모른다. 마오쩌둥은 미국의 행동에 분노 섞인 비난을 맹렬하게 퍼부었다. "듣기에는 좋은 말 같지만," 그는 이렇게 말하며 씩씩거렸다. "헐리와 장제스는 한통속으로 요란스런 잡소리를 늘어놓으면서 중국 인민의 이익을 희생시키고 나아가 인민의 단결을 깨뜨리고 있다. 그리고 중국에서 거대한 내전을 위한 지뢰를 깔고 있다."[32] 연설 내내 마오는 장제스를 가리켜 "군벌"이라고 비난하면서 국민대회를 열어 새로운 헌법을 제정하려는 그의 발상은

---

30 Taylor, *Generalissimo*, 302~303쪽; Chen Jian, *Mao's China*, 24쪽.
31 Feis, *China Tangle*, 273쪽.
32 "Hurley-Chiang duet," 282쪽.

1920년대 군벌 시절 소집되었던 어용 국회보다 나을 것이 없다고 경멸감을 드러냈다. 며칠 후에는 이렇게 덧붙였다. "패트릭 헐리 대사에 의해 대변되는 미국의 대중정책은 중국에 내전의 위기를 초래하고 있다."[33]

마오쩌둥의 자신감은 부분적으로 소련의 참전이 세력 균형을 공산당 쪽으로 기울게 할 것이라는 확신에 의해 더욱 부채질되었다. 그러나 그 공산당 지도자는 스탈린의 변화무쌍한 실용주의를 과소평가했다. 얄타 논의에서 루스벨트는 1904~1905년 러일전쟁 이후 러시아가 상실했던 극동에서의 권익 회복을 스탈린에게 약속했다. 그 대신 루스벨트는 소련이 국민당에 대항하는 공산당을 적극적으로 지지하지 않겠다는 보증을 받아냈다. 루스벨트는 이러한 조건을 장제스에게 말했지만, 스탈린은 마오쩌둥에게 말하지 않았다.[34] 마오쩌둥은 스탈린의 배신을 알지 못했다.

장제스는 스탈린의 선의를 기꺼이 신뢰할 수 없었다. 여기에는 그만한 이유가 있었다. 4월 30일, 아돌프 히틀러는 폐허가 된 베를린의 벙커 안에서 자살했다. 1945년 5월 8일, 유럽에서의 전쟁은 끝났다. 이제 드디어 아시아가 전쟁의 중심이 될 것이고 소련은 그 일익을 맡게 될 것이었다. 1945년 7월 초 장제스는 소련에 익숙한 아들 장징궈와 쑹쯔원을 모스크바로 보내 스탈린과의 협상에 나섰다. 스탈린은 중국의 통치자로서 오직 장제스만을 인정하기로 동의했다. 그 대신 중국은 외몽골의 독립을 인정해야 하며 만주에서 소련의 특권을 인정할 것 등을 포함해 온갖 요구를 늘어놓았다. 그달 중순 스탈린이 포츠담에서 열리는 연합국 회의에 참석하기 위해 떠났을 때 중국이 소련에 무엇을 양보할지는 여전히 결론나지 않았다.

장제스는 트루먼이 중-소 협상에 개입하길 거절한 것에 대하여 분통을 터뜨렸다. "이것은 치욕이다. 나는 얄타에 동의하지 않았다. 나는 그 회담에 가지도 않았고 나에게는 아무런 책임이 없다. 어째서 내가 그렇게 행동할 의무가 있는가? 그들은 진실로 중국을 자신들의 속국처럼 여기고 있다." 스틸웰과의 위기에서 가장 심각했을 때를 떠올리면서 장제스는 곱씹었다. "미국

---

33 "On the danger of the Hurley policy"(1945년 7월 12), *MSW*, 285쪽.
34 Chen Jian, *Mao's China*, 25쪽.

의 외교에는 진실로 중심도 없고 원칙도 없으며 예의도 없다."35 36

———

이치고 작전은 군사적인 면만큼이나 중국 사회 전반에 파괴적인 영향을
미쳤으며 중국의 가장 비옥한 지역에서 큰 약탈과 파괴를 초래했다. 통합된
복지 구호 시스템을 만들기 위한 전쟁 초기의 노력은 충칭에서 멀어질수록
약화되었다. 전쟁 막바지에 오면 거대한 수요에 직면하면서 한층 껍데기로
전락한 것처럼 보였다. 중국은 이 문제를 해결하기 위해 연합국 국제부흥기
관UNRRA, United Nations Relief and Rehabilitation Agency이라는 주목할 만한 새로
운 기구와 손을 잡았다. 루스벨트는 추축국에서 해방된 지역들이 극심한 빈
곤에 직면해 있으며, 기아에 고통받는 사람들에게 식량을 공급하고 공동체
가 그들의 사회를 재건하기 위해서는 공식적인 협력 노력이 필요하다는 사
실을 깨달았다. 1943년 11월 9일 44개국이 백악관에서 UNRRA 창설에 서
명했다. 하지만 미국의 재정적 지원에 의존하면서 미국인 관리들에 의해 운
영되었다.

중국 사무국 대표는 1944년 12월 충칭에 도착한 미국인 벤저민 카이저
Benjamin H. Kizer가 맡았다. 카이저는 자신이 맡은 곳이 덥고 언덕이 많으며
가용 가능한 수송망도 매우 부족한 최악의 지역 중 하나라는 경고를 거듭
들어야 했다. 그나마도 그가 있는 건물은 다른 건물들에 비하면 나은 편이
었다. "이 계절에 보기 드문 맑은 날씨에는 강과 건너편의 언덕이 잘 내려다

35 　장제스가 자신을 배제한 채 루스벨트와 스탈린이 개인적으로 야합한 얄타 밀약에 불만을 토로
하면서도 수용할 수밖에 없었던 이유는 현실적으로 미국의 묵인 아래 소련이 만주를 침공할 경우 저
지할 방법이 없었기 때문이었다. 더욱이 소련군이 어디까지 남하할 것이며 일본군의 무장해제가 끝
난 뒤 언제 철수할 것이며 소련이 언제 어떻게 중국에 만주의 주권을 반환할지 등 스탈린과 논의해야
할 수많은 문제가 산적해 있었다. 특히 만주에는 일본이 건설한 거대한 공업 설비가 있었으며 소련과
중국 모두 전후 부흥을 위해 눈독을 들이고 있었다. 어차피 스탈린 입장에서는 장제스가 설령 얄타
밀약에 동의하지 않는다고 해도 명분 이외에 자신이 손해볼 것은 없었다. 루스벨트가 스탈린의 대일
참전을 끌어내는 데 급급한 나머지 현실적인 부분에 대해서는 그저 스탈린이 알아서 선처할 것이라
며 무시해버린 결과였다. ─옮긴이
36 　*CKSD*, 1945년 7월 28일, 王建朗, 「信任的流失」, 62쪽에서 인용.

보였다."[37] 그러나 그의 개인적인 위안은 자신에게 부여된 임무의 중요성에 비하면 하찮았다. 게다가 이 임무는 미국과 중국이 UNRRA의 역할에 대해 전혀 다른 해석을 하면서 시작부터 어려움에 부딪히게 되었다.

중국 정부와 UNRRA 사이의 입장 차이는 서로 협력을 시작한 지 불과 몇 달 뒤에 만들어진 선언문에서 분명하게 드러났다. 장팅푸는 중국 내에서 UNRRA와 협력하기로 되어 있는 행정원선후구제총서CNRRA, Chinese National Relief and Rehabilitation Agency의 총재를 맡은 저명한 국민당 인사였다. 그는 1945년 7월 3일 구이저우성과 광시성에서 구호 및 부흥 노력의 성공은 "중국이 외부 원조가 들어오기 전에 스스로 부흥에 나서겠다는 결의를 보여준다"라고 주장했다. 또한 중국의 정부 기관들이 미국 적십자사, 중국 적십자사, 기독교 관련 대학 등 주요 비정부 조직들과 어떤 식으로 협력하고 있는지에 대해 상세하게 설명했다. 결론적으로 그는 이러한 공동노력을 통해서 "경험과 노하우에서 큰 수확이 있었다"라고 선언했다.[38] 그러나 부드러운 어조에도 불구하고 장팅푸는 UNRRA가 더 많은 원조를 제공해주기를 기대한다는 신호를 보내고 있었다. 그는 미국이 중국에서 진보적인 정부가 등장하기를 원한다면 미국 또한 그만한 도움을 주어야 한다는 중국 관료 집단의 광범위한 믿음을 강조했다. 애초에 자신들의 나라가 백기 들기를 강요받으면서 두들겨 맞은 것은 중국인들의 잘못이 아니었다. 반면, 카이저는 UNRRA의 물자가 탐욕스러우면서 부패한 나라의 뱃속에 들어가리라 여겼던 이유가 있었다. 그의 편지는 자신이 국민정부를 완전히 진심으로 대할 수 없다는 사실을 암시했다. UNRRA 중국 대표부가 설립된 지 6개월이 지난 뒤인 1945년 5월, 카이저는 장팅푸에 대하여 "발목을 잡고 있다"라고 단정했다. 그의 말은 중국이 "아무것도 안 하려고 한다"는 것을 암시하는 대표적인 사례였다.[39]

37　UNA(United Nations Organization Archives, New York): S-0528-0032(Correspondence – Chungking to Washington, 1944-6).

38　UNA S-0528-0053(China Weekly Reports, 1944-5).

39　UNA S-0528-0032(Correspondence, Chungking to Washington).

그러나 국민당에게는, 구호 활동이 미국이 아낌없이 퍼준 것으로 보일까 우려할 만한 나름의 이유가 있었다. 국민당의 구호 실패(단적으로 허난성 대기근 같은)에 대한 비난은 거의 전적으로 장제스 정권의 머리 위로 쏟아졌다. 부패와 무능은 재앙을 초래한 중요한 원인 중 하나였다. 그러나 이러한 설명은 전쟁의 광범위한 제약이 장제스 정권에게 결코 원치 않는 수많은 선택을 강요했다는 사실을 간과하고 있다. 만약 식량 구호가 통치 세력이 감내해야 했던 희생과는 아무런 관련이 없으며 순전히 미국인들의 너그러움만을 강조한다면 장제스 정권은 잘못에 대한 모든 비난만 감수하고 업적은 죄다 무시당한 채 자신들의 정당성을 모두 잃어버리게 될 것이었다.

국민당은 스스로를 껍데기만 남은 채 파산한 정권이라고 여기지 않았다. 장제스 정권은 1937년 일본과 전쟁을 시작했을 때와는 전혀 달라진 전후 중국을 여전히 지배하려고 했다. 국민당의 수많은 정책 입안자는 정부와 국민 사이의 의무를 보다 광범위하면서 명확하게 규정한 국가를 만들어야 한다고 생각했다. 이 점에서는 그들만이 그렇게 생각했던 것은 아니었다. 루스벨트 행정부는 1944년 제대군인원호법G. I. Bill을 통과시켜 퇴역 참전 군인들에게 직업 훈련과 교육의 기회를 제공했다. 1945년 7월 영국 국민은 선거에서 대단한 존경을 받는 처칠 대신 광범위한 사회복지 프로그램을 내건 클레먼트 애틀리Clement Attlee의 노동당 정권을 탄생시켰다. 영국의 사례는 특히 일부 국민당 정책 입안자들의 주목을 끌었다. 영국에서는 1942년 저명한 자유당 정치인이 만든 베버리지 계획Beveridge Plan[40]이 제출되자 엄청난 호응을 불러왔다. 여기에는 완전한 실업 수당과 보건 혜택을 제공하는 복지국가의 모습이 제시되었다. 이 정책은 모든 주요 정당에게 채용되었으며 선거에서 노동당의 승리에 지대한 영향을 미쳤다. 충칭에서 전후 중국의 모습을 구상하는 관료들은 "세계적으로 유명한 베버리지 보고서"에 찬성했다.[41]

40 이른바 "요람에서 무덤까지"라는 슬로건으로 대표되는 전후 영국의 대표적인 사회보장제도.—옮긴이

41 Tehyun Ma, "A Chinese Beveridge Plan? The Discourse of Social Security and the Post-war Reconstruction of China," *European Journal of East Asian Studies*(2012, 11: 2).

국민당이 부패 외에 할 수 있는 것이 없다는 서구의 비난에도 불구하고, 이러한 제안이 국민당의 성향에 걸맞지 않다고 할 수는 없었다. 전쟁 초기부터 장제스의 전문 관료들은 복지와 난민 구호를 강한 통일국가 창조와 연결시켜왔다.[42] 보건 의료는 (세계보건기구의 전신인) 국제연맹 보건기구와 같은 세계적 구상에 자극받은 "위생의 근대화" 과제의 한 부분이었다.[43] 때맞춰 행정원은 국민들에게 광범위한 보건 지원을 제공해야 한다면서 "개인과 자원봉사 단체들도 그들의 역할을 하도록 장려했다."[44] 이 계획에는 돈을 낼 수 없는 사람들에게 "무상" 의료 서비스를 제공하는 것과 같은 발상이 포함되어 있었지만, 전후 유럽의 사회적 보건 시스템에 비하면 덜 포괄적임이 분명했다.[45] 보건에 대한 관심은 심지어 대일전쟁의 가장 절망적이었던 마지막 해에도 국민당 중국에서 현대적이면서 이성적인 국가를 만들겠다는 의지와 연결되어 있었다. 직접적으로는 쓰촨성의 여러 현에서 공중화장실을 교체하겠다는 비현실적인 운동과 더불어, 이따금 시골 여성들에게 백신 접종과 교육을 실시하는 보건 과제는 1945년 내내 진행되었다.[46] 실제로, 이러한 것들은 재정적·정치적으로 엄청난 압박을 받고 있었던 시기임을 감안할 때 분명 합리적인 운동이었다. 비용은 적게 들면서 실질적인 위생 문제를 다뤘기 때문이다.(섭씨 40도에 달하는 쓰촨성에서 비위생적인 화장실은 전염병의 확실한 온상이었다.) 또한 비록 한계는 있었지만 풀뿌리 수준에서의 개선을 위해 지속적으로 노력했음을 입증했다.[47]

국민당은 근대화 및 활동적인 국가상을 보여주는 데 항상 관심이 있었다. 그러나 사회 복지의 문제는 공산당의 도전에 대한 대응이었기에 특별한 파급효과가 있었다. 서비스와 배럿뿐만 아니라 수백만 명의 중국인들에게도 공산주의 체제가 모두에게 나누어주리라는 평등주의적인 이상을 제시하는

---

42 다음을 참조. Janet Chen, *Guilty of Indigence: The Urban Poor in China, 1900~1953*(Princeton, 2012); Rogaski, *Hygienic Modernity.*
43 Ibid.
44 Ibid.
45 Ibid.
46 四川省檔案館, 113~116쪽.
47 Ibid.

것처럼 보였다. 국민당은 적어도 이 경쟁에 얼마쯤은 노력해야 했다. 그러나 냉엄한 현실은 좋은 의도들을 가로막았다. 진척이 없는 근본적인 이유는 단순했다. 돈이 없었기 때문이었다. 1945년의 국민정부가 부패로 가득 차 있었다는 사실은 부정할 수 없었다. 그러나 중국 재건을 위한 연합국의 전체 재정 원조는 실제 비용에 비하면 미미했다.[48] 제아무리 장제스가 "내 수표를 현금으로 바꿔줘"라는 별명으로 불린다고 해도, 다른 나라들, 특히 대영제국과 스탈린의 소련은 미국의 은행 계좌에서 훨씬 많은 돈을 빼내 쓰고 있었다. UNRRA 미국 측 법률고문인 제임스 존슨James Johnson은 개인적인 편지에서 장애물이 전후 중국에 대한 연합국의 전망을 가로막고 있다는 사실을 실토했다.

중국의 어려운 재정 여건에 따른 근본적인 문제 때문에 모든 정부 조직이 자신들의 잠재적 효율성을 훨씬 밑돌고 있다. 공공병원이 의료 장비와 직원들을 완전히 갖춘 반면, 환자는 거의 찾아볼 수 없는 모습은 흔했다. 그 이유는 심지어 매우 형편없는 기준으로도 직원들의 봉급을 지불하고 나면 환자들에게 먹일 수 있는 충분한 돈이 없기 때문이었다. 이 같은 어려움은 CNRRA의 운영과 준비 작업에서 우리가 예상할 수 있는 모든 측면과 연결되면서 계속해서 문제로 튀어나왔다.[49]

UNRRA의 조사는 또한 중국 내 전란으로 피폐해진 지역들이 기근으로 고통받고 있다는 사실을 발견했다. UNRRA는 이치고 작전이 초래한 대규모 파괴로 한층 악화된 허난성의 기아와 관련된 사례들을 상세하게 늘어놓았다. UNRRA가 제시한 수치에 따르면, 1945년 당시 현지 인구의 70퍼센트는 긴급 지원이 절실한 상황이었다. 말리리아에 걸린 사람은 13만 명으로 추산되었다. 기아에 허덕이는 숫자는 200만 명 이상이었다.[50] 사회 개혁에 대한

---

48   Lloyd Eastman, "Nationalist China during the Sino-Japanese War," 145쪽.
49   UNA S-0528-0053(China Weekly Reports, 1944-5).
50   UNA S-0528-0060(Hunan, 1944-49).

국민당의 열망은, 비록 재정적인 현실, 정치 분열과 부패로 방해받았지만, 정치 개혁으로 보이는 제스처와 연결되었다. 1945년 4월 장제스는 제6차 국민당 전국대표대회를 소집했다. 1938년 이후 처음이었다. 전국대표대회에서 제출된 개혁안은 다당제의 공식화와 다당제 선거(국가적이기보다는 지역 차원이었지만)의 허용을 포함해 자유주의적인 빛깔을 띠고 있었다. 또한 전국대표대회는 소작료의 인하와 토지세 개혁 의지를 선언했다. 그 자리에서는 공공생활에 해악을 끼친 부패를 향해 공개적인 비난도 쏟아졌다.[51] 확실히 공산당의 도전은 국민당의 개혁에 영향을 주었다. 그러나 동시에 선언문에서는 어두운 조짐도 살펴졌다. 특히 민주화 과정을 통제하고 제한하기 위한 위원회를 설립하려는 장제스의 의도가 드러났다.

공산당은 국민당과 똑같은 날짜인 1945년 4월 23일부터 6월 11일까지 제7차 전국대표대회를 개최하는 것으로 대응했다. 공산당이 가장 최근에 대회를 연(국민당의 숙청으로 추방당했던 1928년 모스크바에서 열렸다) 이후 실로 오랜만이었다. 심지어 마지막 대회는 1938년에 개최되었다. 분위기는 자신감이 넘쳤고 심지어 공격적이었다. 개회식 날 마오쩌둥은 이렇게 선언했다. "우리 공산당은 이처럼 강했던 적이 없었고, 혁명 근거지에서 이렇게 많은 인구와 군대를 가져본 적도 없었다." 마오쩌둥 자신은 대회의 중심에 있으면서 공식적으로 공산당 최고 지도자로 추대되었다. 정풍운동으로 시작된 과정은 이제 절정이었다. 대회는 마오쩌둥이 자신의 이론을 설파할 때마다 그러하듯 특유의 고사를 언급하는 것으로 끝났다. 마오는 이렇게 시작했다. 고대에 한 어리석은 노인은 자신이 가던 길이 두 개의 산으로 막혀 있다는 사실을 깨달았다. 그는 하루 종일 산을 파기 시작했다. 이웃들은 끝이 나지 않을 일에 매달리고 있다며 비웃었다. 하지만 어리석은 노인은 일을 끝내기 전에 자신이 죽더라도 아들과 손자들이 계속할 것이라고 대답했다. 마오쩌둥은 말했다. "신은 감동했고 두 명의 신선을 보내 산을 등에 업고 옮기도록 했다." 이 우화에 대한 마오의 무신론적인 해석에 따르면, 신은 다름 아닌 제국

---

51 Taylor, *Generalissimo*, 305쪽.

주의와 봉건주의라는 쌍둥이 산을 없애려는 "중국 인민"이었다. 거대한 인민을 뒤에 두고 "이 두 산을 없애지 못할 리 있겠는가?"[52]

공산당과 미국의 관계는 이제 한층 어색해졌다. 7월 웨드마이어는 마오쩌둥에게 지난 5월 비행기 사고 당시 낙하산으로 탈출하여 공산당 지역에서 "보호 관리"에 처해진 미군 4명과 중국인 통역관들이 어떻게 되었는지를 묻는 서신을 보냈다. 웨드마이어는 이어서 "일본군을 물리치고자 하는 우리의 공통된 열망에서 볼 때, 이러한 사건이 다시는 일어나지 않았으면 하는 것이 나의 바람이다"라고 덧붙였다. 그러나 양쪽의 달아올랐던 온기는 이제 식어가고 있었다.[53]

한편, 연합국의 계획은 일본을 밀어붙이는 쪽으로 가동되었다. 포츠담에서 정상들은 유럽의 평화 정착에 집중했다. 또한 미국과 영국, 중국은 "모든 일본군의 무조건적인 항복"을 요구하는 선언을 하면서 "(무조건 항복 이외에) 일본이 선택할 수 있는 유일한 대안은 오직 신속하면서 완전한 파괴 뿐"이라고 경고했다.[54] 장제스는 1945년의 지상 공세를 위해 스틸웰이 중국으로 복귀한다는 어떤 제안도 거절했지만 웨드마이어는 중국 동부를 탈환하기 위해 새로운 중국군 39개 사단을 훈련시킨다는 스틸웰의 계획을 실행에 옮기고 있었다.[55] 뒤이어 (스틸웰의 마지막 복수로서) 클레어 셔놀트 또한 7월 말 미국으로 소환되었다.[56] 기대감도 있었지만 또한 피로감도 있었다. 이제 유럽에서 평화가 정착된 반면, 아시아에서의 싸움은 1946년이나 1947년까지 계

52 "The Foolish Old Man Who Moved the Mountains"(1945년 6월 11일), *MSW*, 272쪽.
53 NARA RG 493(614/170(8)).
54 포츠담 선언에 관해서는 다음을 참조. Weinberg, *A World at Arms*, 837~841쪽.
55 장제스는 중국 전구에서의 반격을 위해 1945년 2월 9일 쿤밍에서 중국 전구 육군총사령부를 설치하고 군정부장 허잉친을 육군 총사령관에 임명했다. 예하 부대는 버마 전선에서 귀환한 부대와 쿤밍 주둔 부대 등 4개 방면군 19개 군 64개 사단에 달했다. 또한 1944년 말에는 미국식으로 편제된 지식 청년군 3개 군 9개 사단(제201사단~209사단)을 편성했다. 스틸웰 소환 이후 미국의 원조물자가 쿤밍으로 수송되면서 이 부대들은 우선적으로 미국식 무기와 장비로 무장했으며 미군 군사고문단에 의해 훈련받았다. 1945년 3월부터 5월까지 후베이성 라오허커우老河口와 후난성 즈장芷江에 대한 일본군의 공세는 1년 전과 달리 새로운 중국군에 의해 완전히 저지되었으며 "중국판 과달카날"이라고 불릴 만큼 괴멸적인 타격을 입었다. 중국군은 그 여세를 몰아서 1945년 6월 광시성을 탈환함으로써 비로소 전세를 완전히 뒤엎었다. ─옮긴이
56 Taylor, *Generalissimo*, 311쪽.

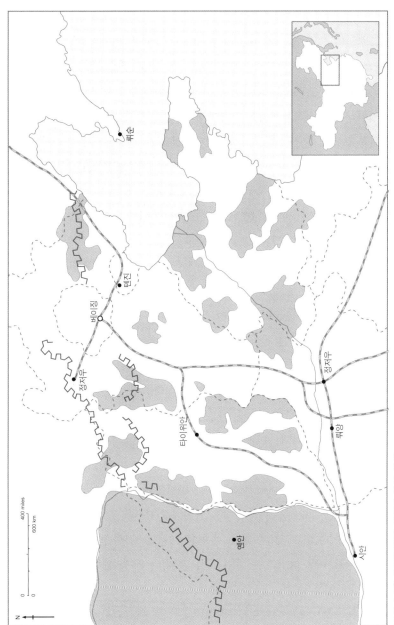

1945년 8월 중국공산당 치하의 중국 북부.

속되리라는 매우 우울한 전망이었다.

그러나 1945년 8월 6일, 에놀라 게이Enola Gay라고 불리는 미군 폭격기가 일본의 히로시마 상공으로 날아갔다. 그리고 "리틀 보이Little Boy"라는 애칭을 가진 4400킬로그램짜리 폭탄을 떨어뜨렸다. 인류 역사상 처음으로 사용된 원자폭탄은 순식간에 6만6000여 명을 태워 죽였다. "만약 일본이 무조건 항복을 하지 않는다면" 트루먼은 "지구상에서 볼 수 없었던 공중에서 쏟아지는 파괴의 비"를 약속했다.[57] 기존의 과학이 창조했던 어떤 것보다도 훨씬 더 큰 힘에 의해 도시가 파괴되는 모습을 일본이 받아들이기 시작하는 동안, 모스크바에서의 사건 또한 빠르게 흘러가고 있었다. 일본 대사 사토 나오타케佐藤尚武는 미국과의 교섭에 소련이 중재하는 방안을 논의하려고 시도하는 중이었다. 그러나 8월 8일 오후 5시, 소련 외무인민위원장(외무장관) 뱌체슬라프 몰로토프Vyacheslav Molotov는 사토 나오타케를 불러서 앉으라고 권했다. 그런 다음 몰로토프는 단호한 메시지를 전달했다. "일본이 항복하지 않을 것에 대비하여 연합국은 소련 정부에게 일본의 침략에 대항해 싸울 것을 제안했다. 소련 정부는 연합국의 제안을 수용했다. 8월 9일부로 소련은 일본과 전쟁 상태에 있다고 간주할 것이다."[58] 그날 새벽 1시에 소련은 군대를 만주로 진격시켰다. 같은 날, 두 번째 원자폭탄 '팻 맨Fat man'이 나가사키에 떨어지면서 4만 명 이상이 사망했다. 일본 정부는 이제 완전히 공황 상태에 빠졌다. 몇몇 강경론자는 육군 대신 아나미 고레치카阿南惟幾 장군의 명의(정작 그는 자기 이름으로 실행되었다는 사실을 전혀 알지 못했던 것으로 밝혀졌다)로 "설령 우리가 풀을 먹고 흙을 삼키며 들판에서 죽은 채 누워 있어야 한다고 해도 우리는 끝까지 싸울 것이다"라는 으스스한 성명문을 발표하는 한편, 싸울 준비에 나섰다.[59] 그러나 결론은 이미 불가피했다. 8월 14일 오전 10시 50분 천황은 "인내할 수 없는 것을 인내해야 하고, 견디기 힘든 것을 견뎌야 할" 시간이라는 사전 녹음한 성명을 발표했다. 당시에 방송의 내용을

---

57   Butow, *Japan's Decision*, 151쪽.
58   Butow, *Japan's Decision*, 154쪽.
59   Butow, *Japan's Decision*, 183~186쪽.

완전히 이해한 일본인은 거의 없었다. 왜냐하면 천황은 정중한 고전 형태의 일본어로 말했고, 녹음 음질도 불량했다. 그러나 의미는 분명했다. 일본은 포츠담 선언의 조항들을 받아들여 무조건 항복하기로 했다.

이튿날 아침, 장제스는 평소처럼 아침 일찍 일어났다. 그는 이렇게 썼다. "나는 하느님이 베푼 은혜에 감사했다. 내 경험에 따르면 시편 9편의 말씀은 모두 진실이다."[60] 시편 9편에는 다음과 같은 시구가 들어 있다. "악인을 멸하시고, 그들의 이름을 영원히 지우셨도다." 장제스는 기도를 계속했고, 묵상하는 동안, 녹음된 일본의 항복 방송을 들었다. 장제스는 라디오 방송국으로 가서 오전 10시 자신의 승리를 알렸다. "암흑과 절망의 시기와 8년의 분투 끝에 우리의 정의의 신념은 오늘에야 보상받았다." 연설하는 동안 장제스는 예수와 쑨원 두 사람을 특별히 언급했다. 그는 장엄하게 선언했다. "우리 국민 혁명의 역사적 사명이 마침내 실현되었다."[61]

끝은 갑작스러우면서, 또한 뜻밖에 닥쳐왔다. 1937년 7월 거의 우연히 시작된 전쟁은 베이징 교외의 소규모 충돌이 몇 주 안에 확대되면서 중국 동부로 옮겨가 8년 동안 계속되었다. 중국은 엄청나게 변했다. 1945년 8월, 중국은 어느 때보다 강력한 국제적 지위를 차지함과 동시에 지난 1세기 동안 한층 약화되었다. 전쟁이 시작되었을 때, 중국은 여전히 치외법권과 제국주의 지배 아래 있었다. 이제 혐오스러웠던 외국인 법률 면책 제도가 끝났을 뿐만 아니라, 바야흐로 전후 세계에서 중국이 막 이름을 떨칠 시점이다. 청제국이 난징 조약에 서명했던 1842년 이후 처음으로 그 나라는 다시 한 번 완전한 독립국가가 되었다. 게다가 중국은 지금 '4강'의 하나가 되었으며, 유일한 비유럽국가로서 새로운 유엔 조직의 대열에서 영구적이고 핵심적인 역할을 할 강대국의 일원이 되었다. 아시아에서, 수십 년 동안 권력을 누렸던 영국과 일본의 시대는 끝났다. 미국과 소련이 새로운 국제 질서의 중심에서 그들의 자리를 차지할 것이었다. 중국은 이제 민국 시기 내내 손에 넣을 수 없었던 자주적인 역할을 갖게 되었다. 일본과의 전쟁은 1911년 혁명의 유산이

---

60 *CKSD*, 1945. 8. 15, 葉永烈, 「在美國看蔣介石日記」, 『同舟共進』(2008: 2), 47쪽에서 인용.
61 http://www.ibiblio.org/pha/policy/1945/450815c.html.

었던 국가의 지위와 자주권을 위한 싸움이었고, 중국은 그 목표를 달성했다.

그러나 끔찍한 대가 또한 치러야 했다. 일본과의 전쟁은 중국을 도려냈다. 1860년대 태평천국의 난은 중국을 분열로 내몰았고 청조는 지방 군벌들에게 군권을 넘겨줌으로서 겨우 왕조의 붕괴를 막을 수 있었다. 일본과의 전쟁은 중국을 똑같은 구렁 속으로 빠트렸다. 심지어 지금, 승리의 순간에도, 나라는 분열되었다. 중국은 두 개로 쪼개어졌다. 국민당과 공산당은 타협을 이야기하고 있었지만, 내전이 시작될 것처럼 보였다. 게다가 완전히 바뀐 지리적 변화는 상황을 더욱 왜곡시켰다. 지난 몇 세기 동안 중국은 북쪽과 동쪽의 지배를 받았다. 전쟁으로 인해 국민당은 머나먼 서남부의 낯선 영토에서 자신들의 임무를 재정립해야 했다. 그리고 승리의 순간을 맛보았을 때, 장제스는 국내외의 폐허에 직면해 있었다. 폭격, 일본 전쟁 범죄에 의한 대량 학살, 가뭄, 기아 또는 전투로 너무 많은 사람이 죽었다. 심지어 지금까지도 그 숫자는 분명하지 않으며 8년에 걸친 전쟁 동안 약 1500~2000만 명의 중국인이 목숨을 잃은 것으로 추정된다. 미국과의 관계는 스틸웰의 대실패로 꼬이고 오염되었다. 한때 웅대한 이상을 품었지만 현실은 대량의 기아와 관료들의 부패였다. 예전에는 민족 정체성을 발전시킬 것을 요구했지만 이제는 새로운 국가를 세우기를 요구하는 사람들의 열망을 억압하는 잔혹한 공안 국가가 되었다. 중국 밖에서는 세계적인 변화의 기운이 감돌았다. 중국 또한 피할 수는 없었다. 그리고 가장 아이러니한 사실은 마오쩌둥이 대승리를 거두어 장제스가 거둔 승리의 열매를 차지하게 될 것이라는 점이었다.

그리고 1938년에 길을 잘못 들어섰던 사람들은 어떻게 되었는가? 저우포하이는 왕징웨이와 일본이 후원한 정권에 대한 자신의 충성이 역사적으로 막다른 길이었음을 오래 전에 깨달았다. 1945년 6월 그의 일기는 끝났다. 전쟁이 끝났을 때의 그의 감상을 담은 직접적인 기록은 없다. 그러나 1938년 충칭에서 도피한 이후 그는 세계의 변화를 돌아보았을 것이다. 어쩌면 그는 자신의 오랜 친구이자 결국 독립국가의 지위를 달성한 장제스를 보면서 기뻐했을지도 모른다. 그러면서도 공산당이 얼마나 발전했는지를 생각하면서 불안감을 떨칠 수 없었을 것이다.

장제스는 평화가 찾아온 첫날부터 많은 과제를 안고 있었다. 정오에 그는 일본군 지나 파견군 총사령관 오카무라 야스지岡村寧次 장군에게 가지고 갈 항복 문서의 초안을 작성했다. 또한 각 성에서 일본의 항복을 접수할 장교들의 명단을 함께 작성하기 시작했다.[62] 이튿날 아침 일찍 그는 중-소 우호동맹조약에 서명했다. 비록 자신을 지원하는 소련의 정확한 본질이 여전히 오리무중이었지만 말이다.[63]

그러나 장제스에게는 쑨원이 완성하지 못한 과업이 아직 남아 있었다. 중국의 재통일이었다. 라디오 방송을 끝낸 후 그는 마오쩌둥에게 전보를 보냈다. 그리고 "대업을 같이 의논하자"며 그를 충칭으로 초대했다. 마오쩌둥은 회담에 저우언라이를 대표로 보내겠다고 회답했지만, 장제스는 마오쩌둥이 직접 참석해서 전후 중국의 정부 구성을 결정해야 한다고 다시 한 번 전보를 보냈다.[64]

중국과 일본의 기나긴 8년 전쟁은 끝났다. 마침내 중국인들은 스스로 자신들의 이야기 다음 장을 쓸 수 있는 힘을 갖게 되었다.

62   *CKSD*, 1945년 8월 15일, 葉永烈, 「在美國看蔣介石日記」, 47쪽에서 인용.
63   Taylor, *Generalissimo*, 314쪽.
64   *CKSD*, 1945년 8월 15일, 葉永烈, 「在美國看蔣介石日記」, 47쪽에서 인용.

결론 : 싸움은 끝나지 않았다

그렇게 전쟁은 어느 순간 막을 내렸다. 심지어 1945년 8월 초까지도 마오쩌둥은 항일전이 1946년 말까지 갈 것이며, 공산당에게 지위를 공고히 할 시간이 주어주리라 믿었다.[1] 한편, 장제스는 자신의 영토가 침해되는 것을 막기 위해 발 빠르게 움직였다. 그의 첫 번째 목표는 영국이었다. 장제스는 중국의 주권으로 돌려받기 위해 홍콩을 점령할 생각도 했다. 만약 이 사실이 영국에 알려졌다면(그들은 틀림없이 의심했다) 전후 첫 번째 심각한 충돌이 벌어졌을 것이다. 사실, 의심만으로도 영국이 홍콩을 다시 점령하려고 달려들기에 충분했다.[2][3] 그러나 장제스의 가장 큰 관심사는 공산당이었다. 8월 12일, 장제스는 공산당을 통한 일본군이나 친일 괴뢰 군대의 어떠한 항복 접수도 허용할 수 없다고 선언했다. 8월 14일, 그는 훨씬 더 의미 있는 중소 우호동맹조약을 체결했다. 이로써 소련에게 중국 동북부의 여러 특권을 주

---

1 Chen Jian, *Mao's China and the Cold War*(Chapel Hill, NC, 2001), 26쪽.
2 *CKSD*, 1945년 8월 15일, 葉永烈, 「在美國看蔣介石日記」, 47쪽에서 인용.
3 장제스는 카이로 회담에서 홍콩 반환을 거론했지만 전후에도 대영제국을 유지할 속셈이었던 처칠의 강력한 반대에 부딪혀 흐지부지되었다. 처칠의 뒤를 이어 새로운 총리가 된 클레멘트 애틀리 역시 마찬가지였다. 일본이 항복하자 애틀리는 장제스의 반발을 무시한 채 즉각 항모 5척과 전함 2척, 순양함 3척으로 구성된 태평양 함대를 파견하여 1945년 8월 30일 홍콩을 점령하고 일본군을 무장해제시켰다. 장제스는 항복 조인식에 판화귀潘華國 소장을 중국 대표로 참석시키는 데 만족해야 했다. 반면, 국공내전에 승리한 마오쩌둥은 홍콩을 회복하는 대신 영국의 홍콩 지배를 묵인하면서 서방과의 무역 통로로 활용했다. 홍콩은 마오쩌둥이 죽은 뒤에야 1997년 7월 1일 155년 만에 중국의 품으로 돌아왔다. 하지만 오랜 단절로 인한 정치적, 문화적 차이는 반환 20년이 지난 지금까지도 극복하지 못한 채 중국과 홍콩의 극심한 갈등을 초래하고 있다.—옮긴이

었을 뿐만 아니라 외몽골에 대한 모든 권리를 포기했다. 이튿날, 그는 충칭에서 전후 합의를 놓고 담판을 하자며 마오쩌둥을 초청했다. 마오쩌둥은 패트릭 헐리가 자신과 동행하기로 약속할 때까지 주저했다.[4]

그는 진퇴양난의 곤경에 빠졌다. 스탈린이 장제스와 별도의 협정을 체결하여 자신을 배신할 줄 상상도 하지 못했기 때문이다. 그러나 스탈린은 공산당이 국민정부군을 정말로 이길 수 있으리라 믿지 않았다. 유럽에서 새로운 제국의 건설에 집중하고 있었던 스탈린은 미국의 힘에 대항해 자신들을 흠집 낼 수 있는 동맹자를 지원하는 데 시간과 에너지를 소모하고 싶지 않았다. 마오쩌둥은 불리한 처지가 되었다. 그러나 마오쩌둥과 장제스의 만남은 역사적이었다. 그들은 거의 20년 만에 다시 만나는 것이었다.

마오쩌둥은 충칭에서 6주를 머물렀다. 양측은 토론에서 어느 정도 타협을 이루었다. 마오쩌둥은 (두 당이 동등하게 연합하는) 완전한 연립 정부의 수립을 고집하지 않았다. 장제스는 공산당이 독자적으로 12개 사단을 가질 수 있다고 인정했다. 장제스와 마오쩌둥은 모두 해결책을 끌어내려고 노력하는 모습을 보일 필요가 있다고 생각하면서도 또한 내전이 불가피하다고 확신했다. 결국 회담은 안정을 유지할 만한 명확한 합의를 끌어내지 못했다.

교착상태는 당장이라도 깨질 것처럼 보였다. 공산당은 우선 중국 북부의 모든 지역을 장악하기 위해 그곳에서의 입지를 공고하게 다져나갔다. 그러나 미국의 도움을 받는 일부 국민정부군이 다시 들어오면서 서로 충돌이 시작됐다. 당장이라도 내전이 폭발할 것처럼 보이자 공산당은 적어도 잠깐 동안은 야심을 줄일 필요를 느꼈다. 한편, 소련은 미국이 일본에서 자신들에게 연합 지휘권을 허용할 생각이 없다는 사실을 알게 되자 국민당과 맺은 협정을 더 이상 성실하게 준수하려 하지 않았다. 그러면서도 동시에 미국과의 마지막 결전에 내몰리는 일이 없도록 애를 썼다.[5]

1945년에서 1946년으로 바뀔 때, 트루먼 대통령은 미국의 군사력이 장제스 정권을 위해서 싸우도록 허용하지 않겠다고 분명히 못을 박았다. 장제스

---

4 Taylor, *Generalissimo*, 318쪽; Chen, *Mao's China*, 27쪽.
5 Chen, *Mao's China*, 32쪽.

는 패트릭 헐리의 갑작스러운 사임으로 당황했다. 헐리는 국무부 내부의 좌파 성향 동료들이 자신의 위치를 흔들고 있다면서 비난했다.[6] 트루먼은 가능한 한 가장 권위가 있는 특사를 중국에 파견키로 했다. 조지 마셜 장군이었다. 미 육군참모총장의 직위를 막 내려놓은 마셜은 양측이 협정에 동의하도록 노력할 참이었다.

다음 몇 달 동안 마셜의 임무는 좌절을 맛보아야 했다. 어느 진영도 진정으로 타협하려고 하지 않았다. 국민당은 자신들의 영토에서 공산당의 군사적, 정치적 조직이 존재하는 것을 용납하지 않았다. 공산당은 자신들의 독자적인 군사력을 불확실한 국민당의 지휘 구조에 넘기는 것을 주저했다. 1946년 1월 10일 양측은 정전에 동의했다. 하지만 마셜은 그들을 다음 단계로 안착시키기가 불가능하다는 사실을 깨달았다.[7] 1946년 전반기 6개월 동안 진정한 돌파구를 찾으려는 마셜의 시도는 국민당과 공산당의 전투가 확대되면서 한층 악화되었다. 1946년 여름이 되자 공산당은 둥베이(만주)에 확고히 뿌리를 내렸다. 장제스는 공산당에게 (아마도 그들이 너무 약해서 살아남지 못할 것이라고 생각하고) 무기를 내려놓을 것을 계속 요구한 반면, 공산당은 국민당이 1946년 동안 차지한 영토를 포기해야 한다고 주장했다.[8] 1947년 1월 7일 마셜은 두 당의 중재를 포기한다고 선언했다.

국민당의 행동은 중국인들에게 자신들이 안전하다는 확신을 주지 못했다. 대일전쟁이 끝났을 때 경제는 위태로운 상황이었지만 돌이킬 수 없는 것은 아니었다. 그러나 장제스는 군비 감축을 거부했다. 그는 공산당에 대한 무력 승리만이 이 나라의 지배권을 자신의 것으로 분명히 할 수 있는 유일한 방법이라고 확신했다. 장제스는 정부의 물가 통제 정책을 시행하려고 노력했지만 효과는 거의 없었다. 정부가 대일전쟁 동안 발행한 채권에 대한 약속을 지키지 않는 모습을 목격했던 부자들은 새로이 발행된 채권을 거의 거

6 Taylor, *Generalissimo*, 327쪽.
7 Chen, *Mao's China*, 33쪽.
8 Taylor, *Generalissimo*, 364쪽.

들떠보지도 않았다.9 1947년부터 전쟁 마지막 해까지 악화되었던 물가 상승은 치명적인 통제 불능 상태로 치달았다. 독단적이고 부패한 행위들, 재점령지에서 사적 재산의 빈번한 무단 사용과 오만함 때문에 정부는 승리를 통해 얻었던 민심을 상당 부분 잃었다.

부역자들의 처리는 특히 고통스러운 문제였다. 왕징웨이가 나고야에서 죽자 그의 시신은 중국으로 되돌려보내졌고, 그의 혁명 동료였던 쑨원의 옆에 매장되었다. 난징으로 돌아온 장제스가 제일 먼저 했던 사업은 가능한 가장 마지막 방법으로 이러한 상징물을 파괴하는 일이었다. 그는 고성능 폭탄을 사용해 왕징웨이의 무덤을 날려버리라고 명령했다. 왕징웨이 사후 난징 국민정부의 수장이 된 천궁보는 1946년 봄에 재판을 받고 처형되었다.

다른 부역자들의 처리에는 한층 모호한 부분이 있었다. 왕징웨이의 미망인 천비쥔은 1946년에 (천궁보와 마찬가지로) 재판을 받았다. 그녀는 자신을 강력하게 변호하면서 남편은 장제스 정권이 포기했던 영토의 주권을 되찾았다고 주장했다. 재판에서 관중은 박수를 쳤고, 그녀에게 사인해달라고 했다. 그녀는 유죄가 선고되었으나 처형되지 않았다. 1959년 공산당 치하의 상하이 감옥에서 죽었다.10 전쟁의 마지막 시기 양다리를 걸쳤던 저우포하이 또한 사형은 면했다. 그는 훨씬 관대한 대우를 기대했을지 모르지만, 자신의 보호자인 다이리가 1946년 비행기 사고로 사망하자, 정권 안에는 저우포하이를 도와 자신들의 정치적 이익에 활용하려는 또 다른 강력한 인물이 없었다. 그는 1948년 교도소에서 심근경색으로 사망했다. 결국, 중국이 새로운 내전의 위기에 빠져들었을 때, 부역자들은 숨겨진 주변 인물들이 되었다.

일본인들 또한 중국 침략으로 유죄판결을 받았다. 1948년 극동국제군사재판('도쿄재판')에서, 피고들을 기소하는 데 사용되었던 범죄 혐의 중 하나가 바로 난징 대학살이었다. 중국과의 전쟁 확대와 밀접한 관련이 있는 마쓰

9 Odd Arne Westad, *Decisive Encounters: The Chinese Civil War, 1946~1950*(Stanford, 2003), 89쪽.

10 Boyle, *China and Japan at War*, 362쪽; Charles Musgrove, "Cheering the Traitor: The Post-War Trial of Chen Bijun, April 1946," *Twentieth-Century China* 30: 2(2005. 4).

이 이와네 장군과 히로타 고키 외무대신을 포함해 7명의 피고인에게 사형이 선고되었다.[11]

사회비평가 쉬완청許晩成은 아직 국공내전이 일어나기 전 중국사회 내부의 변화를 조사하여 명성을 얻었다. 이제 전쟁의 여파 속에서 많은 정치 세력과 중국을 향한 그들의 약속에 대해 암울한 평가를 내렸다. 그는 전쟁에서 나타난 "정당의 용광로"를 애통해했다. "쑨원의 국민 혁명이 목표했던 것에 비하면 오늘날 국민당의 권위는 이미 변했다……" 그는 이렇게 쓰면서 의도적으로 문장의 끝을 흐렸다. 예를 들어, 국민당이 점령지에 남겨진 사람들의 지폐 교환 비율을 아주 인색하게 적용하여 그들의 예금을 보잘것없도록 망쳐버렸다. "온 천지가 혼란스럽다." 쉬완청은 꾸짖었다. "누구나 이렇게 말할 것이다. 중국의 승리가 오직 내륙 깊숙한 곳으로 달아났던 항전 건설의 관리들이 공헌한 덕분인가?" 복귀한 국민당 관료들은 남아 있던 동포들을 마치 배신자나 피정복민으로 대했다. 이런 행태는 국가를 하나로 통합하는 데 아무런 도움이 되지 않았다.

쉬완청이 지적한 대로, "부역 지도자의 상당수는 국민당 간부들이 아니었던가?" 그는 이렇게 결론 내렸다. "국민당 독재 시절에 부패는 엄청났으며 그들은 이미 국민 혁명의 목표를 망각해버렸다. 오로지 사리사욕을 채울 생각만 한다." 그러나 쉬완청은 국민당의 강력한 경쟁자도 믿을 수 없었다. "공산주의에 대해서 얘기하는 중국인들은 호랑이의 얼굴과 가죽을 말하고 있는 것이다! 왜인가? 공산당은 불을 질러서 사람들을 죽이기 때문이다. 그들의 재능은 하나같이 파괴에 대한 것이다."

어디에서건 돈과 권력이 있으면 죄다 악질 상류 계층으로 분류하여 잘잘 못을 따지지도 않은 채 모두 죽여버린다. 그들은 지주들을 죽이고 돈 많은 노인들을 죽이며 커다란 저택들을 모두 불태울 것이다. 이러한 짓은 진시황이 책을 불태우고 학자들을 생매장시켰던 것보다 더 나쁘다. 이러

---

11   Boister and Cryer, *Tokyo International Military Tribunal*.

한 정책을 수행해서 그들은 그 제국을 통치하고 싶은가? 이것이 정말 옳은가?[12]

그는 중국공산당 전략에 깃든 냉소적인 요소에 대해 기록했다.(그에 앞서 블라디미로프가 했던 것처럼.)

중국공산당은 재앙에 행복해하고 재난에 기뻐한다. 그들의 유일한 두려움은 제국이 혼란에 빠지지 않는 것이다. 두산雙山이 함락되었을 때, 『신화일보』는 대서득필했다. 두산을 탈환하자 그다음에는 침묵했고 더 이상 말하지 않았다. 그 전해에 같은 신문에서 중국공산당은 말했다. "우리는 항전에 노력하고 있다." 과연 그들은 얼마나 노력하고 있는가?[13]

그는 중국청년당 같은 좀더 작은 정당들 역시 똑같이 무시했다. "그들은 이론으로 무장하고 있을지언정 무력이 없다. 따라서 정치적 권위도 없다." 그는 절망적인 결론을 내렸다. "제일 먼저 고통을 받는 쪽은 선량한 일반 국민이다! 국민당과 공산당 사이에 피가 흐르면서 일반 국민은 고통을 겪고 있다!"[14]

냉정하게 말하면, 종전 직후 국민당 치하에서 만들어진 진정한 성취가 있었지만, 국내보다는 국제무대 쪽이었다. 중국의 전시 기여는 새로운 유엔 안전보장이사회의 5개 상임이사국 중 하나로 규정되면서 다른 나라들이 안전보장이사회에 상정하는 안건에 거부권을 행사할 권리를 갖게 되었다는 의미였다. 중국은 또한 그 밖의 모든 새로운 국제기구 내부에서 한 자리를 차지했다. 1945년까지도 여전히 세계 문제에 있어서 완전하고 동등한 주권을 가진 비서구 국가들은 거의 찾아볼 수 없었다.(영국과 프랑스는 인도가 독립을 쟁취했지만 여전히 그들 제국의 많은 부분을 유지했다.) 중국의 지위는 국가 자체보

12 CQXH(appendix), 4쪽.
13 CQXH(appendix), 5쪽.
14 CQXH(appendix), 6, 8쪽.

다 훨씬 더 중요했으며 1937년 전쟁을 시작했을 때만 해도 반┼ 식민국가이자 납작 엎드린 채 와해 직전이었던 모습과는 깜짝 놀랄 만큼 대조를 이루었다.

그러나 일단 내전이 시작되자, 국민당에게 불리하게 전개되었다. 대부분 장제스의 판단 착오 때문이었다. 항일전쟁 동안, 장제스는 예상했던 것보다 훨씬 형편없는 역할을 했다. 내전 중에는 판단력을 잃은 것처럼 보였다. 특히 이웃 소련의 강력한 지원을 업고 마오쩌둥을 지탱하는 공산당의 심장부였던 둥베이 지역을 탈환하기 위해 전선을 확대하기로 결정한 것은 치명적인 오판이었다.[15] 1945년부터 1946년 사이에 마셜은 장제스에게 이 지역의 탈환을 권유했지만 1946년 봄이 되자 가능성은 한층 비관적이 되었다.[16]

1947년이 가까워졌을 때, 공산당 장군인 린뱌오의 눈부신 전역은 국민정부군을 중국 북부에서 점점 반대쪽으로 몰아붙였다. 철도와 함께 주요 도시들은 여전히 국민당이 지배했지만 불과 몇 년 전 일본 아래에 있었던 상황을 연상시키듯 그 지역은 이제 공산당이 지배했다. 1948년 가을, 웨이리황 장군은 약 30만 명의 국민정부군으로 린뱌오 휘하의 70만 대군과 대치하고 있었다. 11월 이 지역의 주요 도시인 선양(무크덴)이 함락되었고 이와 함께 둥베이 전체를 잃었다. 린뱌오의 인민해방군은 여세를 몰아서 중국 북부를 점령했고 중부까지 정복할 태세였다. 1949년 상반기, 장제스는 해군과 공군 사령부를 타이완으로 옮겼다. 많은 민간인도 뒤따랐다. 5월 장제스는 타

---

15 웨드마이어는 장제스에게 둥베이를 유엔의 신탁통치에 맡길 것을 권유하기도 했다. 그러나 그의 건의는 어디까지나 외국 군인으로서 군사적인 측면만을 고려했을 뿐, 정치적인 측면을 간과한 것이었다. 15년 만에 중국의 품으로 되찾은 둥베이를 다시 외세에 맡기는 것은 중국 민중의 열망을 거스를뿐더러 장제스 스스로 정권의 취약성을 인정하는 꼴이 될 수 있었다. 그렇다고 둥베이가 공산당의 손에 넘어가도록 내버려둔다면 중국을 두 쪽으로 나누겠다는 의미였기에 중국을 재통일해야 한다는 쑨원의 유지를 깨뜨린다고 생각했다. 둥베이 탈환의 실패는 단순히 장제스의 군사적 오판 때문이 아니라 소련군이 국민정부군의 북상을 온갖 방법으로 방해했던 것도 중요한 원인이었다. 얄타 밀약에 따라 소련군이 랴오둥 반도의 다롄 항을 점령하자 국민정부군은 훨씬 남쪽인 산하이관 이남에서 육로로 진격해야 했고 보급선은 수백 킬로미터나 더 길어졌다. 더욱이 소련군은 둥베이의 철도 대부분을 파괴하거나 뜯어가면서 철도를 이용할 수 없었다. 반면, 국민정부군보다 한발 먼저 둥베이에 진입한 린뱌오는 소련군의 묵인 아래 만주국군을 대거 흡수하고 대량의 무기와 보급 물자를 확보했으며 농촌에서 상당한 기반을 구축할 수 있었다. 결국 루스벨트가 스탈린과 얄타 밀약을 맺고 소련군의 만주 진입을 허용했을 때 이미 장제스의 패배는 결정된 셈이었다.—옮긴이
16 Taylor, *Generalissimo*, 378, 392쪽.

이완을 향해 떠났다. 이제 그는 더 이상 본토로 돌아갈 수 없을 것이었다.

전쟁은 여름 동안 계속되었다. 하지만 장제스는 게임이 끝났음을 알고 있었다. 난징과 상하이, 충칭을 비롯한 대도시들이 하나씩 함락되면서 모든 측면에서 공산당의 승리가 예상되었다. 1949년 10월 1일 마오쩌둥은 다시 한번 중국의 수도가 된 베이징에서 국민에게 연설했다. "중국 인민은 일어섰다中國人民站起來了"라는 그의 선언과 함께 중화인민공화국이 수립되었다.

———

중국 본토에서 공산당의 승리는 향후 수십 년 동안 동아시아 정치와 미중 관계를 형성했다. 미국 입장에서 (애초에 결코 미국이 상실했던 나라가 아니었던) 중국의 '상실'은 냉전 초기 미국의 정치적 분위기를 악화시켰다.

장제스 비판가들은 목소리를 높였다. 장제스에 대한 자신의 비판이 가로막히는 데 진절머리가 난 화이트는 『타임』지를 떠났다. 그리고 충분한 시간을 들여 장제스를 통렬하게 고발한 단행본 『중국에서의 천둥Thunder out of China』을 발간했다. 그는 "중국에서 최대의 위험은 국민당 우파다"라고 썼다.[17] 그 책은 베스트셀러가 되었다. 또 다른 비판적인 저서가 있었다. 전시에 충칭의 전쟁정보국에서 근무했던 그레이엄 펙은 훌륭한 회고록인 『두 종류의 시간Two Kinds of Time』을 썼다. 그 책 또한 장제스를 통렬하게 비판했고, 그가 1949년 중국 본토에서 도망칠 때까지 "장 대원수는 (중국인들을 통틀어) 자신의 통치 방식에 만족했던 거의 유일한 사람"이라고 결론 내렸다.[18]

우파들은 이 문제를 놓고 미국 자유주의자들이 공산주의에 유화적이었다고 비난할 수 있었다. 해리 덱스터 화이트와 로클린 커리를 포함해 루스벨트의 대중국 핵심 소언사들은 소련 요인들과의 교류에 적극적으로 참여했다는 강한 의혹을 받았다.(하지만 소련은 국민당의 전쟁 노력을 악화시킨다고 해서 당장 얻을 수 있는 이익이 없었다. 또한 화이트와 커리 모두 국민정부에 대한 불

---

17   White and Jacoby, *Thunder out of China*, 310쪽.
18   Peck, *Two Kinds of Time*, 690쪽.

질적 지원에 적극적인 편이었다는 사실 또한 상기할 필요가 있다.)[19] 그러나 존 서비스를 포함해서 중국공산당과 그들의 의도를 순진하게 받아들인 죄밖에 없는 사람들은 국민당을 약화시켜서 자국의 이익을 배신했다며 비난과 박해를 당했다. 국민당은 애나 셔놀트(클레어 셔놀트의 부인), 쑹쯔원과 헨리 루스 등이 포함된 '차이나 로비China Lobby'라는 단체를 설립해서 공화당 정치인들에게 큰 영향력을 행사했다. 미국은 또한 중국 본토에서 마오쩌둥이 승리한 지 불과 몇 달 만에 장제스의 실패로 인한 가장 즉각적인 영향에 직면했다. 1950년 한국전쟁의 발발이었다. 한반도에서의 전쟁 경험은 새로운 중국공산당 국가에 대한 미국의 태도를 경색시키는 데 일조했다.

매카시즘의 광풍은 1960년대 초부터 점차 옅어졌다. 또한 중국 본토에서 공산당 정권이 계속 유지될 것이라는 사실이 분명해졌다. 이러한 발전은 특히 서구와 미국에서 대일전쟁에 관한 학술적 분석에 강력한 영향을 주었다. 마오쩌둥 정권은 분명히 승리했다. 중요한 질문은 그가 왜 성공할 수 있었는가였다. 찰머스 존슨은, 1949년 마오쩌둥의 승리 비결은 옌안에서 민족주의를 이용해 농민들을 동원한 그의 전시 정권 역량에 있다고 주장하는 획기적이면서 용감한 책을 썼다. 덕분에 공산주의 사회혁명을 받아들이는 분위기가 한층 고무되었다.[20] 그 책은 폭풍과 같은 논쟁을 만들었다. 가장 중요한 반응 중 하나가 10년 후 역사학자 마크 셀던에게서 나왔다. 『옌안의 방식』이라는 그의 책은 농민 민족주의보다는 전시 사회혁명 자체가 마오쩌둥 승리의 핵심이라고 주장했다. 이 시기에 미국인들의 삶은 베트남 전쟁으로 크게 흔들리고 있었다. 많은 사람에게, 1940년대에 중국의 공산주의 경험은 30년 후 인도차이나 공산주의에 관한 이해를 더 깊이 있게 도와줄 수 있는 설명이었다. 베트남을 불의의 전쟁으로 바라보았던 사람들에게 대일항전 동안 마오쩌둥의 사회적 실험은 토착 사회혁명을 반대하기보다 이해해야 한다는

19 John Earl Haynes and Harvey Klehr, *Venona: Decoding Soviet Espionage in America*(New Haven, 2000).
20 Chalmers Johnson, *Peasant Nationalism and Communist Power: The Emergence of Revolutionary China, 1937~1945*(Stanford, CA, 1962).

쪽으로 기우는 데 일조했다. 그러나 이러한 '옌안 중심'의 전시 역사와 더불어 국민당의 기록은 대부분 무시되었다.

다른 진보적인 비평가들은 장제스가 단지 이중적인 공산당의 피해자였다고 평가했던 우파 차이나 로비의 역사관을 공격했다. 저명한 역사학자 바버라 터크먼은 스틸웰의 보고서를 이용해 장제스 정권에 대한 파괴적인 진실을 담은 고전적인 책을 썼다. 그 책은 닉슨이 중국에게 문호를 열었던 그 순간 출판되면서 장제스의 평판을 더욱 무너뜨렸다.[21]

중국 내부에서는 전쟁 시기에 대한 역사적 토론이 한층 제약을 받았다. 마오쩌둥 치하의 중국에서는 국민당이 일본군을 상대로 중국을 지키기 위해 한 일이 거의 없다는 설명만이 있었다. 따라서 당연히 1949년에 (공산군에게) 패배할 수밖에 없었다는 논리였다. "항일전쟁"에서 중국 인민을 이끈 모든 공은 공산당, 좀더 구체적으로는 마오쩌둥 한 사람에게 돌아갔다.

옌안에서 마오쩌둥의 혁명을 둘러싼 신화는 이 나라 정체성의 중심이 되었다. 그러나 인민을 둘러싼 거대한 띠는 그 이야기에서 제외되었다. 영국과 미국, 독일, 프랑스, 일본이 전쟁으로 그들의 사회에 초래한 엄청난 변화들에 기뻐하거나 또는 고통스러워할 때 중국에서는 8년 항전의 경험이 대중의 기억에서 사실상 제거되었다. 난징 대학살, 충칭 대폭격, 왕징웨이의 배신, 마오쩌둥의 지배 아래에 있지 않았던 공산당 지역들은 모두 열외로 취급되거나 심지어 아예 언급조차 되지 않았다. 일본인들은 (문화대혁명 기간의 '여덟 편의 모범극八個樣板戱' 중 하나인 경극「홍덩지紅燈記」처럼) 종종 어떤 정형화된 모습의 적으로 등장하기도 했지만 1950년부터 1970년대까지 대부분의 기간에 마오 정권은 도쿄를 미국이 껴안고 있는 냉전에서 떼어놓으려고 노력했을 뿐, 패배한 적에 대한 증오심을 자극하기 위해 일관성 있게 노력하지 않았다. 일본에 대한 논의의 대부분은 진정으로 반성한 사람들과의 "화해"를 실현하려는 쪽으로 기울었다.[22] 진정한 증오심이 향할 곳은 미국 해군의 보

---

21 Tuchman, *Stilwell*.
22 실제로 마오쩌둥은 국공내전 이후 중국에서 수감 중이던 일본인 전범들에 대해 1956년 산시성 타이위안과 랴오닝성 선양에서 형식적인 재판을 거친 뒤에 "중일 양국의 평화와 우호를 위해서" 대부

호를 받고 있는 바다 건너 타이완을 위해 따로 남겨두었다.

중화인민공화국 수립 이후 사회와 문화의 많은 부분은 전쟁 동안 일어났던 변화들을 반영하는 것처럼 보였다. 출퇴근 시 공습을 피하기 위해 생활과 일을 같은 장소에서 했으며, 군 복무는 중국인들을 더욱 집단적인 생활방식에 익숙하게 만들었다. 그보다도 더한 것은 전쟁이 가져온 정치 동원의 분위기가 중국인들의 생활 속에서 고스란히 유지되었다는 점이다. 한국전쟁(1950~1953) 당시 항미원조운동부터 대약진운동(1958~1961)까지 중국인의 생활은 끊임없는 대중 운동이 특징이었다. 후자의 경우, 경제 성장을 향상시키기 위한 운동은 2000만 명 또는 그 이상의 사람들을 죽음으로 내모는 끔찍한 기근을 초래했다. 그러나 중국의 모든 마오쩌둥주의 운동 중에서 가장 격렬했던 것은 1960년대의 문화대혁명이었다.

마오쩌둥이 자신의 당을 향해 전쟁을 선언했을 때, 문화대혁명의 대격변은 적어도 겉으로는 중일전쟁의 유산과는 거의 관련이 없었다. 그러나 거리의 탱크와 더불어, 전투가 가장 치열하게 벌어진 두 개 도시는 (쓰촨성의) 충칭과 청두였다.[23] 문화대혁명 동안 사상적으로 "나쁜" 계급 출신의 젊은 공산당 간부들은 1949년 공산주의 혁명 이후 특권을 소유했던 "좋은" 계급 출신의 간부들에게 복수할 기회를 잡았다. 1966년 문화대혁명이 시작되었을 때 나쁜 계급 출신의 간부들은 대부분 1949년 이전의 부르주아 계급과 연결된 집안 출신이었다. 많은 경우 국민당과도 관련이 있는 사람들이었을 것이다. 1949년 이후 쓰촨성에서 나온 국민당의 기록은 부패나 참전 거부와

분 석방하여 본국으로 송환시켰다. 1100여 명 중에서 실형을 받은 사람은 45명에 불과했다. 이들은 짧게는 8년에서 길게는 20년 형을 받았지만 그마저도 도중에 특사로 풀려나면서 1960년대 초까지 모두 송환되었다. 또한 난징 대학살을 비롯해 일본의 전쟁 범죄를 정식으로 거론하는 일도 없었다. 비록 장제스가 "이덕보원以德報怨(원수를 은혜로 갚으라는 말)"을 강조하면서 일본인들에 대한 감정적 보복을 금지하기는 했지만 전쟁 범죄에 대한 단죄는 별개였으며 2104명을 기소하여 사형 149명, 무기징역 83명, 유기징역 272명 등 504명을 처벌한 것과는 대조적이었다. 한국전쟁 참전으로 서방과의 관계가 단절된 마오 정권으로서는 전후 부흥을 위해 일본과의 관계 개선과 경제적 협력이 절실했기 때문이었다. 하지만 국민적 공감대를 형성하려는 노력 없이 지도자가 이렇게 정했으니 모두 그 뜻에 따라야 한다는 식은 마오 정권의 폐쇄성과 이중적 모순을 단적으로 보여주는 것이었다. ─옮긴이

23 Roderick Macfarquhar and Michael Schoenhals, *Mao's Last Revolution*(Cambridge, Mass., 2006), 217쪽.

관계된 것들뿐이었다. 전쟁 동안 쓰촨성과 그 주민들의 희생은 공산당과 별다른 연관성이 없었기에 그들은 (항일에 대한) 서술에서 제외될 수밖에 없었다. 그럼에도 쓰촨성에서 문화대혁명이 야만적인 일들을 벌이는 동안, 전후 세대를 위해 만들어진 이야기에서는 전쟁 트라우마의 유령이 심심치 않게 활개를 치고 다녔다.

그 후 냉전은 해빙되었다. 일본 총리 다나카 가쿠에이田中角榮는 베이징에서 환대를 받았다. 다음으로 미국의 리처드 닉슨 대통령이 1972년 베이징을 방문했다. 국제 분쟁의 등고선은 바뀌기 시작했다. 장제스는 1975년에, 마오쩌둥은 1976년에 죽었다. 해협을 가로지르던 대결의 사격은 멈추었다. 1980년대 초에 오면 전쟁에 대한 역사적 서술은 크게 바뀌기 시작했다. 새로운 정치의 가장 중요한 징후 중 하나는 전쟁의 다른 측면을 기념하는 새로운 박물관의 건립이었다. 1937년 7월 교전이 벌어졌던 완핑에는 1931년 일본군의 만주 침략부터 1945년 중일전쟁에서의 승리까지 전쟁 전체의 사건들을 망라한 중요한 박물관이 1987년 개관했다. 중국공산당이 여전히 항일의 승리를 이끈 주된 공을 차지하고 있지만, 베이징 박물관은 국민당 장군들의 기여와 타이얼촹 같은 승리의 중요성을 강조했다. 선양 교외에는 1931년 만주의 위기를 일으킨 철도 폭발을 기념하는 박물관이 있다.(박물관의 정면은 1931년 9월 18일 일본군의 공격 개시일을 보여주는 탁상용 달력과 유사하게 제작되었다.) 그리고 아마 무엇보다 가장 큰 반향을 불러일으킨 건물은, 1985년, 특히 끔찍했던 살인 현장에 세워진 난징 대학살 기념관일 것이다. 전쟁이 끝난 뒤 그러한 장소가 만들어지기까지 장장 40년이 걸렸다는 사실은 놀라운 일이다.[24]

1990년대에 들어서자 중국 각지에서는 사료의 열람이 개방된 것을 기회로 예전에는 금기시되있던 주제들이 논의되었다. 특히 충칭은 새로운 가능성을 최대한 이용했다. 연합국 전시 수도 중 하나였지만, 충칭은 그들의 저항을 기념하거나 희생을 애도할 기회가 주어지지 않은 유일한 곳이었다. 심

---

24 Rana Mitter, "Old ghosts, new memories: changing China's war history in the era of post-Mao politics," in *Journal of Contemporary History*(2003년 1월).

지어 도시 중심에 세워진 항일전쟁 승전 기념비에는 1949년 이후 (중국공산당이 국민당으로부터 해방했다는 의미로) '해방비解放碑'라는 이름이 붙여졌다. 21세기 초에야 충칭은 잃어버렸던 시간을 되찾았다. 그 도시는 항전의 마지막 보루로서 자신의 명성에 빛을 발했다. 장제스가 전쟁 동안 도시가 화염에 휩싸이는 모습을 지켜봤던, 황산의 옛 저택은 이제 멋지게 복원되었다. 역사 서술은 내부적으로 그를 항전 시기 중국의 국가 지도자로서 묘사한다. 그의 정치적, 군사적 결점들은 거의 거론되지 않는다. 도시의 산샤三峽 박물관은 충칭 대폭격의 입체 모형들과 1941년 질식 참사가 벌어졌던 거대한 동굴의 복원을 포함한 많은 전시물을 선보였다.

또한 대중 매체는 새로운 역사 해석에 관한 메시지를 내보내는 데 이용되고 있다. "전시 수도"라고 제목이 붙여진 시리즈는 종전 60주년과 충칭의 역할을 경축하기 위해 2005년에 현지 방송국에서 제작했으며 DVD로 제작되어 판매되기도 했다. 표지에는 서구에서 친숙한 모습들, 3대 전시 수도인 런던의 의회 의사당, 미국의 수도 워싱턴 DC와 모스크바의 붉은 광장의 시계탑을 보여주었다. 또한 다른 건축물보다 두 배 크기인 충칭 중심에 있는 항일 승전 기념비도 담겨 있었다. 제2차 세계대전이 3대 연합국이 아니라 4대 연합국에 의해 승리했다는 국제적인 메시지는 분명했다. 국내 메시지 또한 충칭이 근대 역사에서 국제적으로 중요한 역할을 맡았으며 모든 중국인이 이 사실을 알아야 한다고 지적했다.

그러나 전시 역사의 가장 논쟁이 될 만한 분야에서의 집단 인식은 여전히 아득히 멀다는 느낌이다. 일본과 중국의 최고 학자들의 합동위원회가 2006년 설립되어 양국의 역사에서 다양한 질문에 대한 합의된 관점을 마련코자 했다. 의견 조율을 위한 노력에도 불구하고 전쟁을 해석하는 방식에서의 이견은(특히 일본의 침략이 사전 계획된 것인지 아닌지에 대한 쟁점) 그 보고서가 2009년에 제출된 이후 아직까지 중국 정부에 의해 공식적으로 채택되지 못했음을 의미했다.[25]

중국과 마찬가지로, 일본에서는 전쟁의 역사적 기억 자체가 복잡했다. 중국에서는 흔히 알려져 있고 서구에서는 가끔씩 들을 수 있는 사실 중 하나는 일본인들이 자신들의 전쟁 범죄를 인정하기를 일언지하에 거부했다는 것이다. 이러한 견해는 너무나 간단하다. 전시에 벌어진 잔학한 행위들을 축소하거나 부인하는 일본 내의 강경 우익의 목소리가 있었고 이것은 사실이다. 일본의 보수적인 주류 또한 극악무도한 일본군의 범죄 행위들을 대개 너무 빨리 무시해버린다. 또한 일본은 '평화 국가'라는 것을 스스로 입증하기 위해 핵무기로 공격받은 유일한 국가로서 그 슬픔을 강조해왔다. 하지만 원자 폭탄이 떨어지게 만들었던 배경에 대한 설명은 거의 없었다.[26] 한편으로, 일본에는 중국이나 그 밖의 지역에서 일본군 전쟁 기록을 조사하는 데 있어, 변명을 늘어놓지 않는 활기 넘치는 대중 영역도 비교적 넓게 존재한다. 특히 일본의 좌파 성향 기자 혼다 가쓰이치本多勝一는 1970년대에 그들 정부가 난징 대학살을 재조사하도록 만드는 데 중요한 역할을 했다. 얼마 지나지 않아 대중의 시선을 이쪽으로 되돌렸다. 비록 중국에서 저지른 일본군의 잔학한 행위들을 덮으려는 '수정주의' 교과서를 일본 학교에 도입하려는 시도가 있었지만, 학교 제도 안에서 널리 채택되지는 않았다.

21세기 첫 10년 동안 중국은 국제적으로 더 큰 영향력을 갖게 되었다. 그러한 상승의 일부는 대외 관계에서의 새로운 자신감이었다. 특히 일본과의 관계에서 그러했다. 반복된 사건들은 전쟁의 기억들이 여전히 화약고로 남아 있다는 사실을 보여주었다. 2012년 말 권력이 후진타오에서 시진핑으로 넘어갈 때쯤, 동중국해의 댜오위다오/센카쿠 열도 소유권에 대한 긴장감이 증폭되었다. 아시아 태평양 지역의 섬들은 일본과 중국, 타이완이 주장하는 미해결된 사업의 일부다. 중국에서 일본 전시 기록의 대중적 기억으로부터 영향을 받은 시위 참가자들은 중국 각지의 도시에서 벌어진 대규모 시위에서 그 섬들에 대한 일본 측 주장을 반박했다. 전쟁을 직접 경험하지 못한 젊

25 위원회의 구성과 절차에 대한 설명은 다음 참조. http://www.mofa.go.jp/region/asiapaci/china/meet0612.html.

26 Ian Buruma, *The Wages of Guilt: Memories of War in Germany and Japan*(New York, 1994); Franziska Seraphim, *War Memory and Social Politics in Japan, 1945~2005*(Cambridge: Harvard University Asia Center Press, 2006).

은이들은 옛 유산을 이용해 현대 동아시아 국제 관계에 대한 성명을 발표했다. 그러나 중국 내에서 좀더 분명하면서 장기적인 관점에서 더욱 의미 있는 사실이 있다. 자국 내에서는 국민을 결속시키고 국제 정치 무대에서는 중국을 대결보다는 협력적 행위자로서 자리매김하기 위해 항일전쟁을 이용하고 있다. '항일전쟁抗日戰爭'이라는 단어는 중국에서 중일전쟁을 가리키는 보통명사로 남아 있다. 그러나 '반파시즘 전쟁'이라는 용어도 흔하게 사용되어왔다. 특히 작가들은 중국의 저항을 단순히 일본에 맞서는 개별적인 행위가 아니라, 오히려 추축국에 대한 집단 저항의 일부로 묘사하려고 한다. 여기에 함축된 의미는 명백하다. 더 이른 시기에 자신들의 기여가 필요했을 때 중국은 약속을 지켰다. 이제 또다시 폭넓은 역할과 함께 국제사회에 진입하려는 이때에 자신들을 신뢰해야 한다는 것이다. 새로운 역사 해석은 전쟁 동안 중국에서 미국의 역할을 인정하지만, 항상 미국에 우호적인 것만은 아니다. 한 중국 역사학자는 중국을 주요 세계 강국 중 하나로 만들려고 했던 미국의 진짜 목적이 전후 세계에서 미국을 위한 "속국"으로 만들기 위함이었다고 결론내렸다.(동일한 문제에 있어서 처칠의 우려를 떠올리게 한다.) 또 다른 동조자는 미국의 외교 정책은 단순히 "그들의 국가 이익을 유지하기 위함"이었다고 주장했다.[27]

중일전쟁은 또한 대중문화의 주요 소재가 되었다. 1986년, 전쟁을 다룬 최초의 수정주의 영화 중 하나에는 1938년 4월 국민정부군의 주요 승리를 기념하면서 「혈전 타이얼좡」이라는 제목이 붙여졌다. 난징 대학살은 루촨陸川의 「난징! 난징!」(2009)과 장이머우張藝謀의 「진링스산차金陵十三釵」(2012)를 포함해 여러 차례 영화로 재현되었다. 심지어 전쟁을 배경으로 한 비디오 게임도 등장했다. 멀티 플레이어 게임은 일본 제국군과 열광적으로 싸울 수 있게 해준다.[28]

---

27 院家新,「抗戰時期駐華美軍部署及作戰槪況」,『抗日戰爭研究』(2007:3), 27쪽; 趙入坤,「二戰結束前後美國對華政策問題再探討」,『廣西師範大學學報: 哲學事會科學版』43:6(2007. 12), 104쪽.
28 Annie Hongping Nie, "Gaming, Nationalism and Patriotic Education: Chinese Online Games Based on the Resistance War against Japan(1937~1945)," *Journal of Contemporary China*(2013. 5).

국민당의 기록을 되살리는 것은 암묵적으로 허용되었지만, 전쟁의 새로운 해석 전부가 중국공산당에게 편안한 읽을거리는 아니었다. 청두의 부유한 사업가 판젠촨樊建川은 자신이 직접 투자하여 도시 교외에 개인 박물관을 잇달아 세웠다. 쓰촨성의 전시 공헌을 기념하는 것 중 하나는 국민당 지역의 신분 증명서와 군복의 진열이었다. 판젠촨은『한 사람의 항전—個人的抗戰』이라는 제목의 책을 출판했다. 여기서 그는 자신의 일부 역사적 가공물을 자랑했다. 그의 설명에 의하면, 자신이 컵 하나를 찾아냈는데 이는 문화대혁명 때의 것이었다. 컵에는 읽고 쓰기를 조금밖에 할 줄 모르는 박해의 피해자가 쓴 진심 어린 말이 새겨져 있었다. "나는 일본군과 싸웠고, 다리에 총상을 입었다." 그러나 1966년 늙은 병사는 그가 공산당이 아닌 국민당을 위해 싸웠다는 이유로 공격을 받았다. 판젠촨은 "항전 8년 동안 그는 수없이 죽을 고비를 넘겼는데 갑자기 하룻밤 사이에 (그것이) 부끄러운 일이 되었는가?"라고 회고했다.[29]

최근 몇 년 사이에, 국민정부군 군인들은 더 이상 박해받는 일이 없었을 것이다. 그 대신 한 명씩 죽어가면서 외면당했다. 2010년 중국의 유명한 텔레비전 진행자 추이용위안崔永元은 한 인터뷰에서 자신이 전쟁에서 국민당의 역할을 재발견했던 일에 대해 길게 이야기했다. 어렸을 때 그는 국민당이 일본과 협력했음을 암시하는 영화들을 보았다. 성인이 된 후 한 국민정부군 참전 군인과 함께 전쟁터를 돌아보았고 그의 전우들이 죽어간 곳을 보면서 그들의 역할에 대해 더 잘 이해할 수 있었다. "아마도 내가 국민정부군 병사를 처음으로 만났을 때였을 것이다." 추이용위안은 회상했다. "나는 진심으로 그들에게 존경심을 느끼기 시작했다." 추이용위안은 윈난성에서 100명이 넘는 국민당군 소속 참전 군인들을 인터뷰했다. 현지 주민들이 제8로군을 숨겨주기보다는 일본군에게 알려주었을 때나 심지어 친일 부역자들이 약간의 양심을 내비친 것처럼 보이는 경우에 대해서도 개인적인 이야기들은 전

29 Rana Mitter, "China's 'Good War': Voices, Locations, and Generations in the Interpretation of the War of Resistance to Japan," in Sheila Jager and Rana Mitter, ed., *Ruptured Histories: War, Memory and the Post-Cold War in Asia* (Cambridge, Mass., 2007).

쟁의 복잡함을 설명하는 가장 좋은 방법이라고 주장했다. 그는 "부역자들의 기억은 다양한 자기 합리화를 하지만, 항상 자신의 조국을 배신했던 것만은 아니다. 심지어 공간을 이용해 시간을 획득한다는, 항일전의 한 방식을 자신들이 수행했다고 믿었던 일부 부역자들도 있었다"라고 말했다.[30]

항일전쟁에서 평온을 찾지 못했던 영혼들은 그들이 무기나 생명을 내려놓은 지 70여 년이 지난 뒤에야 되살아나기 시작했다.

———

근대 중국은 이제 막 공공연히 논의되기 시작한 거대한 격변과 파괴로 얼룩져왔다. 대약진 운동의 엄청난 기근과 문화대혁명으로 초래된 파괴는 중국에서 부분적으로만 인정되어왔다. 마찬가지로 항일전쟁은 최근까지도 아주 제한적으로만 논의되었다. 전쟁에 관한 대화를 다시 시작하고, 특히 당시 국제 행위자로서 국민당과 중국의 특별한 역할을 공개하는 모습은 중국이 현대 국내외 정치를 수행하는 방식에서 중대한 변화를 일으켰음을 보여준다.

그러나 가장 중요한 결론 중 하나는 우리가 여전히 중국에서 환영받지 못할 법한 전시 역사 기록을 끌어낼 수 있다는 사실이다. 이는 중국 근대화의 길에 있어서 우연한 특성이기도 하다. 전쟁 동안 중국의 통치를 추구했던 세 명의 남자, 장제스·마오쩌둥·왕징웨이는 근대화와 독립적인 중국 체제를 실현하겠다는 동일한 목표를 향해 각자 다른 길로 나아갔다. 1949년 중국공산당의 정권 장악은 필연적인 사건이 아니었다. 일본과의 전쟁이 없었다면, 반제반공의 국민정부가 권력을 공고히 했을 가능성이 더 컸을 것이다. 이는 물론 엄청나게 어려운 과제였을 것이다. 하지만 국민당 스스로의 거대한 결점 외에도 전쟁은 그것을 거의 불가능하게 만들었다. 더욱이 일본의 지배를 받는 아시아에서 중국은 10년 혹은 그 이상 식민지로 남아 있었을지도 모

30 「崔永元談我的抗戰」, 『南方周末』, 2010월 10월 7일.

른다. 오늘날 중국의 정치적 상황은 역사가 만들어낼 수 있는 유일한 결과가 아니다. 국민당과 공산당 모두 전쟁에서 놓쳐버린 기회 중 하나는 다원주의를 향한 점진적인 움직임이었다. 어떤 당도 절대 권력에 굴복하기를 꺼렸던 것과 갈수록 가혹해지는 전쟁은 파릇파릇한 새싹을 금세 말라죽게 만들었다. 하지만 어쨌거나 그것은 이곳에 엄연히 존재했으며 새롭게 기억되고 떠올릴 충분한 가치가 있다.

지나간 전쟁이 중국에서 다시 이슈로 떠오르게 된다면, 그에 대한 서양 세계의 인식 또한 영향을 받을 것이다. 중일관계에서 계속 불똥이 튀는 것은 중일전쟁 재평가에도 절박한 이유를 제공한다. 거기에는 역사를 있는 그대로 이해하는 일을 넘어 '정의'라는 더욱 심오한 이유가 개입되어 있다. 제2차 세계대전에서 연합국이 기여한 것에 대해서는 수십 년간 많은 연구가 진행되었다. 미국의 역할은 국제 전쟁에 참전해 노력한 것으로 인식되며, 영국 또한 제국과 영연방의 큰 기여를 인정받았다. 약 2000만 명이 희생된 소련은 추축국에 대한 거대한 저항으로 제2차 세계대전을 이해하는 중심에 서 있다.

중국은 망각당한 연합국으로 남아 있다. 그마저도 살아 있는 사람들의 기억에서 그들의 경험이 희미해져감에 따라 더욱 존재감이 없어지고 있다. 중국의 싸움은 인종과 세력 다툼에서 필사적으로 싸운 소련만큼 참혹하지는 않았다. 그러나 중국이 견뎌야 했던 고통은 상상할 수 없이 컸다. 전쟁은 1500만 명에서 2000만 명의 사망자, 8000만 명에서 1억 명의 난민을 발생시켰다. 1928년에 국민당이 착수했던, 비록 결함은 있었지만 실질적인 경제 발전을 이루었던 근대화 노력은 모조리 붕괴되었다. 난징의 칼에 의해서건, 충칭에서의 폭격이건, 심지어 궁지에 몰린 그들의 정부에 의해 제방이 파괴되면서였건, 8년 동안 중국 민중에게 그러한 잔혹한 죽음은 일상적인 일이었다.

그러나 이 나약한 불구의 국가는 적에게 항복할 수도 있었지만 8년 동안 계속 싸웠다. 국민당과 공산당은 1937년부터 1945년까지의 모든 기간에 아시아에서 일본 제국에 일관된 저항을 유지했던 유일한 두 정치 세력이었다.

국민당은 전쟁 동안 중국에서 400만 명의 병력을 유지했다. 그러지 않았으면 다른 곳으로 보내졌을 50만 명 이상의 일본군을 묶어놓는 데 기여했다. 공산당은 일본군이 중국 북부로 세력을 확대하지 못하도록 유격전을 벌였고 일본군의 병력과 자원을 묶어놓았다.

중국인들이 저항하지 않았다면 중국은 1938년에 일본의 식민지가 되었을 것이다. 일본에게 있어 중국 본토의 지배권을 허용하여 도쿄가 훨씬 빨리 그리고 더 집중적으로 자신들의 관심을 동남아시아로 돌리도록 만들었을 것이다. 그럴듯한 또 다른 주장은 평화가 찾아온 중국이 영국령 인도를 침략했을 수도 있다는 점이다. 중국이 싸움을 멈추지 않음으로써 생겨난 '중국의 수렁'이 없었다면, 일본 제국의 야심은 훨씬 쉽게 실현되었을 것이다.

전쟁 내내 장제스의 선전 전문가 훌링턴 통은 중국의 지속적인 대외 투쟁을 대변하는 많은 인물을 창조했다. 그러한 인물 중 한 명이 위캉밍余抗命으로 그의 이름을 풀어서 해석하면 "나는 싸울 운명이다"라는 뜻이 된다.[31]

국민당과 공산당 모두 그들이 결코 추구하지 않았던 운명과 싸워야 했다. 그들의 고통과 저항, 그들이 강요당한 끔찍한 선택들을 인정하면서 서구 사회에서 살고 있는 우리 또한 제2차 세계대전에 대한 우리 자신의 집단 기억을 가다듬어야 한다.

---

[31] Hollington K. Tong, *China after Seven Years of War*(London, 1945).

더 읽을거리

전기傳記

오랫동안 장제스를 다룬 전기는 거의 없었다. 새로운 자료, 특히 후버 연구소의 『장제스 일기』를 접할 수 있게 된 이후에야 제이 테일러Jay Taylor의 뛰어난 전기인 『대원수: 장제스와 근대 중국을 위한 투쟁The Generalissimo: Chiang Kai-shek and the Struggle for Modern China』(Cambridge, MA, 2007)이 나올 수 있었다. 이 책은 장제스가 타이완에서 보낸 시간을 포함해 그의 전 생애를 종합적으로 다룬다. 조너선 펜비Jonathan Fenby의 초기 전기인 『대원수: 장제스와 그가 잃어버린 중국Generalissimo: Chiang Kai-shek and the China He Lost』(London, 2003)은 기존의 냉전적인 틀에서 벗어나 장제스의 재평가에서 새로운 장을 열었다.

마오쩌둥은 최근에 와서 몇몇 중요한 전기에서 재평가되고 있다. 하나같이 대단히 헌신적인 연구들이지만, 가장 논란이 많은 부분에 있어서는 서로 다른 견해를 보여준다. 장융Jung Chang·존 핼리데이Jon Halliday의 『마오쩌둥: 알려지지 않은 이야기Mao: The Unknown Story』(London, 2006)는 수많은 새로운 정보를 제공하는 한편, 궁극적으로는 마오쩌둥을 부정적으로 평가한다. 필립 쇼트Philip Short의 『마오쩌둥: 생애Mao: A Life』(London, 2001), 알렉산더 판초프Alexander Pantsov·스티븐 레빈Steven Levine의 『마오쩌둥: 진실Mao: The Real Story』(New York, 2012)은 마오쩌둥이 혁명에 중요한 기여를 했지만 지독한 범죄 또한 저질렀음을 암시한다. 마오쩌둥 논란의 훌륭한 지침서로는 티머시 치크Timothy Cheek, 齊慕實의 저서 『마오쩌둥 비판적 입문A Critical Introduction to Mao』(Cambridge, 2010)이 있다.

중국에서 왕징웨이와 관련해서는 단순한 민족 반역자 치부 이상으로 논의하는 것이 아예 불가능하지는 않지만 여전히 매우 어려운 일이다. 초기 전기 중 하나인 존 헌터 보일John Hunter Boyle의 『중일전쟁 1937~1945: 협력의 정치China and Japan at War, 1937-1945: The Politics of Collaboration』(Stanford, CA, 1972)는 여전히 왕징웨이에 대한 가장 훌륭하면서 미묘한 작품에 속한다. 제럴드 벙커Gerald Bunker의 『평화의 음모: 왕징웨이와 중국 전쟁, 1937~1941The Peace Conspiracy: Wang Ching-wei and the China War, 1937-1941(Cambridge, MA, 1972) 또한 유용한 시각을 제공한다.

국민당: 정파, 사회, 전시 군사사

아마도 최근 몇 년 동안 가장 의미 있는 군사사로는 한스 J. 반 드 벤Hans J. van de Ven의 『중국에서의 전쟁과 국민당 1925~1945War and Nationalism in China, 1925-1945』(London, 2003)가 있다. 전쟁 중 스틸웰과 장제스의 관계부터, 군사와 식량 안보에 이르기까지 온갖 주제에 대한 중요한 수정주의적 결론을 이끌어낸다. 여기에는 국민당의 전쟁 활동이 보잘것없었으며 제대로 수행하지 못했다는 견해를 뒤엎는 논쟁이 포함되어 있다. 각각의 전역에 대한 상세한 내용으로는 마크 피티Mark Peatie · 에드워드 드레아Edward Drea · 한스 반 드 벤의 『중일전쟁의 군사적 역사 에세이 1937~1945Essays on the Military History of the Sino-Japanese War of 1937–1945』(Stanford, CA, 2011)가 필수적이다. 어떤 의미에서 이러한 저작들은 이전 세대에 있었던 고전 작품들에 대한 대답이기도 하다. 로이드 이스트먼Lloyd Eastman의 『파괴의 씨앗: 전쟁에서의 중국 국민당과 혁명 1937~1945Seeds of Destruction: Nationalist China in War and Revolution, 1937-1949』(Stanford, CA, 1984)는 이미 결함투성이에 붕괴가 필

연이었다고 결론 내린 정권에 대한 규탄이다. 츠시성齊錫生의『전시 중국 국
민당: 군사적 패배와 정치적 붕괴 1937~1945Nationalist China at War: Military
Defeats and Political Collapse, 1937–1945』(Ann Arbor, MI, 1982)는 군사적 재난이
정부 붕괴를 촉진하는 과정을 상세히 다룬다. 애런 윌리엄 무어Aaron William
Moore의『전쟁을 기록하다: 병사들이 기록한 일본 제국Writing War: Soldiers
Record the Japanese Empire』(Cambridge, MA, 2013)은 국민당 병사들에 대한
주목할 만한 새로운 자료를 보여주고 있다. 존 가버John Garver의『중소관계
1937~1945: 중국 국민당의 외교Chinese-Soviet Relations, 1937-1945: The Diplo-
macy of Chinese Nationalism』(Oxford, 1988)는 중일전쟁 동안 중소 외교에 대해
탁월하게 다룬다.

모리스 비안Morris Bian의『근대 중국에서 국영기업체제의 형성: 제도적
변화의 역동성The Making of the State Enterprise System in Modern China: The Dy-
namics of Institutional Change』(Cambridge, MA, 2005)과 마크 W. 프레이저Mark
W. Frazier의『중국 산업 현장의 형성: 체제, 혁명, 노동관리The Making of the
Chinese Industrial Workplace: State, Revolution, and Labor Management』(Cambridge,
2002)는 1949년 이후 (중국의) 주요 사회적 구조가 국민당 시절 전시 개조에
서 비롯되었다고 여기는 수정주의적 시각의 저작들이다.

서구와 중국의 관계

한스 반 드 벤의『전쟁과 국민당』, 테일러의『대원수』는 제2차 세계대전
당시 서구 열강들과 중국 사이의 동맹에 대한 수정주의적 관점을 다룬
다. 장제스 정권이 서구에게 걸맞지 않은 동맹이었다는 좀더 오래된 견해
는 바버라 터크먼Barbara Tuchman의『스틸웰과 중국에서 미국인들의 경험
1911~1945Stilwell and the American Experience in China, 1911-1945』(New York,
1971)에서 상세하게 언급한다. 허버트 페이스Herbert Feis의『중국의 곤경: 진
주만에서 마셜 미션에 이르기까지 중국에서의 미국의 노력The China Tangle:

The American Effort in China from Pearl Harbor to the Marshall Mission』(Princeton, NJ, 1953)처럼 좀더 고전적인 저작 또한 중국에서 입은 상처가 냉전 초기 미국인들의 공공 생활에서 얼마나 생생하게 작용했는지를 드러낸다. 톰 뷰캐넌Tom Buchanan의『동쪽에서의 바람: 중국과 영국의 좌익 1925~1976East Wind: China and the British Left, 1925-1976』(Oxford, 2012)은 중국의 전쟁 활동을 지지하는 영국 진보 여론의 결집을 기록하고 있다. 또한 크리스토퍼 손Christopher Thorne의『동맹의 유형: 미국, 영국, 대일전쟁 1941~1945Allies of a Kind: The United States, Britain, and the War against Japan, 1941-1945』(Oxford, 1978)는 미국과 영국 사이에서 중국이 얼마나 끼이기 십상이었는지를 보여준다. 버마 전역은 크리스토퍼 베일리Christopher Bayly·팀 하퍼Tim Harper의『잊힌 군대: 영국의 아시아 제국과 대일전쟁Forgotten Armies: Britain's Asian Empire and the War with Japan』(London, 2004)에서 훌륭하고도 소름끼치도록 세세히 다루었다. 프랭크 매클린Frank McLynn의『버마 전역: 재앙에서 승리로 1942~1945The Burma Campaign: Disaster into Triumph, 1942-1945』(New Haven, CT, 2011)는 서구 지휘관들의 모습을 인상적으로 묘사한다. 오드 A. 웨스타드Odd Arne Westad 의『쉬지 않는 제국: 1750년 이후의 중국과 세계Restless Empire: China and the World since 1750』제7장에서는 전시 중국과 더 넓은 세계의 관계에 대한 매우 분별 있는 에세이를 만날 수 있다.

전쟁 만행

난징 대학살 관련 질문들에 대한 역사적 타당성을 갖춘 논쟁의 잣대가 무엇인지를 놓고 빈틈없는 연구가 최근에 와서 제시되었다. 그중에는 보브 다다시 와카바야시Bob Tadashi Wakabayashi의『난징의 참극 1937~1938: 표현의 복잡함The Nanking Atrocity, 1937-1938: Complicating the Picture』(Oxford, 2007), 조슈아 포겔Joshua Fogel의『역사 속의 난징 대학살과 역사기록학The Nanjing Massacre in History and Historiography』(Berkeley, CA, 2000), 요시다 다카시Yoshida

Takashi의 『난징 대학살의 형성: 역사와 일본, 중국, 미국에서의 기억The Making of the Rape of Nanking: History and Memory in Japan, China, and the United States』(New York, 2006), 양다칭楊大慶의 「집중인가, 확산인가? 난징 대학살에 대한 최근의 역사 쓰기Convergence or Divergence? Recent Historical Writings on the Rape of Nanjing」(*American Historical Review* 104:3, 1999)가 있다. 이 저작들의 일부가 논쟁을 불러오기는 했지만, 2000년대 영어권에서 벌어진 논쟁은 대부분 아이리스 장Iris Chang의 『난징의 강간The Rape of Nanking』(New York, 1997)에 의해 촉발되었다. 또 다른 전쟁 만행에 대한 설명은 다이애나 래리Diana Lary · 스티븐 R. 매키넌Stephen R. MacKinnon의 서서 『전쟁의 상흔: 근대 중국에서의 전쟁 충격The Scars of War: The Impact of Warfare on Modern China』, 제임스 플랫James Flath · 노먼 스미스Norman Smith의 저서 『고통의 저편: 근대 중국에서의 전쟁 회상Recounting War in Modern China』(Vancouver, 2011)에서 찾아볼 수 있다.

공산주의자들과 그들의 혁명

전시 중국에서 공산주의 농촌 혁명의 기원은 지난 수십 년 동안 중국 근대 정치사와 사회사 연구의 핵심 주제였다. 논쟁은 찰머스 존슨Charmers Johnson의 고전인 『농촌 민족주의와 공산주의 권력: 중국 혁명의 등장 1937~1945Peasant Nationalism and Communist Power: The Emergence of Revolutionary China, 1937-1945』(Stanford, CA, 1962)에서 비롯되었다. 여기서 공산주의 발흥의 비결을 항일민족주의를 부추기는 중국공산당의 역량에서 찾아냈다. 여기에 부합하여 마크 셀딘Mark Selden의 『중국 혁명 시기 옌안으로의 길The Yenan Way in Revolutionary China』(Cambridge, MA, 1971)에서는 마오쩌둥의 성공 비결이 사회 혁명과 보다 자급자족하는 경제 모델에 있다고 주장했다. 그 후에도 캐슬린 하트퍼드Kathleen Hartford · 스티븐 M. 골드스타인Steven M. Goldstein의 『단 하나의 불꽃: 중국의 농촌 혁명Single Sparks: China's Rural

Revolutions』(Armonk, NY, 1989)과 같은 다양하면서 중요한 연구들이 토론의 의미를 더했다. 농촌 혁명의 기원에 대한 논쟁은 수잔 페퍼Suzanne Pepper의 『지적 건축물의 정치적 여정: 농촌 민족주의와 중국 혁명사 연구』(*Journal of Asian Studies* 63:1, 2004)에서 매우 효과적으로 한데 묶였다.

마오쩌둥에게 시선이 집중되는 것은 충분히 이해할 수 있는 일이지만, 옌안 바깥에서 벌어진 공산당의 주요한 활동을 간과하는 위험이 있다. 옌안 바깥의 공산당 거점과 저항에 대해 살펴보려면 다음과 같은 저서들이 있다. 그레고르 벤턴Gregor Benton의 기념비적인 『산불: 중국 남부에서 홍군의 3년 전쟁 1934~1938Mountain Fires: The Red Army's Three-Year War in South China, 1934-1938』(Berkeley, CA, 1992), 『신편 제4군: 양쯔강과 화이허강을 따라 벌어진 공산주의자들의 항전 1938~1941New Fourth Army: Communist Resistance Along the Yangtze and the Huai, 1938-1941』(Berkeley, CA, 1999), 데이비드 굿맨 David Goodman의 『중국 혁명에서 사회적, 정치적 변화: 항일전쟁 중 타이항산 근거지Social and Political Change in Revolutionary China: The Taihang Base Area in the War of Resistance to Japan, 1937-1945』(Lanham, MD, 2000), 폴린 키팅Pauline Keating·데이비드 굿맨·펑충이馮崇義의 『전시의 중국 북부: 혁명의 사회생태학North China at War: The Social Ecology of Revolution』(Armonk, NY, 1999), 폴린 키팅의 『두 혁명: 중국 서북부에서의 마을 재건과 협력 활동 1934~1945Two Revolutions: Village Reconstruction and the Cooperative Movement in Northwest China, 1934-1945』(Stanford, CA, 1997), 다그핀 가투Dagfinn Gatu의 『전시의 중국 촌락: 항일 투쟁의 충격 1937~1945Village China at War: The Impact of Resistance to Japan, 1937-1945』(Vancouver, 2008), 천융파陳永發의 『혁명의 생산: 중국 동부와 중부에서의 공산주의 운동 1937~1945Making Revolution: The Communist Movement in Eastern and Central China, 1937-1945』(Berkeley, CA, 1986), 오도리크 우 Odoric Wou의 『대중 동원: 허난성에서의 혁명 건설 Mobilizing the Masses: Building Revolution in Henan』(Stanford, CA, 1994), 셔먼 샤오강 라이Sherman Xiaogang Lai의 『승리를 향한 도약: 산둥성과 중국 공산주의 군사력과 재정적 역량 1937~1945A Springboard to Victory: Shandong Province and Chinese Communist Military and Financial Strength, 1937-1945』(Leiden, 2011).

러시아와 중국에서의 새로운 자료 공개는 마오쩌둥 혁명이 스탈린에게 어떠한 영향을 미쳤으며, 또한 어느 정도의 독자성을 가졌는지에 대한 논쟁에 다시 불을 붙였다. 어떤 설명도 그것만으로는 불충분하다는 사실은 분명하다. 하지만 마이클 성Michael Sheng의 『서구 제국주의의 투쟁: 마오쩌둥, 스탈린, 미국Battling Western Imperialism: Mao, Stalin, and the United States』(Princeton, NJ, 1997)은 마오쩌둥 혁명이 스탈린식 혁명과 전혀 별개였다는 주장을 바로잡는 데 꼭 필요한 유용한 정보를 제공한다.

첩보

전시 중국은 수많은 어두운 첩보작전의 무대였으며 지금까지도 많은 부분이 베일에 싸여 있다. 리처드 올드리치Richard Aldrich의 『첩보와 항일전쟁: 영국, 미국, 첩보 기관의 정치Intelligence and the War against Japan: Britain, America, and the Politics of Secret Service』(Cambridge, 2000)에 실린 중국 부문은 서구의 시각에서 상황을 이해하는 데 매우 유용하다. 위마오춘余茂春의 『중국에서의 OSS: 냉전의 서막OSS in China: Prelude to Cold War』(New Haven, CT, 1997)도 마찬가지다. 중국의 첩보 활동은 『첩보와 국가 안보Intelligence and National Security』(16:4, 2001) 특별판에 실린 한스 반 드 벤의 논문에서 상세하게 다뤄지고 있다. 프레더릭 웨이크먼 주니어Frederic Wakeman Jr.의 『특무대장: 다이리와 중국의 첩보 기관Spymaster: Dai Li and the Chinese Secret Service』(Berkeley, CA, 2003)은 다이리戴笠의 역할을 상세히 파헤친다.

대일 협력

이것은 여전히 논쟁의 여지가 있는 주제다. 또한 정치적인 이유로 유럽 전시 협력 연구만큼 비중 있게 다루어지지 못하고 있다. 선구적인 연구로는 티머시 브룩Timothy Brook의 『협력: 전시 중국에서 일본인 첩자들과 중국 지도층 Collaboration: Japanese Agents and Chinese Elites in Wartime China』(Cambridge, MA, 2005)이 있다. 이 책은 일본 침략 후 몇 년 동안 양쯔강 하류 삼각주에서 벌어진 국지적 타협의 추잡한 진실을 드러낸다. 매우 유용한 저서로 데이비드 배럿David Barrett · 래리 슈Larry Shyu의 『중국의 대일 협력 1932~1945: 협상의 범위Chinese Collaboration with Japan, 1932~1945: The Limits of Accommodation』 (Stanford, CA, 2001)가 있다. 크리스천 헨 리엇Christian Hen Riot · 예원신葉文心의 『일본 제국의 그림자: 일본 점령하의 상하이In the Shadow of the Rising Sun: Shanghai under Japanese Occupation』(Cambridge, 2004)는 1937년 이후 상하이가 처한 운명에 대한 상세 정보를 생생하게 알려준다. 중국 침략 속에서 점령과 그 뒤의 친일 부역에 대해서는 래너 미터의 『만주국의 신화: 근대 중국에서 민족주의, 저항, 부역The Manchurian Myth: Nationalism, Resistance, and Collaboration in Modern China』(Berkeley, CA, 2000)을 참고하라. '대일 부역자들의 민족주의'를 이끌어낸 사고방식에 대한 주목할 만한 분석으로는 마거리타 재너시Margherita Zanasi의 『국가를 구하다: 중국 공화정에서 경제적 근대화Saving the Nation: Economic Modernity in Republican China』(Chicago, IL, 2006)가 있다. 브라이언 G. 마틴Brian G. Martin의 「대일 부역의 보호막: 왕징웨이 정권의 정보기관 1939~1945Shield of Collaboration: The Wang Jingwei Regime's Security Service, 1939-1945」(*Intelligence and National Security*, 16:4, 2001), 「부역 속의 부역: 저우포하이와 충칭 정부의 관계 1942~1945」(*Twentieth-Century China*, 34:2, April 2008)는 왕징웨이 정부가 자신들의 입지를 굳히기 위해 첩보와 안보를 어떻게 활용했는지에 대해 종합적인 견해를 제시한다.

예술과 문화

전쟁은 중국의 문화와 예술 세계를 크게 바꾸어놓았다. 이 기간에 국민당보다는 주로 공산당이 어떻게 문화적 변화에 기여했는지에 대한 연구가 더 많았다. 홍창타이洪長泰의 『전쟁과 대중문화: 근대 중국에서의 항전 1937~1945War and Popular Culture: Resistance in Modern China, 1937-1945』(Berkeley, CA, 1994)는 언론과 만화, 공연예술 등 항전 시기에 표출된 다양한 문화적 현상을 파헤친다. 점령지 상하이에서 문학인들의 딜레마에 대해서는 에드워드 M. 건 주니어Edward M. Gunn Jr.의 『달갑잖은 시상詩想: 상하이와 베이징에서의 중국 문학 1937~1945Unwelcome Muse: Chinese Literature in Shanghai and Peking, 1937-1945』(New York, 1980)와 포섹 푸傅葆石의 『수동, 저항, 부역: 점령지 상하이에서 지적 선택Passivity, Resistance, and Collaboration: Intellectual Choices in Occupied Shanghai』(Stanford, CA, 1993)에서 깊이 다루고 있다. 조너선 스펜스Jonathan Spence의 『톈안먼: 중국인과 그들의 혁명 1895~1980The Gate of Heavenly Peace: The Chinese and Their Revolution, 1895-1980』(New York, 1981)은 전쟁 기간 옌안에서 체류했던 예술가들의 여정을 살려낸다. 존 이즈리얼John Israel의 『시난연합대학: 항전 시기 중국 대학과 혁명Lianda: A Chinese University in War and Revolution』(Stanford, CA, 1998)에서는 중국 국민당 통치구역으로 향했던 지식인들의 힘겨운 삶에 대해 초점을 맞추고 있다.

사회사

전시 중국의 사회사는 새로운 문헌들의 공개에 따라 활발하게 연구되고 있다. 여기에는 공산당 근거지에 대한 연구(앞서 논의되었던)와 별도로, 국민당 통치구역에서의 사회적 변화에 대한 새로운 연구가 많다. 항전 기간 충칭에서의 노동사에 관한 선구적 연구로는 조슈아 H. 하워드Joshua H. Howard의 『전시 노동자들: 중국 군수공장의 노동 1937~1953Workers at War: Labor in China's Arsenals, 1937-1953』(Stanford, CA, 2004)이 있다. 여성 문제에 대해서는 단커 리Danke Li의 『충칭의 반향: 전시 중국의 여성Echoes of Chongging: Women in Wartime China』(Chicago, 2009), 니콜 황黃心村의 『여성, 전쟁, 가정:

1940년대 상하이 문학과 대중문화Women, War, Domesticity: Shanghai Literature and Popular Culture of the 1940s』(Leiden, 2005)에서 언급한다. 『스페셜 저널 이슈 Special journal issues』에 실린 다음 두 편의 논문 또한 전시 중국의 사회 경제 사를 여러 측면에서 다루고 있다. 래너 미터·애런 W. 무어의 「제2차 세계대 전 중의 중국 1937~1945China in World War II, 1937-1945』(*Modern Asian Studies*, 45:1, special edition, March 2011), 래너 미터·헬렌 슈나이더Helen Schneider 의 「전시 중국에서의 복지, 구호, 재건Welfare, Relief, and Rehabilitation in Wartime China(*European Journal of East Asian Studies*, 11:2, special edition, December 2012).

전시 사회사를 구성하는 중요한 분야 중 하나가 중국에서의 난민 이동에 대한 새로운 역사다. 중요한 연구로 스티븐 R. 매키넌의 『1938년의 우한: 전쟁, 난민, 근대 중국의 형성Wuhan 1938: War, Refugees, and the Making of Modern China』(Berkeley, CA, 2008), R. 키스 샤파R. Keith Schoppa의 『비통한 바다 위에서: 중일전쟁 중의 난민들In a Sea of Bitterness: Refugees during the Sino-Japanese War』(Cambridge, MA, 2011)을 빼놓을 수 없다. 난민과 관련된 전시 중국의 경험에 대한 비중 있는 사회사에는 다이애나 래리의 『전쟁과 중국 민중: 인간적 고통과 사회 변혁 1937~1945The Chinese People at War: Human Suffering and Social Transformation, 1937-1945』(Cambridge, 2010)가 있다. 생태학적 변화와 난민 이동의 관련성에 대한 대단히 흥미로운 연구로는 마이커 S. 무스콜리노 Micah S. Muscolino의 「전시 중국의 난민, 토지 개간, 군사적 풍경: 산시성 황룽산 1937~1945Refugees, Land Reclamation, and Militarized Landscapes in Wartime China: Huanglongshan, Shaanxi 1937-1945』(*Journal of Asian Studies*, 69:2, 2010)가 있다.

유산

중일 갈등의 유산은 다양한 연구를 통해서 다루어졌다. 제임스 라일리

James Reilly의 『강력한 사회, 똑똑한 체제: 중국의 대일 정책에서 여론의 발흥Strong Society, Smart State: The Rise of Public Opinion in China's Japan Policy』(New York, 2011), 피터 헤이스 그리에스Peter Hays Gries의 『중국의 신민족주의: 자부심, 정치, 외교China's New Nationalism: Pride, Politics, and Diplomacy』(Berkeley, CA, 2004)는 전시 기억과 현대 국제 관계의 관련성에 대한 통찰력을 제시한다. 캐럴라인 로즈Caroline Rose의 『중일 관계: 과거와 마주하면서 미래를 본다?Sino-Japanese Relations: Facing the Past, Looking to the Future?』(London, 2004)와 『중일 관계의 역사 해석Interpreting History in Sino-Japanese Relations』(London, 1998)은 오늘날 두 나라 간 역사 논쟁의 타당성에 대한 귀중한 통찰력을 준다. 허이난Yinan He의 『화해를 찾아서: 제2차 세계대전 중 중국-일본 및 독일-폴란드 관계The Search for Reconciliation: Sino-Japanese and German-Polish Relations since World War II』(Cambridge, 2009)는 환영할 만한 비교론적 시각을 제시한다. 실라 제이거Sheila Jager·래너 미터의 『전쟁, 기억, 아시아에서의 냉전 이후War, Memory, and the Post-Cold War in Asia』(Cambridge, MA, 2007)에서는 중국과 더 광범위한 지역에서의 전쟁 기억을 다루고 있다.

감사의 말

나는 혼자가 아닌 여러 명의 열성적이고 빈틈없는 편집자와 함께 일하는 특권을 누릴 수 있었다. 호턴 미플린 하코트Houghton Mifflin Harcourt 출판사 소속의 어맨다 쿡은 책 제작의 대부분을 도맡았다. 어맨다는 온갖 도움을 아끼지 않는 동시에 원고를 바로잡기 위해 수없는 수정을 계속했다. 최종 교정본에 대한 그녀의 헌신은 무한할 정도다. 원고를 완성하는 마지막 몇 달 동안 나는 벤 하이먼의 세심한 편집과 브루스 니컬스의 너그럽고 사려 깊은 도움을 얻었다. 펭귄 출판사에서는 사이먼 윈더의 훌륭한 조언을 얻었다. 그는 아시아에서의 제2차 세계대전에 대한 해박한 지식과 두려움 없는 조언으로 나를 꽤 겁나게 했지만 큰 도움을 제공한 편집자다. 리처드 메이슨과 세실리아 매카이는 사본 편집과 사진 조사를 훌륭하게 해냈고 리처드 두구드가 그 과정을 감독했다. 나의 대리인인 수전 라비너는 끝없는 격려와 감각적인 조언을 해주었으며, 이 프로젝트를 위해 자신의 오랜 출판 경험을 나누어주었다. 매우 감사한다.

지난 몇 년 동안 수많은 동료가 이 책을 위해 헌신해줬기에 나로서는 누구를 언급하고 말아야 할지 고르기 쉽지 않다. 로버트 비커스, 칼 거스, 그레이엄 허칭스, 토비 링컨, 안드레스 로드리게스, 퍼트리샤 손턴, 스티브 스미스, 한스 반 드 벤을 비롯해 아이디어를 자극하고 각 구문을 탐독하여 의견을 제시해준 친구들에게 진심으로 감사한다. 우징펑, 천첸핑, 천홍민, 저우융 등 중국 친구와 동료들 또한 수년에 걸쳐서 이 프로젝트에 협력을 아끼지 않았다. 나는 모두에게 매우 감사한다. 옥스퍼드대학의 역사·정치·국제관계학부의 활기 넘치는 환경 속에 교수에 임용되어 이 책을 쓰는 것은 물론이고 세인트크로스 칼리지에서 동료애의 기쁨을 만끽하는 특전도 누릴 수 있었다.

2007~2012년에 나는 리버흄 재단의 자금 지원을 받아 훌륭한 연구팀을 운영할 수 있었다. 릴리 창, 페데리카 페르란티, 샤화, 매슈 존슨, 에이미 킹, 셔먼 샤오강 라이, 테현 마, 애런 윌리엄 무어, 제임스 라일리, 헬렌 슈나이더, 이지벨라 잭슨, 엘리나 싱커넨, 아키코 프렐레스비그, 크리스틴 보일 등이 많은 기여를 했다.

또한 충칭시 기록보관소, 상하이시 기록보관소, 난징 제2역사기록보관소(특히 마전두), 뉴욕 유엔 기록원, 런던 국립기록원, 예일대 신학도서관, 메릴랜드 칼리지 공원 국립기록원 등 여러 기록보관소의 동료와 직원들의 도움에 대해서도 진심으로 감사한다. 무엇보다도 스탠퍼드대학 후버 연구소에서 『장제스 일기』의 미공개 부분을 인용하도록 허락해준 일에 감사한다. 영국 보들리안 도서관의 데이비드 헬리웰은 언제나 자료에 대한 지식의 원천이자 새로운 문헌을 구입하는 자금을 지원하는 데 탁월한 능력이 있었다.

이 책이 나올 수 있었던 건 외부 기금 후원자인 리버흄 재단의 아량 덕분이다. 2004년 재단에서는 나에게 필립 리버흄 상을 수여했다. 덕분에 장기 연구년을 얻어 이 프로젝트를 구상하고 자료를 수집하면서 시간을 보냈다. 2007년에는 리버흄 연구 리더십 상을 수상하는 영예를 얻었고 5년간의 프로젝트 보조금으로 박사급 연구원과 대학원생으로 구성된 연구팀 관리, 컨퍼런스 개최, 중국으로의 여행 등을 무사히 마칠 수 있었다. 이 모든 활동은 책을 굉장히 풍부하게 만들어주었다. 나는 재정적 지원과 가벼운 관리감독을 결합시킨 리버흄 재단에 진심으로 감사한다. 그들은 이상적인 후원자다. 더불어 영-중 학술원의 사회과학 교환제도를 비롯해 여러 차례 보조금 지원을 받은 것에 대해서도 진심으로 감사한다.

콘텐츠가 없는 책은 존재할 수 없다. 나에게 출판으로 가는 여정의 가장 즐거운 부분은 내 가족과 함께 공유하는 시간에 있다. 내가 원고 마무리에 더욱 쫓기는 와중에 이해심이 나날이 넓어졌던 사람들이다. 캐서린, 말라비카, 파미나, 이스칸다르, 나의 부모님 파타와 스와스티, 길, 할, 윌리엄, 다루니, 미란다, 샬럿.

래너 미터

옥스퍼드, 2013년 1월

장제스를 다시 봐야 하는 이유

> "역사History: 대부분 악당이었던 지배자들과 대부분 얼간이였던 병사들
> 이 만들어낸, 대부분 별로 중요하지도 않은 사건에 대한, 대부분 엉터리
> 인 이야기."
>
> —엠브로즈 비어스, 『악마의 사전』

'역사란 승자의 것'이라는 격언이 있다. 물론 우리가 아는 모든 역사가 승자
에 의해 조작된 것이라고 단정할 수는 없다. 그러나 현실에서 힘 있는 자들
이 국민에게 기억할 것만 기억하라고 강요하는 모습은 결코 드문 일이 아니
다. 그들 입장에서 불편한 부분에 대해서는 진실 여부를 떠나 아예 입에 담
는 것조차 금기시한다. 사람들의 자유로운 역사 토론을 금지하고 다양한 의
견을 인정하지 않는 폐쇄적인 사회일수록 그런 경향은 강하다. 멀리 갈 것
없이 당장 우리 사회에서 근현대사를 놓고 벌어지는 소모적인 진영 싸움만
보더라도 그렇지 않은가.

1842년 아편전쟁의 패배로 은둔의 나라였던 중국이 열강들에게 문호를
개방한 뒤 덩샤오핑이 개혁 개방을 선언하기까지 150여 년의 시간은, 말 그
대로 격동의 시대이자 중국 5000년 역사를 통틀어도 가장 험난한 시간이었
다. 그러나 단순히 한 국가의 붕괴가 아니라 근대 국가로 다시 태어나는 과
정이기도 했다. 중국은 처음으로 "세계의 중심"이라는 오만한 생각에서 벗어
나 세계 질서에 편입되었다. 톈진과 상하이, 칭다오, 광저우 등 한낱 어촌마

을에 불과했던 해안가 도시들은 빠르게 발전하여 세계적인 국제도시로 거듭났다. 동남아로 진출한 화교들은 그 지역의 상권을 장악했고 수많은 중국인 노동자는 새로운 미래를 찾아 배를 타고 세계 각지로 향했다. 야심만만하고 혈기 왕성한 젊은이들은 고향을 떠나 더 큰 세계를 찾아 나서기도 했다. 중국의 지도자가 되는 쑨원과 장제스, 마오쩌둥도 그러한 사람들 중 한명이었다. 근대 중국은 서구 열강들에게 힘없이 짓밟혔던 "오욕과 굴욕의 부끄러운 흑역사"이기는커녕, 변화의 물결이 넘쳐나는 중국 역사상 가장 역동적이고 자유로운 시대였다.

중국 베이징에는 국가박물관을 비롯해 근현대사를 다루는 많은 역사박물관이 있지만 그 내용은 천편일률적이다. 서구 제국주의의 침탈 앞에서 한없이 무력했던 위정자들, 그와는 대조적으로 나라를 지키고자 빈약한 무기로 맞서 싸우는 민초들 그리고 마오쩌둥이 이끄는 중국공산당이 민초들의 힘을 하나로 모아서 서구 제국주의를 물리치고 비로소 부강한 독립국가 중국을 만들었다고 찬양한다. 반면, 장제스를 가리켜 서구 열강과 결탁하여 권좌를 지키기에만 급급했던 부패하고 반동적이며 무능한 지도자에 불과했으며, 이른바 "선안내후양외先安內後攘外(국내를 먼저 평정한 후 비로소 외적에 대처한다)"라는 허울 좋은 슬로건만 내세워 일본에게는 한없이 저자세를 고수하면서 항일을 외치는 중국공산당에 대한 토벌에만 열을 올렸다고 말한다. 1936년 12월 12일 위대한 민족주의자인 장쉐량의 구국적 결단으로 시안 사변을 결행하고 중국 전역에서 항일의 열기가 고조되자 민심의 압박을 못 이긴 장제스가 비로소 항일의 결심을 하게 되었다는 것이다.

2015년 중국에서 개봉한 선전 영화 「카이로 선언開羅宣言」은 이러한 중국 정부의 입장을 단적으로 보여준다. 카이로 회담은 중국 지도자가 서구 열강 지도자들과 동등한 자격으로 국제무대에 나선 최초의 정상 회담이었다. 또한 중국이 연합국 4대 열강의 하나로서 전후 유엔 창설에서 주요 역할을 맡았고 오늘날 비유럽 국가로서는 유일하게 상임이사국의 자리를 차지할 수 있었던 계기이기도 했다. 장제스가 그 자리에 설 수 있었던 것은 단순히 중국인들이 그에 합당한 피를 흘려서가 아니라 중국의 항전 노력과 희생을 세계에 널리 알렸던 쑹메이링 여사와 국민당 외교관들의 끈질긴 노력 덕분이었다. 하지만 영화에서는 카이로 회담과는 아무런 상관도 없는 마오쩌둥을 수시로 조명하여 마치 그가 중국 민중의 역량을 결집시킨 덕분에 장제스와 쑹메이링이 그 자리에 설 수 있었다는 뉘앙스를 풍긴다. 국민당의 항일 투쟁사 자체를 부정했던 냉전 시절과 달리 이제는 그 사실은 인정하되 그조차도 마오쩌둥이 장제스를 항일로 이끌었기 때문에 가능했다는 아전인수격 해석이다. 역사는 정치와 무관해야 하는 법이지만, 현실은 결코 그렇지 못하다.

중일전쟁은 중국 역사상 전례 없는 고난이었다. 일본과의 전쟁은 300년 전 청 태종이 한 줌에 불과한 만주족 군대를 이끌고 혼란과 분열에 빠진 중원으로 남하하는 것과는 차원이 다른 싸움이었다. 오늘날 중국인들은 "10억 인민이 단결하면 못할 것이 없다"라는 특유의 오만한 중화 민족주의 사상 때문인지 몰라도, 현대전의 가공할 만한 위력을 과소평가하는 것은 아닌가 싶다. 현대전은 봉건 시절 왕조와 왕조의 싸움과는 달리 그 나라의 모든 역량을 쏟아부어야 하는 총력전이다. 총력전 아래에서는 국가가 얼마나 공업화되어 있으며 얼마나 많은 자원을 실제로 동원할 수 있는가가 중요하지, 근대화되지 못한 낙후된 농업 국가의 많은 인구와 넓은 영토는 아무런 의미가 없다.

세계 5대 열강 중 하나였던 일본은 아시아에서 유일하게 근대화에 성공했으며 막강한 군사력과 국가적 동원 능력을 갖추고 있었다. 비록 육군의 무기는 미국, 소련, 독일 등 메이저급 열강들에 비하면 일부 뒤처진 면도 없지 않았지만, 고도로 훈련된 병사들의 높은 사기, 세계적 수준의 해군 함대와 우수한 전투기는 태평양전쟁 초반 연합군을 일방적으로 쓸어버렸을 정도였다. 미군은 압도적인 화력과 물량을 갖추고도 태평양전쟁 내내 일본군을 상대로 마지막까지 고전을 면치 못했다는 사실을 상기할 필요가 있다. 이러한 나라를, 베이징 항일박물관에 전시된 것처럼 변변한 무기도 없고 훈련도 받지 못한 민중이 맨주먹으로 싸워서 물리친다는 것은 판타지에나 나올 만한 허황된 이야기에 지나지 않는다.

중화 민족주의를 주입받은 지금의 중국인들로서는 이해할 수 없을지 몰라도, 그 시절 중국 위정자들에게 일본은 단순한 선망과 두려움의 대상이 아니라 넘을 수 없는 벽이었다. 청일전쟁과 의화단의 난에서 열강들의 군대에게 철저하게 짓밟혔던 역사는 중국인들에게 지울 수 없는 트라우마로 각인되어 아예 저항의 의지조차 꺾어버렸다. 일본과 싸우겠다면 그 전에 그들 내면 깊숙이 자리잡은 패배주의부터 극복해야 했다. 또한 경제적으로는 일본에 예속되어 있었다. 정치 지도자와 군벌들은 입으로는 너도나도 반反제국주의와 항일을 외치면서도 막상 행동은 전혀 달랐다. 단적인 예가 1933년의 푸젠 사변이었다. 상하이 사변에서 활약했던 제19로군은 장제스의 초공작전에 반발하여 항일을 외치면서 푸젠성에 독립 정부를 세웠다. 그러나 뒤로는 타이완의 일본군 사령부와 비밀리에 결탁하여 군자금과 최신 무기를 원조 받았다. 일본의 권익이 큰 푸젠성에서 일본을 자극할 경우 자칫 이들의 무력 개입을 초래하지 않을까 두려웠기 때문이다. 시안 사변에서 장제스에게 내전 반대와 항일 구국을 외쳤던 주모자들은 막상 중일전쟁에서 친일 간첩으로 둔갑하여 일본을 위해 부역했다. 항일을 외쳤던 사람들이 어째서 자신은 항일하지 않았던가. 바로 여기에 그 시절 중국의 모순이 있었다.

오늘날 중국인들에게 장제스는 청말 무능한 관료들이나 위안스카이와 다를 바 없는 봉건 군벌이자 마오쩌둥 혁명을 돋보이게 하기 위한 "빌런(악당)" 따위로 여겨지고 있지만, 국민당 정부는 중국에서 근대 국가를 실현하고자 했던 진정한 민족주의 정권이었다. 그가 일본에게 한없이 저자세이면서 국내의 적을 제거하기에만 급급했다는 주장은 1930년대의 경제 재건과 국방 건설, 중국 사회의 개혁 등 장제스 정권의 야심찬 계획에 대한 무지함을 드러내는 것에 지나지 않는다. 특히 1935년 11월 전격적인 화폐 개혁은 위안스카이 정권 이래 일본의 경제적 속박에서 처음으로 벗어나게 해준 성과였다. 이러한 노력이 있었기에 비로소 중국은 일본과 칼을 겨룰 수 있었다.

장제스의 선안내후양외 정책은 중국공산당의 혁명사관에서 말하듯 허울 뿐인 방편이 아니라 실제로 일관성과 구체성을 갖춘 장기 전략이었다. 위안스카이나 베이양 군벌이 일본이 주먹을 쳐들기만 해도 무조건 꼬리부터 내렸던 것과 달리 장제스는 저항할 만큼 저항하면서 정치적 교섭도 병행함으로써 최악의 상황을 피하고 힘을 키울 수 있는 시간을 벌려고 했다. 싸우면 충분히 이길 수 있는데도 지레 포기하는 것과, 이길 수 없기 때문에 싸우지 않는 것은 엄연히 다른 얘기다. 오히려 정권의 체면에 매달려 무모한 싸움을 벌였다가 더 큰 재앙을 불러오는 쪽이 훨씬 더 무책임하다. 말은 쉬워도 국가 지도자로서는 결코 쉬운 선택이 아니다. 이래야 한다, 저래야 한다고 누구나 말할 수는 있지만 실제로 결정을 내리고 그에 따르는 결과에 대한 모든 책임을 지는 것은 결국 지도자 자신의 몫이기 때문이다.

중국과 국내의 많은 책은 장제스가 시안 사변으로 비로소 내전을 멈추고 항일을 위해 제2차 국공합작에 동의했다면서 시안 사변을 "역사의 전환점"이라고 설명한다. 이 또한 중국 공산당의 일방적인 주장에 지나지 않는다. 국공합작이 결성될 수 있었던 진짜 이유는 시안 사변이 아니라 소련이었다. 장제스는 항일 원조를 얻기 위해서 1927년 국공 분열 이후 단절되었던 소련과의 관계 회복이 절실했다. 쌍방의 협상은 시안 사변이 벌어지기 이미 1년 전부터 소련의 중재 아래 진행되고 있었으며 세부 쟁점 사항을 놓고 서로의 이견을 쉽게 좁히지 못하고 있었다. 시안 사변이 없었어도 국공합작은 어차피 벌어졌을 일이었다. 그 대신 시안 사변 덕분에 중국공산당은 훨씬 유리한 입장에서 장제스와 타협할 수 있었고 결과적으로 언젠가 시작될 내전을 준비할 시간을 벌게 되었다. 하지만 역사서에는 시안 사변의 정치적 의미만 단편적으로 강조할 뿐, 그 뒤의 진짜 실체에 대해서는 언급하지 않는다.

1937년 7월 7일 루거우차오 사변이 발생한 직후 장제스가 루산 회담에서 전에 없던 초강경 자세도 선민 내일힘진율 결의한 것은 단순히 시안 사변과 민중의 항일 열망에 내몰린 마지못한 피동적인 결정이 아니었다. 그 스스로 다양한 주변 상황을 고려하여 "이제는 싸워야 할 때"라는 결론을 내렸기 때문이다. 중국이 제아무리 영토와 주권의 일부를 내준들 일본의 침략은 결코 멈추지 않을 것이라는 점, 지난 수년 동안의 전쟁 준비를 통해서 어느 정도 싸울 준비가 되었다는 자신감이 있었기 때문이다. 국제도시 상하이를 놓고 장장 3개월에 걸쳐 지속된 우쑹 항전의 전례 없는 처절함은 만주사변 당시 중국군의 나약한 모습과는 전혀 달랐으며 오합지졸들을 상대로 손쉬운 승리를 낙관했던 일본군에게 큰 충격을 주었다. 비록 전체적으로는 동부 연안의 주요 도시들을 빼앗기고 장제스 정권은 내륙 깊숙한 곳으로 이동해야 했지만 일본군 역시 중국군의 완강한 저항에 부딪히면서 더 이상 깊숙이 전진할 수 없었다. 중국의 항전 중심에는 장제스가 직접 키워낸 중앙군이 있었다. 북벌 전쟁 시절 소련군 교리를 배운 황푸군관학교 출신의 장교들이 지휘하고, 독일 군사고문단에 의해 훈련받았으며 독일제 무기로 무장한 중앙군은 중국군 최강 부대였다. 그 정예함은 일본군에게도 뒤지지 않는다는 평가를 받았다. 심지어 지나 파견군 총사령관이었던 오카무라 야스지 대장은 이렇게 말했다.

중국의 항일 역량은 4억 중국 민중에 있는 것이 아니고 200만 명에 달하는 온갖 잡군들로 구성된 중국 군대에 있는 것도 아니다. 장제스를 정점으로 황푸군관학교 청년 장교들이 지휘하는 중앙군에 있다. 이들이야말로 중국군의 주된 전투력일 뿐만 아니라 지방 군대의 전투 의지를 끌어내는 역할을 하고 있다. 그 위력은 결코 무시할 수 없다.

전쟁 내내 장제스는 안전한 후방에 머물면서 일본군이 알아서 물러나기만을 기다렸던 것이 아니라 치열한 외교전으로 열강들을 중국 편으로 끌어들이려고 노력하는 한편, 지속적으로 반격의 기회를 노렸다. 소련의 대규모 군사 원조를 통해 그동안의 손실을 어느 정도 회복한 중국군은 만주 노몬한 전투에서 일본군이 소련군에 대패하자 형세를 역전시킬 기회를 얻었다면서 1939년 12월에는 무려 100만 명의 병력으로 전면적인 반격에 나서기도 했다. 장제스의 야심찬 반격 계획이 1942년 말 스탈린그라드의 소련군처럼 성공을 거둘 수 없었던 이유는 지도자의 의지가 부족해서가 아니라 일본군이 여전히 너무 강한 상대였기 때문이다. 기계화되지 못하고 병참선의 뒷받침이 없으며 제공권을 갖추지 못한 군대는 그것을 갖고 있는 군대에게 제아무리 머릿수로 밀어붙인다고 해도 이길 수는 없다. 예컨대, 1940년 12월 북아프리카에서 무솔리니의 이탈리아군 20만 명은 겨우 3만 명에 불과한 영국군에게 일방적으로 패했다. 현대전이란 이런 것이다. 하지만 일본군이 전세가 불리해질 때마다 국제사회의 비난을 감수하면서까지 독가스를 무차별로 사용했다는 점은 중국군이 만만찮은 상대였다는 사실을 반증해주는 것이기도 하다.

국내에 나와 있는 책들을 보면 장제스 정권이 민중과 괴리되어 4억 인민의 역량을 제대로 활용하지 못했기 때문에 일본군을 이길 수 없었다고 설명한다. 하지만 이는 상황에 대한 정확한 이해 없이 그저 마오쩌둥 혁명사관을 무비판적으로 답습한 것에 지나지 않는다. 냉철하게 말해서 장제스 정권이 8년을 버텨냈다는 사실 자체가 기적이었다. 1940년 5월 독일군의 전격전에 허를 찔리면서 나라 전체가 붕괴되었던 프랑스나, 고작 몇 명의 독일군 공수부대원이 수도 베오그라드에 모습을 드러내자 60만 명이 넘는 유고슬라비아군 전체가 지레 겁을 먹고 백기를 들었던 모습에 비하면 중국의 항전은 분명 놀라운 일이었다. 중국은 신뢰할 만한 동맹국도 없었고 국내는 여전히 분열되어 있었으며 중앙군을 제외하고 군대의 대부분을 차지하는 군벌들의 충성심과 전의는 매우 의심스러웠다. 대다수 중국 민중은 여전히 무지몽매했다. 민족주의 의식은 일부 지식인들을 중심으로 이제야 막 싹트고 있었다. 만약 장제스 정권이 청조나 베이양 정권과 다를 바 없이 민중과 괴리된 봉건 군벌 정권에 불과했다면 난징이 함락되었을 때 그대로 붕괴되었을 것이다. 전쟁은 일본 지도부가 처음에 예상했던 것처럼 일본군의 일방적인 승리로 끝났을 것이다. 그러나 결과는 달랐다. 이런 사실만 보더라도 장제스 정권의 역량은 지나치게 과소평가되어 있다.

전쟁 말기에 루스벨트 행정부는 중국 현지 관찰자들의 주장을 근거로 장제스 정권의 붕괴는 초읽기이며 그나마 미국의 원조 덕분에 겨우 명맥이라도 유지하고 있다고 생각했다. 그러나 미국인들의 막연한 편견과는 달리 장제스 정권은 몰락하지 않은 채 승리를 누릴 수 있었다. 제1차 세계대전 당시 독일 카이저 정권이나 러시아 차르 정권이 전쟁의 장기화를 버티지 못하고 결국 민중 혁명으로 무너졌다는 사실을 상기해야 한다. 영국 역시 양차대전에서 독일의 U보트로 말라죽기 직전까지 내몰렸다. 중국보다 훨씬 부유한 나라들조차 총력전의 지독한 고통을 감내할 수 없었던 반면, 장제스 정권은 어떻게 버틸 수 있었던가. 장제스는 안전한 후방에 숨어 있었던 것이 아니라 몸소 최일선에 나와서 장병들을 격려했으며 심지어 세계에서 가장 위험한 비행 코스로 알려진 히말라야산맥의 험프 루트를 자신의 목숨을 걸고 직접 건너기를 마다하지 않았다. 이런 모습은 독소전쟁 내내 모스크바에서 거의 나오려 하지 않았던 스탈린과는 대조적이었다. 장제스의 아내였던 쑹메이링 또한 남편을 대신하여 수시로 위문 공연을 다녔으며 이 때문에 상하이에서는 일본군의 폭격을 받아 목숨을 잃을 뻔한 적도 있었다. 이때의 부상은 평생 그녀를 따라다니며 괴롭혔다. 8년 전쟁 동안 장제스가 대일항전의 구심점으로 인정받을 수 있었던 것은 이러한 솔선수범이 있었기 때문이다. 장제스 정권이 정말로 민중과 괴리되어 있었다면 1949년까지 갈 것 없이 일찌감치 무너졌거나 그 전에 일본과 적당히 타협하여 권좌를 지키는 쪽을 선택했을 것이다. 결과적으로 장제스 정권을 타도한 것은 민중의 횃불이 아니라 중국공산당의 총칼이었다.

8년의 대일항전 동안 장제스 정권은 끝없는 도전에 시달려야 했다. 진주만 공격과 미국의 참전은 장제스가 그토록 바라던 대일 포위망의 실현을 가져왔지만 실제로는 일본이 아니라 중국에게 재앙으로 닥쳤다. 루스벨트 행정부는 진주만 공격을 일본을 혼내주는 대신 유럽 전쟁에 끼어들 기회로 삼는 쪽을 선택했다. 대일전쟁은 뒤로 미루어졌고 적당한 호기가 오기 전까지 아시아 태평양에서 수세를 고수하기로 했다. 게다가 서구 연합군의 실력은 장제스가 예상했던 것보다 훨씬 형편없었다. 일본군은 동남아를 일방적으로 휩쓸었고 톈진, 상하이의 서구 조계와 홍콩을 점령했다. 또한 인도차이나와 버마(미얀마)를 공략했으며 인도를 위협했다. 이곳은 중국이 장기 항전에 필요한 해외 수송 루트가 지나가는 곳이었다. 외부에서 더 이상 식량과 군수

물자를 수입할 수 없었던 중국은 이때부터 고사 상태에 직면했다. 그 곤경과 피폐함은 독일의 전략 폭격과 무제한 잠수함 작전으로 봉쇄당했던 영국 이상이었다.

가장 큰 불행은 스틸웰의 부임이었다. 스틸웰은 대학에서 중문학을 전공했으며 여러 차례 중국 주재 미국 대사관에서 근무하여 미 육군 내에서는 중국 전문가로 통하는 인물이었다. 그가 장제스의 참모장으로 부임한 이유도 이 때문이었다. 그러나 스틸웰은 후방에서 군대를 훈련시키고 조직하는 업무에는 그런대로 유능했지만 실전 경험이 거의 없을뿐더러, 야전 지휘관으로서는 무능했고 전략가로서는 빵점이었으며 외교관으로서는 최악이었다. 그는 성실하지만 오만하고 독선적이었으며 맥아더나 패튼을 비롯해 여느 미국인 장군들과 마찬가지로 언론의 주목을 받아 출세하기를 원했다. 또한 미국사회 특유의 청교도적인 선민사상에 사로잡혀 아시아인들을 노골적으로 경멸하면서 자신처럼 능력과 책임감을 갖춘 사람이 미개한 그들을 바른 길로 이끌어야 한다고 굳게 믿었다. 그는 중국군이 오랫동안 일본군과 싸운 베테랑이라는 사실을 인정하려 하지 않았고 단점만을 거론하면서 오직 자신만이 그러한 문제점을 바로잡을 수 있다고 주장했다. 하지만 중국인들과 소통하거나 그들의 신뢰를 얻으려는 노력은 없었다. 외세의 간섭에 맞서 싸우는 사람들에게 또 다른 외세의 간섭을 강요하는 것부터 어폐가 있었지만, 스틸웰은 자신의 모순을 인식하지 못했다. 자신은 올바른데 상대방이 그것을 이해하지 못하기 때문이라며 모든 책임을 떠넘겼다.

아무런 준비가 되지 않은 상태에서 생소하면서 비협조적인 동맹군을 이끌어야 했다는 점에서 스틸웰의 처지는 북아프리카에서의 로멜과 비슷했다. 하지만 로멜은 스틸웰처럼 일방적으로 자신의 생각을 강요하지 않았을뿐더러, 이탈리아군을 여러 번 위기에서 구해냈다. 또한 한껏된 자원으로 오합지졸이나 다름없었던 북아프리카의 이탈리아군을 개혁하여 신뢰할 만한 동맹군으로 거듭나게 했다. 제2차 세계대전을 통틀어 이탈리아군이 그나마 제대로 싸운 것은 로멜 휘하에서였다. 로멜은 몇 차례 심각한 충돌이 없지는 않았으나 전반적으로 무솔리니와 이탈리아군 수뇌부와 원만한 협력 관계를 유지했다. 로멜이 패배하자 무솔리니 정권 또한 그대로 붕괴되었다. 반면, 스틸웰은 버마에서 중국군을 버리고 소수의 부하들만 데리고 달아났다. 이로 인해 최정예 부대로 구성된 중국 원정군 10만 명 중 6만 명 이상이 정글 속에서 기아와 전염병으로 죽어야 했다. 만약 유럽이나 태평양 전선에서 이러한 일이 벌어졌다면 여론의 질타는 물론이고 군인으로서의 경력이 끝장났겠지만 피해자들은 미국인이 아니라 중국인이었다. 현지의 미국 언론인들은 굳이 비판하기보다는 연합국의 사기를 위해 진실을 은폐하고 그를 전쟁 영웅으로 만드는 쪽을 선택했다. 하지만 이러한 면책은 스틸웰의 오만한 태도를 한층 강화시켰고 그는 버마에서의 화려한 복수전을 꿈꾸었다. 장제스가 순순히 따르지 않자 자신의 권한을 남용하여 미국의 원조 물자를 인도에 묶어둔 채 중국에 내주려 하지 않았다. 심지어 장제스가 인도로 향할 때 히말라야 상공에서 비행기 사고로 가장하여 암살하려는 계획을 세우기도 했다는 설도 있다. 자신의 목적을 위해 권모술수조차 마다하지 않는 모습은 스틸웰을 군인으로 볼 수 있는가 하는 의문까지 들게 만든다. 그는 중국에 도움이 되기보다는 해가 되었다.

하지만 장제스와 스틸웰의 갈등은 단순히 두 사람의 개인적인 감정의 문제가 아니라 루스벨트 행정부의 근본적인 딜레마 때문이었다. 루스벨트는 그의 전임자들과 달리, 영국식 제국주의를 비판하고 중국을 비롯한 아시아 국가들을 개인적으로 동정했다. 장제스가 처칠, 스탈린의 강력한 반대에도 불구하고 카이로 회담에 참석하고 중국이 4대 열강의 하나가 될 수 있었던 것은 루스벨트의 배려 덕분이었다. 그러나 당시 정치인들 중에서 가장 진보적이었던 루스벨트조차 워싱턴 정가를 지배하는 인종차별주의와 현실 정치의 한계를 넘어설 수는 없었다.

루스벨트 행정부는 1930년대에 수립한 전략인 "오렌지 계획"에 따라 유럽전쟁에 모든 전력을 집중키로 했다. 일본과의 전쟁은 부차적으로 밀려났다. 가장 우수한 병력과 자원은 유럽과 북아프리카로 향했고 아시아 태평양에서는 초반에 수세를 고수했다. 얼마 안 되는 병력은 호주를 방어하는 데 투입되었다. 스틸웰은 버마 작전에서 단 한 명의 미군 병사도 얻을 수 없었다는 점에서 로멜보다도 불리했다. 일본군이 인도나 호주를 침공하지 못하도록 묶어두는 역할은 전적으로 중국의 몫이었다. 장제스는 항전에서 미국의 도움을 간절히 원했지만 그와 반대로 루스벨트는 미국의 유럽 전쟁을 위해 중국을 어떻게 최소한의 비용으로 최대한 활용할 수 있을까를 고민했다. 따라서 미국인들 입장에서 중국이 미국의 전략에 얼마나 도움이 될까가 중요하지, 중국이 처한 현실이 어떠한지 따위는 알 바가 아니었다. 진주만 공격 이후 중국은 숨통이 트이기는커녕, 마지막으로 남아 있던 숨통마저 막히면서 나라 전체가 말라죽을 상황에 직면했다. 국민정부의 전시 생산 통계에 따르면, 1943년에 오면 가장 기본적인 소총탄만 하더라도 매월 생산량은 1700만 발에 불과했다. 약 400만 명 정도였던 중국군 한 사람당 겨우 총알 4발을 나눠줄 수 있다는 얘기였다. 원료 부족으로 공장은 마비되고 철도의 90퍼센트가 일본군의 손에 넘어가면서 식량과 물자를 전선으로 수송할 방법도 없었다. 이로 인해 일선의 중국군 부대는 전투보다 생존이 우선적인 문제가 되었으며 기동성과 전투력을 완전히 상실했다.

1944년 5월 이치고 작전은 50만 명의 일본군이 동원된 최대의 공세였으며 태평양전선에서의 미군조차 경험하지 못한 대규모 공격이었다. 지치고 피폐해진 중국군이 무너지는 것은 당연한 결과였다. 게다가 루스벨트는 장제스에게 윈난성에 배치된 중국군 유일의 전략 예비대인 Y군을 스틸웰의 버마 탈환 작전에 투입할 것을 종용했다. 이러한 결정은 중국 전선에서 일본군의 대규모 공세가 없을 것이라는 정보 때문이었다. 하지만 그 예측은 완전히 빗나갔고 중국군을 통틀어 유일하게 전투력을 보존하고 있었던 예비대마저 빼앗긴 장제스는 그야말로 속수무책이었다. 그러나 패전의 책임은 루스벨트와 스틸웰의 오판 때문이 아니라 장제스 정권의 무능함과 국공의 갈등 탓으로 돌려졌다. 스틸웰의 오랜 친구인 마셜을 통해서 스틸웰의 일방적인 주장만을 듣고 있었던 루스벨트는 장제스에 대한 통제를 더욱 강화할 요량으로 그의 최대 아킬레스건인 국공 문제에 본격적으로 개입하기 시작했다. 이것은 나중에 증명되었듯, 처음부터 불가능한 일이었다. 미국인들은 호랑이의 위세를 이용하여 중국인들을 으르고 달랠 수 있다고 막연하게 생각했지만 엄청난 착각이었다. 1940년대의 중국인들은 서구의 총포와 돈 앞에서 지레 위축되었던 청말의 중국인들이 아니었기 때문이다.

오늘날 중화 민족주의의 중심에 서 있는 마오쩌둥과 중국공산당에 대해서는 어떻게 평가해야 할까. 일본의 마오쩌둥 연구가인 엔도 호마레 교수는 마오쩌둥이 현지 일본군과 서로 싸우지 않기로 비밀리에 불가침 협정을 맺고 결탁했다는 설을 제기한다. 솔직히 진위는 다소 의심스럽다. 정말로 그랬다면 옌안에 체류 중이던 소련인들이나 장제스의 눈을 피할 수 있었을 리없기 때문이다.(그랬다면 선전거리로 써먹지 않았을 리 없다.) 엔도 교수의 '마오-일본군 통모설'은 비약된 느낌이 없지 않지만 분명하게 말할 수 있는 사실은 마오쩌둥과 공산당은 결코 "항일의 주역"이라고 너스레를 떨 자격이 없다는 점이다. 오히려 공산당의 항일은 지극히 기회주의적이었으며 일관성이 결여되어 있었다. 이들의 논리는 장제스 타도가 곧 항일이며 일본과 직접 맞서 싸우는 것은 그다음 일이라는 식이었다. 중국공산당이 말하는 "항일"이라는 구호는 만주사변 이후 중국사회에서 고조된 반일 감정에 편승하기 위함에 지나지 않았다.

게다가 중국공산당은 입으로는 반제국, 반외세를 내걸었지만 그들 자신은 소련 코민테른의 하부 조직이었다. 공산당 지도자들은 소련인 고문을 상전으로 떠받들면서 스탈린의 지시에 맹목적으로 복종해야 했다. 중국공산당 지도자를 뽑는 주체는 중국인이 아니라 스탈린이었다. 조금이라도 스탈린의 눈 밖에 날 경우 모든 지위와 명성을 잃고 하루아침에 당에서 쫓겨났다. 오늘날 중국공산당은 티베트, 신장 위구르족의 독립 운동을 철저하게 탄압하고 있지만 1945년에 외몽골이 소련을 등에 업고 중국에서 독립했을 때에는 열렬히 지지했다. 감히 스탈린을 거역할 수 없었기 때문이다. 장제스의 토벌작전으로 근거지에서 쫓겨나 머나먼 대장정에 나서야 했던 중국공산당이 장제스에 대한 해묵은 증오심을 버리고 타협을 받아들인 것도 그들이 원해서가 아니라 스탈린의 지시 때문이었다. 중국을 이용해 일본을 견제하려했던 스탈린은 중국공산당에게 중국에서의 공산혁명을 잠시 내려놓고 장제스에게 협력할 것을 지시했다. 마오쩌둥에게는 운 좋게도 1940년 5월 유럽전쟁 발발과 이듬해 독일의 소련 침공으로 스탈린의 관심이 중국에서 멀어지면서 간섭 또한 줄어들었다. 만약 그렇지 않았다면 비주류였던 마오쩌둥이 공산당 최고지도자가 되는 일은 없었을 것이다. 하지만 중국공산당은 1953년 3월 5일 스탈린이 죽은 뒤에야 소련의 지배에서 완전히 벗어났다.

중일전쟁이 발발한 뒤 마오쩌둥이 팔로군의 출동을 앞두고 산시성 뤄촨洛川에서 열린 비밀 간부회의에서 "우리에게 항일은 당을 발전시킬 수 있는 호기다. 역량의 70퍼센트는 우리를 발전시키는 데 쓰고七分發展, 20퍼센트는 국민당을 상대하는 데二分應付, 10퍼센트는 항일에 써야 한다一分抗日"라고 당부했다는 얘기는 그의 이중성을 보여주는 유명한 일화다. 그나마 전쟁 초반에는 스탈린의 지시에 복종하여 핑싱관 전투, 백단 대전 등 국민정부의 지휘에 복종하여 항일의 일각을 맡았던 공산군은 1940년 이후 정풍운동을 거치면서 마오쩌둥이 소련파 지도부를 밀어내고 당내 주도권을 잡은 뒤에는 본격적으로 장제스에게 도전할 준비에 나섰다. 흔히 알려진 것과 달리 국공의 갈등에서 인내심을 발휘한 쪽은 장제스이지 마오쩌둥이 아니었다. 1941년 1월 완난 사변으로 국공의 관계가 최악으로 치달았을 때에도 국민당은 신4군 지도부의 오판으로 돌렸을 뿐, 옌안의 공산당 중앙에 대한 직접적인 비난은 자제했다. 소련의 원조를 유지하기 위해서는 국공 갈등이 표면화되어서 안 된다고 판단했기 때문이다. 장제스는 항일과 반공을 놓고 항일을 선택했으며 전쟁 내내 이런 입장을 바꾸지 않았다.

대일항전 내내 몇 차례 폭격을 받은 것 외에 일본군의 직접적인 공격을 받지 않았던 옌안은 가장 안전한 도시 중 하나였다. 또한 수시로 최일선을 돌아보았던 상세쓰 쑹메이링과 달리 마오쩌둥은 8년 항전 내내 단 한 번도 옌안의 동굴을 나간 적이 없었다. 이치고 작전으로 국민정부군이 대패하고 중국의 운명이 풍전등화에 몰렸을 때 옌안에서 기쁨의 환호성을 지른 사람은 마오쩌둥이었다. 만약 그들이 정말로 항일의 주체였고 일본군에게 위협적인 존재였다면 옌안은 결코 무사하지 못했을 것이다. 우한 함락 이후 전쟁이 끝날 때까지 일본군의 주력은 우한에 집중되었으며 화중과 화난에서 국민정부군과 치열한 일진일퇴를 벌였다. 반면, 화베이는 후방 지구로 취급되어 훈련 상태와 장비가 훨씬 빈약한 2선급 부대가 배치되었고 병력 밀도도 훨씬 낮았다. 또한 일본군의 빈자리는 친일 괴뢰군들이 맡았다. 주로 투항병과 토비들로 구성된 친일 괴뢰군들은 용병이나 다름없는 존재들로 싸울 의지도 없을뿐더러 걸핏하면 반란을 일으키거나 탈영했다. 공산군 유격대들의 주된 상대는 일본군 주력이 아니라 2선급 치안 부대들이거나 친일 괴뢰군 그리고 같은 편이어야 할 국민정부군이었다.

실제로 중국공산당 핵심 간부들 중에서 일본군과의 전투에서 전사한 사람은 거의 없었다. 제2차 국공합작으로 장제스 정권은 공산군을 국민정부군의 일원으로 받아들이면서 여단장급 이상 간부 31명에게 소장 이상의 계급을 부여했다. 그중 5명이 항전 기간에 죽었다. 그러나 실제로 일본군과 싸우다 전사한 사람은 팔로군 참모장이었던 쥐치안左權 한 사람뿐이었다. 신4군 부군장 샹잉, 신4군 제4사단장 펑쉐펑은 일본군이 아니라 같은 중국인인 국민정부군과 싸우다 죽었다. 이른바 "핑싱관 대첩의 영웅"이자 나중에 중국 국방부장을 역임하는 린뱌오는 우군의 오인 사격으로 중상을 입은 뒤 중일전쟁 내내 다시는 일선에 나서는 일이 없었다. 그 대신 일선 중하급 간부들 중에서는 일본군과의 싸움에서 죽은 자가 적지 않았다. 대부분 20대의 젊은이들로 소부대를 지휘하여 유격전을 펼치다가 일본군이나 난징 괴뢰군 토벌대의 공격을 받아 전사했다. 어떤 의미에서는 공산당 지도부는 젊은 간부들이 흘린 피 덕분에 가만히 앉아서 "항일을 하고 있다"는 득을 본 셈이다.

이러한 모습은 상장급(대장) 10명을 비롯해 집단군 사령관 2명, 군단장 7명, 사단장 22명 등 무려 200여 명에 달하는 고위 장성이 일본군과 싸우다 전사한 국민정부군과는 대조적이라 하지 않을 수 없다. 그중 3분의 1 이상이 장제스 직계의 황푸군관학교 출신이었다. 단일 전투에서 가장 많은 장성이 전사한 전투는 난징 대학살이 벌어진 난징 방어전이었다. 대개 일본군의 만행과 이를 방조한 장제스 정권의 무능함만 부각되지만 실제로는 17명의 장군이 스스로 탈출을 포기한 채 수도와 운명을 함께하는 쪽을 선택했다. 이 사실 하나만 보더라도 전쟁 내내 안전한 후방에서 항일 대신 권력 투쟁에 혈안이 된 쪽은 장제스와 국민당이 아니라 마오쩌둥과 공산당이었다는 사실을 알 수 있다. 2007년에 공개된 『장제스 일기』에서는 이치고 작전 당시 중국 동부 전선이 무너지고 스틸웰과의 갈등이 최악으로 치닫자 장제스는 중압감을 견디지 못하고 심지어 자살을 심각하게 고려했다는 내용이 주목을 끌기도 했다. 그가 권좌에만 연연하면서 일본이 알아서 패망하기만을 기다렸다는 기존 통념과는 완전히 동떨어져 있다.

일본이 항복한 뒤 장제스 정권은 난징 대학살을 비롯한 일본의 전쟁 범죄를 국제사회에서 공식적으로 거론했으며 그들 스스로도 일본인 전범자와 친일파 단죄에 나섰다. 난징을 비롯한 중국 각지의 10개 도시에 전범 재판을 위한 군사법정이 설치되어 2000명이 넘는 일본인이 기소되었다. 전범 재판은 장제스가 타이완으로 도주하여 더 이상 재판을 할 수 없을 때까지 진행되었고 504명이 유죄를 선고받아 149명이 사형 선고를 받고 처형되었다. 그중에는 난징 대학살 당시 이른바 '100명 목 베기' 경쟁으로 악명을 떨쳤던 노다 쓰요시와 무카이 도시아키도 있었다. 일본이 저지른 엄청난 범죄에 비해서 사형 선고자가 149명이라는 사실에 대해 많다, 적다라고 쉽게 말하기는 어렵겠지만 적어도 중국이 주권국가로서 그러한 단죄를 했다는 사실만으로 충분한 역사적 상징성은 있다. 또한 장제스 정권은 대륙에 남아 있던 100만 명이 넘는 일본 군인을 국공내전에 이용하지도 않았다. 산시 군벌 옌시산이 장제스의 방침을 어기고 수천 명의 일본군을 공산군과의 싸움에 투입했지만 예외적인 사례였다. 장제스는 연합국과의 협정을 준수하여 1946년 말까지 모든 일본인을 고국으로 돌려보냈다.

반면, 중국공산당은 수만 명에 달하는 일본 군인을 회유하여 자신들의 용병으로 써먹었다. 또한 국공내전에 승리한 뒤 그때까지 전범으로 억류된 1000여 명의 일본인에게 적당히 자아비판을 시킨 다음 "이미 잘못을 뉘우쳤으니 관용을 베풀어야 한다"면서 민중의 열망을 무시한 채 모조리 본국으로 송환시켰다. 이러한 일방적인 결정에 대해 당시 재판장조차 불만을 토로하는 방청객들에게 "당신들의 말은 일리가 있지만 상부가 결정한 이상 어쩔 수 없다"고 했을 정도다. 마오쩌둥은 집권 내내 중일 양국의 우호를 강조했고 일본의 전쟁범죄를 공개적으로 거론하는 일은 엄중히 금지하였다. 오늘날 중국 정부가 일본을 압박할 때마다 들고 나오는 난징 대학살의 기억이 다시 세상 밖으로 나올 수 있었던 것은 마오쩌둥이 죽고 덩샤오핑이 집권한 뒤였다. 마오쩌둥은 장제스를 가리켜 항일에 소극적이면서 내전에만 광분한다고 비난했지만 실제로 항일을 내전에 활용한 쪽은 마오쩌둥 자신이었다. 냉전 시절의 팔로군 영웅주의를 더 이상 주입받지 않는 오늘날 중국인들은 심지어 마오가 제창했던 "유격전遊擊戰"을 가리켜 "이리저리 떠돌아다니지만 공격은 하지 않는 전술遊而不擊"이라고 조롱하기도 한다.

그러나 중국의 항일전쟁사는 국공내전에서 장제스가 패배하고 냉전의 복잡한 정치적 역학 구도 아래 사람들의 기억에서 완전히 지워졌다. 미 의회에서는 "누가 중국을 잃었는가?"라는 막연한 질문을 놓고 서로에게 책임을 돌리면서 진영 싸움이 벌어졌다. 한쪽에서는 장제스를 미숙하지만 미국이 도와주지 않으면 안 되는 불쌍한 지도자로 동정했고, 다른 한쪽에서는 자신의 무능함으로 광대한 대륙을 잃고 쫓겨난 한심한 지도자로 매도했다. 정작 미국인들은 자신들이 어느 부분에서 오판했고 무엇을 잘못했는지 진지하게 성찰하지 않았다. 게다가 1970년대 미중 해빙 무드와 베트남전에 대한 비판이 고조되면서 장제스는 한층 잊힌 동맹이 되었다. 그는 남한, 필리핀, 남베트남과 마찬가지로 제3세계의 전형적인 부패 지도자이자 미국식 헤게모니의 앞잡이로 매도되었고 마오쩌둥은 민중을 이끌고 독재를 타도한 "중국의 체게바라"와 같은 인물로 추앙받았다. 서구의 학자들은 마오쩌둥 성공 신화에 주목했다.

이러한 평가는 냉철하고 객관적인 검증을 거친 결과라기보다는 당시 상황이 만들어낸 정치적 평가에 가까웠다. 또한 중국과 타이완의 관련 자료들이 비밀문서로 꽁꽁 묶인 채 서구 학자들의 접근을 허락하지 않았던 것도 한 가지 이유였다. 이들은 당시 중국에 체류했던 미국인들이 남겨놓은 자료 중에서도 자기들 입맛에 맞는 것만 선별적으로 골랐다. 공산당에 매우 우호적이었던 에드거 스노의 『중국의 붉은 별』, 시어도어 화이트의 『중국에서의 천둥』은 베스트셀러가 되었다. 잠깐 옌안에 머물면서 그들이 보여주는 것만 보았던 미국인들의 얘기는 서구 사회에서 엄청난 열풍을 불어온 반면, 정작 수년에 걸쳐서 옌안의 진짜 모습을 보았던 소련인 고문단의 기록은 냉전의 벽을 넘을 수 없었다.

중일전쟁의 또 다른 당사자인 일본은 장제스와 마오쩌둥 어느 쪽 편도 들지 않았지만 그렇다고 중일전쟁을 진지하게 연구하지도 않았다. 이들의 관심사는 자신들이 어째서 이 지옥 같은 전쟁을 벌이게 되었는지, 군국주의자들이 어떻게 해서 권력을 잡게 되었고 미국과의 파멸적인 싸움으로 향할 수밖에 없었는지에 대한 것이었다. 중일전쟁은 그 과정의 일부로만 치부되었고 중국군과 일본군이 어떠한 싸움을 했는지는 관심 밖이었다. 하지만 중일전쟁은 일본이 태평양전쟁으로 향하는 과정에서 벌어진 단막극이 아니라 오히려 일본의 국력을 한없이 빨아들이면서 미국과 일전을 벌이도록 내몰았으며 결국에는 패망의 길로 향하게 만든 가장 중요한 원인이었다. 만약 중일전쟁이 없었다면 일본은 100만 명이나 되는 병력이 중국에 묶일 일도 없었을 것이며 중국의 해상 수송로를 차단하기 위해 프랑스령 인도차이나에 진격하여 미국을 자극할 일도 없었을 것이다. 일본은 노몬한 전투 이후 일소 중립 조약에 매달리지 않았을 것이고 1941년 6월 22일 독일이 바르바로사 작전을 발동하여 소련을 침공했을 때에도 진주만을 기습하는 대신 자신들이 오랫동안 노리고 있었던 시베리아를 침공했을 것이다.

최근에 와서 중국, 타이완의 비밀문서들이 공개되고 소련 측 자료들 또한 세상으로 나오면서 중일전쟁과 장제스, 마오쩌둥에 대한 평가 또한 점차 달라지고 있다. 중국의 급성장으로 미중 관계가 닉슨 시절의 좋았던 분위기에서 벗어나 서구 사회에서 중국에 대한 경계심이 한층 높아졌다는 뜻이기도 하다. 1979년 미국의 협조 아래 유엔에서 타이완을 대신해 상임이사국의 자리를 차지했던 중국공산당은 지금에 와서는 미국이 하는 일마다 거부권을 행사하면서 발목 잡기에 나서고 있다. 만약 이렇게 될 줄 알았다면 닉슨이나 카터도 무작정 "적의 적은 우리 편"이라는 논리로 타이완을 버리고 중국에 접근하지는 않았을 것이다. 자신의 치적에만 눈이 멀어서 한치 앞을 내다보지 못하는 미국 정치인들의 근시안적인 사고방식이 고스란히 후임자들에게 부메랑으로 돌아오는 격이다.

장제스 정권을 가리켜 그저 부패하고 반동적인 정권이며 정치, 사회, 경제 등 개혁을 등한시한 채 모든 것을 무력으로 해결하려 했다는 식으로 말하는 것은 매우 단순한 논리에 불과하다. 항전 기간 중국에 체류했던 미국인들은 장제스 정권이 국민당 일당 독재라고 비판했지만 이는 중국의 정치구조에 대한 이해 부족 때문이었다. 국민당은 오늘날의 북한 노동당이나 중국공산당처럼 특정 이념을 기반으로 어느 한 사람을 맹목적으로 추종하는 것이 아니라 다양한 성향을 가진 정치 세력들의 집합체였다. 이들은 쑨원을 국부로 여긴다는 사실 이외에 아무런 공통점이 없었으며 장제스에게 충성하지도 않았다. 또한 장제스 정권에는 중국청년당을 비롯하여 국민당에 속하지 않는 중도 세력들 또한 참여하여 비공식적인 야당 역할을 했다. 국민당이라는 껍데기만 벗기고 본다면 권력을 놓고 서로 경쟁했다는 점에서 이전의 베이양 정권이나 그 뒤의 공산 정권과 비교했을 때 서구식 정당 정치에 훨씬 가까웠다고 할 수 있었다. 오히려 이러한 점이 국공내전 말기에 와서 지도력의 약화와 내분으로 이어지면서 마오쩌둥을 정점으로 일사분란하게 움직였던 공산당보다 불리해져 패배에 일조한 면도 없지 않았다.

물론 장제스 정권에 많은 문제점이 있었다는 점은 장제스를 포함해 누구도 부정할 수 없을 것이다. 하지만 분명하게 짚고 넘어가야 하는 것은 그 전에는 안 그랬는데 장제스가 권력을 잡고 역사의 시곗바늘을 억지로 돌려서가 아니라 중국은 원래부터 그랬다는 점이다. 장제스 정권은 수천 년에 걸쳐서 형성된 중국의 봉건적 병폐를 물려받았고 그것을 하루아침에 극복하라고 요구하는 것 자체가 억지였다. 중국의 병폐를 해결하는 것은 단순히 지도자 한 사람의 의지가 아니라 중국사회가 전반적으로 성숙할 때 비로소 가능한 일이었다. 게다가 일본과의 전쟁은 장제스 정권이 난징 10년 동안 이룩한 성과를 한순간에 잿더미로 만들었다.

분명 국민당은 결함투성이였다. 하지만 그들 스스로도 그 사실을 인식하고 있었다. 또한 장제스가 민주주의에 대한 이해가 없는 독재자였음에는 틀림없지만 무조건 시대적 요구를 힘으로 억누르기에 급급했던 것은 아니다. 그는 자신이 받아들일 수 있는 선에서 조금씩이나마 바꾸어나가려고 노력했다. 그의 독재는 스탈린의 공포통치와는 거리가 멀었다. 그 결과가 오늘날 중화권 유일의 민주 국가인 타이완이다. 반면, 마오쩌둥 정권은 스스로 자신들이 무오류의 존재라고 믿었다. 어떠한 결함조차 인정하지 않았으며 그 사실을 지적하는 것 자체를 금기시했다. 장제스 정권이 시간을 들여서 중국의 문제점을 바로잡아나가려고 했다면 마오쩌둥은 당장 해결하겠다고 나섰다. 그 방법은 국가 폭력이었다. 마오쩌둥식 충격 요법은 수천만 명의 죽음을 초래했다. 하지만 그렇다고 오늘날 중국이 70년 전보다 덜 부패하고 덜 억압적이라고 할 수는 없을 것이다. 국공내전을 가리키는 소위 "해방전쟁"은 마오쩌둥의 승리였지, 인민의 승리는 아니었다. 장제스의 시대는 미국 자유주의 지식인들의 관점에서는 부패·반동·억압이라고 해도 그나마 중국 역사를 통틀어 가장 진보적이었으며 가장 자유로웠고 개방적이었으며 진취적인 시대였다. 비록 장제스가 타이완 2·28 학살 사건을 비롯해 수많은 과오를 저지르기는 했지만 이에 대한 비판과 별개로 그의 시대 전체가 부정되어서는 안 될 것이다.

　장제스는 미국만이 아니라 우리에게도 잊힌 동맹이다. 그는 중국 내 우리 교민들을 보호하고 대한민국 임시정부에 많은 지원을 아끼지 않았다. 카이로 회담에서는 열강 지도자들 가운데 처음으로 조선의 독립을 공식 거론했다. 근래 들어서 국내 일부 수정주의 학자들은 카이로 회담에서 조선의 "즉각" 독립이 받아들여지지 않았으며, 얄타 회담에서 루스벨트와 스탈린이 공동 신탁통치하기로 비밀 야합했다는 이유로 장제스의 기여에 대한 회의론을 제기하기도 하지만 이는 당시 상황에 대한 몰이해다. 장제스가 강력하게 조선 독립을 주장할 수 없었던 것은 현실적으로 중국의 입지가 좁았기 때문이지, 그의 의지가 부족해서가 아니었다. 문제는 미국과 영국의 완고한 태도와, 우리가 힘이 없었던 데 있었다. 그나마 유일하게 우리 목소리에 귀 기울여주고 어려운 여건에서도 우리의 입장을 국제사회에 전달해준 그를 탓할 일은 아닐 것이다. 전쟁 말기 트루먼 행정부 내에서 조기 종전을 위해 타이완과 조선을 일본 영토로 인정하는 조건으로 일본 지도부와 타협하고 소련의 참전을 막아야 한다는 주장이 제기되었다. 하지만 협상 반대파들은 카이로 회담에서 루스벨트가 조선의 독립을 확약했다는 사실을 상기시켜 트루먼으로 하여금 대일 타협을 포기하게 만들었다. 장제스가 아니었다면 어쩌면 우리는 일본 패망과 상관없이 미국과 일본의 야합에 따라 여전히 일본의 일부로 남았을지도 모른다.

반면, 마오쩌둥은 1930년대에 이른바 "민생단 사건"을 비롯해 특유의 광기를 부려 공산당 내에서 활동하던 조선인들을 탄압했다. 에드거 스노의 부인 님 웨일스가 쓴 『아리랑』의 주인공이자 옌안의 혁명군정대학에서 교관으로 활동하던 조선인 혁명가 김산(장지락)을 비롯해 많은 조선인이 아무런 증거도 없이 마오쩌둥의 심복 캉성에 의해 일본의 첩자로 몰려서 죽임을 당했다. 그중에서 운 좋게 살아남은 사람이 만주 둥베이 항일연군에서 활동하던 김일성이었다. 임정과 광복군이 완전히 자주적이지는 않더라도 어느 정도 독자성을 인정받았던 반면, 옌안에서 활동하던 조선독립동맹과 조선의용군은 철저하게 중국공산당에 예속된 하부 조직에 지나지 않았다. 임정은 장제스의 요구를 거부할 수 있었지만 조선독립동맹에게는 어림도 없는 소리였다. 일본이 패망한 뒤 마오쩌둥은 이번에는 만주에서 쫓겨난 조선인들의 처지를 이용하여 자신들의 내전에 앞장세웠다. 내전이 끝난 뒤에는 더 이상 필요가 없어진 수만 명의 조선인 병사를 무장한 채로 김일성에게 넘겨주어 남침의 첨병으로 활용했다. 오늘날 우리 현대사가 이렇게 왜곡된 데에는 마오쩌둥의 몫도 있다는 사실을 부정할 수 없으리라. 그러나 냉전의 종식과 우리 사회의 오랜 군부 독재 시대가 막을 내리고 민주화 바람이 부는 분위기 속에서 국내 일부 학자들은 장제스를 우리의 군부 독재자 이미지에 단순 대입시켜 민심을 잃고 몰락한 독재자요, 그 독재자를 타도한 마오쩌둥을 민중의 영웅으로 포장했다. 마오쩌둥이 정권을 잡은 뒤 중국에 엄청난 재앙을 초래한 대약진운동이나 문화대혁명은 그저 잠깐의 일탈이나 실수일 뿐, 그 때문에 마오쩌둥의 위대한 혁명이 가려져서는 안 된다는 식이었다.

　1991년 한중 수교가 체결되었다. 경제 논리를 앞세워 우리의 오랜 반공 동맹이었던 타이완은 하루아침에 배척당하고 그 자리는 공산당이 통치하는 중국이 차지했다. 물론 우리가 중국의 경제 성장에 운 좋게 편승한 덕분에 그동안 많은 이익을 얻었던 것도 사실이다. 그러나 공산당이 통치하는 중국은 여전히 전체주의 국가이며 자신들의 위신을 내세워 국가 간의 신의와 원칙을 무시하기 일쑤다. 당장 3년 전 사드 배치를 놓고 중국이 보인 횡포는 그들이 얼마나 변덕스럽고 믿을 수 없는 존재인지 우리에게 확실하게 각인시켰다. 덕분에 우리 사회에서 반중 정서는 언제부터인가 반일 정서 못지않을 정도다. 하지만 그 반중 정서는 미국이나 일본처럼 비뚤어진 자민족 우월주의나 인종차별주의가 아니라 우리를 무시하는 중국 정부의 오만한 태도와 해묵은 과거사 문제 때문이다.

　이제는 우리도 일방적인 마오쩌둥 찬양에서 벗어나 중국에 대한 역사관을 새로이 정립할 때가 되지 않았나 싶다. 몇 년 전 민음사에서 출간된 러시아 출신의 학자가 쓴『마오쩌둥 평전』과 조너선 펜비의『장제스 평전』은 기존의 혁명사관에 입각한 평면적이고 이분법적인 평가에서 벗어나 그들의 다양한 면을 두루 다루고 있다. 중일전쟁과 관련하여 서구에서 나온 가장 최신 서적 중 하나인『중일전쟁: 역사가 망각한 그들』또한 지금까지 중국인들이 망각을 강요당했으며 서구 사회가 잊고 있었던 중국의 8년 대일항전사의 진정한 모습을 다룬 책이다. 저자인 래너 미터는 인도 출신의 젊은 영국 역사학자이자 중국 근대사 전문가이기도 하다.

　1931년 9월 만주사변에도 불구하고 자신의 부저항 정책을 유지했던 장제스가 6년 후 부거우자오 사건이 터지자 전에 없이 단호하게 일본과의 전면전을 결행하게 된 이유, 상하이와 우한의 격전, 충칭의 전시 생활, 끝없는 모순과 딜레마의 연속이었던 국공합작, 충칭과 옌안의 빛과 그림자, 마오쩌둥의 이중적인 모습, 협력에서 파국으로 치달았던 장제스와 스틸웰의 관계, 중일전쟁이 어째서 국공내전으로 이어지게 되었는지 그 과정에서 루스벨트 행정부가 저질렀던 수많은 오류와 실수 등 지금까지 중국 근대사를 다룬 여느 책에서는 볼 수 없었던 이야기들이 펼쳐진다. 오늘날 미중 사이에 복잡하게 얽힌 애증 관계를 알기 위해서는 70여 년 전의 중일전쟁까지 거슬러 올라가야 한다. 이 책은 서방 세계의 오랜 편견과 오해를 바로잡을 뿐만 아니라, 진정한 항일의 주역이 누구였는지, 내전에 승리한 중국공산당이 그동안 중국 인민들과 전 세계 사람들을 어떻게 기만했는지에 대한 훌륭한 연구서가 될 것이다.

지난 수십 년 동안 서구 세계는 중국공산당에 대한 막연한 환상과 더불어 어떻게든 그들을 우호적으로 바라보려고 노력했지만 오늘날 홍콩에서 벌어지는 모습을 보면 그들이 마오쩌둥 시절에서 조금도 나아가지 않는다는 사실을 절감한다. 저자의 탁월한 필력과 풍부한 사료, 객관적이면서 냉철한 평가는 독자들에게 무척 흥미로운 읽기를 선사할 것이다. 오랫동안 마오쩌둥 혁명사관에 가려졌던 중국 근대사를 이해하는 데 많은 도움이 되리라 기대한다.

2020년 3월

권성욱

찾아보기

중일전쟁

1판 1쇄 2020년 3월 26일
1판 4쇄 2023년 9월 13일

지은이 래너 미터
옮긴이 기세찬·권성욱
펴낸이 강성민
편집장 이은혜
기획 노만수
마케팅 정민호 박치우 한민아 이민경 박진희 정경주 정유선 김수인
브랜딩 함유지 함근아 박민재 김희숙 고보미 정승민
제작 강신은 김동욱 이순호
독자모니터링 최재근

펴낸곳 (주)글항아리 | 출판등록 2009년 1월 19일 제406-2009-000002호
주소 10881 경기도 파주시 심학산로 10 3층
전자우편 bookpot@hanmail.net
전화번호 031-941-5159(편집부) 031-955-8869(마케팅)
팩스 031-941-5163

ISBN 978-89-6735-751-1 03910